古文字論壇

第三輯

陳煒湛教授八十慶壽專號

陳偉武　主編

中西書局

圖書在版編目(CIP)數據

古文字論壇：陳煒湛教授八十慶壽專號．第三輯 /
陳偉武主編．-- 上海：中西書局，2018.12
ISBN 978-7-5475-1525-9
Ⅰ．①古… Ⅱ．①陳… Ⅲ．①漢字－古文字學－文集
Ⅳ．①H121-53

中國版本圖書館CIP數據核字(2018)第283448號

古文字論壇（第三輯）

——陳煒湛教授八十慶壽專號

陳偉武 主編

責任編輯 孫夏夏
裝幀設計 梁業禮

出版發行 上海世紀出版集團
中西書局 (www.zxpress.com.cn)
地　　址 上海市陝西北路457號(200040)
印　　刷 上海盛隆印務有限公司
開　　本 787×1092毫米 1/16
印　　張 32.75
插　　頁 16
版　　次 2018年12月第1版 2018年12月第1次印刷
書　　號 ISBN 978-7-5475-1525-9/H・089
定　　價 138.00元

本書係“高等學校創新能力提升計劃（2011計劃）”出土文獻與中國古代文明研究協同創新中心暨國家社科基金重大項目“戰國文字詁林及數據庫建設”的階段性成果

容庚書法

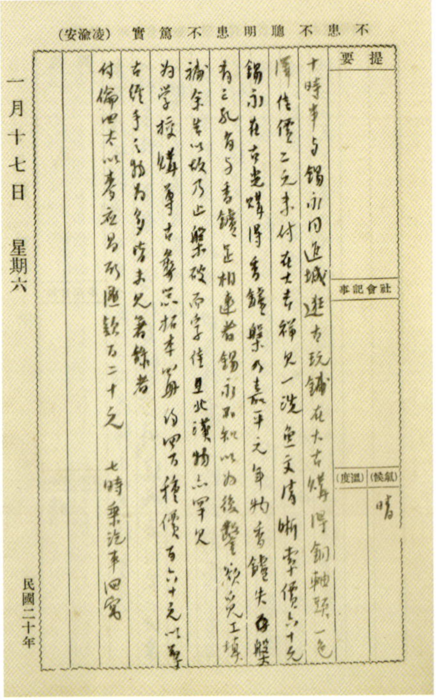
不患不聰明患不篤實（凌渝安）
提要
社會記事
氣候
溫度
一月十七日 星期六
民國二十年

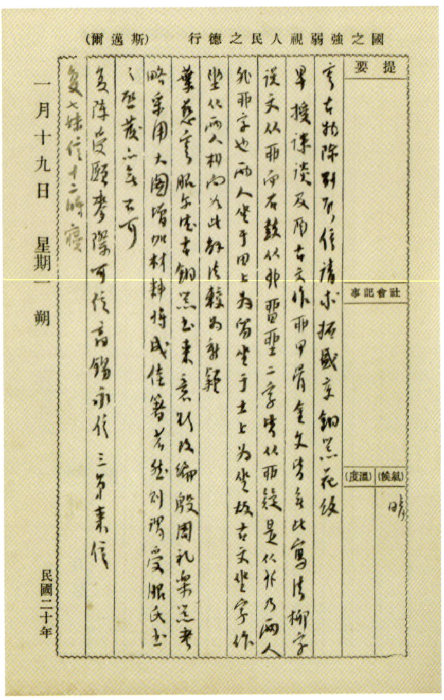
國之強弱視人民之德行（斯邁爾）
提要
社會記事
氣候
溫度
一月十九日 星期一 朔
民國二十年

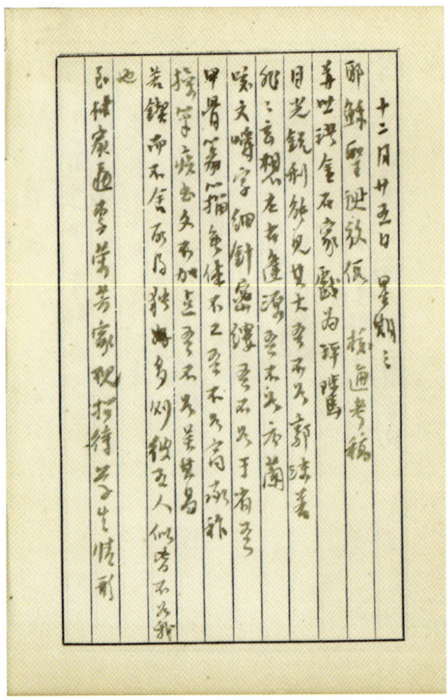

容庚日記（節選）

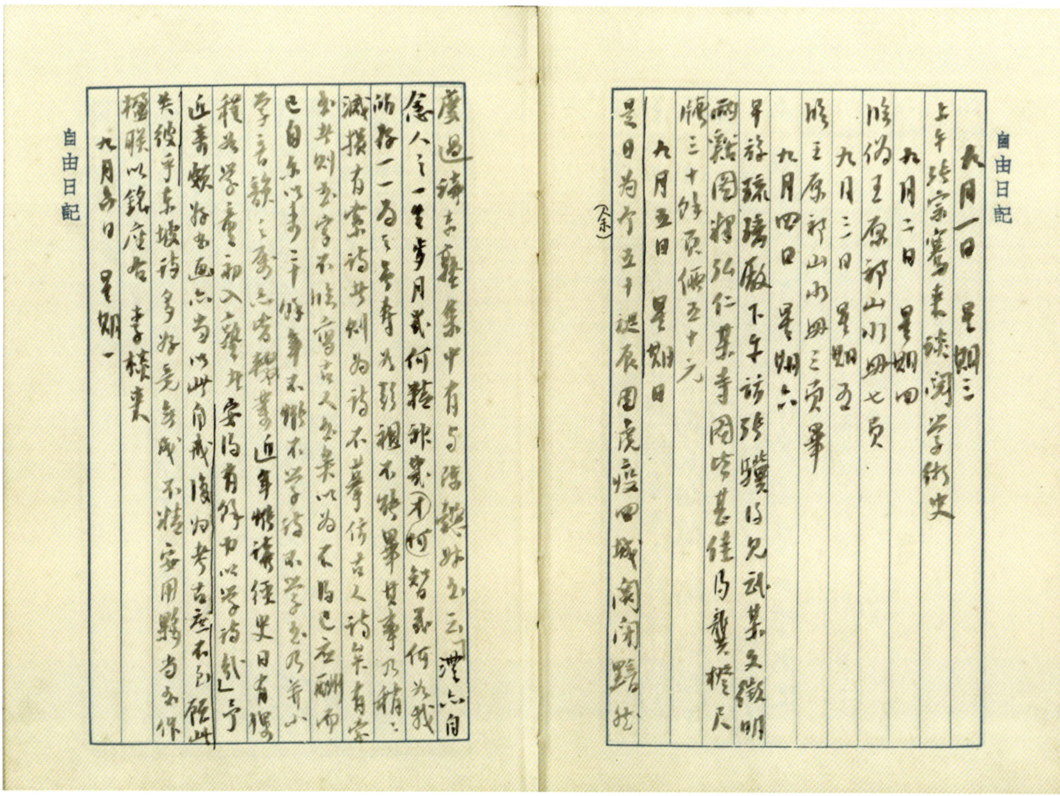

容庚日記（節選）

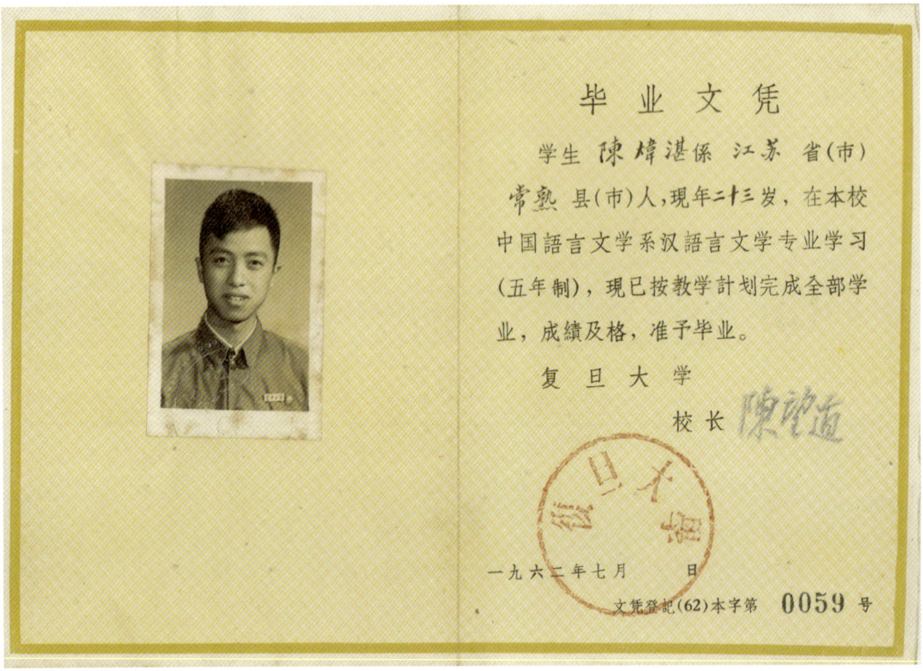

毕 业 文 凭

学生 陳煒湛 係 江苏 省(市)

常熟 县(市)人，現年二十三岁，在本校

中国語言文学系汉語言文学专业学习

(五年制)，現已按教学計划完成全部学

业，成績及格，准予毕业。

复 旦 大 学

校长 陳望道

一九六二年七月 日

文凭登記(62)本字第 0059 号

畢業文憑

1978年夏與夫人金益渠在中山大學惺亭

1987年9月與胡厚宣先生（中）合影於安陽殷墟

1994年8月在商承祚先生故居前與雷焕章（中）曾憲通（右）合影

1997年11月與吴承學（右）同游臺灣鵞鑾鼻

2000年10月游厦門南普陀寺
（左起）費錦昌、陳光磊、許寶華師、許師母、陳煒湛

2002年5月在臺灣中國文化大學舉辦的學術會議上宣讀論文

2002年9月與弟子游武夷山，於三賢祠品茗
左爲林志强，右爲陳偉武

2007年8月與黄文傑（左）譚步雲（右）合影於西安大雁塔

2007年春節游蓮花山慶祝金婚，子望南媳顔湘茹孫女若麒同游

2010年9月9日訪問復旦大學出土文獻與古文字研究中心，是晚揮毫於光華樓
右側爲裘錫圭、顧史考、蔡偉、周波、廣瀨薰雄

2014年10月10日於中山大學懷士堂大會作主題報告“論容庚精神”

2016年10月訪問首都師範大學甲骨文研究中心並爲該中心題寫名牌
左立者爲中心主任黄天樹

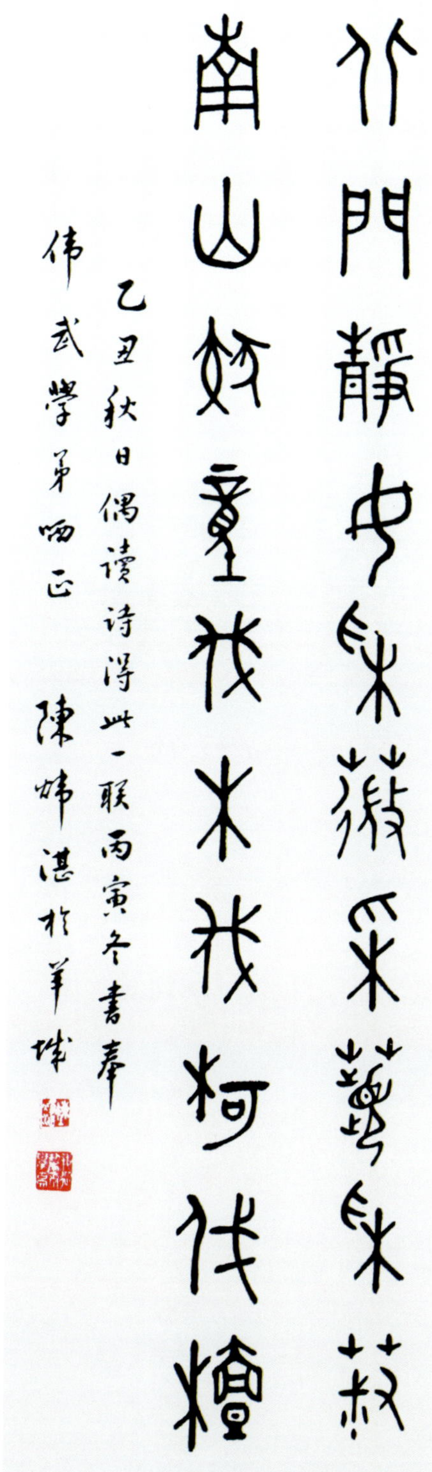

集《詩經》篇名爲聯贈陳偉武

田煒祝壽書法

目　　録

容庚日記(節選)

容國廉

受聘中大

一九二七年

六月十五日,星期三

中山大學副校長朱家驊[1]來電云,務請來任文字學教授。覆函云,欲爲購置參考書籍,下年歸任教授。由祖弟轉去。

七月一日,星期五

接中山大學朱家驊來電云,購書四千可即辦,仍盼即來。

收藏

一九二八年

四月二十八日,星期六

余向不入古玩鋪之門,以囊中羞澀,愛而不能得,徒繫人思也。今辰會計主任范天祥約往古玩鋪買古錢,先到琉璃廠訪古齋,爲購二漢鏡及古刀布十數枚,價二十元,因事他去。余與明義士到尊古齋,購得一昜兒鼎,價五十元。又一三羊鏡,一得志璽,價八元。又一宗婦簋(金文),腹已

---

① 朱家驊(1893—1963),字騮先,浙江吴興人。1926年任中山大學副校長。後曾任國民政府教育部長、交通部長、浙江省主席。1940年任中央研究院代理院長。

穿,乃吴大澂舊藏,減至二百八十元,欲購之後,其徒云有誤,彼購進之價爲三百數十元,余遂不强買。昜兒鼎,《西清古鑑》著録,余第一次購古器,乃廉價得此,殊自幸也。鼎蓋後配,尚合式,《古鑑》無之三羊鏡銘"三羊作竟大毋傷兮",文字、花紋、色澤均佳。

一九二九年

一月六日,星期日,晴

八時往訪周養庵①。

九時到琉璃廠虹光閣,購銅鏡二,帶鉤十,價二十五元。在式古齋購青羊鏡一、鼎一、簠一、殘劍一,價九十七元。鉤鑲銀絲,有"丙午金鉤既公且侯"八字,曾見於《雪堂漢器》册中。恐後刻,然尚不惡。青羊鏡至佳,中有裂痕,去年所欲購而未得者。鼎銘在兩耳,一云"一斗一升",其一不可辨,乃戰國器。元簠字至多,元器罕見,留此以見元代作品。殘劍一段有銘數字。尚有一漢鼎,銘字極精,索價昂,未得。

在虹古閣②借得一部有圖之《宣德鼎彝譜》,將倩人摹之。

聞内子借百金付物價,未允。吾妻固未知吾也,一嘆!

研　究

十一月十七日,星期二

編《甲骨金石文字通論》,擬分總論、帝王、國名、地名、時日、官氏、禮制、文字、銘辭、書籍、雜説、結論數章。

一九三一年

一月十七日,星期六,晴

十時半與錫永同進城,逛古玩鋪。在大古購得銅軸頭一,色澤佳,

---

① 周肇祥(1880—1954),字嵩靈,號養庵,浙江紹興人。曾任代理湖南省長、臨時參政院參政。1926—1928年任古物陳列所所長,並主持編輯《古物陳列所書畫目録》、《書畫集》等書。

② 原文如此,疑爲虹光閣之誤。

價二元,未付。在大吉祥見一洗,魚文清晰,索價六十元。錫永在古光購得香爐槃,乃嘉平元年物,香爐失槃,有三孔,有與香爐足相連者。錫永不知,以爲後鑿,欲覓工填補。余告以故,乃止。槃破而字佳,且北漢物,亦罕見。

一月十九日,星期一,晴

寄古物陳列所信,請求拓盛京銅器花紋。

早授課,談及酉古作丣,甲骨、金文皆無此寫法,柳字《説文》从丣,而石鼓从,畱、埾二字皆从丣,疑是从,乃兩人,非丣字也。兩人坐於田上爲留,坐於土上爲坐,故古文坐字作,从兩人相向。如此解法較爲新穎。

自 我 評 價

一九四〇年

十二月廿五日,星期三

耶穌聖誕,放假。校《通考》稿。

並世諸金石家,戲爲評騭:

目光鋭利,能見其大,吾不如郭沫若。

非非玄想,左右逢源,吾不如唐蘭。

咬文嚼字,細針密縷,吾不如于省吾。

甲骨篆籀,無體不工,吾不如商承祚。

操筆疾書,文不加點,吾不如吴其昌。

若鍥而不舍,所得獨多,則彼五人似皆不如我也。

一九四三年

九月五日,星期日

是日爲予五十誕辰,因虎疫四城關閉,黯然度過。讀《東塾集》,中有《與陳懿叔書》云:“澧亦自念:人之一生,歲月幾何?精神幾何?才智幾何?如我所好,一一爲之,雖壽如彭祖不能畢其事。乃稍稍減損:有索詩者,則爲詩,不摹仿古人詩矣;有索書者,則書字,不臨寫古人書矣。以爲不得已應酬而已。自爾以來,二十餘年,不慚不學詩、不學書,乃並小學、音韻之屬亦皆輟業。近年惟讀經史,日有課程,如學童初入塾者,安得有餘力以學詩哉?”予近來頗好書畫,亦當以此自戒,復歸考古,庶不至顧此失彼乎。東坡詩:“多好竟無成,不精安用夥。”當書作楹聯以銘座右。

李棪來。

書畫價值

一九四三年

十二月三十一日,星期五

往購煤未得。寫堂幅一。郭竽來。游琉璃廠。結算本年家用一萬四千一百五十一元,購置一萬〇五百七十二元八角。

是年所購書畫之佳者:查士標《蘭亭觴詠圖記》册,百二十元;鄭旼《山水》册,六百元;張穆《八駿圖》卷,五百元;王鑑《關山秋霽》軸,千元;文伯仁《松陰逸士》軸,三百元;沈周《吴門十二景》册,三千元;陳洪綬《花鳥人物》册,百六十元;吴偉《山水人物》册,千八百元。

【十一月十二日,星期五

游琉璃廠。在論文齋取回沈周《吴門十二景》册,甚佳,即鉤其稿。

十一月十三日,星期六

臨《吴門十二景》册,得六景。購小米二百斤。

十一月十四日,星期日

臨《吴門十二景》,夜深乃畢。】

一九四四年

十月十七日,星期二

鈔《倪文》。换金一兩,計鈔一萬〇九百元。訪于省吾、秦裕。至北大授課。購張靈《蘭花》卷,三千四百元;戴進《山水》軸,一千二百五十元。

十一月十二日,星期日

早游琉璃廠。换戒指三,重五錢五分,洋五千五百元。下午鈔《倪文》。付戴進《山水》軸款洋一千二百五十元。

一九四五年

二月二十四日,星期六

編孫氏《書畫鈔》。覆七妹信。游琉璃廠,在榷古齋見沈石田《月宴圖》卷、戴文進《山水》長卷,甚佳。戴卷乃一年前所欲觀者,至是始取來,皆袁勵準[①]物也。戴卷索價三十萬元。

---

① 袁勵準(1876—1935),字珏生,號中州,别署恐高寒齋主,河北宛平人。光緒二十四年(1998)進士。

每愧人稱作畫人

——讀容庚先生次韻和徐宗浩詩作

黄光武

馬國權先生曾撰文介紹書畫篆刻家徐宗浩與容庚先生的一段友誼，刊登了容庚先生没有公開發表過的詩作，但不明所出。[①] 筆者近日整理容庚先生及家屬捐贈中山大學和古文字研究所的書籍資料，發現容庚先生的手稿《頌齋讀畫記》中有記載明代劉鈺《安老亭圖卷》條，記録了圖卷的式樣尺寸、作者及諸文士題字、題詩，應是容先生作爲評論書畫資料的儲備。但後面多了一段有趣的徐、容唱和的記事，證實了馬氏介紹的容庚先生的和詩並非向壁虚造。《頌齋讀畫記》的記載：

> 此卷(《安老亭圖卷》)藏武進徐宗浩家。卅三(1944)年二月廿七日余從假觀。入夜親來索歸。後寄余詩簡云：日昨承示諸畫，極賞心娱目之樂，口占二絶寄奉頌齋仁兄吟正：
>
> 論畫評書意獨親，十年同浣洛京塵。
> 足音空谷跫然喜，君亦平生愛竹人。
>
> 癖畫成癡亦可憐，亂離供養只雲煙。
> 荷君相諒防微意，免損衰翁一夜眠。
>
> 石雪居士初稿　甲申二月時年六十有五

① 馬國權：《近代印人傳》，上海書畫出版社 1998 年，第 149 頁“三六　徐宗浩”。

余次韻和之云:

水竹雲山記偶親,廿年投筆走京塵。
評量金石尋常事,每愧人稱作畫人。

書畫搜藏只自憐,里居淪陷半成煙。
如何君竟癡於我,假去完庵未得眠。

徐容二人唱和之詩表達了惺惺相惜的情懷,傾訴了同浣洛京塵的艱辛。徐引容爲知己,發出"君亦平生愛竹人"的欣幸。徐氏曾因請人題趙孟頫真迹《淮陽書院記》導致原作失竊而悔恨終生,爲慎重起見,竟夜叩容門索畫,詩中爲此事深表歉意,以"免損衰翁一夜眠"的詼諧詩句解嘲。

可貴的是,當年徐宗浩寄容庚先生的詩箋完好無損地夾在《頌齋讀畫記》的稿本中,讓我們得以欣賞徐氏脱俗的書法。

徐宗浩二絶句與《頌齋讀畫記》的記録一致無誤。

但是容庚先生稿本的和詩,與馬氏所引的容詩比較,出入較大,異文筆者用着重號標明。下詩爲馬氏所引容詩:

(一)

水竹雲山記偶親,廿年投筆走京塵。
評量金石尋常事,每愧人稱作畫人。
(原容庚和詩)

水竹雲山筆偶親,廿年焚硯走京塵。
評量金石甘殘抱,愧尚傳稱作畫人。

(二)

書畫搜藏只自憐,里居淪陷半成煙。
如何君竟癡於我,假去完庵未得眠。
(原容庚和詩)

南望胡塵劫可憐,故園書畫半成煙。
如何君復癡於我,借出劉圖竟損眠。

可以看出,馬氏所引容詩的詩句有幾處異文,諒馬氏未敢斧正先師原作。徐氏詩畫齊名,民國十五年有《石雪齋詩稿》行世,馬氏引容詩或出徐氏後來修改的手筆也未可知。"投筆"改"焚硯"更明確,不致歧義。容先生畢竟在大學任教授,以筆耕爲業,容詩的投筆或意指投下畫筆,不從事繪畫。"尋常事"改"甘殘抱"似合乎容先生一向矜慎的著述風格。他曾於《金文編序》自言"唐蘭先生批評此書是過於保守,這是很恰當的"。[①] 但這未必合容詩本意。容先生的舅父鄧爾雅有《題容庚兄弟同輯〈東莞印人傳〉》,詩中有句云:"我家篆刻尋常事,不斷相傳有印人。"此處"尋常事"意爲研究金石古文字、篆刻是家學,相傳不斷,傳人也包括外甥容庚、容肇新。容詩"評量金石尋常事"或借自舅氏詩句。[②] 第二絶前二句改得更蔑視日寇,突顯民族感情,區區收藏確幾乎成煙。有書爲證:"廿七年……八月東莞城陷,七妹乃使人攜余所藏書畫往香港,遭劫失去。輾轉購求,數月乃歸。扇册失去三十餘紙。"[③]"完庵"改"劉圖"更合事實。稿本《安老亭圖卷》記劉珏"自題云:'完庵爲　　復初進士作'"。完庵是劉珏齋號,歸還的是《安老亭圖卷》。總之,筆者將馬氏所引容詩與手稿比較,順作簡單注釋,以爲大體無悖原作,可惜馬氏未説明容、徐唱和詩的來源,始終是個疑問。若刊布容庚先生詩作,應以《頌齋讀畫記》爲準。

容、徐二人在竹畫繪作及竹畫史專題上有着共同語言:徐氏著有《竹影述要》、《畫竹人傳》,墨竹作品名世;容庚先生則有《記竹譜十四種》之作,文中還表示欲集録各書之説及圖爲初學者示範爲上卷,復從各地博物館與私人所藏真迹珂羅版中選輯南唐之李頗、宋之文同、元之趙孟頫、明之文徵明、清之鄭燮諸家爲下卷,庶幾集竹譜之大成。[④] 徐宗浩深情引容庚先生爲同志,稱"君亦平生愛竹人"。然而,容先生在和詩中向世人明確表白:莫把我當作畫人,我自己所追求的事業還是"評量金石尋常事"。

雖然容庚先生從小愛好書畫,跟隨"從兄康泰,從叔父祖椿學畫",[⑤]

① 容庚:《金文編序》,曾憲通編:《容庚雜著集》,中西書局 2014 年,第 55 頁。
② 鄧爾雅著,東莞市政協編:《鄧爾雅詩稿》,廣東人民出版社 2007 年,第 314 頁。
③ 容庚:《容祖椿畫扇册題記》,曾憲通編:《容庚雜著集》,第 361 頁。
④ 容庚:《頌齋述林·記竹譜十四種》,香港翰墨軒出版有限公司 1994 年,第 204—205 頁。
⑤ 容庚:《頌齋吉金圖録序》,曾憲通編:《容庚雜著集》,第 63 頁。

打下了厚實的國畫基礎,但由於他真正領會到了書畫藝術的真諦,深知“書、畫、篆刻非變不足以傳,而余之資稟鈍不足以言變,遂乃捨去而專治古文字”,①故有北上求學之舉。

容庚先生立志做傳世之事業,於1922年偕弟容肇祖北漂古都燕京,此行成就了他“專治古文字”的夙願。由於他“早年感於列子‘大道以多歧亡羊,學者以多方喪生’的話,故於金石以外,不敢多所旁騖”,②故“此來北平,不言書畫者十有五年”。③ 容先生一心撲在金石古文字的研究上,成就斐然,至1941年的二十年間,先《金文編》,後《商周彝器通考》兩大著作問世,成爲治古文字、銅器考古的圭臬。

正當容庚先生在學術道路上躊躇滿志時,日本帝國主義侵略我國,東北、北平先後淪陷。在燕京大學關門之前,容庚先生的治學已深受干擾,備受挫折,遂破“不言書畫”的戒律。他筆下如是説:“北平淪陷,燕京大學以國際之故,雖可苟安,亦苦壓迫,排憂解愠,莫逾書畫。”④並重操畫筆,於1939年“十月,仿張宏畫牛册十二頁,是作畫之始”。⑤ “(一九)四一年十二月,太平洋戰争起,余移居上斜街東莞新館,百無聊賴,以書畫遣日。”⑥“日本憲兵接收燕京大學”,燕京大學停辦,容先生賦閑在家,翌年四月才受北京大學教授之聘。⑦ 教學之暇還研究畫史,作長篇論文《倪瓚畫之著録及其僞作》。而繪事“自一九三九年起,至一九四五年止,七年之間,得畫一百卷軸;曾以一夕之力,臨沈周《苕溪碧浪圖卷》”。⑧ 由此可見容庚先生雖以書畫遣日,却不但遣興,也遣出了成績來。他本人也冷暖自知,如致蕭項平關於《頌齋書畫録序》所説,批評書畫“不無一得之見”。⑨ 其繪畫有人以吴愙齋相比較,容先生則説:“余之造詣,奚止於此!”⑩又如對《倪瓚畫之著録及其僞作》的學術價值,他更加矜持自信。

① 容庚:《甲骨集古詩聯序》,曾憲通編:《容庚雜著集》,第90頁。
② 容庚:《歷代名畫著録目序》,曾憲通編:《容庚雜著集》,第112頁。
③ 容庚:《頌齋書畫録序》,曾憲通編:《容庚雜著集》,第106頁。
④ 容庚:《頌齋書畫小記序》,曾憲通編:《容庚雜著集》,第108頁。
⑤ 容庚:《頌齋自訂年譜》,曾憲通編:《容庚雜著集》,第36頁。
⑥ 容庚:《叢帖目序》,曾憲通編:《容庚雜著集》,第104頁。
⑦ 容庚:《頌齋自訂年譜》,曾憲通編:《容庚雜著集》,第37頁。
⑧ 容庚:《容庚自傳》,曾憲通編:《容庚雜著集》,第3頁。
⑨ 容庚:《致蕭項平書》,曾憲通編:《容庚雜著集》,第424頁。
⑩ 于省吾:《容希白傳略》,曾憲通編:《容庚雜著集》,第6頁。

辨僞洋洋凡二十九款，文末對其文充滿嚴謹至碻的自我評價，發出“若譽爲畫史之董狐，則余豈敢。”[①]實以謙遜句式自譽爲畫史之董狐也。至於對容庚先生繪畫的評估，于省吾則曰：“君於繪事之孟晉，殆未可以測其所至也。”[②]

容庚先生以書畫排遣，肯定會影響其金石古文字的研究，自然會引起學界同仁的誤解。如老友于省吾當時就認爲他“近數年來，忽撢研六法，昕夕臨摹，孜孜不倦。余曾戲謂君曰：‘業貴乎專，苟吾之所業，不足以抗衡古人，睥睨一世，雖勿爲可也。況近世畫家林立，咸有師承，致力專且久，君雖聰敏邁人，而僅以歲月旦夕之勤，與之品高下，角優劣，君其望塵軌追景迹而莫之逮乎？’君曰：‘否！否！余幼學繪事於從叔祖椿，嗣以從事金石著述，因而中輟者二十餘年。兹復理舊業，苟歲月有待，當有所就。且微此無以發吾胸中之奇，豈與俗史争短長乎！’余默爾無辯。”[③]容庚先生婉答于氏，畫翁之意不在畫，澆胸中塊壘耳。

從中國文化傳統的角度來看，繪畫美術始終不能登入最高的文化殿堂，只被當作技藝，地位還在書法之下，更無法與經史詩文相比。即使容庚先生本人，也棄畫而選擇金石古文字的研究。一旦成就爲金石考古古文字學家，因環境壓迫將繪畫當作遣日的游戲，致使于省吾先生婉勸他“業貴乎專”。幾十年後，于先生的高足吴振武教授還是把容先生的繪事稱作“前輩大師學術生涯以外之‘藝術人生’”。[④] 終究把藝術定位在學術以外。從文化史的角度來看，學術與藝術都是人類的文化結晶，没有高低之别。但在中國，學術高於藝術的傳統觀念却是不争的事實。最典型者莫過於被譽爲“北宗山水第一人”溥心畬的夫子自道：“與其稱我爲畫家，不若稱我書法家；與其稱我爲書法家，不若稱我爲詩人；與其稱我爲詩人，不若稱我爲學者。”[⑤]溥心畬畫重當時，還出版過《寒玉堂畫論》、《四書經文集》、《毛詩經義集證》等論著，所以他寧願人稱他爲學者。由是可見“學者”在文人心目中的地位。容庚先生就是一位有貢獻受人尊敬的

① 容庚：《頌齋述林·倪瓚畫真僞佚存考》，香港翰墨軒出版有限公司1994年，第323頁。
② 于省吾：《容希白傳略》，曾憲通編：《容庚雜著集》，第6頁。
③ 于省吾：《容希白傳略》，曾憲通編：《容庚雜著集》，第6頁。
④ 吴振武：《容希白傳略·跋》，曾憲通編：《容庚雜著集》，第7頁。
⑤ 轉引自劉國松：《溥心畬》，《藝術家》1996年第6期。

大學者。

上述冗論之後,還是回到容庚先生那句“每愧人稱作畫人”的詩句上來。前此,除了馬氏引容庚先生的和詩外,未聞容先生有公開發表的詩作。從與徐宗浩唱和的詩作可看出詩如其人,平實率真,通過和詩表達抗戰那段時期以書畫排遣實屬無奈,但他的目標始終是金石古文字的研究,未忘初心,“爲《殷周秦漢文字》一書”[①]的撰寫而奮鬥。

解讀容庚先生的和詩,必涉及其書畫研究的問題,自然不能不談及容庚先生《叢帖目》、《頌齋書畫小記》兩部著述的寫作和意義。

《叢帖目》的寫作始於容先生對《鳴野山房帖目》之校補。淪陷間假觀或選購,得叢帖五百餘種,作《叢帖目》。1949 年以後,假觀或選購得叢帖三百餘種。至 1964 年作序時説: 陸續增訂,塗乙狼藉,距始作三十餘年,“此亦精力所聚,未忍捐棄,聊集存之。它日復有所見,當爲續補云”。[②] 其後之增補工作還列入中山大學古文字研究室 1965—1970 年的研究計劃。直到“文革”結束,於 1980 年才由香港中華書局出版第一册,容庚先生在新出版的《叢帖目》第一册上高興地題簽“分贈古文字研究室　一九八〇年四月 容庚”。在容先生歸道山之後三年的 1986 年 9 月,才把《叢帖目》四册全部出版完畢。[③] 冼得霖評價其學術意義説: 補書學所未備,以金石家而編纂是書,詳審可信,其於學術貢獻豈小補乎?[④]

容庚先生另一部“亦精力所聚,未忍聽其湮没,聊筆記之”的《頌齋書畫小記》,則在容先生逝世 17 年後於 2000 年出版。《頌齋書畫小記》乃廣 1936 年印行的《頌齋書畫録》之作,容先生對《畫録》“自慚寒儉,頗有續收之志”。[⑤] 增至 1948 年,材料十倍於前。張伯英在序言中高度評價其合譜録、傳記、收藏爲一體,博觀約取,鑒别嚴謹,是畫録中善之又善

---

① 容庚:《金文編序》,曾憲通編:《容庚雜著集》,第 50 頁。

② 容庚:《叢帖目序》,曾憲通編:《容庚雜著集》,第 104 頁。

③ 曾憲通編:《容庚雜著集》“前言”,第 9 頁。曾憲通先生回憶: 香港中華書局負責人李祖先生來到容先生家中洽談有關《叢帖目》出版事宜,容先生指着壘得高高的《叢帖目》稿本深情地説道:“李先生,我這一百多萬字的手稿是一個字一個字寫出來的,每一個字都是一筆一筆寫成的。”

④ 冼得霖:《頌齋叢帖目·序》,容庚:《叢帖目》,中華書局香港分局 1980 年,第 5—6 頁。

⑤ 容庚:《頌齋書畫小記序》,曾憲通編:《容庚雜著集》,第 108 頁。

者。[①]《頌齋書畫小記》書稿一直增補，收畫至入容先生法眼、小他50歲的忘年交、受他青睞的青年畫人吴静山。至1967年，歷時40餘年後增作後序。若從《頌齋書畫録》的寫作算起，《頌齋書畫小記》完篇歷時64年，逮至2000年4月才出版。容庚先生雖未能親睹其梓行，亦足慰九泉之下。

容庚先生上述兩部著作，耗時最長，精力所聚，鍾愛所在，不忍湮没，增訂不斷，歷盡坎坷，終能面世，代表其書畫研究的最高成就，與《金文編》、《商周彝器通考》一併成爲容先生生平治學標杆之作。曾憲通先生是這樣評價其學術意義的："容庚先生博大精深的治學領域，即以金文爲中心的古文字學，以青銅器爲重點的考古學，和以叢帖目與書畫録爲特色的目録學，均爲我國相關學科的奠基之作，在學術界具有深遠的影響。"[②]

容庚先生誠然是個大學者，雖擅國畫，然其生平從未以畫名世，這就是他在和詩中辯白的真心話："每愧人稱作畫人。"

（作者單位：中山大學中文系）

① 張伯英：《頌齋書畫小記·序》，廣東人民出版社2000年，第1—2頁。
② 曾憲通：《容庚雜著集·前言》，第1頁。

在紀念中山大學古文字學研究室成立60周年學術研討會上的致辭

吴振武

尊敬的中大各位老師和同學,尊敬的各位同道:

大家早上好!

今天我們很高興來這裏參加我們尊敬的同行——中山大學古文字學研究室成立60周年的紀念活動。首先,請允許我代表中國古文字研究會和全國古文字同道並以我個人的名義,向中山大學的老師和同學們表示最衷心的祝福和最美好的祝願。同時,我也代表吉林大學中國古文字研究中心的全體師生,向我們的同行好兄弟表示最誠摯的祝賀!

中山大學古文字學研究室成立於1956年,是我國最早建立起來的以研究先秦古文字爲主要任務的專門機構。它的創始人是已故著名古文字學家容希白先生和商錫永先生。在二位前輩先生的精心培育和規劃下,60年來,經過三代甚至四代學人的辛勤努力,今天中大的古文字學科已是我國古文字研究和教育行業裏的重鎮。容先生的金文資料整理和青銅器研究,影響深遠。特别是經過兩代學者精心纂修的《金文編》,是古文字研究領域裏的真正經典,其影響遠超金文字書本身。商先生和中大第二代古文字學者在上世紀六七十年代開創的楚簡帛文字整理研究,實實在在地爲今天的楚文字熱奠定了良好基礎。今天,中山大學古文字學研究室已經由"室"發展到"所",老中青學者濟濟一堂,青年才俊和優秀成果不斷涌現。特别值得一提的是,身處廣東這樣一個商品經濟極爲發達的地方,他們安貧樂道,重學術,守得住,有風骨,令全國同行敬佩不已。

60年來,從我的老師于思泊先生算起,吉林大學的三代古文字老師,也跟中山大學的老師們結下了深厚友誼,可以稱得上是世交。今天,我們又都在“出土文獻與中國古代文明研究協同創新”的大旗下,互相支持,攜手共進。我衷心希望,在習總書記和各級領導高度重視和關懷古文字學的大好形勢下,包括中山大學師生在内的全國古文字同行,能够趁勢而上,加倍努力,爲開創中國古文字研究的新局面,爲弘揚中華文化的優秀傳統,貢獻出我們的智慧和力量。

最後,祝中山大學古文字學科蒸蒸日上!祝在座的各位朋友身體健康!

謝謝大家。

2016 年 12 月 3 日

治契者言

陳煒湛

一、煒湛冠年入粵，從師治契。師但言多讀原文且録文句以事研究，又謂宜多讀羅、王、郭、董諸公論著。數年間，未嘗爲煒湛解一字，釋一辭，但云："有題目否？""有文須推薦發表否？"煒湛謹遵師訓，自讀契文，貪多務得，心追手摹，未敢少懈。且精讀四堂鴻著，心有所得而記之，呈諸師，有所疑而問諸師，如是數年，以至卒業。"文革"後，師謂"汝可著書矣"，書成，師審定而序之，且顔之曰《甲骨文簡論》，時在一九八一年也。語曰：師父領進門，修行在自身。文武皆然。

二、廣讀原片，積累見識，增强辨别力，不受欺蒙，學術殿堂之上，乃有發言權。

三、精讀卜辭，反復比勘，饒公有專論。

四、解讀卜辭，諸家多異。命辭性質，至關重要，煒湛所見，即與裘氏大異。諸説紛陳，擇善而從。

五、一家之説，前後有異，當以後説爲準。《簡論》（如第五章附圖十八、三十一）與《綱要》相較，自以《綱要》爲準。注意《綱要》前言。

六、寫契與寫真草，均有生熟之異，即由生而熟，復由熟而生，拙而巧及巧而拙也。巧勿喜，拙勿急。

二〇一六年十一月廿三日晨草。是日上午，爲常熟甲骨文學會會員講於尚湖望虞臺。是日陰雨，聽講者約有二十人。晚，楊會長文乾兄賜飯於百姓飯店。副會長殷兄劍鳴駕車往返。煒湛記。

荆楚紀游

陳煒湛

（一九七六年三月二十九日至六月三十日）

題　記

一九七六年春，長江流域規劃辦公室（"長辦"）考古隊隊長陳淮來中山大學古文字學研究室，誠請派員至荆州整理新出土之西漢簡牘。商夫子允之，煒湛與張（振林）、孫（稚雛）二兄乃應命而有荆楚之游焉。三人自攜行李（所謂鋪蓋也），乘火車至武漢，於"長辦"略事休息，即赴荆州。荆州即江陵，古楚都也。史有劉備"借荆州"、關羽"大意失荆州"，名同而地異。荆州之名天下共知，有幸一游，且小住數旬，不亦快事乎？

二〇一六年五月　陳煒湛四十年後補題

荆州博物館工作日記

一九七六年三月二十九日　星期一　陰雨

晨，冒雨由"長辦"招待所赴汽車站，乘坐漢口—荆州長途汽車。八時開，下午二時四十分到江陵。"長辦"考古隊隊長陳淮同志及工作人員謝文綸同志到車站迎接。復坐公共汽車到荆州博物館。住於原作展覽用的一大屋内，吉林大學歷史系師生及地區亦工亦農訓練班學員十餘人已先住在内，我等三人與彼等不過裏外之隔而已。屋甚大，人來人往，亦頗熱鬧。窗門俱全，不過窗有洞，門不可閂。博物館領導同志一再致歉，説工作没有做好云云。陳淮同志見我們行李較少，乃吩咐有關同志爲我們每人租了兩條棉被以禦寒。

三月三十日　星期二　陰轉晴

上午熟悉材料。午飯後登西門城樓。

寄家書。

參觀古屍。

下午參觀出土文物展覽。買郵票五張。

晚飯後安排工作,據張振林傳達,我們三人到這裏來的任務是摹寫竹簡木牘,因此項工作無人願做,而又必須做,乃由我們來完成。但照片、摹寫工具、工作臺等皆無,尚須等待數日方能動手。

三月三十一日　星期三　晴

洗蚊帳、套鞋。

研讀鳳凰山八、九、十號墓發掘報告及討論竹簡木牘的文章。傍晚,省文物隊譚維四來,贈閱雲夢秦墓出土簡牘照片兩張,油印稿一份。謂若有空,不妨寫些稿件。

上午十時許,與吉林大學師生商談工作,尚融洽。吉大師生邀請我們爲工農兵學員及亦工亦農班學員上課,含糊應之。

四月一日　星期四　陰

閱鳳凰山一六八號墓發掘報告(油印)、紀南城今昔等有關材料。研討雲夢秦墓出土尺牘,試作釋文,未竟。

晚,至荆州軍分區觀看電影短片,主要是北京電視臺拍攝的《鳳凰山168號漢墓》。步行約二十分鐘方達軍分區,在廣場上放,無凳子,只得站着看,累極,未散場即歸。十時許,博物館兩領導人又來看望,談了很久關於古文字、竹簡方面的問題,就寢時已十一點鐘了。

四月二日　星期五　陰有細雨

寒流來,冷極。

檢閱文物所發表關於江陵紀南城鳳凰山漢墓之發掘報告及研究文章(主要是十號墓)。參觀館藏圖書,借《秦會要》一册。

得十號墓照片(簡牘)一套。

四月三日　星期六　陰有細雨

試摹十號墓竹簡三枚。

下午,電工來爲摹寫竹簡用之工作臺安電燈。至此,摹寫竹簡的條件乃大體具備。

晨,傳達中共中央關於南京問題的電話通知,此通知係四月一日所發。

午飯後與張、孫上街,買漢口"雨茶"二兩,五角五分,食酒釀湯一碗,油糴糯米小團子(無心)一隻,各五分。

翻閱《太平御覽》。

四月四日　星期日　晴

得九號墓及一六八號墓簡牘照片。乃略作分工,孫摹十號墓,張摹九號墓,余則摹一六八號墓。

一六八號墓出土竹簡六十六枚,竹牘一,天平衡杆一(三面有字),照片或清晰可辨,或模糊不堪。作釋文,除牘、衡杆外,簡文作二十六條。

是日博物館内伙食甚差,午餐菜三分,晚餐菜五分,終日吃素,據云以星期日故也,可發一嘆。

四月五日　星期一　陰

續作鳳凰山一六八號墓出土竹簡釋文竟,凡六十六簡。

試摹"市陽五大夫墜少言"竹牘一枚。

晚,看電視。

四月六日　星期二　晴

上午,校對竹簡照片,釋文,未竟。

下午,開會——鳳凰山墓葬發掘報告編寫小組會議。根據省、地有關領導的指示,亦工亦農訓練班的學員也參加發掘報告的編寫工作,從中加以培養,使之提高。並要求中大、吉大師生多加指導幫助。大家一致表示,支持新生事物,與亦工亦農學員一起工作,互相學習,取長補短。

於無意中得讀陳登原著《金聖嘆傳》,然此書凌亂無章,僅堆砌考證材料——卡片資料而已,了不類人物傳記。

四月七日　星期三　陰

校對竹簡照片,釋文竟。

晚,停電,無法工作。

四月八日　星期四　陰轉晴

收聽廣播,得悉中共中央决議,華國鋒任中央第一副主席、國務院總理;撤銷鄧小平黨内外一切職務。廣播還報導了四月五日發生在天安門廣場的“反革命”政治事件,以及吴德同志在天安門廣場發表的廣播講話。

全天學習。討論中央兩個决議,學習《人民日報》六日的社論“牢牢掌握鬥争大方向”。

晚,看彩色故事片《長城新曲》。

四月九日　星期五　陰

開始摹寫鳳凰山一六八號漢墓出土之竹簡,全神貫注,摹寫半日,僅得六七簡,且各簡字數並不多,少者三四字,多者僅十餘字。吉林大學學生陳雍謂此批竹簡中有若干字還有疑問,不能遽定。下午三時,乃復與彼覆核原簡,對疑惑之字辨認再三,反復琢磨,互有啓發,真可謂教學相長也。

四月十日　星期六　陰轉晴

早飯後即集隊前往體育場参加荆州地區暨江陵縣黨政軍民歡呼中共中央兩個决議、憤怒聲討鄧小平大會。九時進場,十時開會。剛開始,《東方紅》樂曲未奏完,即發生停電事故。廿多分鐘後才繼續有電。會上宣讀中央兩個决議後,地、縣黨政領導人及各界代表發言。十一時四十分散會。回到博物館,已十二點多鐘,疲勞已極。

下午繼續臨摹竹簡。

得家信,謂老小平安,母親身體已復原,飯量亦已恢復,良可慰也。

作書致烈茂兄,告以赴荆見聞。

四月十一日　星期日　雨

繼續摹寫竹簡。閱數日之力,共摹竹簡二十七枚,約占全數三分之一强。

早上飯堂既無開水,又無熱的食品,不得已,去街上吃點心。二兩一碗陽春麵,一角錢,數量既少,味又奇鹹,與江南之陽春麵不可同日而語。

翻閲《西漢會要》(宋徐天麟著),覺得頗切實用。

四月十二日　星期一　陰雨

全力摹寫竹簡。

晚飯後,與孫、張等登北門城樓,在城牆上漫步,至西門而返。城上寬約五六尺,可兩三人並肩步行。

四月十三日　星期二　晴

疾目,疼痛不已。去荆州醫院就醫,因無電,五官科不看病,白走一趟,可嘆!晚間,館内一同志送來金霉素眼膏及眼藥水各一支。

摹寫竹簡,僅六條,以目疾,只得暫且休息。

下午,議論鳳凰山墓葬發掘報告之編寫問題。

四月十四日　星期三　晴

摹竹簡,僅於玻璃紙上勾勒十三簡底稿,終因右目疼痛,只得終止。休息。

晚,全博物館集中開會,聲討鄧小平,擁護中央兩個決議。

四月十五日　星期四　晴

整天學習:讀報,看報,議論。

晚,至人民劇場觀看荆州地區農業學大寨專題文藝調演,由監利縣及天門縣演出,計天沔(天門沔陽)花鼓戲二齣,小楚劇一齣,政治内容頗好,批判修正主義,堅持社會主義,惜藝術感染力不足,演至中途,觀衆紛紛離場。

收到廣西洛東農校覃盛發來信,感慨殊深。信中頗多謬獎之語,閱之赧然。

致漢齋書。

四月十六日　星期五　陰

摹寫竹簡。

四月十七日　星期六　陰

繼續摹寫竹簡。

寄商老信,告以離校後生活工作情况,並詢定級及遷家小事。

得錫詩兄匯款二十元,延頸望之久矣。

晚,看電視,音樂會,平平而已。

四月十八日　星期日　陰轉晴

訪楚故都紀南城。此係全國重點文物保護單位,國務院一九六一年所公布。離荆州江陵城約七公里(坐汽車二角錢車票),即在公路邊上。我們與“長辦”之謝文綸同志於七時五十分從博物館出發,經小北門出城,沿公路漫步而行。公路兩側盡爲農田,水利甚好。九時半,過安家岔,即入紀南城——亦是大片農田及零星村落而已。

剛進紀南城,即有石碑一塊,樹於路旁,大書“楚紀南故城”五字,類郭老字體。入“城”幾十步,即至所謂鳳凰山,高出公路約二公尺的小丘,著名之一六八號墓即在路邊,已填復,其左爲一六七號墓,亦出大量遣策,右爲一六九號墓。坑内皆有積水,其深難知。據云,鳳凰山的位置適當紀南城之東南角。

午飯後,湖北省博物館一同志帶我們去參觀所謂第三十號臺基。挖得一條條小溝,縱横交叉,猶如戰士掘的戰壕。見有牆基及廢井。檢得戰國時瓦片二片(此類東西到處都是,不以爲奇)。二時半,乘車返江陵,僅十餘分鐘即達。

作書致錫詩兄。

四月十九日　星期一　陰雨

摹寫鳳凰山一六八號漢墓出土竹簡,竟,凡六十六枚。

下午校對同墓出土之天平衡杆上的文字。此杆已有摹本,見於《文物》一九七五年第九期,《考古》一九七六年第一期,驗以實物,發現其誤摹之處不少,且非原大,故不能沿用,仍須另摹。

晚,傳達中央電話通知,大意爲,河北保定地區有些縣發生搶槍、搶彈藥、搶糧食事件,乃責河北省委、河北省軍區限期解決。

四月二十日　星期二　晴

摹寫天平衡杆文字,甚費心機目力。

洗襯單,曬棉被。

得夫人信,心緒惘然,悵然若失。隨即作書復之。

翻閱居延漢簡,其字體與鳳凰山漢墓竹簡類似,殆以同一時代之物故也。唯《永元兵器册》乃當時之草書。

四月二十一日　星期三　晴

閱鳳凰山一六七號漢墓出土木簡照片,作釋文。

四月二十二日　星期四　陰　大風雨

政治學習。討論《人民日報》社論。自讀報紙及有關文章。

大風雨,四處漏雨,桌上、地上弄得一塌糊塗,許多床鋪都漏雨。

復覃盛發信,告以離桂返校三年來之生活工作狀况。

四月二十三日　星期五　晴

又摹天平衡杆及竹牘文字各一,以代原摹本。至此,鳳凰山一六八號墓出土簡牘的摹寫工作乃告一段落,可轉入一六七號墓木簡之摹寫矣。

四月二十四日　星期六　晴

作一六七號墓木簡釋文竟,並試摹四簡。

以天平衡杆摹本一紙贈吉林大學考古專業師生。

四月二十五日　星期日　晴

閲居延漢簡數十枚。此類簡牘雖屬西漢武帝以後之物，然文字亦不易辨認，或潦草過甚，或筆畫省略，與正常寫法大異，如"出"即常作"土"形，往往易誤認爲"土"字。其書寫規矩者則與常見之漢隸如石經文字相仿佛，頗易辨認。

晚與張、孫至紅衛餐廳喝酒，一斤酒，四碟菜，共花四元多錢，大體上過得去。唯食具粗糙拙劣，竟以泥瓦鉢飲酒吃飯，乃有生以來第一次也。

四月二十六日　星期一　晴　悶熱

校閲一六七號墓出土木簡。

領差旅補助費拾伍元，蓋到鄂已及一月也。

得漢齋信。

四月二十七日　星期二　悶熱

繼續校閲一六七號墓出土木簡。

鳳凰山墓葬發掘報告編寫組開會，討論發掘報告編寫提綱。

寄益渠信，告以近況。

四月二十八日　星期三　陰雨

摹寫一六七號墓出土木簡。

四月二十九日　星期四　晴

政治學習：讀報，議論，開大會。

四月三十日　星期五　晴

打掃衛生，由内及外，由近及遠。

晚，加菜，預慶"五一"國際勞動節也。

五月一日　國際勞動節　星期六　陰有小雨

放假。早飯後，與吉大師生去城外之太輝觀，中午及晚上即在太輝觀聚餐。湖北省文物考古隊譚維四隊長等同志亦參加,近二十人,濟濟一堂,頗爲熱鬧。所遺憾者,豬肉爲隔夜之物,已不新鮮,餃子餡及炒肉片均有臭味。然大家仍開懷暢飲,盡興而止。余兩頓均飲江陵糧食白酒,大醉而返。

五月二日　星期日　晴

繼續放假。休息。以昨日飲酒過量,今日仍有些"飄飄然",頭痛,四肢乏力,大有生病之狀,乃静養一日。無所事事,隨便翻閲《基辛格》一書以消遣。晚觀電視影片《牛角石》,寫反對包産到户事,主角爲一年青女支書,與走資派地委某部長鬥争,頗類《春苗》。

五月三日　星期一　陰

校閲一六七號墓出土木簡竟,並摹若干枚。

作家書,告以度五一節情況。

五月四日　星期二　晴

今日乃青年節,青年們另有活動,餘下者寥寥無幾。時光飛馳,人生幾何！現在"中"字當頭,青春二字早已不知去向矣。

繼續摹寫一六八號墓木簡十餘枚。

晚,看電影《碧海紅波》,彩色故事片,寫朝鮮戰争中志願軍某雷達連於靠近敵空軍基地之石島上架設雷達、堅持戰鬥的故事。影片自始至終炮火連天,轟轟烈烈,甚合喜歡"打"的兒童口味,然人物、語言、情節則均平平,給人以深刻印象者極少。

五月五日　星期三　晴

繼續摹寫一六七號墓木簡,得十餘枚。

買雲香精一瓶,二角八分,係某部隊製藥廠出品,品質遠不及廣西玉林所出。

五月六日　星期四　晴

政治學習：自學報刊文章,準備討論"資産階級就在共産黨内"的發言提綱。

買花茶二兩,五角三分。上月三日買二兩茶,正好喝了一個月。到這裏來以後,喝茶是顯著增加了。

五月七日　星期五　晴

摹寫木簡,又得十餘枚。

晚,傳達關於追查"反革命"謠言的通知,並漫談討論。

五月八日　星期六　陰雨

得益渠信,盼之久矣。

繼續摹寫木簡,一六七號漢墓木簡凡七十四枚,於今日摹畢。

晚,看電視《金鎖》。

五月九日　星期日　陰轉晴

摹寫一六七號墓出土木條標籤五枚。

中午,同孫、張至紅衛餐廳吃飯,張作東,用去近六元錢,菜尚可口,唯等的時間太久。

五月十日　星期一　陰雨

爲準備講儒法鬥争,翻閲《中國哲學史簡編》,發現書中談到古文字頗爲隔膜,甚不可靠。

晚,聽吉大學員陳雍講鳳凰山漢墓死者身分問題,扯得太遠,太雜,但講得頗大膽。

五月十一日　星期二　陰轉晴

着手整理一六九號墓出土竹簡,作釋文。字近章草,不易辨認,有些字又不清楚或殘缺,只得闕如。

作書分别致商老、憲通。附於張之信内。

五月十二日　星期三　晴

重摹一六七號墓出土木標籤,五枚。校閲一六九號墓竹簡實物,未竟。此墓發掘於去年,爲四大考古專業師生所挖,由於缺乏經驗,且不受指導,以致竹簡挖斷,弄得殘缺不全,給整理研究工作造成許多人爲的困難。

晚,觀看荆州地區赴省調演代表隊演出,支農紅旗(天沔花鼓)、深山明珠(小京劇)及蓮湖春潮(天沔花鼓)。

五月十三日　星期四　晴

今日乃農曆四月十五,爲慈母七十五壽辰,思念不已! 晚,之紅衛餐廳,飲酒二兩,以資慶祝,並減鄉思。惜無好菜,又且獨酌,然醉翁之意固不在酒也。遇一退伍軍人,談及文物,彼謂一九六四、六五年在湖南當兵時,曾於湘潭楊家花園挖一古墓,屍亦不腐爛,惜當時不懂,未及時報告上級云。

重學中共中央一九六六年五月十六日《通知》,作一短文,題爲《要善於識破資産階級代表人物》。

五月十四日　星期五　晴

摹寫一六九號墓出土竹簡,得十枚。

收羅錫詩匯來工資二十元。

五月十五日　星期六　晴

繼續摹寫一六九墓竹簡,得十枚。

得益渠信,謂老小皆安好,甚慰。

晚,收聽廣播《文化大革命永放光芒》。

五月十六日　星期日　晴

參加慶祝一九六六年"五一六通知"十周年大會,五時一刻起床,五時半吃早餐,六時集隊出發,六時半到地區革委會"文辦"集合。七時十五分進場。八時半開會,鳴炮十二發,黨政軍及各界代表講話,十時許結束。會後游行，有專門游行隊伍，化裝，有些隊伍如腰鼓隊，還在街頭表演，雖屬低級粗糙，仍受居民歡迎，觀者甚衆，蓋多年未見此類游行也。十二時回到博物館，業已筋疲力盡矣。

寄益渠信，告以起居工作情况，並附一紙予兒女，令其好生學習，熱愛勞動。

五月十七日　星期一　晴

繼續摹寫竹簡，又得十枚。

致漢齋書。

買牙膏一支，名“武漢牙膏”，品質之差，出乎意料之外，爲有生以來所用最差者。然價却不低，四角三分，與其他牌子牙膏不相上下。

晚，聽吉林大學姚孝遂先生談雲夢秦簡問題，頗生動。

五月十八日　星期二　陰雨

遺失尼龍絲袋一隻，半斤美酒去矣。

繼續摹寫竹簡，又得十餘枚，並校對原簡，竟。

五月十九日　星期三　晴

繼續摹寫竹簡，復得十餘簡。

得烈茂兄信，謂遷家屬事仍了無眉目，嘆之再三。

歷史系考古專業師生自紅花套來江陵參觀，宿於縣“革委會”招待所。晚飯後，與張、孫往訪之。九時半，歸。

五月二十日　星期四　晴

繼續摹寫竹簡，五枚。至此，鳳凰山漢墓一六七號、一六八號、一六九號之簡牘全皆摹寫完畢，再略加修改校正，即可交差矣。

致劉烈茂同志書，深望其念在多年情誼，及時作出“高抬貴手”的决定，以儘早得與家人團聚。余二十外出求學，三十而有家室，今已三十有九矣，南北相望，豈不哀哉。然倘能四十而得返故鄉，仍屬大幸，當浮十大白。

翻閱秦楚資料,準備爲亦工亦農訓練班學員講課。

五月二十一日　星期五　晴

湖南省博物館郭得維同志爲我校考古專業學生講江陵楚墓問題:

大型楚墓大都分布於紀山、八嶺山(長湖、雨臺山亦有之),中小型墓群則在紀南城四周,已發現二十多處,如太輝觀、張家山、荊州磚瓦廠、唐家山、三家灣、望山、滕店、沙塚。

沙塚一號墓上原有一廟,離紀山僅四公里。

落帽臺,據云係楚莊王墓地。

大塚坡爲一大墓葬(未挖),墓道 32×32 米,墓口 11 米。

已了解的二十餘座墓葬中,估計有楚王的墓。

楚墓形制,有封土的大墓,墓坑有臺階,有墓道,向東,填有白膏泥,填土經夯實。多層棺槨。小墓無封土,無臺階(有一例外情況,有象徵性臺階)。臺階一般成單數,或三或五級。墓道與槨頂一般有一定距離(約一米)。中小型墓有的有壁龕。小墓南北向者多,且以向南居多。

江陵楚墓,泥多,水多,但棺槨保存較好,且墓中有門(如太輝觀 50 號墓),槨蓋板横鋪,刻有記號,蓋板下每一室均有頂板(較薄)。

楚墓葬式一般均是仰身直肢,但除此以外,還有側身葬(有一類墓,棺仄板薄)。

隨葬品,主要東西皆在頭厢和邊厢,隨身之物如兵器、玉器、帶鉤之類則常見於棺内。禮器、樂器在頭厢,竹簡多半在邊厢。車馬器、長兵器,置於邊厢。按使用性質,可分爲禮器、實用器、明器。豆有蓋者極少。禮器,往往高足。

器物組合,有三種:一、以銅器爲主。二、以陶器爲主。所見最多。三、以漆木器爲主。這在楚國比較突出。拍馬山二號墓。

陶器或以鬲爲主:鬲、盆、缶。鬲、鉢、壺。春秋晚。或以鼎爲主:鼎、簠、盆。鼎、敦、盆。

往往出鼎不出鬲,出鬲不出鼎。鼎、鉢、盆(過渡形態)。

江陵地區銅器以三角雲紋、方格紋爲多,陶器中長頸壺、簠、鐎壺,是江陵之特點。

彩繪,亦是楚器特點之一。

江陵楚墓,較中原地區差異性多,較長沙則共同性較多。惟長沙多銅鏡,有上釉印陶。江陵之彩繪陶器,較長沙亦多。江陵早中期墓多,長沙中晚期墓較多。銅帶鉤常見於中原地區,長沙甚少,江陵則介乎二者之間。

秦漢墓甚少有墓道者。秦墓器物,釜、盂、甕(罐)組合是其特點。

楚、秦、漢:政治,漢承秦制,文化上也是漢承秦制(顧鐵符先生認爲漢承楚制)。

姚孝遂同志談秦簡内容。秦律有田律、倉律、游士律、吏律、盜律等。南郡守騰文書説明當時復辟勢力(鄉俗,淫佚之民,不法官吏)相當嚴重,不便於民,甚害於邦。

完城旦:勞改修城四年。

耐:兩年徒刑。

盜采桑,不盈一錢,徭三旬:勞改一月。

當時規定男子六尺五寸爲大,女子六尺二寸爲大,不足者爲小(青少年),秦尺一尺相當於今之七寸。

夫盜三百錢,告妻,與共飲食之,非共謀毆,妻同罪。

"譽敵以恐衆心者翏,翏者何如,生翏,翏之已而斬之之謂也。"翏有先斬後翏,先翏後斬二種。《左傳》記楚靈王逮齊慶封,將翏之,……令慶封負之斧鉞以徇於諸侯(好比游鬥)……

"廣衆心聲聞左右者賞。"

讀《史記》,備課。

五月二十二日　星期六　晴

讀《史記》,備課也。

聞鳳凰山又挖一墓,已見槨板,晚飯後衆皆往觀看,謂機會難得,不可不看。余則與姚孝遂同志對弈數局而寢也。

五月二十三日　星期日　晴

備課,撰寫講課提綱,未竟。

五月二十四日　星期一　晴

作家書,告以近況。

撰寫講課提綱,得一草稿,約五千言,題暫定爲《秦楚興亡的比較》。

五月二十五日　星期二　晴

復校一六九號墓竹簡。

閱八號墓竹簡照片,未竟。

五月二十六日　星期三　陰雨

復校一六九號墓竹簡摹本。

續閱八號墓竹簡照片。發現此墓竹簡除器物衆多,文字清晰,可供研究文字發展之參考外,詞彙亦甚豐富,是研究秦漢之間漢語(民間語言)的好材料。其給人突出的印象是量詞很豐富,而且各有用處,不像一六七號墓那樣百物皆稱"枚"。有些用法爲後世所未見,如"魚五枚"、"酒一傷"之類。

五月二十七日　星期四　陰有小雨

政治學習。抓得不緊,等於不抓,一半流於形式,並無實效。今天下午討論"爲什麽資産階級就在黨内"。四時半,北京歷史博物館二同志來訪,晤談片刻而去。

五月二十八日　星期五　陰

復校一六九號墓竹簡及一六七號墓木簡摹本,未竟。

得益渠信,内附望南兒一紙,初學寫信,文句尚通。

領生活補助費拾五元,"長辦"發。

晚,爲亦工亦農訓練班學員講課,題爲《秦楚興亡的比較》,吉大幾位元師生及館内部分同志亦在座。八時開始,一鼓作氣講了兩個半小時,至十時半結束。聽衆情緒良好,看來尚受歡迎,效果還不壞。

五月二十九日　星期六　晴

應邀參加湖北省紀南城第三期亦工亦農文物考古訓練班結業典禮,

乘車而往,步行而返。會前先開座談會,會上各方人士講話,拍手。會後各級領導、工作人員與吉大、中大、“長辦”幾個“大單位”的客人在公社飯堂共進午餐。席面味雖不佳,亦屬豐盛(六菜一湯)——比較而言,且有“紅糧酒”(江陵白酒)助興。裏面酒酣飯飽,言笑晏晏;外面結業的學員則冷冷清清,捲鋪蓋,挑行李,步行回家。對比之下,“法權”何其突出,等級何其分明!所謂“各級領導”到會,亦不過“到會”而已,會前“座談”,會上講話,會後吹牛聊天,而後吃喝,喝畢即馳車而去,如此作風,實在與共産黨人的光榮傳統相距甚遠。返館後細想,悔不該前往參與此一活動。

歸途買菊花茶一小包,一角錢。

五月三十日　星期日　晴

復校一六七號墓木簡摹本。中午,與孫、張至紅衛餐廳進餐,孫作東,亦近六元。

得益渠寄來郵包,短褲兩條,布鞋一雙。睹物思人,胸中有如萬頃波濤翻騰。

五月三十一日　星期一　陰雨

寄益渠信,告以近況。

復校一六八號墓簡牘摹本,發現有些竹簡或邊綫細粗不勻,或文字風韻與原簡有距離,需要重摹。

晚,聽稚雛講楚簡。

六月一日　星期二　陰

復校一六八號墓竹簡摹本。

晚,振林講“如何自學古文字”。

六月二日　星期三　晴

今日乃端午節。厨房伙食略加改善以資慶祝。

重摹一六八號墓竹簡十枚。

六月三日　星期四　陰

政治學習:討論,聊天:"資産階級爲什麽就在共産黨内?"

六月四日　星期五　晴

剪貼一六七號墓木簡照片摹本,又重摹數條。

商老偕其子志䆊到,住地委招待所。

六月五日　星期六　晴

剪貼一六八號墓竹簡照片摹本。

晚飯後至商老處,匯報情況,研究工作。

六月六日　星期日　晴轉陰

隨商老考察紀山、紀山寺、紀南城,有專車,同行者十餘人。下午又繼續考察八嶺山、將臺、太輝觀等處。

寄羅錫詩信,告以近況,及不必匯錢。

六月七日　星期一　陰雨

剪貼一六九號墓竹簡照片摹本訖。至此,鳳凰山簡牘(竹木)摹寫工作便告初步結束。

觀商老爲博物館同志寫字。商老走後,館内一些同志又抓住我不放,非寫字不可,乃作字數幅,以贈王建、朱安嵐、張濱、金陵等人,皆金文。筆不佳,掌握不易,商老固運用自如,到我手中却往往出差錯,究因功力不逮故也。

六月八日　星期二　晴

應"長辦"邀請,隨商老至宜昌參觀。除張、孫外,省博郭德維亦同行。"長辦"謝文綸同志負責此行一切事宜。清晨即起,步行至車站,六時半開車,十一時到。途經當陽長阪坡,或云即趙子龍救阿斗、突出曹軍重圍之地。過當陽,即入山區。

宿於三三〇工程指揮部招待所。

六月九日　星期三　晴

上午七時半，隨商老游覽三峽出入口之南津關，三三〇指揮部派車代步，並派工程師（生産科科長）邱忠恩同志作嚮導，一路介紹情況。南津關，號稱長江三峽之出入口，“關”上（内）爲三峽之西陵峽，兩岸高峰對峙，江面狹窄，據云僅三百八十公尺左右，但江水甚深，達九十餘公尺（江底爲海拔負四十多公尺）；“關”下（外）即爲平原地區，江面開闊，分三股水流，奔向宜昌。“關”上有三游洞，絶對高度（由公路邊上）約有百餘公尺。相傳爲白（居易）、元（稹）、蘇（軾）、黄（庭堅）等人最早游覽題名之處。惟洞内發現之最早題銘乃紹興壬申年吕叔龔等人所作，約四五十字，其餘多爲清道光、光緒年間之物。令人注目的是，洞内還有馮玉祥一九三九年游此洞時之題辭“是誰殺害了我們同胞的父母和兄弟”，隸書。據云周總理視察三峽時亦曾游此洞，但無題辭。

游畢三游洞，已近十時，乃在邱工程師陪同下，馳車至葛洲壩工地參觀。葛洲壩工程，即三三〇工程，乃長江三峽水電工程之第一部分，預計第一期工程於1980年竣工，第二期於1985年竣工，投資三十三億，發電量爲二百二十多萬千瓦。工地上豎有巨大的毛主席“三三〇批示”語録牌：“贊成興建此壩。現在檔上寫的是一回事。將來會遇到一些現在意想不到的困難，又是一回事。到時，要準備修改設計方案。”邱工程師向我們詳細介紹了工程的設計、施工情況，並帶我們參觀了大壩工程中的電廠、船閘以及攪拌混凝土的現場。此工程爲全國二十三項重點工程之一，壩高八十米，建成後，即可實現“高峽出平湖”的宏偉理想，萬噸巨輪亦可通行無阻於長江三峽。這是我們社會主義建設事業的又一偉大創舉，是亞洲最大的水電工程。參觀工地，真是使人打開眼界，開擴胸懷，受教育，受鼓舞。

下午休息，晚游宜昌市容。在其主要街道解放路及其附近轉了下，想買點草紙、茶葉，均未買到。却在街頭給足下的布鞋釘了後跟，出了三角錢，還算可以。不得已，買小學生“大字簿”一本（七分），以充草紙也。

六月十日　星期四　晴

清晨即起，乘坐“長辦”五〇五工地的工作船進三峽參觀。原約好五〇五工地開小車到三三〇招待所接,孰知久候不至,電話也打不通,只得改乘公共汽車趕到輪船碼頭。大船早已“恭候多時”,五〇五工地派生産科技術員陳忠新同志陪同我們進峽,亦已久候於碼頭。經調查,原來小車司機鬧情緒,久睡不“醒”,故誤了事。

我們一行七人上船後,七時一刻即起錨開航。船頗大,除工作人員住房外,甲板上可散坐數十人。陳忠新同志特地請商老到駕駛室内坐,觀賞兩岸風光,並熱情地介紹有關情況。

船剛離岸,但覺江面寬闊,陣陣清風撲面而來,遠處水霧籠罩,白茫茫一片。駛進南津關,頓覺江面狹窄,兩岸重重青山迎面而來,皆係懸崖峭壁,極目遠望,亦唯重巒叠嶂。長江似爲群山所阻,無路可行。此即三峽之西陵峽。

沿途不聞猿聲,唯有江濤伴輪機轟鳴。經石牌、象鼻山、貓子岩、三把刀、蓮沱(池)、曬經坪、樂天溪,於十一時到黄牛岩,遂舍船登岸。岸邊有一小山村,村有一小店,賣茶亦賣大餅之類食品,惟因無菜,不賣飯。一行七人乃在商老帶領下入内進餐:每人一碗海帶湯,一個油煎大餅,權充一頓午餐。店内另有一桌飲茶者,約五六人,鬚髮皆白,詢之,均七八旬之老翁也。

飯後游黄陵廟。此廟本名黄牛廟,相傳創建於漢代,現僅存山門和大殿(或云名禹王殿),乃明清重建。大殿一石柱礎刻有“明萬曆四十六年”款識。廟内外並有與歷代洪水有關的石刻。據介紹,同治九年(1871)大水,淹及禹王殿神臺,水位高距崇禎十四年(1641)“玄功萬古”匾額下沿四點七公分,而大殿安然無恙。

下午五時一刻,租小船上行,過四五險灘,六時許至三斗坪,上岸,食宿於五〇五工地之地震大隊,受到幹部、職工之熱情接待。飯後飲山茶,亦别有風味。與商老同住一房。

六月十一日　星期五　晴

拂曉即起,面對巍巍群山,滔滔江水,細味唐人詩句,大有置身仙境之感。

七時許用早餐:稀飯、淡饅頭,以泡於酸水之四季豆作菜,衆皆吃得津津有味，贊不絶口。

八時半，到中堡島，陳忠新同志介紹三峽大壩工程所選壩址即三斗坪與太平溪(距三斗坪約七八公里)之優缺點。陳云：此壩成，裝機容量爲二千五百萬千瓦，年發電量爲一千二百億度電。

十時半，乘坐昨日上行之五〇五工地工作船出峽，十二時四十分到宜昌。碼頭附近一飯店用午餐，點了三碟菜，每人一碗蛋湯，還算過得去，但飯極硬，且乞食者甚多，圍於飯桌之側，可惡復可厭。飯後至五〇五工地略事休息，即之宜昌地區"革委會"招待所住宿。與商老共住一房。

六月十二日　星期六　晴

由宜昌到荆州，重至博物館。車至當陽長阪坡，下車休息，進長阪坡公園走了一下，見一石碑，大書"長阪雄峰"四字。

閲益渠信，謂常熟副食品供應亦已緊張，買小菜困難。即復之。

六月十三日　星期日　晴

翻閲吉大師生所作簡牘考釋。

鳳凰山秦漢墓發掘報告編寫組全體成員及有關領導合影於博物館前以志紀念。

六月十四日　星期一　晴

不慎遺失飯菜票一迭，約一元，只得重買。

領生活補助費拾壹元，"長辦"發。

晚，博物館舉行茶話會，以歡送兩校師生。

六月十五日　星期二　晴

江陵縣委、縣"革委會"設午宴歡送我們中大四人及吉大師生七人。縣委副書記彭××，"革委會"副主任田忠，地委文辦主任張××，文化局長李××及荆博副書記滕壬生出席。亦工亦農學員代表劉忠政等人亦出席作陪。酒菜頗豐富，除肉、魚外，每桌還有一盤螃蟹，雖不大，但在異鄉見此美味，却著實可喜。飯前舉行歡送式座談會，地縣領導同志亦藉此聽取匯報,並象徵性地看了鳳凰山簡牘的摹本、考釋。

遵夫人囑,爲之選購縫紉機用綫團十隻(黑白綫各五,合一盒),扎鞋底綫四大扎,計用去四元二角錢。又補毛貨布鞋一雙,三角;買茶葉二兩,五角四分,合計之,一下用了五元多錢。

六月十六日　星期三　陰轉雨

拂曉即起,乘坐長途汽車離荆州赴武漢。亦工亦農學員、吉大師生、荆博領導、職工等十餘人前往車站送行。

車經沔陽時下車用午餐,吃三鮮面,並買大油蝦兩盆(三角一盆,計六角),價廉物美,思之久矣。

下午一時許到漢口,"長辦"考古隊陳淮隊長、謝文綸同志到車站相接,並以小車將我們送至湖北省博物館。博物館在東湖風景區,遠離市區,有如"仙山瓊閣",環境固佳,但亦甚不便。

晚飯後與先生散步,至東湖遇雨而歸。談及書法,先生謂喜用側鋒,並謂凡好書法,莫不以側鋒得之。

湖北博物館工作日記

六月十七日　星期四　晴

校閱望山二號墓竹簡遣策。

晚飯後,游東湖一角。陳振裕來,談一六八號墓簡牘問題。

六月十八日　星期五　晴

校讀二號墓竹簡。

寄家信,告以行蹤及近況。

六月十九日　星期六　晴

繼續校對望山二號墓竹簡文字,並開始逐條加以討論,以取得一致意見。

晚飯後至東湖散步。

六月二十日　星期日　晴

上午,隨商老游武昌鬧市區,瞻仰中山先生銅像。銅像爲直立,全身,穿長袍馬褂,右手持帽,左手拄杖,立於辛亥革命武昌起義軍政府舊址之前,銅像前五六十步,又有"拜將臺",武昌軍政府都督黎任黄興爲總司令,在此授印。

中午,先生賜飯於武昌餐館(原稱"大中華"),振林亦在座。點菜三味：全魚、冬筍麵筋、炒蛋,數量頗多,以無酒,食之不盡。

買洗鞋毛刷一把,二角三分,又買草紙一扎,二角二分。

得益渠十八日所寄航空信,謂久新侄已由支部大會通過入黨申請。又説校方無復信,考慮經濟問題,不擬赴粤探望云云。

六月二十一日　星期一　悶熱

吉大姚孝遂同志自江陵來,晤談鳳凰山漢墓簡牘的有關問題。

隨商老觀賞館藏字畫,主要是楊守敬(湖北人,古逸叢書刊印者)在日本所得各種經卷典籍的寫本,約數十種,皆聞所未聞,見所未見者也。各卷多有"楊守敬印","星吾海外訪得秘笈"等章,有的蓋有"高山寺"印。這些寫本,大部分有日本年款,早者相當於宋朝;從紙質看,據先生云：有些與唐人寫經相仿。所遺憾者,這些秘笈入館後一直静卧,尚未有人整理著録,更談不上有何研究。據保管部陳上岷先生云,楊氏從日本買回大量古籍寫本、抄本,多爲其子、孫贈送或變賣散失,館藏部分乃僅存者。

復校望山二號墓竹簡。

六月二十二日　星期二　雨

與商老繼續復校望山二號墓竹簡。

六月二十三日　星期三　陰雨

繼續復校望山二號墓竹簡,負責脱水之小后同志亦來參與此事,得便不少。

寄致烈茂兄信,告以近况及行蹤。

六月二十四日　星期四　晴　有陣雨

復校望山二號墓竹簡竟。晚,停電,早寢。

六月二十五日　星期五　晴

上午與稚雛去武昌車站托運行李(鋪蓋、書箱)。理髮。

下午二時半,與先生去水果湖取款,寄挂號信(致系辦公室),發電報(至長沙)。在東湖候車達一小時,無法上車(秩序混亂已極,擁擠不堪),乃步行前往,三點半起步,四點半到,整整走了一個小時。辦完事回到住地,已五點多了。一個下午就如此過去。

晚,仍無電,早寢。

六月二十六日　星期六　晴

從商老游武漢市文物商店,參觀其所藏青銅器(頗有佳者),受到該店領導、職工熱情接待。中午,先生請客於廣東餐館。下午六時半回到博物館。

六月二十七日　星期日　晴

上午,隨商老游文物商店,參觀其所藏古硯、古錢、古印等,佳者不少。中午,先生復請客於江南餐館,菜肴甚豐。

買紫菜、開洋(大蝦米)各一兩,計八角七分(紫菜三角二分,開洋五角五分)。

下午五點半回到博物館。

六月二十八日　星期一　陰雨

從陳上岷先生處抄得民間驗方二紙。

其一爲治胃痛病驗方:

沙仁、甘草、鷄内筋(鷄黄皮),烏賊骨各三錢。共研成粉末,用蜂蜜一斤拌匀,過一星期,使藥性滲透到蜂蜜裏,即可服用。早晚服一羹匙,三二日見效。病重者二三劑,輕者一劑即愈。

其一爲治腎囊炎(小便不出)驗方:

以葵花瓤(去子去皮)煎水當茶服用。二三日見效,一星期可愈。

據陳云,此二方臨床施治,皆有奇效。

晚九時零五分,乘 349 次車離武昌赴長沙。湖北省博物館從東湖管理處借得一輛小車送至車站,陳上岷先生代表該館同事前往送行。

長　沙

六月二十九日　星期二　陰

清晨,車至長沙,即至湖南省博物館,安頓於招待所。

參觀馬王堆漢墓(一、二、三號)出土文物及聞名中外之不朽女屍。

六月三十日　星期三　陰

參觀湖南省出土文物(石器時代至明清)展覽,及地下室所藏漆器。游烈士陵園。

晚,聽中央廣播電臺廣播,中央兩報一刊社論《在鬥争中建設黨》。

寄家信,告以近況及行蹤。

七月一日　星期四　陰

中國共産黨五十五周年。瞻仰毛主席韶山故居。

北游瑣記

陳煒湛

（一九八六年九月十八日至十一月五日）

題　記

壯歲北游，衰年猶記。三十年彈指一揮間，當年信手而書，唯簡是求，今日復觀，瑣固瑣矣，然瑣中尚有真情在，未忍棄之。是記直書學界友人及復旦同窗名諱不少，非敢犯諱，恃在愛厚誼深也。當年長島論契之胡、張（政烺）、沈、姚諸公固先後作古，昔日把酒叙舊之復旦同窗亦有二位學兄（遲趙娥、黄保真）並一位學姐（張静賢）辭世。謹以此記，聊表緬懷之忱。

二〇一六年九月　陳煒湛三十年後補記於三鑒齋

一九八六年九月十八日

爲出席中國古文字研究會第六届年會，與曾憲通、張振林、孫稚雛三兄同乘民航班機離穗赴大連。原定十一時十五分起飛，故十時至機場。但因"周轉"不靈，晚上十時始起飛離穗。今日乃農曆八月十五，中秋佳節，高空觀月，人生第一遭也。半夜一點到大連。交通車送至民航售票處附近。一行四人，四顧茫然，東游西蕩，投宿無處，乃蹲於火車站走廊下避寒。三時，一個體户旅社夥計接往和順旅社，權宿一宵。

九月十九日

和順旅社，和而不順。上午至碼頭排隊買船票，得二十日三等艙票。

漫步大連街頭,方知北方城市與南國風光大異。午間在海味餐廳進餐,四菜一湯一冷盤,皆海鮮也。味均鮮美,唯湯鹹極。四人一席,四十餘元。下午游老虎灘觀海,歸途得貝一朋。夜宿碼頭旅館。

九月二十日

坐天源輪至煙臺,風平浪静。九時啓航,下午三時許抵煙臺。宿於某部隊招待所。

九月二十一日

乘車至蓬萊,游蓬萊閣。復由蓬萊渡海至長島。研究生譚步雲、謝光輝二人由陸路經湘、鄂、豫、蘇而至魯,相會於蓬萊,同舟渡海。長島俗稱神仙島,世謂“過海即神仙”,言其不易,今藉舟速渡,夢想成真,妙哉。宿於科委長島幹休所。

九月二十二日

中國古文字研究會第六届年會在人間仙境山東長島舉行。到會學者有八十餘人,來自京、津、滬三市與秦、晉、滇、蜀、湘、鄂、豫、皖、魯、蘇、閩、粤、吉各省及内蒙古自治區。前輩學者有張政烺、胡厚宣、沈之瑜、張頷、劉啓益、蕭艾、高明等先生與會。以高校論,中大有八人與會,北大有六人,川大有五人,餘則僅一、二、三人。張政烺先生主持開幕式,長島縣委書記講話介紹全縣情況,東道主長島縣博物館館長宋承均先生致辭,而後即報告論文,展開討論。百家争鳴,各抒己見。

修書致妻,告以旅況。

九月二十六日

大會討論於上午十一時半結束。在會上共計宣讀關於甲骨文、金文、戰國文字各類論文五十餘篇。就甲骨文而言,有二十篇,約占三分之一。胡厚宣《釋王懿榮早期所獲半龜腹甲卜辭》,沈之瑜等《殷虚卜辭的辭式與辭序》諸文令人耳目一新。甲骨文之分期斷代、“歷組”卜辭之時代,乃大會討論最熱烈、争論也最激烈的問題,李學勤正式發表了他的“殷虚甲骨分期的兩系説”。我則在會上提出了正本清源、反對煩瑣哲學的意見。下午游半月灣海灘,撿珠璣石,所獲甚豐,頗多精品。參觀長島縣博物館,展品稀少。

九月二十七日

寄會上所得論文予妻收。

上午與胡厚宣、沈之瑜二先生閑談甲骨文研究事。下午二時參觀廟島天后廟。後殿陳列附近村民(漁民)奉獻天后之日用物品諸如錦被、座鐘之類甚多,可見其在民間之威望。廟内附有航海博物館。晚閉幕式,聚餐,皆海鮮美味也。飯後與姚孝遂弈,各有勝負。姚兄乃于省吾先生高足,吉林大學教授,十年前與之相識於荆州。善飲,精弈,可謂同好,十年間數度相遇,論學復手談,彼此樂甚。是學長亦棋友也。

九月二十八日

清晨即起。八時許由長島渡海至蓬萊,旋乘汽車至煙臺,欲赴青島不可得,宿於駐軍某部招待所,設施甚佳。觀電視劇《女人的力量》,至爲動人。

早餐 1.00 元,午餐 17.00 元(請客於崆峒飯店),晚餐 1.00 元(食於招待所)。

九月二十九日

凌晨即起,坐旅游車赴青島。住青島飯店,衛生設施極差。訪李行傑於青島師專,復旦一别,二十餘年矣。晚間行傑回訪,並約請吃飯。譚、謝二人别宿一處,甚不便。

早餐熟鷄蛋 1.00 元,午餐餛飩、饅頭 0.94 元(與謝共進),晚餐麵、水餃 0.42 元。毛巾 1.05 元,淡菜 3.60 元,紫菜 1.41 元,高粱飴 0.75 元,香皂、皂盒 0.70 元。

九月三十日

休整,獨自一人活動。

憲通兄轉讓差旅費100元。晚李行傑宴請我等一行六人,菜肴至爲豐盛,有海蟹、扒鷄、炒墨魚、紅燒魚、開洋炒蛋之屬十餘種。飲頭麯酒,香醇可口。

理髮1.60元(新南京美髮廳),早餐油角0.24元、油條0.06元共0.30元,午餐炒菜湯飯2.80元。市内交通0.40元。

十月一日

移居警備區招待所。游八大關、棧橋等處。孫兄轉予差旅費百元。

午餐3元,晚餐8.71元(歡度國慶,請客),瓜子0.20元,茶葉1.08元。

十月二日

清晨即起。漫步中山公園,吆喝之聲不絶於耳。游小魚山,登高觀青島,美景盡收眼底。欲觀博物館,奈閉館不得入。下午行傑兄陪同游泳場,浸足海水,亦是一樂。復游魯迅公園,海上動物園,觀海龜、海豹等珍奇動物,皆前所未見也。

梨五斤2.00元,交小謝伙食費30元,火車票9.30元。

十月三日

參觀青島市博物館,内有青島百年史展覽及館藏工藝美術品、歷代貨幣展覽。下午二時一刻,應李行傑邀,爲青島師專中文系學生作學術講演,題爲"談談甲骨文的學習和研究"。講演結束後並答疑,約有十餘人提問,氣氛相當活躍。

十月四日

八時半,行傑兄特來送别。並致"束脩"二十元,贈大海米(開洋)一袋。青島師專派車送至車站。

下午四時,坐26次特快抵達濟南。宿於車站附近之鐵路系統旅社,外貌壯觀,内則各種設施甚差。

腹脹,微感風寒,頗覺不適,早睡。

十月五日

參觀山東省博物館,精品甚多,見有頌簋、鏤花豆、大鼎,又有翁同龢書對聯一副,簠齋手拓墨本題跋多幀。歷代法書、工藝品,美不勝收,目不暇給。下午游大明湖。晚間,以青島所得"束脩"請研究生吃飯,四菜一湯,喝啤酒。飯店頗有規模,然多需"自助",點菜付款後自取凳子、筷子、酒杯;"湯"上來了,却無湯匙,需至某窗口交押金領取(一隻湯匙押金一元),真是有生以來首次遇到,奇哉怪也。

橘子 1.00 元,游園 0.80 元,梨、瓜子 0.97 元,酒飯菜 18.00 元。

十月六日

再游博物館,由該館王恩田同志陪同,欣賞所藏殷虛甲骨文三盒,古錢幣若干,皆甚精緻。

修書致妻,告以旅況。致書黄佑源、費錦昌,告以抵京日期,請爲安排食宿事宜。

十月七日

九時乘 248 次快車離濟南,下午三時抵天津,宿河北街旅館。

十月八日

參觀歷史博物館,無甚可觀。訪高乃蘊女士,欲觀甲骨,奈管理者不在,至爲遺憾。

下午四時訪中大校友馮志白夫婦於南開大學。馮兄乃天津人,師從周祖謨先生治漢語史,曾在中大中文系工作多年,參與編寫過《現代漢語》教材。今日往訪,出其意外,晤談良久,各道别來諸情。志白兄未得聘爲副教授,爲其北歸後最大憾事,言之感慨萬端。設便飯相待,菜肴甚可口。九時後告辭。志白兄送行至車站(公共汽車 8 路)。

移居明江旅館。

十月九日

參觀天津市藝術博物館,陳列日人川上景年書法作品百餘件,多塗鴉之作。又有楊柳青年畫、泥人張泥塑、硯史諸展,皆平平無甚可觀。僅有一硯,乃明顧從義之物,上鐫石鼓文,於石鼓文研究當有參考價值,較爲可觀。

中午就餐於紅橋飯店,有乞兒覓食,詢其故,謂父死母嫁,乃行乞云。心甚憫之,興大敗,食未盡即歸寓所。

晚游南市食品街,華燈初上,賞心悦目。集南北各路佳餚於一地,酒家林立,各具特色,誠壯舉也,確是太平盛世景象。經選擇,乃於狗不理包子鋪就餐,請譚、謝二生吃正宗天津包子並小酌。歸途買柿。一日開支約十二元。

十月十日

上午九時半,至天津歷史博物館,鑒賞武丁狩光卜甲,確如胡先生所言,非目睹此物,難辨其文也。

下午三時離津(248 次快車),五時二十分到達京師,一别復八年矣。欲乘小車,司機謂路太近,不必費錢。乃過廣場沿南小街尋至國家語委,費一番口舌,入宿語委招待所,稍加整理,已過七時矣。爲進晚餐,漫步街頭,發現有咸亨酒店,入内就餐,皆浙菜也,又有紹興黄酒,甚香醇。快哉快哉。

十月十一日

上午八時半,見費錦昌、黄佑源二兄於語委辦公大樓,並得識語文出版社編輯馮瑞生同志,《漢字古今談》即由馮兄任責任編輯。洗澡,淋浴,至爲舒適。訪林東海於人民文學出版社。下午二時,游故宫,適遇北京大學高明先生。訪唐復年,並結識杜迺松。

修書致益渠,報平安,並詢近況。

十月十二日

費錦昌、張静賢夫婦設午宴款待我師生三人,老同窗趙永豐、黄佑源、鄭琅、黄保真在座。黄佑源特至咸亨酒店購買優質紹興黄酒一壺,極佳。席間攝影留念。訪胡厚宣先生,不遇。

黄保真請吃晚飯,以四川頭麵相待,同席有老同窗遲趙娥(俄)並費兄。

語言文字應用研究所于根元來訪。

十月十三日

上午八時半,再至故宫參觀,由杜迺松、唐復年二兄陪同參觀青銅器館,皆館藏精品。邊看邊議,杜兄復詳爲介紹,獲益良多。

下午三時,至北師大訪許嘉璐、秦永龍,皆不遇,悵然而歸。修書致秦永龍。

晚間與謝、譚論學,互有啓發,所謂教學相長也。謝並謂我此次赴會之論文(即《有關甲骨文田獵卜辭的文字考訂與辨析》)較零碎,不如以往各文,細細思之,其言不無道理:學無止境,應不斷前進,以期常有創獲乃至突破,一文勝過一文。

十月十四日

上午八時半再至故宫參觀,觀賞珍寶館、乾隆花園、戲曲舞臺等處,並參觀歷代銘刻館、歷代藝術館、繪畫館,展品琳琅滿目,五彩紛陳,皆希世之寶,奈無暇細看。十鼓尚在,一殘其上,一無字可辨,惜哉。中午,出午門,漫游天安門廣場,但見繁花似錦、士女如雲。

下午三時,由張静賢陪同,訪程曼珍於《支部生活》雜志社,托購赴滬車票。又訪杜秀蘭,見陳四益。杜秀蘭夫婦置酒款待,盡興而歸(杜夫申士昌,北京西城區教育局教研室負責人)。

十月十五日

語文出版社贈書三册:《慶祝吕淑湘先生從事語言教學與研究六十年論文集》、《怎樣學好古代漢語》、《散文名篇選析》。

參觀歷史博物館,重要青銅器皆得一睹真容。

游東風市場。爲慈母購得鮮參茸王漿二盒,價十八元,高級補品也。又購北京果脯三袋,四元四角。

十月十六日

上午十時,訪陳抗於中華書局。抗於翠華樓設宴款待。有江蘇名酒洋河大麯,飲一兩,其值一元四角,其名貴僅次於茅臺也。

晚飯,謝光輝請客於咸亨酒店,以其同窗來訪也。

秦永龍來訪,晤談甚歡,臨别,堅請吃飯,只得允諾。

十月十七日

上午九時,訪王世民、劉雨於考古研究所,得識陳公柔先生。

下午游頤和園,故地重游,轉瞬廿三載,能不慨然!

晚秦永龍同志請飯,具鷄黍相待,席間把酒論學,賓主俱歡。九時許告辭,乘小車歸寓所(11×0.7=7.70 元)。

致書岳母,告以南歸之期。

十月十八日

上午九時,訪劉啓益、林小安於國家文物局,惜皆不在,悵然而歸。

游百貨大樓,采購"回頭貨"若干種,用去六七元。

下午請譚、謝二位在東來順飯莊吃涮羊肉,約十九元。

十月十九日

上午九時,至乾麵胡同東羅圈拜訪胡厚宣先生,晤談甚歡。蒙贈《甲骨文與殷商史》第二集及《文物天地》一册。譚步雲同行。

購"回頭貨"北京果脯三盒,三元五角。

致妻書,告以歸期。

十月二十日

十一時,乘民航班車至機場,十二時前到達。飛機延誤起飛,在機場滯留六小時,五時四十五分起飛,七時十五分抵上海。乘民航車至延安中路,步行至陝西北路,拜謁岳母。岳母酒飯早已備妥矣。

致書徐志民,告以旅況。

十月二十一日

下午二時乘坐旅游車回常熟。車行三小時,五時許到達文化宫。急步歸省,但見慈母坐於床上,準備吃晚飯矣。慈母今歲八十有五,瘦甚,幸精神尚可,晚飯用飯淺一小碗。

訪内弟有光,適外出至滬,見内弟媳張瞿敏,娟舅舅。

十月二十二日

謁見昭舅舅。訪省中(江蘇省常熟中學)同學趙寶元於教師進修學校。一九五七年省中畢業後趙兄至杭州深造並留杭工作,數年前歸里,服務鄉梓,亦飲譽一方矣。談及往昔師長同窗,固不免唏嘘感慨也。

午飯時慈母起床,用飯一小碗,食蟹,開洋蛋湯。晚,有光夫婦請吃飯,美酒佳餚,不亦樂乎。晚飯後訪金益淑、樊蘇生夫婦。

十月二十三日

買棉毛衫褲各一,七元五角一分。

兄嫂請吃午飯。

經反復動員説服,傍晚慈母起床用晚膳,飯後稍坐,再上床休息。

致書賢妻,告以近況。

十月二十五日

拜别慈母,乘有光弟所借小車至上海。八時離家,慈母拄杖送至門首。親老而不能侍奉於側,豈得謂孝,實亦無奈之至也。所幸尚有姊兄在,悉心照料,游子之心乃得稍安也。十一時到上海。岳母處用午膳。下午四時雨中至復旦,於江巨榮處吃晚飯,宿於復旦專家樓,與李行傑同住一室。

十月二十六日

雨,無事。

致書周啓成,告以行期。

下午由胡奇光陪同,拜謁張世禄師、胡裕樹師、蔣天樞師。蔣師賜所著《楚辭》論文集一册。晚,奇光請吃飯。

奇光等以所編《中國古代名句辭典》一巨册相贈。

十月二十七日

上午九時，參加吴文祺教授學術活動六十五周年慶祝會。大會於南京西路政協聯誼會舉行。與會者近二百人，洵盛會也。

岳母處用午膳。

晚，行傑、奇光、光磊於古北賓館設宴請客。席間得識倪海曙先生及顔逸民、雷群民、李希宗、范可育等同志。唯路遠，往返三小時。

十月二十八日

上午九時，參加張世禄教授學術活動六十五周年慶祝會。會場設於政協聯誼會。會後聚餐，共祝吴、張二老健康長壽。

下午四時，至淮海中路訪惠明表兄。飯後對弈，大敗而歸。

十月二十九日

中午，張世禄師賜飯於藍天賓館。席間得識鮑明煒、林端、劉鋭(?)諸先生。設三席，菜肴至爲豐盛。

致書益渠賢妻，告以旅况，並述思念之苦也。

晚拜謁益渠之表舅——和尚娘舅於新昌路，獻以花雕酒兩瓶。宿於岳母處。

十月三十日

偕譚、謝二生離滬赴杭州。十時半用午膳。岳母送行至北站。下午四時，列車到杭州，周啓成老五兄在出口處迎候並領至湖濱飯店。

晚飯後與光輝沿西湖邊散步，初步領略西湖之妙景美景。湖邊路燈猶如顆顆珍珠，映入湖中，煞是好看。以整體觀之，勝如一條閃閃發光、富於魅力的寶石項鏈。

十月三十一日

清晨即起，漫游西湖，但見湖光山色，似籠薄霧，遠處若隱若現，近則碧波漣漪,確令人心曠神怡。湖邊多有練武者,有長髯老者,亦有紅裝少女。

用早膳後,復沿湖而行,循白堤至孤山,訪姚孝遂,不遇,復由孤山至岳王廟。於岳墳碑廊見嶽公手迹(石刻)多種。又步行至茶人之家品茗(每杯1.70元,步雲請客),天外天飯店吃飯(17元左右)。飯後游靈隱寺,登飛來峰,盡興而歸。晚,啓成兄來長談,甚覺親切。臨行囑翌日至彼處吃晚飯。

十一月一日

清晨即起,漫步西湖之濱。早餐後參觀浙江省博物館,河姆渡遺址展覽,浙江婚俗展覽,沙孟海、沙更世父子書畫展覽。游西泠印社。午間就餐於大達飯店,譚步雲請客。

晚應邀至馬王巷,周啓成請吃飯。紹興加飯酒,西湖醋魚,堪稱兩絶。九時許回寓。中大校友浙江電視臺記者周偉成來訪,晤談良久。

十一月二日

清晨即起,漫步湖濱。深感杭州人得天獨厚。九時四十分,乘209次快車離杭南下。

十一月三日

歸自杭州。夜十時車抵廣州,旋乘專綫車到校,十時四十分到家。夫人猶未入睡,蓋亦盼望久矣。

十一月四日

閱北游期間各地寄來之信件、書刊,中有常州第二電機廠吴小林信詢“炁”字。西藏大學梁國華信詢報考研究生事,即隨手復之。又有蘇聯劉克甫贈書兩册(俄、英文各一册),晁福林寄來《契文新釋》油印稿一册。

十一月五日

孫國棟、唐鈺明、祁漢齋兄先後來訪。下午三時半,拜謁商夫子,具稟北行諸情,並轉達胡厚宣先生、張世禄先生之問候。

夜思晨悟録

陳煒湛

更深人静,思緒常起,數十年往事,似歷歷在目。經驗乎,教訓乎,是乎非乎,善乎惡乎,若明若暗,多在兩可之間。思之復思之,亦若有悟。既悟懼失,乃晨起而記之。

一、我與老農有異乎。我有著述,老農無(若有便是鳳毛麟角);我有優渥之退休金,目下月逾萬元,老農無(即有也寡);我獲國務院所發政府特殊津貼,老農無。老農識五穀六畜,稼穡樹藝,我弗能也;老農居田園或水濱林下,得自然之趣,我弗及也。如此等等,皆可謂異也。若皆年過古稀而近耄耋,老農無力耕作,我則無力述作,身體雖"健",然心有餘而力不足,不能勞動或曰"喪失勞動能力",則我與老農實無異也。教授而不教不授,學者而不學不述,徒有虛名,其與弗能躬耕力田之農何異哉。

二、希白師晚歲常喟然自嘆,老矣,不知如何工作。又曰治金文數十年依然許多字不識,銘文亦多不知如何斷句,孰能斷句,拜之爲師。我今年不及八十,亦深感老矣,不知如何工作也。治契多年,依然不識之字多於已識者。或人雖識之,我仍疑而不識也。二十年前即有以識字不多相責者,幾經努力,期有所進,奈何髮脱齒落而學無寸進。一言以蔽之,提前入老境,距昏聵不遠也矣。

三、錫永師晚歲常嘆記憶力減退云,老矣,提筆忘字,奈何。是以案首常置《新華字典》以備用。煒湛近年竟亦如是,某字當如何寫,某字是何音義,常不能自信,唯賴《辭源》、《辭海》二書,日檢一二字乃常事,致多有破損。提前入老境,是亦弟子不如師也。

四、挫折與不幸,人之一生殆所難免。其別在所遇之多寡與輕重耳。

我三歲而孤,至不幸也。然年幼無知,得慈母撫育,姊兄呵護而成長,則又大幸也。新中國成立後,先後就讀於邑中名校,弱冠之年,負笈滬上就讀復旦,多得名師教誨,卒業後,復蒙容、商二先生收録門下,得以潛心於古文字之學,尤屬幸之幸也。然泰極否來,"文革"浩劫,舉國動亂,全民之不幸也。遑論學術,談何研究,而立之年奉命赴桂西,是學業之大挫折,人生之小不幸也。在桂五年,受命驅馳,學業荒疏,固不待言,然亦另有所得,則非書齋翰墨所可及也。桂西十縣(宜山、羅城、河池、南丹、天峨、都安、環江、東蘭、巴馬、鳳山),壯鄉瑶寨,窮鄉僻壤,足迹所至,莫不留有深刻印象,乃識國情民情,誠所謂一窮二白也。此其一。驅馳之間,結識壯、瑶各族友人,自令長以至伙夫,皆得把酒結交,推心置腹,赤誠相待。此其二。事隔二十餘年,重游故地,老友重逢,喜出望外,自令長以至布衣之友,莫不竭誠款待,感人肺腑。有壯族文士曰:"我輩與君乃真友也,待君之誠,出乎内心,不若待某某之例行公事也。"善哉斯言,足證民族友誼之真與純。再者,奔走驅馳之間,雖不治學,仍須筆記見聞而告世人,是爲練筆不輟。此其三也。有此三者,實乃挫折之慰藉,不幸之幸也。

五、人生之順逆,時也命也。順而逆,逆而順,循環往復,似有律又似無律,然冥冥之中有道焉。居安而思危不懈,處困而弦歌不絶,庶幾其君子乎哉。所謂禍福相依,休戚互易,亦人生之常也。上世紀九十年代,予嘗二度請增列爲博士生導師,皆受阻不果,遂與"博導"一事無緣,忽忽二十載矣。是乃一生中逆之逆,厄之厄者也。受阻而無理可申,無怨可言,唯讀書寫字聊以自慰耳。或有爲予鳴不平者,甚或謂蒼天無眼、神明不公,則又過矣。予但恨學之不精,德之不修也,豈敢怨天尤人耶。然經此厄,竟否極泰來,慰人心田者不期而至。申列"博導"受阻後三年,太學設老教師學術專著獎,凡年五十五以上皆可申報參評,予過耳順矣,有學弟慫恿,乃以《甲骨文田獵刻辭研究》一書申報,斯乃不入評議諸公法眼或視若無睹者也,不意經境外專家審查通過,遂獲一獎。入新世紀,復有一文被評爲廣東省第三届期刊優秀作品一等獎,再獲一獎。又蒙上海古籍出版社不棄,先後爲印行論文集二種,復將《古文字趣談》、《漢字古今談》及續編三書合而爲一以行世,已發行逾萬册。《古文字學綱要》一書,亦有幸列入普通高等教育"十一五"國家級規劃教材,修訂再版。除獲獎論文作於受阻後外，皆受阻前所著述者也。又有舊稿述甲骨文植物詞語者，經植物學家審核推薦，刊諸《廣東園林》，並獲廣東園林學會 2013 年會徵文大賽特别奬，則意外之殊榮也。孰謂蒼天無眼、神明不公哉！所謂學術者，天下之公器也，行止無愧天地，公道自在人心。浮雲不足畏，其蔽日必不可久也。爲學者當以學爲務，唯業之不精是懼，他人首上光環，殊不足羡也。即令嶺表無日月，亦當信神州有光明也。

六、文人鬻書或云書家賣字始於何代何人，實無可考索。蓋古之善書者今所謂書家，皆有職掌，有俸禄，書乃餘事耳，鮮聞以書牟利者。鍾張羲獻、虞褚歐陽顔柳、蘇黄米蔡，何人鬻書，未之聞也。據《晉書·王羲之傳》，知右軍愛鵝乃有以書易鵝之美談："又山陰有一道士，養好鵝，羲之往觀焉，意甚悦，固求市之。道士云：'爲寫《道德經》，當舉群相贈耳。'羲之欣然寫畢，籠鵝而歸，甚以爲樂。"一籠鵝未知幾許隻，羲之欣然爲寫《道德經》而獲贈，二者絶無"市"值可言也。羲之又爲老姥題扇，誠書史佳話："又嘗在蕺山見一老姥，持六角竹扇賣之。羲之書其扇，各爲五字，姥初有愠色。因謂姥曰：'但言是王右軍書，以求百錢邪。'姥如其言，人競買之。他日，姥又持扇來，羲之笑而不答。"百錢一扇，至賤也，若處今世，"云是王右軍書以求千金"，人必"競買之"也。然在右軍，乃憫老姥之艱辛耳，與鬻書無涉也。

七、人若窮途潦倒或無職無業，不得已而鬻書謀生，則至可憫也，烏忍非之哉。曩歲觀電視劇，言包拯赴京趕考遇盜，乃於汴京街頭賣字，後遇寇準而止。未知所據，然亦頗合情理。揚州八怪之一鄭燮（1693—1765）辭官後即以書畫爲生，人所共聞。其於乾隆己卯年（1759）手書潤格云："大幅六兩，中幅四兩，小幅二兩，條幅對聯一兩，扇子斗方五錢。"又附詩云："畫竹多於買竹錢，紙高六尺價三千。任渠話舊論交接，只當秋風過耳邊。"是年乃乾隆二十四年，燮則六十七歲老者也。當其時也，此潤格堪稱不菲，孰知二百五十年後，板橋書畫之值逾此百倍而不止哉。先師契齋錫永先生藏有鄭氏四面風竹石圖，詩書畫三絶。先生逝世後，其哲嗣遵其遺訓，捐贈文物於國家，此圖歸深圳博物館，有業内專家估之謂當值五十萬元美金云。六兩銀與五十萬美金，天壤之别如此，鄭氏後人固當驚其先祖所訂潤格之低廉也。

若遇亂世,書家賣字,畫家賣畫,以求生存,更屬無奈之舉。抗戰期間多有其例。末科狀元、榜眼、探花、傳臚四人聯手作四屏,待賈書肆。先師頌齋希白先生淹留京師,室懸"潤格",爲人作字治印。聞一多困於昆明,爲人操刀治印。是皆時勢所迫,學人之厄,不堪回首者也。

八、若夫鬻書以斂財,則智者不爲,仁者耻之。數年前嘗聞可居室主人之言曰:康有爲之人品不足道也。募集海外華僑支持"維新"之金以納妾,可鄙。民國初,經營房地産之外,復鬻書京滬,月入銀圓逾千。有"康南海先生鬻書潤例告白",凡中堂、楹聯、條幅、横額、碑文等,有求必應,唯銀圓是圖。或謂康乃"民國最有錢的文人",愚意與其視之爲文人,毋寧目爲商人也。

九、吾鄉先賢翁同龢,兩代帝師,名動天下,書名聞於遐邇,固絶非可市之者。然一旦削職歸里,旋革職編管,不免拮據,"每日上下必斗米,恒惴惴焉"。爲建墓廬並補家用,乃以書畫兩篋著人鬻之。又傳翁氏晚年求字者甚衆,應接不暇,乃放言,題匾每字銀五十兩,初意如此可拒索書者,孰知此言既出,仍多懷銀登門面求者,乃至遠道匯銀票以求者,雖欲拒之亦難矣哉,言不鬻書,人未之信也。是亦相國運厄之證也。

十、南朝宋之創立者劉裕戎馬一生,武而少文,罔及書事。《宋書》卷四十二列傳第二劉穆之傳載穆之勸劉裕學書:"高祖(案即裕)書素拙,穆之曰:'此雖小事,然宣彼四遠,願公小復留意。'高祖既不能厝意,又稟分有在。穆之乃曰:'但縱筆爲大字,一字徑尺,無嫌。大既足有所包,且其勢亦美。'高祖從之。一紙不過六七字便滿。"穆之可謂善教者矣,不言其書拙,而願其"小復留意"即稍加留意也。見裕"不能厝意",乃教其"縱筆"爲大字。縱筆者,隨意揮灑也。武夫爲大字,一紙六七字,紙滿而意足也。

十一、書品與人品有一致者亦有未必一致者。人品好,書法精妙,二者高度一致者,古今不乏其例,毋庸細論。然人品佳者其書不足觀乃至拙劣者,人品惡而善書者古今亦不乏其例。然則斷言書品與人品統一難乎哉。所可論定者,世人重人品而後重其書也,人品高尚,世人敬其爲人而寶其書,爲人卑劣或大奸大惡,則其書雖"妙",亦爲世人所棄也。三希堂法帖收録宋人書至多,秦檜、童貫、高俅諸人不存一字,蔡京當時書名盛於蔡襄,然後世之人重襄而輕京。究其故,皆因人而及其書,好惡隨之也。敬其爲人,雖片言隻字,手札便條,人亦寶之而傳。歐陽修編《唐書》時付與同僚下屬之兩紙便箋,竟歷數百載而入藏三希堂,今人猶可得見。其一云:"本記第四五定本凈本並分付第六已下如未取得速取之恐妨點對來日局中相見也 修拜白"凡三行四十字。其二云:"脱錯多將定本卷子細對凈本候來日商量寫"僅二行十八字。明吴寬跋其後曰:"此歐陽文忠公修《唐書》紀表時二小帖也。黔陽令陳君堅遠得以示予。片紙數字,於史事無大關係而後世獨加愛護,終不落蛛絲煤尾中,非物也,人也。"文徵明跋曰:"歐公嘗云學書勿浪。書事有可記者,他日便爲故事。且謂古之人皆能書,惟其人之賢者傳。使顔公書不佳,見之者必寶也。公此二帖僅僅數語而傳之數百年不與紙墨俱泯,其見寶於人固有出於故事之上者。"人賢書貴,此之謂也。

十二、人之賢否,名利可驗。蔡襄書名重當時,嘗譽爲趙宋法書第一。上嘗令寫大臣碑志,則以例有資利辭。曰:"此待詔職也,與待詔争利,可乎?"力不從,竟已。資利,猶今所謂稿酬潤筆也。上令,至高榮耀也。寫大臣碑志,名垂後世者也。襄以不與待詔争利辭之。其人品如此。世人非特重其書,重其人也。

十三、名重天下、譽滿四海、心明如鏡、不泯本性而自持如故者,難矣哉,鮮矣哉。近世有令人稱道服膺者,二人焉。其一爲錢鍾書,其《圍城》、《管錐篇》諸書風靡華夏,飲譽海内外,有學者議立錢氏之學問爲錢學,令世人研究而宏揚之,遭錢公堅决反對,遂罷。其二爲季羨林,學貫中西且精梵文,耄耋之年備受推崇。謂之學界泰斗、國學大師,尊爲國寶云云。季公以垂暮之年、病榻之上,鄭重聲明堅辭泰斗、大師、國寶三冠。世人益重之。及卒,北京大學有聯挽之曰:"文望齊魯,通華梵、通中西、通古今,至道有道,心育英才光北大;德譽天地,辭大師、辭泰斗、辭國寶,大名無名,性存淡泊歸未名。"還其學者本色,堪稱蓋棺之論也。

煒湛孤陋寡聞,於中華學術史所知甚淺,唯知以姓氏稱學者皆在其身後,絶無生前自詡者。以語言文字之學而論,漢許叔重著《説文解字》,後世尊爲字聖,乃有許學即《説文》學之稱。越千有六七百載,段玉裁著《説文解字注》;王念孫著《廣雅疏證》、《讀書雜志》,其子引之復著《經義述聞》、《經傳釋詞》,後世乃統稱爲段王之學以賅有清一代文字訓詁之學。及甲骨文出殷虚,羅振玉撰《殷虚書契考釋》,王國維作《殷卜辭中所見先公先王考》、《續考》等,以此爲核心,又有所謂羅王之學,實即當世古文字之學。皆冠絶一時者也。羅王之後,著作宏富者夥矣,郭(沫若)、董(作賓)、容(庚)、于(省吾)、徐(中舒)、唐(蘭)、商(承祚)諸前輩莫不享譽中外,然皆自持不自伐,更未聞何人自詡其學問爲某學,令人敬仰有加。

十四、士之自信與自疑或不自信,實因人因時而異。當其治學有成,自問讀書有得之時,勝券在握,縱筆爲文,考古論今,氣吞霄漢,每語人曰:必當如是也,非作是論萬萬不可也。又曰:吾文邁越前賢,足可傳世也。此蓋血氣方剛之時也。及其老也,檢視舊作,亦不免有可疑者或不自信者,乃有修訂一事焉,或割愛而棄之。此固學林所屢見者也。就古字古史之學而言,吾所知者有權威學者三,皆有割愛之舉。其一,郭沫若,早歲著《甲骨文字研究》於日本,初版於 1931 年,凡收考釋甲骨之文十有七,二十年後改訂,剔去九篇(包括往昔極自信之《釋寇》、《釋蝕》等),約占原書之半。其二,于省吾,壯歲著《雙劍誃殷栔騈枝》、《雙劍誃殷栔騈枝續編》、《雙劍誃殷栔騈枝三編》(分别印行於 1940、1941、1943 年),共收文九十有八篇,八十歲後出版《甲骨文字釋林》,其上卷即由此三書之九十八文删訂而成。該書《凡例》曰:"其中初篇的釋攺,已重寫加入本書中卷,續編的釋䀠改爲釋炽,已重寫加入本書下卷。下餘的九十六篇,除删去四十三篇外,共存五十三篇,作爲本書的上卷。"其"删訂"之"力度"可謂大矣哉。其三,徐中舒,1984 年自編《徐中舒歷史論文選輯》,其《前言》曰:"本世紀二十年代我開始寫作論文。六十多年來,我在學習上雖知奮勉,迄今成就不多,思之愧疚。我研究古文字學和先秦史,常以考古資料與文獻資料相結合,再參以邊地後進民族的歷史和現狀進行互證。由於觀察思考方面較廣,易得其實,自覺尚無自相抵牾者,則備録其文於此。其不能自信者,則刊其目以供參考。"又曰:"我一生所撰史學論文共約百篇,現刊用者僅六十篇。"卷末以"本書未收論文篇目"爲附録。"其不能自信者"則舍而不録,實與郭之"剔去",于之"删改"同,令後學者肅然起敬者也。

十五、近歲,學者出版文集或爲已故學者出版著作集、全集漸成風氣。前者爲學者生前自編或委託他人代編，後者則全由後人爲之，得公家或私人資助而出版面世。前者或有校改、補正、取捨，後者則唯“全”是務，有文必録，且不編不校，“以存原貌”；翻印原本而集之，乃謂“全集”，是否合乎學者生前意願，非所計也。以古文字學而論，前者有《饒宗頤二十世紀學術文集》、《裘錫圭學術文集》爲代表，後者則有《于省吾著作集》、《容庚學術著作全集》行世。近聞《唐蘭全集》亦已編就，面世在即矣。蓋近年國力强大，政府（中央、地方）撥款，“文化建設”備受青睞，爲已故著名學者編印文集、全集，有錢即可，費力不多而“編者”得名，出版社（書局）得利，學者之後人亦榮耀有加焉。

十六、據報載，作家賣字與書家争利，近歲亦成風氣。有某作家以字計酬，每字潤格三萬，不還價。有某作家以尺寸論，四尺整張計價二萬。又有某作家出名後，往歲所書對聯立軸交付拍賣，七十二萬成交。作家欺讀者不易，有佳作聞於世傳諸後尤不易，而以“書法”欺世，欺藏家則不難甚或至易也，蓋時世浮躁而浮財氾濫故也。吾聞此天價鬻字，既不爲作家喜，亦不爲藏家冤。昧心欺世，縱富比公侯，人所不齒也。有錢而無識，不學而風雅，宜其被欺也。且市書之貲，或得來至易不足貴，或本屬不義之財，揮之不足惜也。

十七、近歲常有友人以詩集相贈，或舊體，或新詩，閱之赧然，自愧弗如也。諸多名山大川、名勝古迹亦嘗漫游或尋訪，皆觀賞贊嘆之而已，曾無一詩一詞以吟詠，而覽賢友詩集，或詩或詞或歌賦，莫不酣暢淋漓，極盡其致，令人神往，或興重游之念。由是而頗悔少壯之時未致力於斯也。然中夜思之，悔亦無益，唯當潛心學問，期有所進耳。且先賢有言，經史爲上，詩詞在後，畫在字下，亦足解嘲。古人重經史文章之學，不事辭賦。子曰：“不學詩，無以言。”聖人善詩否，莫之知也。孟夫子雄文蓋世，其詩善否，莫之知也。其後諸子百家皆有文集傳於今，或有善詩者，其爲今世所知者希矣。揚雄謂詩賦小道，壯夫不爲。兩漢以下，或以文聞，或以詩勝，或文以詩掩，或文顯而詩晦，毋庸縷述。唐詩宋詞元曲明清小説，代有主流，學人所共識。以唐而論，李杜詩，韓柳文，千古的論，百世不易。就宋而言，詞家輩出而多無文聞世，文與詩並耀於世者，其惟蘇東坡、歐陽永叔、王荆公諸人乎。有宋以下，可略而不論也。由是觀之，煒湛之不能詩，未必足愧也,所足愧者,在著述少而建樹鮮也。晨起悟此,自愧而尚存進取之心,先師泉下有知,亦當期許耶。

十八、學人不能詩或不傾力於詩,似非獨煒湛爲然。就近而言,復旦中文系五七級同學近百人,畢業後從事學術研究或文藝創作於各自領域稍具影響者約五分之一,而今皆白髮老翁矣,其可謂能詩者亦惟林東海(有詩集、詩論行世)、陳四益、陳允吉數人而已。再就古文字領域而言,前輩學者有觀堂、鼎堂詩名遍中外,選堂詩詞歌賦無有不能,餘則非煒湛所知聞也。而先師商、容二老之不以詩聞,殆非不能也,實屬不爲也。唯其有所不爲,少壯之歲未耽於辭賦而專注於學術,乃有《殷虚文字類編》、《殷契佚存》、《十二家吉金圖録》、《石刻篆文編》、《金文編》、《商周彝器通考》、《頌齋述林》等著作傳世,見重於學林也。餘如于、董、徐、胡諸公亦然。

十九、毛澤東主席詞曰:“惜秦皇漢武,略輸文采,唐宗宋祖,稍遜風騷,一代天驕,成吉思汗,只識彎弓射大雕。”秦始皇嬴政統一六國,漢武帝劉徹開疆拓土,唐太宗李世民隨父淵創立大唐,宋太祖趙匡胤代周而創立大宋統一中國,皆彪炳史册者也,其所以如此,正因“略輸”或“稍遜”也。只識彎弓,不知文詞者,竟横掃天下,成一代君主。國君若精於辭賦聲律,日夜集文學之士吟詠酬唱,或爲文學文士之幸,而社稷危殆矣。六朝之陳後主(叔寶)、南唐之李後主(煜)足以爲證。陳滅於隋,南唐滅於宋,《後庭花》、《虞美人》固千古絶唱,其如江山易手何。宋徽宗(趙佶)書畫俱精,“瘦金體”享譽千秋,亦好古器物,名花異石,廣事搜羅,聚集汴京。宣和文學藝術盛極一時,至今猶令人津津樂道,然此盛彼衰,君主昏昏,朝野渾渾,竟不堪金兵一擊,城破蒙塵,遺恨燕郊。詩詞書畫古物奇珍,竟如催命之符,亡國之兆。諺云玩物喪志,是士庶之誡也。若君主,則玩物喪邦失國也,能不慎乎? 能不慎乎?

二十、有明君乃有諫臣以至死諫之臣,唐太宗之與魏徵,堪稱範例。有昏君則有佞臣,殷紂之與費仲、尤渾是爲典型。君主躭於聲色犬馬,纏綿於粉黛麗辭,則距身亡國破不遠,晉宋二書記載甚詳,足以爲證。奸佞當道,賢良抱屈,誰之過,君主也。嘉靖之有嚴嵩,乾隆之有和珅,衆所周知者也。其餘歷朝歷代,史不絶書,常令人浩嘆不已。

二十一、人之學問以字數計乎？往歲嘗有某著名語言學家，生前稱其歷年著作逾千萬言，聞者動容，嘆爲“高産”學者。爲學至不易也，累月窮年苦讀冥思而竟無所得，不在少數，有所得而著述之，著述而刊布之，刊布而得學界認可，則少數之少數也。學術者天下之公器也，以一人之力而著千萬言，誠偉大之極也。惟此言既出，有末學後進之士不信，乃讀之析之，竟發現有虚浮之數焉，有重複之數焉。有一書數易其名而爲三書四書者，有一書稍加改易而另成一書者。如是累計，乃達千萬之數也。然即令去除虚浮重複，仍有三四百萬言，亦屬“偉大”，何必侈言千萬哉。

有教授某，亦入古希之列矣，數年前嘗放言，吾已著作數百萬言矣，決向某公看齊，寫滿千萬字，現正著手自編文集，祈有合作（資助）者云。聞者動容，贊其老有所爲，志存高遠。煒湛嘗問知其學者，此公著作學問如何。或曰此公常受欺，好名而乏自知。或曰號稱數百萬言，多屬編而非著，其自著而可稱道者寡也。或曰余編某學術期刊有年，未曾刊其一字。雖然，此教授之志亦大矣哉，奈何文集未刊而於前年病逝，惜乎惜乎。

又有某教授自述其歷年著作，亦云述作逾千萬字，謙言“量多質淺”，其自得之情溢乎言表。是教授亦余友也，歷年蒙贈著作多種，亦嘗拜讀若干章節。其言千萬字，可信，可賀，可羨，未可學也。何故，所治之學異也。余常嘆不敏，他人年著一書或二書，洋洋數十萬言，余僅能作一二文，或不足萬言。他人著書作文信筆書之可也，如何思便如何寫，余則不敢也，若無據立論，但憑意念爲文，形同廢紙，徒耗資源耳。面對千萬言著述，唯有自嘆弗如，佩服其進取不已、筆耕不已之神勇也。“千萬言”，無此宏圖，亦非所期也。

然則學人之學問果當以字數論乎？且不論孔孟老莊，亦不計韓柳歐蘇，但以今世而言，其學冠絶一時莫與比肩者，其有千萬言著述乎？若以《中國大百科全書·語言文字》所載學者業績論之，則多有未逮也。此卷專列詞條予以評述之權威學者如陳望道、郭沫若、張琨、李方桂、于省吾、唐蘭、董作賓、陳夢家、吕叔湘、李榮、王力、丁聲樹、朱德熙以及先師容庚、商承祚，皆舉其有獨創性之論著及於所研究領域之特殊貢獻，而不論其字數。而有“千萬言”著述之學者，又未必録入此卷，是學界之取捨，重質不重量，理所當然也。

二十二、學人之論著，皆可計其字數乎？非也。古人著述，多但論篇卷，罕有自計字數者（另詳）。若段玉裁《説文解字注》三十卷，當算多少萬字？先師商先生之《殷虚文字類編》，容先生之《金文編》當如何計算？諸多吉金圖録、甲骨文著録集，又可計算否？難乎其難也。甲骨文、金文之摹本亦可以字計乎？又不可也。拙著《甲骨文簡論》、《甲骨文田獵刻辭研究》二書共附甲骨文摹本四百餘紙，出版社編輯以所占版面計字數，事雖荒謬，實亦無奈也。

數年前《裘錫圭學術文集》出版，分六卷，六巨册，約三百萬言，洋洋大觀也。余應邀出席其首發式座談會，由衷贊嘆之，並謂"自愧弗如，望塵莫及"。會後有復旦同窗問曰：裘治古文字，其文集六卷三百萬言，子亦治古文字，若亦編集，有多少萬言？余茫然無以對。又問，乃含混應之曰：約得其半耳。退而思之，論學問，論研究領域之廣與深，我不如裘兄遠甚，又何必論文章與字數之多寡哉。若某人編文集七卷，計三百五十萬言，即可與裘氏争勝乎？可笑也夫，可嘆也夫。

二十三、治學貴獨創、首創。黄侃五十而逝，生前所刊著述不多，若以字數計，則可謂少也哉。然彼定古韻爲二十八部，分古音爲十九紐，又論古音上聲作平聲，皆爲創見，爲音韻學家所重。其生平業績得入録《中國大百科全書·語言文字》實緣於此。反觀諸多著作宏富、飲譽一方（一地、一領域、一名校）之學者竟未能入録，實足耐人尋味、令人深思也。

二十四、自頌自譽，君子耻之；面頌面譽，君子亦耻之。前者寡德，後者諂諛。君子當遠自頌自譽者而絶面頌面譽者。先師契齋夫子嘗書荀子言而懸諸壁：非我而當者吾師也，是我而當者吾友也，諂諛我者吾賊也。師、友、賊三者分明。師之於生，非之而當則生知進也，是之而當則生知足矣。

煒湛從師治學有年，未嘗聞一贊語，然師期許之意，煒湛銘諸五内。"文革"中，學術初露復蘇之象，即殫精竭慮召我由桂回粤"歸隊"，且謂羅致海外新刊甲骨文書籍，實爲汝備，"召汝，重汝也"。嗣後，命整理戰國楚竹簡，命撰前言，總其成，又謂"重汝也"。又命協助整理《石刻篆文編·字説》，擇録若干則發表。又嘗口授要點命草文稿。《甲骨文簡論》成，師乃欣然命筆賜序復題書名。希白師亦未嘗有一語面贊煒湛，然語其老友曰“煒湛好學”、“煒湛能文”、“煒湛基礎較好”，又直贊論羅振玉與王國維學術成就之文爲“早就該寫”之“好文章”。二先生不面贊弟子當是中國優良學術傳統之一，考之往昔，名師之於其弟子，莫不如是。孔子最得意弟子當推顔淵，然亦未聞面贊一語也。憶昔友生之從我游者，亦未嘗有面贊之者，非敢比於聖賢，實出本能也。與其語，多囑當讀某書某書，當静心認真云云。觀其文，則指其謬誤，批其疏漏，且令删蕪去雜。有某生曰：如是删之又删，則文短之又短，不若他人長矣，奈何。予復堅言蕪雜必删，删則雖短猶美，存則長而醜也。且爲文當以質勝，何論短長哉。

二十五、俗謂看菜吃飯，量體裁衣。言淺而意深，以喻作文亦甚當。予作學術之文，當長則長，宜短則短，既不懼長，亦不嫌短，全視所論事項而定。要須言之有物，持之有故。言而有文，雖長不令人厭，反之，千字短文亦爲讀者厭而識者笑也。魯迅前輩有言：甯將中長篇之文壓縮爲短論(篇)，决不擴短論(篇)爲長篇。煒湛遵之爲作文要訣，數十年間未敢或忘。魯迅此言，足爲好作長文者、唯長是務者、擴短爲長者誡。凡著書立説，皆同此理。

二十六、爲人作序易乎？某公名重學林，凡士子寄奉書稿求序，或持稿面求，莫不慨允，靡不贊之譽之。是亦獎挹後進之舉，其善可稱也。觀其所作序文之多，所涉學科領域之廣，至可欽佩也。有客問曰：然則爲人作序易乎？若果有求必應，豈不濫哉，應必譽之，豈無過乎？煒湛思之有日，竟不能答。惟知爲人作序實宜審慎。既須慎諾，尤須慎言。輕諾而應以浮言虚語，或臧否顛倒，或强不知以爲知，是欺世，當是而不是，令作者抱屈；不當譽而妄譽，誤導讀者，皆非所宜也。余唯此三者是懼。以是觀之，作序亦非易事也。錢牧齋爲人作序不在少數，晚年以“腹窮”爲患，有友持稿索序，粗閲其稿而許之，然謂須期以半年。以牧齋之筆墨，尋常一序，旦夕之間耳。半年方成之序，其難可知，其慎亦可知也。

二十七、往歲觀電視連續劇《宰相劉羅鍋》，其中有一集寫劉墉貶謫多次而爲杭州城門令，妻妾隨之居陋室，柴米難繼。有官員某致書求字並附紋銀數兩以爲“潤筆”。劉墉覽書大怒，撕毁其書復擲銀室外，曰：“我淪落至此，猶來羞辱，可惡之極！”妻妾不解，勸之曰：“正缺銀兩買柴米，老爺何惜數字。”墉怒謂餓死也不寫。觀時捧腹一笑，笑後復深憫之。編劇者如此寫劉墉,意謂落難不失志,未知有據否? 以劉墉之才學,貴爲大學士,賤至小門令,貴不鬻書,賤亦守志,其毁書擲銀之舉,我寧信而弗疑也。

二十八、治學與治政之同異不可不察。無論治學抑治政皆須有正氣,氣正身直,皆應以天下蒼生爲念,以天下爲己任,是其同也。然治學只論是非,可不計利害,當非者必非之,雖當世權威,亦敢商榷之;師説有誤,亦可面陳己見,與師共論。我愛吾師,我尤愛真理,此之謂也。治政亦當辨是非,然更須計利害。若爲國家民族計,爲趨利避害,亦可暫不論是非,或置是非於側而言合作。近代國共合作以抗日堪稱典範。當代所謂"擱置争議,共同開發"云云,亦屬計利害而晦是非也。以治政之法治學,其學含混,必人云亦云,拾人餘唾而自喜,難望有成。以治學之道治政,不免碰壁。大是大非,不可不辨也,上峰指令,不可不遵也。若不論時地,明察秋毫,銖錙必較,則是迂也,上怒下怨未可免也。語云"水至清則無魚,人至察則無徒",此之謂也。若辨是非遵指令有害於國,無益於民,則毋寧不辨也,不遵也,雖罷官削職,乃至身亡亦無所懼。然智者多能權利益衡得失,謀而後動。既長治學,復善治政,二者兼得者鮮矣哉。

二十九、秦皇漢武輸文采,唐宗宋祖遜風騷,凡讀毛主席詞者莫不知之。然唐太宗李世民善書亦能文,史有明載。貞觀之治盛極一時,享譽千載。然太宗竟無文集傳世。據《貞觀政要》,近臣嘗請編印文集,太宗終不允,且謂"朕政令若善,有益社稷黎民,史官書之足爲不朽;若不善,亂政害物,雖有詞藻,終貽後代笑"。偉乎哉古之開國明君也,非世俗之所可知也。予之贊太宗,非謂今世執政不當出文集令國人誦讀也,時世既異,其風亦别,豈可一哉。

三十、爲而不争,可乎? 然乎? 近歲嘗以甲骨文書此四字贈友,中夜思之,殊有未安。君子有爲有不爲,亦當有争有不争也。若僅關乎一身之利害得失,名譽地位,爲而不争,可也。爲當爲之事,盡心盡力而後已,其餘名利地位,不必争,不可争,不屑争也。争名於朝,争利於市,君子耻之。余嘗言,爲人爲文,是非曲直,且由他人評説,無可争也。堅信行止無愧天地,公道自在人心。然若事關民族大義,社稷安危,蒼生福祉,焉可不争? 攸關國家領土與主權,焉可不争? 非止争之,尤須力争,争之無已,不惜一戰而勝之。非如此,焉得謂君子,焉得謂仁人志士。此理至顯,古今皆然。驗之當世,當爲國家民族而有所作爲,尤當爲國爲民而“争”之不息也。近若東海與倭寇之争,南海與菲越之争,直須寸土必争,分毫不讓者也。以“爲而不争”自警猶可,贈人則有歧義,奈何。日後自當慎之。

三十一、争友與争臣。二者皆難能可貴,未可多得者。直言規過,是謂争友。語曰:士有争友,則身不離於令名。直言諍諫之臣,是爲争臣。語曰:天子有争臣,雖無道,不失天下。又曰:朝無争臣,則不知過。吾常嘆當今各級政要左右多唯諾之流,歌頌之徒,而乏直言相規、冒死進諫之士。凡上所言必是,凡上所爲必善,雖有腹誹,莫敢直面。視一校可知一區,視一區可知一市一省。所謂智囊也者,参事也者,養之而已,期期之士寡而諤諤之輩希也。其所以如此,當以魏徵之論爲善:懦弱之人懷忠直而不能言,疏遠之人恐不信而不得言,懷禄之人慮不便身而不敢言,所以相與緘默,俯仰過日。

三十二、傳人與自傳。當代藝人或娱樂圈名人、準名人多有自傳或回憶録,自述其“藝術人生”,從藝始末、情感糾葛、圈内見聞、人生感悟等等。暢銷一時,世人多引爲談資。有小品云,吾亦欲著一書,名曰《月子》,以某人已有《日子》也,引發觀衆大笑不已。近聞又有《行者》行世,猴戲傳人之自傳也,簽售羊城,景况熱烈。反觀學界則鮮聞其學冠絶一時、無與比肩而自傳行世者。復旦中文系故主任朱東潤師嘗爲陸游、元好問、梅堯臣、張居正著傳記,亦爲其亡妻作傳,刊行於世,而未聞有自傳體著作也。選堂饒公九十華誕有客請著自傳行世,饒公莞爾謝之,且謂個人渺小,無可傳者。

並世學人應相關機構或出版者之囑,不免自叙簡歷(小傳)或治學之道,其與專書以自傳未可同日而語也。其自叙或小傳均極簡略。吾師頌齋早歲著《東莞印人傳》,爲莞籍印人“自明鄧雲霄至仲弟肇新”凡十九人立傳而不及己。嘗自訂年譜自一八九四年(甲午)始至一九五一年止。晚歲有手迹二紙自述身世與治學簡况,文末謂“光緒二十年八月初六日生(一八九四)一九七　年卒,年七十　著有《商周彝器通考》等書十餘種”。“一九七”與“年七十”後各空一字。全文不足千言,似爲留示後人者。又嘗續修《容氏家乘》,於三十二世“庚”下自述五百餘言。三者皆歿後爲家人所見而公之於世,其生前並無一言刊出也。

考之古昔,史家之自序其身世及著作之由者,首推《史記·太史公自序》與《漢書·敘傳》。前者自言"遷生龍門","幽於縲絏",於是述"歷黄帝以來以至太初而訖,百三十篇";後者"固"自言"弱冠而孤,作幽通之賦",以致命遂志,以著述爲業,探纂前記,綴輯所聞,以述《漢書》,起元高祖,終於孝平王莽之誅,凡百篇。裴駰《史記集解序》首引班固之言,論《史記》得失,謂"世稱其當"。司馬貞索隱則言:"固撰《漢書》,作《司馬遷傳》,評其作《史記》所采之書,兼論其得失。"然今本《漢書》無此傳。其後范曄著《後漢書》無《敘傳》而有《班彪列傳》以"子固"附入。陳壽著《三國志》六十五卷(《魏書》三十、《蜀書》十五、《吴書》二十),房玄齡等撰《晉書》百三十卷,皆無自序,而沈約著《宋書》百卷,其末卷即列傳第六十乃自序,自高祖警始,歷敘穆夫、淵子、雲子、田子、林子、璞,以至於約。其所"自傳"者,略謂"史臣年十三而孤,少頗好學,……年二十許,便有撰述之意。……永明二年,又忝兼著作郎,……五年春,又被勑撰《宋書》,六年二月畢功,表上之。"不足二百字。計入所上之表,亦不過千言,可謂簡約之極。較之《梁書》沈約本傳,可知此自序純爲序《宋書》而已,非今所謂自傳者也。其後蕭子顯著《南齊書》或有序録而佚失,其後梁、陳、隋諸書,皆無敘傳。是史家但傳人而不傳己也,其生平業績實賴後人傳之。

古之文人學士似亦但傳人而無自傳者。陶潛(淵明)嘗著《五柳先生傳》以自况,時人謂之實録。然終與《晉書》、《宋書》之《陶潛傳》大異。柳子厚爲人作碑、志、傳至多,而其生平業績則賴韓退之傳之。而退之復賴新舊《唐書》傳之。自唐以下歷代文學之士大抵如是,傳人而後人傳之也。

三十三、心精爲序,不争年月。求人作序多期速得,允諾爲序,猶若負債,多以"速還"爲念。此學界之常也,於今尤烈。然亦有求前輩賜序,静俟數年而始得者。戴震(東原)爲段玉裁(若膺)《六書音韻表》作序,歷時之久,堪稱空前,其所論之精審,堪爲典範。段視戴爲師,尊稱爲先生,戴則稱段爲君。段氏於乾隆二十八年(癸未,1763 年)"游於先生之門",於乾隆三十五年庚寅成《詩經韻譜》、《群經韻譜》,壬辰四月三入都,以是書請益,"先生云體裁尚未盡善"。然戴氏"聞而偉其所學之精,好古有灼見卓識”，實已心許之矣。翌年（1773 年）十月，戴氏致書段氏，極贊其辨别五支六脂七之，能發自唐以來講韻書者所未發，“今春將古韻考訂一番，斷從此説爲確論”。又云：“然執管欲作序者屢，而苦於心不精，姑俟稍安閑爲之。”越二載乙未（1775 年）段氏改書名爲《六書音均表》，寫定寄呈戴氏座右，竭誠求序：“願先生爲之序，而糾其疵謬。”又越二載，丁酉（1777 年）孟春，戴氏序文乃成，歷時四載矣，是年爲戴氏卒年。是序僅八百言，然歷叙自李登至顧炎武、江慎修之古音之學，“以漸加詳”，繼述段氏灼見卓識，並予《六書音均表》以崇高而切實之評價。今日讀之，猶覺字字珠璣，回味無窮。由戴氏此序，當悟序學術著作之不易，非深於此道，洞悉淵源者不能作，非細品所序之書而有精準之見者不能作，非静心凝神，字斟句酌者不能作也。三者闕一自當擱筆，庶免自毁清譽而貽誤世人。

三十四、古書自言其字數例。司馬遷《史記・太史公自序》曰：“凡百三十篇，五十二萬六千五百字，爲太史公書，序略，以拾遺補蓺，成一家之言，厥協六經異傳，整齊百家雜語，藏之名山，副在京師，俟後世聖人君子。”是爲史書自言其字數之例。許慎《説文解字》第十五下：“叙曰：此十四篇，五百四十部，九千三百五十三文，重一千一百六十三，解説凡十三萬三千四百四十一字。其建首也立一爲耑，方以類聚，物以群分……畢終於亥。”是爲字書之自言其字數之例。段玉裁曰：“今依大徐所載説解字數凡十二萬二千六百九十九，較少萬七百四十二字，此可證説解中歷代妄删字奪去字至於如此之多。篆文多於本始，説解少於厥初，其增損皆由後人，今未可强説耳。太史公自序内云，凡百三十篇，五十二萬六千五百字，實兼自序言之。然則許云解説十三萬三千四百四十一字者，實兼叙言之。”段氏《六書音均表》凡五表，各表後皆具言字數：今韻古分十七部表，凡八千二百一十二字；古十七部諧聲表凡四千六百零一字；古十七部合用類分表，凡二千七百七十八字；詩經韻分十七部表，凡二萬八千一百七十九字；群經韻分十七部表，凡八千五百五十五字。卷首列總字數爲“凡五萬二千三百二十五字”，是爲韻書自言其字數之例。

三十五、老當戒得。季公羨林嘗謂人至老年，有十事不可爲，可謂十忌。一忌多言，二忌倚老賣老，三忌思想僵化，四忌不服老，五忌無所事事,六忌自誇當年勇,七忌自我封閉,八忌嘆老嗟貧,九忌常以死爲念,十忌憤世嫉俗。所言皆善。然十忌莫若一戒,聖人謂"及其老也,氣血既衰,戒之在得"。年老戒得,無論名利錢財,有此一戒,足保身心安泰,頤養天年。近歲頻聞老者上當受欺,或欲得分外之利而反失其金,或欲增壽而誤信傳言受欺於商賈,或欲揚名於世而被蠱於文販,終致懊喪長嘆、悔之莫及。苟戒得,焉有此等煩惱。

三十六、腹窮與文債。牧齋爲文素負盛名,然竟亦有腹窮之時。應酬之文俄頃可就,重要序文醞釀半年始成,何以腹窮? 出多入少乎? 年老體弱乎? 二者兼之乎? 盛名之下,求文求字者多,允之即爲文債字債,腹富自可還之,窮則不免暫欠也。吾師頌契,書名聞海内,字債至多,終老還之未盡,亦屬了猶未了也。由是觀之,無論文字,實不宜輕諾也。

以上三十六則陸續作於丙申至丁酉年間　三鑒齋主人識

三鑒齋夫子之治學及其他

譚步雲、謝光輝、羅振躍、林志强

三鑒齋夫子治漢語言文字之學逾四十年,在諸多領域均有建樹,其治學成就足以爲後學標杆,起引領作用。今值夫子八秩榮慶,兹以此文爲門弟子共同祝壽之忱。

一、治學成就概述

夫子之學術成就大體可分爲三個方面:甲骨學、漢語言文字以及語言文字之規範研究,兹述如次。

(一) 甲 骨 學

夫子在甲骨學領域的成就,爲學界所矚目。宋鎮豪、段志洪主編的《甲骨文獻集成》(四川大學出版社,2001年)收入夫子著述21題,其中《甲骨文簡論》、《甲骨文田獵刻辭研究》二書全文載入,略可知夫子在甲骨學研究領域之地位。

細究夫子的甲骨學研究,略有三端:

1. 理論研究

夫子的甲骨文理論研究,走在同行的前列,可以《甲骨文簡論》一著爲代表。王宇信、楊昇南主編的《甲骨學一百年》花了兩千多字的篇幅予以推介,認爲:"《甲骨文簡論》'牽涉到有關甲骨文的許多重要問題,作者的介紹、論述,實際上也是對八十餘年來我國甲骨文研究的一個小結',較嚴一萍 1978 年出版的《甲骨學》,從廣度和深度方面要大大前進了一步。”①

2. 重大問題之辨正

(1) 命辭性質問題

自甲骨文發現以來,卜辭中的命辭向被視爲疑問句。上世紀七十年代以來,先是有日本學者提出祈使句説,接着美國學者也有附議,及後影響了國内的若干學者。夫子先後撰寫了《論殷墟卜辭命辭的性質》、《關於甲骨文“印”、“抑”二字的詞義問題》、《從文獻記述看占卜的性質及其與禱祝的區别》、《卜辭貞鼎説》、《甲骨文“不”字説》等文章,認爲命辭只能是疑問句。

(2) 歷貞卜辭的斷代問題

所謂的“歷組卜辭”的時代,甲骨文斷代理論的創立者董彦堂斷之爲武乙文丁時期。1973 年婦好墓的發現及發掘,遂引發了此貞人所貞卜辭的時代的討論: 以爲當屬武丁晚年至祖庚時代。儘管只是討論“歷組卜辭”的斷代,實際上却牽涉如何看待董氏斷代理論體系的態度。夫子於是撰文爲辯,以爲歷貞卜辭及其相關卜辭當以董氏的斷代爲是。

3. 甲骨學研究的若干嘗試

夫子在《甲骨文簡論》中就甲骨文研究的展望提出了八個方面的問題以供研究者思考: 一曰文字考釋,二曰材料整理,三曰工具書編撰,四曰斷代研究,五曰借助甲骨文進行商史研究,六曰甲骨文字的理論研究,七曰通過甲骨文研究上古漢語,八曰甲骨文與同時期金文及其他古文字比較研究。②

這無疑也是夫子當時在思考的問題,於是便有了某些實踐。應當説,夫子對甲骨文語言研究用力最勤,先後撰寫過《甲骨文同義詞研究》、《卜辭文法三題》、《甲骨文所見第一人稱代詞辨析》、《二重證據法與商語研究》、《甲骨文植物詞語綴述》等文章。最有趣的一篇文章是《商代甲骨文金文詞彙與〈詩 · 商頌〉的比較》。夫子通過對甲骨文、商金文與《商頌 · 玄鳥》的比較研究,大膽作出了《玄鳥》當爲三言詩的推測,被學者譽爲

① 參看氏著:《甲骨學一百年》,社會科學文獻出版社 1999 年,第 424 頁。

② 陳煒湛:《甲骨文簡論》,上海古籍出版社 2005 年,第 229—230 頁。

“一次新的突破”。[①]

此外,夫子對甲骨文中的其他方面也有所涉獵。例如專題研究,有《甲骨文田獵刻辭研究》、《花東卜辭田獵説》;又如辨僞,有《“契齋藏甲之一”真僞問題的再討論》等;再如文字考釋,有《釋妻》、《釋盪》、《郭沫若〈釋五十〉補説》等;最後如甲骨文與金文的比較研究,有《先獸卜骨與先獸鼎合證》等。

夫子歷年甲骨文散論今輯爲《甲骨文論集》(2003、2013)一編。

(二)漢語言文字研究

就其實質而言,甲骨文研究也不過是古漢語研究的一個分支而已。因此,夫子於古漢語研究也有所涉及,展示了其廣泛的研究興趣及成就。這裏分三個方面加以概述:

1. 傳統語文學研究

夫子就讀復旦大學時,便屬意於古字之學,其以《説文》爲題所撰寫的本科畢業論文,可證其志向。日後的傳統語文學研究,不妨視之爲早期積累的迸發。代表論述有《許學管窺》、《論王筠對文字學的貢獻及其治學特色》、《關於唐寫本陸機〈文賦〉》等。

2. 戰國文字研究

夫子任職於中文系古文字研究室,跟隨錫永先生整理楚簡,對戰國文字自是頗有心得。代表論述有《戰國以前竹簡蠡測》、《包山楚簡研究》等,而《詛楚文獻疑》、《碧落碑研究》、《碧落碑中之古文考》以及《〈穆天子傳〉疑難字句研究》等則是戰國文字傳世文獻的研究。其中尤其以《詛楚文獻疑》影響最大,包括錫永先生在内的學者多有推許,同時也引發了一些更爲深入的討論。

3. 古文字學之推廣與普及

夫子熱心於古文字學的基礎教育工作。1982年即在中文系本科開設了古文字學課程,及後並著有《古文字學綱要》。作爲早期罕見的古文字學課本,此著後來被列爲“普通高等教育‘十一五’國家級規劃教材”並

① 參看江林昌:《甲骨文與〈商頌〉》,《福州大學學報》2010年第1期,第46頁。

一再獲獎是自然而然的事。事實上,早在 1977 年,夫子即開始古文字的普及工作,先是在《廣東青年》,後又在《隨筆》、《語文建設》等雜志刊發了一批古文字普及文章,由是有了後來的《古文字趣談》、《漢字古今談》和《漢字古今談續編》等普及著述。鄔和鎰、黃光武和羅春初等先生嘗在《中山大學校報》、《南方周末》、《書林》以及香港《大公報》上予以推介品評,贊譽有加。[①] 三著後又略加整理修訂合爲一編,以《古文字趣談》爲題一印再印,甚至爲文化藝術出版社改題爲《漢字的故事》(2010)盜印,影響了相當多先是對古文字感興趣後來走上古文字研究道路的年輕人。

(三) 語言文字之規範工作

夫子嘗任中國語文現代化學會副會長(第四屆後任顧問),參與漢語言文字的規範工作固然是職責所在,同時也體現出夫子堅定的學術立場。代表著述有《請正確書寫古文字——向書法家進一言》、《書法家與簡化字——紀念漢字簡化方案公布 35 周年》、《書家與學者》、《社會用字規範化與領導垂範》、《論漢字規範化的全民性》等。其最爲得意之作則非《〈昭雪漢字百年冤案——安子介漢字科學體系〉評析》莫屬。此文獲得前輩學者許寶華、王宗炎、伍鐵平等先生的激賞,嘗多次被轉載及被論叢(集)收入,[②]乃至榮獲第三屆廣東省期刊優秀論文一等獎。

夫子的學術貢獻,當以甲骨學和漢語言文字規範兩個領域最爲顯著,至於夫子的治學特色,志强兄另辟專文討論,兹不再贅。

(本節執筆: 譚步雲)

二、書 法 成 就

夫子於書法也有相當造詣。曾撰寫過《書法美學漫談》、《古文字與篆刻》、《書家與學者》等涉及書法理論的文章,弟子們也結集刊發過若干書法作品(參看本文附録,此節所引論,悉見是集)。略可藉以了解夫子書藝。

---

① 陳煒湛:《古文字趣談·前言》,上海古籍出版社 2005 年,第 1 頁。
② 參看陳煒湛:《陳煒湛語言文字論集》,上海古籍出版社 2005 年,第 183—184 頁。

夫子奉《淳熙秘閣法帖》、《三希堂法帖》爲圭臬，數十年來臨寫不輟。清代以前的名家大體盡入懷抱。及後則取清代名家書札遍觀之，有甚愛者諸如吴大澂、陳簠齋等則亦臨寫數過，而並不專注於某家某體。因而其真書行書了無名家痕迹。自從容、商二老習古文之學，則徧臨甲骨鐘鼎簡帛，於書道之理解復進一層，成就一家面目。

夫子習書並不汲汲於聞予書壇藝苑，而僅僅視之爲治學之餘事。就此而論，夫子所作乃學者之書。因此，夫子多古文字之作，尤長於甲骨文。夫子嘗謂：古人刻寫龜甲文字是以刀作筆，今人書寫甲骨文則應運筆如刀，始得其神韻。因此，夫子所摹甲骨文，非唯力求其真切無誤，亦必求其可以體現二百七十餘年甲骨書體之變化，一眼望去，即可知某王某世甲骨。如其大著《甲骨文田獵刻辭研究》、《“歷組卜辭”的討論與甲骨文斷代研究》所附摹本，都是夫子臨摹的代表之作。夫子的甲骨文書作，剛遒有力，直如刀雕斧斲，很好地再現了三千多年前的甲骨精髓。如贈王坤教授《論語》句、贈吴承學教授“滄海日赤城霞”聯等，都是上品。相較於某些書家一味追求豐中鋭末的所謂“甲骨文”，相去何止千里計。夫子所寫金文，顯然受到容、商二老的影響，却又融入了甲骨的寫法：結體嚴謹而筋骨布其中，筆觸圓潤而富於變化。如贈曹錦炎教授王觀堂集句“昨夜西風凋碧樹”、贈譚步雲“咬定青山不放鬆”詩，都頗得二老真傳。夫子偶有簡帛臨作，如節臨楚帛書、楚簡等，書“橋眼五通連水秀”一聯，則是僅見的秦隸作品。夫子的行書作品，當以“帝王與書法”一作最顯本色，其次則數所書《棋經・權輿篇》、《棋經・得算篇》二作，而書札等隨意之作亦揮灑自如，反倒是那些應命之作往往難愜其意。

夫子作書，以不寫錯别字爲首要原則，以積極向上的摘録爲首選内容，次之或臨寫銘搨，用筆崇尚自然，不事雕飾，因而絶無怪誕得令人瞠目結舌的“藝術”之作。書而棄之者不知凡幾，甚或有反復書寫而致文字不可復辨之者，體現了嚴謹的學者書風。

夫子無意作書家，常説“讀書寫字”無非謹守昔日讀書人飽學則善書的本分而已。如同吴大澂、羅雪堂等，非以書名，乃不是書家的書家。

（本節執筆：謝光輝）

三、學術研究初探

夫子之學術研究,可從研究領域、學術争鳴、梳理學術史這三個方面作一個初步探索。

(一) 研 究 領 域

1. 漢字性質和起源

關於漢字起源這個問題,如漢字的體系是何時形成,夫子抓住古書記載"圖書"的史料進行推演,邏輯嚴密,具有説服力。"據《吕氏春秋·先識》等書記載,夏桀快完蛋的時候,掌管文書檔案的太史令終古就抱着圖書跑到商湯那裏去了。説夏桀時有'圖書',雖係後人著述,但恐非臆造。從文字發展的角度來考慮,我覺得,桀時有'圖書'是可能的。很難設想,夏代的文字没有相當發達的基礎,殷商的甲骨文會有那麽高度的成就。没有幾百年的長期積累,怎麽可能出現象卜辭那樣豐富多采的詞彙,靈活多變的文法,風格多樣的書法和精湛的刻字藝術?再説,夏的城堡夯土城牆已有三道,表明它早已進入文明時代了,其有文字圖書當是不成問題的。"①

2. 字形

甲骨文有一個字形代表兩個音義完全不一樣文字的現象,前輩學者並未注意到。夫子比較和分析了十三組異字同形例:(1) 下入,(2) 女母,(3) 正足,(4) 山火,(5) 臣目,(6) 姼㚷,(7) 壬工示,(8) 甲七,(9) 豼剢,(10) 子巳,(11) 从比,(12) 月夕,(13) 𠂇又,找尋出了異字同形的四個原因:一、字形省簡,乃與另一個字形相同;二、異體字的存在,與異字同形關係密切;三、由於詞義上的聯繫導致二字同形;四、因文字演變時間先後導致二字同形。如果站在學術史的角度上看,夫子對甲骨文異字同形的研究具有創造性。

3. 詞彙

《甲骨文同義詞研究》是夫子利用殷墟卜辭研究上古漢語詞彙的一

① 陳煒湛:《古文字趣談·談談漢字的起源》,上海古籍出版社 2005 年,第 373 頁,原載《中山大學學報》1978 年第 1 期。

個嘗試,(排除一字異形、通假字這兩種情況)將甲骨文常見的一些同義詞分成15組:(1)大天元,(2)妻母妾,(3)征伐璞循辜,(4)幸執俘隻(獲)禽羅,(5)少小,(6)収㲉羿鲞,(7)災它尤禍耑蠱,(8)聞聽,(9)禾年,(10)不弗非亡勿毋,(11)惠于隹(唯)其,(12)氏來入,(13)我朕余,(14)歲年祀,(15)田獸(狩)省。最後,從文字的形音義三者的關係考察,夫子將甲骨文同義詞歸納爲三大類型:"音異形近而同義,音近形異而同義,形音各異,惟因各自假借或引申而同義。"①如果站在上古漢語研究的立場上看,二十世紀八十年代初,夫子的研究填補了上古漢語同義詞研究的空白。

4. 語法

在殷商卜辭漢語語法研究方面,夫子通過各種辭例的比較,提出了三種新的語法現象:一、一義多辭:文法結構的多樣性;二、一詞多義:詞的兼類和活用;三、句子的簡化與省略。通過比較可知,夫子的論述對管燮初先生和陳夢家先生以及其他學者的上古漢語語法研究起到了拾遺補闕的作用。

5. 分類研究

1981年9月,在中國古文字研究會第四次年會上,夫子基於《甲骨文合集》已經陸續出版,島邦男《殷墟卜辭綜類》亦足參考,提出了之後甲骨文研究的展望和設想,尤其"應在分期斷代、分人研究的基礎上,對甲骨文作通盤的整理,分門别類地進行研究,並藉以探討有關的問題。"②會後,夫子選擇了殷商卜辭中的田獵刻辭作爲分類研究的對象。經過四年時間,完成了殷商田獵刻辭的研究。僅從已經出版的《甲骨文田獵刻辭研究》目録的關鍵詞看(概述、文字考訂與辨析、田獵中心討論、選粹摹本、選粹釋文、田獵卜辭輯録、論著要目),就知道夫子的分類研究是在分期斷代、分貞人組研究的框架中討論有關問題。如果細讀就會發現,夫子的殷商田獵刻辭研究既有對前人研究的總結,也有自己研究的一得之見和研究特色,同時,也把有關問題都擺出來了,屬於承上啓下的研究。

① 陳煒湛:《三鑒齋甲骨文論集·甲骨文同義詞研究》,上海古籍出版社2013年,第41頁,原載《古文字學論集初編》,香港中文大學1983年。

② 陳煒湛:《甲骨文田獵刻辭研究》,廣西教育出版社1995年,第220頁。

總之,在甲骨文語言文字方面夫子在異字同形、同義詞、語法等方面的研究具有突破性,可以傳之於後世。因此《甲骨文獻集成》收録了夫子這方面的九篇論文和專著《甲骨文田獵刻辭研究》。

(二) 學 術 争 鳴

1. 歷組卜辭的時代

1977 年殷墟婦好墓發掘以後,李學勤先生提出"歷組卜辭"的概念,認爲這組卜辭的時代在武丁晚期到祖庚時期。裘錫圭、林澐、彭裕商、李先登等先生支持並發展了李學勤先生的觀點。張政烺、胡厚宣、肖楠、羅琨、張永山、謝濟、曹定雲、陳煒湛、王宇信、林小安等先生則不同意李學勤先生的觀點,認爲原定貞人歷屬武乙時代準確無誤。對此,夫子的《"歷組卜辭"的討論與甲骨文斷代研究》,我認爲起碼有三點值得點贊。第一,把争論雙方的主要論點與裘錫圭先生文章中引用文例之商榷作爲附録一附録二放到文章後面,方便讀者了解甲乙雙方争論的要點在哪裏。第二,針對有的文章把真正有貞人歷的卜辭拋在一邊却大談歷組卜辭的特點以及與賓組、出組的異同這種情況,夫子經過仔細甄别後確定歷組卜辭只有 23 片。之後,夫子對 23 片歷組卜辭摹本逐一按照前辭形式、卜辭内容、有無稱謂可考、地層或坑位、鑽鑿形態、字形等六個方面進行分析,最後得出結論,可謂有理有據。在上個世紀八十年代初,夫子這種窮盡式研究的範式,讓人擊掌。第三,夫子尖鋭地批評某些學者在歷組卜辭討論中杜撰玄之又玄的新術語,如"歷自間組"、"自歷間組"、"歷組一類"、"歷組二類"等等。自然科學研究有一個基本原則,即最後的結果或數據必須經過不同人的重複實驗或計算驗證,其成果才能成立。同理,如果根據"歷自間組"、"自歷間組"、"歷組一類"、"歷組二類"等等這些模糊不清的概念去推導、求證和討論問題的話,很有可能會陷入一個自説自話的輪回。

夫子的論辯得到了以王宇信、楊昇南爲代表的學界同道認同:"陳煒湛 1985 年發表的《"歷組卜辭"的討論與甲骨文斷代研究》一文頗值得討論雙方的注意。該文對前一段關於歷組卜辭時代的討論,從理論上和研究方法上提出了不少帶有根本性的精闢意見。應該説,陳氏此文高屋建瓴,是前述一場討論的總結。”“陳煒湛這篇總結性的論文和李學勤的《論“婦好”墓的年代及有關問題》一樣,是甲骨學史上富有開拓性的論著。”①

2. 卜辭命辭的性質

殷墟卜辭是疑問句,原本没有什麽問題。上個世紀七十年代以來,美國人吉德衛(David N. Keightley)、舒琜(Paul L-M Serruys)、倪德衛(David S. Nivison)等外國學者對殷墟卜辭的性質提出異議,認爲“貞”應該是“鼎”字,指在鼎前主持占卜儀式。受西方學者觀點啓發,裘錫圭先生發表《關於殷墟卜辭的命辭是否問句的考察》,認爲大部分命辭可以看作陳述句,也可以看作是非問句。裘先生建議今後引用卜辭時,句末一律標句號,不標問號。夫子《論殷虚卜辭命辭的性質》一文針對裘先生的文章主要從三個方面反駁:一、貞字形義與命辭性質;二、從完整卜辭考察命辭的性質;三、從對貞卜辭考察命辭的性質。用一句話可以概括支持疑問句學者的核心觀點:卜以决疑,不疑何卜。

王宇信、楊昇南評曰:“陳煒湛指出,西方學者在主張卜辭貞辭非問句的問題上,是‘有意無意地將占卜與禱祝混爲一談’,而從中國古代的有關文獻資料來看,占卜的目的在於决疑,禱祝是爲了表達某種願望,兩者是有本質區别的,禱祝之辭稱禱書,是陳述句或祈使句,占卜則是卜問;儘管殷墟卜辭的命辭,由於其絶大多數的語法形式與占辭、驗辭没有明顯的不同,似乎可以讀爲陳述句,也可以依靠語調讀成問句,不過若從其占卜的性質考慮,從卜辭的整體及卜辭各部分的相互關係考察,從卜辭的語言環境及具體語義考察,那麽絶大部分命辭應當讀爲問句,而不得讀爲陳述句。”②

學術争鳴是一件正常的事情,真理應該愈辯愈明。對殷商卜辭甲骨文以及殷商歷史很多問題,至今還没有弄清楚,有的問題甚至連一個輪廓都没有。不過,没有標準答案才要討論。夫子在討論問題時,講道理擺事實,觀點鮮明,一是一、二是二,這是學術争鳴應該有的態度和文風。

---

① 參看氏著:《甲骨學一百年》,第169頁。
② 參看氏著:《甲骨學一百年》,第279頁。

(三) 梳理學術史

夫子對古文字研究學術史的梳理分爲三個方面：一是對某一個時期或階段甲骨文研究情況的綜述；二是專人研究；三是專文專書評述。

甲骨文研究，按照夫子的標準可以分爲三種研究：第一，對甲骨文本身的研究，可謂本體研究，如文字考釋、分期斷代、分類研究、理論闡述與概括。第二，利用甲骨文作各種研究，可謂應用研究，主要指利用甲骨文資料進行上古漢語研究。第三，與甲骨文相關的各種研究，可謂相關研究。自 1978 年到甲骨文出土 100 年的 1998 年，這近 20 年甲骨文研究的三種情況究竟怎麽樣？夫子在《近二十年來的甲骨文研究》中從語言文字學的角度分四個方面進行總結：一、研究概況，二、主要成就，三、重要争論，四、世紀末的思考。該文像一幅豐富多彩的導游圖，大小景點、山寨據點以及野戰場所一覽無餘。

在上個世紀 70 年代末、改革開放之前，學術界的思想還比較僵化，夫子與曾憲通先生聯手撰寫的《論羅振玉和王國維在古文字學領域内的地位和影響》，可謂石破天驚。該文面對事實，一分爲二，充分肯定羅振玉和王國維對古文字學的重大貢獻，同時，把羅振玉和王國維治學的基本特徵歸納爲三個方面：第一，二重證據法；第二，不迷信《説文》，對《説文》持批判態度；第三，闕疑待問。今天再讀這篇文章，仍然可以感受到三十九年前作者的非凡眼力和膽略，其影響遠遠超過一般的學術史研究文章。學生寫文章回憶老師，這是自然而然的事情。夫子一次又一次寫文章紀念商老、容老，尤其是倡導容庚精神，聯繫到當今學界(古文字學)的種種弊端，實乃一劑良藥。

徐中舒先生主編的《甲骨文字典》可以真正稱得上"字典"，名副其實。夫子專門寫文章指出《甲骨文字典》至少有五個貢獻：一曰創新體例，二曰增釋新字，三曰糾誤匡謬，四曰風格獨特，五曰書寫精美。同時，夫子也非常嚴肅地指出其缺點：不録合文，不編附録，未能充分利用海外刊布的甲骨資料，在解釋字形、釋義方面尚有不盡如人意的地方。最後，夫子説：作爲讀者希望《甲骨文字典》再版時可以進一步完善。夫子並提出五點建議，語重心長。

總之,夫子在梳理古文字研究學史的時候,試圖找尋、歸納和總結古文字學研究過程中的一些基本規律,這些東西需要古文字學專業研究者反復揣摩,才有可能悟出其中的價值所在。當然,現在的古文字研究不管是高度上還是深度上都比上個世紀八九十年代有了長足的進步。隨着考古發掘的新發現以及幾批海外竹簡的購藏,學者可以看到比過去更多的出土文獻資料,眼界大開。同時,整理和釋讀出土文獻材料的周期和質量比過去更快更好,研究領域比過去也更加細化,但是,學術研究的基本規律没有改變,只是長江後浪推前浪。在這種情況下,要求我們既要向前看也要回頭看,應該站在學術史的高度回頭看過去的研究成果,這就是我們今天重温夫子及其他前輩學者經典論著的意義所在。

夫子研究古文字學逾四十年,尤其在甲骨文研究方面著作等身,説明夫子勤於思考,勤於寫作,老而彌勤,令人敬佩。本文對夫子治學的探討只是初步的,寄希望學術界同好能够深入研究,並在此基礎上,試着勾勒出商老、容老創建的中山大學古文字學研究所這幾十年以來的學術傳統。

(本節執筆:羅振躍)

四、我從夫子學古文瑣記

我於1988年考入中山大學,忝列三鑒齋夫子門牆攻讀碩士學位。記得當年第一次見到夫子,是在古文字研究室的研究生面試會上。面試的其他題目都忘記了,只記得有一題是拿吴大澂用古文字寫給陳介祺的信件讓我們認字,有些字認不得,孫稚雛先生就從旁提示,磕磕碰碰讀了一段。大概先生們認爲有一定的基礎,就通過了。事後到夫子家拜訪,跟夫子説,面試比想象的簡單。夫子説,主要是看看人,學生選老師,老師也要選學生,你回去等通知吧。1988年9月,我和羅振躍兄正式成爲夫子的第二届研究生,從此與古文字結緣,與中山大學結緣。

讀研期間,我們學習了"甲骨文研究"、"古文字學導論"、"金文選讀"、"金文通論"、"戰國文字研究"、"臨摹與傳拓"、"古文字學發展史"、"先秦文獻選讀"等專業課程。夫子爲我們講授"甲骨文研究"和"古文字學發展史"的部分章節,曾憲通、孫稚雛、張振林、唐鈺明等先生講授其他課程。課程講授都在古文字研究室,課餘休息,可隨手翻看研究室豐富的藏書,欣賞容老、商老的書法,書香彌漫,確是一段難得的寧静的讀書時光。

夫子對學生的學習要求很嚴,輕易不表揚,但在生活上却非常關愛,每逢過節,必招呼我們到家裏共進晚餐。師母做得一手好菜,有廣州菜式,也有夫子的家鄉菜式。我和羅振躍每次都是大快朵頤。夫子餐廳橱櫃中有各種好酒,夫子言,你們隨便挑。羅兄一向幽默善言,喝到一定時候,有點飄飄然,便説道,此已到達"欲仙"階段矣。再喝,喝高了,便説,到達"如泥"階段矣。繼續喝,舌頭不靈活了,"如泥"説成"泥如"了。此喝酒三段論,遂成師門經典談資。

順便説一下與大名鼎鼎的"羅振玉"僅一字之差的羅振躍師兄。他高高的個子,留着濃密的鬍鬚,上街常有人以爲外國人,想與之换外幣。當時商老還健在,看不慣羅兄的鬍子,説:你老師陳煒湛都没有鬍子,你在老師面前動不動就捋一捋你的鬍子,這像什麽話!但羅兄鬍鬚依然留着,不過倒没見他在夫子面前捋鬍子。入學時夫子要求我們摹寫三百片甲骨文,指導我們説,古人是運刀如筆,我們摹寫要運筆如刀。期末交差時羅兄尚未完成規定數量,請我代摹若干。因爲是充數,所以我就草草了事。夫子看後表揚我摹得不錯,説羅兄有些摹得不够好,拿出幾張,竟也有我代摹者在其中。當時緊張,不敢吭聲,羅兄亦無言以對,接受批評而已。

匆匆三年已過,畢業時夫子贈我們甲骨文條幅各一。我的那幅題詞云:"一九九一年六月,録甲骨卜辭三條,權爲志强學弟畢業東歸紀念。陳煒湛於南粤之康樂。"條幅至今挂在我的書房,時常觀賞學習。

2008年夫子七十華誕,譚步雲師兄率衆同窗編輯《三鑒齋餘墨》以祝壽,我赴廣州與會,並作小詩:"容商弟子號布衣,儒雅韋戈是吾師。生於江南長滬粤,蒲扇輕摇過古稀。做事從來稱耿直,爲文不肯輕附隨。興至品茗書金甲,朋來飲酒下圍棋。人生七十古來少,更喜門生全聚齊。齊聲祝頌師長壽,康樂吉祥三鑒齋!"時衆師兄弟聚集夫子書房,謝光輝兄當衆揮毫,其樂融融。

"容商弟子號布衣"之句,源於先生閑章"江南布衣,容商弟子"。據偉武先生文中描述:"曾經法師曾經戲稱:'你都當中文系黨總支書記了,還是布衣嗎?'陳先生答:'總支書記下臺了,還是布衣。'"①觀察夫子的生活,確實簡樸如"布衣":着裝不講究,愛穿布鞋;天熱,不喜空調,常用蒲扇。2002年夫子來福州講學,我們在福建師大的招待所吕振萬樓吃飯,點了幾隻螃蟹,把招待所僅有的兩瓶花雕酒喝掉,夫子就很滿足地説:一手持蟹,一手花雕,人生至樂矣。

記得2016年教師節向夫子短信問好,祝他節日快樂。他回:"爲師樂極而痛至疾足也奈何。"我忙打電話問他怎麼回事,他笑嘻嘻地説:"前幾天吃太好了,引發脚痛。没事没事,不用看醫生。"夫子之樂觀幽默如此,想來爲之莞爾。他回短信常常與衆不同。比如我發新年祝福給他,祝他吉祥安康,他回:"多謝同吉無它。""它"即甲骨文義爲"害"的上"止"下"它"的那個字。今年九月,我寄呈他兩本新作,發短信告知他,他回:"知此甚喜以門生有成師亦有榮焉煒白。"

我2000年重返中大師從曾憲通先生攻讀博士學位,同時繼續聆聽夫子教誨。迄於今三十年間,我有六年的時間在夫子身邊,着實是人生幸事。今逢夫子八十大壽,在此祝願夫子身體健康,吉祥無"它"!

(本節執筆:林志强)

五、夫子言行偶録

睇微者,西洋鏡也,粵人謂之公仔箱者。此前卅年有奇,罕睹也矣。中文諸君,殆希白、錫永二公有之,洵域外所贈之者也。越數歲,衆教習囊中漸豐,是以睇微益多。予爲廩生之時,嘗於夫子家中見睇微二:大者如匱,小者如篋,怪而問之。夫子曰:"大者乃舊式,所用不便;小者新制,巧極而宜。本欲棄其大,唯挪移不易而閑置耳。爾等若無,可取以歸也。"自是予等日夕得觀雜劇歌舞,羨煞鄰室也。

甲申歲,吾粵始廢會試爲鄉試。夫子與予忝任國文主考。時夫子批閱歷年試卷,頗不合意。諸如單項、多項揀選之類,中人以下者,焉可作試

① 見陳偉武教授爲夫子《我如何研究古文字(甲骨文)》一文所寫的《小引》,載《三鑒齋雜著集》,中西書局2016年,第37頁。

題,擬廢之。然禮部執事曰:大改則亂,唯可小修。於是單項揀選少減,而增文言閱讀。修辭科目,亦由夫子擬一聯爲題:"荔枝、龍眼、木瓜,皆是嶺南佳果。"令予對之備案:"月季、牡丹、金桂,莫(無)非海内奇葩。"衆合議,或謂"莫"字順暢,然不工;"無"字較工,文意則稍有未逮。試畢,閲卷諸公稱:所作紛繁龐雜,或對以"小狗、大貓、老馬……",或對以"老虎、獅子、大象……",令人捧腹。可知考子頗不諳斯道。或對以"可樂、咖啡、啤酒,俱爲域外瓊漿",或對以"鑽石、黄金、翡翠,莫非天下奇珍",差可得之。及後考子備考復增一項。詎料次年鄉試無對子題。考子不免怨懟:何以無也!

丁亥秋與夫子次於長安,日暮之時每徜徉達道通衢。某夕,夫子忽喟嘆:"十七朝古都何以竟無文化?"予對曰:"敢問何謂也?"夫子曰:"古都之内太學周邊竟不見筆、墨、紙、硯,文房四寶之不存,文化安在?"予一時語塞,沈吟良久:"於₌理₌不₌合₌! 若小子不期覓得,又當如何?"夫子曰:"書之可也!"予對曰:"此言當真? 駟不及舌也。"夫子曰:"書則書爾,寧有畏之哉?"於是衆同門四散而去,未幾即獲之,而"三鑒齋主人"一印乃蕭毅教授所急就者。研墨展紙畢,夫子援筆顧予曰:"善哉,小子! 一言可以定文化之有無!"予對曰:"有師尊及弟子在,即不得謂無文化也。"

在秦之日,夫子所書以贈人者,皆吉祥語、勵志語。如贈文傑兄爲"寧静致遠",贈蕭毅教授曰"無爲",贈健聰兄爲"日進有功",贈辛丑博士曰"正清龢"。獨步雲所得須負下士之名。何也? 其辭曰"聞道而笑",出《老子》卌一章:"上士聞道,勤而行之;中士聞道,若存若亡;下士聞道,大笑之。"今予聞道,不敢不笑,蓋懼有違師訓也。

夫子久處粵地,早慣粵味。自入秦以來,飲食頗不適意,尤以朝食爲甚,蓋粥糜亦無也。一日,予曰:"若難以下咽,不如别尋店鋪,或可愜意也。"夫子然之,遂移步鄰家。詎料小二見予等身佩銘牌,知爲與會學者,踟躇再三,欲拒之。夫子曰:"不必憂無銀兩,吾自付之。"小二曰:"雖然,亦當禀告之。"夫子大怒,曰:"恁地囉嗦!"遂拂袖而去。翌日,太學之外覓得一店,於是往餐焉。及見大盤巨碗之内亦非佳餚,夫子唏嘘不已,曰:"至於今方知去粵即無美味也。"言猶在耳,終見"老香港"於南城之下,惜歸期已近,不遑多作盤桓矣。

自西安歸，忽聞穗城烏雲密布、雷電交加，遂盤桓於高空而不得下。氣流湍急，如處汪洋舟中。窗外墨黑，一無所見。有頃，突睹星光數點，衆人欣然高呼，皆以爲霽色初現。細辨之，始知亦候降之鐵翼也。半時辰有餘，終抵陸地。車中，夫子曰："盤桓既久，油盡必墜。寧尚有油乎？吾命不該絶也。"一車大笑。

先是，予等去粵之秦，王坤兄爲僕，且囑予告以歸期，將爲備駕也。情誼甚可感。兹日天色突變，是以航程延宕。予等俱大不安，以王兄久候風雨中故也。及見，王兄面有得色，曰："臨行，余觀天象，知必誤期，故安坐家中略候也。"夫子撫掌稱善，曰："真乃神機妙算也。"於此可見王兄機敏。

己丑歲，文字學者論道於武夷山。其間游覽，行至一地名"茶洞"者，夫子駐足歇息，傾水壺取飲，曰："茶洞無茶，滴滴甘茶自帶。步雲，此上聯也，可有下聯？"頃之，予對曰："石山有石，層層危石我攀。"所謂"洞"者，蓋古百越語，吾粵亦每用作地名，諸如"白鶴洞"、"龍洞"等，本字殆"垌"，田也，地也。所謂"茶洞"者，即"茶田"也。仿佛張壽祺先生所考。

（本節執筆：譚步雲）

附録：三鑒齋夫子論著目一覽

1.《古文字趣談》，花城出版社，1985 年 1 月第 1 版。

2.《甲骨文簡論》，上海古籍出版社，1987 年 5 月第 1 版（案：1989 年獲廣東省優秀社會科學研究成果學術著作三等獎）。

3.《漢字古今談》，語文出版社，1988 年 8 月第 1 版。

4.《古文字學綱要》，中山大學出版社，1988 年 1 月第 1 版，2009 年 12 月第 2 版（案：是書與唐鈺明合著，1989 年獲廣東省優秀社會科學研究成果學術著作三等獎，1994 年獲廣東省優秀社會科學研究成果學術著作二等獎，2011 年獲中國大學出版社圖書獎第二屆優秀教材獎二等獎）。

5.《漢字古今談續編》，語文出版社，1993 年 10 月第 1 版。

6.《甲骨文田獵刻辭研究》，廣西教育出版社，1995 年 4 月第 1 版（案：

1999 年獲中山大學老教師學術專著獎)。

7.《甲骨文論集》,上海古籍出版社,2003 年 12 月第 1 版(案: 歷年甲骨文散論輯爲是編)。

8.《陳煒湛語言文字論集》,上海古籍出版社,2005 年 10 月第 1 版(案: 歷年語言文字散論輯爲是編)。

9.《古文字趣談》,上海古籍出版社,2005 年 12 月第 1 版(案: 是書爲《古文字趣談》、《漢字古今談》及《漢字古今談續編》之合集修訂本)。

10.《三鑒齋甲骨文論集》,上海古籍出版社,2013 年 10 月第 1 版(案: 爲《甲骨文論集》之增訂本)。

11.《三鑒齋雜著集》,中西書局,2016 年 11 月第 1 版。

12. 附:

(1) 三鑒齋門人編:《三鑒齋餘墨》,澳門原木出版及文化推廣有限公司,2008 年 8 月第 1 版。

(2) 謝光輝、趙志清編:《三鑒齋餘墨(續編)》,中國文藝家出版社,2017 年 9 月第 1 版。

陳煒湛先生學術研究述略

林志强

一

陳煒湛先生的學術研究，是以甲骨文研究爲中心而展開的關於中國語言文字諸問題的探索，最爲古老的甲骨之學與最爲現代的漢字規範化等問題，都在先生的視野範圍之内。先生立志研究甲骨文，始於上個世紀五十年代在復旦大學讀書之時，他認爲當時的“厚今薄古”之説有偏頗，“今可厚，古實不可薄”，遂對最古老的甲骨文情有獨鍾。[①] 其實這種厚古不薄今、厚今不薄古的想法也正是他古今貫通學術思想的基礎；他既參加中國古文字研究會，也參加中國語文現代化學會，就是他古今貫通學術思想的行動體現；他寫《漢字古今談》、《漢字古今談續編》等，就是他古今貫通學術研究的實踐活動。先生曾贈筆者墨寶，上書“學古而不泥於古，斯爲得之，古今結合，可望有成”，既是對學生的教誨，也是先生學術研究的自我寫照。

縱觀先生的著述，有集中於甲骨文深耕細作的專著，如《甲骨文簡論》、《甲骨文論集》（增訂本爲《三鑒齋甲骨文論集》）、《甲骨文田獵刻辭研究》等，也有對戰國文字的研究，如對包山楚簡、郭店楚簡、詛楚文、《穆天子傳》疑難字、碧落碑古文的研究等，他的《古文字學綱要》（與唐鈺明先生合作），對甲骨文、金文和戰國文字都有很全面的論述。以甲骨文爲主的先秦文字研究，在先生的著述中占有最重要的地位。先生又有《陳煒湛語言文字論集》一書，除收録有關戰國文字研究的幾篇論文外，更多

① 陳煒湛：《甲骨文論集・自序》，上海古籍出版社 2003 年。

收録了先生關於傳統語言學及學術史、書法篆刻和語文現代化等方面的論文,基本體現了先生學術研究的範圍所及。收入本書的有關傳統語言學及學術史的文章有《論傳統語言學的分合及其在新條件下的發展》、《許學管窺》、《論王筠對文字學的貢獻及其治學特色》、《清代傑出的古文字學家吴大澂》等,有關語文現代化方面的文章有《我對漢字前途問題的一些看法》、《社會用字規範化與領導垂範》、《論漢字規範化的全民性》、《蕭肖考辨——兼論姓氏用字規範》等。由史而及今,仍然是古今貫通的具體表現。先生自言:"語言文字有古有今,錯綜複雜,如何以古爲鑒,用之於今,也頗值得研究、探索。是以我的研究雖以甲骨文爲主,但也稍稍旁及古文字的其他分支以及文字的書寫(書法)與規範乃至語文現代化的相關問題。"①

在純粹的學術研究之外,特别需要提一提陳先生兩個方面的研究:一是關於漢字書法的問題,二是關於漢字知識普及的問題。在 2011 年召開的《漢字源流》首發座談會上,陳永正先生、張桂光先生都指出,書法界存在書法家寫錯字(特别是古文字)、缺乏文化修養的問題。有的書法家認爲書法是綫條藝術,字寫得對不對無關緊要,還有的書法篆刻家把不同時期的漢字混在一起,這些都是缺乏漢字源流知識的表現。上述《陳煒湛語言文字論集》中收録了多篇論述書法問題的文章,值得一讀。陳先生在《請正確書寫古文字——向書法家進一言》一文中指出,書法界存在隨意書寫古文字的傾向,表現在三個方面:一是不循規矩,以意爲之;二是沿襲誤説,以訛傳訛;三是濫用通假,杜撰字形。其結果是不少標明"甲骨文"、"鐘鼎文"、"大篆"的作品,連甲骨文專家、古文字學家也無法辨認,更不用説一般的讀者和觀衆了。爲了避免這種現象,先生提出了書家學者化的主張。所謂書家學者化,就是要求書法篆刻家們要加强文史知識的學習和理論的研究,而不僅僅停留在會寫字的階段。他在《書家與學者》一文中説:"書家學者化,鼓勵書法家們把臨池實踐與案頭研究結合起來,除了書法之外,還能成爲某一學科的學者。研究的方向、内容當然因各人志趣而異,不必求同。但對書法家或想當書法家的人來説,學

① 陳煒湛:《陳煒湛語言文字論集·自序》,上海古籍出版社 2005 年。

習和研究文字學,對自己的書寫對象——漢字作一番研究,以期‘明源流’,應該説是共同的,也是十分必要的。如能學點古文字學,對古文字作番研究,從中汲取營養,當然更好。這樣的研究必能反過來促進臨池實踐。文字學、古文字學的修養如何,與書家的藝術水準有莫大的關係。古今許多書法家的成功經驗業已證明了這一點。”[①]他在《古文字與篆刻》一文中又説:“幾乎可以這樣説,一個人有無古文字修養,決定着他篆刻水準的高低……有了這方面的修養,起碼可以做到:一、有鑒别能力,不刻錯字,不會跟在别人後面將錯就錯,以訛傳訛。二、文字結構匀稱悦目,内部一致,不致於東拼西湊,雜亂無章。三、可以不落窠臼,逐漸形成自己的風格。書契書契,總是書佳契方妙,書拙契必劣。缺乏古文字修養,書法一塌糊塗而居然能成爲篆刻家、有所成就者,古來無有,今後大概也不會有。”[②]我們覺得,這些看法都是切中時弊、很有道理的,文字學和古文字學的知識,確實與書法篆刻藝術互爲表裏,關係密切。懂得漢字演變的來龍去脉,懂得漢字偏旁結構的合理布局,懂得省略穿插的恰當與否,懂得變異求新的學理依據,才能創造出既有内涵又富個性的藝術作品。所以書家學者化的主張,值得推崇。[③] 更值得一提的是先生的學術普及工作。陳先生是古文字學界最重視古文字知識普及工作的學者,而且實實在在地做出了重要成績。他録製超星視頻“古文字研究專題講座”,闡述學術研究的方法和主張,生動形象。他的《古文字趣談》,是這方面最重要的代表作。該書以散文隨筆的方式,用輕鬆淺顯而又生動活潑的語言,把艱深難懂的古文字知識傳播給廣大讀者,趣味横生,深受讀者歡迎,對於古文字知識的普及傳播,其功至偉。筆者每逢有人問及古文字知識的普及性著作,必力推此書。《古文字趣談》最早於 1985 年由花城出版社出版,後又將其姊妹篇《漢字古今談》及《漢字古今談續編》合編在一起,仍名《古文字趣談》,於 2005 年由上海古籍出版社出版。有趣的是,在未經授權的情況下,此書又被收入首届兩岸漢字藝術節推廣叢書,於

① 陳煒湛:《陳煒湛語言文字論集》,第 134—135 頁。

② 陳煒湛:《陳煒湛語言文字論集》,第 127—128 頁。

③ 林志强:《漢字知識的普及與傳統文化的繼承》,《福建師大學報》2012 年第 4 期,第 86 頁。

2010 年被翻印出版,書名作《漢字的故事——古文字趣談》。① 先生贈書扉頁題辭云:"此乃未經授權而妄印之'盜版'書也。言古文字之書居然有人'盜'之印之,亦屬一奇,可發一嘆!"一版再版又被盜版,累計印行五萬餘册,正説明了此書受歡迎的程度。

二

先生在諸多場合闡述過他的學術主張,如"處理好繼承與創新的關係"、"强調從語言學的角度研究古文字"、"在分期斷代的基礎上對甲骨文作分類研究"、"擺正古文字學的普及與提高的關係"、"注意古爲今用,關注現實的文字應用問題"等。② 研讀陳先生的學術論著,我認爲以下三個特點尤其值得我們學習:

一是語言學意識。語言和文字關係密切,漢字是記録漢語的符號系統。研究漢字,要形、音、義互相推求,就需要有語言學意識。陳先生研究甲骨文,就非常注意從語言學的角度來看問題。比如他研究甲骨文異字同形之例、研究卜辭禾與年的關係,都是基於卜辭文例來確定文字的用法,把文字放到語言環境中加以考察。他對甲骨文同義詞的研究,對卜辭文法的研究,更是完全的語言學研究。他指出:"甲骨文出土後,古文字學家們從語言文字學的途徑對甲骨文字的考釋,對卜辭文法、詞彙的研究,實質上即是商語研究。"③"割裂了文字與語言的聯繫,隔斷了漢語言文字的歷史聯繫,孤立地根據某個字形猜度,難免南轅北轍。"④他以語言學的眼光來考察卜辭,實際上把漢語史的研究推進到了甲骨文時代,給了我們很多的啓示。比如他在《卜辭文法三題》中講動詞後直接用地名、方位詞等作賓語,也可以在這些詞的前面加介詞"于",組成介賓結構作補語,兩種形式並存而意義不變,如"𡏳于王亥"與"𡏳王亥"、"至于商"與"至商",都是同樣的意思。《孟子·滕文公上》云:"禹疏九河,瀹濟漯,而

① 陳煒湛:《漢字的故事——古文字趣談》,文化藝術出版社 2010 年。

② 陳煒湛:《我如何研究古文字(甲骨文)》,《三鑒齋雜著集》,中西書局 2016 年,第 43—46 頁。

③ 陳煒湛:《二重證據法與商語研究》,《三鑒齋甲骨文論集》,上海古籍出版社 2013 年,第 134 頁。

④ 陳煒湛:《卜辭貞鼎説》,《三鑒齋甲骨文論集》,第 140 頁。

注諸海;決汝漢,排淮泗,而注之江。”這裏的“注諸海”(注之於海)與“注之江”互相對應,前者以“於海”作補語,後者以“江”作賓語(也有分析爲名詞作補語者),形式不同而結構合理,應該也是甲骨文句式的合理傳承。又如,陳先生指出,由介詞“于”加名詞組成的介賓結構可放在動詞後作補語,也可放在動詞前作狀語,如“告于唐”與“于唐告”、“奉年于丁”與“于丁奉年”。這種情況在後世典籍中也多有發現,如《荀子·勸學》云:“南方有鳥焉,名曰蒙鳩。以羽爲巢,而編之以髮。”、“以羽”是介賓結構作狀語,“以髮”是介賓結構作補語。此句若作“爲巢以羽,而以髮編之”,也是可以成立的,説明了介賓結構位置的靈活性。甲骨文的許多語言現象,都是後來傳世典籍中語言現象的源頭。用甲骨文材料解決語言學上的問題,特别在溯源方面,具有其他材料所不具備的優越性。所以陳先生説:甲骨文“所記録的,不僅是爲歷史學家們所器重的所謂史實,而且是比《詩》、《書》、《易》所反映的漢語還要古得多的上古漢語,更應該爲語言學家們所重視”。[①] 他的話是很有道理的。

二是證據意識。語言文字的研究是一門實證的科學,靠材料説話,有一説一,有二説二,是先生一貫秉持的理念。他認真讀過兩萬多片甲骨文原拓,就是對第一手資料極端重視的表現。他與研究生談治學,也强調對第一手資料之研究要精益求精。除了地下的材料,他也强調傳世文獻的價值。他很重視王國維提倡的“二重證據法”,主張要由二重證據法來研究商代甲骨文,認爲“傳世文獻與甲骨刻辭等古文字資料合則俱美,離則互傷”,“二者不可偏廢,而必須把他們結合起來,取長補短,互爲補充”。[②] 他寫了不少論辯性文章,著名的如《“歷組卜辭”的討論與甲骨文斷代研究》,不僅在文中附上歷貞卜辭摹本二十二紙,文後還附上《“歷組卜辭”討論中争論雙方的主要論點》和《裘錫圭〈論“歷組卜辭”的時代〉一文中二十組文例的商榷》,擺事實,講道理,邏輯嚴密,讀起來酣暢淋漓。先生之所以要論辯,主要就是基於證據的問題。證據不足以説服他,就要明辨之,審問之。若證據充分,他寧願在證據面前認錯。他曾經舉例説:戰國竹簡裏的“”,裘錫圭、朱德熙先生説是“中”字,他不認同,遂寫文章予

① 陳煒湛:《三鑒齋甲骨文論集》,第 81 頁。
② 陳煒湛:《二重證據法與商語研究》,《三鑒齋甲骨文論集》,第 135—136 頁。

以批評。“郭店楚簡出來後證明裘先生、朱先生説的是對的,我講的是錯的。當時我講錯並不是我强詞奪理,一定要把正確的説成錯誤的,主要是當時證據不够,裘先生、朱先生的結論不足以説服我們。現在證明他們是正確的,是新的材料給他們的結論作了支撑。”①

三是獨立精神。這一點是與上面“證據意識”相關聯的。我以爲先生是一位“做事從來稱耿直,爲文不肯輕附隨”的學者,旗幟鮮明,是非明確,是先生爲人和爲文的重要特點,體現了他獨立思考的學術精神。他的這種學術底氣和勇氣,正如他所説的,來源於認真讀書,掌握材料,重視證據。讀書有得,材料真實,證據確鑿,他就可以不迷信權威,發出自己的聲音,也敢於直面和改正自己的錯誤。讀先生的文字,特别是辯駁類的文字,常常驚嘆於他的“敢説”,當然也佩服他的“善説”。比如上述有關卜辭斷代問題的論争、討論殷墟卜辭命辭性質的諸篇論文、對《昭雪漢字百年冤案——安子介漢字科學體系》的評析等,都很好地體現了先生獨立思考、敢説善辯的風格。平心而論,先生的獨立精神,敢於質疑的勇氣,現在學術界是比較少有的,因而也顯得特别珍貴;他的論争,就事論事,爲的是推動學術的發展,並不影響學者間的友誼,又是難得的。

三

2018年是先生八十華誕,中山大學《古文字論壇》擬出先生慶壽專號,誠尊老重賢之善舉也,特作此小文以表爲先生祝壽之忱。先生退休之後,學術研究仍然處於“退而不休”的狀態,繼續在語言文字學領域深入思考,發揮餘熱,不斷有新作面世。讀者諸君可以通過研讀先生的著作,領略先生學術研究的精華所在。本文所述,只是一個大概,不當之處,請先生和各位師友教正。

(作者單位:福建師範大學文學院)

① 陳煒湛:《如何學習和研究古文字》,《陳煒湛語言文字論集》,第232—233頁。

韋戈先生佚事紀略

陳偉武

語言學家陳煒湛教授爲江蘇常熟人，號三鑒齋主人，又號韋戈，成就多方，尤以甲骨文研究著稱於世。2018 年欣逢先生八十華誕，我從先生習古文字之學有年，感念先生教誨之恩，且頗知先生劭德嘉言懿行趣事，敢奮禿筆，略述一二，綴輯成文，聊資談助，亦以爲先生壽也。

1982 年，先生爲中山大學中文系高年級本科生開設"古文字學"選修課，自編教材《古文字學綱要》，此舉在同類高校中文系當屬首創，《綱要》修訂時與唐鈺明先生合作，1988 年由中山大學出版社正式出版，後由譚步雲、黄文傑、禤健聰等協助增訂，2009 年作爲普通高等教育"十一五"國家級規劃教材出版第二版。先生講授"古文字學"課二十年，首次開課時我作爲大四學生有幸修習，只是自己基礎太差，没有好好用功。學期中間先生曾布置作業，要求我們臨寫一幅小篆的作品，先生都用毛筆一一批改。我寫的字醜，先生的批語是："要好生注意篆書的筆法。"有同學用了硬筆，先生旁批説："毛筆何在？"有同學用劣質墨汁書寫，先生批道："臭不可聞！"當時研究生隨班聽課，有師姐貌美如花，古文字書法平平，先生的眉批是："字不如人。"辭約旨豐，照我理解，有兩層意思：其一，師姐人長得漂亮，字不怎麽樣；其二，書法比不上别人。師姐頗開心，領會的是第一層意思，讓幾位老同學一起欣賞了先生的批語。

1984 年暮春某日下午，大學畢業後在廣東民族學院任教的步雲兄來中大，先在我們的研究生宿舍廣寒宫飲茶閑叙，又去馬岡頂古文字研究室外拍照留念，再同李銘建兄和我一道拜訪先生，先生其時住西南區 75 號一樓，請我們吃飯，還喝了花雕酒。席間談及讀研求學有時會影響女同學的婚戀大事,造成不少大姑娘、老姑娘。先生説:“大姑娘,老姑娘,大老姑娘,老大姑娘。”説罷哈哈大笑。

先生最喜着布鞋,1988 年 5 月廣州國學社成立之日,首次穿皮鞋,即引來幾位同道好奇的調侃。1992 年 8 月,李星橋(新魁)教授邀集廣州國學社和語言學界的一些朋友赴潮汕地區作文化考察,先在揭陽舉行“語言與文化學術研討會”,再游覽潮州、澄海、南澳和汕頭。在澄海風景區萊蕪島落成不久的金葉山莊住宿時,房間的抽水馬桶壞了,先生頗不快,晚上酒店主人請先生揮毫,先生固辭,一個甲骨文也不肯寫,我當時還開玩笑説:“陳老師在我們家鄉真是片甲不留了。”中大古文字研究室原來位於東北區 18 號。資料員黄光武先生有一次在研究室鐵門上用粉筆寫了留言:“因公外出,稍遲即歸。”回來後,黄先生發現門上的“公”字變成“厶”字,“八”的兩筆被擦掉了,黄先生説:“肯定是小青年幹的。”猜得没錯,“小青年”是韋戈先生的雅號,一般只有幾位老同事才敢如此稱呼。《韓非子·五蠹》説:“自環者謂之私,背私謂之公。”《説文》引“私”作“厶”;八,背也。韋戈先生正喜歡此類文字游戲。

1995 年,赴韶關參加廣東省語言學會年會。會間陳之犢(初生)教授邀韋戈先生、林倫倫學長和我同游丹霞山。時值初夏,樹木濃緑蓊翳,山花爛漫,小溪清澈潺湲,而走在山路上不久却汗流浹背,韋戈先生幾十年罕着背心,文化人喜穿文化衫,此時文化衫都被汗水濕透,索性脱下來坐在小溪旁用清水浣洗一番再穿回,自是凉爽無比。我們師友數人參觀了陽元石祖,我説:“北京亞運會上韋唯唱主題歌《亞洲雄風》,應來這裏取外景。”還在車上胡謅了幾句打油詩:“陽元石祖振雄風,求子女男競折躬。莫笑此君無掩飾,錦袍一襲是蒼穹。”算是“到此一游”之類。

1998 年赴四川大學參加徐中舒先生百年誕辰紀念會,會後游青城山。下山時排隊坐纜車,我剛好同先生兩人一車,車如吊籃,四面透風,一出發就遇故障。先生説,這麽高,摔下去肯定粉身碎骨,我安慰先生説:“纜車旁邊山崖上有巨幅觀音畫像,没事的。”快到山下終點站時,纜車又突然停了,先生説:“現在離地面低了,我們跳下去也没事。”我説:“不行,少説也有七八米,又是水泥地,跳下去非斷腿不可。”

2000 年 8 月赴安徽大學參加中國古文字研究會年會,會上大合照留念，吴振武先生安排陳先生前排就座，陳先生説："以前没得坐，今天有得坐，以後没得坐。"説的也是學術生態的自然法則。會後游黄山，吴先生爲陳先生和林澐先生合照。吴先生回長春後寄來照片托我轉交，先生端詳片刻，説："貌合神離。"聯繫到甲骨文斷代研究的一些論争，此語意味深長。

2000 年 10 月，赴厦門參加中國語文現代化研討會後，途經汕頭大學，副校長林倫倫兄請先生作學術講演，由圖書館館長黄挺兄主持。回廣州後，我問先生在汕頭大學講了什麽題目，答曰："甲骨文。"我説："要講就講真古文，怎麽講了甲（假）骨（古）文？"先生接着又説："黄挺主持講座輕聲細語，慢條斯理的。"我説，主持人"挺哥"厲害，主講人"韋戈"更厲害。

先生嗜花雕酒，曾師經法先生譽爲"花雕王"。2002 年 10 月，隨先生同往泉州師範學院參加全國古漢語研討會，會前先經我的家鄉澄海鹽灶，小住一宿，與我夜宿在海邊養蟹池塘上的涼棚。時值中秋，涼風習習，月光瀉銀，品茶閑談，好不愜意。我三位胞兄其時都在養螃蟹或買賣螃蟹，先生吃了我三哥偉全煮的蟹粥，直説好吃，還感嘆説太浪費了。好像只有清蒸或燒烤才好，若用來送花雕酒就更妙了。泉州會後應林志强兄之邀，赴福建師大各開一場講座，把福建師大賓館僅有的兩瓶花雕酒都喝掉了。好酒還要有好菜，先生説："有好酒，没好菜，辜負了好酒；有好菜，没好酒，辜負了好菜。"頗有辯證的精神，可視爲先生的"酒德頌"。陪先生小酌數盅，自是幸福無比之事。據步雲兄講，先生屢説"陳偉武點菜我放心"，可算是對我的高度肯定了。燕雲子張海鷗教授曾撰有歌行體長詩紀事，詩題爲《康園三鑒齋夫子大閘蟹行》，詩甚精妙，只是詩題似有歧義，無知如我者易誤解爲陳煒湛教授像大閘蟹一般穿行於康樂園之中。

有一次，謝湜的父母從家鄉澄海來游中大，謝湜因此邀請蔡鴻生先生、曾師、陳先生和我在紫荆園共進午餐。酒過三巡，蔡先生又舉杯對鄰座的陳先生説："來，我們比一比。"陳先生頗愕然問："噢，您要跟我比一比？"我趕緊解釋："蔡老師不是要鬥酒比試，説的是舉杯做做樣子。我們潮汕話的'比'有比劃的意思。"

南京年會之前我隨曾師和陳先生游覽鎮江，陳先生有復旦同學任鎮江市文化局副局長,安排我們參觀了博物館,還請我們吃晚飯。飯前局長問:"喝不喝啤酒?"陳先生答:"不喝。"於是以茶代酒。回南京的路上,先生説:"我這老同學的局長真不知怎麽當的,啤酒不喝,不等於白酒、花雕酒也不喝呀。"1993年秋,我們七九級畢業十周年紀念活動,在康樂園酒酣耳熱之際,老同學蔡照波兄走過來給先生敬酒,説:"陳老師,我們完了,你怎麽還没完?"説的是杯中酒。先生説:"出言不遜,罰酒三杯。"桌上一瓶白酒早喝光了,吴茂芹兄趕緊給我們這一桌又加開了一瓶。

明清小説稱二便爲"水火","小處可以隨便"。走在武夷山的小路上,遠近亦無茅厠,一時内急,陳先生只好鑽進樹下草叢中就地解决,出來時解嘲説:"得方便時且方便。"我也應和説:"堪逍遥處任逍遥。"回到福州客舍,先生竟書此聯相贈,使我大喜過望。

世界很小,武夷山半山有摩崖石刻"崎嶇丘",先生和我坐在道旁對弈,志强兄觀戰在側,且有攝影留念。恰逢劉釗先生同厦門大學的客人旅游路過,彼此寒暄了一陣子方才揖别。

七十年代整理鳳凰山漢簡期間和後來參加中國古文字研究會年會,陳先生多次與姚孝遂先生對弈。赴安徽大學參加古文字研究會年會,路經南京,由施謝捷兄安排我們一行四人住在南山專家樓賓館。先生和我在莫愁湖勝棋樓下了一局象棋,黄光武先生和黄文傑兄當觀衆,買了一壺緑茶,邊喝茶邊對弈。至殘局時,我多了一只馬,居然被先生磨成和棋。下了勝棋樓,先生問文傑兄照像没有,文傑兄回答説:"剛才你們對局的形勢太緊張,我看得入神,竟然忘了。"以前同先生下棋,若形勢吃緊,先生會停下來,起身倒開水喝喝茶,或在茶几附近踱踱步,再坐下來走子。我若偶爾走出妙着,先生還會口中念念有詞:"這小子好狠毒呀!"這與老棋王胡榮華對局時猛擦萬金油薰得對手心煩意亂有異曲同工之妙。不過,先生弈罷還會悉心訓誡説,下棋誰都會犯錯,形勢好的時候要注意少犯錯,形勢不好的時候要耐心等待對手犯錯。

象棋特級大師許銀川作爲體育特長生曾於中文系就讀,1995—1996年陳先生擔任過銀川的指導教師。陳先生説:"誰想跟我下象棋,得先贏了我的學生再説。"先生指的就是銀川,銀川可不易贏啊。有一次,陳先生請銀川吃飯,黄光武先生、步雲兄和我陪吃,飯後在陳先生客廳同銀川對弈,陳先生下了兩盤,黄先生、步雲兄和我各下一盤,結果當然是銀川全赢。最有意思的是,黄先生平時與我們下棋頻頻長考,與銀川下棋不計時反而走得飛快,真想亂棍打倒“少年姜太公”。其實,銀川多次榮獲全國冠軍和世界冠軍,十八般武藝樣樣精通,同他下棋,下得慢,可以死得慢,下得快,就死得快,黄先生一點都不珍惜同世界冠軍對局的機會。銀川還送了一副仿玉象棋給陳先生,棋盒上有墨書題簽。

先生珍藏一副象棋可説天下無雙,1986 年長島古文字年會時在海邊沙灘撿的珠璣石,洗净,用甲骨文書寫象棋名稱,上清漆以防墨色脱落。在先生書房曾以此棋對弈一次。先生對弈,最喜有人觀戰。2009 年紀念徐中舒先生誕辰一百一十周年學術研討會後,四川大學組織游李莊,途經岷江,有一景點似無趣,我在江邊又陪先生下兩三盤棋,時有顧青等朋友在旁圍觀。先生精於象棋,能下盲棋。圍棋習《棋經》,研古譜,《三鑒齋餘墨續編》有作品可證。張海鷗兄時不時會與先生下圍棋,説:“先生年紀大了,有時下棋得讓着點。”正常情況下,先生棋高一着,海鷗兄讓不起啊。

2006 年饒選堂(宗頤)先生九十華誕慶祝活動,先在香港大學,然後移師潮州。我弟偉鴻在澄海公安局工作,精心安排我們一行五人游覽南澳島,讓同事林少欽臨時客串當導游。韋戈先生剛在學習用手機,想給曾師打個電話,撥不通,少欽接過手機幫忙撥號,撥號的鍵盤音正在響,這時車上有朋友放了一個屁,韋戈先生不解地説:“手機不是這種聲音呀。”惹得大家都笑了起來。

2009 年參加中國文字學會年會之餘,先生在武夷山正山村茶坊揮毫,惠贈福建師範大學葉良斌和陳鴻夫婦墨寶,以甲骨文書“茶緣”二字,後來陳鴻裝裱懸挂於客廳,有友人反向讀之曰:“緑茶。”

幾年前,京城一位編輯朋友與先生乍一見面,就親切對先生説:“陳老師,最近我讀了您在上海出版的那本小書。”先生泠泠回答説:“請多指教。”心裏覺得“小書”本來是寫書人謙稱己作,豈能如此使用。在出版界,與卷帙浩繁的大制作相比,開本小的書通常稱“小書”。只是我們這些出版界的外行就容易産生誤會了。

先生贈我墨妙多種,以後將另文細述。

時光飛逝,而碩士論文、博士論文答辯會上先生嚴肅教誨的畫面如在眼前。陳先生治學爲人都嚴以律己,同時也嚴格要求學生,這種嚴師的形象,與曾師的循循善誘、和藹可親相映成趣。不過,隨着先生年事漸高,性情也平和了許多。想着向先生求學問字、隨先生游歷飲酒的點點滴滴,温馨可珍。衷心祝願先生福壽無疆!

(作者單位:中山大學中文系)

三鑒齋妙墨賞讀

陳斯鵬

三鑒齋陳煒湛先生以古文字學名家，在甲骨學領域貢獻尤大，著述宏富，久已蜚聲宇内。而先生書法上的精深造詣，也早爲學界同仁所推崇。十年前，先生門人輯録先生書法作品數十件，出版《三鑒齋餘墨》一書，爲先生七十壽。新近，門人又集先生新舊書作爲《三鑒齋餘墨續編》，慶祝先生八十華誕。這兩部作品集，讓我們較爲全面地領略了煒湛先生的書法藝術風采，讀者無不稱妙，反響頗大。當然，由於徵集範圍不廣等原因，也難免小有遺珠之憾。這篇小文將結合寒齋所珍藏的幾件陳先生的墨寶，略談個人對先生書法成就的一些感受。

陳先生的學術研究側重在甲骨文方面，他的書法創作自然也以甲骨文爲重點。先生早年曾遍覽並精摹所見各種甲骨拓片著録書籍，打下甲骨學深厚根基的同時，摹寫甲骨文字的水平也達到異乎尋常的高度。我們用心品讀先生的《古文字學綱要》、《甲骨文簡論》、《甲骨文田獵刻辭研究》等書中所附録的甲骨文摹本，真是形神完足、精妙絶倫，不能不教人由衷贊嘆（圖一）。我曾經在公開場合説過"陳先生摹寫甲骨文的水平並世無兩"的話，絶非諛辭。由於工具手段和閲讀方式的轉變，今後的甲骨學者恐怕不會再在摹寫上下功夫了。所以，説先生的這一手絶藝很可能後無來者，恐怕也不是誇張之言。

我念本科四年級的時候，因爲已確定保送爲研究生，所以提前與研究生一年級的學長們一起修習陳先生的甲骨文課程。陳先生的課有個要求，即除了課程論文之外，必須選摹數百篇甲骨拓片交先生審閲。先生有時會帶來幾紙自己的摹本給我們觀摩學習。在薄如蟬翼的拷貝紙上，精

圖一 (采自《甲骨文田獵刻辭研究》83 頁)

細的筆道毫髮畢現,即便是那些極細小的字,也筆筆精到,字字有神采。這樣把賞原迹,所受的薰染和啓發,是看印刷品所無法比擬的。説是摹本,其實也是一種特殊的創作,既要忠實反映原拓的形態,又要體現筆墨的精神,字又極小,難度甚大。先生的甲骨文摹本在其壯年時達到巔峰,我曾聽他自己慨嘆説:"現在已經摹不出當年的效果啦!"先生還曾多次提起《甲骨文簡論》中的那批摹本,原件竟被出版社弄丢了,痛惜不已。《甲骨文田獵刻辭研究》中的摹本,出版社也一直没有歸還。我深知先生對其甲骨摹本的珍視,所以即使在彼此熟稔以後,都一直不敢開口求賜一二。

不過,先生摹本之外的甲骨文作品,我却有幸收藏了若干件。先生的甲骨文創作主要有兩類。一類是引録甲骨刻辭,放大來書寫成幅。另一類是采用甲骨文的字形和風格書寫詞句詩文。這兩類寒齋均有收藏。

第一類作品,是先生平時治甲骨學的副産物,他讀到内容或書法比較有意思的刻辭,往往就會寫一寫,這樣既可加深印象,又可滋養研究的興致,實際上已成爲先生日常生活的一部分。有一次在課堂上,我見到先生帶來給我們做參考的一幅字精彩異常,愛不釋手,便借回宿舍反復觀賞揣摩。後來更乾脆厚着臉皮向先生求討,没想到先生哈哈大笑道:"你喜歡就留着吧!"我至今認爲這是先生甲骨文書法的代表性精品(圖二)。先生常説:"古人契刻甲骨文,是運刀如筆,我們今天寫甲骨文,則要做到運筆如刀。"我理解這話恐怕還是主要針對初學者,或者針對臨摹而言的。我們看先生的甲骨摹本,就能很好地體會到"運筆如刀"的感覺。但先生抄録甲骨刻辭的作品,實際上並不過分强調契刻的味道。雖然有些作品落款寫明是"臨",但其實完全不是一般的臨摹法帖可比。不但字的大小比例和行款章法等都經過精心的安排,筆法上也有很微妙的處理,完全是一種藝術上的再創作。即如這件寫於2000年的佳作,其用筆既不失甲骨文爽利挺勁的特質,又能體現毛筆書寫的彈性,真正做到刀筆交融、剛柔相濟,臻於典雅高妙之境。縱觀甲骨文書法百年歷史,筆法與韻致能達此高境者,恐怕是不多見的。

先生常於所書甲骨刻辭後面略加跋語,或點評其内容,或言其文字特色,寥寥數言,有學問,有意趣,非一般書家所能辦。例如先生書《甲骨文合集》12487版刻辭,跋尾云:"商王武丁占雨卜辭,正反對貞,占驗俱全,而驗辭證明王之占辭(即推斷之辭)有誤,實不多見。"(圖三)又如先生書

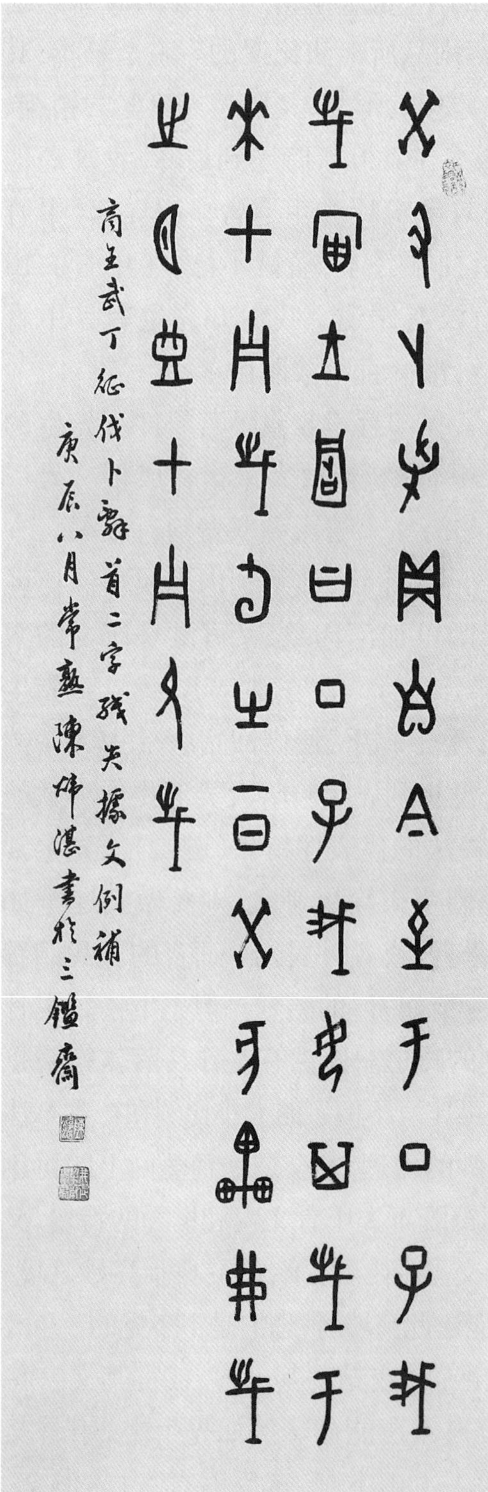

圖二

圖三

《合集》11497 正後指出:"此辭契於首甲,字大且風格與金文近,例不多見,至可寶也。"(圖四)這些作品,不但在書法上可作爲學習的典範,而且可當作甲骨學的讀本,給人以啓發,真的是"至可寶也"!

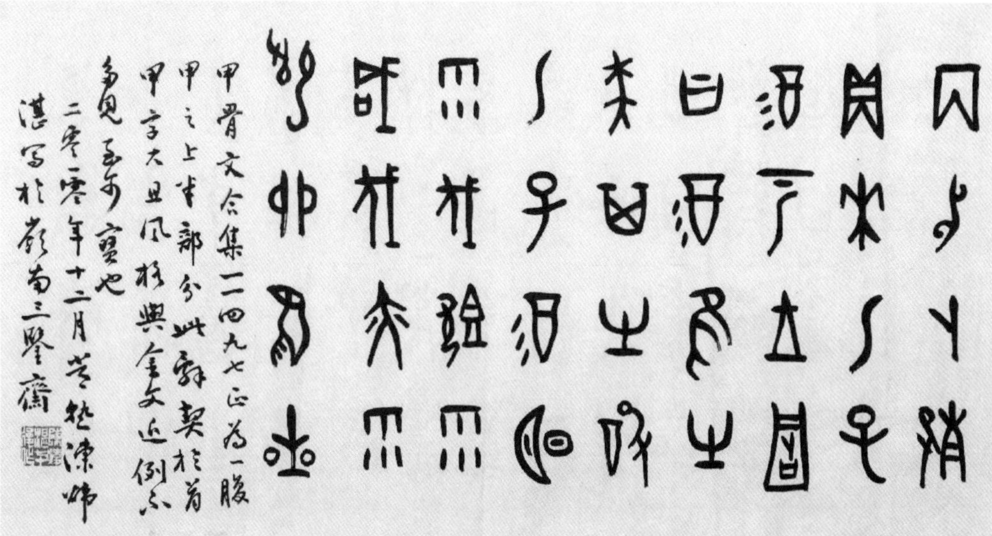

圖四

煒湛先生以甲骨文書詞句詩文者,寒齋也藏有幾件有意思的佳作。如曹操詩《觀滄海》(圖五),這是 2004 年春天我在先生的三鑒齋中"搶救"下來的。先生每日以寫字自娱,毫無功利目的,寫過即置一旁,不以爲意,不久即積滿几案。而性又極儉樸,過段時間就會將寫過之紙從頭翻出,於空白處繼續寫,寫滿了,翻過背面再寫,有時正反兩面均寫滿了小字,還會拿來再練幾個大字。無論用功的程度,還是物盡其用的可貴作風,都令人敬佩!但是,我對他的這個習慣,却不能不多次當面表達我的"憤慨"!我説:"您不知道糟蹋掉多少好字!"所以,每次趨謁請教,我都要努力搶救一點,以免毁滅。這件曹詩便是其中之一。我當時從一堆字紙中檢出,見字未寫完,也未落款,恐將不保,急忙向先生請求惠賜,先生哈哈一笑,提筆寫道:"癸未秋日,以古文書曹公此詩,雖不滿意,亦未忍毁之。半年後,斯鵬仁弟見之,不以爲惡,因贈。"我問先生,哪裏不滿意?他竟一時説不出來,端詳了好一會兒,才指着"豐"字説:"這個寫大了。"在我看來,這純屬吹毛求疵。古文字書法偶有大小參差,實無傷大雅。這件作品整體看來還是很協調的,用筆似較抄録刻辭的作品隨意些,顯得更加輕鬆自然,還多了一些蒼勁老辣的味道。像這樣的佳作,雖然先生暫時"未忍毁之",但混迹於廢紙叢中,如非搶救及時,誰知道哪一天就遭殃了呢!

圖五

寒齋所藏三鑒齋妙墨多數是經此方式搶救下來的。當此之時,我搶先磨墨,先生照例哈哈一笑,沉吟片刻,題款賜贈。而印章往往也任由我代蓋。

先生平時有較得意的作品,也會落好款,蓋好章,置於案上,以待來訪友生品賞。2010 年底,我見先生有一近作寫的是高啓《轉應曲》(圖六),已具款用印,知是得意之作。觀其落筆收筆,爲方爲圓,一任自然,似無意於巧拙,實不易模擬得之。其款識云:"銜、泥、落、華、寒、閣諸字,不見於甲骨文,擬其筆意書之。"可見出一位古文字學家的嚴謹,而愛好古文字書法者更可從中得到方法上的啓迪。2013 年元旦後,我引好友羅玉霆大兄謁三鑒齋。羅兄請教問題,與先生相談甚歡,我則隨意翻閱几案上積叠數尺的書作,忽見一横條舊紙,寫古文吉語"天降魯休亡災亡囚",大小錯落有致,筆墨枯濕濃淡變化豐富,落款云:"己丑端午後一日,三鑒齋興來偶書,以留贈有緣。"(圖七)孫過庭《書譜》講書法的乖合,"偶然欲書"便是其中的一合。此件正是先生偶然得之的合作。我趕緊拿給先生看:"學生便是有緣人。"於是先生欣然命筆,於紙末續題記其事:"越四載適壬辰歲莫,斯鵬君引羅玉霆先生來訪,無意間檢得此紙,自謂有緣者也。因題以贈之。天意也哉!”我自是心中竊喜,其實説是無意檢得也不準確,貴在有意無意之間耳。

圖六

圖七

這件“天降魯休亡災亡囚”字稍大,字徑大約是先生平時所書的兩倍。先生大字作品似乎表現出與小字稍爲不同的風神。這裏再介紹較近的兩件。一件是“知言養氣”(圖八),一件是“吉人天相”(圖九)。此兩件都是二尺横幅,均寫於2015年。前者用筆非常果斷,給人以雄肆之感,大概是因爲書孟子語的緣故,心境與書寫内容相感發,自然流露出一派浩然之氣。後者則略帶幾分稚拙,頗有返樸歸真的意趣。兩件同時期的作品却呈現出相當不同的風格,也可讓我們體會到先生豐富的筆墨語言,以及隨心所欲、心手相應的高超境界。

甲骨文之外,煒湛先生書寫其他古文字也都精妙。比如先生所寫金文,含蓄典雅,氣息清雋。有一回,先生從舊木書橱中取出一件金文條幅給我看,寫的是陳侯午敦銘文,精彩動人。見我雙眼放亮,先生徐徐道:“這個啊,就暫時不能給你啦!”我到現在每想及,心中還難免一癢。先生近年偶寫楚簡,參合甲骨金文筆法出之,别有韻致。可惜我也還無緣收藏。

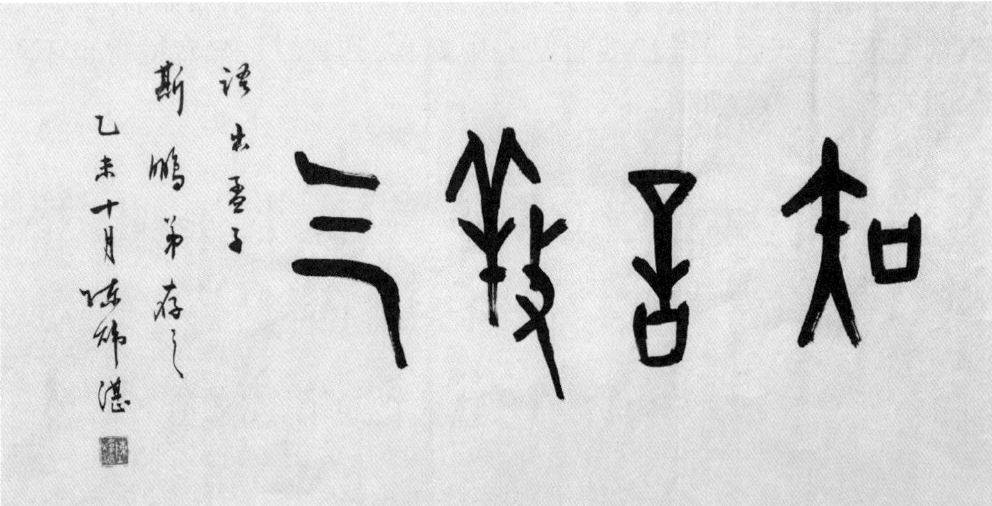

圖八

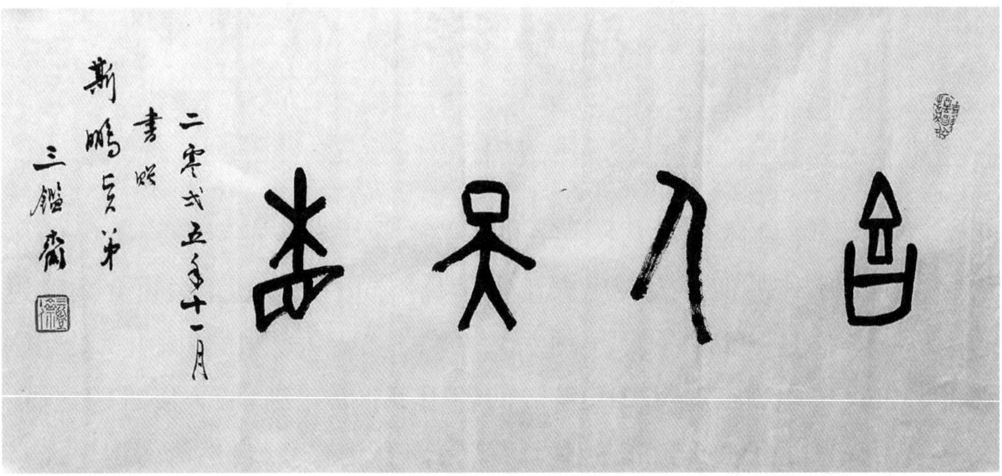

圖九

陳先生書法固然多以古文字的面貌出現,但如果我們的眼光只局限在他的古文字作品上面,那將會有重大的遺漏。其實,先生的小字行草書,特别是小行書,是很值得重視的。先生的小行草通常是用來題款的,字走純粹的傳統帖學一路,雖不主一家,而翰不虚動,下必有由,從容不迫,藴藉而深秀,能見出深厚的帖學功力。這樣的精美小字,往往能和作品主體的古文字交相輝映,相得益彰,千萬不可忽視。先生早年即在帖學上下了極深的功夫,至老而不懈。《淳化閣帖》、《三希堂法帖》等叢帖是其日常練筆的主要範本,一遍一遍地寫,是我所親見的。既視爲練筆,自然更加旋寫旋棄,少被保存。我有幸藏得數件,今特選刊二紙,以饗讀者(圖十、圖十一)。從中可見先生取法的途徑,更可見先生用功之勤,後學觀之,當有所矜式。當今一般的古文字學家,憑藉專業的素養,能寫好古文字或許不奇怪,但同時能在傳統法帖上如此用力、有這樣的造詣的,就不多見了。所以,如果僅僅從所謂"學者書法"的角度來理解陳先生的書法,顯然是不够的。

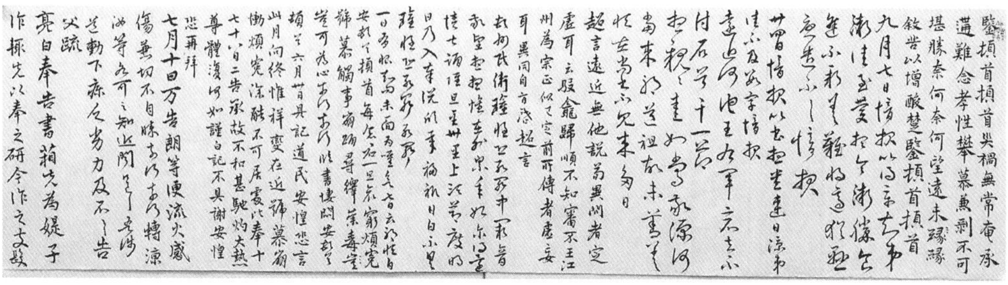

圖十

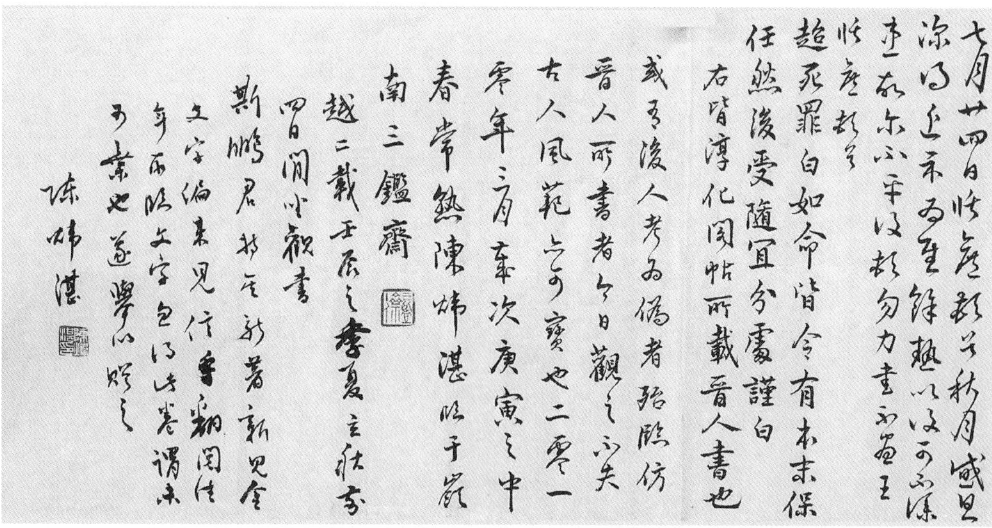

圖十一

熟悉煒湛先生的人都知道,他身上保留了許多傳統讀書人的做派。他平時寫字,也是一遵古法的。我從未見過他使用現成的墨汁,墨都是手磨的。近年常用一方較大的歙硯,發墨甚佳,墨條用的是上好的徽墨。手磨佳墨,自然不膠着,不浮滑,與紙相發,特具神采。手磨的墨固然有其物質上的明顯優點,而磨墨的過程,更是有助於凝神静慮,意與古會,以做到心手雙暢。這個道理寫字的人都懂,但是現代人太過忙碌了,多數人没辦法或不願意安坐下來,磨它一磨。陳先生却能幾十年堅持如此,於今之世,怕也是不多見的吧。

爲草此小文,重將所藏先生妙墨取出,連日展玩,心神爲之清暢。走筆至此,不禁想起,似乎好久没到三鑒齋問學談天喝茶賞字了。

契文含英　深美閎約

——陳煒湛先生甲骨文書法探論

吴曉懿

晚清國子監祭酒王懿榮於1899年發現了殷商甲骨卜辭之後，甲骨文的研究逐漸成了一門顯學。二十世紀曾出現了一批甲骨文研究專家，如"甲骨四堂"、頌齋和契齋等。他們在甲骨文研究領域取得了豐碩的成果，同時也是書壇翹楚。容、商二老將古文字研究與書法實踐相結合，主張學問與書藝並進，奠定了嶺南古文字書法的基礎。而作爲"江南布衣，容商弟子"的陳煒湛先生，以古文字研究而享譽海内外，在甲骨文書法領域也卓有建樹。

一

陳煒湛，江蘇常熟人，中山大學教授，語言學家、古文字學家。早年於中山大學師從容、商二老學習古文字，著有《古文字趣談》、《甲骨田獵卜辭研究》、《甲骨學簡論》、《三鑒齋甲骨文論集》等。

在古文字學術研究的場圃之中，他是一位精研勵行的園丁，既有傳統文士深邃的學養，又有現代學者敏捷的思維。在書法的習得方面，他又是一位"古不乖時，今不同弊"的書家，敢於針對書壇時弊建言。他涉獵多種書體，包括楷書、行書、金文和甲骨文書法等，尤以甲骨文書法見長，並具個人獨特感悟和學術涵養，衆妙攸歸，自成一家。張桂光先生曾對其學術成就和甲骨文書法作過精妙的評價：

> 在當今甲骨學界，能在南方獨樹一幟而與北方裘錫圭、李學勤相抗衡者，當推陳氏。陳氏目驗、摩挲甲骨實物或拓本數以萬計，對甲

骨各期各家書法了若指掌,是以摹寫的形肖有神傳。日常所書大都追求刀刻效果,大字鋒利峻拔,頗有武丁賓組書家的風範;小字輕巧玲瓏,頗得祖甲田獵卜辭三昧。①

彭玉平先生賀陳煒湛先生七十壽辰時,曾作詞一首論其甲骨治學:"虞山道,來去總如歸,七十夢依稀。鐵琴銅劍聞鷄夜,康園復旦訪梅時。更能消,臨桂水,牧齋詩。也莫問,故園曾掃雪,也莫問,嶺南曾拜月。心事了,萬般癡。風塵任是連綿起,精研甲骨有人知。笑人間,花信早,素心遲!"②

陳煒湛先生的學書淵源及藝術成就,有别於一般書家,他在以鋭氣奮進的精神探求學問之餘,又以閑逸淡泊的心態研習書法。據先生自述,1958 年,他剛入復旦大學不久,便立下要研究甲骨文的志向。在當時特殊的歷史年代,提出了"今可厚,古不可薄"的學術主張,並在《説文解字》研究方面下了苦功夫。在鄭權中老師的指導下,逐字逐句地圈點了清末學者段玉裁的《説文解字注》。

大學畢業之際,適逢中山大學古文字研究室的容庚和商承祚面向國内三所重點高校(北京大學、復旦大學和南開大學)招收古文字學的研究生。1962 年,先生以優異成績被録取,師從容、商二老,這才算真正走上了研究甲骨文的學術之路。二老指導研究生有所謂的"抄讀法",就是要求學生抄《説文解字》、《金文編》和《甲骨文編》三部字書,以便熟悉古文字的字形,是爲入門的基礎;隨後學生就要熟讀古文字的名著,詳細做好讀書筆記和卡片,有計劃、有目標地展開系統研究。因此,先生長期臨池,日課不輟,對自己臨寫古文字書迹要求十分嚴格。據他回憶,在攻讀研究生期間,曾花四個月的時間用小篆字體臨寫了一遍《説文解字》,又花三四個月的時間抄寫了《金文編》全文,這奠定了其古文字書法的基礎。

二

在科技發達、電腦普及的今天,摹寫於古文字研究仍有重要的作用,

① 張桂光:《廣東古文字學者的書法》,見林亞傑、朱萬章主編:《嶺南書學研究論文集》,廣東人民出版社 2014 年,第 498 頁。

② 中山大學中國文體學研究中心:《粤雅》第四期,嶺南詩詞研習社 2008 年,第 5 頁。

如摹本可以補充拓本、照片之不足。由於早年在甲骨卜辭的書契方面篤學精研，陳煒湛先生對甲骨文的字形與藝術風格了然於心，所以目前所見刊行的衆多甲骨銘文摹本中，他摹寫的書迹筆道清晰，字形意態紛呈，被初學者奉爲圭臬。

陳煒湛先生繼承了容、商二老的衣鉢，將古文字研究與書法實踐相結合，並運用在中山大學古文字課程的教學中。在《我如何教古文字學》一文中，陳煒湛先生有如下記載：

> 60 年代初，我在容、商二老的指導下學習古文字學，光"寫"就差不多花了近一年的時間。現在輪到我教學生了，當然不能不"寫"。……布置作業前，我一般先寫好幾幅字，懸諸課室，讓學生識讀。誰先讀通，就將那幅字贈送給他，留作紀念。十餘年來，我贈送的這類紀念品約有四五十幅。如講"特色"，這大概是這門課所獨有而其他課程所無的吧。但我本意只是起示範作用，教學生如何寫甲骨文、金文，提高他們做作業的興趣。①

這裏值得提及的是，十年前出版的《三鑒齋餘墨》一書，有不少是當年先生在課堂上獎掖學生的書作。結合陳煒湛先生獨特的教學方式來看，《三鑒齋餘墨》之"餘墨"二字可謂寓意深遠，是甲骨文研究與書法實踐相互結合的明證。

姜夔《續書譜》云："臨書易失古人位置，而多得古人筆意，摹書易得古人位置，而多失古人筆意。臨書易進，摹書易忘，經意與不經意也。"古人在學習書法的過程中，常常把臨寫與摹寫結合起來。陳煒湛先生對甲骨文書法的學習亦持類似的見解：

> 學習古文字有它的特殊方法。第一個是"寫"字，包括臨寫、摹寫兩部分。臨寫即照古人的字形來寫。只有通過寫才能體會到字形的結構，造字的意蘊，才能領會到古人當年是怎麼寫的。就以甲骨文而論，古人是用刀如筆，而我們是用筆如刀，這樣才能體會到古人當年寫字的風格和水準。這是臨寫。另一是摹寫，即按照拓本一絲不

① 陳煒湛：《陳煒湛先生語言文字論集》，上海古籍出版社 2005 年，第 226 頁。

走樣地寫。[①]

陳煒湛先生對於甲骨卜辭的臨寫與描摹,有着深刻的體驗和獨到的見解。

在古人没有留下用筆訣竅的情况下,他認真地觀察甲骨銘文的筆畫痕迹,品味其中的每個細節,並總結出了一套符合甲骨筆畫刻寫順序的用筆方法。比如落筆與行筆時的鋒向問題,注意下筆後的每一面都會有筆鋒,時而分離時而合攏,時而揮去時而攬回,使筆勢奇異跌宕,這往往是很多書家難以把握的。

陳煒湛先生的甲骨文書法有一股濃郁的學人氣息,在字形上追流溯源,用筆静穆典雅而不失流暢,在章法上則博采衆長而文氣盎然,其筆墨形態是源於對漢字意境的深刻理解,亦是其人生的感悟的寫照。

三

清代朱和羹《臨池心解》云:"學書須先明源流,次諳法度,次明傳習之異同。"所謂明源流,就是要懂得漢字的來龍去脉。陳煒湛先生認爲:"書法的源,跟漢字的源一樣。書法的源可以追溯到甲骨文時代。"[②]早在1987年,陳煒湛先生就發表了《請正確書寫古文字——向書法家進一言》,文中指出:

> 古文字,由於其獨特的結構形式,與書法有着天然的密切關係,受到歷代書法家的重視。……古今許多著名書法家大都認真學習和研究過古文字,從中汲取營養,提高書藝,有些書法家尤以書寫古文字見長。像唐代大書家李陽冰、宋代的歐陽修、元代的周伯琦、清代的桂馥、錢坫、吴大澂、羅振玉以及現代的郭沫若、容庚、于省吾、董作賓等學者,本身就是文字學家或古文字學家。可以説,重視古文字的學習和修養,是書藝史上的優良傳統之一。[③]

因此,陳煒湛先生提出使用甲骨文進行書法創作時要慎重用字。甲

① 陳煒湛:《三鑒齋雜著集》,中西書局2016年,第68頁。
② 陳煒湛:《三鑒齋雜著集》,第112頁。
③ 陳煒湛:《陳煒湛先生語言文字論集》,第136頁。

骨文出土之初,考釋文字極爲艱難,著名學者孫詒讓所著《契文舉例》便是錯的多,對的少;羅振玉、王國維奠定了甲骨文研究的基礎,但經他們考釋的字也有不少已被證明是誤釋。如羅振玉於1927年手書付印的《集殷虛文字楹帖》一書,反映了二十世紀二十年代的甲骨文研究水準,今天看來,許多釋字已明顯不妥,需加糾正,這是很自然的事。可是有些書法家在書寫"殷虛文字"的時候,對此似乎不甚在意,依然按照舊釋下筆。[①] 在今天各類展出的甲骨文書法中,書寫錯訛的現象層出不窮,若不引起重視,勢必貽誤後學。

近百年的中國書法在經歷一場浩浩蕩蕩的"美術化運動"之後,很多書家認識到書法的筆墨形態不是依靠外在的"美化",而是其筆法系統的不斷改良和升級。而要改良和升級筆法系統,在提高藝術審美的同時,則非常有必要在文字學方面下苦功夫。陳煒湛先生亦持此見解,並對喜歡書寫古文字的書家或書法愛好者提出了具體的建議:

> (一)熟悉各種古文字字形,具備古文字學的一些理論常識;(二)能熟練地使用各種古文字的工具書,如《甲骨文編》、《金文編》、《古璽文編》、《漢語古文字字形表》、《説文解字》等;(三)能粗略地閱讀一些古文字的原材料,如《殷虛書契》、《卜辭通纂》、《兩周金文辭大系》、《三代吉金文存》等。[②]

陳煒湛先生在這裏首先提出的是要熟悉各種古文字字形,也提供了諸多的工具書,而最終他强調了閱讀古文字的原材料的重要性。這種由淺入深、有次第的學習方法,對於没有機會在大學系統地接受古文字教育的衆多古文字愛好者和古文字書法愛好者來説,都不啻爲金玉良言。由此可見,古文字入門與研習古文字書法,雖然最終目的不一樣,但其入門的路徑大致相同,而且兩者是相輔相成的關係。此外,陳煒湛先生亦曾從書法美學的高度來談論甲骨文書法,他在《書法美學漫談》一文中有如下的論述:

> 同是甲骨文,同是刀刻的文字,雖然都有刀筆味,但各個時期的

① 陳煒湛:《陳煒湛先生語言文字論集》,第137頁。
② 陳煒湛:《陳煒湛先生語言文字論集》,第138頁。

> 甲骨文給人的美感並不相同。光是武丁時期,就有宏放雄偉與婀娜纖細兩種風格,而祖甲時期的修長整飭,武乙時期的剛健峭拔,帝乙帝辛時期的嚴整秀麗,都能代表每一個時期的一種美的風格,這是凡讀過幾百片甲骨文的人都能感知到的。這種書法美的差異性,反過來又能幫助我們判斷甲骨文的時代,成爲甲骨文斷代中的一個標準,現存的甲骨文,是商代書法名家留下來的真迹。①

通過書法藝術的風格來指導甲骨文的斷代研究,這是一種跨學科的學術研究方法,對甲骨文的研究也大有裨益。如果從更深層面來理解,陳煒湛先生在此暗示了學習甲骨文書法,描摹字形還只是表面功夫,只有深入理解了不同時期甲骨文書法風格的精髓,才能真正得心應手地在甲骨文書法創作中有所突破。

陳煒湛先生甲骨文書法的實踐是建立在深厚的古文字學養的基礎之上,以抄讀與臨摹之法開始,以閑逸淡泊的心態持續書寫,與古人心契神交而日益精進。這對今天喜歡古文字書法的研習者會有諸多的啓發意義。

(作者單位:華南師範大學)

① 陳煒湛:《陳煒湛先生語言文字論集》,第120頁。

我的爺爺

陳若騏

坐在電腦前看着熒幕上的四字題目，想起的是還很小很小的時候，在電視上看到的某個訪談爺爺的節目。電視裏的爺爺也還是穿着在家裏常穿的奶奶親手織的灰灰黃黄的毛衣，坐在鏡頭前仿佛自帶氣場。説的話當時的我或許全然不懂，但却也模模糊糊感受到了些許平時看不到的東西。爺爺正襟危坐時向周圍輻射出的氣場與從容自若的談吐，讓他看上去好像不像是在家裏寫寫字、看看書的那個老爺子，而更像是外人口中的古文字專家、甲骨文研究的知名教授。而平日裏，我眼中的爺爺不過是一個對待生活極爲認真的老爺子罷了。

記得我小學的時候，寫過一篇爺爺和花雕酒的故事，寫的是他因爲打翻了一瓶二十年陳的花雕而連嘆可惜。現在想想，爺爺對於酒的熱愛真是始終如一。出門吃飯要自己帶酒，若是没有，便必須叫飯店拿瓶五年或者八年陳的花雕來；也並不理會是什麽樣的飯店，如果小本經營的飯店拿不出來，就要一併歸入“差勁”之列。家裏的好酒是一瓶接一瓶的，却還不能隨便喝。好一點的菜可以倒幾杯黄酒，要是只有幾個小炒清蒸那便勉强喝點外面買的 9 塊錢一瓶的不知名的酒，只有桌子的正中央搬出了家裏最大的碗，周圍的硬菜也是擠得海海漫漫的時候，方才可以小酌幾杯上好的茅臺。碰上了能喝好酒的日子，那自然是要拉着周圍人一起喝的，即便是滴酒不能沾的奶奶和媽媽，也要認真地在面前擺上一杯，並加上一句“喝不完可以給我們”，因爲“酒是不能不喝的”。在爺爺心裏，酒這東西可能有千般萬般的好處，怎麽會有人不喜歡喝酒呢？此外，喝酒還得講究細斟慢飲，須得配着幾個下酒菜一點一點喝，像外面應酬般一杯接一杯地見底,那簡直是“粗魯”,更重要的,是辜負了這一桌好菜……看了爺爺對每一杯酒都要如此用心的態度,再想想現在外面似乎普遍存在着酒被當成應酬工具,强灌强勸到爛醉的現象,我總覺得酒不應該是那種入口甚至都未品出味道,就被人灌到爛醉,以至形象全無的東西,更應是要被認真對待,細細回味出每一絲甘甜和清香的珍品。或許爺爺對酒的如此用心,才算是對待酒的真諦呢。

同樣是用心,到了“吃”上面,也没打半點折扣。自記事起,爺爺的每一頓飯都是絶不能“隨隨便便”的。在家還好,出去吃時,點菜是大有講究的。頭等禁忌是九轉大腸、炸傻鱔之類“野蠻”的、上不得臺面的東西,再就是如果是宴席,第一道菜絶不能是豆腐,茄子也不行,豆角也打入黑名單,最好便是一盤白切鷄或是一碟擺得整整齊齊的扇貝,活色生香。過了第一道菜,之後還要有鷄鴨魚肉全套端上,正中央再來一盤螃蟹或是偶爾出現的大龍蝦,配上每個人手中一個酒杯,才算得上真正的家宴。在家也同樣馬虎不得,一年之中的頭等大事當屬十月十一月時,從常熟家鄉寄來大閘蟹,全家圍坐開吃。當一大盤冒着熱氣泛着蟹油的橙紅大閘蟹端出來的時候,爺爺的眼神簡直像是看到了世間至愛。他可以踱着步從厨房一直追隨着大閘蟹,直到他的寶貝們放穩在桌上,方才面露愉悦的微笑。吃蟹更是要講究的,用工具吃是頂“野蠻”的事情,須得借助牙齒和指甲一點一點肢解螃蟹;各部位有各部位的吃法,總之是不能剩一點肉在蟹殼裏面的。而去外地呢,也必是時時惦記着吃的,例如《北行日記》裏每天的日記,其他事没有便可以不記,早中晚各吃了什麽,在路邊又找到什麽小吃,要了多少錢,却是不能不記的。現在想想,爺爺“左手持螯,右手花雕,乃人生至樂”這句話是從小聽到大了,小時可能覺得不過是玩笑,如今却覺得别有深意了。吃,不過是生活中一個再正常不過的事,像爺爺這麽重視的着實少有,而或許正是這樣的重視,才是現在難得珍貴的對於吃、對於生活的態度。老爺子今年已是年近耄耋,仍然能吃,也仍然愛吃,是福氣,亦是用最認真的態度對待生活的最直觀體現。因爲認真,所以點菜不能亂,所以上菜順序不能亂,所以出門在外吃也不能胡來,所以吃螃蟹時即使桌前只剩他一人也須就着燈光和笑談守着大圓桌的一方,細細地將每一絲蟹肉都挑出來,再就着剩下的一口酒津津有味地吃了,方可以下桌。

喜好美酒和美食,不過是爺爺生活中再平常不過的小事。要説到真正體現他的用心的,自然還是對待寫字和做學問的態度。四歲時拜他爲師學書法,他便叮囑我要每天晨光還未亮透就起床來,坐在書桌前磨開墨鋪開紙練字。時間也不能少了,一個小時是必須有的。他告訴我,他小的時候練字,冬天的時候,就算早上起來墨被凍住了,也要哈氣化開,定要練滿一個小時。很慚愧,爺爺的要求我並未能做到,所以,這樣的用心,其實是很難的。想來也就是這樣用心的態度,才成就了他如今的學術造詣吧。即使是在家中,他的規矩也一樣少不了,看書、寫字、讀報必須端坐在書桌前,坐的是一張圓凳,最好是借着自然光;書架一定要分門别類放得整整齊齊,我拿出來練字的字帖若是忘了放回書架,第二天也必然會被他重新放回書架上它原先的位置。爺爺説練字要從一横一竪一撇一捺一點開始,再到中楷、小楷,等到把字帖臨了十遍,字也過關——才可以開始練下一種字體。寫文章時,要是有不甚清楚的字詞,他是不滿於上網查出來的,一定要翻出《辭海》、《辭源》,查個清楚才甘休……

記得父親跟我説過:"别看你爺爺在家裏也就是個愛吃、愛喝、愛跟你們開開玩笑的老頭子,他可是一個知名古文字教授、甲骨文專家哦。"那時我還小,也只是似懂非懂地點點頭,現在却恍然覺得,我也能在那個年近耄耋的老爺子身上看到知名教授的影子的。爺爺從早年求學、去廣西等等經歷,到如今成爲古文字界有名望的專家,我想一直都少不了"用心"二字。認真對待學問,認真對待落筆寫下的每一個字,這種追求到了極致,自然會折射到對生活的態度,變爲對待酒、對待吃上的種種講究和處處用心。現今不認真對待生活的年輕人很多,房間可以全是垃圾,一日三餐可以全部泡面解決,哪日興起可以對着幾瓶酒喝到爛醉。而這樣的人往往對待其他事情照樣不用心,最終能成就大事的也少。日常生活中的每一個細節,都反映出爺爺這一路的嚴謹治學,認真做事,到如今也依舊如此。

"座上客常滿,樽中酒不空",大概是我聽得爺爺最常説的一句話了。以前或許只覺得是他生活的寫照罷了,現在看,這句話也可倒過來,"樽中酒不空”方能“座上客常滿”。樽中酒,每一杯的細緻對待恰是反映了爺爺對每一件小事都絶不含糊的極致用心,如此用心用到學術上自然能成就斐然。成就了非凡的造詣,便有了常滿的座上客了。若每天都能看到如此場景,也便是爺爺這幾十年來用心的最好印證吧。

甲骨文所見動物名詞研究

譚步雲

概　　說

本文所論甲骨文動物名詞，形體上固然可以是動物之象，一望而知其爲飛禽走獸游魚蟲豸，個別不具動物之象，而其所指非動物莫屬也悉數述之。上古漢語，字、詞往往二位一體。動物名詞，自然即動物之字。不過，甲骨文動物名詞中也有複合者，諸如“黄牛”、“白豕”等即其例。本文擬不涉及，而文中或言“字”，或言“詞”，都只是指稱單音節的單純詞。

事實上，關於甲骨文的動物字，並非新的研究課題。早在二十世紀三十年代即有學者開始這方面的研究工作；延至八十年代，仍有專家孜孜不倦地在這個領域裏探索。① 一方面固然證明了甲骨文研究之難，另一方面却説明了這一課題尚有研究的餘地。的確，甲骨文動物字的研究成功，將爲古動物學、考古學、人類文化學等學科提供彌足珍貴的文字資料。遺憾的是，這方面的研究文章過分强調了動物學、考古學的材料與甲骨文字的互證，却忽略了中國文字承先啓後的源流關係。舉例來説，有學者認爲就是梅花鹿，其重要的證據便是殷墟出有梅花鹿的遺骸（毛樹堅：1981：73 頁）。另一學者則説：“……便知殷人所見之鹿當不出日本鹿、紅鹿、安南鹿、吠鹿、水鹿五種。”（丁驌：1969：328 頁）其結論的基礎乃動物的地理分布概況。那麼，到底是什麽鹿就不無疑問了。科學研究，論

① 例如 H. E. Gibson, *Animals in the Writing of Shang*, *The Chinese Journal* Vol.XXXII No.6, 1935；丁驌：《契文獸類及獸形字釋》，《中國文字》1969 年第 21 册；毛樹堅：《甲骨文中有關野生動物的記述——中國古代生物學探索之一》，《杭州大學學報》1981 年第 2 期。步雲案：以上三文稱得上各個時期研究甲骨文動物名詞的代表作。

争自當難免。然而,這論争的背後却發人深思:我們該怎樣看待典籍的説解?古人給動物的分類是否如後世般精細?曾經存在過的動物後世是否依然存在?是不是所有的動物都爲古人所認識並被付諸文字?在考釋甲骨文動物字的時候,是否可以僅據考古學、動物學的資料而置漢字的演變規律於不顧?

當然,筆者並非要在此處回答這些問題,而只是希望讀者在讀這篇文章的時候不提出、或少提出這類疑問。從這點出發,本文將主要運用文字學的考釋方法,充分利用前人給我們留下的寶貴的文獻資料,對甲骨文所有動物字作全面的、系統的考證。不過,由於甲骨文動物字多屬"畫成其物,隨體詰詘"的獨體象形字,即便是合體的形聲字、會意字,也都是由獨體象形字所構成,因此,釋讀甲骨文動物字就不得不借助於動物學、考古學的材料、理論和方法。事實上,前輩學者考釋動物名詞,在充分運用文字學、訓詁學、音韻學的方法的同時,也自覺或不自覺地采用了動物學、考古學的材料和方法。

甲骨文所見動物字的研究既然有上文所述的特殊意義,則撰寫此文的目的,不僅企圖探討甲骨文動物字的構成,找出詮釋動物字的途徑,而且希望這些研究對其他學科也有所貢獻。在着重歸納、總結動物字的造字法則的同時,也提出了研究甲骨文中的動物字的現實意義上的某些設想。

第一章 圖畫與文字的分野:以動物象形字爲例

第一節 關於高亨的中國文字定義之檢討

高亨認爲:"中國文字,起源於象形,象形者,畫成其物也。然則象形文字與圖畫無别。而作圖與造字似是一事。其實不然,蓋象形文字,一形只是一義,而圖畫一形不僅一義,其别一也。象形文字,一形必有一音,而圖畫有形無音,其别二也。象形文字,其形雖反正繁簡,時有不同,但其姿態,大致固定,而圖畫之形,可以隨意變更,其别三也。"①

① 高亨:《文字形義學概論》,山東人民出版社 1963 年,第 23 頁。

竊以爲,高先生的定義,實際上是在文字已經與圖畫徹底分道揚鑣、固定成爲記録語言工具時對文字分析的結果。在文字的最早形態,這個定義並没有普遍意義,如動物象形字與動物圖畫的區别,就應不包含在這個定義中。

爲什麽會出現這種情况呢?我們不妨上溯文字與圖畫的源頭。從文字和美術都起源於勞動看,"書畫同源";從中國象形文字與圖畫千絲萬縷的聯繫看,書畫也同源。胡蠻説:"象形文字,還多半是純粹的圖畫。這些圖畫的綫描,模仿着自然和人事的形狀而被組合爲一個一個的單元,並且再組合許多單位爲一個事件的符號和記載。"[①]魯迅乾脆説:"寫字就是畫畫。"[②]因此,在文字的濫觴期,圖畫和文字難以區别,甲骨文中的動物象形字就是一種類似圖畫的文字。

由於甲骨的殘缺,個别的動物象形字脱離了所處的語言環境,時至今日,我們仍無法辨識。例如(《粹》1584)這個形體,在準確無誤地考釋出來以前,這個字的音和義還是個謎,而我們却不得不承認它是文字。

那麽,是否上古的文字和圖畫必不可分呢?不是的。陳夢家説:"文字和圖畫是同源的,但文字不就是圖畫。"如何區分圖畫和文字,陳先生謂略有五端:"一、圖畫是物體的寫象,它的目的在擬像,比較的求作成物體的正確的寫照。文字也是物體的寫象,它的目的在傳意,所以只要達到'視而可識,察而見意'的地步,不必個個字是'畫成其物,隨體詰詘'。二、因此圖畫是可觀的、具體的、寫實的,文字可以是主觀的、抽象的、寫意的(此皆就與圖畫比較的而言)。三、圖畫的篇幅是不受限制的,文字却有約束成一表現一事一物爲單位的趨向。四、圖畫經約束成一表現一事一物的單位,它由個體變爲共相了。我們畫一個人形的'人'字,所畫的是甲,甲的'人'乙的'人',約束成一個共同的象形的'人'字,象人之形。所以凡稱'人',不管他是甲乙,同用這個'人'字。圖畫則不然,甲是甲,乙是乙。文字近於小孩的圖畫,他們畫男人女人大人小人都是一個人形。五、文字不必太具體太像,它可以加以人意。文字與語言皆是社會

① 胡蠻:《中國美術史》,新文藝出版社 1953 年,第 12 頁。

② 魯迅:《門外文談》,人民出版社 1974 年,第 17 頁。

性的,它一被社會所公認,個人只有服從它而應用它。”[①]要言之,文字最顯著的特徵在於它是記録語言的符號,是社會裏人們交流思想的工具。動物象形字,無論它多麽酷似圖畫,其語言的社會功能與完全失去了圖譜意味的、抽象的語言符號完全一樣。例如: ,鳳的本字。古人運用它記録風的現象。顯然,它的圖畫特徵幾乎喪失殆盡。儘管人們仍然贊嘆造字者的匠心,但人們畢竟主要着眼於它所包含的記録語言的意義。

圖畫,大都有清晰地表達畫家思想的形象,它往往偏向於展示睿智的哲思,深邃的寓意,給人以精神層面的啓迪。同時,它具有一定的審美價值,能够引起觀摩者感情上的共鳴。魯迅以爲: 畫在亞勒泰米拉洞裏的野牛,“是有緣故的,爲的是關於野牛,或者是獵取野牛,禁咒野牛的事”。[②] 顯然,這些動物圖像,或不具備記録語言的功能,或僅僅起着記録語言的輔助作用。它們的意義非常隱蔽,甚至帶有神秘的色彩。

因此,區分上古的文字和圖畫,我以爲,應該從文字和圖畫的性質着手。下面,本文通過上古的動物圖畫與甲骨文中所見的動物形象的比較,繼續討論這個問題。

第二節　古代的動物圖案與甲骨文中所見的動物象形字的比較

上古的圖畫與文字的區别,既然不能只從形、音、義方面着手,那麽,另闢蹊徑是必要的。儘管正確地辨别動物圖案與動物象形字,對於研究動物名詞的構成、源流、演變有重要的意義,然而,本文論述的圖畫和文字的區别,主要指動物象形字與動物圖畫之間的區别,並不具普遍性。

仰韶文化諸遺址的文物上,往往繪有或刻有動物的形象、花紋或符號。

馬克思説:“動物只是按照它所需的那個物種的尺度和需要來進行塑造,而人則懂得按照任何物種的尺度來進行生産,並且隨時隨地都能用内在固有尺度來衡量對象,所以,人也按照美的規律來塑造物體。”[③]

① 陳夢家:《中國文字學》,中華書局 2006 年,第 20—21 頁。
② 魯迅:《門外文談》,人民出版社 1974 年,第 12 頁。
③ 馬克思:《經濟學-哲學手稿》,人民出版社 1959 年,第 59 頁。

圖畫和文字的創造,同樣受美的規律的支配,使它們在最初的階段頗爲接近。但是,它們又有各自不同的特點,並受自身發展規律的約束,以致於它們最終形成爲不同的領域。

河南偃師二里頭遺址出土的一件陶器,刻有完整的魚形:①。筆畫洗練,綫條粗獷。又如西安半坡出土的人面魚紋盆上的魚:②,都與甲骨文中的字頗爲相似。臨潼姜寨出土的魚蛙紋盆上的蛙:③,逼肖金文的(容庚:1985:1024 頁)④。陝西寶鷄新石器時代遺址出土的一件細頸瓶,繪一鳥⑤,與《明》2166 的字有異曲同工之妙。我們把這些圖案與文字區分開來,是因爲這些圖像没有具體的語言環境,只是些個别的、孤立的形體。應當注意:這些個别的、孤立的形體不同於因殘泐所造成的文字上的孤立狀態。而且,這些刻、繪在彩陶上的動物形象,很大程度上屬於裝飾,反映了當時人們的愛美觀念,這種現象與上古人佩帶赤鐵礦染紅的珠子和貝殼串的性質是一致的,雖然這些圖畫在某種意義上暗示了這些動物在人們生活中的重要性、當時社會的生產力水平以及上古人們對這些動物的崇拜感。最能説明這個問題的是河姆渡遺址出土的一把骨匕。其上刻有兩組雙頭禽:⑥,表現出對稱的美。此外如鄭州商代遺址出土的銅罍,上飾一黽:⑦。背上花紋,顯示出平衡與旋轉的結合美。古人在創作這些圖像時,分明運用了一定的美術手段,如對稱、透視、色彩等。因而,它們的生動性、形象性也就比甲骨文中的動物象形字强得多。同時,它們記録語言的可能性也就大爲降

① 中國科學院考古研究所洛陽發掘隊編:《河南偃師二里頭遺址發掘簡報》,《考古》1965 年第 5 期,圖版三·3。

② 陝西省西安半坡博物館編:《中國原始社會》,文物出版社 1977 年,第 45 頁圖十七。

③ 陝西省西安半坡博物館編:《中國原始社會》,第 45 頁圖十八。

④ 郭沫若釋等形爲"天黽"二字,蓋古軒轅氏。其説若可信,則等形爲黽無疑。參看氏著:《殷周青銅器銘文研究》,人民出版社 1954 年,第 7 頁。

⑤ 參看考古所寶鷄發掘隊編:《陝西寶鷄新石器時代遺址發掘記要》,《考古》1959 年第 5 期,圖版壹·3。

⑥ 浙江省文管會、浙江省博物館編:《河姆渡原始社會重要遺址》,《文物》1976 年第 8 期,圖一四。

⑦ 河南省文化局文物工作隊第一隊編:《鄭州商代遺址的發掘》,《考古學報》1957 年第 1 期,圖十三·13。這個圖形,唐蘭以爲文字,釋爲黽。參看氏著:《從河南鄭州出土的商代前期青銅器談起》,《文物》1973 年第 7 期,第 6 頁。步雲案:此圖形凡三,環列於銅罍肩部,與罍銘通常在口内或耳内者相異,裝飾性甚於記事,似非文字。

低。外國的情形也差不多。埃及新王國時期(約公元前十六世紀—公元前十二世紀)的壁畫上的狗①,色調對比、光綫明暗等手法運用得當,其美感是甲骨文中的動物形象所無法比擬的。又如在印度河流域所發現的公元前兩千年的蠟石印模上的獨角獸②,體積的大小、比例的合適度,與自然界的動物相去不遠。最有意思的是,獨角獸上鐫有古印度文字。看來,印度文字從圖畫中獨立出來比中國早得多。我們並不因爲上述圖案刻在甲骨上或塗在陶器上而肯定它們是文字,正如我們没有否定蘇美爾人的泥版楔形文字、中國的古陶文字一樣,我們甚至不把它們稱爲“原始文字”。

通過以上的比較可知,區别圖畫與文字,似乎不應只從形、音、義的角度切入。像上述的,既有“魚”形,則可讀“魚”音,同時也就具有“魚”義了。因此,上古的文字還没有演變成點畫化的符號時,它與圖畫的區别略有四端:(一)視乎它是否存在於一定的語言環境中,是否起着記録語言的作用。(二)視乎它是否有很濃的美術意味,是否運用了美術的表現手段,是否存在一定的審美價值,而非語言意義的表述。儘管某些早期的文字符號銘刻也運用對稱與平衡的美術手法,但其記録語言的功能則毋庸置疑(詳下説)。(三)視乎它是否可與抽象符號相結合。這一點,在已經出現了少許記事符號的時代,顯得尤其重要。倘若具象化符號在記録語言上不與一定的抽象符號結合,那麽,其記録語言的作用將大大削弱乃至消弭。例如在、、諸字中,都有一個表示動物雄性性别的符號,分别表示公牛、公羊、公豬。又如(犙)、(犻)諸字,以若干横畫表示牛齡。圖畫並不具備此等特徵。(四)視乎它是否可組合並産生别義。例如數目字、專名等的合文: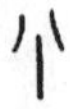(八十)、(二千)、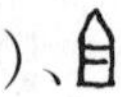(且乙)。又如會意字的構成:(觧),並非一隻羊和一隻牛的簡單描繪,而是表達“用角低仰”(據《説文》)的意義。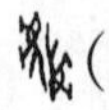(虤),並非兩隻老虎的簡單描繪,而是表達“虎怒”(據《説文》)的意義。(㹜),並非兩隻犬的簡單描繪,而是表達“兩犬相齧”(據《説文》)的意義。更重要的是,這些符號的組合,

① 朱龍華:《埃及的古代文物》,《文物》1959年第1期,第66頁。

② 印度大使館新聞處編:《印度河流域古文化的發現》,《考古》1959年第3期,圖版捌·4。

被賦予了有意義的、特定的語音。

象形文字區别於圖畫的這些特性,是我們確定、考釋甲骨文乃至銅器銘文動物文字不能不考慮的因素之一。

第三節　青銅銘文中類似圖畫的動物形象與甲骨文中的動物象形字的比較

青銅銘文,無論是屬於圖騰性質的符號①,還是字裏行間的動物形體,都比甲骨文動物象形字更接近於圖畫。我們不妨試舉幾例:

字例／字體	象	犬	鳥	隹	龍
金文					
甲骨文					

顯然,同樣是反映客觀事物,青銅銘文更形象,更生動,也更容易識别。换言之,這些動物圖像更接近圖畫。事實上,這類圖像有些也存在於一定的語言環境中,證明它們是文字而不是圖畫。② 儘管許多圖像暫時不能釋讀,但我們至少可以知道它們是什麽動物。例如:《金文編》附録上 187 所録鳥魚鼎、且甲卣、父甲卣、父癸鼎等器上的銘文均爲鳥形(容庚: 1985: 1074 頁);附録上 200 的己觚銘文爲全羊之形(容庚: 1985: 1078 頁);附録上 204 鼎文爲牛首(容庚: 1985: 1079 頁);附録上 198 亞觶、父乙爵、子自卣、父丙鼎的銘文當爲犬(容庚: 1985: 1078 頁)。即便這些圖像有時呈孤立狀態,但綜合考察它們的流變以及可充當句子成分的性質,也應當把它們定義爲文字而非圖畫。最典型的例證是商代的牛

---

① “圖騰性質的符號”,或稱爲“圖形符號”,現在學術界傾向於使用“族徽字”這麽個概念。例如馬承源主編:《中國青銅器》,上海古籍出版社 1988 年,第 360 頁;又如杜廼松:《中國青銅器發展史》,紫禁城出版社 1995 年,第 28—29 頁。讀者可參看。

② 參看譚步雲:《商代銅器銘文釋讀的若干問題》,《中山人文學術論叢》第五輯,高雄中山大學中文系 2005 年,第 1—20 頁。

鼎和鹿鼎。這兩件器的器身，主體花紋是牛首和鹿首，但在器内通常鑄有文字的地方却有兩個非常象形的銘文①：

（《牛鼎銘》，《集成》01102）

（《鹿鼎銘》，《集成》01110）

於是，我們不得不把這兩個象形的銘文與在同一個器皿上具有相似意涵的花紋區分開來，釋讀爲“兕”、“鹿”二字。

同樣的情形也出現在其他器具上。例如另一件牛鼎，主體花紋是牛首，蓋銘作，器銘作②。又如所謂的鴸鼎，主體圖案是對稱的鳥紋，器内則銘有③。

不過，當這類圖像出現在甲骨文中時，我們能像認識金文那樣識别它們嗎？

胡蠻説：“銅器上的銘文刻劃的形象和甲骨文不同，但是在原始象形文字的意義上看，可以説同樣是描寫自然的這一原則。”④在表現自然界的動物形象上，上古的人們在創造文字的時候，竭力地模仿自然，儘量希望文字與所反映的客觀事物相吻合，而有所區别。曾經有過象形文字的世界各國，這種情況大致相同。古埃及的圖形文字，“眼鏡蛇”作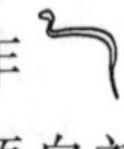，“馬”作。⑤ 蘇美爾人的楔形文字，“鳥”作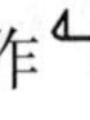，“牛”作，分别源自初文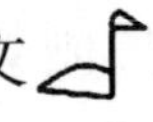和。⑥ 從以上表格所列“象”、“犬”二字，可見漢字亦不例外。古人刻意改變圖畫意味極强的初文的方位，正是把文字與圖畫分而别之的方法之一。

---

① 參看吴鎮烽：《商周青銅器銘文暨圖像集成》卷一，上海古籍出版社 2012 年，第 11 頁 00008 牛鼎、第 17 頁 00016 鹿鼎。又參楊曉能著，唐際根、孫亞冰譯：《另一種古史：青銅器紋飾、圖形文字與圖像銘文的解讀》，生活 · 讀書 · 新知三聯書店 2008 年，第 021—022 頁。

② 吴鎮烽：《商周青銅器銘文暨圖像集成》卷一，第 12 頁 00009 牛鼎。

③ 吴鎮烽：《商周青銅器銘文暨圖像集成》卷一，第 131 頁 00162 鴸鼎、132 頁 00163 鴸鼎。步雲案：竊以爲鳥形類鴉，詳下説。

④ 氏著：《中國美術史》，第 11 頁。

⑤ Henry George Ficher, *Ancient Egyptian Calligraphy: A Beginner's Guide To Writing Hieroglyphs*, the Metropolitan Museum of Art, New York, 1999. p14, p20.

⑥ 北京大學歷史系《簡明世界史》編寫組：《簡明世界史（古代部分）》，人民出版社 1974 年，第 57 頁。

因此,銅器銘文更具象,證明它可能是更古老的形體,哪怕其使用時間滯後也無法改變這一事實,如同今天人們書寫金文篆書一樣:書體本就古老,它並不因爲今人的書寫而影響其早出的性質。高明曾進行過商代銅器銘文與甲骨文的比較研究,認爲銅器銘文使用繁體,甲骨文使用簡體,前者實際上是古體。① 筆者以爲,其結論是可信的。

證明銅器銘文是更爲古老的書寫符號,既可以從它的象形性切入,也可以從它别具一格的美術性切入——諸如對稱與平衡等美術技法在文字上的應用。舉例説,(《父丁簋銘》,《集成》03184)、(《亚雔觚》,《集成》06980)、(《父癸簋銘》,《集成》03212)或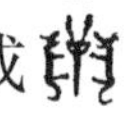(《獸觚銘》,《集成》06670)這三個符號,固然可以釋作“弼”、“亞雔”和“單犬”,但學者們似乎更傾向於視之爲“弔”、“亞隹”和“獸”的美術性繁構。原因乃在於我們實在不能無視以下的文字形體現象。在商代的銅器銘文中,“婦好”二字被設計爲(《婦好鼎銘》,《集成》01331),工匠刻意改動“婦”和“好”的偏旁結構,使之展示出對稱與平衡的美感。以至於同時期的“好”字也往往贅加一個“女”以體現對稱與平衡:(《好鼎銘》,《集成》00999)。這種接近於畫畫的表現手法,正是圖畫發展爲文字的孑遺。顯然,漢字系統的方正特質爲對稱與平衡的美術構圖提供了條件。因此,我們没有理由不把這類更接近於圖畫的青銅銘文定義爲古體。

我們現在可以斷言,上古的文字,在反映客觀事物上,無論是甲骨文還是金文,都刻意求真,雖然隨着文字的演變發展而漸漸抽象化。只是因爲表現的方式和手段有所不同,才出現了後者比前者更形象、更生動的情況。一方面固然是金文本屬古體或摹古的形體,因而更接近於客觀對象;另一方面則因爲甲骨文是用青銅刀鐫刻在甲骨上的文字,所表現的形象,不能不受到刀刻工藝的限制。甲骨文上的形象多爲綫狀的輪廓,雖然它在很大程度上仍真實地反映了客觀對象,但與客觀對象已經有了一定的差距。商代,尤其是周代,鑄造技術已臻成熟,在青銅器上真實地表現客

① 參看氏著:《“圖形文字”即漢字古體説》,《第二屆國際中國古文字學研討會論文集》,香港中文大學 1993 年,第 9—28 頁。

觀對象便成爲可能。形象的大小,綫條的粗細、明暗、色調都可以在模具上體現出來。這就是爲什麽雕塑藝術比刀刻藝術有更强烈的真實效果的原因。我們不必因爲青銅銘文的象形性比甲骨文更强烈而否定其文字的性質。

銅器銘文更爲形象,爲我們提供了更接近於客觀對象的藍本。因此,在考證甲骨文動物文字的時候,儘可能利用銅器銘文無疑是頗有裨益的。

第二章　甲骨文所見動物名詞及動物形象在文字中的反映

第一節　甲骨文中所見動物名詞

在開始正題以前,有一點必須申明:此處以《説文》所列部首爲次彙釋甲骨文動物名詞,並非認定古人給動物的分類有多麽的科學,而僅僅是爲了論證上有一定的系統性——文字上的系統性。

據《殷墟甲骨刻辭類纂》所收録的文字統計,已經考訂的動物字共有38個(未包括同一種屬的異稱),尚屬討論範圍的有17個,顯然是動物字而尚待考證的有78個。

事實上,就筆者所見,甲骨文動物字凡219文。兹分述如下:

牛部。甲骨文中从牛、且可確定爲動物名的單字共12個。牛雖爲後世的"六畜"之首,然而,牛被馴養的歷史却並不是最久遠的。中國的考古學家們研究了許多新石器晚期遺址中的牛骨骼,認爲這個時期的牛仍不能確定爲家畜。换言之,新石器晚期的牛類可能是人們的狩獵對象。牛是什麽時候被馴化的,迄今仍難下結論。到了甲骨文時代,牛成爲家畜已是不容置疑的事實。儘管如此,那時的草原林莽中肯定還有野牛出没。同樣地,牛已經成爲人類主要的肉食來源的今天,世界上許多地方仍存在着野牛。可是,我們偏偏在甲骨文中看不到"逐牛"、"獲牛"的記録。在古人稱爲"牛"的群體裏,到底有没有野牛呢?很遺憾,在9個从牛的動物字中,我們竟然找不到野牛的蹤迹。也許,我們得從别的動物字中尋求答案了。不過,殷商時代的人們給我們留下的這9個从牛的字透露出一個重要的信息,即那時候的養牛業興旺發達,養牛技術出類拔萃。根據考古發掘,殷墟至少有聖水牛(*Bubalus mephistopheles*)、水牛(*Bubalus bubalus*)和黄牛(*Bos taurus dommestica*)三個種屬。[①] 殷墟所出玉石器物,已見水牛之形。[②] 至於甲骨文記述,則只有"黄牛"合文(《後》2.21.1),未見"聖水牛"、"水牛"指稱。

001. ,這個形體與金文乃至篆文相去不遠,以致前輩學者輕而易舉認出它就是"牛"。顯然象黄牛牛首之形,金文中更爲古雅的牛首狀形體可證:(《牛鼎銘》,《集成》01104)。或以爲有作整牛之形者,例如《甲骨文字典》就把(《合》268)、(《乙》7142)視爲牛的别體(徐中舒:2006:78頁),但似乎缺乏文字上的理據(詳下説)。然而無論如何,《説文》所云"象角頭三封尾之形"是不準確的。牛字在甲骨文中大多用爲犧牲名。殷人祭祀先祖神祇很是慷慨,供奉十條八條是常事,甚至有千牛之問。所用方式也頗多樣化:沉、埋、尞、卯等。牛類可謂慘矣!從這個側面,可窺見商代養牛業的發達。

002. ,从牛从丄,即"牡"。《説文》上説:"牡,畜父也。从牛土聲。"(卷二牛部)這代表了後世對"牡"的認識水平。在甲骨文時代,丄只是個表示動物名詞性别特徵的符號,並非土字(本文另有專節討論,兹不贅)。有學者認爲"丄"是且字初文,[③]可備一説。

003. ,从牛从剛,岡、剛音同,則當即《説文》所載的"犅"。不過,其解釋就頗讓人躊躇了。《説文》云:"犅,特牛也。"(卷二牛部)特牛即公牛。前文説過,牡是公牛的專有名詞,那麽,犅、牡是否都指公牛就值得研究了。《玉篇》有"犺"字,釋云:"水牛。"(卷二十三牛部)《集韻》云:"犅、犺,《説文》:特牛也。或从亢,通作剛。"(卷三唐韻)視犅、犺爲一字之異。殷墟曾出聖水牛殘骸,犅是否指聖水牛,也許可存而備考。

004. ,从牛从匕,即"牝"。如同牡字一樣,牝字所从匕是表示動物

---

① 參看楊鍾健、劉東生:《安陽殷墟之哺乳動物群補遺》,《中國考古學報》1949年第四册,第147頁;又參袁靖、唐際根:《河南安陽市洹水北花園莊遺址出土動物骨骼研究報告》,《考古》2000年第11期,第79頁。步雲案:楊、劉文述牛、聖水牛二物,袁、唐文述水牛、黄牛二物。

② 參中國社會科學院考古研究所編著:《殷墟的發現與研究》,科學出版社1994年,圖版四四。

③ 詳見郭沫若:《甲骨文字研究·釋祖妣》,科學出版社1982年,第19—64頁。

字性别特徵的符號;从匕特指母牛。

005. ,象牛在欄中之形,即"牢"。雖然許慎誤以爲冬省聲,但他的解釋却接近正確。他説:"牢,閑養牛、馬圈也。"(《説文》卷二牛部)許慎以後,許多學人懷疑此説。直到 1984 年,姚孝遂才證明了許説的正確性。姚先生説:"牛經過特殊飼養之後,則稱爲'牢'。"[1]同理,經過特殊飼養的羊、馬、豕分别稱爲"宰"、"寓"和"家",不應把从羊从馬从豕者看作是"牢"的别體。姚先生雖然没有指出"宰"、"寓"是什麽字,但他的見解却是不可移易的。《甲骨文字典》采納姚説可視作對他的論斷的肯定。殷商時人已經掌握閹割技術,甲骨文中有豕(後作豥)字便是明證(詳下説)。既然有去勢的豬,則可能有去勢的牛、羊、馬等,可惜現在尚缺乏有力的證據。筆者疑心,所謂"特殊飼養"是指去勢後蓄養的家畜,"牢"可能同"犗"。《説文》:"犗,騬牛也。"(卷二牛部)

006. ,从牛从勿,無可懷疑即"物"。但是,自從董作賓改釋爲犁字、再由郭沫若大力闡發後,相信董、郭之説的似乎更多(李孝定:1991:0322 頁)。後來雖然有學者對物字重新加以詮釋,却難以動摇物即犁字説之分毫。1981 年,裘錫圭再度論證了勿、物二字,觀堂的觀點大概可被肯定了。[2] 不過,專指雜色牛的物字,與"牻"、"犎"、"犖"等字有何區别呢? 這倒是值得我們研究的問題。

007. ,《甲骨文編》作未識字收入附録上八(孫海波:1965:651 頁)。雪堂隸定爲"犆",謂犆之本字,義指牛之毛色(李孝定:1995:0333 頁)。羅説得到了衆多學者的支持。不過,犆字典籍既無,又焉知不是合文?[3]

008. ,嚴一萍隸定爲"犐",説:"殷人於犆犙之外,尚有'從牛從一'訓一歲牛之字。"(李孝定:1991:0308 頁)很有説服力,字典殆失之。

009. ,《甲骨文編》以爲"二牛"合文(孫海波:1965:613 頁)。嚴一萍别釋爲"犻",云:"此點可從卜辭自證之。《乙》5317 版有一辭曰:

---

① 參氏著:《牢宰考辨》,《古文字研究》第九輯,中華書局 1984 年,第 25—36 頁。

② 參裘錫圭:《釋勿發》,載《裘錫圭學術文集》第一卷,復旦大學出版社 2013 年,第 140—154 頁;王國維:《觀堂集林 · 釋物》卷六,中華書局 1959 年,第 13 頁。

③ 《殷墟甲骨刻辭類纂》(姚孝遂:1989:902 頁)即作合文處理。步雲案:後世文獻,例如包山楚簡即見分書的"戠牛"。因此,這個字視之爲合文顯然是可以接受的。參看湖北省荆沙鐵路考古隊編:《包山楚簡》,文物出版社 1991 年,第 32—37 頁。

‘貞：于王乎雀用二牛?’此‘’用於‘二牛’之前，其非牛之通名而爲牛之專名可知。蓋卜所用者爲三歲之牛二隻也。”（李孝定：1991：0308頁）又説：“疑犙本訓二歲牛，與犙从參同例。自鉉本誤以二歲牛入㹀下，以犙爲牭之重文，後人依鉉改鍇遂移許書‘體長’爲鍇説。又妄增‘犢’字，幸其音尚存可藉見許書之舊。”（李孝定：1991：0305—0306頁）嚴説大致可從，只是所援引的例子“二牛”後似有缺文，循甲骨文例，應讀爲“貞：于王吳乎雀用二、牛□?”

010. ，《甲骨文編》亦作合文處理（孫海波：1965：613頁）。嚴一萍釋爲“犙”（李孝定：1991：0305-0309頁）。可從。《説文》云：“犙，三歲牛。从牛參聲。”（卷二牛部）若深究之，字可能會意兼形聲：从牛从三，三亦聲。

011. ，《甲骨文編》以爲“三牡”合文（孫海波：1965：618頁）。如前所述，字从犙从丄，當隸定爲“𤛓”，是雄犙的專名。字書所無。辭云：“……隹……”（《合》11145，即《京津》1122）用爲獸名無疑。

012. ，《甲骨文編》以爲“四牡”合文（孫海波：1965：618頁）。事實上，字从牭从丄，當隸定爲“𤙭”，是雄牭的專名。字書所無。辭云：“㞢尞羊，卯?”（《合》15067，即《掇》1.202）又：“翌癸丑㞢且辛羊、?”（《合》1780，即《乙》3216）用爲獸名無疑。

隹部。甲骨文从隹之字凡十六文，其中多爲殷人的狩獵對象；其餘的則作地名，或假借爲他字，但後世的典籍中則不乏用如本字的例子。於此也可觀古人造字初衷與用字實踐之間的矛盾心理。

013. ，一望而知是鳥雀之形，與後出的金文、篆文“隹”相去不遠。《説文》云：“隹，鳥之短尾總名也。”（卷二隹部）認爲是短尾禽類的總稱。實際上，甲骨文隹字所展示的尾毛並不比鳥字短多少。隹、鳥二者在字形上的區別，前者似乎是動態形象，作振翮奮翅狀；後者似乎是静態形象，呈斂羽棲息形。因此，既然二字均具鳥雀義，所以从隹从鳥諸字往往無别。如雞，或作鷄；雕，或作鵰，等等。隹當是飛鳥的泛稱，而不是有别於其他鳥雀的某種屬。甲骨文中屢有“隻（獲）隹”的記録，可知長翅膀的也難逃滅頂之災：繒網羅之，弓繳射之。

014. ,接近於後出的金文、篆文“雀”,或作(《甲》3942),从鳥从小,當爲“雀”的異體。《説文》云:“雀,依人小鳥也。”(卷二隹部)雖然甲骨文用如方國名、人名,但典籍却常有用如本字的例子。譬如:“如鷹鸇之逐鳥雀也。”(《左傳·襄公二十五年》)《説文》的解釋也許很對,雀只是個頭很小的鳥,而不是特指今天的家雀。

015. ,从隹从矢,即“雉”。《説文》云:“雉有十四種:盧諸雉、喬雉、鳪雉、鷩雉、秩秩海雉、翟山雉、翰雉、卓雉,伊洛而南曰翬,江淮而南曰摇,南方曰䨔,東方曰甾,北方曰稀,西方曰蹲。从隹矢聲。”(卷四隹部)可能甲骨文中的“雉”只是泛稱。可知漢人已懂得大致的分類了,比起殷人來是一大進步。不過,《説文》所述的14種雉是不是都屬於今天動物學上所確定的雉科却難下結論。雉是殷人樂於捕殺的鳥類。《前》2·30·1記録了一次捕獲48隻雉的輝煌成果。如此之多的雉被殺,證明那時的原野上活躍着成群結隊的雉類。殷人獵殺這麽多雉,恐怕是用於祭祀,並用爲食物。古人好吃雉類,典籍也有記載。孔夫子便説過:“山梁雌雉,時哉!時哉!”(《論語·鄉黨》)以致同行的子路“共(拱)之”。據考古學家們研究,殷墟出土的鳥類遺骸中屬於雉科的有褐馬雞(*Crossoptilon mantchuricum Swinhoe*)。[①] 目前,褐馬雞僅見於我國山西北部、河北北部、西北部山地。褐馬雞體形碩大,毛羽豔麗,肉味鮮美。也許,這就成爲它慘遭殺戮的誘因。殷墟還出土過銀雉(*Gennaeus ef. nycthermerus*)遺骸。[②] 那麽,甲骨文的“雉”可能只是通稱而非特指。又(《庫》1506)、(《甲》2336),《甲骨文編》收入附録上48(孫海波:1965:731頁)《甲骨文字典》謂“象某種鳥形”(徐中舒:2006:436頁)。若《説文》“从隹矢聲”可信,二形似是雉的異體。

016. ,从隹从奚,即“雞”。或作、,象雄鷄之形。金文保留着更爲形象的古體:(容庚等:1985:1086頁)、(容庚等:1985:1074頁)。《説文》云:“雞,知時畜也。”(卷四隹部)這個解釋也完全從雄雞的概念出發。雖然甲骨文雞字只用作地名,例如《懷特》B1915云:“辛酉,王其于雞彔(麓)獲大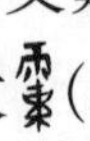(暴)虎。才(在)十月,隹(唯)王三祀,劦日。”而

---

① 參看侯連海:《記安陽殷墟早期的鳥類》,《考古》1989年第10期,第944—945頁。

② 參看張光直著,毛小雨譯:《商代文明》,北京工藝美術出版社1999年,第117頁。

非用爲動物之名,[①]但雞在殷時已成爲家禽了。據考古材料稱:早於殷墟文化的遺址出有家雞的遺骸,[②]而殷墟也出有可能爲家雞的骨骼。[③] 也許,甲骨文的“雞麓”正是飼雞中心,猶如今天所謂“煤都”、“陶都”、“鐵都”一樣,地以物名。《越絶書》載:“婁門外雞坡墟,故吴王所畜雞,使李保養之。去縣二十里。”“麋湖城者,闔廬所置麋也,去縣五十里。”“犬山者,勾踐罷吴,畜犬獵南山白鹿,欲得獻吴,神不可得,故曰‘犬山’。其高爲‘犬亭’。”“雞山、豕山者,勾踐以畜雞、豕,將伐吴,以食士也。”(卷二)這都可爲“雞麓”作一注脚。

017. ,从水从口从隹,或省水,作、等形,學者釋爲“雝”。《説文》云:“雝,雝鸔也。”(卷四隹部)《説文》保留了“雝”的本義,但在甲骨文中,“雝”是先王之名,而在典籍中,或作水名,或作國名,或作人名。《爾雅·釋鳥》云:“鶌鳩,雝渠。”

018. ,从隹从户,爲“雇”無疑。《説文》云:“九雇,農桑候鳥。”(卷四隹部)甲骨文則作地名、人名。

019. ,从隹从工,可以隸定爲“琟”。《説文》云:“琟,鳥肥大琟琟也。鳿,琟或从鳥。”(卷四隹部)段玉裁認爲“琟”是本字,後見的“鴻”是借字。雪堂則謂“疑此字與鴻雁之鴻古爲一字”(李孝定:1991:1283頁)。甲骨文有“琟”無“鴻”,段、羅以爲字與“鴻”不無關係,也許是很正確的。不過,殷墟没有發現鴻(即鳥綱鴨科雁屬種類)的遺骸,却讓人暗生疑竇:“琟”真的是“鴻”嗎?况且,“琟”在甲骨文中也非用如本字,均是作地名。

020. ,从隹从今。《甲骨文編》隸定作“雂”,以爲《説文》所無(孫海波:1965:178頁)。但此字从隹从今甚明,與其隸定作“雂”,不如就從于省吾徑直作“雃”[④]。《説文》云:“雃,鳥也。”(卷四隹部)《廣韻》云:“雃,白喙鳥。”但甲骨文只用作陰晴之“陰”。

021. ,从隹从匕甚明,《甲骨文編》隸定爲雌,以爲《説文》所無(孫

① 《甲骨文字典》(徐中舒:2006:395頁)引《海》1.1“之夕有鳴雞”例,謂甲骨文雞字用如本字。步雲案:所引例“雞”似爲“鳥”之誤。

② 周本雄:《河北武安磁山遺址的動物骨骼》,《考古學報》1981年第3期,第343頁。

③ 侯連海:《記安陽殷墟早期的鳥類》,《考古》1989年第10期,第944頁。

④ 參氏著:《甲骨文字釋林》,中華書局1979年,第112頁。

海波：1965：178 頁)。余永梁云："此字从隹从匕,疑即雌字。"(李孝定：1991：1291 頁)余氏疑的確有道理。前面已經説過,匕只是個表示動物的自然性别的符號。因此,直釋爲雌並無不妥。從牝到雌,可看作會意字向形聲字的轉化。《説文》云："雌,鳥母也。"(卷四隹部)

022. ,从隹从泉,,或从鳥从泉,《甲骨文編》隸定爲雟,以爲《説文》所無(孫海波：1965：178 頁)。《甲骨文字典》作"鸌"(徐中舒：2006：425 頁)。以聲求之,殆从隹犬聲的"猚"。泉、犬二字古屬元韻,音近可通。《説文》："猚,鳥也。睢陽有猚水。"(卷四隹部)甲骨文雟字用如地名。睢陽,今河南商丘,與殷墟鄰近。猚水,當即商時的雟。顯然,雟釋作猚可信。

023. ,从㫃从隹。觀堂云："古㫃𣃘爲一字,此殆許書之鶾。"(李孝定：1991：1385 頁)古字中从鳥从隹往往無别,則鶾、雗可視爲同一字的異體,許慎一分爲二可能並不正確。不過,此字从隹,宜隸定作"雗"。《説文》："雗,雗鷽也。"(卷四隹部)不如《爾雅·釋鳥》明白透徹。《爾雅》上説："雗,天雞。"郭璞注曰："鶾鷄赤羽。《逸周書》曰：文鶾若彩鷄,成王時蜀人獻之。"但《説文》鷽字條下又云："雗鷽,山鵲,知來事鳥也。"(卷四隹部)未知孰是。"雗"僅一見,辭殘,不知甲骨文作何解。

024. ,从隹从亞,可隸定爲"雅"。《甲骨文編》作未識字收入附録上 48(孫海波：1965：732 頁),《甲骨文字典》謂"象頭上有冠之鳥,義不明。"(徐中舒：2006：433 頁)亞、牙古音同,則"雅"可能爲雅字異體。《説文》云："雅,楚鳥也。一名鷽,一名卑居,秦謂之雅。"當然,根據鳥、隹用爲形符往往通作的規律,則字也可作鴉。《廣韻》云："鵶,同鴉。"《爾雅·釋鳥》："鷽斯,鵯鶋。"鵯鶋,即《説文》所謂"卑居"。郭璞注云："雅烏也。小而多群,腹下白。"雅烏,就是烏鴉。一些商代的銅器上鑄有類似烏鴉的鳥形圖形：(容庚等：1985：1074 頁),可證商人已經對鴉有所了解。因此,雅可能就是鴉。此字甲骨文僅一例,見《粹》1563。辭殘,但仍可斷定爲田獵卜辭,則爲動物名無疑。黄錫全釋"鸐"[1],可備一説。

① 參氏著：《甲骨文字釋叢》,《考古與文物》1992 年第 6 期。又載氏著：《古文字論叢》,藝文印書館 1999 年,第 34—35 頁。

025. ，《甲骨文編》作未識字收入附録上45（孫海波：1965：726頁）。金文中屢見形近之文，作、等形。希白釋“雁”，即“鷹”（容庚：1985：256頁）。《甲骨文字典》大概即據此而作“雁”（徐中舒：2006：396頁），只是羼入若干从隹从匕者，則未確。字僅一見，無法了解其用義。殷墟曾出土雕（*Aquila sp.*）的遺骸[①]，因此有理由認爲殷人對鷹科動物有所了解，並訴諸文字。

026. ，《甲骨文編》作未識字收入附録上45（孫海波：1965：726頁）。《甲骨文字典》則謂“所象形不明”（徐中舒：2006：403頁）。湯餘惠釋爲“䧿”[②]。郭小武釋“鵿”[③]。蔡運章别釋爲“鶾”[④]。張桂光疑爲“孔雀之屬，*即示雀屏”[⑤]。湯説可從。《説文》云：“䧿，雁也。”（卷四隹部）“雁”即“鴟”。《玉篇》上説：“鴟，鳶屬。”（卷二十四鳥部）可見它是鷹隼類的猛禽。䧿在甲骨文中，均用爲鳥名。例如《存》2.166就記録了商人的一次逐䧿行動，獵獲了八隻䧿。

027. ，《甲骨文編》失收。《續甲骨文編》作“雛”，補入卷四隹部（金祥恒：1993：1999頁）。《甲骨文字典》同（徐中舒：2006：395頁）。從行款上看，雛字很像“芻”、“隹”二字，但通過文例考察，釋作“雛”比作“芻”、“隹”二字更切文意。《乙》1052：“乎取生？勿取生？”雛，籀文作鶵，甲骨文亦从鳥，篆文則从隹。今據許書收入隹部。

028. ，《甲骨文編》收入附録上48（孫海波：1965：732頁）。字或可隸定作雔。《甲骨文字典》以爲从鳥从酉，用爲方國名（徐中舒：2006：435頁）。字僅見於《甲》2902。

萑部。《説文》設立的這個部首，下隸四文，其中有三字均爲禽名，則此部似可併入隹部。但許君另作一部也不是全無道理：倘若從動物分類

① 侯連海：《記安陽殷墟早期的鳥類》，《考古》1989年第10期，第944頁。

② 參氏著：《釋》，《華夏考古》1995年第4期，第102—103、110頁。

③ 參看氏著：《商周文字與文化二考》，《胡厚宣先生紀念文集》，科學出版社1998年，第191—192頁。

④ 參氏著：《甲骨金文與古史研究·釋*鶾》，中州古籍出版社1993年，第118—122頁。

⑤ 參氏著：《古文字考釋十四則》，《胡厚宣先生紀念文集》，科學出版社1998年，第214頁。

學上考慮,甲骨文萑部三字均屬鳥綱鴟鴞科。甲骨文从萑且確知爲動物名的共有三字:萑、雚、舊。

029. ,察其形體,甲骨文與小篆的“萑”相去不遠。《説文》云:“萑,鴟屬,从隹从𠂉,有毛角。所鳴其民有旤。”(卷四萑部)《説文》的這段解釋,大致勾勒出貓頭鷹的輪廓了。貓頭鷹,鳥綱,鴟鴞科。俗稱“夜貓子”。今天民間仍傳説貓頭鷹哭會給人們帶來禍害,是“所鳴其民有旤”的最佳注脚。殷墟曾發現耳鴞(*Asio sp.* 鳥綱,鴟鴞科)的遺骸,[①]還出土過鴞形尊。這都表明殷商時人對鴞有充分的認識。萑字在甲骨文中用如禽名。例如《鄴》3.46.10:“祭大乙,其用?”“用萑”例同“用鼀”、“用豕”,那萑爲禽名再無可疑。此外,萑字還用作祭名、地名等。

030. ,形體上與金文和篆文的“雚”近似。《説文》云:“雚,小爵也。从萑吅聲。《詩》曰:‘雚鳴於垤。’”(卷四萑部)楊樹達“疑萑、雚一字”(于省吾:1996:1689頁),换言之,雚是鴟屬而非小雀。毛樹堅所釋恐怕即本此(毛樹堅:1981:75頁)。《甲骨文字典》亦從之(徐中舒:2006:409頁)。楊先生主要是從聲音上考慮,但二字形體迥異却是事實,而且在甲骨文中用法有别,宜作二字觀。雚可能是鸛的本字。《説文》無鸛字。查後世典籍,對鸛的詮釋都與《説文》對雚字的注解頗有出入。明·李時珍《本草綱目》云:“弘景曰:鸛有兩種,似鵠而巢樹者爲白鸛,黑色曲頸者爲烏鸛。宗奭曰:鸛身如鶴,但頭無丹,項無烏帶,兼不善唳,止以喙相擊而鳴,多在樓殿吻上作窠,嘗日夕觀之,並無作池養魚之説。”(卷四十七)解釋已接近科學,尤其是指明鸛有黑白兩種,基本符合鸛在我國的分布情況。筆者之所以認定雚即鸛,是基於《説文》所引的《詩》句。“雚鳴於垤”見《詩·豳風·東山》,今天所見的《詩經》各本“雚”均作“鸛”。至於説解,我們寧願相信《本草綱目》的説法。許氏把“雚”説成“小爵(雀)”,不知道是否混淆了“鸛”、“鸜”二字。《左傳·昭二十五年》:“鸜鵒來巢。”《公羊傳》“鸜”作“鸛”。《韻會小補》云:“鸜本作鸜。鸜,鵒也。”《正字通》謂“鴝鵒”就是“八哥”,那當然是“小爵(雀)”

① 參看侯連海:《記安陽殷墟早期的鳥類》,《考古》1989年第10期,第945—946頁。

了。藿,甲骨文多用作“觀”,又用作祭名“祼(灌)”。只有《粹》404、451兩辭作“酌”,疑是禽名。殷墟曾出土與鸛極其相似的丹頂鶴的遺骸,①以殷商時人的認知水平,鸛、鶴無别也是可能的。殷墟墓葬所出所謂玉鶴,睹其形,即便説是“玉鸛”也無妨。② 藿如果不是與萑同爲一字而得釋爲鸛的話,那它在動物學上的分類屬於鳥綱鸛形目鸛科(*Ciconiidae*),而不是鳥綱鴟鴞科。

031. ,从萑从臼,即“舊”。《説文》云:“雖舊,舊留也。从萑臼聲。鵂,舊或从鳥休聲。”(卷四萑部)既然舊的或體作鵂,那麽,舊留當即鵂鶹。鵂鶹,鳥綱鴟鴞科(*Glaucidium cuculoides whiteleyi*),今日分布在我國長江流域以南地區。甲骨文“舊”字不作禽名,或作地名,或假借爲新舊的“舊”。又(《續》5.14.5),不从萑,《甲骨文字典》亦作“舊”(徐中舒:2006:401頁)。

羊部。甲骨文从羊、且確知爲獸名的文字僅五個。據考古發掘報告,殷墟有三種羊屬動物的遺骸。③ 目前,我們還很難將這五個从羊的字和哪三種羊屬動物聯繫起來。當然,殷人“羊”的觀念,恐怕泛指哺乳綱牛科的羊屬動物;至於羊屬的各個種類,殷人則别有稱謂。

032. ,這個形體與金文、小篆的“羊”基本無别,羊字演變的軌迹可謂清晰。甲骨文的“羊”象羊首之形,金文可證:(《羊鼎銘》,《集成》01105)、(容庚等:1985:261頁)。這足以證明許慎所謂“象頭角足尾之形”的解釋不可取。金文中有全羊的别體,作:(容庚等:1985:1078頁),但只是個别現象。今天的羊字从羊首之形的古文字演變而來是無可懷疑的。羊字在甲骨文中用如犧牲名。

033. ,《甲骨文字典》以爲从羊从小,即“恙”,而以爲岳(徐中舒:2006:414—415頁)。《甲骨文編》以作“恙”,收入卷四羊部(孫海波:1965:182頁)。審察文例,用爲山嶽神祇之名似無可疑。而,

① 參看侯連海:《記安陽殷墟早期的鳥類》,《考古》1989年第10期,第946頁。

② 參看中國社會科學院考古研究所編著:《殷墟玉器》,文物出版社1982年,圖48。

③ 參看楊鍾健、劉東生:《安陽殷墟之哺乳動物群補遺》,《中國考古學報》1949年第四册,第147頁。

殆用爲動物之名:“☐辰卜,㱿貞: 尞十豕卯……”(《鐵》86.3)則釋爲羔不無道理。

034. 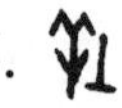,从羊从丄,可以隸定爲“羠”。如前所述,丄是雄性的標識,字从羊特指雄羊,則“羠”或可據《爾雅·釋畜》“羊牡羒”作羒,當然也可據《説文》“羝牡羊也”(卷四羊部)作羝。總之,《甲骨文編》視之爲牡的異體是不妥當的(詳下文)。

035. 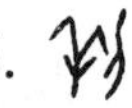,从羊从匕,可以隸定爲“羓”。如同“羠”一樣,“羓”宜據《爾雅·釋畜》“羊牝牂”釋爲“牂”。不過,《説文》却説:“牂,牡羊也。”(卷四羊部)今本《説文》没有牝羊的專名,可能是手民所誤。匕、丄形近,牝容易錯作牡。

036. 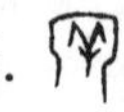,商金文大致同此: (容庚: 1985: 55 頁)。因此,字可以隸定爲“宰”。如上文“牢”字條所述,“宰”是經過特殊飼養的羊。“宰”殆即羯字。《説文》:“羯,羊羖犗也。”(卷四羊部)唐·顔師古注《急就篇》云:“羖之犗者爲羯,謂劇之也。”

鳥部。《説文》云:“鳥,長尾禽總名也。”(卷四鳥部)前面説過,鳥是禽類静態的形象,本質上與隹並無區别。古人之所以創造出兩個偏旁,是因爲: 在他們的心目中,从隹的爲飛禽,从鳥的爲棲禽。當然,這種分别是相對的,飛禽也有棲息的時候,只是古人多見它們在飛罷了。例如从鳥的“鴈”、“鶴”等字,可能反映了它們在古人心目中的動態形象。甲骨文中从鳥、且知爲禽名的文字凡十一個。

037. ,察其形體即知爲“鳥”。甲骨文中有“獲鳥”的記録。例如:“辛未卜,鳴隻(獲)井?”(《後》下 6.13)辭中的鳥,當是泛指。

038. ,从鳥从凡,與篆文“鳳”略同。不過,甲骨文别有(孫海波: 1965: 188–189 頁),更像高冠、展翅、修尾的大隹;而作爲聲符的凡字,很多時候給省略了。前輩學者能認識“鳳”,是“鳳”在甲骨文中多用作“風”的緣故。“鳳”用如本字,于省吾先生云: 止《甲》3112 一見。① 郭沫若則謂《合集》14225、14226 兩辭中的“鳳”也是“鳳凰”的“鳳”。② “鳳”

① 參氏著:《甲骨文字釋林》,第 323 頁。
② 參氏著:《卜辭通纂》,科學出版社 1983 年,第 398 片釋文。

是什麽鳥,後世典籍的説解已經蒙上了神秘的輕紗。不過,學者們已逐漸撩開那輕紗,以還“鳳”本來之面目了。郭沫若云:“或説古人所謂鳳即南洋之極樂鳥,土名爲 Banlack,鳳即 Ban 之對音,似近是。”[①]董作賓更直截了當地説:“鳳就是孔雀。”[②]筆者傾向於後一説。殷墟發現過孔雀的遺骸,[③]也出土過一件被稱爲“玉鳳”的器物,造型極像雄性孔雀。[④] 古代黄河流域曾有過孔雀實在不必懷疑。例如文獻有云:“成王時,西方人獻孔雀。”(《書·周書》)又如:“孔雀盈園,畜鸞皇只。”(《楚辭·大招》)但是,孔雀、鳳凰古似有别。例如上引《楚辭·大招》,孔雀、鳳凰並見:“孔雀盈園……魂兮歸來,鳳凰翔只。”那二者是否爲一物當仍有疑問。孔雀,鳥綱雉科,野生者目前僅見於雲南西南部和南部。

039. ,从隹从朮,《甲骨文編》隸定爲“椎”,收入卷四隹部,謂《説文》所無(孫海波:1965:178 頁)。唐蘭釋鷸,[⑤]《甲骨文字典》從之(徐中舒:2006:430 頁)。乞靈於聲韻:屈、術古同屬物韻,字或可作“鶌”。《説文》:“鶌,鶌鳩也。”(卷四鳥部)

040. ,从隹从血,《甲骨文編》隸定作“䧿”,收入卷四隹部,謂《説文》所無(孫海波:1965:178 頁)。《甲骨文字典》則謂所會意不明(徐中舒:2006:552-553 頁)。以聲求之:血、桼古在質部,字或可作“䳄”。《説文》:“䳄,鳥也。”(卷四鳥部)

041. ,从隹从戈。《甲骨文編》失收。字見於《存》1.705、《簠游》130。《甲骨文字典》收入,謂《説文》無,疑爲弋射之義(徐中舒:2006:404 頁)。字亦見於商金文:(《且辛卣銘》)于省吾隸定作“雈”,認爲即《説文》之鳶字,亦即“鳶”。[⑥]《説文》云:“鳶,鷙鳥也。”(卷四鳥部)姚孝遂先生説:“即今之‘大雕’。”[⑦]于、姚之説可從。鳶是殷商時人的田獵對象。例:“□□卜,㞢貞:乎多射,隻(獲)?”(《存》1.705)殷墟出土過

① 參氏著:《兩周金文辭大系》,文求堂書店昭和 10 年,第 18 頁。

② 參氏著:《安陽侯家莊出土之甲骨文字》,載《董作賓先生全集甲編》,(臺灣)藝文印書館 1978 年,第 714 頁;原載《田野考古報告》第一期(1936 年 8 月)。

③ 參看張光直著,毛小雨譯:《商代文明》,第 117 頁。

④ 參看中國社會科學院考古研究所編著:《殷墟玉器》圖 42。

⑤ 參氏著:《殷墟文字記》,中華書局 1981 年,第 43 頁。

⑥ 參于省吾:《甲骨文字釋林》,第 325 頁。

⑦ 姚孝遂:《甲骨刻辭狩獵考》,《古文字研究》第六輯,中華書局 1981 年,第 54 頁。

灰禿鷲(*Aegypicus monachus*)遺骸,[①]則甲骨文的“鳶”或下文的“鷹”恐怕就是這類猛禽。

042. ,从隹从丙。《甲骨文編》隸定作䧅,謂《説文》所無(孫海波:1965:179頁)。金文、等(容庚:1985:1075頁)與此略同。從聲訓上考慮,丙、倉古在陽部,字或可作鶬。《説文》云:“鶬,麋鴰也。从鳥倉聲,䳊,鶬或从隹。”(卷四隹部)

043. ,《甲骨文編》隸定作雁,收入卷四隹部,謂《説文》所無(孫海波:1965:178頁)。《甲骨文字典》同(徐中舒:2006:400頁)。𠂎即厥字古體,金文厥字多如是作,隸定爲“雁”當無疑問。古文字从隹从鳥多無别,則字當即“鷢”。鷢字在甲骨文中多作地名,但也有作鳥名的例子:“……往出獸……隻取鷢”(《合集》10607,即《鐵》36·3)《説文》云:“鷢,白鷢,王鴡也。”(卷四鳥部)《爾雅》説同許書。郭璞注曰:“鵰類。今江東呼之爲鶚,好在江渚邊食魚。”據郭説,鷢可能是白尾鷂(*C. cyaneus cyaneus*),鳥綱鷹科鷂屬,我國常見。韓愈《送夕暢》詩:“飄然逐鷹鷢。”鷹、鷢並稱,可作郭説注脚。應當提出的是,孫先生早在1936年就釋爲鷢了,[②]後來不知爲什麽改作。自那時後,也不見有人舊事重提。其實,孫先生的考釋是很正確的。此外,被《甲骨文編》收入附録的(《乙》4071)(孫海波:1965:727頁),恐怕也當釋作“鷢”。

044. ,从隹从田。《甲骨文編》隸定作“雊”,謂《説文》所無(孫海波:1965:179頁)。田、晨古屬真韻,則字或可作鷐。《説文》云:“鷐,鷐風也。”(卷四鳥部)《玉篇》云:“鷐風,鸇。”(卷二十四鳥部)《爾雅》郭璞注:“鷂屬。陸機云:‘鸇似鷂,黄色,燕頷,句喙,向風摇翮,乃因風急疾擊鳩、鴿、燕、雀食之。’”顯然,這是一種大型肉食禽類。

045. ,《甲骨文編》收入附録上48(孫海波:1965:731頁)。《甲骨文字典》謂象某種鳥形,義不明(徐中舒:2006:432頁)。劉敦願謂象鳥啄木之形,釋之爲鴷。[③] 鴷,《説文》所無。《爾雅·釋鳥》云:“鴷,斲木。”晉代郭璞注:“口如錐,長數寸,常斲樹食蟲,因名云。”殷商時金文有類似

① 參看張光直著,毛小雨譯:《商代文明》,第117頁。

② 參氏著:《卜辭文字小記·鷢》,《考古》1936年第四期,第15—16頁。

③ 參氏著:《中國古代的啄木鳥》,《農業考古》1982年第1期,第171—173頁。

的字，作（爵文，容庚等：1985：1075頁）形，相去不遠，只是省却樹穴形偏旁。劉説可從。鴐字在甲骨文中似用爲地名。《佚》323："□□［卜］，争貞：王曰：，田，爾其幸？／貞：勿曰：，田，弗其幸？"

046. ，《甲骨文編》當作未識字收入附録上46（孫海波：1965：727頁）。于省吾釋"鳧"，論説頗詳。[①] 裘錫圭復釋之。[②] 與金文的鳧比較，發現釋"鳧"十分可取。張秉權釋爲"䳗"似不當。[③] 鳧，《説文》收入卷三几部，並云："鳧，舒鳧，鶩也。从鳥几聲。"既言从鳥几聲，則應收入鳥部爲是。鶩就是野鴨。但在甲骨文中，鳧作地名。《丙》521："貞：王入于鳧束德？／貞：勿于鳧束？"《詩·魯頌·閟宫》："保有鳧、繹。"鳧、繹，鳧山、繹山。甲骨文的鳧不知道與《詩》的鳧山有無關係。

047. ，《甲骨文編》作未識字收入附録上（孫海波：1965：731頁）。字似从鳥河聲，或即《説文》鴚字。字僅見於《佚》105："丁卯卜，韋貞：？"當指鳥綱類動物。

烏部。《説文》别有烏部，下隸三文，均爲禽名。甲骨文却只有一個舄字。

048. ，从隹从止。《甲骨文編》收入卷二止部，隸定爲"雀"，以爲《説文》所無（孫海波：1965：57頁）。《甲骨文字典》謂《説文》所無，用如地名或方國名（徐中舒：2006：401頁）。余永梁、葉玉森二氏以爲"進"字，則與禽名無涉。嚴一萍認爲："當即《説文》之舄。"（李孝定：1991：1389—1393頁）嚴氏釋之爲舄是有道理的。《前》4.36.7云："貞：乎取雀？"似爲動物名。若是作"進"，訓説牽强。甲骨文又有"徜舄"語，以"省象"等語例之，則殷商時人似有養鳥之癖。舄，《説文》或作"誰"，即"鵲"。舄在甲骨文中又作地名。《左傳·昭公五年》："楚伐吴，吴人敗諸鵲岸。"這裏的鵲岸與甲骨文的鵲地不知道有没有關係。

① 參于省吾：《甲骨文字釋林》，第376頁。
② 參裘錫圭：《甲骨文字考釋（八篇）》，《古文字研究》第四輯，中華書局1980年，第160—161頁。
③ 張説見《殷墟文字丙編》，"中研院"歷史語言研究所1959年，第521片考釋。

虎部。《説文》中从虎的字不少,但作動物名的不過六個。據考古發掘報告,殷墟只發現了一種虎類遺骸。[①] 事實上,地球上的虎類也就有數的幾種。那麽,古人在造字的時候,會不會把像虎却並非虎類的動物也歸爲一類呢,這是值得我們關注的。甲骨文中从虎、且知爲獸名的字很少,與後世典籍相去太遠。

049. ,古文字極度誇張獸的獠牙及强調獸身的斑紋,甲骨文有更爲具象的形體: (《甲》2422),與同時期更爲象形的金文比較: (簋文,《集成》02974.1)[②],可知學者把釋爲"虎"是很正確的。但《甲骨文編》虎字條下所收各文是否均爲虎字則似有可商。虎自有文字記載的時代起,就作爲田獵的犧牲品而被銘諸甲骨,書諸竹帛。甲骨文屢有"獲虎"的記録,殷商時人甚至取其骨以紀功。《逸周書・世俘解》則云:"武王狩,禽虎二十有二,……"雖説古人對虎類大加殺戮,但也有奉之如神明的時候。《禮記・郊特牲》云:"迎虎,爲其食田豕也。迎而祭之也。"甲骨文中的"虎"可能爲劍齒虎一類的猛獸,否則獠牙不可能誇張得使身體失去比例。然而,劍齒虎存在於晚中新世到上新世末、更新世的歐、亞及美洲大陸,至商時早已滅絶。

050. ,象虎而有頭角之形,殆許書所載"虒"。《説文》云:"委虒,虎之有角者也。从虎厂聲。"(卷五虎部)《甲骨文編》隸於虎字條下的好些字形,除了具備獠牙、斑文的特徵外,虎頭上還有冠狀物。與許氏解説吻合。更爲重要的是:甲骨文字的冠狀形構分明演變成了"厂"。因此,《甲骨文編》(孫海波:1965:35頁)一律視爲虎的異體是值得商榷的。金文有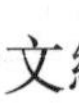(尊文,《集成》05477)[③],可能亦"虒"字。

051. 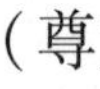,从虎从田。《甲骨文編》隸定爲虪,謂《説文》所無(孫海波:1965:35頁)。《甲骨文字典》同(徐中舒:2006:530頁)。陳邦福以爲即貓之本字,从虎苗省聲。[④] 别辟蹊徑,從語音上考慮,"虪"可能就是《説文》中的虪字。田,古在定紐真韻;騰,古在定紐蒸韻。兩字旁轉可通。《説文》云:"虪,黑虎也。"(卷五虎部)不過,甲骨文虪字用爲地名,而非

① 楊鍾健、劉東生:《安陽殷墟之哺乳動物群補遺》,《中國考古學報》1949年第四册,第146頁。

② 更多圖例請參看《金文編》(容庚:1985:1076—1077頁)。

③ 《金文編》(容庚:1985:1077頁)作未識字收入附録上。

④ 見《甲骨文字詁林》1628頁所引。是書案語云:陳釋不可據(于省吾:1996:1629頁)。

獸名。西周金文見“虓”(《弔虓尊銘》,《集成》05857),用爲人名。

052. ,从虎从匕,可隸定爲“彪”。《甲骨文編》以爲牝之異體(孫海波:1965:35 頁)。《甲骨文字典》同(徐中舒:2006:80 頁)。《合》15401(即《甲》240)云:“丙申卜……戠弜用彪大祐?”“彪”用爲動物名可無疑。如前所述,“彪”應是母虎的專字。

053. ,从虎从丄,可隸定爲“虎丄”。《甲骨文編》失收。字見《乙》6696(即《合》5516):“壬辰卜,争貞:其[虎丄],隻(獲)?/壬辰卜,争貞:其虎丄,弗其隻(獲)?”“虎丄”,諸書均作“虩”。細審原篆,似非。據上引文例,“虎丄”爲雄虎專名無疑。《集韻》云:“虥,雄虎絶有力者。”(卷四咸韻)則虎丄蓋“虥”之本字。

054. ,《甲骨文編》隸定作“虢”,收入卷五虎部,謂《説文》無(孫海波:1965:225 頁)。《甲骨文字典》同(徐中舒:2006:529 頁)。察諸文例,當爲獸名:“王其用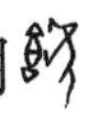,叀……”(《甲》757)例同“用牛”、“用龜”。又《甲》2772 例:“戊辰卜,壴貞:又來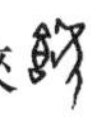自戰?”例同“有來鹿”。因此,字可能同“虎”,只不過爲拘執之形罷了。

055. 。《甲骨文編》隸定作滮,謂“从水从虍,《説文》所無”(孫海波:1965:444 頁)。字殆从虎浅聲;浅,同淺。則滮或即許書虥字。《玉篇》云:“虥,貓也。”(卷二十三虎部)不過,字均用作地名:“壬寅卜,才(在)□貞:王步于滮,亡災?”(《合》36828,即《前》2.5.5)“……才(在)滮……步于□亡災?”(《合》36955,即《後》1.11.9)則“滮”是否爲獸名尚有待新材料的證明。又《甲骨文編》卷五所收戲字蓋同滮。

夊部。《説文》上的這個部首有兩個訓如動物名的字:夒和夔。甲骨文也有這兩個字。從字體上看,確像獸形,而且在某些文例中,也用如動物之名。

056. 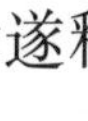,觀堂首釋爲“夒”(李孝定:1991:1903—1904 頁)。非常正確。姚孝遂釋爲“猱”,[①]雖然不能説是錯誤的,却未免忽視了文字的傳承

① 參氏著:《甲骨刻辭狩獵考》,《古文字研究》第六輯,第 52 頁。又參姚孝遂、肖丁:《小屯南地甲骨考釋》,中華書局 1985 年,第 5—6 頁。步雲案:用如先公先王名諱的夒也有作屈足狀的,例如《佚》886、《前》7·5·2、《續》1·1·1 等均如是作。姚説非。

關係。與其把這個逼肖猿猴的象形字直書爲“猱”，還不如循文字的演變規律作“夒”。《説文》：“夒，貪獸也。一曰母猴。”（卷五夂部）訓詁學家一般認爲，“母猴”（或作“沐猴”）即“獼猴”。參照甲骨文的形體，相信没有人會懷疑這個説解。夒有用爲獸名的例子。《合》10468（即《拾》6.9）：“其隻（獲）夒？”可證殷人田獵也襲擊靈長目動物。據動物學家研究，殷墟發現過靈長目動物的遺骸。① 這可謂“夒”的實證。

057. ，察之甲骨文，此形比夒多了些許頭角，而具人立之形。唐蘭釋之爲“夔”毋庸置疑②。然而，《甲骨文編》不加細審，卷五夒字條下收入數例夔字（孫海波：1965：254 頁）。像《明藏》483、《甲》1147、《佚》857等便是。金文不見夔字，但有从夔之字：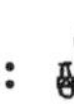（《大盂鼎銘》），基本上與甲骨文保持一致。《説文》對夔字的説解雖帶有神話成分，但參之甲、金文，還是有可取之處。許氏説：“夔，神魖也。如龍，一足，从夂，象有角手人面之形。”（卷五夂部）抹去其神秘色彩，那“夔”可能是“山魈”。《抱朴子·登涉篇》云：“（魈，）山精，形如小兒，獨足向後，夜喜犯人，名曰‘魈’，呼其名則不能犯也。”我們再看看動物學家的描述：“山魈，學名 *Mandrillus sphinx*，哺乳綱，猴科。頭大，尾極短，四肢粗壯，面部眉骨高突，兩眼漆黑深陷。自眼以下，鼻部呈深紅色。……吻部皮膚有皺紋，色鮮藍而透紫，並具尖利長牙，狀極醜惡。頭頂的毛豎起。……性兇猛。”③這與甲骨文刻畫的形象多麽吻合！尤其值得注意的是：山魈頭頂的毛豎起，象頭角之形。另外，“神魖”與“山魈”在聲音上也比較接近，兩者也許有語音上的聯繫。如果從字與自然界動物的相似性考慮，“夔”也可能指稱猩猩。安陽小南海舊石器時代洞穴遺址曾出土過猩猩化石，④或可作參證。不過，到了字産生的時期，殷墟及其周邊地區是否仍有猩猩出没則尚待考證。

① 殷墟出土過猴的上下顎以及頭骨、牙齒等。參看楊鍾健、劉東生：《安陽殷墟之哺乳動物群補遺》，《中國考古學報》1949 年第四册，第 147 頁。

② 參氏著：《殷墟文字記》，中華書局 1981 年，第 44—45 頁。

③ 夏征農主編：《辭海（縮印本）》，上海辭書出版社 1980 年，第 784 頁。

④ 周本雄：《河南安陽小南海舊石器時代洞穴遺址脊椎動物化石的研究》，《考古學報》1965 年第 1 期，第 42—43 頁。

貝部。貝部裏只有“貝”是動物字,甲骨文也不例外。可動物學家在殷墟裏發現了好幾種有殼軟體動物,像蚌器、海螺、貝貨等。[1] 那麽,這是不是説明了貝在殷商時代只是具備貨幣功能,因而从貝的諸字均與貨幣有關呢? 答案是肯定的。因此,要反映其他有殼軟體動物的概念,古人便不惜把貝類劃歸别的部首而捨棄作爲貝類總名的貝部了。

058. ,像貝類動物的兩扇硬殼,學者釋爲“貝”當無可疑。《説文》云:“貝,海介蟲也。”(卷六貝部)甲骨文、商金文中屢有“賜貝”的記録,可證“古者貨貝而寶龜”之語不妄。甲骨文中的貝顯然是斧足綱類動物的形象。

豕部。豬是人類最早馴化的動物之一,人類對它有足够的認識自在情理之中,因此,甲骨文中从豕的字共有七個之多。考古材料證明:殷墟發現了腫面豬和家豬的遺骸。[2] 倘若甲骨文从豕的字中有屬於豬科動物的動物名詞,實在可以補苴考古材料的不足。

059. ,象豕之形。就字形而言,豕和犬十分相似,差别僅在於前者“腹肥尾垂”,後者“腹瘦尾拳”(李孝定:1991:3091頁)。豕在甲骨文中常用作犧牲之名。令人驚奇的是,田獵卜辭中竟有“隻(獲)豕”之説(例如《合集補》2591)。這些野外的“豕”當然不會是家豬。安陽小南海舊石器時期洞穴遺址曾發現野豬(*Sus scrofa*)化石,[3]可作旁證。即便今天,野豬也是各地常見的動物。然而,爲什麽殷商時人稱這些野生動物爲“豕”呢? 也許,獲而可飼之者才稱爲“豕”,獲而難以馴養者則别有稱謂。我們知道,家豬正是野豬的馴化物。後世的典籍《爾雅》把“豕”列入“釋獸”而不是“釋畜”,不能不説是具有啓發意義的做法。殷墟卜辭别見 (《粹》120)、(《鐵》62.1),花東卜辭亦見,辭云:“丙卜,叀 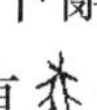 匕庚?”(《花東》39)學者俱作“豕”。以花東辭例論,釋之爲“豕”似無問題。不

① 中國社會科學院考古研究所編著:《殷墟的發現與研究》,科學出版社1994年,第402—403頁。

② 參看楊鍾健、劉東生:《安陽殷墟之哺乳動物群補遺》,《中國考古學報》1949年第四册,第147頁。

③ 參看周本雄:《河南安陽小南海舊石器時代洞穴遺址脊椎動物化石的研究》,《考古學報》1965年第1期,第39頁。

過,如同“犬”和“龙”微有差異一樣,恐怕所表意義殆象豕多毛之狀,亦爲野豬之屬。①

060. ,从豕从丄,可隸定爲“豭”。如前所述,豭特指公豬,宜據《説文》“豭牡豕也”(卷十豕部)釋爲豭。花東卜辭有别體作(《花東》13等)者,而作者僅一見,可知當時是正體,是異體。這可以作爲字體斷代的標準之一。

061. ,从豕从匕,可隸定爲“豝”。特指母豬。如同豭一樣,宜釋爲豝。《説文》云:“豝,牝豕也。”(卷十豕部)花東卜辭既有(《花東》139等),也有作(《花東》4等)者,釋者以爲亦母豕之形。筆者以爲與非一字,前者當作“豖”(詳下文)。

062. ,《甲骨文編》以爲豭字,並説:“象牡豕之形而畫勢於其旁。”(孫海波:1965:389頁)聞一多認爲“當釋豖,去勢豕也”(李孝定:1991:2985—2986頁)。可從。不過,筆者却以爲象豭形而去其代表雄性符號“丄”横畫,表明乃雄豕之去其勢者。釋爲豖,有一個内部證據:《甲骨文編》卷11·4收作涿,孫先生説:“《説文》:涿,流下滴也。从水豖聲。上谷有涿縣。契文作即豖字或省。”(李孝定:1991:3347頁)《庫》402:“貞:登人……乎……田?”又《天》50:“叀……凶……于天?”可知爲的異體,宜釋爲豖。豖在甲骨文中用如犧牲名。《乙》4544:“甲子卜,皷叀二二,用?/[甲子]卜,亡囡,皷二二,用?”這條卜辭證明、二字不同,前者所从爲表性符號“丄”有所簡省的變異。這也證明了聞先生的解釋較《説文》“豕絆足行”的解釋爲長。因此,前者宜釋爲豖,後者當釋爲豭。而花東卜辭所見的,與上引、當爲一字,也應釋作“豖”。孫先生以爲“即豖字或省”當然不無道理,但是,與所表意義可能有所不同:前者爲牝豕之被閹割者,後者爲牡豕之被閹割者。,花東作(《花東》4等),形體略同。《花東》170辭云:“甲寅歲且甲白一,叡𠬝滄,自西祭?/甲寅歲且甲白一?”可知、微有差别。又《花東》215:“庚辰歲匕庚一

① 字亦見於小屯西地甲骨,或謂字形似豪豬。參看中國社會科學院考古研究所編著:《殷墟花園莊東地甲骨》第六分册,雲南人民出版社2003年,第1577頁。步雲案:可備一説。

一? 子祝。”可證、不同,①否則直書“(或)二”即可。要言之,、、俱可視作“豕”,儘管在形體所表意義上略有不同。

063. ,當“青”字,這是借用他字作獸名的唯一一個例子。《説文》云:“青,幬帳之象。”(卷七冃部)解釋雖有點玄,却足以證明字與獸類無涉。有足够的甲骨文文例證明“青”用如犧牲名,殆通作“縠”。《説文》云:“縠,小豚也。”(卷九豕部)可《爾雅·釋獸》曰:“貔,白狐,其子縠。”郭璞注:“一名執夷,虎、豹之屬。”幸好有這麽一條卜辭,我們才知道《爾雅》弄錯了。《乙》2833:“貞:豼青于父乙?”前面已經説過,豼是牝豕的專名,即豝字。用它修飾的名詞必然指豕無疑。原來,《爾雅》是把獒誤作縠了。《説文》上説:“獒,犬屬,腰以上黄,腰以下黑,食母猴。……或曰似牂羊,出蜀北囂山中。犬首而馬尾。”(卷十犬部)這獒以獼猴爲食,可能是豹類動物。於此也可見豕、犬字形的難辨。

064. ,从大从豕,《甲骨文編》隸定爲㹠(孫海波:1965:390頁)。吴璵釋之爲“豨”。② 吴先生釋爲豨不無道理。字从豕从大,是個會意字,即大豕。雖然《説文》上的豨字並無大豕的意義,但所徵引的“封豨修蛇”恰恰證明了豨爲獸名。揚雄説:“豬……南楚謂之豨。”(《方言》第八)很明顯,《説文》的訓釋是有問題的。“封豨”,即大豕;與“修蛇(長蛇)”對舉。豨由此有“大豕”的意義。《莊子·知北游》有“監市履豨”一語。李頤注道:“豨,大豕。”據典籍,豨原指大野豬。前面説過,甲骨文的豕難以確定是野生的還是家養的,所以,把㹠釋爲豨是可信的。《甲骨文編》把部分从犬从大的字也列在㹠字條下,是明顯的疏忽。如今,絶大多數的甲骨學者都把从大从犬者直接寫成“狄”。其實,从豕从犬相當明顯,而且結構上也不相同,稍加比較自見分曉。湖南省湘潭商代遺址所出豕尊,其造型應是野豬,③其古名可能即“豨”。

① 原釋者認爲是泛指(即通稱),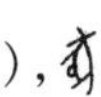指某一類母豬(如産過仔的母豬)。參看中國社會科學院考古研究所編著:《殷墟花園莊東地甲骨》第六分册,雲南人民出版社2003年,第1645頁。朱歧祥謂前者爲野生母豕,後者爲家畜母豕。參看氏著:《殷墟花園莊東地甲骨校釋》,[臺灣]東海大學中文系語言文字研究室2006年,第997頁。步雲案:均未能自圓其説。

② 參氏著:《甲骨學導論》,[臺灣]文史哲出版社1988年,第66頁。

③ 參看何介均:《湘潭縣出土的商代豕尊》,《湖南考古輯刊》第一輯,嶽麓書社1982年,圖版二、圖版八-1。

065. ,从宀从豕,即“家”。《説文》云:“家,居也。从宀豭省聲。”(卷七宀部)如果不是花東卜辭的面世,我們也許對許慎的解釋深信不疑。其實,如同上文所述的“牢”、“宰”等字,“家”恐怕也是指經特殊豢養的豬,花東卜辭可證:“甲辰歲匕庚家一?”(《花東》61)此外,花東卜辭“家”或作(《花東》236、490),所从殆之省,證明許書所云“豭省聲”並非全無根據。其所从當然也可能是“豕”的異體,表明“家”即閹豬之屬(詳下文)。

彖部。《説文》彖部凡五文,都是獸名。甲骨文却只有一個彖字。

066. ,《甲骨文編》收此作“殺”(孫海波:1965:134—135頁)。孫詒讓説此字與《説文》古文近同,當釋爲彖(李孝定:1991:2997頁)。但在甲骨文中,此字並不用爲獸名,儘管《説文》云:“彖,修毫獸。一曰河内名豕也。”(卷十彖部)不過,甲骨文形體似爲一爬行類動物的俯視圖,與所謂“修毫獸”頗有差異。因此,郭沫若别釋爲“殺”。其實孫氏的解釋是正確的。那爲什麽它在甲骨文中的用法和《説文》的釋義頗有距離呢?李孝定解釋説:“彖之爲祟,只是假借耳。”(李孝定:1991:3000頁)當然,《甲骨文編》殺字條下各字並不能俱釋爲“彖”,例如《戩》33·9的,就應釋作“蔡”,訓“殺”。

彑部。《説文》彑部下四文都是豕名。甲骨文見凡二文。

067. ,象利箭貫穿豕身之形,儘管有矢、豕分離的,也有箭形簡略的、(《花東》39等),即“彘”。“彘”應是从豕从矢,矢亦聲。《説文》“後蹏發謂之彘”(卷九彑部)的解釋並不準確。彘在甲骨文中有用爲獸名的例子:“己卜,叀彘匕庚?”(《花東》53)可能爲野豬一類。商代金文有銘類此:(觚文,《集成》06654),則(《集成》07530)也可釋爲“彘”。

068. ,从彘从丄,可隸定爲“𧰽”,爲雄彘專名:“甲子歲且(祖)甲𧰽?子祝在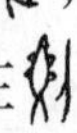。”(《花東》330)後世字書無載。

豚部。《説文》豚部凡二文,都是小豬的專名。甲骨文只有“豚”

一字。

069. ,甲骨文从豕从肉,與《説文》所載别體同,則當以从豕从肉者爲正體。《説文》:“豚,小豕也。从彖省。象形,从又持肉,以給祠祀。”(卷九豚部)這樣的説解當然也是不準確的。豚在甲骨文中多用爲犧牲名,常見“叀豚”、“(數詞+)豚”(例如《前》3.23.6)之語。

豸部。以下將談到的幾個動物名詞(豸除外)的甲骨文形體都與豸字無涉,雖然這些字在後世的字典中都是从豸的。這就給我們以啓示:在甲骨文時代,豸不作爲部首而存在。换言之,豸這種動物在古人的心目中未能成爲某一大類動物的代表。儘管我們現在還弄不清楚豸是什麽動物,可就《説文》所收豸部各字來分析,在動物分類上也太龐雜了。例如,豹,屬哺乳綱貓科;貘,屬哺乳綱貓熊科;貛,屬哺乳綱鼬科。當然,這種情況在别的部首中也存在,然而,幾乎每個名詞對應動物分屬不同科的現象是比較難以理解的。因此,某些从豸的字的異體从犬在一定程度上反映了古人在動物分類上的困惑;换句話説,在較爲古老的文字中,豸和犬是没什麽區别的。

070. ,象獸之形,細審其字形,與金文貉、貙等字所从之豸相去不遠(參見《金文編》相關字條),學者們釋之爲“豸”,顯然有着文字源流上的根據。可它是什麽動物,却使人躊躇了。《説文》云:“獸長,脊行豸豸然。欲有所司殺形。”(卷九豸部)《爾雅·釋蟲》却説:“有足謂之蟲,無足謂之豸。”《後漢書·輿服志》則以爲豸、廌通作。獬豸即許書中的解廌。甲骨文中,豸用爲人名和地名。這樣,豸到底是什麽,依然是個疑問。

071. 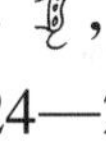,《甲骨文編》列爲“虎”的異體,附於虎字條下(孫海波:1965:224—225頁)。《續甲骨文編》録此作“豹”(金祥恒:1993:2283頁),大概是接受了王襄的考釋(李孝定:1991:1689頁)。王先生的立論基於其形體切合“似虎圜文”的解説。然而,這種僅從形體出發的考釋,是難以獲得學界認可的。在甲骨文中,這個字都與矦字連用,恰好典籍中有“崇侯虎”,所以學者們大都認爲“矦虎”便是“崇矦虎”。事實上,崇矦虎是帝辛時人(據《竹書紀年》),而甲骨文中的這個“矦”却是武丁時人。我們知道,矦這麽個爵號來源於司職箭鵠的人員。矦字的形體便很能説明問題。《説文》上説:“矦,……从人从厂,象張布,矢在其下。”(卷五矢部)真是深得其旨,雖然形體分析稍失之。“矦+名詞”原來可能用以指明箭垜所屬類型。《周禮・天官冢宰》記載:“王大射,則共虎矦、熊矦、豹矦,設其鵠。諸矦則共熊矦、豹矦。卿大夫則共麋矦,皆設鵠。”由於所設立的箭垜有種類和數量上的等級差別,那麽,司事種類不同、數量不一的箭垜的官員當然也有等級的高低。據《周禮》,顯然是提供虎、熊、豹等類型箭垜的官員職位最高。因此,“矦某”原指箭垜類型,後用來稱職掌者,其嬗變的過程如同“司徒”、“司馬”等官職一樣。既有矦虎,又焉知没有矦豹? 重要的是,甲骨文中並無“矦”之例,而殷墟既有虎的遺骸也見豹的顎骨,[1]與甲骨文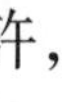、兩種形體並存相一致,表明殷商時人可能用指稱兩種動物。也許,隨着考古資料的日漸豐富,是否應釋爲“豹”會有最終結論。

072. 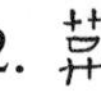,从犬从莫。字見於周原甲骨文 H11 : 19。殷墟甲骨未見。商代金文有“獏”,作(《𠨘其卣銘》),略同。文字學者一般認爲“獏”同“貘”,固然有文字規律上的根據:豸、犬可以通作,例如“豻”或作“犴”。另一方面則是根據典籍對貘所下的定義並參照考古材料作出判斷的。有學者據《説文》、《爾雅》等典籍,並參以考古材料考證出古人所謂的“貘”就是大熊貓(哺乳綱貓熊科),而非近人所稱的貘(哺乳綱貘科)。[2] 其説可信。

073. ,从獸形从小。《甲骨文編》收入附録上 99(孫海波: 1965: 833—834 頁)雪堂釋鼠,郭沫若釋貍(李孝定: 1991: 4552—4553 頁)。《甲骨文字典》或收入卷五附於虎部,或收入卷九附於豸部,謂所會意不明(徐中舒: 2006: 531、1060 頁)。甲骨文見霾字: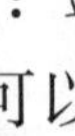,从雨从獸形,所从獸形與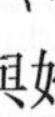所从相似,僅少了雨字而已。郭説似乎可以接受。武丁妻妾成群,貍與婦連用,大概也是武丁的配偶。《説文》云:“貍,伏獸,似貙。”(卷

① 參看楊鍾健、劉東生:《安陽殷墟之哺乳動物群補遺》,《中國考古學報》1949 年第四册,第 146 頁。

② 參王學理:《漢南陵從葬坑的初步清理——兼談出土大熊貓頭骨爲犀牛骨骼的有關問題》,《文物》1981 年第 11 期,第 24—29 頁。

九豸部)語焉不詳。段玉裁注曰:“謂善伏之獸,即俗所謂野貓。”殷墟曾出土貍的顎骨及肢骨,[①]可作旁證。

074. 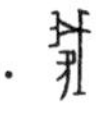,《甲骨文編》隸定爲“𧲠”,謂《説文》無,收入卷十二我部(孫海波:1965:497 頁)。《甲骨文字典》則收入卷十四戌部(徐中舒:2006:1609 頁)。字當从豸我聲,字僅見於《佚》685 殘辭,未知確義。又《甲骨文編》附録上 115 所收(《無想》377),當同此。或即《玉篇》𧲝字:“𧲝,獸。”我古音疑紐歌韻,左古音精紐歌韻,則我、左聲近可通。

兕部。《説文》兕部止一字,甲骨文有二字。

075. ,象走獸之形,或釋馬,或釋白麟,或釋犀,或釋兕(李孝定:1991:3013—3018 頁),莫衷一是。此形與篆文接近,顯然以釋兕爲長。雖説殷墟曾見犀牛遺骸,銅器中也有形神畢肖的犀尊,但兕、犀恐非一物,至少在古人眼中就不是同一種動物。《説文》云:“兕,如野牛而青。”(卷九兕部)又云:“犀,南徼外牛,一角在鼻,一角在頂,似豕。”(卷二牛部)《左傳·宣公二年》云:“犀、兕尚多。”犀、兕並舉。顯然,過去以爲兕就是犀牛的看法是錯誤的。以前甲骨學家認爲有“隻(獲)兕”(《佚》518)記事刻辭的骨頭就是“犀牛骨”,後來經古動物學家進行科學分析,認爲應是“牛骨”。[②] 看來許君的解釋還是不錯的,兕類可能是野牛之屬。[③] 如果拿金文相參照:(《牛方鼎銘》,《集成》01102),會發現甲骨文的實在就是整體的牛形,以致它與犀牛有幾分相似。據此,前文所引(《合》268)、(《乙》7142),恐怕也當作“兕”。

076. ,从兕从水,可隸定作“滍”,《甲骨文編》作未識字收入附録上(孫海波:1965:829 頁)。當爲獸名:“……允隻(獲)……滍一。”(《鐵》182.1)字从兕从水,殆亦兕屬,則爲哺乳綱動物。

① 參看楊鍾健、劉東生:《安陽殷墟之哺乳動物群補遺》,《中國考古學報》1949 年第四册,第 146 頁。

② 參陳煒湛:《臺北讀甲骨文記》,《紫禁城》2003 年第 1 期,第 31 頁。

③ 雷焕章認爲兕爲野牛之象,其形體與商金文同。參看氏著,葛人譯:《商代晚期黄河以北地區的犀牛和水牛——從甲骨文中的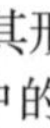和兕説起》,《南方文物》2007 年第 4 期,第 150—160 頁。步雲案:雷説可能是正確的。

象部。《説文》象部有兩個字，甲骨文只見“象”一文。

077. ，畢肖大象，金文中有更爲古老的形體，作（容庚：1985：673 頁）。小篆作，多少保留了上古文字的輪廓。殷商時人常有獲象之舉（例如《合集補》2610），甚至服象，卜辭有“省象”之問，甲骨文有“爲”字，象手牽象之形，足證“商人服象，爲虐於東夷”（《吕覽·季夏紀》）之語不妄。殷商時代，中原地區常見象蹤，以致河南别名爲“豫”；延至漢代，就僅見於南越了。所以《説文》上説：“象，長鼻牙，南越大獸，三年一乳。”（卷九象部）殷人所見的象，殆亞洲象（*Elephas maximus*）。

馬部。雖然殷墟僅發現一種馬科動物遺骸，但在甲骨文中，从馬的動物字却很多。也許，我們未必能把這些動物字一一考釋出來，然而，這麼多與馬有關（或即屬馬科）的動物字展現在眼前無疑向我們昭示殷商時期的馬類情況。馬是殷商時很有用的動物。無論是考古材料還是文字資料都證明了那時已經在使用馬車。馬除了用於祭祀、食用外，還用以勞作，這是生産力進步的標志。從以下各個從馬的文字中，興許我們還能獲悉一些其他的有關馬的信息。

078. ，如此神似的刻畫，相信猜也猜得出來。金文有更爲象形之作：（戈文，《集成》10857）。小篆雖有很大變化，但猶存古意，所以學者釋爲“馬”。《説文》：“馬，象馬頭毛尾四足之形。”（卷十馬部）釋義大體準確。不過，花東卜辭所見“馬”字，有略去鬣毛的形體：（《花東》46、296），甚至有接近於“虎”字的（《花東》349），可見鬣毛作爲馬的特徵之一也可忽略不計。甲骨文有“車馬”連用之辭（《菁》3），可作殷用馬車的佐證。殷商時有“馬方”，殆牧馬部落的稱謂。殷商時設立“洗馬”一職，足證畜馬業的發達。馬，當是殷商時人對馬類動物的總稱，其中有多少種馬科動物，由於缺乏實物（動物遺骸、文物）以資參考，迄今尚難下斷語。

079. ，从馬从鬼，當即“騩”，淺黑色的馬。《説文》云：“騩，馬淺黑色。”（卷十馬部）在卜辭中，“騩”用如馬名：“騩其㞢？/騩不㞢？/戊卜，其日用騩，不㞢？”（《花東》191）

080. ，从馬从爻。《甲骨文編》隸定作“駁”（孫海波：1965：398

頁)。《説文》云:“駁,馬色不純。”(卷十馬部)則駁大概是雜色馬。

081. ,从馬甚明。《甲骨文編》收入附録上 100,以爲未識字(孫海波:1965:836 頁)。《甲骨文字典》收入馬部,謂“所會意不明”(徐中舒:2006:1074 頁)。唐蘭考此字作“驪”。[①]《合》37514(即《通》730):“叀眔騽,亡巛?”周原甲骨文出土有驪字作(采集:94,辭云:“入驪。”)唐釋殆近之。

082. ,从馬从習,即“騽”。《説文》云:“騽,馬豪骭也。”(卷十馬部)“豪骭”,意謂“脛長”,則“騽”可能是一種奔跑能力很强的馬,類似今天的比賽用馬。

083. ,从馬从丄,可以隸定爲“馬丄”。《甲骨文編》以爲从馬从壬(孫海波:1965:400 頁)。《甲骨文字典》作“牡”的異體(徐中舒:2006:79 頁)。細審原拓,乃知“壬”實“丄”,則字當循豭、豜等例作馬丄,特指公馬。花東卜辭亦見“馬丄”:“其買,叀又? /叀又?”(《花東》98)金文尚存馬丄字,作[②]。其源流關係清晰可見。因此,“馬丄”可能是“騭”、“駔”的初文(詳下文)。

084. ,《殷墟卜辭綜類》附於馬部(島邦男:1971:222 頁)。如前述,當隸定爲“馲”,爲母馬專字,可能是“騇”的初文。《甲骨文編》(孫海波:1965:35 頁)和《甲骨文字典》(徐中舒:2006:80 頁)均收殘字(《前》6.46.6)作“牝”之異體。“馲”止二見,辭殘,但也可以審知用爲馬名:“……少……子白……不白……”(《續》5.26.8)花東卜辭亦見“馲”:(《花東》81)(《花東》98、296),在補充例證的同時,進一步證明了“牝”、“ 馲”是兩個不同的字。

085. ,从羽从馬。《甲骨文編》以爲从馬从習省,附於騽字條下(孫海波:1965:398 頁)。《甲骨文字典》則謂“象馬首有飾物之形,《説文》無,馬名”(徐中舒:2006:1076 頁)。字或可隸定爲“翯”。于省吾釋䮎。[③]“䮎”亦作“狗”,《爾雅·釋畜》云:“(馬)後足皆白,亦作狗。”《玉篇》説同。

① 參見氏著:《殷墟文字記》,第 23—24 頁。
② 字見《盠壺銘》(《集成》09734),其辭云:“四牡彭彭。”其實“牡”宜作“駐”,同“馬丄”。
③ 參氏著:《甲骨文字釋林》,第 327 頁。

086. ,从馬从牢,《甲骨文編》隸定作“䮦”,謂《説文》所無(孫海波: 1965: 399 頁)。《甲骨文字典》謂《説文》無,疑爲牢厩中馴養之馬(徐中舒: 2006: 1072 頁)。字或可隸定爲“騂”,殆从馬牢聲,索其音讀,可能即“騊”字。《説文》云:“騊駼,北野之良馬。”(卷十馬部)《合》37514(即《通》730)云:“叀並騂,亡巛?”明顯用爲馬名。

087. ,《甲骨文編》失收;《甲骨文字典》云:“甲骨文史吏一字,故此字與《説文新附》之駛字形同。”(徐中舒: 2006: 1071 頁)也就是後世“駛”字。《通》733“駛”字用爲馬名,則《説文》“疾也”的説解恐怕是引申義。

088. ,从馬从利,《甲骨文編》隸定作䮠,謂《説文》所無(孫海波: 1965: 399 頁)。《甲骨文字典》作“驪”(徐中舒: 2006: 1068 頁)。如前所述,周原甲骨有“驪”,那麽,“䮠”是否即“驪”存在疑問。因聲求之,殆即《玉篇》騲字。利、犁古音同。《玉篇》云:“騲,桃騲馬。”(卷二十三馬部)甲骨文用爲畜名無疑:“叀䮠眔𩣡子,亡巛?”(《合》37514,即《通》730)

089. ,《甲骨文編》以爲从馬从高从失,隸定作䮭,謂《説文》所無(孫海波: 1965: 399 頁)。《甲骨文字典》作鷮,謂馬名,《説文》無(徐中舒: 2006: 1075 頁)。字實从高从老(省)从馬,不妨隸定爲“驣”。甲骨文用爲馬名:“叀驪眔騽,亡巛? 叀驣眔小騽,亡巛?”(《合》37514,即《通》730)

090. ,《甲骨文編》以爲从馬从杏,謂《説文》無(孫海波: 1965: 399 頁)。于省吾釋爲騇。[1] 裘錫圭復釋之。[2] 于説甚確。《玉篇》云:“馺騇,馬行貌。”(卷二十三馬部)甲骨文殆用如畜名(人名?):“戉其歸,乎騇,王弗每?”(《京都》2142)

091. 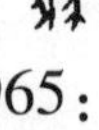,字从馬从豖甚明,《甲骨文編》以爲从馬从犬,隸定作㹰(孫海波: 1965: 399 頁)。失之。郭沫若隸定作“㺜”,無説。《甲骨文字典》從之,謂《説文》無,馬名(徐中舒: 2006: 1073 頁)。字或即騡字,後世因形近而訛。《説文》云:“騡,驢子也。”(卷十馬部)甲骨文用如畜名:“叀

① 參氏著:《甲骨文字釋林》,第 152—154 頁。
② 參氏著:《甲骨文字考釋》,《古文字研究》第四輯,中華書局 1980 年,第 160 頁。

豾眔騽，亡災，禽？”（《合》37514，即《通》733）河南許昌石井早商遺址出有野驢化石，證明早商時人對驢已有一定認識。山西旌介村商墓出一銅簋，簋文作，被認爲是“贏”字。[①] 如果此説可信，那“豾”釋爲“騄”就不無道理，因爲騾子正是馬和驢雜交的後代。

092. ，从馬从犬从立。《甲骨文編》隸定作“䮋”，謂《説文》所無（孫海波：1965：400頁）。字當从馬戾聲。三體石經戾字正是从犬从立，作（《多士》）。甲骨文从犬从立者亦應作“戾”（《殷墟卜辭綜類》便如是作）。那麽，“䮋”當隸定作駅，可能就是《説文》所載駕字[②]。戾、列古讀音同。《説文》云：“駕，次第馳也。”這恐怕是後起義。甲骨文字用爲馬名：“叀騂眔䮋子，亡巛？”（《合》37514，即《通》730）又《甲骨文編》所收字（孫海波：1965：400頁），當从馬立聲，與䮋殆一字。這裏，順便討論一下《合》37514（即《通》730 =《前》4.47.5+《前》2.5.7）。這是一片田獵刻辭：“戊午卜，才（在）浽貞：王其朢大兕，叀豾（騄）眔騽，亡巛，禽？/叀騂眔䮋子，亡巛？/叀左馬眔前馬，亡巛？/叀驪眔騽，亡巛？/叀並騂，亡巛？”郭沫若云：“王將朢大兕，卜用何種馬匹也。”[③]顯然，在追捕野獸前，選用馬車或坐騎是相當關鍵的。平川曠野，當以速度快的馬匹爲首選，甚至可使用馬車（乘坐更爲舒適），但高山密林，則適宜選擇善攀坡、耐力好的坐騎。所以，驢子也是考慮騎選。從這片卜辭，我們可以了解到商時牧民已經精於培育良駒了。

093. ，《甲骨文編》當作“牢”的異體收到牢字條下（孫海波：1965：399頁）。《甲骨文字典》同。姚孝遂力辨其非（見前説）。《續甲骨文編》收此作“厩”（金祥恒：1993：2270頁）。竊以爲字當隸定爲“寯”。“寯”既是特殊豢養的馬，就應該和“牢”有所不同。字也許就是後世“騸”字。《正字通》云：“騸，割去勢也。”（卷十二）清·方以智《通雅》引《臞仙肘後經》云：“騸馬、宦牛、羯羊、閹豬、鐓鷄、善狗、净貓。”（卷四十七）騸，閹割馬類的專名，其本義當指去勢的馬，字本作寯，後聲化爲騸，引申爲

① 參山西省考古所、靈石縣文化局編：《山西靈石旌介村商墓》，《文物》1986年第11期，第3頁。

② 《甲骨文字典》收从馬从歺者作“駕”（徐中舒：2006：1070頁）。

③ 參郭沫若：《卜辭通纂》，科學出版社1983年，第730片考釋。

“閹割”。

094. ,《甲骨文編》作未識字收入附録下 27(孫海波: 1965: 952 頁)。郭沫若隸定作䮍,無説。[①]《甲骨文字典》謂“所會意未明”(徐中舒: 2006: 1074 頁)。或釋“騎”。[②] 䮍爲馬名無疑:“庚戌卜,貞: 王逳于慶,駁、䮍? /……田于馬……䮍迵?”郭氏云:“‘䮍迵’者,言並駕二䮍,如《詩》言:‘我馬既同。’‘駁䮍’者,言駕駁與䮍。”案: 殷墟甲骨文無“夜”,周原甲骨文有之,作: (H11∶56)。金文夜作,與小篆形近。䮍所从稍異。䮍,《説文》無。求諸聲韻,或即駱字。《説文》云:“駱,馬白色黑鬣尾也。”(卷十馬部)殷人尚白,當是商王鍾愛的坐騎,故反復貞問是否駕䮍。

095. ,《甲骨文編》隸定作㱩,作《説文》所無字收入卷十馬部附録(孫海波: 1965: 400 頁)。字僅見於《河》312:“甲午卜,王馬□㱩其祄父甲亞?”似乎用作馬名。

096. ,《甲骨文編》隸定作“㢴”,以《説文》所無字收入卷十馬部附録(孫海波: 1965: 399 頁)。字雖僅見,然用爲馬名無疑:“叀㢴用? 叀小䮊用?”(《福》29)

廌部。《説文》廌部有兩文,《甲骨文編》廌部下却有四文。可以推定,廌是殷人接觸較多且熟稔的動物。然而,查閱典籍却又令人疑惑。例如:《漢書》説廌是獨角鹿;《論衡》説廌是獨角羊;《説文》却説:“廌,解廌,獸也,似山牛,一角。”(卷十廌部)莫衷一是。很明顯,廌這種野獸至遲在秦就消失在中原的大地上了,以致漢時的學者對它已不甚了了。

097. ,象走獸之形。花東甲骨所見更爲象形: 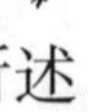(《花東》34、38 等)。如果没有一系列的古文字以資參證,光憑典籍所述,我們實在難以把這麼個形體與“廌”聯繫起來。譬如,分析金文灋字所从(請參看《金文編》),就知道非把甲骨文的這個形體釋爲“廌”不可,就知道典籍所言不免有紕漏。從動物學的視角審察甲骨文廌字的形體,可以發現: 廌字所

① 參氏著:《卜辭通纂》,第 729 片考釋。

② 參陳漢平:《古文字釋叢》,載《屠龍絶緒》,黑龍江教育出版社 1989 年,第 73 頁;原載《考古與文物》1985 年第 1 期。

具有的頂部二(而不是“獨”)彎角(而不是歧角)表明了“廌”可能是牛科之牛屬(或羊屬)動物。[1] 上引諸書皆有所誤。“廌”在甲骨文中有用爲動物名的例子:“乙酉貞:王其令从以……比大魚白入白廌卅王史……”(《明》B2452)證明“廌”在殷商時期仍是普通的獸類。《甲骨文編》此部下收字,以爲《説文》所無(孫海波:1965:400頁)。字可隸定爲“纆”(《甲骨文編》隸定略異)。《甲骨文字典》以爲“羈”字(徐中舒:2006:856頁)。皆誤。其實此字就是“廌”的繁構,如同羌字或作,或作一樣,“纆”只是展現“廌”的被羈絆的狀態。由“纆”得知,殷人也把“廌”用作犧牲:“弜又……纆?中宗三纆?”(《粹》247)又由从矢从廌的得知,它是野生動物,非施以弓矢不能捕獲。

098. ,从廌从匕,《甲骨文編》以爲“牝”異體,收入卷二牝字條下(孫海波:1965:35頁)。花東卜辭並見、,且俱用爲獸名:“辛卯卜,叀口(疑丁字)宜、牝亦叀牡用?/壬辰卜,子亦障宜叀于左右用?/壬辰卜,子障宜叀右左用?/中叀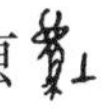用?/辛卯卜,子障宜叀幽廌用?”(《花東》198)可知字當作“䴥”,雌廌的專字。

099. ,从廌从丄,當隸定爲“䴦”,雄廌的專字。例見上引。

鹿部。就《説文》所見,从鹿且爲獸名的字很多,而今天活躍在我國各地的鹿科動物不過十種八種。我們能否作出這個判斷:古代的鹿科動物再多,也不會超出《説文》所録的數量,儘管那裏面有些从鹿的字並非指代鹿類。甲骨文中从鹿的字遠不及《説文》的多,有些後世从鹿的字在甲骨文中更非从鹿。這種情況與考古發現較爲吻合。據動物學家研究:殷墟僅出土了三種鹿科動物遺骸:鹿、麞和四不像鹿(麋)。[2] 當然,有些鹿科動物没在殷墟、却在附近的遺址留下了它們的骨骼。例如,河南許昌靈井遺址(仰韶文化-早商文化)就出土過赤鹿(*Cervus elaphus*)和斑鹿(*Sika*)的化石。[3] 隨着日後考古的新發現,相信會給我們提供越來越多

① 單育辰以爲牛科羚羊類動物。參看氏著:《甲骨文所見的動物麋和廌》,《甲骨文與殷商史》新2輯,上海古籍出版社2011年,第174頁。

② 參看楊鍾健、劉東生:《安陽殷墟之哺乳動物群補遺》,《中國考古學報》1949年第四册,第147頁。

③ 參看周國興:《河南許昌靈井的石器時代遺存》,《考古》1974年第2期,第97頁。

殷商時代鹿科動物的信息,從而爲考釋這類動物字奠定動物學方面的基礎。

100. ,象鹿,尤其象馴鹿之狀,商金文更爲象形:(《鹿方鼎銘》,《集成》01110),這麽個形體從甲骨文到小篆也没有多大改變,以至於學者釋作“鹿”並無反對的聲音。“鹿”是殷商時人的田獵對象,甲骨文屢有“逐鹿”、“獲鹿”的例證。有些學者僅據甲骨文“鹿”字的形體便説“鹿”字是指“麋鹿”(毛樹堅:1981:72頁)。這是不妥當的。我們既無法分辨有歧角者是“安南鹿”還是“馴鹿”,也無法僅據斑紋分辨是“梅花鹿”還是“斑鹿”。因爲,安南鹿和馴鹿均有巨大的歧角,梅花鹿和斑鹿都有斑點。甲骨文鹿字有好幾種形體,正好説明了殷商時人稱“鹿”只是泛指,不必因字形稍異而突發奇想。像把“象鹿側立之形”釋爲“廌”就是明顯的誤例。誠如唐蘭所批評的那樣:“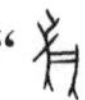,近人有釋爲廌者,蓋謂鹿當具二角,而此止一角故也。實甚誤。廌字卜辭作,鹿字小篆作,亦止一角,可知此乃鹿字。”(李孝定:1991:3051—3052頁)

101. ,从鹿从丄,應隸定作“麀”,如前所述,特指公鹿。《甲骨文編》(孫海波:1965:34頁)和《甲骨文字典》(徐中舒:2006:79頁)視之爲“牡”的異體是不恰當的。“麀”只一見:“貞:翼(翌)丁酉……俎于麀……固曰:其㞢……”(《合》8233,即《前》7.17.4)未能確知用爲動物之名。《説文》云:“麚,牡鹿也。”(卷十鹿部)則“麀”或許是“麚”的本字。

102. ,从鹿从文。《甲骨文編》(孫海波:1965:402頁)和《甲骨文字典》(徐中舒:2006:1081頁)均以爲从吝省,作“麐”。其實文、吝二字古讀音同,从鹿文聲、从鹿吝聲不過一爲古體一爲今體罷了。《説文》:“麐,牝麒也。”(卷十鹿部)《甲骨文字詁林》(于省吾:1996:1653、1664頁)以爲、當釋作慶。恐怕容有可商(詳下説)。麒麟是中國古代傳説中的瑞獸,或云即今之“長頸鹿”。[①] 或以爲是“梅花鹿”(毛樹堅:1981:73頁)。我認爲古人對於種屬的分類並不太嚴格,甲骨文鹿字有作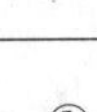(《前》4.48.4)者,既可以是梅花鹿也可以是斑鹿的形象,儘管它仍

① 長頸鹿説,參看張孟聞:《四靈考》,載李國豪等主編:《中國科技史探索》(《中華文史論叢》增刊),上海古籍出版社1986年,第515—518頁。又參楊伯峻:《春秋左傳注(修訂本)》第4册,中華書局1995年,第1680頁。

然只是鹿字。在甲骨文中用爲地名,若地以物名,也許該地時常群麐出没。

103a. 、,从鹿从眉,于省吾認爲字象形兼形聲,即“麋”字。[①] 石鼓文从鹿从米得聲,小篆同。《説文》云:“麋,鹿屬。”(卷十鹿部)甲骨文有大量“逐麋”、“獲麋”的記録,可知殷商時麋成群結隊游蕩在原野上。直至周初,麋仍常見。《逸周書·世俘解》記載:武王田狩,竟獲五千餘頭麋。即便有誇張的成分,也可窺野外麋鹿之多。今天,我國已難覓野麋的蹤迹了。麋,俗稱“四不象”,學名爲 *Elaphuras menyiesianus sow*。

103b. ,此形與上引麋原篆異,據《天亡簋銘》(《集成》4261)辭云:“唯朕有。”前賢讀“”爲“慶”。[②] 與(《寧滬》1.401)、(《佚》50)等形近,雖説甲骨文眉字或作,或作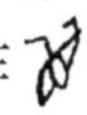,但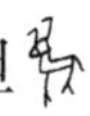可能不是“麋”而是“慶”,當然也是鹿屬動物。[③]

104. ,从鹿从禾,即“麇”。《説文》云:“麇,麞也。囷省聲。”(卷十鹿部)許慎認爲麇字囷省聲,未免濫用省聲一法了。囷字从禾得聲,則囷聲禾聲並無差别。據甲骨文,从禾得聲者才是正體,从囷得聲的只不過是後起字。儘管如此,許慎對麇字的解釋倒是正確的:“麞”象鹿而無角。麇字所从之鹿形無角,顯然是麞屬動物。麇字在甲骨文中用如人名。典籍有麇國(見《左傳·文公十年》),有麇地(見《左傳·定公五年》)。毛樹堅釋爲“麝”(毛樹堅:1981:72—73頁)。

105. 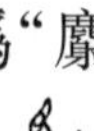,象獸之形,《甲骨文編》以爲麑字(孫海波:1965:403頁)。《甲骨文字典》作“麛”(徐中舒:2006:1080頁),大概是采信了郭沫若的考釋。[④]《説文》云:“麑,狻麑,獸也。”(卷十鹿部)讓我們再看看《爾雅》的解釋:“狻麑,如虦貓,食虎豹。”郭璞注:“即獅子也。”狻麑,後世又作狻猊,不管它是不是獅子,總之是一種可怕的猛獸。可甲骨文這個形體,既無獠牙,又無利爪。體味一下文例,甲骨文竟有獲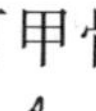一百五十的記録

---

① 參看于省吾:《甲骨文字釋林》,第439頁。

② 例如于省吾:《雙劍誃吉金文選》,中華書局1998年,第170頁。《集成釋文》(第三卷第374頁)則作“蔑”。

③ 參看譚步雲:《曾國出土文獻釁字考釋》,《中國文字學會第八屆學術年會論文集》下册,中國人民大學2015年,第125—128頁。

④ 參看郭沫若:《卜辭通纂》,第506頁。

(《乙》2908)。動物學的知識告訴我們,食肉動物多獨處(如虎、豹等),即便如獅、狼等群居者,數量也不至於一百幾十,否則,生態將失去平衡。據《説文》"麛鹿子也"(卷十鹿部),釋之爲"麛"較符合常理。卜辭的記載有一點很值得我們注意:獲麛的同時,往往也獲鹿。

106. ,从鹿从見甚明。雪堂以爲象鹿子隨母形,殆即許書之"麑",郭沫若隸定爲覼,無説(李孝定:1991:4559—4560頁)。竊以爲字當从鹿見聲。見、幵古讀音同。以聲求之,殆麉字。《説文》云:"麉,鹿之絶有力者。从鹿幵聲。"(卷十鹿部)覼,甲骨文用如地名。

107. ,从鹿从癸。《甲骨文編》隸定作"麌",謂《説文》所無(孫海波:1965:404頁)。《甲骨文字典》同(徐中舒:2006:1086頁)。求諸聲韻,殆麔字。癸,古在見紐脂部;旨,古在章紐脂部。而麔字的異體"麂"則在見紐脂部。蓋古今字。《説文》云:"麔,大麇也。"(卷十鹿部)甲骨文麌字用爲地名。

108. ,《甲骨文編》收入卷三攴部,謂"从攴从毘,《説文》所無"(孫海波:1965:145頁)。《甲骨文字典》作"馼"(徐中舒:2006:166頁)。毛樹堅釋"麝",考證甚詳(毛樹堅:1981:72—73頁)。只是毛先生把麇、麝混爲一談,且對二字演變作不必要的揣測,却不免瑜中見瑕了。其實,説明麝字是會意字、由於聲化規律的作用而變成形聲字就足够了。我們發現,在殷金文中,有更爲形象的麝字:。麝字所从鹿形無角,且有明顯的雄性器官。麝,學名 *Moschus moschiferus*,哺乳綱鹿科,雄雌俱無角,雄的具香腺,與甲骨文、金文所描繪的形象頗合。麝字在甲骨文中有用爲獸名的例子:"貞:今日麝不其至?"(《合》4605正、反)"……貞:見氏麝?"(《合》4608)又:"气乎卯麝……告……"(《續》2.25.10)似乎"麝"也用爲犧牲。《逸周書·世俘解》載武王田狩,獲麝五十。

109. ,《甲骨文編》作未識字收入附録上95(孫海波:1965:826—827頁)。孟世凱徑作"麈",其説未詳。[①] 此獨體象形字爲獸名無疑。例如《乙》2507記下了獲取二十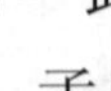之辭。孟氏釋爲麈大體可信。首先,甲骨文中鹿形諸字均象足踐大地之形,而不像豕、犬、馬、虎等字作騰空仰立

① 參氏著:《殷墟甲骨文簡述》,文物出版社1980年,第84頁。

之狀。因此,此字殆鹿類動物的寫照。其次,麞爲哺乳綱鹿科動物(*Hydroptes inermis*),雌雄均無角。甲骨文此形與麞相似。最後,如前所述,殷墟曾發現麞的遺骸,與甲骨文所記可相参正。

龟部。據許慎的描述,龟是一種"似兔青色而大"(《説文》卷十龟部)的野獸。反觀甲骨文,龟、兔二字的形體相當接近,證明許氏説得有根有據。如此説來,龟是兔科類動物,至少,屬於兔形目動物。《甲骨文編》無龟字,只收了兩個从龟的字。事實上,甲骨文裏是有龟字的(詳下説)。

110. ,字見《前》2.33.2,辭云:"□□王卜,貞:田梌,往來亡巛?王占曰:吉。兹卬。隻(獲)鹿百卌八,二。"形爲獸類,義爲獸名再無可疑。郭沫若釋"象"。[①] 誤。只要與䨲字所从龟進行比較(詳下文),相信釋爲龟是可以接受的。另外,《明》364殘辭所見之也是龟字。

111. ,从龟从五从酉。《甲骨文編》隸定作䨲,收入卷十龟部,謂《説文》所無(孫海波:1965:405頁)。《甲骨文字典》作"䨲"(徐中舒:2006:1090頁),可以接受。《毛公鼎銘》吾字作。顯然,酉、吾都是从五得聲。後世先是誤酉爲口,繼而把吾減省作"吾"。其演變的軌迹清晰可見:酉→→吾。故爲"䨲"無可疑。《説文》云:"䨲,獸名。从龟吾聲。讀若寫。"(卷十龟部)甲骨文䨲字用爲地名。

112. ,从龟从泉。《甲骨文編》隸定作䨲,收入卷十龟部,謂《説文》無(孫海波:1965:404頁)。《甲骨文字典》視爲"䨲"的異體(徐中舒:2006:1090頁)。字亦見於金文,作、(容庚等:1985:1082頁)等形。龟字的形體,除了和兔字接近外,與豸字也相當像。後世訛之爲豸並非全無可能。況且,古人對動物分類並不嚴謹,因此,作爲動物名詞的文字便有了時間上、地域上的差别。例如,从犬从豸者往往从鼠。那麽,以聲求之,䨲殆即貆字。泉,古音從紐元韻;亘,古音匣紐元韻。二字聲近可通。我們再看看貆字的注釋:"貆,貉之類。"(《説文》卷十豸部)《墨客揮犀》上説:"貉狀似兔。"(明·張自烈《正字通》卷十貉字條引)可能地,䨲

① 参氏著:《卜辭通纂》,第233頁。

是貆的古字。

兔部。《説文》兔部收了六個字,只有兔字釋爲獸名。可見許慎知爲兔屬動物的僅此而已,即便"似兔"的"㲋"也不入兔部。於此可見古人動物分類的水平。

113. ,雪堂云:"長身而厥尾,象兔形。"(李孝定:1991:3083 頁)實話説,這麽個獨體象形字也不怎麽象形。如果没有後世文字可資參證,兔字説不定可作别釋。金文的兔就生動得多了:(《亞尊銘》,《集成》05565),秦刻碣的兔字多少保留了甲骨文、金文的主要特徵:(田車石)。甲骨文屢有"隻(獲)兔"的記録。殷墟也發現了兔骨遺存,爲甲骨文獵兔記載提供了實物佐證。[①]

莧部。《説文》特設了只有一個字的莧部,而這"莧"偏偏與羊關係密切却無法歸入羊部,説明了許慎對某些字的來龍去脉並不十分清楚。

114. ,《甲骨文編》作未識字收入附録上 93(孫海波:1965:822 頁)。于省吾隸定作蒙,謂"莧"之本字。[②] 十分正確。不過,于先生把《甲骨文編》卷八·十五所收(莧)視作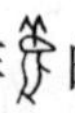的簡體却不那麽令人信服。另外,于先生認爲是"羱"的本字,也略有疏失。"莧"的後起字應是"羦"。《説文》云:"莧,山羊細角者。"(卷十莧部)《宋本廣韻·桓韻》云:"羦,山羊細角而形大也。""莧,上同,見《説文》。""羱,野羊。角大。"(卷一)準此,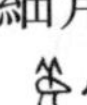宜隸定作"莧",可收入《説文》卷四羊部,作"羦"的古文。後來,有學者改釋爲"廌"。[③] 然於字形無徵。甲骨文莧字用如獸名:"乙卯,㞢于來莧羊?"(《合》173 反)或以爲扭角羚(羚牛,*Budoras taxicoler*),但於字形不合。莧字分明象頭角向後彎曲之獸形,而扭角羚則具不後彎的短角。"莧"可能是北山羊,學名 *Capra ibex*,哺乳綱牛科。形似家山羊,雄雌均有角。雄的角很大,向後彎曲。北山羊今僅見於我國新疆、青海、寧夏

① 參楊鍾健、劉東生:《安陽殷墟之哺乳動物群補遺》,《中國考古學報》1949 年第四册,第 146 頁。

② 參氏著:《甲骨文字釋林》,第 331 頁。

③ 參曹定雲:《釋廌》,載《殷商考古論叢》,[臺灣] 藝文印書館 1995 年,第 157—164 頁;原載《考古與文物》1991 年第 5 期。

等地。

犬部。甲骨文中从犬、且知爲獸名的字雖不如《説文》多,却也相當可觀。《説文》中以犬爲形旁的動物字十有七八不是指犬科動物,而甲骨文中以犬爲形符的動物字十有八九是指犬科動物。這種現象説明了殷商時人更願意以象形字指代他們所認識的動物。也許,這些畫成其物的動物字甚至還没有一個確切的讀音。這無疑給我們的考釋增加了難度。

115. ,與金文乃至篆文的“犬”有着一脉相承的痕迹,尤其是它腹瘦尾翹的特徵,使人不得不嘆服造字者的匠心。儘管人類認識犬已有一段漫長的歷史,然而對犬的分類仍比較粗略。在甲骨文中,犬是犧牲,是獵人的助手,是農夫的助耕者,[①]又是被獵殺的對象。顯然,犬是殷商時人對形體像犬的獸類的通稱。可以肯定,這裏面大多數是犬科動物。我們可以從絶大多數以犬爲形符的動物字都是指稱犬科動物這一點上得到確證。因此,被殷人捕獲的犬可能是狼、豺、胡狼或與犬科動物爲近親的鬣狗等。奇怪的是,殷墟只出土過家犬的遺骸。

116. ,从犬从匕。《甲骨文編》(孫海波：1965：35 頁)、《甲骨文字典》(徐中舒：2006：80 頁)均視之爲“牝”的異體。如前所述,犾應是母犬的專名。據《集韻》:“猵,猵、狙猨類。一曰非類,爲牝牡也。”(卷三僊韻)那“犾”可能是“猵”,特指母犬。

117. ,从犬从彡,即“尨”。《説文》云:“尨,犬之多毛者。”(卷十犬部)甲骨文尨字似爲獸名:“貞：今尨?”(《前》4.52.3)如不誤,“尨”恐怕是犬科的不同種屬。

118. ,从犬从酉。《甲骨文編》隸定作“猶”(孫海波：1965：407 頁)。可從。酉、酋古讀音同,則从酉得聲者、从酋得聲者當無别。《説文》云:“猶,玃屬。从犬酋聲。一曰隴西謂犬子爲猶。”(卷十犬部)許慎自己也首鼠兩端。鑒於甲骨文已有夒字,我們寧願相信後一種説法。猶字在甲骨文中用如方國名。

① 參看譚步雲:《釋“㹜”:兼論犬耕》,《農史研究》第 7 輯,農業出版社 1988 年,第 26—28 頁。又《中國上古犬耕的再考證》,《中國農史》第 17 卷第 2 期,第 3—5 頁。

119. ,《甲骨文編》作未識字收入附録上 103(孫海波: 1965: 842 頁)。雪堂首釋爲"狼"(李孝定: 1991: 3115 頁);唐蘭復加闡發。① 羅、唐二位的考釋是很對的,字从犬从良顯而易見,毋庸置疑。只是甲骨文止此一見,且辭已殘泐,未知是否獸名。《説文》云:"狼,似犬,鋭頭,白頰,高前廣後。"(卷十犬部)狼,*Canis lupus*,哺乳綱犬科。

120. ,从犬从亡,葉玉森首釋爲"狐",其後柯昌濟、郭沫若、陳夢家均從葉釋,或有所闡發(李孝定: 1991: 3115—3119 頁; 于省吾: 1996: 1580—1582 頁)。甲骨文"亡"用如"無"。辭例"亡雨"、"亡咎"均讀爲"無雨"、"無咎"。無,古在明紐魚韻;狐,古在匣紐魚韻。兩者音近可通。事實上,金文有銜接甲骨文的字例。獛(《鑄子匜銘》),舊不識,以爲《説文》所無。② 字从犬从無,即甲骨文犾字。金文中又有借"瓜"爲"狐"的例子,如《令狐君壺銘》。"瓜"通過通假這一途徑而意化,附加犬符而成"狐"。戰國文字可證: (《曾》36)、(《古璽》3987)。這是狐字循另一條途徑演變的證據。楚地出土文獻别見 (《包》95),从鼠从瓜,學界普遍認爲乃楚方言之"狐"字。附加鼠符而成"鼫",是爲"狐"的異體。通過以上的引例得知,今天的狐字是由兩條途徑發展而來的,圖示如次:

犾/犾(甲骨文)→獛(金文,變换聲符)↘

↘—→瓜(金文,通假而附加形符)——→狐/鼫

狐是殷商時人常可捕獲到的動物,殷墟出土的狐骨爲這一點提供了證明。③ 狐,*Vulpes vulpes*,哺乳綱犬科。

121. ,从犬从貝,《甲骨文編》收入卷十犬部(孫海波: 1965: 408 頁)。字與金文略同: 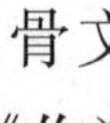(《作狽寶彝器銘》,《集成》10539),即"狽"。今本《説文》無。《玉篇》云:"狽,狼狽也。"(卷二十三犬部)語焉不詳。且看其他典籍的解釋:"狽,獸名。狼屬也。生子或欠一足二足者,相附而

① 詳參氏著:《殷墟文字記》,中華書局 1981 年,第 54—57 頁。

② 參看譚步雲:《古文字考釋三則: 釋狐、釋蒦、釋飲/歈/酓》,《中山大學學報》2013 年第 6 期,第 63—68 頁。

③ 參看楊鍾健、劉東生:《安陽殷墟之哺乳動物群補遺》,《中國考古學報》1949 年第四册,第 146 頁。

行,離則顛。故猝遽謂之狼狽。”(宋·丁度《集韻》卷七太韻)儘管不無傅會的成分,但訓詁學家認爲“狼狽”是連綿詞,也作“狼跋”。不過,在甲骨文中“狽”並不與狼連用,而且可能爲動物名,這就説明了“狽”是現實中可能存在的動物。甲骨文“狽”凡二見:“……買……狽馬……每牢……”(《粹》1552)“……狽……”(《合》19370,即《京》673)辭意不完整,但也可推斷“狽”爲獸名無疑。竊以爲“狽”大概是鬣狗一類的動物。鬣狗,學名*Hyaena hyaena*,哺乳綱鬣狗科。體形大如狗,頸上長鬣毛,後肢較前肢短弱,故走路一顛一瘸。

122. ,从犬从由。《甲骨文編》以爲从豕从由,編入卷九豕部(孫海波:1965:391頁)。契齋隸定爲“䚰”,云:“其从由作䚰,疑亦猶字之省。”(李孝定:1991:3111頁)從聲音上考慮,猶、䚰一字當然没有問題。然而,甲骨文既有猶字,猶、䚰宜作二字。“䚰”殆㹨字。《玉篇》云:“㹨,獸名。”(卷二十三犬部)《山海經·北山經》載:“又北百七十里曰隄山,多馬,有獸焉,其狀如豹而文首,名曰㹨。”(第三)㹨字在卜辭中用爲方國名。

123. ,見於花東卜辭。釋者以爲从狼之形从囊,即“狼”字。[①]《花東》108云:“辛丑卜,子妹其隻(獲)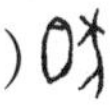?卩。/辛丑卜,叀今逐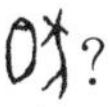?/辛丑卜,于翌逐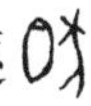?/辛丑卜,其逐,隻(獲)?/辛丑卜,其逐,弗其隻(獲)?”用爲獸名無疑。只是殷墟卜辭本有狼字,此形是否亦狼字,仍有待驗證。此前小屯南地卜辭也見類此字形:“甲[午卜]:隹它?/乙未卜:隹它?”(《屯南》742)“乙未卜:隹它?”(《屯南》756)而被《甲骨文編》收入附上九八的(孫海波:1965:832頁)以及附上九六的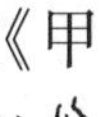(孫海波:1965:827頁),疑均與爲一字之異體。

124. 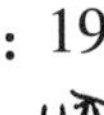,《甲骨文編》附入卷十犬部,隸定爲“㕧”(孫海波:1965:407頁)。儘管在卜辭中“㕧”都用如“囚”,不過,既然“囚”即“冎”,也就是咼(禍),那“㕧”不妨作“猧”。《玉篇》云:“猧,犬名,亦作倭。”(卷二十三犬部)

---

① 參看中國社會科學院考古研究所編著:《殷墟花園莊東地甲骨》第六分册,雲南人民出版社2003年,第1603頁。

鼠部。據古動物學家的研究,安陽殷墟至少發現了三種鼠類動物的遺骸。① 可令人詫異的是,甲骨文中竟然没有鼠字。也許,殷商時人以獨體象形字來表述他們所認識的鼠類的概念。這裏所考釋的鼬字就是一個象形字的例子。

125. ,《甲骨文編》作未識字收入附録上 99(孫海波:1965:834 頁)。《甲骨文字典》則謂从兔从内,《説文》無,疑爲人名(徐中舒:2006:1095 頁)。如果没有憲通師的相關解讀,②也許我們仍無法釋讀甲骨文的這個形體。憲通師在文章裏援引了金文中與鼬字相關的多個形體:(鼬[繇],《尹姞鼎銘》)、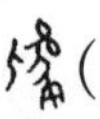(貂,《芈伯簋銘》)、(繇,《彔伯簋銘》)。比較之下,就没有理由不把也釋作"繇",即"鼬"的初文。鼬字甲骨文僅一見,殆用如人名:"貞:叀鼬令?"(《續》5.41.2)

能部。《説文》能部只收了一字,而於能部外别設熊部。似有冗贅之嫌(大概許氏認爲二字意義有别,所指蓋兩類動物)。現今學界比較一致地認爲能、熊同字,這一點,即從《説文》的羆字條便可以得到證實。羆字篆文从熊,罷省聲,古文則从能皮聲。能、熊豈非一字耶? 故宜併能、熊爲一部。

126. ,《甲骨文編》作未識字收入附録上 94(孫海波:1965:823 頁)。把這個形體拿來跟殷墟出土的玉熊以及兩漢漆畫上的熊對照一下,③就會發現二者驚人地相似,不妨將它釋爲"熊"。金文的形體雖然較簡單,但也保留了一定的相似性:(容庚:1985:688 頁),與篆文相近。《説文》:"能,熊屬。"(卷十能部)言下之意,能、熊同類而異種。

127. ,《甲骨文編》作未識字收入附録上 94(孫海波:1965:823 頁)。此字内象熊形,外象一皮覆蓋狀,當从熊皮聲,也就是"羆"字。《説文》云:"羆,如熊,黄白文。从熊罷省聲。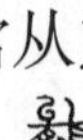,古文从皮。"(卷十能部)這裏順便談一談這塊署有熊、羆二字的《甲》2422 甲骨。這塊甲骨殆習刻之

① 楊鍾健、劉東生:《安陽殷墟之哺乳動物群補遺》,《中國考古學報》1949 年第 4 册,第 145—153 頁。

② 參氏著:《説繇》,《古文字研究》第 10 輯,中華書局 1983 年,第 23—36 頁。

③ 參看中國社會科學院考古研究所編著:《殷墟玉器》,圖 80、81;李正光、彭青野:《長沙沙湖橋一帶古墓發掘報告》,《考古學報》1957 年第 4 期,圖版十。

作,但决非圖畫。根據便是這些象形字處在一定的語言環境中。因而我們可以作出考釋。殷墟曾出土兩種熊類動物:熊和烏蘇里熊的遺骨,[①]不知能、羆二字是否即指稱上述二獸。

魚部。漢字中以魚作爲形符的動物字,除了指代魚綱諸類,還指代例如鯨那樣的哺乳綱動物,甚至指代斧足綱動物,譬如鮩和鲒;甲殼綱動物,譬如鰕。當然這是文字日趨豐富後的情况。儘管我們通過地下發掘的動物遺骸了解到殷商時期的人們網罟鉤釣以捕獲數量大、品種多的魚産,但反映到甲骨文中的魚類(包括非魚綱動物)用字却少得可憐。安陽殷墟出土的魚類遺骨,有鯔魚、黄顙魚、鯉魚、青魚、草魚、赤眼鱒[②],以及鰐[③],甚至還有哺乳綱的鯨等[④]。但甲骨文中从魚且爲魚名的却只有四文。

128. ,形神兼備的象形字佳作,而且與後世的金文、篆文相去不遠,即"魚"。上面説過,雖然殷商時人接觸到的魚類動物不少,但他們辨别、分類的知識水平仍相當低下,因此,魚這麽個名詞只是個泛稱。漁獵,原是原始社會的主要生産方式,延至殷商,恐怕還是重要的生産方式。這在甲骨文田獵卜辭中得到證明:"丁卯卜,王……大隻(獲)魚?"(《珠》760)占卜是否能大量捕到魚,相信不是"徒有羡魚情"吧。

129. ,从魚从㞢,《甲骨文編》隸定作䱶,謂《説文》所無(孫海波:1965:457頁)。葉玉森疑爲鰕字,但李孝定批評説"但憑肊測,殊不足據"(李孝定:1991:3467頁)。或徑直作"鮪"(丁驌:1969:333頁)。可從。䱶,當从魚㞢聲。㞢,甲骨文同"有",則䱶爲"鮪"的本字。周原甲骨文有鮪字,作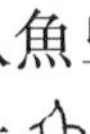,从魚又聲。殷墟甲骨文常例"受㞢又",周原甲骨文則作"受又又",可見㞢、又通作。"䱶"演變爲"魰",再演變爲"鮪",脈絡清

① 楊鍾健、劉東生:《安陽殷墟之哺乳動物群補遺》,《中國考古學報》1949年第四册,第146頁。

② 參看伍獻文:《記殷墟出土之魚骨》,《中國考古學報》1949年第四册,第140頁。

③ 中國社會科學院考古研究所編著:《殷墟的發現與研究》,科學出版社1994年,第417頁。

④ 著名的刻辭鹿頭與鯨魚的肩胛骨、象下顎骨、牛胛骨同出一穴。參看董作賓:《甲骨文斷代研究例》,《慶祝蔡元培先生六十五歲論文集(上册)》,第373頁,又圖六。

晰。"[山/魚](魰)"在甲骨文中用如魚名無疑:"乙未卜,貞:豙隻[山/魚]? 十二月。允隻六十,氐羌六。"(《前》7.8.4)"漁魰? 既吉,兹用。"(周原甲骨文 H11:48)《説文》:"鮪,鮥也。"又:"鮥,叔鮪也。"(卷十一魚部)《爾雅·釋魚》釋同。郭璞注曰:"鮪,鱣屬也。大者名王鮪,小者名鮛鮪。"丁驌以爲即魚綱鱣科之 *S. Scirena Schlegdi*。

130. ,从魚从自,《甲骨文編》隸定爲"[自/魚]",作未識字收入卷四自部(孫海波:1965:164 頁)。"[自/魚]"當爲魚名:"癸丑卜,勿[自/魚],隹牛?"(《前》5.39.7)貞問是否只用"牛"不用"[自/魚]"。又:"癸丑卜,庚入[自/魚]?"(《合》21882)如同"入龜"、"入馬",則"[自/魚]"爲動物之名無可疑。[自/魚],蓋从魚自聲。乞靈於聲韻,殆許書鮚字。自,古音從紐質韻;吉,古音見紐質韻。故二字可通。《説文》云:"鮚,蚌也。"(卷十一魚部)殷墟出土許多蚌器,[1]爲"[自/魚]"釋爲"鮚"作一注脚。

131. 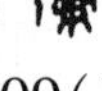,从魚从匕甚明,可隸定爲"魮"。《甲骨文編》作未識字收入附録上 109(孫海波:1965:854 頁)。《説文》云:"魮,魚名。从魚匕聲。"(卷十一魚部)甲骨文字未知是否用如魚名:"□寅卜,穷[貞]:翌丁卯魮卿多……/貞:不其魮……"(《前》4.22.2)"丙申卜,扶:征魮三古(?)(馬?)用,大丁?"(《合》19813,即《乙》9092)後一例"魮"似當作"鯢"。

燕部。許慎别設只有一字的燕部,是不諳這類字的古今關係,"燕"的後起字爲"鷰",那麽,字可並入鳥部,而把燕附於鷰字條下列爲重文。可如上述莧字的那種處理方式。不過,此處循《説文》體例,亦設燕一部。

132. ,象鳥之形,《甲骨文編》作未識字收入附録上(孫海波:1965:855 頁)。雪堂、魯實先、葉玉森、楊樹達、高亨諸位前賢均釋爲"燕"(李孝定:1991:3473 頁),大概因爲此字"象飛燕逼肖"。事實上,演變爲顯然也符合文字的演變規律,否則許慎没法子就其形構作出如此精確的解釋:"燕,玄鳥也,籋口,布翅,枝尾。象形。"(《説文》卷十一燕部)燕字在甲骨文中用如鳥名:"禽,隻(獲)小燕

① 參中國社會科學院考古研究所編著:《殷墟的發現與研究》,科學出版社 1994 年,第 402—403 頁。

十，犬一，麛一。"(《存》1.746)"……燕，隻(獲)小燕五十。"(《海》2.50)殷人捕燕，甚至連"小燕"也不放過，那這"燕"可能不是燕科各屬之燕(鳥綱，燕科，*Hirundo*)，而是燕鷗(鳥綱，鷗科，燕鷗屬，*Sterna*，體型較燕科各屬爲大，形體則與燕相似)或燕鴴(鳥綱，燕鴴科，*Glareola maldirarum*)。

龍部。《説文》龍部收了兩個似是獸名的字。雖然我們今天對"龍"這種動物仍不甚了了，但甲骨文既是對客觀事物的反映，那麼，就龍字形構作些分析以還"龍"的原來面目並非全無可能。

133. ，繁構者作[①]；簡約者作。後一形體就是金文(、)、篆文(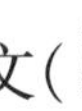)所由來。可知前賢釋龍的正確。無論是繁構的龍還是簡約的龍，都有一個共同的特徵：巨腭大張，頂骨隆起如冠(角)，頎長修尾。但也有區别：前者有足，後者無足。龍，在許慎看來，儘管"(龍)能幽能明，能細能巨，能短能長，春分而登天，秋分而潛淵"(《説文》卷十一龍部)，也不過是"鱗蟲之長"罷了。那就是説，"龍"只是略具神通、披有鱗甲的蟲豸。這兩個形體，還有古訓告訴我們：它們可能都是爬行綱動物，前者可能爲鱷(鱷目)，後者可能爲巨蟒(蛇目)。請參考動物學的描述："(爬行綱動物)皮膚具有由表皮形成的角質鱗或真皮形成的骨板(皮骨)(步雲案：即"鱗蟲之長")。……體温不恒定(步雲案：即"春分而登天，秋分而潛淵"，俗所謂"冬眠")。"[②]如果再參看殷墟出土的玉龍，[③]就可發現：與甲骨文近而與後世的形象遠。那些認爲"龍"是非生命形態、是松樹(樹神)的觀點根本站不住脚。至於説到爲什麼用兩個形體以指代兩類不同的動物而實際上只是"龍"這麼一個概念，似乎可以這樣解釋：1. 甲骨文的這兩個形體本來就是兩個不同的字，前者是"鱷"的本字，後者是"龍"。2. 因爲鱷和龍都具有爬行綱的共同特徵，而且都具有置人於死地的攻擊性，古人遂把二物俱稱爲"龍"。《甲骨文編》龍部收了好幾個从龍的未識

① 或以爲當作"肙"。參看王蘊智：《出土資料中所見的"肙"和"龍"》，載《字學論集》，河南美術出版社2004年，第203—264頁。

② 夏征農主編：《辭海(縮印本)》，上海辭書出版社1980年，第1492頁。

③ 中國社會科學院考古研究所編著：《殷墟玉器》，圖版1、2。

字。這些字却未必都是指代龍類動物。最明顯的莫過於龍字了。上文崈字條下説過,甲骨文"㞢"同"有",則从龍者可隸定作"龓"。《説文》云:"龓,兼有也。从有龍聲。"(卷十一龍部)甲骨文用如本字:"壬寅卜,穷貞:若兹不雨,帝隹兹邑龓不若?"(《通》别2.3)"丙申王固:光卜曰不吉,㞢祟,兹……/王固曰:帝隹兹邑龓不若。"(《通》别2.3反)郭沫若以爲"殆龍字之異,假爲寵"。[①] 未免以文害義。許慎可謂通人,猶能知"龓"本義。因此,以"龓"爲例推論,龐和龐可能分别从亡龍聲,从丙龍聲,均與動物之"龍"無涉。

虫部。甲骨文中以虫作形符的字並不多,但分明象昆蟲、小獸之形的字却不少。因此,我們有理由懷疑殷商時人造動物字主要以現實的生物爲藍本,其中相當一部分象形字與後世的文字已經失去了演變的聯繫紐帶,以至於識其形、辨其義却難於釋讀。儘管有《説文》可以按圖索驥,錯釋總是難免。

134. ,《説文》云:"虫,一名蝮。"(卷十三虫部)即"虫(蝰)",象蛇昂首盤曲之形。"虫"每與"它(蛇)"通也證明了這一點。例如"亡虫"(前1.16.6),即"亡它"。又如"自甲虫至于毓亡它"(《前》2.24.8)"虫"、"它"並見一辭。當然,"虫"可能只是爬行綱蛇目的泛稱,並不特指某種蛇類;而據《説文》,"虫"也不是蛇目動物的總名,所以从"虫"的文字,多非蛇類。

135. ,《甲骨文編》(孫海波:1965:509頁)、《甲骨文字典》(徐中舒:2006:1427頁)均作"蜀",不過視"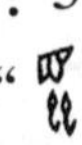"爲蜀字異體,則可能有誤。《説文》云:"蜀,葵中蠶也。"(卷十三虫部)就甲骨文分析,"(蜀)上目象蜀頭形,中象其身蜎蜎",確與《説文》相合。則"蜀"爲後起字無疑。

136. ,《甲骨文編》作"辰"(孫海波:1965:561—563頁)。郭沫若謂辰象蚌形:"辰與蜃在古當係一字。蜃字从虫,例當後起。"[②]郭説可從。因此,辰爲蜃之本字,假借爲干支名,本義遂漸次湮滅。《説文》云:"辰,震也。"(卷十四辰部)顯然已不明"辰"的本義了。據《説文》蛤字條注

① 參氏著:《卜辭通纂》,别録2.3考釋。

② 參氏著:《甲骨文字研究》,第201頁。

釋:“蛤,蜃屬。”(卷十三虫部)則蜃當爲斧足綱動物。

137. ,《甲骨文編》作未識字收入附録上(孫海波:1965:878 頁)。郭沫若釋爲“蟬”。《續甲骨文編》收此作“蜩”(金祥恒:1993:2431 頁)。金文中有更爲逼肖之形:(容庚:1985:1068 頁),不讀爲“蟬”又讀爲什麽呢?郭、金二氏的看法實際上是一致的,只是或作“蟬”或作“蜩”,稍有分歧。《説文》並有“蟬”、“蜩”二字。據《方言》:“蟬,楚謂之蜩,宋、衛之間謂之螗蜩。”(第十一)則蟬爲通語,蜩爲方言。“蟬”在甲骨文中用如動物名:“叀癸用蟬? 叀甲用蟬?”(《萃》1536)例同“用牛”、“用羊”,但可能爲玉蟬之類。殷墟出有石蟬,可以爲證。[①] 蟬,昆蟲綱蟬科。

138. ,《甲骨文編》作未識字收入附録上 102(孫海波:1965:839 頁)。後出卜辭亦見,均作氏族名:“丁丑貞,今日王令因我?”(《屯南》2273)花東甲骨亦見,且更爲象形:“入十。”(《花東》91)亦即金文的(容庚:1985:1086 頁)。唐蘭過分强調形體演變,謂即《説文》“屰”字,象蜥蜴之形(李孝定:1991:0196—0199 頁)。殆有失之。丁山以爲象“蜻蛉”之形。[②] 其説稍長。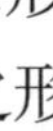當爲“青”亦即“蜻”之本字(詳下文)。

139. ,《甲骨文編》作未識字收入附録上(孫海波:1965:697 頁)。《甲骨文字典》則謂“象某種鳥形,疑爲祭名”,收入卷四鳥部(徐中舒:2006:433 頁)。《續甲骨文編》收此作“蝠”(金祥恒:1993:2431 頁)。“蝠”爲葉玉森首釋,葉氏並舉金文形爲證,謂甲骨文“蝠”讀爲福。葉氏的考證遭到了李孝定的辯難,説:“契文自有福字,何煩假借?”(李孝定:1991:4589 頁)其實,葉氏的考釋並無值得非議之處。君不見民俗喜貼“引蝠圖”,儘管蝙蝠並不是那樣招人喜愛,無非取其“福”音罷了。既有“福”字可用,偏生處處懸挂蝠圖,這種心理如同張挂“蓮鯉圖”、“吉羊圖”一樣,很值得民俗學家考究一番。即便回到甲骨文上去討論,也不難找到既有本字、復用假借的例子。譬如,既有巛(災)字,又用“𢦏”爲“災”;既有“㞢”,又用“又”爲“有”。因此,可以同意葉氏的解釋。蝠字在甲骨文中的位置很值得我們注意,它往往遠離卜辭,有點兒像兆側刻

① 參中國社會科學院考古研究所編著:《殷墟玉器》,圖版 65。
② 參氏著:《甲骨文所見氏族及其制度》,科學出版社 1956 年,第 111 頁。

辭。例如《乙》3468。後世民俗不知是否源於此。蝠,哺乳綱翼手目。

蚰部。“蚰”讀如“昆”,則“昆蟲”原寫作“蚰蟲”。所以許氏於蚰字條下説:“蟲之總名也。”(卷十三蚰部)以區别於虫。的確,《説文》蚰部下所收各字基本上是蟲名,雖然在目前我們還不能完全清楚地知道那都是些什麽動物,但大概不離節肢動物門的昆蟲綱、多足綱類動物。殷商時人對蟲類的認識水平很低,甲骨文字充分證明了這一點。不但从蚰的字無多,而且摹昆蟲之狀的象形字也没幾個。

140. ,从二虫,與小篆“蚰”略同。目前仍不能確切地知道“蚰”在甲骨文中是否用如蟲之總名。它一作神祇名:“尞于蚰?”(《粹》71)一作地名,如《乙》3214。也許,殷商時人視“蚰”如神,須加禮拜。

141. ,象蠕虫之形。《甲骨文編》作未識字收入附録上(孫海波:1965:876頁)。葉玉森謂“疑象蠶形,即蠶之初文”(李孝定:1991:4590頁)。字是否當釋“蠶”,涉及商代有無養蠶業、絲織業等一系列問題,於是在二十世紀七八十年代曾掀起過一場討論。① 筆者贊成釋“蠶”,因爲甲骨文“它”字與此形相去太遠,而且倘作“它示”,也不好解釋。“蠶示”,解作蠶神比較容易接受。睡虎地秦簡《日書》有專門祭蠶的日子——“蠶良日”,可作商代有蠶神的證據。

142. ,从皿从二虫,小篆从蟲,當即“蠱”。甲骨文無蠱字,所以姑且把蠱字放到這裏闡述。《説文》云:“蠱,腹中蟲也。”(卷十三蟲部)舊時中醫稱血吸蟲病爲“蠱脹”,則“蠱”當爲扁形動物門之吸蟲綱。

它部。許慎大可把“它”列入虫部,不僅因爲它部下只有一字,而且

① 主要的論争文章有:胡厚宣:《殷代的蠶桑和絲織》,《文物》1972年第11期;張政烺:《它示——論卜辭中没有蠶神》,《古文字研究》第一輯,中華書局1979年;孟世凱:《談甲骨文中有關蠶桑的真僞資料》,《地理知識》1978年第4期;周晦若:《甲骨文中關於蠶絲的記載》,《中國紡織科技史資料》1981年第5集;高漢玉:《從出土文物追溯蠶絲業的起源》,《蠶桑通報》1981年第1期;于省吾:《釋䕌》,《上海博物館集刊》總第二期,上海古籍出版社1983年;商承祚:《一塊甲骨的風波——契齋藏龜之一真僞辯》,《隨筆》第十集,花城出版社1980年,今收入商志
譚編:《商承祚文集》,中山大學出版社2004年。胡厚宣:《契齋所藏一塊甲片風波的平息》,《出土文獻研究》第三輯,中華書局1998年。陳煒湛:《“契齋藏甲之一”真僞問題的再討論》,載《甲骨文論集》,上海古籍出版社2003年,第169—172頁。

其别體作“蛇”。不過,倘若没有了這個只有“它”一字的它部,也許雪堂就不能把从止从虫的這個形體釋作“它”了。

143. ,从止从虫,雪堂釋“它”(李孝定: 1991: 3933 頁)。甲骨文的它字是個會意字,寓意“它”是一種常齧人足的動物。許慎説:“它,虫也。从虫而長。象冤曲垂尾形。上古草居患它,故相問無它乎。凡它之屬皆从它。蛇,它或从虫。”(《説文》卷十三它部)真是説到了點子上了。首先,甲骨文虫、它常通;其次,甲骨文習語“亡(無)它”也見於後世——除《説文》以外——的文獻。例如江陵望山一號楚墓出土的竹簡便有“譖他”語。蚩、它形體稍異,古今字耳。裘錫圭改釋爲“害”。[1] 竊以爲是以義害文。何況,甲骨文自有“亡(無)匄(害)”習語。郭沫若説:“‘亡匄’者,無害也,與亡尤、亡巛等同例。”[2]

黽部。也許是殷商時人對黽特别厚愛,因而甲骨文中从黽且知爲動物名的字竟比《説文》所收還多。話雖如此,《甲骨文編》所收以黽爲形符的字(包括黽字)當中却有部分並非指代黽科動物,也就是説,這些从黽的字(包括黽字)是認錯了的。筆者將在下面逐一訂正。

144. ,象黽的側視之形,與小篆作同,諸家並作“黽”可無異議。殷商時人對黽相當熟悉。他們占卜的用材之一便是黽殼。甲骨文中就有許多“用黽”的記載。殷商時人除了使用本地産的黽外(安陽田黽,*Testudo anyangenrs*),還使用進貢之黽。甲骨文中常有某某“氏黽”的記録。考古證明: 在占卜用黽中有屬於馬來種者。[3] 不過,我們從文字上却不能分辨其種屬。因此只能粗略地把黽看作爬行綱黽鱉目黽科動物的總稱。《甲骨文編》並收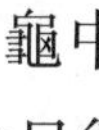形者作黽字(孫海波: 1965: 513 頁)。筆者以爲有欠周詳。首先,這類形體與後世的黽字無必然的聯繫,雖然上古文字有時正視、側視並無區别。例如金文的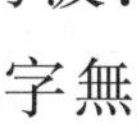(《黽父丁爵銘》)即作正面形象。其次,這類形體都少了一條黽尾巴。最後,這類形體無黽

① 參氏著:《釋蚩》,《古文字學論集(初編)》,香港中文大學 1982 年,第 217—228 頁。

② 參氏著:《卜辭通纂》,别録 1·大黽 1 考釋。

③ 參看伍獻文:《武丁大黽之腹甲》,《中央研究院動植物研究所集刊》第 14 卷第 1—6 期,1943 年。

背花紋。後兩點可視爲龜的特徵而必須在文字中有所體現,即便不是那麽象形的小篆也不例外。這類形體似是鱉的寫照。這一點,本文以後還要談及。

145. ,从龜从雨。《甲骨文編》隸定作䨱。收入卷十一雨部,謂《説文》所無(孫海波: 1965: 456 頁)。《甲骨文字典》同(徐中舒: 2006: 1250 頁)。郭沫若在考釋《叔夷鐘銘》時,曾詳論銘中的靇字。[①] 其説甚確。金文與甲骨文此形相去雖遠,但二者均从龜,只是前者从霝得聲,後者亦有从霝者(參看《甲骨文編》456 頁),从雨者省聲罷了。因此,釋"靇"可以接受。"靇"在甲骨文用如龜名無疑:"……允至氐龜、靇……八龜五百十,三月。"(《合集》8996 正,即《存》下 57)"卜習靇一卜五"(《合集》31669,即《萃》1550)。前例爲方國貢"靇"等物的記録,後例爲以"靇"習卜的記録。直至戰國時代,還有使用"靇"作占卜物的,例如楚簡。《集韻》云:"黄靇,龜名。"(卷四青韻)今本《説文》失收。

146. ,从龜从匕,當據豼、駜、兆等例作"龜匕"。《甲骨文編》作未識字收入龜部(孫海波: 1965: 514 頁)。當母龜專名。

147. ,从龜从血,《甲骨文編》隸定作"䘏"。收入卷五血部(孫海波: 1965: 232 頁)。《甲骨文字典》同(徐中舒: 2006: 552 頁)。其爲龜名無疑:"……允至氐龜、䨱……八䘏五百十,三月。"(《合集》8996,即《存》下 57)當是爬行綱龜鱉目動物。當收入卷十一龜部。字僅一見。

148. ,《甲骨文編》隸定作"瀧",作《説文》所無字收入卷十一水部附録(孫海波: 1965: 446 頁)。葉玉森説:"當釋瀧,或龜水合文。非龜字。"(李孝定: 1991: 3386 頁)字數見,均用爲地名。有人以爲《甲》279 之"瀧"用如龜名,遂確定爲水龜之屬(毛樹堅: 1981: 76 頁)。其實,《甲》279 之"瀧"仍是地名,辭云:"尞瀧三(?)牛?"有《佚》234 爲證"辛未卜,尞瀧酘三牢?"不過,《屯南》84 云:"叀瀧?"例同"叀+獸名"。試比較:"叀小宰? /叀羊?"(《屯南》83)顯然,"瀧"如同"小宰"、"羊"一樣,應是動物之名。

149. ,唐蘭隸定爲"䵷",謂即《説文》䵷字,當屬龜類。[②] 郭沫若謂

① 參氏著:《兩周金文辭大系》,文求堂書店昭和 10 年,第 208 頁。
② 參看氏著:《殷墟文字記》,第 6—10 頁。

“䖵”字形實象昆蟲之有觸角者,即蟋蟀之類。[①] 姚孝遂、肖丁從之,並云:卜辭䖵與龜形判然有别,其頭部象游觸角,其背象有翼,凡此均爲龜字形體所不具備。[②] 胡澱咸謂象蝗蟲之形,可能是《說文》所載“𪛉”的本字,即典籍的“螽”。[③] 倘若進一步考察商金文相關文字:(《爵銘》,《集成》7563),象昆蟲之形無可疑:背上有翅翼,似爲蚱蜢之屬,候秋熟時節而至,所以䖵字讀音與秋近,而在甲骨文中也多用爲“秋”。唐氏的隸定考釋可以接受,但以之爲龜屬則未確。“䖵”有用如本字的例子:“癸酉貞:䖵不至?”(《懷特》TO12)“庚申卜,出貞:今歲䖵不至兹商?二月。貞:䖵其至?”(《文》687)“乙未,其屰寧䖵?”(《村中村南》241,“寧䖵”一語又見259)《說文》云:“䳲,䵷屬,頭有兩角,出遼東。”(卷十三黽部)又:“䵷,水蟲也。薉貉之民食之。”(卷十三黽部)從《說文》的解釋中,我們看不到“䖵”爲龜屬的絲毫痕迹,倘若“䖵”真的就是“䳲”的話。换言之,“䖵”恐怕只是一種昆蟲而已。上引胡氏之説殆最切事實。

黽部。《說文》黽部所收動物字,指代兩棲綱的只有黽、鼃二字,而大部分却指代爬行綱動物,如鼈、黿、鼀、鼉、䵷、䳲、鼂、鼇,占總數的64%。這不禁使人懷疑後一類動物字本非从黽。察諸甲骨文,黽部各字(包括黽)所从之黽形顯然不像兩棲綱無尾目蛙科動物,倒是像爬行綱龜鱉目的鱉科動物(黽除外)。因此,這類動物字很可能从鱉,由於自然界的鱉和龜外形相似、習性相近(二者同屬龜鱉目),人們易把兩種動物混淆,今天的俗語“烏龜王八”可作一證。而小篆黽和龜的形體又十分接近(甲骨文更是如此),所以,本來从鱉的諸字演變到了小篆階段便都从黽(也可能有部分从龜)了。唐先生所釋的“䖵”便很好地説明了問題。䖵字形如龜,而且讀音近龜,後世从黽,並以訛爲正,以正爲訛。

150. ,自從孫詒讓根據辭義釋之爲“黽”後,釋之爲鼀的論點始終没得到學術界的贊同。説實在話,倘若許慎“鼀黽也”(《說文》卷十三黽

① 參看氏著:《殷契粹編》,科學出版社1965年,第344—345頁。

② 參看氏著:《小屯南地甲骨考釋》,第143頁。

③ 參看氏著:《釋䖵》,載《甲骨金文釋林》,安徽人民出版社2006年,第93—97頁。

部)的解説不誤,則釋爲黽是有疑問的。我們不妨比較一下金文中的黽:、、(容庚:1985:1024 頁),再看看古人繪製的蛙:[1],看看它與甲骨文的"黽"到底有多像。稍後的黽作(《師同鼎銘》),與《説文》所載籀文形近。令人失望的是,甲骨文所謂的黽字反倒像蜘蛛。胡光煒、陳邦福的意見似乎值得我們考慮(李孝定:1991:3949—3951 頁)。尤其是花東卜辭新見的,考釋者作"黿"[2],辭云:"乙未卜,子其往阦,隻(獲),不,隻(獲)三鹿? /乙未卜,子其往于阦,隻(獲)? 子占曰:其隻(獲),用。隻(獲)三鹿。"(《花東》288)這裏的"不",正與舊出卜辭的恒語"不畜"同義。再參看稍後的銅器銘文"黿"的形體:、(容庚:1985:878 頁),我們没有理由不相信當作"黿"。

151. ,从黽从單。《甲骨文編》作"鼉"(孫海波:1965:515 頁)《説文》云:"鼉,水蟲,似蜥蜴長大。"(卷十三黽部)鼉,或以爲屬於鱷魚一類的動物(毛樹堅:1981:76 頁)。察其字形,當是娃娃魚(大鯢)一類的動物。

152. ,《甲骨文編》以爲从龜从西,隸定作"䵷",謂《説文》所無(孫海波:1965:514 頁)。此形所从黽與鼉字所从黽同(雖然筆者不贊成那是"黽",却只好暫作"黽"觀),當从黽从西,宜隸定爲"䵹"。䵹,若从黽西聲,西、奚古音同,則"䵹"可能即《説文》鼷字。《説文》云:"鼷,水中蟲也。薉貉之民食之。"(卷十三黽部)有人以爲即大頭平胸龜,純屬望文生義(毛樹堅:1981:76 頁)。䵹,甲骨文僅一見:"乙酉貞:又歲于伊,䵹?"(《萃》195)似用爲動物名。

153. ,《甲骨文編》隸定作"𪓶",作未識字收入卷三臼部(孫海波:1965:106 頁)。《甲骨文字典》謂象雙手執龜之形,《説文》所無(徐中舒:2006:1436 頁)。其實,𪓶字下半之形作龜是不妥的,顯然仍當作"黽"。因此,"𪓶"宜隸定爲"䵶"。"䵶"《説文》所無。《字彙》云:"䵶,同鼀。"《宋本廣韻》云:"鼀𪓰,似龜,堪啖,多膏。"(卷一齊韻)則爲爬行綱動物無疑。甲骨文字有用如本字之例:"乙卯貞:亾戋䵶示五羌三牢?"(《合》32058,即《明》495)例同"䵶示"。《甲骨文編》收同"𪓶"(孫海波:

① 陝西省西安半坡博物館編:《中國原始社會》,文物出版社 1977 年,圖十八。
② 中國社會科學院考古研究所編著:《殷墟花東莊東地甲骨》第六分册,第 1869 頁。

1965：106 頁）。可能是不正確的。象六足之蟲形，與象雙手攫鱉之形異。

154. ，《甲骨文編》以爲黿字異體（孫海波：1965：513 頁）。筆者認爲，此字充分體現了鱉的特徵：頭大而稍尖，背有點狀文飾，或省略，或作乂狀：、，體圓無尾，宜釋爲鱉。值得我們注意的是，殷墟遺址出有玉鱉和玉黿。[①] 顯然，古人已能够辨别二者的差别了。尤其讓人産生遐想的現象是黿、鱉往往同出於殷商遺址中：河南商丘商文化遺址在卜骨層出土了鱉甲。河南淮濱縣一處新石器晚期墓葬，黿甲、鱉甲、牛肩胛骨和卜骨同處於商周時代的灰土層中。[②] 更重要的是，甲骨文有這樣的記録："我鱉五十。"（《乙》4948）這是一條甲橋刻辭，記録了貢鱉的數量，例同"氏黿"。鱉字作，字稍草率，但保持了鱉的大體形狀，釋黿釋黽都缺乏説服力。難道鱉甲也是卜具，儘管迄今爲止尚未見到鱉甲卜辭？

内部。許慎把离、萬、禹、离等字收入内部，實在缺乏文字訛變的認識。但是，既是小篆的匯集，就只能囿於小篆的認知水平了。

155. ，象蠍子之形。金文有更爲形象之作（容庚等：1985：874 頁）郭沫若謂"萬"與"蠆"爲一字（李孝定：1991：4193—4195 頁）。甚確。《説文》云："蠆，毒蟲也，象形。"（卷十三虫部）則甲骨文此形構應作"蠆"。只是甲骨文萬字假借爲數目字，又不得不隸定作"萬"。幸好許書尚存萬字古義，謂"萬，蟲也"（卷十四内部）。才爲我們認識萬字掃除了障礙。蠆，當爲蛛形綱鉗蠍科動物（*Buthus martensi*）。

156. ，《甲骨文編》隸定作斖，謂《説文》所無（孫海波：1965：544 頁）。离，古文作；子，籀文作，古文作。由此可知甲骨文斖字所从"子"後世訛變爲囟。而"萬"的整個形體則省變爲"内"，與演變爲萬、蠆的過程完全相同。可見，"斖"當釋爲"离"。《説文》云："离，蟲也。"（卷十四内部）語焉不詳。凡二例，見於《合》18394（即《摭續》323）及《合》18395（即《佚》799），均只存一字。但甲骨文离字从"萬"，則离字

① 參中國社會科學院考古研究所編：《殷墟玉器》，圖版 67。

② 參看信陽地區文管會、淮濱縣文化館編：《河南淮濱發現新石器時代墓葬》，《考古》1981年第1期，第1頁。

大概也是蛛形綱鉗蠍科動物(*Buthus martensi*)。

巴部。《説文》巴部只有一個巴字,甲骨文亦見。

157. ,《甲骨文編》作未識字收入附録上(孫海波:1965:856 頁)。雪堂認爲仍當釋“龍”,讀爲“寵”,唐蘭作“螭”(李孝定:1991:3477—3478 頁),或作“巴”[①]。細審字形,字雖作蜿蜒狀,却無如角之頂骨。如與繁構之龍字比較,更少了甲狀鱗片、短足。徵之文例,讀爲“寵”也覺詰屈聱牙。例如:“貞:㞢疾,?”(《乙》6412)从形體上看,釋之爲“巴”,顯然更符合其文字的演變。“巴”,金文未見,篆文作“”,略近甲骨文:修長的身體,如盆巨喙。似乎是大蟒的形象。而從其用義上考慮,筆者也傾向於釋爲“巴”。《説文》云:“巴,蟲也。或曰食象蛇。象形。”(卷十四巴部)徐鍇注曰:“一,所吞也。指事。”儘管許、徐二氏釋義但據篆文形體,然而都緊緊抓住“吞食”這個特徵。它、巴都是蛇類,且讀音接近,因此,“巴”可以通作“它”,如上引《乙》6412。又如:“㞢帚豸子于匕己,允有?”(《戩》7.16)均暢順無礙。不過,“巴”在甲骨文中多作地名,如有所謂的“巴方”,大概是以巨蟒爲圖騰的氏族。

由於甲骨文的動物字大多數是獨體象形字,儘管古人力求以精練的綫條充分表現客觀實體的特徵,我們仍然難以十分準確地鑒别其種屬。即便偶有確知種屬者,我們也難以考訂其音、義。困難所在,一方面是古文字與今文字相去甚遠,另一方面是甲骨文的構形簡練(同時期的金文就形象多了),更重要的是因爲甲骨的碎裂,使動物字失去了具體的語言環境。那麽,我們彙集這批待考的動物字的目的,主要地是爲了給人們提供一份殷商時代反映到文字中來的動物名稱清單,並初步確定其類别;其次,則是爲日後的考釋提供方便。當然,也許有某些動物字没被搜羅進來,而搜羅進來的却並非動物字或可以加以合併。雖經嚴格甄選,挂一漏萬總是難免。下面,就這六十多個動物字逐一略加申述。

① 朱芳圃直釋爲“巴”,參看氏著:《殷周文字釋叢》,第 24 頁;其後董其祥復詳論之,參看氏著:《甲骨文中的巴和蜀》,《西南師院學報》1980 年第 3 期,第 117—120 頁。自此,巴字説漸爲學界所接受。

158. ,《甲骨文編》作未識字收入附録上(孫海波: 1965: 823 頁)。其爲獸名無可疑:"□[酉]卜,角隻(獲)? 角不其隻(獲)?"(《合》10607,即《綴新》411)或釋"駒"①,或説"獅"②。均難以令人信服。字凡二見(另一見於《明》2014)。當爲哺乳綱動物。又(《合》3099,即《存下》229),《甲骨文編》作未識字收入附上九六(孫海波: 1965: 827 頁),疑同。

159. ,《甲骨文編》作未識字收入附録上(孫海波: 1965: 834 頁)。葉玉森"疑古麟字"。孫海波初撰《甲骨文編》時亦采葉説(李孝定: 1991: 3055 頁)。字作獸形甚分明,唯釋"麟"則嫌證據不足。以犬、豕、虎等字例之,此獸當爲哺乳綱動物。

160. ,《甲骨文編》作未識字收入附録上(孫海波: 1965: 826 頁)。《殷墟卜辭綜類》作"兕"(島邦男: 1971: 223 頁)。似未確。字象獸形,體其辭例,似亦用如獸名:"壬寅卜,□貞: 翌癸卯王亦……叀麓出虫?"(《後》二.13.14)"宰? 二。? 三。"(《前》4.46.5)此獸當爲哺乳綱動物。

161. ,《甲骨文編》作未識字收入附録上(孫海波: 1965: 822 頁)。字像獸形無疑,《珠》593(即《合》10448):"弗巛用。"殆有殘泐,未能確知字義。《殷墟卜辭綜類》作"兕"收入(島邦男: 1971: 223 頁)。殆誤。

162. ,《甲骨文編》作未識字收入附録上(孫海波: 1965: 835 頁)。《甲骨文字典》謂"似犬而尾長大多毛之獸,獸名",收入卷十犬部(徐中舒: 2006: 1107 頁)。審其字形,似爲松鼠一類的動物,當屬哺乳綱。甲骨文二見:"乙亥卜,我□□才(在)?"(《乙》6298)"缶隻(獲)二。"(《粹》939)前例似用如地名,後例爲獸名無疑。丁驌徑作"獾"(丁驌: 1969: 347 頁)。

163. ,《甲骨文編》作未識字收入附録上(孫海波: 1965: 824 頁)。《甲骨文字典》收入卷十,謂"所象形不明,獸名"(徐中舒: 2006: 1076 頁)。字二,見於一辭:"戊辰卜,雀氏? 戊辰卜,雀不其氏? 十二月。"(《合》8984,即《乙》4718)"氏某",方國向商王朝貢的習語。可確知爲獸名。此字字形很難與今天某一動物聯繫起來,據構形類推,它可能屬於哺

① 參看王宇信:《建國以來甲骨文研究》,中國社會科學出版社 1981 年,第 152 頁。
② 參看李圃:《甲骨文選讀》,華東師範大學出版社 1981 年,第 116 頁。

乳綱動物。

164. ,《甲骨文編》作未識字收入附録上(孫海波: 1965: 833 頁)。此字字形象牛屬動物: 頂上二彎角前挺,背肌隆起,尾翹。可能即《爾雅·釋畜》之犦牛。郭璞注謂:"即犎牛也。領上肉犦胅起,高二尺許,狀如槖駝,肉鞍一邊。"字當指代哺乳綱牛科類動物。甲骨文用如獸名:"㞢父來東黃。"(《乙》4629)

165. ,《甲骨文編》作未識字收入附録上(孫海波: 1965: 823 頁)。此獸形瘦身巨首,但還是可以斷定爲哺乳綱動物。甲骨文止一見:"貞: 其氐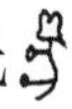甾北?"(《甲》3916)殆用如本字。

166. ,《甲骨文編》作未識字收入附録上(孫海波: 1965: 856 頁)。金文有更爲形象之作: (《亞爵銘》,《集成》08782)[①]。其爲昆蟲綱之有翅亞綱類動物無疑。甲骨文殆用如蟲名:"庚午卜,貞: 犽友亡?"(《京津》3151)

167. ,《甲骨文編》作未識字收入附録上(孫海波: 1965: 831 頁)。《甲骨文字典》則收入卷十馬部,疑爲馬之異體,義不明(徐中舒: 2006: 1077 頁)。字亦見於小屯南地甲骨: (《屯南》2439)此獸形字最主要的特徵是具有虎、豹那樣的獠牙,馬一樣的鬣尾,體型却又似犬。甲骨文不知所用:"癸巳貞: 旬亡𡆥(禍)? 王兹……"(《合》34865 正,即《掇》1.439)"□酉貞: [旬]亡𡆥(禍)? ……兹……"(《寧滬》1.470)此獸形殆亦哺乳綱食肉目動物。根據典籍的記載,此字蓋"駮"。《説文》云:"駮,獸如馬,倨牙,食虎、豹。从馬交聲。"(卷十馬部)

168. ,《甲骨文編》,作未識字收入附録下(孫海波: 1965: 945 頁)。甲骨文似用如獸名:"乙未卜,丙貞: ……曰: ……來。"(《合》9174,即《戩》49·2)

169. ,《甲骨文編》作未識字收入附録上(孫海波: 1965: 822 頁)。甲骨文僅一見,辭殘,不知所用。丁驌徑直釋爲"貊(貉、貘)"(丁驌: 1969: 346 頁)。未必正確。獸形像犀(詳下文),殆亦哺乳綱類動物。

170. ,《甲骨文編》作未識字收入附録上(孫海波: 1965: 825 頁)。

---

① 《殷周金文集成釋文》俱作"𪛗(秋)"(中國社會科學院考古研究所: 2001: 39、244 頁)。步雲案: 、似非一字。

字僅見於《合》20923(即《乙》96):“癸巳[卜],扶:又?”[①]不能確定必爲動物字,字形則與相近,頗疑本“小”合文。

171. ,《甲骨文編》作未識字收入附録下(孫海波:1965:945頁)。《甲骨文字典》收入卷九兕部(徐中舒:2006:1062頁)。獸形象羚羊一屬。字僅見於《乙》9665:“……于西。”

172. ,《甲骨文編》作未識字收入附録上,止收一字(孫海波:1965:830頁)。此獸形象河馬,然殷墟未見河馬遺骸。字在辭中殆用如獸名:“丁卯卜,㱿貞:钔史乎取方冎(禍)? 貞:勿乎取方冎(禍)?”(《前》7.4.4)據字形判斷,此亦爲哺乳綱類動物。此外,《合》8796正(即《乙》7360):“己酉卜,㱿貞:方冎(禍)取乎钔史? 貞:勿乎取方冎(禍)?”[②]所見獸形形體亦近,而辭例亦相近,二字殆同,《甲骨文編》應補。

173. ,《甲骨文編》作未識字收入附録上(孫海波:1965:732頁)。字僅見,辭殘,未知確義,然字象鳥形則無可疑,當爲鳥綱動物。

174. ,《甲骨文編》作未識字收入附録上(孫海波:1965:827頁)。字數見,爲獸名無疑:“庚戌卜,徣:叀翌日步射于向?”(《甲》3003)字象猞猁之屬,當爲哺乳綱動物。

175. ,《甲骨文編》作未識字收入附録上(孫海波:1965:725頁)。字僅見於《佚》782殘辭,不知確義,然爲鳥形無疑。又,《甲骨文編》作未識字收入附録上(孫海波:1965:726頁)。字僅見於《簠·地》35:“□申卜,㱿貞:亘□隹(唯)我其冬于之?”似非用爲禽名,但字象鳥形。

176. ,《甲骨文編》作未識字收入附録上(孫海波:1965:725頁)。《甲骨文字典》云:“義不明,人名。”(徐中舒:2006:401—402頁)字似用爲鳥名:“丁丑卜,貞:……[丁]丑卜,貞:矢……”(《後》2.6.2)僅此一例,未能確釋,字象鳥形。

① 或作“虎”。參看胡厚宣主編:《甲骨文合集釋文》,中國社會科學出版社1999年,第20923片考釋。步雲案:可商。

② 或作“馬”。參看胡厚宣主編:《甲骨文合集釋文》,第8796(正)片考釋。步雲案:可商。

177. ,象鳥之形,《甲骨文編》收入附録上 48(孫海波:1965:731 頁)。字僅見於《京津》2975。

178. ,《甲骨文編》作未識字收入附録上(孫海波:1965:835 頁)。字僅見於《乙》330,辭殘泐,不知所用,字形則象哺乳綱動物。

179. ,《甲骨文編》作未識字收入附録上(孫海波:1965:829 頁)。字僅見於《前》4.32.7:"……不……亡冬……"不知何獸。

180. ,《甲骨文編》失收。字見《後》上 30.13 及《佚》155 兩辭。是殷商時人狩獵對象:"射,隻(獲)?"(《後》上 30.13)"…………允隻(獲)六。"(《佚》155)審其殘辭,亦可知其必爲田獵所獲者。

181. ,《甲骨文編》作未識字收入附録上(孫海波:1965:829 頁)。字僅見於《前》4.45.4,辭殘,不知何義,亦不明何獸。

182. ,《甲骨文編》作未識字收入附録上(孫海波:1965:828 頁)。字象獸形,義亦爲獸名:"5(狩)隻,𢍰(擒)㞢。小辛……"(《乙》7166)獸首似虎,而身無花紋。殆亦哺乳綱食肉目一類角色。

183. ,《甲骨文編》作未識字收入附録上(孫海波:1965:832 頁)。字形象靈貓科動物。字僅見於《明》1013 殘辭,不知文意。

184. ,《甲骨文編》作未識字收入附録上(孫海波:1965:832 頁)。字形如獸類,然詞義未明。字僅見於《庫》691,辭云:"戊午卜,□貞:王叀即于……"大概也是哺乳動物。

185. ,《甲骨文編》作未識字收入附録上(孫海波:1965:822 頁)。字僅見。形體類"獾"。字在甲骨文中用如獸名:"隻(獲)卅。"(《鄴》下 35.1)

186. ,《甲骨文編》作未識字收入附録上(孫海波:1965:831 頁)。字僅見於《坊間》4 · 303,殘辭。察其字形,可確定爲哺乳動物。

187. ,《甲骨文編》作未識字收入附録上(孫海波:1965:831 頁)。形體如獸,義亦獸名:"……貞:北彔亡其?"(《坊間》3 · 70)字僅此一見。

188. ,《甲骨文編》作未識字收入附録上(孫海波:1965:830 頁)。字形似獸甚明。然字在卜辭中均用如人名:"癸丑卜,争貞:旬亡𡆥(禍)?三日乙卯㞢嬉(艱),單邑尿于彔……丁巳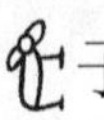子尿□鬼亦得

疾。"(《菁》5)又如:"□午卜,争貞:叀氏牛……□□[卜],㱿貞:來羌?"(《明》2343)

189. ,《甲骨文編》作未識字收入附録上(孫海波:1965:731頁)。字僅見於《佚》298:"隹。"似用爲禽名,其形類似天鵝之屬。

190. ,《甲骨文編》作未識字收入附録上(孫海波:1965:828頁)。字象獸形無可争辯。然在卜辭中,此字多用如人名。例如:"甲申卜,争貞:其㞢𡆥(禍)?貞:亡𡆥(禍)?"(《前》6·48·7)又如:"□□[卜],争貞:𦕿田,爾其𢆶?勿曰:𦕿田,弗其𢆶?"(《佚》323)似是武丁寵臣。

191. ,《甲骨文編》作未識字收入附録上(孫海波:1965:832頁)。字雖數見,然諸辭皆殘,難以審其確義。字形像獸則無可置疑。又《甲骨文編》卷二牝字條所收字,所从獸形當同此。

192. ,《甲骨文編》作未識字收入附録上(孫海波:1965:832頁)。字僅見於《明》1373:"□□[卜],□貞:王令……□…………六十……"辭稍殘,但也可知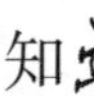用如獸名。

193. ,《甲骨文編》作未識字收入附録上(孫海波:1965:828頁)。字僅見於《庫》610,辭殘,僅存四字:"□酉卜,……麥…………"字義雖不明確,象獸形却甚分明。

194. ,《甲骨文編》作未識字收入附録上(孫海波:1965:833頁)。字凡二見,然兩辭皆殘,難審文意,字形則分明像獸,大概也是哺乳動物。

195. ,《甲骨文編》作未識字收入附録上(孫海波:1965:830頁)。字僅見於《菁》9,似乎不是用作獸名,然字爲獸形則無可置疑,恐怕也是哺乳動物之類。

196. ,《甲骨文編》作未識字收入附録上(孫海波:1965:829頁)。字見於《鐵》161.2、《存》1.650及1.651。其中《存》1.650和1.651似乎可以綴合。字形爲獸,然察其文例,似用爲人名:"乙亥[卜],㱿貞:即正?"(《存》1.650)"王[占]曰:叀即正。"(《存》1.651)

197. ,《甲骨文編》收入附上九四(孫海波:1965:823頁)。字止見於《合》22470(即《甲》2367),辭殘,無上下文意可推勘。

198. ,《甲骨文編》收入附上九七(孫海波: 1965: 830 頁)。字僅見於《合》10952(即《前》6. 64.8):"□壬卜,……更…… "不能推定爲獸名。

199. ,《甲骨文編》收入附上九七(孫海波: 1965: 830 頁)。字僅見於《合》10332(即《後》二.31.16):" 。"無上下文意可推勘。

200. ,《甲骨文編》收入附上九八(孫海波: 1965: 831 頁)。字僅見於《合》14383(即《林》2.15.6),辭殘,無上下文意可推勘,觀其形體,似象之形。

201. ,《甲骨文編》收入附上九八(孫海波: 1965: 831 頁)。字僅見於《合》10223(即《前》6.10.2):"辛丑卜,□曲隻(獲) ?"用爲獸名,似"象"字。

202. ,《甲骨文編》收入附上九八(孫海波: 1965: 831 頁)。字僅見於《合》21534(即《林》2.29.9):"甲戌子卜貞: 見 ,隻(獲)刓?"疑虎字未刻全。

203. ,《甲骨文編》收入附上九八(孫海波: 1965: 831 頁)。字僅見於《合》37516(即《誠》455):"叀 希,亡巛?"疑"夒"之别體。

204. ,《甲骨文編》收入附上九八(孫海波: 1965: 831 頁)。字止見於《明藏》262,疑象字未刻全。

205. ,《甲骨文編》收入附上九六(孫海波: 1965: 828 頁)。字止見於《合》4615(即《明》364),僅存二字:"…… 令……"不能確知爲獸名。

206. ,《甲骨文編》收入附上九八(孫海波: 1965: 832 頁)。字止見於《摭續》274,孫先生疑象字。

207. ,《甲骨文編》收入附上九八(孫海波: 1965: 832 頁)。字止見於《合》40856(即《金》738):"子 "用爲人名。

208. ,《甲骨文編》收入附上九九(孫海波: 1965: 833 頁)。字止見於《合》18459(即《京津》2737),辭殘,無上下文意可推勘。

209. ,《甲骨文編》收入附上九九(孫海波: 1965: 833 頁)。字止見於《合》21932(即《乙》1305),辭雖殘泐,但觀其字形似虎之形。

210. (《合》21876,即《乙》1324),《甲骨文編》收入附上九九(孫海波：1965：833 頁）：疑習刻。

211. ，《甲骨文編》收入附上九九（孫海波：1965：833 頁）。字止一見："匕丁（?）"（《合》10466，即《京津》2758）不能確定爲獸名。

212. （《合》21886（即《乙》1607），《甲骨文編》收入附上九九（孫海波：1965：833 頁）。字爲獸形無疑，但摹寫略誤。

213. ，《甲骨文編》收入附九六（孫海波：1965：827 頁）。字止一見："……［逐］……"（《合》33366，即《甲》2726）疑亦虎字。

214. ，《甲骨文編》收入附上九七（孫海波：1965：829 頁），孫先生疑兕之殘。字止見於《鐵》136.4，止存一字。

215. ，《甲骨文編》收入附上九七（孫海波：1965：829 頁），字止見於《合》7634 正（即《存》650，亦即《鐵》161.1）："乙亥［卜］，㱿貞：即珏?"反（即《存》651）："王固［曰］：叀即珏。"似用爲方國名。

216. ，《甲骨文編》收入附上九七（孫海波：1965：829 頁）。字止一見："辛巳卜，貞：叀往虎鹿，不其……"（《合》20715，即《鐵》193.1），疑"逐"未刻全。

217. ，《甲骨文編》收入附上九七（孫海波：1965：829 頁）。止一見："……丙叀……令……"（《合》4610，即《鐵》213.2）疑同"豖"。

218. ，《甲骨文編》收入附上九七（孫海波：1965：829 頁）。或隸定爲"㲋"，或隸定爲"㝵"。當以後者爲長。甲骨文"㝵"字數見："兹"（《合》13584 正甲，即《乙》1050）"穷貞：?"（《合》9507 正，即《乙》2331）"王固曰：乃兹亦㞢希，若偁。甲午王往逐兕。臣車馬硪王車，子央亦隊。"（《合》10405 正，即《菁》3.1）"王固曰：乃［兹亦㞢］希，若偁。甲午王往逐兕。［臣］車馬硪王車，子央亦隊。"（《合》10406，即《掇》1.454）"□丑卜，穷貞：勿歲卜，㞢希，用册?"（《合》15485，即《明》299）"……兹邑……"（《合》13584 甲、乙，即《乙》3162）"……"（《合》19122 正，即《乙》5648）字亦見於差不多同時期的銅器銘文，用爲先妣名："后母。"（《斝銘》，《集成》09222）相關的銅器群出自婦好墓。則甲骨文"㝵"字亦當爲王后之名，也許就是武丁之妻。以獸名作名字是古人的習慣，那麽，"㝵"爲獸名不無可能。从兔从丂，兔之屬。卜辭可證："丁酉卜，吴貞：多君來弔，氏? 王曰：余其啚。隹王十月。"（《合》24134，即

《後》2.13.2)此辭之似用爲獸名。

219. 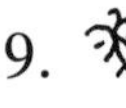,新見於殷墟小屯,止一例:“己未卜,扶:……子己豕?/甲子卜,扶:夕酌魯甲宰?/卜?”(《村中村南》316)原未釋。象整羊之形,疑“羊”字。

第二節　動物形象在漢字系統中的反映及其啓示

甲骨文中的動物名詞,是自然界的動物在古人頭腦裏的真實反映,這種反映是從感性認識到理性認識的反映,而不是單純的模仿。因此,某個符號固定爲某動物的名字,在社會約定俗成的前提下,即使這個符號已經失去了原表現對象的許多特徵,人們也還是把它作爲記録它原來所描寫的動物的名詞。相反,一個動物名詞,當它的本義已經被引申義、比喻義或假借義取代了的時候,即使它仍保留了它所描寫的動物的特徵,人們却難得使用它作那動物的名詞,而爲它另造新字。我們的甲骨文就是這麼一種象形文字。許多在字形上仍保留了動物最顯著特徵的文字,我們認出來了,但更多的文字,由於種種的原因,失去了表現對象的特徵,只在字形上保持了動物種屬之間的細微差别,我們就難以辨認了。也許,原來的表現對象已經在曾經存在過的地方消失了;或者,由於漢字聲化規律的影響,象形字已經爲後出形聲字所代替,因而影響我們對這些文字的釋讀。然而,在文字的創製、流行之初,這種情況是不存在的。觀堂云:“今日通行文字,人人能讀之,能解之,《詩》、《書》彝器,亦古之通行文字,今日所以難讀者,由今人之知古代不如知現代之深故也。”[1]换言之,企圖通讀通解彝器銘文、甲骨文字,必須以深知古代爲首要前提。

許慎説:“象形者,畫成其物,隨體詰詘,日月是也。”(《説文·序》)事實上,象形文字的“畫成其物”,只是大體相似。自然界諸物均占有三維空間,但到了甲骨文裏,只占二維空間。形象的真實性受到損害。例如,大部分的四足動物都成了兩足動物,兩足動物則成了

① 王國維:《毛公鼎考釋序》,《觀堂集林》卷六,中華書局 1959 年,第 293 頁。

獨足動物。唐蘭認爲：這種現象，是古人對在絶對静止狀態下的動物觀察的結果。[①] 綜觀甲骨文的動物形象，並不儘然。“鳥”也有作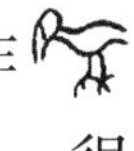的；牛、羊二字並無兩足；黽、黽多是四足（黽字也有兩足的特例）。很明顯，古人觀察事物是多角度的，實際上也不可能總是對静止狀態下的動物進行觀察。古代祭祀，多以牛頭羊首，人們造字，自然受着最熟悉的形象的影響（當然，在金文中，也有全牛、全羊的形象）。萬、黽、黽等動物體形較小，只有在近處才能發現它們的蹤迹，人們頭腦裏留下的就是俯視的印象。鳳、隹二字多作躍躍欲飛狀，證明了古人也對飛行中的鳥類進行觀察。

甲骨文中動物象形字的刻寫，有三種類型：1. 類型。包括虎、象、馬、兔、兕、犬、豕、廌、（部分的）黽等。偶有作（《前》4.32.7）形。2. 類型。包括麋、麑、麠、麘、鳥、隹等。偶有作（《粹》844）者。3. 類型。包括黽、蟲、它、（部分的）黽等。從美術的角度出發，第2、3類的文字較爲合理。它們給人以平衡的感覺。相反，第1類字並不那麽合乎繪圖原則。然而，這類字反倒占多數。古人好像以此表明：這是動物象形字而不是圖畫。這是一個重要的啓示：甲骨文的和金文的可能有所區别，前者爲文字，後者爲徽識（專名）；或者如同上文所引蘇美爾文字一樣，後者爲前者的初文。這裏不妨再舉一例：（《鹿方鼎銘》，《集成》01110）、（《佚》383）。金文的鹿和甲骨文的鹿都没有改變它們的方位。可能地，前者是後者的初文。這可以成爲器物斷代的文字標準。嚴格恪守的這一刻寫原則，應當作爲我們考釋動物象形字的考慮因素之一。例如：黽的兩種形象，是否應分屬兩種不同的動物。

第三章 甲骨文動物字的造字法則

世界上其他的象形文字，例如埃及聖書字，動物字相當形象。例如（牛）、（馬）、（眼鏡蛇）等，[②]一眼望去，即可辨識，其形

① 唐蘭：《中國文字學》，上海古籍出版社 1979 年，第 65 頁。

② Henry George Fischer, *Ancient Egyptian Calligraphy*, The Metropolitan Museum of Art, New York, 1999. pp.20,14.

似乎去圖畫不遠。作爲記録語言的符號,這是真實地反映客觀對象最爲有效的處理方式。與此相類似,屬於表意文字系統的漢字,其形象性較諸表音文字爲高是不言而喻的。不過,與其他象形字比較,動物象形字更具象形特徵。像鹿、魚、龜等字,即使是没有學習過甲骨文但稍具辨識能力的人也能輕易認出。而甲骨文的其他象形字,許多並不完全切合客觀實體,例如:

,日。受刀刻的影響,圓形的太陽成了方形。

,又。過於簡約而抽象,已經失去了人手的形狀。

甲骨文動物字既然屬於漢字系統,就漢字造字法而言,大體不離“六書”。不過,亦有“六書”之外者,例如所謂象形而兼具表音者,又如所謂“合文”者。要言之,甲骨文動物字造字理據可歸納爲形象、概括和抽象。以下分别述之。

第一節　動物字的形象性、概括性、抽象性

一、形象性

如前所述,把動物形象轉换爲文字,最直接也是最有效的動物字設計就是“依樣畫葫蘆”,即許慎所謂的“畫成其物,隨體詰詘”。因此,動物字的形象性特徵毋庸置疑。

不過,甲骨文動物字的形象性受到三個因素的制約,使之難以徹底地“畫成其物”,以致難於釋讀。

(一) 文字符號化規律之制約

依樣畫葫蘆是否逼肖,是動物字能否正確表現客觀對象的關鍵,當然也就是今天的我們能否識别的關鍵。因此,無論是從古人的角度還是今天的我們的角度去考慮,動物字應當都是逼肖客觀對象的。例如(《甲》2422),我們很難把它理解爲除“虎”以外的任何一種動物。又如(《佚》812),我們無法不把它讀作“魚”。

然而,倘若追求字字逼肖,耗費時日倒在其次,要命的是,文字恐怕只能返回圖畫時代。因此,文字的簡約勢在必行。於是,同樣是表

達“虎”、“魚”概念的、的出現實在不令人感到意外，儘管我們承認（《甲》1433）、（《後》2.6.15）仍然是形象的。

（二）文字載體之制約

動物字的形象性同時也受文字載體的影響，例如上舉鹿字，銅器銘文的（《鹿方鼎銘》，《集成》01110）較之甲骨文的（《佚》383反）更爲象形毋容置疑。又如犬，銅器銘文的（《戍嗣子鼎銘》，《集成》02708）比甲骨文的（《甲》2928）更接近於客觀形象也顯而易見。

（三）文字所反映之對象之制約及文字所象之形有限之制約

1. 所反映之對象之制約

在甲骨文中，若干動物字所反映的形象也許並不存在於現實世界中。例如“龍”、“夔”二字所指代者。按照典籍的解釋：“龍”是“鱗蟲之長，能幽能明，能細能巨，能短能長，春分而登天，秋分而潛淵”（《説文》卷十一龍部）的動物；“夔”是“神魖也，如龍一足”（《説文》卷五夊部）的動物。面對如此玄之又玄的描述，按圖索驥的成功率幾乎爲零。

“龍”字甲骨文作形的共有十二例，作形的有二十四例。河南偃師二里頭遺址出土的文物上，龍的形象尚無魚鱗、鷹爪、鹿角。[①] 同時，結合甲骨文例看，龍字多用作人名，例如“婦龍”等；方國名，例如“龍方”，還没有被神格化的迹象。《説文》没有對龍的形體作細緻的描述，原因恐怕正在於作者没見過這類動物。相關的典籍，例如《爾雅》，證明許慎以前的人們也缺乏對“龍”的認知。北海公園九龍壁上龍的形象，始於何時，不可考。但可以肯定的是，詭異的傳説，恣意的誇張，失實的渲染，給這種動物塗上了一層神秘色彩，從而逐漸演變爲今天我們在九龍壁上看到的形象。從甲骨文字的形象推測，龍的模特兒可能是鱷一類的爬行動物。河南濮陽西水坡一處仰韶文化遺址曾發現過由蚌殼堆塑而成的龍虎圖，[②]所謂的龍形似鱷魚而有角。這個圖中的動物形象顯而易見地接近

① 中國科學院考古研究所洛陽發掘隊編：《河南偃師二里頭遺址發掘簡報》，《考古》1965年第5期，圖版三-3。

② 參看濮陽市文物管理委員會等編：《河南濮陽西水坡遺址發掘簡報》，《文物》1988年第3期，圖五。

甲骨文的“龍”。

夔字甲骨文作。從字形分析,上部與(見)、(莧)等字相似,下部與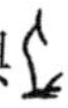(企)字相似。湖南長沙陳家大山楚墓出土的帛畫“夔鳳美女圖”上的夔①,已經演變爲蛇狀物。許氏的解釋當受前代的影響。文字形象與人們塑造的藝術形象有很大的差别,存在兩個可能:一是後人誤釋爲夔;二是古人把夔字借爲“神魖”的固有名詞(聲音接近或相通)。可以肯定,“夔”原是靈長目動物。像這類象形字,雖然客觀世界不一定找得到其對象,但它們的形象性却能啓發我們考釋上的靈感。

2. 文字所象之形有限之制約

動物世界紛繁複雜,其成員也千差萬别,但我們得承認動物之間有着一定的共性,物種的分類,不正是困擾了科學家許多年嗎?因此,怎樣區别同科動物,象形動物字實在難以承擔其重任。動物名詞的創造不能不受到這種共性的影響,某些相類似的動物,古人不得不另造形聲字、會意字、指事字加以區别(詳下文)。

象形文字,尤其是進入點畫化、綫條化階段的象形文字,無論如何象形,常常只是得其大概。倘若動物字所對應的某些動物後世或已消失,對考釋更是平添困難。

二、概括性

動物字倘若徒具形象性,那將與圖畫無别,至少是相去不遠。因此,動物字所具有的概括性,是它不同於圖畫的標志之一。

動物字大抵有客觀對象作模特兒,所以多爲“畫成其物,隨體詰曲”的象形字。這充分證明了漢字與畫畫原本同源。在進入溝通領域後,漢字與畫畫分道揚鑣,象形字凸顯了其高度概括的特性。作爲客觀對象,動物本身總是紛繁複雜的;作爲溝通工具,文字總是要求簡約而易於操作的。那麽,即便畫成其物,概括一法也不得不用。换言之,對客觀事物作真切的摹寫,概括性是象形性的重要補充。動物字的概括手段大體有以下數端:

① 夔或作龍。參看熊傳新:《對照新舊摹本談楚國人物龍鳳帛畫》,《江漢論壇》1981年第1期,第93頁。

（一）以個體代集體

從甲骨文的動物字看，我們發現古人的概括能力相當强。例如馬，無論白馬、黑馬、大馬、小馬，都同屬“馬”這一種類。值得指出的是，這種概括法具有一定的科學性。舉例説，“鹿”指“鹿科動物”，以“鹿”爲形符的形聲字“麐”、“麋”則是鹿科的不同種屬。“犬”指“犬科動物”，“犾”、“狼”則是犬科的不同種屬。

當然，這種概括較爲寬泛，也不無可被詬病的弊端。例如，中國古人以“隹”、“鳥”爲兩大禽類，然而，以之作形符的諸字，却只用以指稱鳥綱這一大類的各個種屬。又如，从“犬”的許多字，像“獏（貘）”、“狖（狖）”等，也未必指稱犬科動物。但是，以形符作動物類屬標識的動物分類法比起十八世紀才奠定科學基礎的動物分類學早了三千年。即便亞里斯多德（公元前384—公元前322）《動物志》等著作已涉及動物分類，也還是晚於商人幾近兩千年。

古人有着敏鋭的觀察力。他們不滿意粗略地區分動物種類。儘管是同一類動物，也會視具體情況，細緻地加以區別。例如：豕，豬的總稱；豚，小豬；豰，小豚；彘，野豬（箭貫豕身，會意狩獵才能獲得的動物）。雖然在甲骨文中這種情況並不普遍，但爲後來動物稱謂的多樣化開了先河。

（二）以局部代全體

動物字中有以局部指代全體者，儘管數量有限。例如以牛首、羊首指代牛、羊之概念，以指代通稱的“牛”、“羊”，而不是僅僅以之指代“牛首”、“羊首”。

這種造字法，恐怕與古人的觀察角度不無關係。在古代，“牛首”、“羊首”用以祭祀，爲人們所熟知，那麽，以人們熟知的形象爲文字原型自然是最好的選擇。

（三）以局部特徵區分物種

對動物肢幹進行局部的誇張是古人創製動物字的手段之一。如以外露的獠牙凸顯“虎”的特徵，以長鼻和長牙凸顯“象”的特徵，以枝狀頭角凸顯“鹿”的特徵，以鬃毛凸顯“馬”的特徵，從而把“虎”、“象”、“鹿”、“馬”等與其他動物區别開來。

動物象形字凸顯局部特徵以區分物種的概括性,有時是我們考釋動物字的考慮因素之一。例如同屬貓科動物的虎和豹就存在着毛色和體形上的差異。《甲骨文編》把、同列於虎字條下,可能是不對的。、並非一物顯而易見。《説文》上説:"豹,似虎圜文。"(卷九豸部)可見當釋爲豹。葉玉森説:"先哲造字時,疑虎、豹爲一物,作豹斑者亦呼爲虎,於字形可推知焉。"(李孝定:1991:1689 頁)葉説虎、豹在字形上有别是對的,但他以爲古人"疑虎豹爲一物",却未免把古人看得太愚蠢了。未見作動物名的用例,而均與"侯"字連用。因"侯"數見,學者以爲即典籍所見之"崇侯虎",所以"侯"也作"侯虎"觀。筆者以爲,如前所述,即作"侯豹"也無妨。典籍可證:"王大射,則共虎侯、熊侯、豹侯,設其鵠。諸侯則共熊侯、豹侯。卿大夫則共麋侯。皆設其鵠。"(《周禮・司裘》卷七)"侯"這一爵位,很可能源於設侯之禮。因此,甲骨文"侯虎"、"侯豹"並存是可能的。

同樣,、等形,从鹿从眉,于省吾認爲字象形兼形聲,即"麋"字。① 大概是可信的。然而,與上引原篆略異,據《天亡簋銘》(《集成》4261)所載字,如前所述,學者據文意釋爲"慶",則可能也是"慶"字。

再如,象虎而有頭角之形,值得我們注意的是,此形獠牙之象並不顯著,殆許書所載"虒"。《説文》云:"委虒,虎之有角者也。从虎厂聲。"(卷五虎部)因此,《甲骨文編》(孫海波:1965:35 頁)一律視爲"虎"的異體不無商榷的餘地。金文有(尊文,《集成》05477),與可能爲同一字,用以指稱"虎"的不同種屬。

三、抽象性

抽象性是促使象形文字與圖畫分道揚鑣的動力。圖畫總是形象的,即便是抽象主義畫派筆下的林林總總,也不能抽象得無所像。

與今天通行的漢字比較,甲骨文中的動物象形字並不十分抽象。但是,甲骨文字已經是相當成熟的文字,文字抽象的特徵不可能不存在。通假的運用,形聲字、會意字尤其是指事字的創製,都是原始文字抽象化的

① 參看于省吾:《甲骨文字釋林》,第 439 頁。

反映。我們仍把甲骨文稱爲“象形文字”,是因爲它最大限度地保留着原始文字的象形特徵。然而,我們面對那麽多的未識字束手無策,不能不拜文字的抽象性所賜。文字的抽象性,應該是它區别於圖畫的標準之一。當然,動物象形字的抽象性是不明顯的,相反,它們是形象的、具體的,只要置於一定的語言環境中,最終也是可以釋讀的。動物象形字的抽象性,表現爲許多字已經點畫化了,並有漸趨綫條化的傾向。只不過這種傾向使漢字最終成爲了方塊文字,而没有向拼音化轉變,像西奈象形字那樣逐漸演變成基本的拼音字母。這就是爲什麽甲骨文中象形字占大多數的原因。

一般説來,動物字具備象形性和概括性,基本可用以指稱不同的動物了。當不足以象其形、不足以概括其特徵而施諸筆墨時,文字的抽象性就开始發揮作用。如以若干部首類分之,或合二三圖形表一義,或附以抽象符號以表意,即六書之形聲、會意和指事。例如:

形聲:物(雜色牛):;鳳:→;雞:→
會意:(雀);(蚩,它)
指事:(𤘘,一歲牛)、(犻,兩歲牛)、(犙,三歲牛)

通過上引例證,可以發現:動物形聲字的産生,受到漢字聲化規律的支配;會意字、指事字的産生,則受到漢字意化規律的支配。[①] 這都是文字抽象化的作用使然。

除了形聲、會意和指事的文字抽象特徵,動物字(詞)的抽象性仍存在多方面的表現形式,以下分别述之:

(一)通假

通假是最大限度增加詞彙量的漢語語言規律之一。動物名詞中也存在通假現象。試舉二例:

,無論它像什麽,不像動物則是顯而易見的。通過辭例的考索,學者們發現,用爲犧牲之名,殆借作“觳”。例如:“甲申卜,貞:翼(翌)乙酉㞢(侑)于且(祖)乙牢㞢(有)一牛㞢(有)?”(《合》25)又如:“貞:方(祊)帝卯一牛㞢(又)?”(《合》14300)

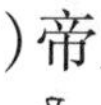,象高冠修尾之鳥形,前賢釋爲“鳳”應可信。然而,如前所述,如

① 參看譚步雲:《漢字發展規律别説》,[香港]《語文建設通訊》總第63期,第16—20頁。

此形象的動物字在卜辭中極少用如動物之名,倒是通常被借用爲“風”。例如:“壬辰,允不雨。風。”(《合》12921 反)又如:“癸未卜,𣪊貞:今日不風?十二月。”(《合》13344)

通假通常也促使新字(詞)的産生。例如,从凡得聲,即後世的“鳳”。就是通假規律動力下的産物。

(二)構形變異

古漢字通過構形變異以表概念之不同,這是一個通則。例如:

、,均象手形而位置方向相反,前者用爲“左”,後者用爲“右”。

又如:

、,文字構成部件相同,只是構件位置稍異,則所表概念不同:前者爲“上”,後者爲“下”。

動物字也不例外。犬和豕就是一個典型的例子。

甲骨文的“犬”作、(孫海波:1965:405—406 頁)等,與小篆作相近,十分切合犬類動物“腹瘦尾翹”的特徵。但、(孫海波:1965:405—406 頁)等,尾雖是翹的,腹就不怎麼瘦了。試比較“豕”字:、(孫海波:1965:388—389 頁),二者的區别只剩下尾之翹否的特徵了。今天,我們即便通過“豕”的小篆形體也可以了解到爲什麼前賢可以準確地區分甲骨文“犬”、“豕”二字。

前文所提及的龜和鱉則是另一個典型的例子。

甲骨文的“龜”通常作、、(孫海波:1965:512—513 頁)等,爲龜的側視之形,與小篆作基本相似。但也有偶作(《前》7.5.2)的,爲龜的俯視之形,與金文作、(容庚:1985:878 頁)相像。然而,、、(孫海波:1965:35 頁)等形是否也是龜就值得考究了。顯然,龜的側視之形和俯視之形均見諸文字,反映了古人對客觀事物有着不同的視角。而側視之形夥、俯視之形寡,則反映了古人在造字之時對客觀事物分而别之的用心。也就是説,側視之形和俯視之形的所指可能是有所區别的:前者爲龜,後者爲鱉。顯然,即便同爲俯視之形,尾之有無就成爲區别彼此的重要特徵。

位置的變化以表所指的差異的法則,不適用於古體與今體的位置變化。如前文提及的虎、犬、豕等動物字,金文和甲骨文是有所不同的。

(三) 功能轉移

西方語言學家認爲,構成新詞的其中一法爲功能轉移(functional shift)。①

Functional shift,英漢詞典通常作"詞性轉换"。筆者以爲可譯作"功能轉移",因爲在此規律作用下漢語新詞的産生不僅體現爲詞性的變化,而且還體現爲詞義的變化。事實上,西方語言,例如英語,通過語音屈折形式使詞性或詞義發生變化,都不妨視之爲 functional shift,與漢語的"破讀(或讀破)"規律相當。

這是一種簡單便捷的造詞法:詞的總量並没有實質上的增加,而詞的功能則大爲擴展。以英語爲例,一個詞改變其詞性或意義,只要其語音發生屈折變化(inflection/inflexion)就可以完成功能轉移,如:contract [ˈkɔntrækt],重音在前,爲名詞,意思是"契約、合同";contract [kɔnˈtrækt],重音移後,爲動詞,意思是"締結(契約、合同)"。又如:contrast[ˈkɔntræst],重音在前,爲名詞,意思是"對比、對照";contrast [kɔnˈtræst],重音移後,爲動詞,意思是"使對比、使對照"。

語音的屈折變化,有時候也使詞形發生變化,尤其是表音文字系統的語言,多如此。仍以英語爲例,woman(單數)→women(複數);foot(單數)→feet(複數);come(動詞原形)→came(過去式)。

當然,也存在語音不發生屈折變化而完成其功能轉移的情況,仍以英語爲例,"water"、"wolf"等,既可以是名詞,也可以用爲動詞。

反觀漢語,也存在功能轉移的詞彙生成法則。

在現代漢語中,某些方言存在利用語音屈折變化以體現詞彙意義的現象。例如開平話,人稱代詞的複數形式即表現爲語音音變的屈折形式:我[ŋɔi^{33}]→我們[ŋɔi^{21}];你[nei^{33}]→你們[niɛk^{21}];他(佢)[k^{h}ui^{33}]→他們(屐)[k^{h}iɛk^{21}]。② 漢語中具有類似形式的方言不太多,已知的有陝西商縣話、蘇北贛榆話、吴語蘇州話等。③

---

① 參 W. Nelson Francis, *The English Language: An Introduction*, W. W. Norton & Company, Inc., 1965.

② 參鄧鈞主編:《開平方言》,湖南電子音像出版社出版 2000 年,第 76 頁。

③ 參袁家驊:《漢語方言概要》,文字改革出版社 1989 年,第 50、97—98 頁。

古漢語同樣存在這麽一種構詞法。某個詞的詞性或意義發生變化,其語音一般也發生屈折變化,在訓詁學上稱之爲"讀破"或"破讀"。例如"爲",動詞念平聲,介詞則改爲去聲。又如"冠",名詞念平聲,動詞念去聲。周法高稱之爲"音變(phonetic modification)"。[①] 我以爲還是作"語音屈折變化(phonetic inflection/inflexion)"爲好。[②]

如同表音文字系統的語言,某些古漢語詞的語音發生屈折變化,其詞形也隨之發生變化。在漢語文字學上,可以視之爲"古今字"、"異體字"或"孳乳字"。例如:"説",音 shuō,爲原形;音 yuè,詞形便改變爲"悦"。又如:"辟",音 bì,爲原形;音 pì,詞形便改變爲"闢"、"僻"等。再如:"弟",音 dì,爲原形;音 tì,詞形便改變爲"悌"。

在甲骨文時代,這種構成新詞的方法就存在了。例如"雨",既可以是名詞,也可以是動詞。例如:"貞:其㞢(有)大雨?"(《合》12704)"癸亥卜,㱿:翼(翌)甲子不雨? 甲子雨,少。"(《合》12973)前例"雨"用爲名詞,後例則爲動詞。至爲分明。

甲骨文動物字也不例外。且看以下例子。

例一,牢,圈養之牛,用爲名詞是常態:"丙辰,争貞:尞三牢?"(《合》15595)但也可用爲動詞:"甲午卜,㝬貞:大示三牢? 二月。"(《合》14834)

我們當然可以説,後一例省略了動詞謂語。不過,這個推測不無問題。如果繼續考察以下例子,相信我們可以接受"三牢"用如動詞的觀點。

例二,魚,可用爲名詞:"甲申卜,不其網□魚?"(《合》16203)也可用爲動詞,捕魚:"王魚? /勿魚?"(《合》667 反)

用爲動詞的"魚",詞形也隨之發生變化:"漁"。

例三,犬,可用爲名詞:"戊寅卜:九犬,帝(禘)于西? 二月。"(《合》21089)也可用爲動詞:"庚戌卜:寧于四方,其五犬?"(《合》34144)

句式與例一相似,不同的是,"五犬"前使用了表疑問語氣的虚詞"其"。如同"其雨","其"後的詞類當爲動詞,作謂語。

---

① 參氏著:《中國古代語法:構詞編》,[臺灣]"中研院"史語所 1962 年,第 5—96 頁。

② 高本漢(Klas Bernhard Johannes Karlgren)傾向於把古漢語視爲屈折語。參氏著,聶鴻飛譯:《漢語的本質和歷史》(*The Chinese Language: An Essay on Its Nature and History*),商務印書館 2010 年,第 57—73 頁。

例四,豖,可用爲名詞:“允隻(獲)豖。”(《合》160 反)“乙亥卜,㱿貞:今日尞三羊、三豖、三犬?”(《合》738 正)也可用爲動詞:“丙午卜,穷貞:于且乙,十白豖?”(《合》1524)

如同前面的例子,“十白豖”用如動詞再無可疑,意思是“用十白豖”。

例五,麑,可用爲名詞:“……麋七十麑四十一麑百。”(《合》20723)也可用爲動詞:“貞:叀麑,王受又(祐)?”(《合》29540)“不麑?”(《合》33407)“己卜,叀麑匕庚?”(《花東》53)

麑,指“用麑”;不麑,自然就是“不用麑”了。

(四)合體字與合文

在甲骨文時代,如何分辨合體字和合文是一件困難的工作,尤其以動物字的分辨最具代表性。例如:與、與、與等,可能存在不同的意義指向,前者爲合文,後者爲合體字(詳下文)。

1. 合體字

儘管甲骨文動物字獨體字不在少數,但合體字也相當可觀。動物合體字其中一種形式並非自身形體的重叠,而是表不同種屬的動物字的組合。這類合體字,讓釋讀者倍感困惑的是難以確定哪是形符哪是意符。更有甚者,難以確定這個合體字的屬性:也許是形聲字、會意字或指事字,也許是通假字。例如下文將要討論的羍、羪、狀三字。

,从羊从牛,可以隸定爲“羍”。《甲骨文編》以爲即《説文》卷十馬部新附字中的“騂”字,收入卷十馬部(孫海波:1965:398—399 頁)。《説文》云:“騂,馬赤色也。从馬,觲省聲。”(卷十馬部)學者們視之爲通假,不無道理。且看其用例:“叀羍小乙歲?/幽牛小乙?/王叀?/叀黄牛小乙歲?”(《村中村南》431)“叀黄[牛]匕己,歲,叀羍?/叀小宰?/叀大牢?”(《村中村南》512)“賜芻羍犅。”(《大簋銘》,《集成》04165)這些例子中的“羍”當然都可以讀爲“騂”。不過,筆者以爲字當釋爲“觲”。羊、牛都是有角的動物,因此,从羊从牛殆會意角牴。《説文》云:“觲,用角低仰便也。从羊、牛、角。”(卷四角部)許慎的解釋有點費解,但對字形的分析是清晰的。它的字形,表達的是牛羊用角相牴的意義。璽文中有(《璽彙》3435)、(《璽彙》0664)二字,可分别隸定爲羍和羍。二字《説文》俱無。《玉篇》無“羍(觲)”有“羍(即犅)”,云:“觸,昌燭切,牴也,據

也。觕,同上。䚗,古文。"(卷二十六角部)䚗和䚗構形不同而構形所表意義無異,都表"牴觸"之義,其初文殆"羊(觲)",後分化爲"觕"、"觲"二字。上引甲骨文例中的"羊"本義指併牛羊二首爲一犧牲。而金文例所謂"羊犅",指頭角相牴之"犅",殆善牴之公牛。不難想象,"觲"原來作"羊",表示"用角相牴"的意義,及後在意化規律的影響下而成"觲",而"羊",則蜕變爲聲符了。其讀音,也許就是後人所標注的息營切。換言之,"觲"和"騂"都是从"羊"得聲的。

㒸,原篆作(《前》2.5.7,即《通》730之下半部分),《甲骨文編》作未識字收入卷十馬部(孫海波:1965:399頁)。甲骨文用爲獸名可無疑。《通》730:"戊午卜,在潢貞:王其壘大兕,叀㒸眔騽,亡災,禽(擒)?"與"騽"並舉,可見其爲合體字而不是合文。則可能也是馬一類的動物。《甲骨文編》收入馬部作合體字顯然是正確的。不過,"㒸"可能應作"豩",如前所述,當"騳"字。

羐,原篆作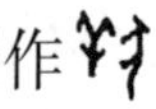(《合》21079,即《甲》3634),《甲骨文編》以爲从羊从豕,隸定爲"㹈",並云:"犧牲名。"(孫海波:1965:185頁)其實字當从羊从犬,宜作"羐"。《中華字海》收"狌"字,並云:"[狌猹]中國古代對西南地區部分少數民族的稱呼。《炎徼紀聞》(卷四):'狌猹,一曰横黄,其種亦夥。'"雖説"羐"、"狌"形體上的不同可以視爲因隸定而産生的差異,但恐怕只是歷史的偶合,而並非一字。"羐"僅一見,或釋曰:"丙寅卜,王,己巳步往迺易日。/于乙丑帝(禘)。/…… 帝(禘)。三/…… 羐。三/……豖。三"(《合》21079)[①]辭殘,其爲合體字抑合文不無疑問。筆者以爲,此辭中的"羐"、"豖"可能是合文而非合體字。當然,這需要更多的資料去證明。

如果進一步結合篆文的"䨺"分析,由不同的動物字組合而成的合體字,大致表達這樣的意義取向:(1) 抽象的動物行爲。(2) 與其中的構成成分相關的某新物種。(3) 不表"複數"意義。

必須指出的是,以表不同種類的動物字組合而成的合體字不同於通過詞形的整體重疊的合體字。在古文字階段,詞形的整體重疊表示"複

① 胡厚宣主編:《甲骨文合集釋文》,第21079片考釋。

數”的意義。這個問題，筆者將在本文第三章第三節加以討論。

2. 合文

在古文字階段，銘刻往往有合二字爲一體的書寫方式，以充分利用文字載體的空間。稍後的合體形式，例如西周時代的金文合文，往往有合文標識“₌”，但甲骨文無。那麼，如何區分合體字和合文是我們釋讀甲骨文動物字的首要一步。

最典型的例子是“戠牛”。“戠牛”原作，《甲骨文編》作未識字收入附録上八（孫海波：1965：651 頁）。《甲骨文字典》（徐中舒：1988）未收。《甲骨文字詁林》（于省吾：1996）亦未收。雪堂隸定爲“犆”，謂“犆”之本字（李孝定：1991：0333—0334 頁）。羅説得到了相當多學者的支持。不過，甲骨文自有“黄牛”、“（西？牛）”、“白豕”等合文例證，甚至見“戠兕”（《佚》518）語，則把釋爲“戠牛”亦無扞格。《殷墟甲骨刻辭類纂》正是這樣處理的（姚孝遂、肖丁：1989：902 頁）。這顯然是正確的，但卻未聞其詳，未免使人略感遺憾。值得慶幸的是，後世的文獻爲我們解決這一難題提供了確鑿的證據。湖北荆沙地區包山所出戰國楚簡卜筮類簡屢見用作犧牲名的“戠牛”語，二字雖可作合文，然分書亦甚明。① 可知確應讀爲“戠牛”。

第二節　關於動物名詞的“性”

自然界中，人有男女之分，動物有雌雄之別，反映到語言中，名詞也可能存在陰性、陽性的區別。例如拉丁語族的法語、日爾曼語族的德語、斯拉夫語族的俄語，都有“性”的語法範疇。

甲骨文字的動物名詞，也有類似陰性、陽性的表達方式。

劃分動物的雌雄，在畜牧業中占重要地位的時代，有着特殊的意義。這不可能不反映到文字中來。於是，甲骨文中就有了表示各種動物自然性別的專字。耐人尋味的是，這些專字是使用添加表示匕（雌）、丄（雄）的符號構成的，與印歐語系諸語言構成陰性、陽性名詞的形式相當接近。顯然，古人在創造動物字（尤其是那些屬於牲畜的動物字）的時候，就考慮如何可以實現動物自然性别的區分。請看下表：

① 參看湖北省荆沙鐵路考古隊編：《包山楚簡》，圖版九〇。步雲案：203 簡“戠牛”二字分書，但 202 簡則作合文。

例字 性	牛	羊	豕	馬	犬	㲋	廌	鹿	虎	龜	隹
雄性	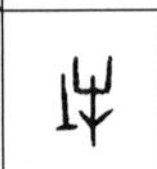		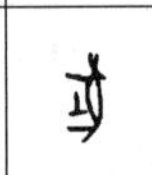			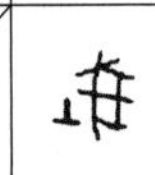	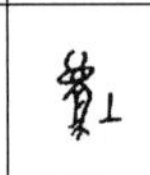		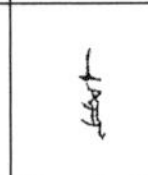		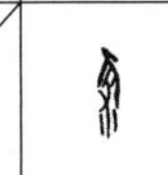
雌性	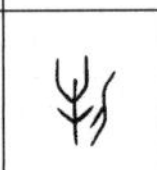			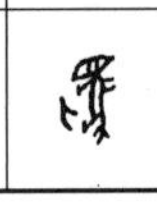	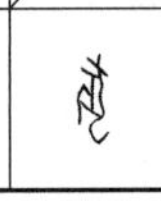			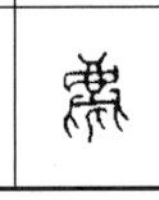	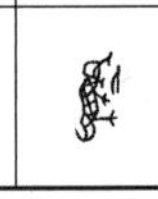	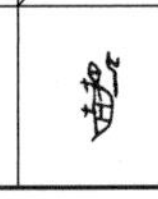	

關於這個表格,有幾點必須予以説明:

一、《甲骨文編》把⿰羊匕、⿰豕匕、駀、⿰虍匕、⿰犭匕、⿰廌匕()、全當作“牝”的異體(孫海波:1965:34—35頁),把⿰羊丄、⿰豕丄、(⿰虍丄)、(⿰犭丄)、(⿰馬丄)、⿸鹿丄、(⿰廌丄)全當作“牡”的異體(孫海波:1965:33—34頁)。今天看來是不正確的。請看證據:

1. 辛巳貞:其桒生于匕庚、匕丙牡、⿰羊丄、白豕?/辛巳貞:其桒生于匕庚、匕丙牝、⿰羊匕、⿰豕匕?

(《綴新》436)

2. 乙巳貞:丙午酌桒生于匕丙牡、⿰羊丄?

(《京都》2300)

3. 辛未卜:卯于且……⿰羊丄、⿰豕丄?

(《乙》2854)

4. ……中……⿰羊匕、⿰豕匕。

(《京都》2999)

5. 貞:來庚戌㞢于示壬每匕庚牝、羊(步雲按:據上引《綴新》436,“羊”疑脱“匕”)、⿰豕匕?

(《佚》99)

⿰羊丄、⿰豕丄顯然不同於牡,⿰羊匕、⿰豕匕也不同於牝。因此,葉玉森説:“卜辭中牝字有从牛、羊、犬、馬、豕五形,疑从牛即言牛之牝,从羊即言羊之牝,从犬从豕亦然,用牲之禮如是,故分别書之。”(李孝定:1991:0299—0300頁)

葉氏的懷疑得到了瞿潤緡的認同,他説:“⿰豕匕、牝、駀、麀雖皆从匕,而種類各異,不必爲一字。今⿰豕匕、駀、⿰𠂤匕、⿰犭匕諸字不見於字書,然牝麀尚異其音讀。”①

① 見《殷契卜辭》第6頁,莞城圖書館編:《容庚學術著作全集》第一册,中華書局2011年,第126頁。

對於葉、瞿二氏的觀點，楊樹達作了進一步的闡發：“故余據《爾雅·釋獸》‘鹿牡麚’之文釋麀爲麚，據‘豕牝豝’之文釋豝爲豝，據《釋畜》‘牡曰騭牝曰騇’之文釋駝爲騇，據‘羊牡羒牝牂’之文釋羒爲羒，牂爲牂。”①

殷墟近出甲骨進一步證明了前賢所論不誤，請看下例：

6. 辛卯卜，叀口宜麀、牝，亦叀牡用？/壬辰卜，子亦隮宜叀麀于左右用？/壬辰卜，子隮宜叀右左麀用？/中叀麀用？/辛卯卜，子隮宜叀幽廌用？ （《花東》198）

7. 乙卜，季母亡不若？/乙夕卜，丙不雨？/丁卜，日雨？/丁卜，不雨？/己卜，叀廌、牛匕庚？/己卜，叀二牡？/庚卜，在𦎫，叀牛匕庚？/辛卜，其宜叀豕？/辛卜，其宜叀大入豕？/辛，宜牂匕庚？/歲匕庚豝？（二辭）/ （《花東》139）

8. ……己亥㞢戊羊二羒二？/……亥㞢乙馬二駝二？ （《村中村南》385）

爲了進一步理解這個論斷，請參看例 6、例 8 的實圖：

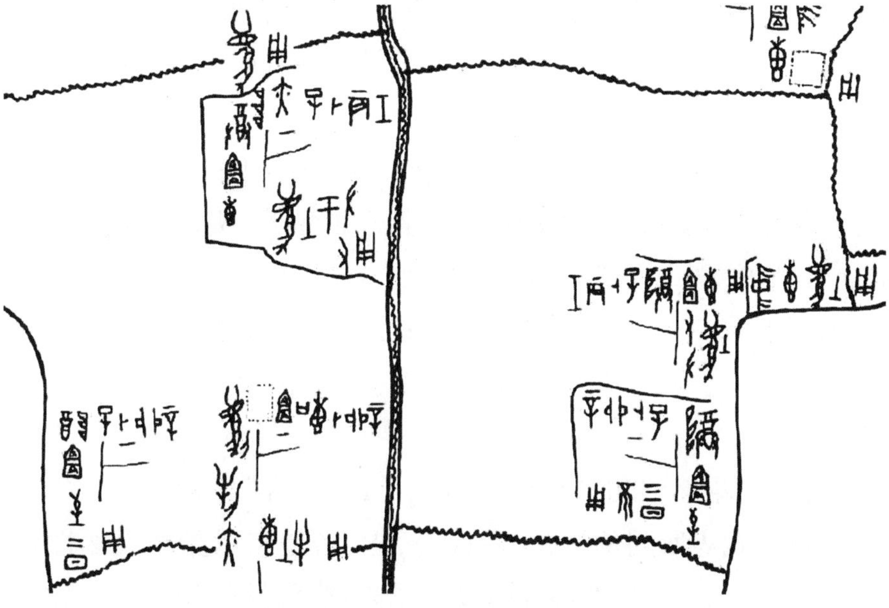

圖一 《花東》198

① 參氏著：《積微居甲文説》卷上，中國科學院 1954 年，第 9—10 頁。

圖二　《村中村南》385

圖一並見䴥、牝,圖二並見"豰"、"羊"，可證从匕从丄諸字不同：羊、豰、䴢顯然不同於牡,羓、豼、䴥也不同於牝。

二、,《甲骨文編》失收。字見《乙》6696:"壬辰卜,争貞：其彪,隻(獲)? 壬辰卜,争貞：其彪,弗其隻(獲)?"

三、,余永梁疑即"雌"字。[①] 丁山釋"雁"。[②] 此字在甲骨文中用爲地名,釋雌、釋"雁"均無不可。姑從余説。又,或作"雌",[③]字不从"匕"。,孫詒讓釋"雄",楊樹達、唐蘭釋"鷸"(李孝定：1991：1387頁)。此處姑從孫説。字不从丄。

四、"麀"只見於秦刻十碣之田車石,蓋甲骨文佚。

五、尚有加牛齡而兼明性别的專字。如(《掇》1.202)、(《乙》3216),《甲骨文編》以爲"三牡"、"四牡"合文(孫海波：1965：618頁)。誤。如前所引嚴一萍説,則即"犇",即"犕",即"犙",分别指稱一歲、二歲、三歲之牛。以此類推,實際上指"牡犙";實際上指"牡牭"。

六、(《花東》330)字首見,實際上是"牡㹋"專名。

基於以上圖表所列例證,筆者以爲,丄、匕是表示動物天然性别的符號,其功能與印-歐語系諸語言用以表示陰性、陽性的詞綴相一致。不同

① 見朱芳圃:《甲骨學文字編》卷四,臺灣商務印書館股份有限公司 1983 年,第 4 頁。
② 見氏著:《甲骨文所見氏族及其制度》,第 125—126 頁。
③ 參看高明:《古文字類編》,中華書局 1980 年,第 228 頁。

的是,丄、匕本質上是字,起碼是"偏旁",而且只能附於動物字(詞)之上。

上列圖表中有幾個動物名詞没有雌雄的對應關係,顯然是不正常的。可惜目前受材料限制,無法證明它們當初也存在一定的對應關係。值得注意的是,存在對應關係的動物字,都有與之相適應的後起形聲字(虎、鷹二字除外)。個别名詞甚至有兩個以上的形聲字。這裏面可能存在方言的因素。這些義同音異的形聲字的產生當有先後之分,所以不必非以《爾雅》爲準不可。我們可以設想:在上古,使用頻率較高的,帶丄、匕偏旁的動物字,發音各異,在漢字聲化規律的支配下,如同其他漢字一樣,其意符逐漸被聲符所替代,如下表:

陰性	本字	牝	⿰羊匕	⿰豕匕	⿰馬匕	⿰象丄	⿰犭匕	⿸虍匕	⿸兕匕	麀	⿰龜匕	⿰隹匕	
	形聲字	牝牯	羒羖羖	豝豠	騇		猵			麍麌		雌	
陽性	本字	⿰牛丄	⿰羊丄	⿰豕丄	⿰馬丄			⿸虍丄	⿸兕丄	⿸鹿丄			
	形聲字	牡犅特	牂羝羭	豭	駔騭			虪		麚		雄	

表中某些動物名詞没有對應的形聲字形,其原因還有待進一步探究。而能够直接指明動物的自然性别的專用字,其詞形從會意到形聲的演變,可從下面的例子得到證實:

1. 麀→麍→麌
2. ⿰牛丄→牡
3. ⿰馬丄→駐(駔,見戰國金文)→駘(騀、騭,見楚簡)
4. ⿰豕丄→豠(豭,見楚簡)
5. ⿰羊匕→羖(羖,見楚簡)

從某種意義上説,采用了形聲詞形的動物名詞,其讀音仍具有直接表明動物的自然性别的功能。换言之,表達"性"的概念,這些動物名詞還無須像後世般借助複合詞構詞手段。例如:

1. 彼茁者葭,一發五豝。　　　　(《詩·召南·騶虞》)
2. 既挾我矢,發彼小豝。　　　　(《詩·小雅·吉田》)

3. 取羝以軷,災燔載烈,以興嗣歲。(《詩・大雅・生民》)

4. 清酒既載,騂牡既備。(《詩・大雅・旱麓》)

5. 誰知烏之雌雄。(《詩・小雅・正月》)

6. 鄭伯使卒出豭。(《左傳・隱十一》)

7. 老羭之爲猨老。(《列子・天瑞》)

即便在已經借助詞彙手段表示"性"的概念的情況下,能直接表示"性"的概念的動物名詞仍被廣泛地使用。畢竟,使用單音節詞比使用複音節詞更省事。

漢語的詞彙朝着以雙音節詞爲主流的複合詞方向發展的過程中,能够直接表示動物自然性别的專有名詞逐漸弱化爲雙音節複合詞的詞素,用以表示"性"的概念。這時,漢語表示"性"的方式,不再是詞形的變化(造字法),而是詞彙手段(構詞法)了。例如:

1. 麀鹿噳噳,有熊有羆,有貓有虎。(《詩・大雅・韓奕》)

2. 牂羊墳首,三星在罶。(《詩・小雅・苕之華》)

3. 雄雉於飛,泄泄其羽。(《詩・邶風・雄雉》)

4. 羝羊觸藩。(《易・大壯》)

就以上例子,可以推斷,人們使用複合詞形以表示"性"的概念,初始力圖保持類屬和"性"的一致。即,"雄性的牛"儘可能作"牡牛","雄性的羊"儘可能作"羝羊"。以此類推。事實上,由於可以表不同種屬的"性"的特指名詞實在太貧乏,在構造不存在表"性"的專有名詞的複合動物名詞時,就不得不借用可以表"性"的專有名詞爲詞素了。例如:

1. 南山崔崔,雄狐綏綏。(《詩・齊風・南山》)

2. 牝雞無晨。(《書・牧誓》)

"雄"本來特指"雄性鳥類","牝"本來特指"雌性牛",但在上述的例子中,被用作構成其他種屬的動物複合名詞的詞素,以表示該物種的"性"的區别。至此,可以直接表示動物的自然性别的專有名詞的歷史使命基本上結束了,雖然延至戰國時期,還偶爾見到特指名詞的用例。例如金文的(駝,《中山王方壺銘》,《集成》09735)和(駐,《庚壺銘》,《集成》09733)。又如簡牘的(駝,曾侯乙墓楚簡)和(駐,曾侯乙墓楚簡)。這可以看作仿古之作。

綜上所述,古漢語表示動物名詞的"性",早期是通過改變動物名詞詞形——在動物名詞上附加丄、匕符號——的方法完成的。附加了丄、匕符號的動物名詞,經歷了因語音的差異而導致的詞形變化,即丄、匕意符漸次爲聲符所取代。但是,詞形變化,無論是動物名詞附加丄、匕意符的變化,還是動物名詞附加聲符的變化,都無法逆轉漢語詞彙複音化的進程。尤其是在"雌雄"、"公母"、"牡牝"等普遍成爲構成複音節詞的詞素時,在動物名詞上附加符號以表示動物名詞的"性"這種方式就此不再。

第三節　關於動物名詞的"數"

印-歐語系的許多語言,名詞有"數"的語法範疇。通過詞綴或屈折變化,表示單數和複數,以表現客觀對象數量的多寡。例如英語:son(兒子)→sons(兒子們);child(孩子)→children(孩子們)。

早期的漢語,原是通過詞(字)形變化以表現"數"的。

數學家認爲:"原始人就只懂得'一'和'二','二'再數下去就是'多','多'在他們看來就是没法子數的。"[①]古漢字中的"數",正是這種現象的孑遺。

古人描述客觀事物,不得不接觸"數"的概念,除了讓名詞與一定的數量詞結合以表示事物的多寡外,他們還通過詞(字)形變化使之含有多數的意義。例如:

茻——甲骨文不見"茻",但有从"茻"的"莫"。《説文》:"茻,衆草也。"(卷一茻部)

㗊——甲骨文有从"㗊"的"哺"(孫海波:1965:91頁),商代金文有从"㗊"的"唬"(《集成》09102)。[②]《説文》:"㗊,衆口也。"(卷三㗊部)

林——甲骨文作(《明》376),《説文》云:"林,平林有叢木。"(卷六林部)

森——甲骨文作(《金》472),《説文》云:"森,木多貌。"(卷六

① 王輯梧:《人怎樣計算》,廣東科技出版社1979年,第1頁。

② 篆文"叫"或體作"嘂"。以此例之,則甲骨文的、金文的或可作"哺"、"唬"。

林部)

㐺——甲骨文作(《甲》2858),《説文》云:“㐺,衆立也。从三人。”(卷八㐺部)段玉裁注云:“會意。《國語·周語上》曰:‘人三爲衆。’”(《説文解字注》卷八)

衆——甲骨文作(《鐵》72.3),《説文》:“衆,多也,从㐺目。衆意。”(卷八㐺部)

灥——《説文》云:“灥,三泉也。”(卷十一灥部)

晶——甲骨文作(《佚》506),《説文》云:“晶,精光也,从三日。”(卷七晶部)段玉裁注云:“凡言物之盛皆三其文,日可三者,所謂累日也。”(《説文解字注》卷七)步雲按:段説甚確。“晶”在甲骨文中用如“星”,表示繁星。

不難發現,上述各例,並不是原來詞(字)形的簡單重複,而是使之産生了“複數”的意義。漢語這種通過原詞(字)形的重疊以表示多數的方法,也用在動物字中。例如:

豩——甲骨文或从三豕:(《前》1.31.5),於此也可見古詞形的不穩定性,反正二豕或三豕都是多數。《説文》:“豩,二豕也。豳从此。”(卷九豕部)“丁卯卜:勿令執氏人田于?/丁卯卜:令執氏人田于?十月。”(《合》1022甲、乙)

虤——甲骨文作(《後》2.3.8)。《説文》云:“虤,虎怒也。”(卷五虎部)步雲按:許慎的解釋恐怕也屬引申義。虎是獨居的動物,兩虎相遇,不免惡鬥。本義當指“二虎”。

驫——古文字見於金文:(《驫姛鼎銘》)。《説文》云:“驫,衆馬也。”(卷十馬部)

雥——甲骨文作:(《續》1.7.6)。《説文》云:“雥,群鳥也。”(卷四雥部)

鱻——古文字見於金文:(《公貿鼎銘》)。甲骨文迄今僅見从水的“漁”。《説文》:“鱻,新魚精也。”許慎的解釋令人費解。徐鍇説:“三,衆也。衆而不變,是鱻也。”徐鍇的説法比較容易理解:鱻即指“衆魚”。

麤——甲骨文从二鹿:(《前》8.10.1)。篆文从三鹿。《説文》:“行超遠也。”段玉裁説:“鹿喜驚躍,故从三鹿,引申之爲鹵莽之稱。”步雲按：雖然段氏正確地指出“魯莽”是“麤”的引申義，但於其本義尚不甚了了。麤的本義當爲“群鹿”。鹿是群居的動物，遷徙、棲息均爲群體活動。所以許慎有“行超遠”一説，這可以從《説文》另一個字“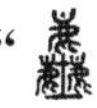”得到驗證：“，鹿行揚土也。从麤从土。”（卷十麤部）這也是引申義。

猋——甲骨文有从二犬的“（犾）”。《説文》：“猋，犬走貌。从三犬。”（卷九犬部）銅器銘文中另有从三犬的“𤞞”（《王作父丁方櫑銘》、《南宫乎鐘銘》等），即甲骨文的“𤞞”（《合》7 等）。①　如同上文的“豩”，兩犬之形和三犬之形所表意義相近乃至相同。

羴——甲骨文或从三羊：（《拾》5.3），或从四羊：（《前》4.35.5）。《説文》云：“羊臭也。”（卷四羊部）段玉裁注云：“臭者，氣之通於鼻者也。羊多則氣羴，故从三羊。”（《説文解字注》卷四）步雲按：“羊臭”顯然是引申義。

犇——古文字未見，殆後起字。《廣韻・魂韻》：“犇，牛驚。”（卷一）以群牛之象表驚怖，恐怕也是“犇”的引申義。

讓我們驚訝的是，世界上某些語言，其複數的構成竟然與漢語相似，例如 Indonesian（印尼語）：

rumah（house）→ rumahrumah（houses）
ibu（mother）→ ibuibu（mothers）
lalat（fly）→ lalatlalat（flies）

這當然屬於“屈折變化”，語言學家稱之爲 total reduplication（整體重叠法）②。

漢語名詞（字）通過重叠以表複數是否屬於“屈折變化”，當然可以進一步探討。但是，現代漢語某些方言可以通過語音的屈折變化以表示複數却是事實。例如人稱代詞的複數形式，開平話表現爲語音音變的屈折

① 參看譚步雲：《釋“𤞞”：兼論犬耕》，《農史研究》第 7 輯，農業出版社 1988 年，第 26—28 頁。《王作父丁方櫑考釋：兼論鐘銘“𤞞”字》，《中山大學研究生學刊》1996 年第 2 期，第 18—21 頁；《古文字與漢語史論集》，中山大學出版社 2002 年，第 251—254 頁。

② 轉引自陳永培、龔少瑜：《語言學文選》（*Introduction Reading In Linguistics*），中山大學出版社 1990 年，第 99 頁。原載 *Language: Introductory Readings*, Third Edition edited by V. P. Clark, P. A. Eschholz and A. F. Rosa, St. Martin's Press, Inc., 1981. Originally from *Language Files* by the Ohio State University Department of Linguistics, Advocate Publishing Group, Ohio, 1979。

形式：我[ŋɔi33]→我們[ŋɔi21]；你[nei33]→你們[niɛk21]；他(佢)[kʰui33]→他們(屐)[kʰiɛk21]①。漢語中具有類似形式的方言不太多,已知的有陝西商縣話、蘇北贛榆話、吴語蘇州話等。② 這給我們以啓發：具有"複數"意義的名詞,其讀音似乎也因自身形體的叠加而發生了變化。换言之,具有了"複數"意義的名詞,不但詞形發生變化,連讀音也發生變化。不過,漢語中的這些含有"複數"意味的名詞並不能直接與數詞連用。我們在漢語文獻中,從來不見"三驫"、"五雔"的用例。而印-歐語系的許多語言,例如英語,數詞是可以直接修飾複數名詞的。例如：three sons(三個兒子),five children(五個小孩)等。雖然如此,漢語中這些"複數"名詞的"複數"意義,除了詞形上的證明外,當然還有文獻上的證據。例如：

1. 晶貙氓於葽草,彈言鳥於森木。　　(左思《蜀都賦》)
2. 衆人媿之。　　(《荀子·儒效》)
3. 驫駥飍矞,及雲警捷,先驅前途。　　(左思《吴都賦》)

以上用例,森、衆、驫都是"衆多"的意思,分别修飾"木"、"人"、"駥"。顯然,就上引例子而言,具有"複數"意義的名詞,當初可能用來分别表示各自事物的"複數",後來則用來修飾各自類屬的事物,以表示多數。例如:"森"原指"複數"的樹,後來用以修飾樹,表示樹的衆多;"衆"原指"複數"的"人",後來用以修飾人,表示人衆多;"驫"原指"複數"的馬,後來用以修飾馬,表示馬的衆多。這種改變詞形使之具有"複數"意義的方法,也用於表抽象概念的詞。例如：

瀺——漁的異體,甲骨文或从四魚。段玉裁説:"瀺……必从鱻者,捕魚則非一魚也。"(《説文解字注》卷十一)可謂一語中的。

雧——集的本字,《説文》:"雧,群鳥在木上。"(卷四雔部)

兼——《説文》:"兼,並也。从又持秝。兼持二禾,秉持一禾。"(卷七秝部)步雲按：所以兼有多拿的意義。

在古文字階段,這種做法相當普遍。例如：

---

① 鄧鈞主編:《開平方言》,第76頁。
② 袁家騂:《漢語方言概要》,文字改革出版社1989年,第50、97—98頁。

象手持數魚形: 　　(《䱷銘》,《集成》06181)

象人處馬群形: 　　(《父丁方彝銘》,《集成》09872)

象驅趕羊群形: 　　(《京津》3006)

古漢語中,名詞通過形體的疊加以表示"複數",其"複數"的功能很弱,一方面固然因爲它們不能被數詞修飾以確指具體的數量,另一方面則因爲數詞可以直接與名詞結合以明其多,無須借助它們以表示"複數"的意義。例如:"三牛"、"四馬"、"五人",要是説成"三犇"、"四驫"、"五衆",似乎顯得累贅。正因如此,相當一部分具有"複數"意義的名詞,在實際的運用中,其本義已經被引申義所替代。替代的結果,使具有"複數"意義的詞形不再具有表"複數"的作用了。請看下例:

羴→羶,麤→粗,鱻→鮮;

雧→集,𤅩→漁。

顯然,"複數"的意義在"羶"、"粗"、"鮮"等詞中已不復存在,其詞形能否表達"複數"的意義也就無足輕重了。而"集"和"漁",意義的側重點在於動作行爲,動作行爲的支配者或對象是否具有"複數"意義當然可以忽略不計,所以它們表"複數"意義的詞形也就趨於簡約了,雖然嚴格説來,這種簡約破壞了詞形部分的表意功能。

儘管有爲數不少的名詞(尤其是動物名詞)仍保留着表"複數"的詞形,但其"複數"的意義僅僅體現在詞形中。例如"猋"、"虤"等,在文獻中根本找不到用如"複數"名詞的證據。

另一部分具有"複數"意義的名詞保留着表"複數"的詞形,則依然有着集合名詞般的意義。只不過它們成爲了構詞詞素,鮮有獨立使用的情況。例如:

森林,群衆。

第四章　甲骨文所見動物名詞研究的現實意義

如同研究甲骨文的其他内容一樣,研究甲骨文的動物名詞,可以爲其他學科提供豐富的書面材料。僅僅靠地下發掘的文物對上古社會進行考察,顯然是不足够的。因此,在有出土文字資料的情況下,充分利用這些資料將有利於考古學、歷史學、古動物學、文字學等學科研究的深入和發展,也有利於考釋未識的甲骨文動物字以及其他載體上的動物字。

第一節 爲考古學、歷史學、古動物學等學科提供文字證據

一、考古學

人類社會的史迹,固然有賴於考古發現。與之同時,某些考古發現的謎團,或可借助文字得以解開。以下試舉數端以説明之。

其一,關於中國家馬的起源。考古學家認爲:"關於中國家馬的起源,的確還是一個没有解决的問題,這個問題的最終解决恐怕還要依靠今後的考古發現。"①儘管在考古學發現上,中國家馬比在西方發現的家馬晚得多,但是,通過甲骨文"馬"及與"馬"相關的文字考察,中國家馬的培育及馴養肯定已有相當長的歷史。

考古發掘證明,早在7000年前,家狗和家豬已是中國古人兩種豢養的動物。因此,家馬爲中國古人所豢養可以推想。

商代的畜牧業,是在農業高度發展的基礎上興旺起來的。從甲骨文中,我們可以窺見商代畜牧業的發達程度和規模。

商代的權勢者在祭祀中使用的牲口數量非常驚人:一次十來二十頭是常事,多的可達四五百頭,甚至有用千牛之問。可見,至少在商代的統治中心,畜牧業的規模相當於現代的中等牧場。

地下的動物遺骸證明:商代的家禽、家畜有牛、羊、豬、狗、雞、馬等。也就是説,後世所謂的"六畜",早在商代就有了。這種情況也反映到文字中,甲骨文既有"(牧)",象牧牛之形,也有"、(養)",象牧羊之形。② 既有"牢",象牛圈之形,也有"㝩"、"家"、"宰",象馬圈、豕圈及羊圈之形。可知畜牧業在商代相當成熟且發達。

---

① 陳星燦:《考古隨筆》,文物出版社2002年,第51頁。

② 《甲骨文字典》視爲"羖"(徐中舒:2006:415頁)。如前文所述,甲骨文别有"羖"字。因此,《甲骨文字典》的訓釋可能是不準確的。

如果進一步擴大文字考察的範圍,可以了解到商人飼養的對象還有獸類。例如,“囿”字就是馴養野獸的場所。卜辭中屢見“隻(獲)象”的記録,這爲“馴象”提供了物質基礎。甲骨文的“爲”字,就是“獲象”、“馴象”的寫照。古代的典籍可以爲證:“商人服象,爲虐於東夷。”(《吕氏春秋·古樂》)地下的文物更是鐵證:殷墟曾出土一具有意識埋藏的幼象骨骼,[①]考古學家認爲是家象。除了象以外,商人似乎還飼養其他的獸類。例如《寧滬》2.145,描繪了一頭被羈押的獸,旁邊另一獸徐徐向它走去,一把搭上箭的弓擺在一邊。這讓人陡生想象:商人把剛獵獲的、暫時不吃的野獸圈養起來。[②] 這正是古人馴養動物的、極好的原始材料。

商王朝畜牧業的發展,對鄰國的影響很大。方國中有名爲“馬方”的,可能是飼馬業發達的附屬國。商王朝所使用的馬匹,大概有許多來自這個地方和其他方國。例如:“□辰卜,𡆥貞:乎得馬于𢀛氏?三月。”(《續》5.4.5)“貞得馬?”(《文》912)可見畜牧業的發達程度和規模不僅僅局限於商的統治中心。退而論之,即便家馬的豢養晚於異域,也無損於中國古人至遲在商代已掌握養馬術。

其二,文物的確定及其命名、發現及遺存可以與文字進行互證。諸如玉石雕動物、青銅動物造型、青銅器動物紋飾等等。

在江西新干大洋洲出土的一件被考古工作者命名爲“伏鳥雙尾銅卧虎”的青銅器,[③]如果結合甲骨文的,以及銅器銘文的、(容庚:1985:1076頁)等,這件銅器也許可以命名爲“唬(敔)”,樂器名。

又如商周兩代所出所謂“玉虎”,[④]其造型也與甲骨文、商金文“虎”字相合,不妨定名爲“琥”。《説文》云:“琥,發兵瑞玉,爲虎文,从玉从虎,虎亦聲。”(卷一玉部)釋義只着眼於符節,恐怕有點狹窄。還是《左傳·昭公三十年》“賜子家雙琥”的注釋簡明:“玉器。”這種以虎造型的玉器的命名,可以在稍後的器物銘文得到驗證。例如中山王譽墓出土的虎形玉

---

① 現藏社科院考古研究所安陽工作隊。

② 參看張光直著,毛小雨譯:《商代文明》,第120頁。

③ 江西省文物考古研究所、江西省博物館、新干縣博物館編著:《新干商代大墓》,文物出版社1997年,第31頁。

④ 中國社會科學院考古研究所編著:《安陽殷墟出土玉器》,科學出版社2005年,第74頁。

器,往往以“玉琥”或“玉虎”名之。①

再如商周兩代所出所謂“玉龍”,②如同“琥”,可以定名爲“瓏”。《説文》:“瓏,禱旱玉,龍文,从玉从龍,會意,龍亦聲。”(卷一玉部)

商周乃至商周以前的墓葬多有玉石器的發現,其中許多動物造型可據甲骨文字加以確定。例如有確定爲無角之“鹿”者,③其實可能是“麞”或“麑”。

其三,考古學家難以發現豬圈之類的遺址以證實豬等動物的人工豢養。然而,甲骨文的“家”字,却分明描畫出古代人豬混處的場景。因此,考古學家認爲,這正是難以發現豬圈之類的牲畜圈欄遺存的原因。④ 换言之,單一用途的牲畜圈欄恐怕很晚才出現。

二、歷史學

觀堂云:“吾輩生於今日,幸於紙上之材料外更得地下之新材料,由此種材料,我輩固得據以補正紙上之材料,亦得證明古書之某部分全爲實録,即百家不雅馴之言,亦不無表示一面之事實。此二重證據法惟在今日始得爲之。雖古書之未得證明者不能加以否定,而其已得證明者不能不加以肯定,可斷言也。”⑤

誠如王先生所説,重構殷商史,除了利用傳世文獻外,很關鍵的是充分利用發現自商代遺址的文物,特别是像甲骨文那樣的文字資料。事實上,十一卷本的《商代史》正是這樣的一部著作。⑥ 這裏,僅僅就甲骨文動物字所透露出的某些信息,以説明此項研究對歷史學的意義。

人類走出鳥獸的行列,但並未與動物絶緣。大自然爲人類提供必要的生活資料,同時也爲人類設置了重重危機。人類必須爲捍衛自身的存在而與猛獸毒蟲作殊死的抗爭。如果説,畜牧業是人類征服動物的體現,那麽,狩獵就是人類直截了當地征服動物的手段。

---

① 參看吴鎮烽:《商周青銅器銘文暨圖録集成》35卷,上海古籍出版社2012年,第335—340頁。步雲按:於此可知虎形玉器作“虎”爲早期寫法,“琥”爲後期寫法。

② 中國社會科學院考古研究所編著:《安陽殷墟出土玉器》,第70頁。

③ 中國社會科學院考古研究所編著:《安陽殷墟出土玉器》,第77頁。

④ 陳星燦著:《考古隨筆·史前人飼養豬的方式》,第113—115頁。

⑤ 王國維著:《古史新證》,清華大學出版社1994年,第3頁。

⑥ 宋鎮豪主編:《商代史(十一卷本)》,中國社會科學出版社2010—2011年。

畜牧業的成熟,爲商代的人們提供穩定的生活資料。但是,由於權勢者在祭祀上過分地浪費牲畜,以致田獵在商代仍是生産活動。文獻可證:"不狩不獵,胡瞻爾庭有懸特兮?"(《詩·魏風·伐檀》)春秋尚且如此,遑論商代!可見當時的狩獵實在是對畜牧業的補充。請看《合》10198正(即《乙》2908)對狩獵成果的記録:四十頭鹿、一百五十九頭彘(野豬)、一百一十五隻麑,此外還有虎、犾(狐)等。如此大規模的田獵,恐怕不是奴隸主時髦的玩意兒。

製造業的發展,爲狩獵提供了新式裝備,戈、弓箭等利器均用於狩獵。牲畜的馴養,也有助於提高狩獵的效率。例如,使用馬拉的戰車打獵,追逐野獸的速度可以得到提高。有了獵犬,無論是找尋獵物,還是捕獲獵物,都大有裨益。甲骨文的"狩"字,从干从犬,正是犬用於田獵的寫照。《佚》635的記録更加直接:"……犬隻(獲)兕"説的是獵犬捕獲了或發現了兕。有人認爲這裏的"犬"是官名,即便如此,也動摇不了犬用於田獵的事實。

在甲骨文中,可以非常直觀地了解商代的人們狩獵的方式: ,利用陷阱設伏; 、、,用網具捕獸。

從甲骨文可以了解到,商人的狩獵没有時間限制,一年四季都可出獵。田獵的周期有長達24日的(《綴新》523)。文獻所謂"春蒐、夏苗、秋獮、冬狩"(《左傳·隱公五年》),於甲骨文中得到確證。

商人從事畜牧業,不僅僅爲了得到大量的肉食,更是爲了利用畜力。前面説到的用馬拉車,用犬狩獵,就是利用畜力的一個方面。而畜力用於農耕,則是另一個方面。"㹜"字,于省吾釋爲地名,認爲其本義是"農民耕於荒野,飯於壟畝,故用犬以資警衛,並守護器物"。[①] 解釋雖然有點奇特,但畢竟認定此字與農耕不無干係。筆者以爲,"㹜"是"犁"的本字,是上古人們利用犬力耕作在文字中的反映。[②]

甲骨文見(《佚》888)、(《粹》51)、(《掇》1.455)諸字,《甲骨文

① 參氏著:《甲骨文字釋林·釋㹜》,第253—258頁。

② 參譚步雲:《釋"㹜":兼論犬耕》,《農史研究》第7輯,第26—28頁;又《王作父丁方櫑考釋:兼論鐘銘"㹜"字》,《中山大學研究生學刊》1996年第2期,第18—21頁;又載《古文字與漢語史論集》,中山大學出版社2002年,第251—254頁;又《中國上古犬耕的再考證》,《中國農史》第17卷第2期,第3—5頁。

編》隸定作“𨿡”(孫海波: 1965: 179 頁)。這個形體不見於字書,在甲骨文中用爲“王亥”的專名。結合銅器銘文“玄鳥婦”(《罍銘》,《集成》9794)以及商人雅好鑄造鳥形青銅器的現象,足以證明玄鳥生商傳説之可信,足以證明“王亥”確爲商人的先公先王。

如果説,對獸類的馴服是古人征服自然的體現,那麽,把某些動物神格化、使用大量的犧牲乞靈於鬼神,則是古人懾服於自然的體現。

應該承認,三千多年前的生産力是相當低下的。人們對自然仍有很大的依賴性。於是,一種奇異的現象發生了: 象徵生産力發展的畜牧業的興旺,却與祭祀活動緊密聯繫在一起。一方面,古人對自然的支配能力大爲提高,另一方面,却對某些自然現象束手無策而只能乞求於神靈。

在記録祭祀的卜辭中,我們可以看到牲畜浪費的驚人狀况以及古人用牲的方式。尞,火化牲畜,可能是祭天的祀禮;沈,把牲畜扔進水裏,可能是祭水的祀禮;①薶,活埋牲畜,可能是祭土神的祀禮。此外,還有卯——把牲畜剖開;𠀠——可能用如“删”,剁去動物的四肢,②等。殘殺牲畜簡直就是無所不用其極。

三、古動物學

商時的動物種類有多少? 無論是歷史文獻還是考古發掘,都難以作出精確的、甚至粗略的回答。但甲骨文所見動物名詞却可以爲我們提供大致的統計數字: 其常見者至少有兩百種以上。倘若把存疑的動物名詞全部釋出,對古動物學是一大貢獻。

這裏,我們不妨試試運用現代動物分類學方法給前文所述的 219 種動物進行大致的分類:

1. 哺乳綱

(1) 偶蹄目

a. 反芻亞目: 牛(牝、牡、犅、牢、物、㸨、𤘘)、羊(羒[羓]、牂[羘]、羯

① 直到唐代,這種祭祀方式仍然存在。宋 · 歐陽修《韓愈傳》載:“愈至潮問民疾苦。皆曰:‘惡溪有鱷魚,食民畜産且盡,民以是窮。’數日愈自往視之,令其屬秦濟以一羊一豚投谿水,而祝之曰:……”(《新唐書》卷一百七十六)

② 參于省吾:《甲骨文字釋林 · 釋𠀠》,第 172—173 頁。

［宰］、羔［］）、羱（莧）。

b. 不反芻亞目：豕（豭［豼］、豝［豼］、豖、豰、豨、豚）、彘、豢、豸、豱、兕（兕）、象、馬、騝（駐）、騖（駝）、駁、驪、騽、騂（觲）、騳（駒）、駛（駛）、騫（驀）、騺、騖（騳/騴）、騙（駕），駱（騳）、騂（騳）、騊（騂）、麃（麃）、鹿（麑［麛］、麞、麗［覼］）、麐，麋、麇、麕（麌）、麝、麢（）、騾（騳）。

（2）食肉目

虎（虎、虪［彪］、虒、虞［虘］）、豹、貘（貘）、犬（猵［犯］、尨、猶、猧）、狼、狐（犾）、狽、犰（犰）、熊、羆、鼬。

（3）靈長目

夒、夔。

（4）兔目

兔、魯。

（5）翼手目

蝠。

待考者：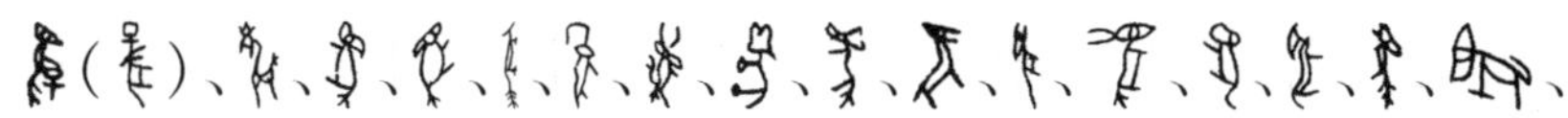

2. 鳥綱

鳥（隹、佌、雄）、雀、雉、雝、鴻（琟）、雒、雄（雋）、雚、鴉、雁、雞、雈、雈、舊、鳳、鷗、鶵（雊）、鳶、鴿（雂）、鷹（雗）、鷳（雎）、駕、梟、鳥（雈）、燕。

待考者：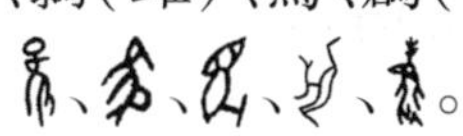。

3. 爬行綱

（1）蛇目

龍（也可能爲鱷目）、虫（虺）、它（蚩）、巴。

（2）龜鱉目

龜（龜）、鱉、鼉（鼉）、黿、鼀（鼁）。

待考者：黽。

4. 昆蟲綱

蜀、蟬、青（蜻）、蚰、蠶、蟬、蠅（蠅）。

待考：。

5. 斧足綱

貝、鮚(蠱)、辰(蜃)。

6. 吸蟲綱

蠱。

7. 兩棲綱

黽(或作鼄,可能當入蛛形綱)。

8. 蛛形綱

蠆(萬)、离。

9. 魚綱

魚、鮪(䲖)、魤。

自然,這個分類只是粗略的,也未必完全準確。不過,這份動物名録足以證明殷商乃至更早的中國大地上活躍着種類繁多的動物,也足以説明中國古人在動物分類方面的水平了。

此外,動物種類的確定,也可藉以推斷商時中原一帶的地理環境及其發展變化。例如甲骨文的“象”字,證實了象在商代仍活動於我國的中原一帶,間接地説明了彼地彼時的氣温較現在高,所以河南古稱豫州。① 又如,商人們頻繁的田獵活動,證明了當時的商地及其鄰近區域肯定是一個天然動物園。可以想象,這裏樹木參天,水草豐美,活躍着各種各樣的珍禽異獸。

第二節 爲考釋甲骨文中的動物字提供理論基礎和方法

一、對考證殘泐或簡省動物字之意義

甲骨文附着於龜甲、獸骨之上,歷經千年而不免有所殘泐。因此,確釋的象形動物字便提供了可靠的範本,從而使殘缺者得以考釋。如上文提及的,據等形,可知當作“駜”,牝馬之專名。以下再舉一二例以説明之。

,《甲骨文編》作未識字收入附上四七(孫海波:1965:730 頁),字見於《合》35269(即《甲》2336),同版有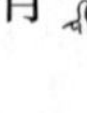,則恐怕也是夒字的殘泐之形,也可能字未刻全。

① 參看竺可楨:《中國近五千年來氣候變遷初步研究》,《考古學報》1972 年第 1 期,第 17 頁。

，《甲骨文編》作未識字收入附録上九六（孫海波：1965：828 頁）。字僅見於《存》下 537："戊申卜，貞：止羊……"未能確解。不過，據前文所引花東卜辭的"馬"字異體，則也許亦馬之形，只是省略了鬃毛之形而已。再看看，《甲骨文編》作未識字收入附録上九八（孫海波：1965：832 頁）。儘管卜辭殘泐不能卒讀："…………乍（作）……"（《合》11524，即《鐵》83.2）細審之，其實亦未刻全之馬字。

二、對考證缺乏文字演變途徑的獨體動物字之意義

上古漢語，字和詞幾乎是二位一體的。所以，甲骨文中的動物名詞，實際上就是動物"字"。這些"字"，以獨體象形字居多。而且，有些字在後世已經被形聲字所代替。例如：——麞；——蛇，等。完全依賴部首分析法不免諸多掣肘。動物象形字雖然只是大體上描繪了自然界中動物的基本輪廓，無疑給我們的考釋製造了許多困難，但是，據形定物仍不失爲一個有效的辦法。例如王國維考證豖、犬二字，堪稱經典（李孝定：1991：3091 頁）。其他如象、虎、馬等字的考定，除了與後世文字相繫聯外，無一不是以自然物爲參照對象的。

，《甲骨文編》收入附上九七（孫海波：1965：830 頁）。字畢肖猿猴之形，當亦"夒"字。不過，字止一見："……戊……穷……"（《林》2.16.16）卜辭殘泐，不能確知文意。

甲骨文的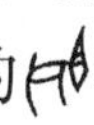字，確定爲"麞"可能是正確的。我們發現，象鹿或與鹿有關的字都是側面正立的形象（參看本文第二章第一節"甲骨文所見動物名詞"）。這似乎是個規律。，外形像"麞"，大概是一種不長角的鹿。"麞"恰好就是一種雌雄都無頭角的鹿科動物。從地域上考察，"麞"現今産於長江流域各省，緯度略低於河南一帶。但商時河南一帶的氣温比現在要高，"麞"後來南遷是可能的。猶如今天我們在河南見不到野犀一樣。

三、對考證以動物字爲形符或聲符的合體字之意義

如前所述，甲骨文動物字當中有相當數量的合體字，其中部分是形聲字或會意字。其聲符或形符若是已識的動物字，據之以釋字當可收事半功倍之效。試看以下例子：

例一，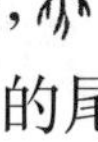，完全是一隻鳥的俯視圖：伸展的翅膀，圓圓的腦袋，微張的喙。歧出的尾巴尤其應引起我們的注意：如同憑藉尾巴翹卷與否分辨

“犬”和“豖”一樣,這誇張的枝形尾巴正是它區别於其他鳥類的特徵。因此,古文字學家很容易想到它就是“燕”。進一步聯繫相關的文字以考察“燕”字的流變,釋爲“燕”應當再無疑義。此字既識,則《甲骨文編》收入附録上六九(孫海波: 1965: 773 頁)的也許可作“曣”[①]。左上所从爲“日”,右則从側面的“燕”。《説文》有“曣”,云:“星無雲也。从日燕聲。”(卷七日部)字凡三見:“且(祖)乙曣。”(《乙》346)“貞: 福于父甲? 貞: 青幸曰曣?”(《乙》7438)“……曣……蝠。”(《林》1.10.4)甲骨文似用作祖考名諱。

例二,“”(H11 : 19)[②],右邊所从,略同殷墟甲骨文犬字。左邊所从,略同殷墟甲骨文(《乙》8795)、(《拾》1.15)等形,分明从日从茻,即“莫”字。因此,整個字不妨隸定爲“獏”。古漢字从犬从豸有時並無區别,例如“犴”或作“豻”。那麽,“獏”當同“貘”。殷墟甲骨文未見“獏”字,商金文則作(《亞獏父丁尊銘》,《集成》05736),从日从莫甚明,雖形體稍異亦可知同周原甲骨。

例三,、、等字,如前所述,倘若可確定爲“慶”,則上引三字不妨分别作 “膢”、“ 噻”和“瀌”,儘管它們的音義仍有待考釋。

例四,如前所述,既釋爲“雗”,那麽,分明从雗从止,字雖不識,但以“逐”字例之,殆爲逐雗之形,特指獵雗。辭云:“辛未貞: 王其于北?”(《存》1.1916)察其文意,釋爲“逐”字異體十分合適。[③]

例五,(《乙》4960)、(《前》5.46.7)二形,《甲骨文編》作未識字收入附録上四八(孫海波: 1965: 731 頁)。《甲骨文字典》云: 義不明(徐中舒: 2006: 434 頁)。二形似乎从隹从肉,也許可作“脽”,則與鳥名無涉。

例六,,《甲骨文編》收入附上九七(孫海波: 1965: 829 頁)。《合》13584 正甲(即《乙》1050):“……家且乙弗家且乙……兹”《合》9507 正(即《乙》2331):“穷貞: ?”《合》13584 正乙(即《乙》3162):“且乙左辛壬兹見……”《合》10405 正(即《菁》3.1):“王固曰: 乃兹亦㞢希,若

① 《甲骨文字詁林》云: 字不可識,其義不詳(于省吾: 1996: 1734 頁)。

② 曹瑋編著:《周原甲骨文》,世界圖書出版公司 2002 年,第 18 頁。

③ 參看張桂光:《古文字考釋十四則》,《胡厚宣先生紀念文集》,科學出版社 1998 年,第 214 頁。

姷。甲午王往逐兕。臣𡳿車馬硪王車,子央亦队(墜)。”《合》10406(即《掇》1.454):“王固曰:乃[兹亦㞢]希,若姷。甲午王往逐兕。[臣𡳿]車馬硪王車,子央亦隊。”《合》15485(即《明》299):“丑卜,㱿貞:勿歲卜,㞢希,用册?”商金文亦見相近之形:(《后㚸母尊銘》)[①],一般隸定爲“㚸”,用爲先妣之名。據此,則甲骨文之亦宜作“㚸”[②]。體其文意,似亦用爲人名。

既然可以通過象形字以考訂形聲字或會意字,那通過已經考訂的形聲字或會意字去考釋象形字應該也是可以的。

例如,《甲骨文編》正文收“䨻”字(孫海波:1965:454頁),却把“”收入附録(孫海波:1965:833—834頁)。學者根據字多與“帚(婦)”連用,遂釋之爲“鼠”(李孝定:1991:4552—4553頁)。作爲人名,釋“鼠”似無不可。但是,“䨻”字从雨从貍,甲骨文亦如是作。試比較:

(《甲》3754反)—— (《前》7.14.4)
(《寧滬》3.24)—— (《柏》10)

所謂的“鼠”,分明是“貍”。所以,“鼠”宜改釋爲“貍”。

四、對考證脱離了語言環境的孤立文字之意義

動物字有形可識,且有同時文字可資比較參照,即便某些脱離了語言環境而處於孤立狀態中的字,也可作出“雖不中亦不遠”的推斷。

例如在文章開篇提及的(《粹》1584),或以爲“兕”。事實上,如前所述,“兕”是野牛,此形去“似牛而青”的描述較遠。鄙意殆象犀牛之形,可能是“犀”之初文。商金文有(尊文,《集成》05478),殆初文。

又如,《甲骨文編》作“馬”(孫海波:1965:397頁)。然而,此形與常見之“馬”分明不同。審其辭例:“丙申卜,扶:征魫三古(?)用,大丁?”(《乙》9092)讀“馬”固然暢然無礙,但釋爲别的獸名似乎亦可通。不過,類似的字形亦見於《合》20407(《前》4.46.3):“……貞:方……一千阩口喪印? 五月。”因此,孫先生作“馬”甚是。

本文第三章討論過古漢語動物名詞有類似“性”的詞形變化。那麽,

① 中國社會科學院考古研究所編:《殷墟婦好墓》,文物出版社1980年,第58頁。
② 參看曹定雲:《殷墟婦好墓銘文研究》,雲南人民出版社2007年,第99—100頁。

當我們在考釋某些帶有類似符號作偏旁的動物字的時候,應當考慮其符號特殊的表意功能。例如:,聞一多釋爲“豖”,並謂“去勢豖”(李孝定:1991:2985—2986 頁)。從而證明《説文》對“豖”的解釋是錯誤的。唐蘭以爲會意“牡豖”,“豭”、“豖”二形實際上爲一字之異(李孝定:1991:2979—2980 頁)。然而,、二字所从分明是兩個不同的符號,則字當有别。請看證據:

甲子卜,蚑叀二二用?□□卜,亡𡆥蚑□二二……?

(《合》22276,即《乙》4544)

可見二字不同,義亦殊異。

一定歷史時期的藝術品,也可以作爲考釋動物名詞的參考資料。例如:商代的“小臣艅尊”是個犀牛的造型,和我們今天所見的犀牛毫無二致。又如:長沙沙湖橋一帶西漢古墓所出漆器上的貼金動物圖,其中一鳥酷似鴕鳥(鴯鶓),一獸酷似熊:、。[①] 這些動物必然會反映到文字中,特别是後者(《説文》有“熊”字)。

古籍中所記載的動物名詞,也是考釋甲骨文動物字的參考之一。一般説來,某些動物不會遽然出現或消失。後人所見的動物,可能也見於殷商,只是反映在古籍和甲骨文中有所不同罷了。

儘可能充分利用動物學——尤其是古動物學的研究成果,在詮釋動物名詞上有重要的意義。動物學專家對地下出土的動物骨骼、殘骸所作的鑒定、分類,是我們認識甲骨文動物名詞的依據之一。例如:河南許昌靈井的石器遺址出土了鱉、鴕鳥、貛、野驢、小馬等動物骨骼,[②]但在甲骨文已經考釋的文字中,却没有這些動物的名目。這是很奇怪的現象。

動物分類學的知識,也應該成爲我們考釋動物名詞的利器。例如:㹜,郭沫若釋“狐”,契齋釋“狼”(李孝定:1991:3115—3118 頁)。在動物分類學上,“狼”和“狐”同屬犬科,所以,二字都有表示其大致類屬的“犬”的偏旁。“㹜”从“犬”,實話説,釋“狼”釋“狐”都是可以的。但是,

---

① 參看李正光、彭青野:《長沙沙湖橋一帶古墓發掘報告》,《考古學報》1957 年第 4 期,圖版拾 3 - 6。

② 周國興:《河南許昌靈井的石器時代遺存》,《考古》1974 年第 2 期,第 97 頁。步雲按:此遺址屬新石器時期的仰韶文化和早商文化類型。

甲骨文已有从犬良聲的“狼”字,[①]那“狀”釋爲“狐”顯然更合適。況且,我們可以從文字演變上找到根據。圖示如次:

犾/𤞞(甲骨文)→獛(金文,變换聲符)↘
↘——→瓜(金文,通假而附加形符)——→狐/䫖[②]

運用動物分類學分析動物名詞,特别是辨識外形相似(或同類而不同種屬)的動物,進而識别其客觀的反映——動物名詞,有着特别重要的意義。

總之,在今天的學科越分越細、各學科之間互相滲透的情況下,充分利用其他學科的理論、方法、成果以考釋甲骨文的動物名詞,顯然是十分必要的。同時也爲甲骨文動物字的考釋開拓了新的途徑。

第三節 可以促進同時期各類材質載體上的動物字之研究

如前所述,因文字載體的不同,商金文較之殷墟甲骨文更爲象形。在考釋動物字方面,商金文無疑可以提供更直觀的形體。不過,正是其接近於圖畫的特點而讓學者心存疑慮,以致某些完全可以確知的文字被打上一個大大的問號。在青銅器銘文中,許多動物圖案呈孤立狀態,無怪乎學者或視爲族徽、圖騰,近文字而非文字。然而,結合甲骨文動物字以作考察,我們實在難以把它們排除在文字之外。

以下不妨舉幾個例子説明之:

例一,(卣文,《集成》05278)、(斝文,《集成》09242)二字,《金文編》作未識字收入附録上 208(容庚:1985:1080 頁)。據甲骨文(狽),則上揭二文必“狽”之初文。如前所述,無論其載體是否更早出,其字體更爲古老則毋庸置疑,周金文作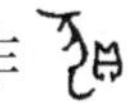(《作狽寶彝器銘》,《集成》10539)可證。

例二,(鼎文,《集成》01104-2)、(鼎文,《集成》01104-1)二

① 參唐蘭:《殷墟文字記》,第 54—57 頁。

② 參譚步雲:《古文字考釋三則:釋狐、釋蒦、釋飲/歙/酓》,《中山大學學報》2013 年第 6 期,第 63—68 頁。

文,《金文編》作未識字收入附録上 204(容庚：1985：1079 頁)。其形爲牛首無疑。倘若結合甲骨文及稍後的金文細繹之,例如(《甲》795)、(《師寰簋銘》),可知等實在就是“牛”的早期形體。

例三,(尊文,《集成》05542)、(斝文,《集成》09174)二字,《金文編》作未識字收入附録上 223(容庚：1985：1085 頁)。甲骨文有類似的文字：(《合》10476,即《京津》1516)、(《合》10475,即《前》6.50.7)。如前所述,這幾個形體恐怕都是“漁”字的原始形態。此外,甲骨文有名爲子漁者(《合》130 正等),爲武丁時人。則上揭金文之“子漁”,很難讓人不產生某些聯想。

例四,(戈文,《集成》10857.1),《金文編》作未識字收入附録上 201(容庚：1985：1078 頁),摹寫與拓本略有差異,但其爲馬形則無可疑。試比較：(《乙》9092)、(《前》4.46.3)。以“犬”、“象”等字例之,則恐怕正是“馬”的早期形體。

例五,、、、(容庚：1985：1085 頁)諸形,其實就是上文提過的的繁構,即“青”的初文。只是前者繪出四翅六足後者僅摹四翅而已。《金文編》分爲二字可能是不正確的。《説文》云:“青,東方色也。木生火,从生、丹。丹青之信言象然。凡青之屬皆从青。,古文青。”(卷五青部)許書所録古文猶存古意,但釋義則去之甚遠。“青色”的意義大概從蜻蜓之青黑之色引申而來。(《微父乙簋銘》,《集成》03862)字可證,[①]它其實就是等形的後起形聲字,从生聲,即“蜻”字。

事實上,不但商代金文某些動物字可藉甲骨文得以確釋,所有其他載體上的未識動物字,也可以通過與甲骨文動物字的比較加以考釋。即便一時無法確考,但於其最終的考定肯定大有裨益。

例如商代陶文(《陶彙》1.104)和商代金文(鼎文,《集成》01119),著録者均釋爲“龍”。但,《金文編》作未識字收入附上 203(容庚：1985：1079 頁)。我們不妨以甲骨文的“龍”字作參照對象：(《鐵》105.3)、(《前》4.53.4)。可見著録者的考釋是正確的,儘管陶文有所殘泐,金文形體也略有變化。

---

① 著者釋爲“蛙生”二字。參看中國社會科學院考古研究所編:《殷周金文集成》第三册,中華書局 2007 年,第 2068 頁。步雲按:如同,亦爲造器者氏族專名,不當析爲二字。

又如西周金文□字,辭云:“弔(叔)□賜貝于王,姒用作寶尊彝。”(《叔□方彝銘》,《集成》09888)用爲人名。然而,字分明从㲋从匕,如前所述,即雌㲋的專名,則其爲動物名可無疑。後世字書失之。

結　語

儘管甲骨文所見動物字的研究不是一個嶄新的課題,但既有的研究或偏乎一隅,或失諸綜合,或囿於見聞,加之不斷有新見的甲骨文材料,這個課題顯然有深入探討之必要。基於此,本文就“甲骨文金文動物字與圖畫之異同”、“甲骨文所見動物名詞及動物形象在文字中的反映”、“動物字的造字法則”、“甲骨文所見動物名詞研究的現實意義”等問題進行了討論,除了補充新見動物字對動物字既有的考釋作了全面的檢討外,還就如何區分動物字和圖畫如何考證各種載體上的古動物字提出了個人的思考,並對某些待釋字、存疑字重新作了考證。如果説本文還有一二值得稱道處,恐怕就是指出了甲骨文動物名詞研究的現實意義,並對今後的研究提出了某些設想。

例如下圖《陶彙》所收商陶器銘搨:

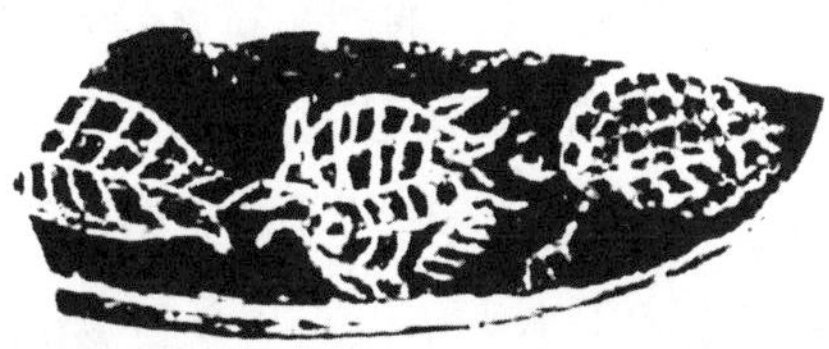

1.105

著録者釋爲“黿、魚”二字,似有可商。根據前文所列分辨圖畫和文字的原則:第一,這個器銘並非處於語言環境中,自然並非起記録語言的作用。第二,儘管器皿殘泐以致搨本不全,但也可以推想圖像環器而作,運用了對稱與平衡的美術的表現手法,有很濃的美術意味,並有一定的審美價值,而非語言意義的表述。第三,這個器銘並没有附加任何抽象符號,欠缺文字的抽象性意義顯而易見。第四,這個器銘並非黿、魚的組合而産生了别義。因此,恐怕這只是圖飾,而不是文字。顯然,如何區分動物字和動物圖飾的研究有着重要的現實意義。

應該指出的是,本文並非甲骨文動物名詞的終極研究。恰恰相反,在某種意義上説,本文可能只是提出了若干問題以及解決問題的思路。同時,由於甲骨文中的動物名詞涉及的範圍很大,這篇文章不可能面面俱到。尤其是在動物字的考釋方面,本文創獲並不多。這裏且舉一個典型例子以作説明。如前所述,其上附加抽象性符號是甲骨文動物字的造字規律之一。然而,某些個抽象性符號的所指迄今爲止仍停留在有待認知的階段,例如似“八”而非“八”的符號。

據《甲骨文編》(孫海波:1965:31—32 頁),“)(”這個符號,多見於動物字之上。凡六文:①

一、,从虎。見於《合》10350:“……禽(擒)允禽(擒)隻(獲)麋八十八兕一豕三十又二”《合》18789:“旬亡𡆥(禍)?九日辛㞢巛王……”《合》26804:“癸未卜,兄貞:日?”

二、,从隹。見於《合》17533 正:“貞:眔?”《合》18830:“其……于……”

三、,从黿。見於《合》138:“……良己未僕芻𦍒自爻圉……”(二辭)

四、,从魚②。見於《合》6:“卯王爻不雨?八月。”《合》721:“王固曰:酢隹㞢希,亡𡆥(禍)。”(二辭)《合》23432:“……保于母辛宩宕酢……之日不。六月。”《合》26770:“□□卜,出[貞]:今日?”《合》26777:“□辰卜,出[貞]:今日?𣪊?”《合》26792:“貞:不其?”《合》26796:“不其益?不?”癸亥[卜],出貞:“今日益其……”

五、,見於《合》18787:“□亥卜,㝈貞:旬[亡]𡆥(禍)?一日甲子……”《合》18788:“□□卜,古貞:旬亡[𡆥(禍)]?甲子㞢……”《合》18792:“癸……旬亡𡆥(禍)?㞢?己卯日大雨。商□冓至黿。”《合》18794:“癸未卜,貞:旬…………?二告。”《合》18795:“貞:旬亡𡆥(禍)?…………医……”《合》18796:“一日。”《續甲骨文編》作“豢”(金祥恒:1993:1840 頁),不無可疑。儘管不知所从何獸,參照从

① 《甲骨文編》另有“”一文。檢原拓,辭云:“戊子見不允㞢𡆥(禍)?”(《合》21305,即《燕》202)《合集釋文》作:“戊子不允𡆥(禍)/□王見/㞢”步雲案:龜殘,殆“貞王”二字。

② 陳邦懷釋爲“頒”。參看氏著:《甲骨文㿝字試釋》,《中國語文》1966 年第 1 期,第 29、36 頁。楊澤生亦有説。參看氏著:《甲骨文“㿝”字新釋》,《中國文字學報》第一輯,商務印書館 2006 年,第 60—67 頁。步雲按:二説均止攻其一點不及其餘,難以折服筆者。

虎者辭例,所从殆類虎。

六、,所从同“”。見於《合》18791:“……亘貞:……卯勺……隹一日……丁亥王出(?)……”止一見,頗疑字殆“”簡省或誤刻。

只有一字例外,見於《合》18831(即《前》6.58.3):“……三……”《合》8296(即《粹》1321):“……才……”《合》13517(即《乙》5804)“師”。

這類有附加符號的動物字,知其爲虎、隹、䵷、魚等形,却不知其所指。① 結合辭例看,《合》10350云:“……禽(擒)允禽(擒)隻(獲)麋八十八兕一豕三十又二。”“”似用爲獸名。《合》18792:“癸……旬亡𡆥?㞢? 己卯日大雨。商□爯至䵷。”“”似爲害獸之名。

《説文》云:“八,别也。象分别相背之形。”(卷二八部)如果許氏的解釋正確,那麼,上引諸形是否指稱有别於所从之獸呢? 换言之,“)(”這麼個符號,可能用以分辨同類或相類似的動物。至於“”,所指恐怕亦如之,指有異於通常的“矢”之物。

《説文》又説:“半,物中分也,从八从牛,牛爲物大,可以分也。”“胖,半體肉也,从半从肉,半亦聲。”(卷二半部)那麼,从八的這些動物字,是否也都是“半”的異體呢?

筆者以爲,這都是很有趣的推測,仍有待我們進一步的論證。

這個例子説明,甲骨文動物字詞的研究尤其考釋方面仍存在空間,仍有待學者們共同努力。

本文主要參考文獻及簡稱:

1. 漢·許慎撰:《説文解字》(大徐本),中華書局1963年。本文簡稱“《説文》”。
2. 中國社會科學院考古研究所編,孫海波主編:《甲骨文編》,中華書局1965年。本文甲骨文著録簡稱除特别注明者外悉參是書“引書簡稱表”。
3. 丁驌:《契文獸類及獸形字釋》,《中國文字》1966年第21、22册。又

① 諸字或有説而無釋。參鄧章應:《甲骨文語境異體字及𠂤類字考釋》,《漢語言文字研究》第一輯,上海古籍出版社2015年,第070—074頁。

載《甲骨文獻集成》十二册,四川大學出版社 2001 年,第 324—356 頁。

4. 島邦男:《殷墟卜辭綜類》,[東京] 汲古書院 1971 年。
5. 郭沫若主編,胡厚宣總編:《甲骨文合集》,中華書局 1979 年。本文簡稱"《合》"。
6. 毛樹堅:《甲骨文中有關野生動物的記述——中國古代生物學探索之一》,《杭州大學學報》第 11 卷第 2 期,第 70—77 頁。
7. 故宫博物院:《古璽彙編》,文物出版社 1981 年。本文簡稱"《璽彙》"。
8. 中國社會科學院考古研究所編:《小屯南地甲骨》,中華書局 1983 年。本文簡稱"《屯南》"。
9. 容庚編著,張振林、馬國權摹補:《金文編》,中華書局 1985 年。
10. 姚孝遂主編:《殷墟甲骨刻辭類纂》,中華書局 1989 年。
11. 高明編著:《古陶文彙編》,中華書局 1990 年。本文簡稱"《陶彙》"。
12. 李孝定編述:《甲骨文字集釋》,[臺北] "中研院"歷史語言研究所 1991 年。
13. 金祥恒:《金祥恒先生全集·續甲骨文編》,[臺北] 藝文印書館 1993 年。
14. 于省吾主編:《甲骨文字詁林》,中華書局 1996 年。
15. 彭邦炯、謝濟、馬季凡:《甲骨文合集補編》,語文出版社 1999 年。本文簡稱"《合集補》"。
16. 胡厚宣主編:《甲骨文合集釋文》,中國社會科學出版社 1999 年。本文簡稱"《合集釋文》"。
17. 中國社會科學院考古研究所編著:《殷墟花園莊東地甲骨》,雲南人民出版社 2003 年。本文簡稱"《花東》"。
18. 徐中舒主編:《甲骨文字典》,四川辭書出版社 2006 年。
19. 中國社會科學院考古研究所編:《殷周金文集成(修訂增補本)》,中華書局 2007 年。本文簡稱"《集成》"。
20. 中國社會科學院考古研究所編著:《殷墟小屯村中村南甲骨》,雲南人民出版社 2012 年。本文簡稱"《村中村南》"。

跋

此前幾四十年也，予入康樂園爲廩生，始知吾國文字有古至甲骨文者。自是耽於文字之學而不能脱。越四歲，且畢其業，乃取卜辭動物字爲題，遂成斯作。粗鄙淺陋自不必諱言，棄諸篋底久矣。三鑒齋師期甚殷，督甚切，而爲之題耑。是以時訂補之，而無意付諸梨棗，竊思不求拔擢不求聞達，所爲何來？適夫子八秩榮慶，聊呈陳編，以爲賀焉。即無一得足以存者，然藉以紀師徒一段情緣，不亦可乎？

南海譚步雲謹識於康樂園之多心齋

（作者單位：中山大學中文系）

試説甲骨金文的“役”字*

禤健聰

本文要討論的是甲骨金文的以下幾組字形：

A1. （《甲骨文合集》6855 正）　（《合集》26993）

A2. （召圜器，《殷周金文集成》10360）　（麥盉，《集成》9451）

B. （《殷墟花園莊東地甲骨》295.1）　（《花東》381.1）

其中 A1 和 A2 分見於甲骨文和西周金文，均从“㫃”从“止”；B 則增“彳”旁，兩見於花園莊東地甲骨。A 組字形發現刊布較早，討論較多，以下先從 A 組説起。

甲骨文的 A1，過去一般被釋爲“旋”，①主要是根據“㫃”、“止”兩部件組合推斷，以爲“止”、“疋”義近置换，其實並未能結合卜辭用例證説。西周金文的 A2，過去也多被釋爲“旋”。② 金文辭例較爲明確，可供討論：

（1）召肇進事，A2 走事皇辟君。　（召圜器）

（2）侯賜麥金，作盉，用從井侯征事，用 A2 走，夙夕贊御事。　（麥盉）

---

* 本文係國家社科基金項目“戰國楚系出土文獻用字差異及其時空層次研究”（16BYY121）成果。

① 孫海波：《卜辭文字小記》，《考古學社社刊》第 3 期，第 71 頁；此從《甲骨文字詁林》引，見于省吾主編：《甲骨文字詁林》，中華書局 1996 年，第 3057 頁。

② 容庚編著：《金文編》，中華書局 1985 年，第 464 頁第 1105 號。

（3）用造德，綏多友，享 A2 走，令。　　（麥方尊，《集成》6015）

與“走”連言，用法用例和西周文獻“奔走”一語相似：

（4）效不敢不萬年夙夜奔走揚王休。　　（效卣，《集成》5433）

（5）今爾奔走臣我監五祀。　　（《尚書·多方》）

（6）奔走事厥考厥長。　　（《尚書·酒誥》）

故亦有不少學者據此認爲 A2 應是“奔”的異體，①並作字形分析予以證說。張世超等認爲，此字是从“㫃”得聲，“㫃”是“旂”字初文，“旂”的聲符爲“斤”，而“斤”、“奔”古音相近。② 姚萱對“㫃”、“奔”的古音關係加以補説，還指出“斤”與以“奔”爲聲符記寫的“錛”屬同源詞。③ 郭沫若認爲字“从㫃从止”會意，“止即趾之初文，足迹也”，“蓋旌旗之類，所以進士衆者，故从㫃也”。④ 姚萱則進一步認爲，“㫃”旁既表音，又表意：“殷墟甲骨文比西周金文更爲原始，其字形特徵爲‘止’形位於‘㫃（旂）’形的正下方，應爲表示‘止追逐旌旂’之意，整個字跟大家所熟知的甲骨文‘追’、‘逐’兩字相類。也可以説，其意圖是用‘㫃（旂）’來代表‘軍隊’，全字表示‘追逐（敵方）軍隊’。”⑤

可以説，將 A2 視爲“奔”這一音義的另一種用字，在字形和用法兩方面都有一定根據。然而，如果“奔”這一音義確實存在兩種並列的不同用字，這兩種構形完全不同的用字如何能够並存，是否有時代或地域的分布差異，後來又是如何只“奔”字獨傳，論者皆未有説。“奔”、“走”是上古漢語常用詞，常常連用並稱；“奔”字出現的時代較早，傳承有緒，其形義與“走”字緊密相關，如西周早期的大盂鼎銘“奔走”記寫作、（《集成》2837），前引西周中期的效卣“奔走”記寫作、。反觀 A2，則缺乏與“奔”這一音義相應的必要發展演變綫索。

① 見周法高主編：《金文詁林》，香港中文大學 1975 年，第 4230—4231 頁引郭沫若、于省吾説；周法高編撰：《金文詁林補》，“中研院”史語所 1982 年，第 2201 頁引白川静説。又見張世超等：《金文形義通解》，［日］中文出版社 1996 年，第 2478—2479 頁；姚萱：《殷墟花園莊東地甲骨卜辭的初步研究》，綫裝書局 2006 年，第 99—114 頁。

② 張世超等：《金文形義通解》，第 2479 頁。

③ 姚萱：《殷墟花園莊東地甲骨卜辭的初步研究》，第 110 頁。

④ 郭沫若：《兩周金文辭大系圖録考釋》，科學出版社 1957 年，第 42 頁。

⑤ 姚萱：《殷墟花園莊東地甲骨卜辭的初步研究》，第 110 頁。

事實上,釋A2爲“奔”的理據,不無可商。旌旂作爲指揮軍旅徒衆的標識,有强烈的象徵意義,在典籍用例中,往往用以强調己方的號令與統帥,很少用來代指軍隊尤其是敵方軍隊,如《説文》㫃部謂“旌”“所以精進士卒”、“旟”“所以進士衆”、“旂”“以令衆也”,《左傳·成公二年》謂“師之耳目,在吾旗鼓,進退從之”。“𠂤”是師旅,“豕”是獸豕,分别是“追”和“逐”的目標對象。“㫃”本不指軍隊,“奔”的本義應是急走,追逐或驅馳只是急走義的引申。因此,將从“止”从“㫃”的A2與“追”、“逐”兩字的構形比附,顯然是不盡妥帖的。“㫃”在A2中的作用,應與“武”所从之“戈”旁相近。“戈”爲兵器,以示征伐示威,“㫃”爲旌旂,以示指揮使役。而“止”旁,則只是一般地表示動作行爲義。郭沫若指“止即趾之初文,足迹也”,“蓋旌旟之類,所以進士衆者”,是比較符合事實的。至於説“㫃”作聲符,在古文字中似乎找不到其他例證。

固如論者所指出,“A2走”與“奔走”在辭例上頗爲相似,但衆所周知,文獻中語境相近、表述相似的文例,對應的字詞既可能是文字上的異體、假借關係,也可能是語義相同、相近的同義詞、近義詞關係,尤其是並非嚴格對應的異文的文例,以後者更爲普遍。

在未能對異體並存條件提出合理的解釋,辭例的限定性又還有限的情况下,似乎還是要嘗試從形體的相承性來再考慮A2的釋讀問題。我們懷疑,A2其實應是“役”字。

“役”字《説文》小篆作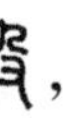,許慎以爲字从“殳”,古文作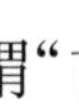,許慎謂“古文役从人”。過去學者即循此而將甲骨文中的、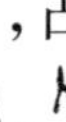(《合集》8138正、3909)等字釋爲“役”。後出楚簡的文例帶來了新的認識,確定無疑應釋讀爲“役”的字形,作如下之形:

(郭店《五行》簡45)　(上博二《容成氏》簡3)

(清華一《耆夜》簡10)

趙平安對此作了詳細的分析,諸字應由“辵”和“从又持㫃”兩部分組成,《耆夜》篇之字則無“又”旁。他認爲,“旌旗有指揮、使役的功能”,“从又(手)持㫃,使役的意思非常明顯,很可能是役的初文,辵或彳是後來加上

去的表意偏旁","使役很可能是役的本義"。① 他認爲"辵或彳"屬後加,可能與當時所見竹簡"役"字字形以从"又"多見,而後世"役"字亦是从"又"有關。不過,近來陸續公布的其他清華簡中,"役"字又多次出現,然多不从"又",如:

(清華七《越公其事》簡 28)

(清華五《湯在啻門》簡 16)

侯馬盟書有字形作(98:20),應亦是此類不从"又"的"役"。盟書"役徒"是宗盟類的參盟人名,②"役徒"一詞見於古籍,如《墨子·七患》:"苦其役徒,以治宮室觀樂。"可見,不从"又"的"役"字使用分布頗廣。"㫃"才是指揮使役的核心象徵,从"又"或从"止/辵/彳"似未必分得清孰先孰後,可能很早就存在着从"又"或从"止/辵/彳"兩類寫法,③郭店《五行》簡 45 等例的以及《說文》小篆的這一類既从"又"又从"辵/彳"的形體,也許是兩類早期寫法的糅合。由此看來,前述从"㫃"从"止"的 A 組字形,無疑正合於"役"的古寫。

"役"的本義是使役,亦可表示驅馳、差遣;使役義又引申表示兵役、勞役,進而指服役或服役之人。

《書·大誥》:"予造天役遺,大投艱于朕身。"蔡沈《書集傳》:"然我之所爲,皆天之所役使。"孫星衍《尚書今古文注疏》:"役者,使也。"

《管子·輕重丁》:"故智者役使鬼神,而愚者信之。"

《周禮·春官·典祀》:"徵役于司隸而役之。"鄭玄注:"役之作使之。"

《淮南子·本經》:"乘時因勢,以服役人心也。"高誘注:"役,使也。"

---

① 趙平安:《説"役"》,《語言研究》2011 年第 3 期;又載氏著:《金文釋讀與文明探索》,上海古籍出版社 2011 年,第 78–83 頁。

② 山西省文物工作委員會編:《侯馬盟書(增訂本)》,山西古籍出版社 2006 年,第 57 頁。

③ 从"又"的"役"字最早見於商代金文史役壺(《集成》9490),參趙平安:《説"役"》,第 79 頁。

《周禮·地官·大司徒》:“大軍旅,大田役,以旗致萬民,而治其徒庶之政令。”

《周禮·地官·遂人》:“若起野役,則令各帥其所治之民而至,以遂之大旗致之,其不用命者誅之。”

《國語·晉語一》:“棄政而役,非其任也。”韋昭注:“役,服戍役也。”

金文中的“奔走”一語,姚萱指出“猶言‘奔跑’,比喻臣下受使令而效力”,①所謂“受使令而效力”,正是服役。召圜器、麥盉所稱的“役走”,説的就是服役奔走,與“奔走”一語義近而表述更明確。可見將 A2 釋讀爲“役”,文意暢通無礙。

甲骨文中 A1 的相關文例,姚萱作過比較詳細的梳理,除用作專名或辭殘不詳外,A1 多用作動詞。主要文例如下:

(7) 壬午卜,賓貞:王叀婦好令征尸?癸未卜,賓貞:王叀婦好[令]A1[尸]?今𡆥王勿 A1 尸? (《合集》6459+6465)

(8) 貞:叀䩜令 A1 㬎𡵂? (《合集》6855 正、6856)

(9) □□卜,□貞:今𡆥王伐𢀛方?……𡺮人五千呼 A1▨ (《合集》6540)

(10) 叀戍呼 A1,執,于之禽,王受佑? (《合集》26993)

(11) 甲申卜,自:王令𠻞人日明 A1 于京? (《合集》20190)

例(7)與“征”同見,例(8)賓語“㬎”是商的敵國,例(9)、例(10)分别與“伐”、“執”並提,誠如姚萱所指出的,作爲動詞的 A1 跟戰爭有關,釋爲“旋”講不通。姚萱認爲諸例應釋爲“奔”:“在古書中‘奔’古常訓爲‘馳’、‘逐’,用於戰爭,指向敵方奔馳,或指發起衝鋒,或指發起追擊。”②然從其所引漢代以前書證看,“奔”實質仍是急走、奔向義,並不具體表示衝鋒或追擊。即如所引西周㦸簋(《集成》4322)銘文“奔追襲”連用,似恰恰説明三個動詞義各有别,而非意義近同。

按照我們上文的分析,A1 與 A2 同爲一字,應釋爲“役”,“役”的本義

① 姚萱:《殷墟花園莊東地甲骨卜辭的初步研究》,第 109 頁。
② 姚萱:《殷墟花園莊東地甲骨卜辭的初步研究》,第 111 頁。

是使役,征伐與使役、驅馳,義正密切相關。例(7)、例(8)"役"後帶賓語,例(9)辭殘,"㗊人五千"多是對某方國有所行動,均應用爲役使義,其中例(7)於壬午日問"征",癸未日問"役",是要在征、役兩種不同方式中擇選其一來對付尸。例(10)應用爲服役義。例(11)姚萱認爲應理解爲"商王命令㐭族之人在天明時奔走於農田所在地'京'服勞役"。[1] 把 A1 釋爲"役","役于京"就是在京地服勞役,語義表達更直接而順暢曉明。

以下再説 B 組字形。《殷墟花園莊東地甲骨》的整理者將 B 隸定爲"迯",[2]姚萱認爲其實是 A 組字的繁構,當隸定爲"䢌",釋讀爲"奔"。陳煒湛老師則認爲:"此字所从之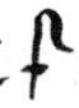與㫃之作等形者有異,其豎筆之下端乃一小點而非向上之斜筆,實即《説文》訓'疾飛也'之卂,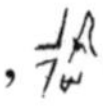亦即迅。"[3]兩個字字形情況如下:

	照　　片	拓　　本	拓本反色
《花東》295.1	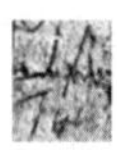		
《花東》381.1			

以《花東》381.1 之字形體更爲清楚,其右上所从與前揭 A1 第二形(《合集》26993)所从的"㫃"旁形體相同。此字从"辵",與从"止"从"㫃"的 A 組字確應是一字異體。我們認爲,亦應釋"役",花東卜辭的此二例"役"字,與清華簡"役"字的寫法完全一致,遥相對應。其辭例爲:

(12) 戊午卜:子又呼逐鹿,不 B 馬? 用。　　(《花東》295.1)

(13) 戊戌夕卜:翌巳,子其[逐],从圭人向敝,遘? 子占曰:不三,其一;其二,其有 B 馬。用。　　(《花東》381.1)

姚萱既讀B 爲"奔",認爲在文中意爲"奔逸","指馬受驚而不聽駕車者的

---

[1] 姚萱:《殷墟花園莊東地甲骨卜辭的初步研究》,第 112 頁。

[2] 中國社會科學院考古研究所編著:《殷墟花園莊東地甲骨》,雲南人民出版社 2003 年,第 1683 頁。

[3] 陳煒湛:《花東卜辭田獵説》,載氏著:《三鑑齋甲骨文論集》,上海古籍出版社 2013 年,第 209—210 頁。

指揮亂跑”,例(12)“是説不會發生馬奔逸之事”,例(13)“是説如果遇上兩頭野豬,就會有馬奔逸”。[①] 從姚文所舉古書例證來看,無論是“馬奔”還是“馬敗”、“馬驚”、“馬逸”,動作的發出者“馬”均居於主語的位置,如果卜辭説的是馬奔逸的話,應該作“馬奔”而非“奔馬”,這從語法上講是不通的。

按照我們的理解,“役馬”是指駕馭、驅趕馬匹(馬車)。例(12)爲逐鹿之事,問是否需要特别趕馬而行。例(13)的“其二”若果如姚萱所分析的指“遇上兩頭野豬”,“役馬”應指須留意趕馬。如此,於卜辭皆可讀通。

綜上所述,從字形的時代先後對應性和甲骨金文的辭例文義考慮,將本文討論的甲骨金文這幾組字釋讀爲“役”,應是合理的。

(作者單位:廣州大學人文學院)

① 姚萱:《殷墟花園莊東地甲骨卜辭的初步研究》,第113頁。

孫海波《河南吉金圖志賸稿》讀記*

陳英傑

孫海波《河南吉金圖志賸稿》(下簡稱"《賸稿》"),民國29年(1940年)影印本。書前有孫氏自序,敘其編寫因緣。容庚先生嘗介其書云:"民國二十三年,河南有續修省志之舉,著者與修甲骨吉金二志,擬于省志以外别輯《吉金圖録》一書,凡河南所出之彝器,悉彙録之,附于省志以傳。已成《甲骨文録》、《新鄭彝器》、《濬縣彝器》三書。會遭蘆溝橋之變,事遂中輟。因選稿中未著録及精美而見于海外載籍者凡五十器以成此書。未著録者約五之三,見于海外載籍者約五之二,後附考釋。"[①]該書器圖編號50個,但晉公車轂收兩件,實際是51器。容老謂"凡五十器",是因爲他認爲圖8、圖9兩件父辛甗是一器之前後面。矢令方彝,《賸稿》云有二器(圖36、37),《通考》未提及有二器事,從著録信息的標注看,《集成》、《通鑑》均認爲《精華》[②]1.10—11爲一器。

該書於各器的形制、花紋、大小、銹色、出土地、收藏、著録介紹甚詳,絶大多數器物都作了時代的判定。對於長篇銘文,如圖12矢令簋、圖20趙孟介壺、圖21嗣子壺、圖32臣辰父癸尊(士上尊)、圖36矢令彝,均綜合諸家意見作了詳細的考釋。對於形制、花紋特異者也作有較詳細的描述或功用的探討,如圖14戰鑑、圖16立鳥壺。著者儘可能給讀者提供較

---

* 本文爲國家社科基金青年項目"兩周金文作器用途銘辭綜合整理與研究"(12CYY034)的階段性成果。

① 容庚:《商周彝器通考》,上海人民出版社2008年,第214頁。據孫氏自序,自民國23年與修甲骨吉金二志以來,所搜集出於河南之銅器資料逾千品。就已成之《新鄭彝器》、《濬縣彝器》二書看,大概是想分區域編纂印行。

② 指日人梅原末治:《歐米蒐儲支那古銅精華》(1933年)。《殷周金文集成》著録説明中簡稱"《歐精華》"。

全面的信息,如圖3説明“腹底有裂痕”、圖14注明圖案乃“就模浮雕,反印於鑑”、圖16“圖案同模反印”等。該書在銅器著録的體例上是比較完善的,可以作爲範本。

爲方便利用,我們依據《殷周金文集成》(簡稱“《集成》”)、黄濬《尊古齋所見吉金圖》(簡稱“《尊古》”)、吴鎮烽《商周金文資料通鑑》(光盤,2012年2月,簡稱“《通鑑》”)以及容庚《商周彝器通考》(上海人民出版社2008年,簡稱“《通考》”)、《殷周青銅器通論》(中華書局2012年,簡稱“《通論》”)等書籍對其作了資料的補充。凡是通過相關著録信息,可以確定《通考》、《賸稿》爲同圖者,即標注《通考》著録信息,如《賸稿》、《通考》都引用了梅原末治《支那古銅精華》中的資料,但《通考》只標注《精華》著録信息。容老對於銅器的出土信息是比較關注的,但對於引自《精華》的資料,《通考》多無出土地信息。是容老對《賸稿》標注的出土地信息不予采信,還是漏引其信息,不好斷言。不過,《賸稿》標注的出土地有的可能有待商榷,如圖35皿作父己彝(皿方罍),此器可能就是2014年從美國購回的皿方罍器身,器蓋藏湖南省博物館。而購回的這件罍,學術界一般認爲出自湖南桃源。此器又著録於《尊古》2.28—29。

編號與器名	原書分期	《集成》著録	《通鑑》分期	《通考》著録	備　注
1. 人足鼎	商周間器			P231 附圖37	洛陽出土。無銘。《通考》名人足鳥耳鼎,商代,但未注明出土地。
2. 夔文鼎	商周間器				洛陽出土。無銘。
3.  父丁鼎	商周間器	1696	西周中期		洛陽出土。腹底有裂痕。《集成》定爲西周早期,備注:“父下一字或釋戊,或釋甲,銘泐僅剩‘一’形,不能確釋。”《通鑑》釋爲“己”。
4.  父戊鼎	商周間器	1601	西周中期		洛陽出土。《集成》定爲西周早期。

續 表

編號與器名	原書分期	《集成》著録	《通鑑》分期	《通考》著録	備 注
5. 父乙臣辰鼎	周初	2003	西周早期		洛陽出土。《通考》定爲成王時器。① 《賸稿》:“腹飾饕餮雷雲文一道,當作交帶文。”
6. 巛女作乎姑日辛鼎	周初	2333	西周早期	P231 附圖 36	見於廠肆,傳河南出土。第一字孫氏疑爲“汝”字,《集成》釋“姬”,備注:“或云銘文後刻。”《通考》無出土地信息。
7. 鼎	成王	2659	西周早期		《通考》P35 名作父□鼎,成王時器。《集成》:己巳(1929 年)出洛陽(按:據羅振玉《貞松堂集古遺文補遺》,器殘破成六塊)。
8. 父辛甗一	周初	924	西周早期	P249 附圖 194	河南出土。孫氏云二甗蓋同坑所出之物,甗一《精華》2.100 著録,甗二民國 25 年春見於北平廠肆。《通考》第一字未釋出,云:“《賸稿》圖八圖九兩器,從銘文上辨之,疑是一器。”《通論》稱乃子作父辛方甗,並云:《賸稿》圖八圖九兩器,實是一器的前後兩面。②
9. 父辛甗二					

① 參《通考》P32 父乙臣辰鼎二器。《三代》2.46 著録兩件臣辰器,《集成》2003 云:《三代》2.46.7、《賸稿》5 著録;2004 云:《三代》2.46.8 著録。《通考》以《三代》2.46.7、《賸稿》5 爲二器。《三代》2.46.8,《通考》稱爲臣辰先父乙鼎(第 33 頁)。

② 此器收藏:旅順博物館(上部,甑),吉林大學歷史系(下部,鼎)。《集成》有甑部、圈足、鼎部三處銘拓,甑、鼎部銘文同,圈足作(器表),備注云:“《歐精華》2.100 所收拓本即三代 5.9.2—3,但圖像和旅博、吉大所藏的不同,恐有誤。《賸稿》以爲是二器,同銘同坑所出,但拓本却用一器,容庚《通考》、《通論》則認爲一器,此存疑。”

續 表

編號與器名	原書分期	《集成》著録	《通鑑》分期	《通考》著録	備　注
10.  父己簋	商	3197	商代晚期		河南安陽縣西北薛莊出土。
11. 父乙臣辰簋	周初	3423	西周早期	P267 附圖 302	出於洛陽。《通考》定爲成王時器。①
12. 夨令簋	成王	4300	西周早期	P266 附圖 296	洛陽出土,同銘者二器。②《通考》定爲成王時器。《集成》名作册夨令簋。
13. 蟠虺文豆	晚周				輝縣出土。
14. 戰鑑一	晚周			P354 附圖 876	輝縣出土。考釋云:"蓋晚周戰迹之一幅寫真圖,皆就模浮雕,反印于鑑。鑑作深槽,鑲以紫色金屬品,今猶密合。榻本撫出者,乃脱落之小片段也。"《通考》名戰鬥紋鑑,紋飾描述基本襲自《賸稿》。
15. 戰鑑二	晚周				與上器同出,花紋亦同。

① 容老斷代意見,文中未注出處者,均見於《通考》第四章"時代"。

② 孫氏云:"藏巴黎某氏。《支那古銅精華》1.12 著録,高八寸餘,下有臺,周身飾斜雷雲文。按《貞松堂集古遺文》卷六・十一頁收器蓋二銘,云同時出土有鼎三、方尊方彝各一及此共六器。予在河南時,估人藺石厂君贈予此器初出土時照片一幀,凡二器,無蓋,其一器口部有裂痕。疑羅氏所録器蓋二銘即二器銘也。是器于省吾氏《雙劍誃吉金文選》上三、郭沫若《殷周青銅器銘文研究》上五十、吴其昌《金文曆朔疏證》皆有考釋。"孫氏綜合吴闓生、郭沫若、于省吾及己見等爲考釋,云:此簋與睘卣爲同時所作之器;周公東征,成王亦曾親至東土,銘中王即成王也;楚之先世實爲東夷,與徐淮商奄雜處,武庚之叛周,楚實助之;東夷之叛有熊盈,東征所滅有熊盈族十七國,熊盈、熊繹一人,即銘中之楚伯;炎即《春秋》郯子來朝之郯,今山東濟寧道郯城縣西南百里許有故郯城;夨令,作器者之名,蓋周公東征,夨令從之而有軍功者;"鬲百人"之鬲即金文中的人鬲、文獻中的民獻;"公尹伯丁父",公尹官名,伯丁父人名,夨令之父;"兄于戍"者,爲戍地之有司所貺也;郭沫若以爲"宔"即"休"之異文,"文報"猶言福蔭,"用頣後人亯",用至後人亯也,"隹丁公報"之報爲報祭,"弆㞋"即敬揚;遄即造字,至也。

續　表

編號與器名	原書分期	《集成》著録	《通鑑》分期	《通考》著録	備　　注
16. 立鳥壺一	春秋			P335 附圖 746	民國 24 年輝縣出土。圖案同模反印,連續如一,不見變化。蓋中空,覆以圓板,板心立一鳥,蓋與鳥實爲二體。周初之壺皆圓頂,却置恰呈杯狀;戰國之壺,蓋皆飾花瓣,如洛陽之嗣子壺、輝縣之禺邗王壺、新鄭之立鶴壺皆然,此可代表一時期之文化者也。《通考》稱獸帶紋鳥蓋壺,同形者二器。
17. 立鳥壺二	春秋				與圖 16 爲一對,同出輝縣。失鳥。
18. 立鳥壺三	春秋				立鳥失翼,素模無文。
19. 立鳥壺四	春秋			P335 附圖 747	失立鳥。與圖 18 爲一對,同出輝縣。《通考》稱獸帶紋鳥蓋壺,云同形者二器,其一蓋上有立鳥。
20. 趙孟介壺	春秋晚期·晉定公	9678	春秋晚期·晉定公卅年(前482年)		傳輝縣附近出土,同銘者二器。器蓋外沿刻銘 19 字。即《通考》P334 附圖 743 禺邗王壺,位置與《賸稿》略異,云乃吴王夫差所作器。孫氏以爲晉器,器主爲趙孟之賓介。①

① 孫氏綜合唐蘭、陳夢家及己見而爲考釋,云:若依唐説遇吴王於黄池(禺讀爲遇,邗爲攻吴之合音)爲趙晉介者,受吴王之錫金而作器,則介者或黄池之人,故歿以是器爲殉,此斯壺之所以得出土於輝縣也。春秋哀十三年夏,魯哀公會單平公、晉定公、吴夫差於黄池。據《左傳》等所記,黄池之會,吴晉所争者爲吴稱公稱王一事,就出土吴器觀之,則吴仍自吴王也。黄池之地,以杜注"陳留封丘縣南有黄亭近濟水"最爲近之。趙孟,趙簡子鞅也。夰(今多隸爲庎),據唐蘭讀爲賓介之"介"。"邗王之惕金台爲祠器"者,惕讀爲錫,台讀爲以,作器之人爲趙孟介,以見吴王,吴王錫之金,以爲祠器也。

續 表

編號與器名	原書分期	《集成》著録	《通鑑》分期	《通考》著録	備　注
21. 嗣子壺	戰國	9719	戰國中期	P334 附圖 745	民國十八年(1929 年)出土於洛陽太倉古墓。此墓所出古物著録於美國懷履光《洛陽古城古墓考》(1934 年)與日本梅原末治《洛陽金村古墓聚英》(1936 年)。銘 50 字在器之上項外緣上,懷履光、于省吾、郭沫若皆有考釋。《通考》名令狐君嗣子壺。①
22. 夔文盉				P298 附圖 486	河南出土。《通考》名饕餮紋異形盉,商器,位置與《賸稿》略異,無出土地信息。
23. 饕餮文盉	商器			P298 附圖 487	安陽洹水左右出土。《通考》名饕餮紋異形盉。
24. 卣	商器	5019	商代晚期		安陽薛莊出土,三字陽識。《通鑑》名乇田舌卣。
25. 祖辛卣	商周間器	4896	西周早期	P317 附圖 630	河南出土。《集成》名竟祖辛卣。器作圓桶形。《通考》無出土地信息。
26. 父乙臣辰卣	周初	5153	西周早期	P319 附圖 657	洛陽出土。足内底飾蟬紋(陽識)。《通考》定爲成王器。《通鑑》名壺。

① 孫氏綜合諸家意見考釋云：令狐即猗氏,故城在山西猗氏縣西南廿里許,戰國時其地屬韓。此器之作者蓋韓之宗室封於令狐而歸葬洛陽者也。

續 表

編號與器名	原書分期	《集成》著録	《通鑑》分期	《通考》著録	備注
27. 作兄辛卣	商周間器	5337	西周早期	P317 附圖 639	河南出土。《通考》名屯作兄辛卣,《通鑑》名屯卣。
28. 瞀卣	周初	5254	西周早期		《集成》定爲西周中期。失蓋,銘泐。按：此與《集成》5892、《尊古》1.31瞀尊同套同銘,乃爲祖辛作器。
29. 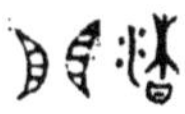白疑卣	商器	5363	西周早期		河南出土。孫氏云共二器,其一藏江夏黄氏,此器見之廠肆,今歸德國某氏。所謂"其一",即《尊古》2.14卣(《通考》P320附圖659,《集成》5364)。内插式蓋,《通鑑》名壺。
30. 父乙尊	商周間器	5617	商代晚期	P301 附圖 501	河南出土。《通考》無出土信息。
31. □己尊	商周間器	5554	西周早期	P301 附圖 508	河南出土。《通考》名天□己尊,無出土地信息。孫氏云銘三字,第二字爲土銹所掩不可辨認,疑爲"父"字。《集成》名天己尊,云字數"存二"。《通鑑》則認爲鑄銘二字"天己"。
32. 臣辰父癸尊	周初	5999	西周早期	P303 附圖 536	出於洛陽。銘爲土銹所掩,不可盡讀。《通考》名臣辰尊,成王時器。《集成》名士上尊。①
33. 夔龍文方彝(目録稱"夔龍彝")	商周間器			P311 附圖 601	河南出土。《通考》名夔紋方彝,商器,無出土地信息。

① 孫氏考釋云：大龠即大禴,夏祭爲禴;窨郭沫若以爲"館"之初字;莾京在宗周(鎬京)近郊之地;㲄爲"殷"之繁文,殷見或殷眺(覜)義。

續　表

編號與器名	原書分期	《集成》著録	《通鑑》分期	《通考》著録	備　注
34. 彝	商周間器	9844	西周早期	P311 附圖 599	河南出土。《通考》名方彝,商器,無出土地信息。或稱丏甫方彝、万甫方彝。
35. 皿作父己彝	商周間器	9812	商代晚期	P339 附圖 784	孫氏云:"河南出土,藏巴黎盧氏,《支那古銅精華》1.46 著録,尺度未詳。"與《尊古》2.28—29 作父己罍一器,亦即被稱爲"方罍之王"的皿方罍之器身(2014 年從美國購回)。《通考》稱父己方罍,無出土地信息。①
36. 矢令彝一	成王	9901	西周早期	P311 附圖 603	洛陽出土,凡二器。《支那古銅精華》1.10 著録。同銘者尚有一尊。《通考》稱令方彝,成王時器,但未提及有二器事。從著録信息的標注看,《集成》、《通鑑》均認爲《精華》1.10—11 爲一器。②

① 關於該罍的出土與流傳情況,參拙文:《黄濬〈尊古齋所見吉金圖〉讀記》,《古文字論壇》第二輯,中西書局 2016 年。

② 孫氏綜合羅振玉、郭沫若、吴其昌、于省吾、唐蘭、馬叙倫、吴闓生、容庚以及己見而爲考釋,云:王即成王;周公子明保爲周公之子明保,明保在成王之世,即周公子伯禽,明保又稱明公、魯侯,伯禽乃字,保乃名,明蓋封魯以前之食邑;"尹三事四方",尹,正也;卿事即卿士,同官曰寮;"周公宫"義爲周之公宫,周爲公宫所在地;周之公宫者,其制因於殷;銘文"命明保令矢告于周公宫",王命也,"公命徣同卿事寮",明公命也;月吉,月之初吉也;明保受王命在八月甲申,越六十日始至成周,於成周滯留一二日,復言歸自王,則知明公不在王所,而所在地隔成周頗遠,可證明保之爲伯禽(封於魯復兼任王朝卿士,總攝百揆);"朝至于成周",朝,旦也;"舍三事命",施三公命也;咸,皆也;京宫、康宫皆在成周,康宫未必即康王之宫;"用牲于王",王,王所也,用牲於王所居之廟室也;"左右乃寮以乃友事",左右乃寮以及乃友服事王室也;宖義與休同;末言用追明公之賞於父丁,以爲父丁光也。

續 表

編號與器名	原書分期	《集成》著録	《通鑑》分期	《通考》著録	備 注
37. 矢令彝二	成王				《支那古銅精華》1.11著録
38. 守宮彝	周初	5959	西周早期後段	P326 附圖 691	河南出土,同時出土者尚有觥觥一,與此同銘。《通考》稱守宮鳥尊。鑿背安蓋,蓋失。
39. 父丁觶	商周間器	6256	商代晚期		洛陽出土。
40. 虎形兕觵(目録稱“虎形觥觥”)		9252	西周早期	P325 附圖 682	河南出土。孫氏云無銘。《通考》稱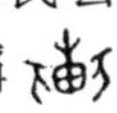方觥,蓋器各銘一字,無出土地信息。《通考》、《集成》、《通鑑》著録均未提及《賸稿》。
41. 爵	商器	7501	商代晚期		安陽洹水南岸出土。
42. 者姛方爵	商器	9090	商代晚期	P290 附圖 438	河南出土。孫云:者姛,作器者之名;以大子尊彝,猶言作太子尊彝也。《通考》無出土地信息。
43. 角	商周間器	7797	西周早期	P291 附圖 450	河南出土,内府所藏(《西清古鑑》26.47)。《通考》名亞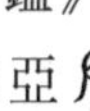角,商器,無出土地信息。
44. 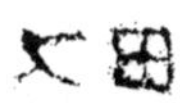丫斝		9227	商代晚期		《集成》:河南安陽市薛家莊出土。《集成》名匕田丫斝,《通鑑》名匕田干斝。
45. 獸形鐙	晚周				輝縣出土。
46. 素勺	晚周				輝縣出土。
47. 素箕	晚周				輝縣出土。

續　表

編號與器名	原書分期	《集成》著録	《通鑑》分期	《通考》著録	備　　注
48. 晉公車軎觳(2件)	晚周	12027(賸稿48下)、12028(賸稿48上)	春秋		孫云:傳輝縣出土,曾見之廠肆。《集成》名晉公車軎。
49. 周王戈(正文誤爲“周公戈”)	晚周	11212	戰國早期		輝縣出土,援上刻銘。内爲銎形,銎存木柲。末有繫纓之環。《通鑑》釋文:“周王叚之元用戈()。”《賸稿》:“周王叚之戈用王()。”二拓本末字筆畫有别。《集成》名周王叚戈。
50. 刀鋸錯鑿錐削					出於輝縣。六器。孫云:“以上諸物均聯帶出土,刀鋸錯鑿堪攻竹木,合之錐削聯出,且有礪石刮刀相伴,其爲削治簡策用具無疑。”但云“錐削殆爲書寫之具,古代無紙,殷人契于甲骨,周人契于竹木”,則非。

(作者單位:首都師範大學文學院,出土文獻與中國古代文明研究協同創新中心)

建鼓自名“鳧(跗)鼓”考*

范常喜

一

1980年9月,安徽舒城九里墩東周墓中出土一件圓形建鼓座(圖一),周邊上下二圈各鑄一圈銘文。銘文起首前五句云:“隹(唯)正月初吉庚午,余□臣(厥)于之玄孫童(鐘)麗(離)[①]公敓,擇其吉金,玄鏐鈍(純)呂,自乍(作)雔(鳧)鼓。”[②]本段銘文末二字“雔鼓”即建鼓自名,這也是目前發現的建鼓銘文中唯一有自名者,彌足珍貴。以往研究者對其中的“雔”字有多種誤釋,後來單育辰先生改釋作“鳧”,正確可從,也已得到學界公認。單先生對“鳧鼓”進一步解釋說:“‘鳧鼓’是一種鼓名。按馬王堆M3簡9有‘建鼓一,羽旌飭(飾);卑(鼙)二。鼓者二人,操枹’。古時鼓上多以鳥羽爲飾,其狀見於漢畫像石者甚夥。或許此鼓以鳧羽爲飾,故名‘鳧鼓’。”[③]照此訓釋,銘文“擇其吉金,玄鏐鈍(純)呂,自乍(作)雔(鳧)鼓”便應理解爲用“吉金”作了一件鳧羽裝飾的鼓。但由木材與皮革製成,並飾以鳧羽的鼓與“擇其吉金”之間無法建立起必然的關聯,因

---

* 項目來源:國家社會科學基金項目“出土文獻中上古漢語方言語料匯考”(15BYY111);國家社會科學基金重大項目“戰國文字詁林及數據庫建設”(17ZDA300)。

① “童(鐘)麗(離)”二字所釋參見劉信芳、闞緒杭、周群:《安徽鳳陽縣卞莊一號墓出土鎛鐘銘文初探》,《考古與文物》2009年第3期,第105—106頁。按:該文“麗”字從何琳儀先生釋作“鹿”,從銘文拓片來看,“鹿”頭之上仍殘存有筆畫,實當釋作“麗”。

② 安徽省文物工作隊:《安徽舒城九里墩春秋墓》,《考古學報》1982年第2期,第234—235頁。

③ 單育辰:《談戰國文字中的“鳧”》,簡帛網,2007年5月30日,後刊於武漢大學簡帛研究中心主辦:《簡帛》第三輯,上海古籍出版社2008年,第21—28頁。前此種種誤釋亦請詳參單先生文,茲不贅列。

此這樣理解會令銘文此處稍顯扞格。而且建鼓的鼓與鼓座都十分碩大,銘文中却根據其附屬裝飾物鼓羽的種類命名,同樣也令人生疑。因此我們認爲,單先生對"鳧鼓"得名原因的解釋還有進一步討論的餘地。

圖一　安徽舒城九里墩春秋墓出土的建鼓座①

二

鼓一般多根據形狀、聲音、附屬物、材質、用途等來分類定名,而不會涉及鼓上飾羽的類别。因形狀大小命名者如"鼖鼓(大鼓)"、"鼛鼓(大鼓)"等;因聲音高低命名者如"雷鼓(大聲如雷的八面大鼓)";因附屬物命名者如"足鼓(有足之鼓)"、"楹鼓(即建於楹柱之上的鼓)"、"懸鼓(懸於架上之鼓)"等;以材質命名者如"土鼓(陶土製作的鼓)"、"鼉鼓(用鼉皮蒙的鼓)"、"夔鼓(用夔獸皮蒙的鼓)"等;因用途命名者如"鼙鼓(大鼓旁的小鼓,裨助鼓節)"。這些鼓名都是根據鼓自身的主要特徵來命名的,而至於鼓體之上的羽飾則一般並不屬於鼓的主要區别性特徵。

建鼓是我國上古時期一種重要的打擊樂器,在古代文獻中有相關記載,並且在考古發現的銅器刻紋及漢畫像石上都有圖像反映,在一些墓葬中也多有相應實物的發現。因此,建鼓的形制已比較明確,一般爲鼓身長圓,鼓框開孔,以一立柱貫串鼓身而立,柱下設跗足以承之。具體形象可參曾侯乙墓出土的建鼓復原圖(圖二)。②

① 安徽省文物工作隊:《安徽舒城九里墩春秋墓》,《考古學報》1982 年第 2 期,圖版拾玖。
② 湖北省博物館編:《曾侯乙墓(下)》,文物出版社 1989 年,彩版 V′、圖版四三。

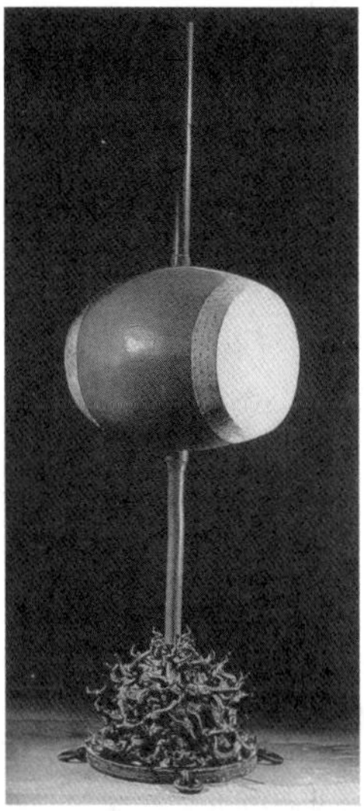

圖二　曾侯乙墓出土的建鼓復原圖(鼓爲複製品)和鼓座①

建鼓有"足鼓"、"楹鼓"、"縣鼓"、"建鼓"、"晉鼓"、"植鼓"等多種不同的名稱,②但並無"鼖鼓"之稱。《禮記·明堂位》:"夏后氏之足鼓③,殷楹鼓,周縣鼓。"鄭玄注:"足,謂四足也;楹謂之柱,貫中上出也;縣,縣於簨簴也。"《隋書·音樂志下》對此進一步解釋説:"革之屬,一曰建鼓。夏后氏加四足,謂之足鼓;殷人柱貫之,謂之楹鼓;周人懸之,謂之懸鼓。近代相承,植而貫之,謂之建鼓,蓋殷所作也。"《儀禮·大射》:"建鼓在阼階西。"鄭玄注:"建猶樹也,以木貫而載之,樹之跗也。""建猶樹也"比較生動地描述了建鼓的外形特徵。"樹之跗也"則説明當時的建鼓配有鼓座。《周禮·地官·鼓人》:"以晉鼓鼓金奏。"《周禮·夏官·大司馬》:"王執路鼓,諸侯執賁鼓,軍將執晉鼓。"《國語·吴語》:"十旌一將軍,載常建鼓,挾經秉枹,萬人以爲方陣。"韋昭注:"鼓,晉鼓也。《周禮》:'將軍執晉鼓。'建,謂爲楹而樹之。"《漢書·何並傳》:"林卿既去,北渡涇橋,令騎奴還至寺門,拔刀剥其建鼓。"顔師古注:"建鼓一名植鼓。建,立也。謂植木而旁懸鼓焉。縣有此鼓者,所以召集號令,爲開閉之時。"司馬相如《上

① 湖北省博物館編:《曾侯乙墓(下)》,彩版V′、圖版四三。
② 孫書安:《中國博物别名大辭典》,北京出版社2000年,第435頁。
③ 今本作"鼓足",實爲"足鼓"之誤,參見朱彬撰,饒欽農點校:《禮記訓纂》,中華書局1996年,第489頁。

林賦》:“建翠華之旗,樹靈鼉之鼓。”《史記》裴駰《集解》引郭璞曰:“木貫鼓中,加羽葆其上,所謂樹鼓。”可見,建鼓在當時既多用於禮樂表演,也多用於軍事戰爭及田獵等場合。雖然異名衆多,但並無據其鼓羽種類而定名之例。

三

從有關圖像材料來看,東周時期不少建鼓之上並無羽飾,如成都百花潭戰國墓出土嵌錯紋銅壺上的建鼓圖像(圖三)①、輝縣琉璃閣 M1 : 51 出土戰國刻紋銅奩樂舞中的建鼓圖像②、河北平山縣三汲 M8101 出土戰國鑄紋銅豆上的建鼓圖像③、保利藝術博物館藏嵌錯社會生活圖畫壺建鼓圖像(圖四)④,山東章丘女郎山出土戰國彩繪樂舞陶俑⑤等。雖然也有一些建鼓之上的確裝有類似樹枝或羽毛的裝飾物,如山彪鎮水陸攻戰紋銅鑒上的建鼓圖像(圖五)⑥、曾侯乙墓出土的彩漆鴛鴦盒一側的建鼓圖像(圖六)⑦、長臺關出土錦瑟上的建鼓圖像⑧等。但是,這些羽飾無論是體積還是數量上,都遠沒有漢代建鼓(圖七)⑨上的羽飾繁複豪華。由此推測,東周時期,部分建鼓鼓體之上所裝有的羽飾仍然只是建鼓的次要裝飾物,尚不足以成爲建鼓的突出特徵,所以這一時期的文獻中也未見有據其羽飾而命名的建鼓。從這一點來看,將東周時期的“皛鼓”理解爲“皛羽裝飾之鼓”也不一定合適。

---

① 四川省博物館編:《成都百花潭中學十號墓發掘記》,《文物》1976 年第 3 期,第 40 頁、圖版二。

② 郭寶鈞:《山彪鎮與琉璃閣》,科學出版社 1959 年,圖二九至三一、圖版伍陸。

③ 河北省文物研究所編:《戰國中山國靈壽城: 1975—1993 年考古發掘報告》,文物出版社 2005 年,第 278 頁,圖 214。

④ 孫華:《嵌錯社會生活圖畫壺》,保利藝術博物館編:《保利藏金(續)》,嶺南美術出版社 2001 年,第 186—199 頁。

⑤ 李曰訓:《山東章丘女郎山戰國墓出土樂舞陶俑及有關問題》,《文物》1993 年第 3 期,第 2—4 頁。

⑥ 郭寶鈞:《山彪鎮與琉璃閣》,第 21 頁,圖十一。

⑦ 孫華:《嵌錯社會生活圖畫壺》,保利藝術博物館編:《保利藏金(續)》,第 186—199 頁。

⑧ 河南省文物考古研究所編:《信陽楚墓》,文物出版社 1986 年,第 30—31 頁,圖版一四 · 2、3,圖版一七 · 1。

⑨ 南京博物院、山東省文物管理處編:《沂南古畫像石墓發掘報告》,文化部文物管理局 1956 年,圖版 48、88。

圖三 成都百花潭戰國墓出土嵌錯紋銅壺上的建鼓圖像①

圖四 保利藝術博物館藏嵌錯社會生活圖畫壺建鼓圖像②

圖五 山彪鎮水陸攻戰紋銅鑒上的建鼓圖像③

① 四川省博物館編:《成都百花潭中學十號墓發掘記》,《文物》1976 年第 3 期,第 40 頁,圖版二。

② 孫華:《嵌錯社會生活圖畫壺》,保利藝術博物館編:《保利藏金(續)》,第 186—199 頁。

③ 郭寶鈞:《山彪鎮與琉璃閣》,第 21 頁,圖十一。

圖六　曾侯乙墓出土彩漆鴛鴦盒建鼓圖像①

圖七　山東沂南北寨漢墓畫像石中的擊建鼓圖像②

此外,如果按照單先生的訓釋推論,"鳧羽"所飾爲"鳧鼓",那麽"雉羽"所飾便可以名爲"雉鼓"。兩漢以後鼓體上多置"羽葆",但據舊注可知"羽葆"多由翟尾製成。《漢書·韓延壽傳》:"建幢棨,植羽葆。"顔師古注:"羽葆,聚翟尾爲之,亦今纛之類也。"雖然如此,文獻中也未見有"翟鼓"之稱。另據馬王堆三號漢墓9號簡所記"建鼓一,羽旌飭(飾)"③可知,漢初仍用"建鼓"之名,其鼓體之上的羽飾則被籠統地稱作"羽旌",至於用了何種羽毛似乎並無説明的必要。

需要區别羽毛材質的名物多爲旌旗之名,如《曾侯乙簡》簡6:"二旆,屯八翼之䎗(翢)。丌(其)旃(旗),䎂(翠)首,紪(紫)羊須之緄(紕),紪(紫)䍸(羽)之常。"《曾侯乙簡》簡89 :"鷱(鳧)旝(旃),䎂(翠)首,䶄(貂)定(頙)之頸。"④《望山楚簡》簡2·13:"隻(鳧)署(旌),白市,罷(翡)翠(翠)之首。"由是觀之,如果僅用於説明建鼓所飾之羽旌則有可能以"鳧"來别之,但"鳧"直接用作建鼓的區别性特徵的可能性較低。

自漢代起,建鼓之上倒是多加羽葆、流蘇等裝飾,外形像樹木,頂端繁

① 湖北省博物館:《曾侯乙墓(上)》,第365頁,圖二二四·1、圖版一三〇·1。

② 南京博物院、山東省文物管理處編:《沂南古畫像石墓發掘報告》,圖版48、88。

③ "飭(飾)"從伊强先生釋,參見伊强:《談〈長沙馬王堆二、三號漢墓〉遣策釋文和注釋中存在的問題》,北京大學碩士學位論文,2005年,第5—7頁。

④ 湖北省博物館編:《曾侯乙墓(上)》,第490、495頁;湖北省文物考古研究所、北京大學中文系編:《望山楚簡》,中華書局1995年,第120—121頁。

盛,十分豪華,建鼓因此才有了“羽葆鼓”的稱謂。《漢書·韓延壽傳》:“延壽衣黄紈方領,駕四馬,傅總,建幢棨,植羽葆鼓車、歌車。”後世因有“羽葆鼓”之稱,如《唐六典》卷二十七:“羽葆鼓飾以羽葆。”[①]元代馬端臨《文獻通考·樂考九》:“羽葆鼓(上有丹青羽葆)。《隋書》:‘鼓吹車上施層樓,四角金龍,垂流蘇羽葆。’唐羽葆之制縣於架上,其架飾以五采流蘇植羽也。蓋鐃鼓、羽葆鼓皆飾以丹青,形制頗類㧊鼓,今太常鼓吹後部用之。”[②]可見後世“羽葆鼓”與東周建鼓不同,其上所裝羽飾異常繁複華麗,故有此稱。因此也不能以後世的“羽葆鼓”之名證明東周時期的“鼖鼓”即鼖羽裝飾之鼓。

四

不過值得注意的是,後世還以“鷺鼓”稱呼建鼓,似乎與“鼖鼓”之名相類。“鷺鼓”之稱最早見於隋唐時期,《樂府詩集·郊廟歌辭六·唐五郊樂章》:“笙歌籥舞屬年韶,鷺鼓鼖鐘展時豫。”《隋書·音樂志下》:“一曰建鼓。……近代相承植而貫之,謂之建鼓,蓋殷所作也。又棲翔鷺於其上,不知何代所加。或曰,鵠也,取其聲揚而遠聞。或曰,鷺,鼓精也。越王勾踐擊大鼓於雷門以壓吴。晉時移於建康,有雙鷺唲鼓而飛入雲。或曰,皆非也。《詩》云:‘振振鷺,鷺於飛。鼓咽咽,醉言歸。’古之君子,悲周道之衰,頌聲之輟,飾鼓以鷺,存其風流。未知孰是。”薛宗明先生云:“鷺,鼓精也,故《魯頌·有駜》詩曰‘振振鷺,鷺于飛,鼓咽咽,醉言歸’,古之君子仕於伶官傷頌聲之不作,故飾鼓以鷺,欲其流風存焉。唐宫縣之樂有鞀鼓四座,而鷺鼓居其一,齊武帝壽昌畫殿南閣置白鷺鼓吹二部。《大周正樂》鷺一作鶴,二鼓於《樂録》見之矣。”[③]

從東漢時期的畫像石材料看,建鼓之上的確有裝飾祥鷺者,[④]如山東濟南全福莊樂舞雜戲畫像石[⑤]、沂南北寨漢墓畫石像中的擊建鼓圖像(圖

① 李林甫等撰,陳仲夫點校:《唐六典》,中華書局 1992 年,第 700 頁。
② 馬端臨:《文獻通考》,中華書局 1986 年,第 1208 頁。
③ 薛宗明:《中國音樂史·樂器篇(上)》,臺灣商務印書館 1983 年,第 139 頁。
④ 吕小滿:《“鷺舞”與“鷺鼓”》,《民俗研究》2007 年第 1 期,第 145—163 頁。
⑤ 《中國音樂文物大系》總編輯部編:《中國音樂文物大系·山東卷》,大象出版社 2001 年,第 320 頁。

七)即是如此。可見,“鷺鼓”之稱出現得較晚,而且此名源於鼓上飾鷺,並不是因裝飾鷺羽而得名。因此,建鼓的“鷺鼓”别稱也不能作爲“鳧鼓”爲鳧羽裝飾之鼓的論據。

綜上所述,我們認爲,東周時期的建鼓應該不會根據其上是否裝有羽飾,或者羽飾材質的不同而定其名稱。鼓座銘文中的自名“鳧鼓”應當另尋他解。

五

我們認爲,鼓座自名“鳧鼓”中的“鳧”當讀作“跗”。上古音“付”與“鳧”均屬並母侯部,聲韻全同,多可通假。例如,包山258號遣册簡所記隨葬物品有“雟茈”一物。因“隹”和“鳥”屬於義近形旁,在古文字中多通用,所以李家浩先生隸定作“蔦茈”,並考釋云:“《玉篇》艸部:‘蔦,音符,蔦茈。’‘蔦茈’即荸薺。《後漢書·劉玄傳》‘王莽末,南方饑饉,人庶群入野澤,掘蔦茈而食之’,李賢注:‘蔦茈,《續漢書》作“符訾”。’包山2:52-2號、2:188-1號竹笥所繫竹簽‘蔦茈’作‘苻茈’。‘鳧’、‘蔦’、‘符’、‘苻’都是並母侯部字,‘茈’、‘訾’都从‘此’得聲,故可通用。2:52-2號竹笥内盛的是荸薺,與簡文所記相合。”①此外,清華簡壹《尹至》簡4—5:“湯迲(往)延(征)弗雋。”其中“雋”字,整理者分析爲从“隽(鳧)”得聲,並讀作“服”。② 但上古音中“鳧”與“服”分屬侯、職二部,韻部相隔較遠,並不可信。另有研究者改讀作“附”,③訓作歸附,十分正確。這爲“付”旁與“鳧”相通再添一佐證。據此可知,鼓座銘文中的“鳧”當可讀作“跗”。

“跗”可泛指器物的底座,也可指鼓座,文獻中或寫作“柎”。《儀禮·士喪禮》:“乃屨,綦結於跗。”鄭玄注:“跗,足上也。”《禮記·明堂位》:“俎,有虞氏以梡,夏后氏以嶡,殷以椇,周以房俎。”鄭玄注:“房謂足下跗也。”《説文·木部》:“柎,闌足也。”段玉裁注:“柎、跗正俗字也。凡器之

① 李家浩:《信陽楚簡中的“柿枳”》,《簡帛研究》第二輯,法律出版社1996年,第6頁。

② 清華大學出土文獻研究與保護中心編,李學勤主編:《清華大學藏戰國竹簡(壹)》,中西書局2010年,第130頁。

③ 復旦大學出土文獻與古文字研究中心研究生讀書會:《清華簡〈尹至〉〈尹誥〉研讀札記(附:〈尹至〉〈尹誥〉〈程寤〉釋文)》,復旦大學出土文獻與古文字研究中心網,2011年1月5日。

足皆曰柎。”《儀禮・大射》:“建鼓在阼階西。”鄭玄注:“建猶樹也,以木貫而載之,樹之跗也。”《左傳・宣公四年》:“伯棼射王,汏輈,及鼓跗,著於丁寧。”孔穎達正義云:“車上不得置簨簴以懸鼓,故爲作跗,若殷之楹鼓也。”《詩・大雅・靈臺》:“虡業維樅,賁鼓維鏞。”毛傳:“植者曰虡,横者曰栒。”《説文》:“虡,鐘鼓之柎也。”尹灣漢墓出土《武庫永始四年兵車器集簿》六號木牘正面記曰:“乘輿鼓柎五十六”、“鼓柎百廿”、“鼙柎卌四”。[①]

鼓座是建鼓的主要組成部分,非常醒目,如果没了鼓座鼓也就無法使用,亦無從稱爲建鼓。古人深諳這一點,所以鼓座的製作也非常考究。目前出土的銅製建鼓座約有 10 件,製作大都異常精美。[②] 如前文所引 1978 年湖北隨縣擂鼓墩一號墓出土戰國早期建鼓座,該鼓座由多條圓雕蟠龍相互穿插糾結而成,插鼓柱的圓筒爲群龍所圍,下有圓形底座,設四個環耳。鼓座高 54 釐米,底徑 72 釐米,重達 192.1 千克(圖二)[③]。九里墩鼓座則是一件造型奇特的鏤空四龍鼓座,該鼓座爲一圓形銅圈,周邊有四個鋪首銜環。有兩個對稱的虎頭和四條纏繞的龍盤踞在上面,還有兩個龍尾式的鉤形飾。該鼓座殘高 29 釐米,直徑 80 釐米,重 47 千克(圖一)[④]。而且,鼓座銘文起首明言“擇其吉金,玄鏐鈍(純)吕,自乍(作)雙(𣪕)鼓”,其中所云“吉金”作成的顯然應即這件精美的青銅鼓座“跗”。因此,如果從“視覺優先”的命名原則來看,[⑤]當時的人完全有可能將鼓座“跗”體現在建鼓的命名上。

由此可見,鼓座銘文中的自名“𣪕(跗)鼓”即裝有跗足的鼓,這與文獻中所記“足鼓”之名也正相吻合。《禮記・明堂位》:“夏后氏之足鼓,殷楹鼓,周縣鼓。”鄭玄注:“足,謂四足也。”《詩・商頌・那》:“猗與那與,置我鞉鼓。”毛傳:“夏后氏足鼓,殷人置鼓,周人懸鼓。”當代鼓中也有“架

① 連雲港市博物館等編:《尹灣漢墓簡牘》,中華書局 1997 年,第 105、120、121 頁。

② 周亞:《鼓座、建鼓及其他》,《上海文博》2008 年第 3 期,第 28—34 頁。按:九連墩一號楚墓出土的建鼓座由漆木製成。參見湖北省博物館編:《九連墩:長江中游的楚國貴族大墓》,文物出版社 2007 年,第 84 頁。

③ 湖北省博物館編:《曾侯乙墓(上)》,第 152 頁。

④ 安徽省文物工作隊:《安徽舒城九里墩春秋墓》,《考古學報》1982 年第 2 期,第 233 頁。

⑤ 李海霞:《漢語動物命名研究》,巴蜀書社 2002 年,第 106 頁。

子鼓”之名,其得名同樣源於鼓下設架跗以承之。因此,九里墩建鼓座銘文中的自名“鳧(跗)鼓”自然也可以理解爲裝有跗足的鼓。

(作者單位:中山大學中國語言文學系、出土文獻與中國古代文明研究協同創新中心)

十七年比陽戈考證*

秦曉華

一、地名的釋讀

吴鎮烽先生《商周青銅器銘文暨圖像集成》32 册著録一件兵器，編號爲 17203，銘文圖像移録如下：

據該書介紹，此戈"2010 年 8 月見於西安"，此前未見著録，戈的内正面刻銘文 14 字（其中合文 1）。吴鎮烽先生將銘文釋讀如下：

十七年並陽㪘（令）其，左庫工帀（師）㬇，𢽊（冶）閅。

* 本文寫作得到了教育部哲學社會科學研究重大課題攻關項目"金文集成"（項目批准號 13JZD029）經費的支持。

銘文爲典型的“令+工事+冶”三級監造格式,兵器爲戰國三晉兵器應無疑問。然而,兵器具體屬於哪個國家呢? 僅憑格式無法判别,因爲目前所見韓、趙、魏兵器銘文均有此類監造格式。那麽,地名就成爲判斷這件器物國别的重要綫索。

“令”之前的地名,吴鎮烽先生釋爲“並陽”,所謂的“並”字作如下之形:

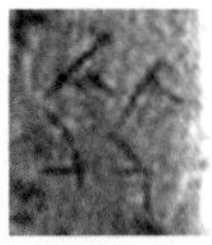

細審該字,筆者認爲釋爲“並”不確。戰國文字“並”及从“並”之字較爲常見,例舉如下:

《古陶文彙編》5·387 中山王鼎,《殷周金文集成》2840

《古璽彙編》1925

《信陽楚墓》2·14 《侯馬盟書》1:89

“並”所从之人形基本上向左,而且有兩個或一個横筆將二人連接起來,會並列之意,因此,將人形向右、且二人未連的“”字釋爲“並”恐有不妥。

按,字應釋爲“比”,戰國“比”字作如下之形:

《睡虎地秦墓竹簡·效律》27 《郭店楚墓竹簡·成之聞之》17

《説文》:“比,密也。二人爲從,反從爲比。”雖然古文字常左右無别,但戰國時期的“比”的方向基本固定下來,人形基本上向右。另外,該字下有兩横筆,應爲古文字中常見的飾筆,與字義無涉,這種飾筆在戰國文字中比較常見,而且在與人形有關的“人”、“匕”等字之上也較爲常見,如:

卅三年平安君鼎,《殷周金文集成》2764 十一年皋落戈,《近出殷周金文集録》2764

《侯馬盟書》156：20 《侯馬盟書》88：1

《上海博物館藏戰國楚竹書(一)·緇衣》17 《郭店楚墓竹簡·緇衣》10

因此,字釋爲"比"應無疑問,此戈的地名,即製造地應爲"比陽"。

二、比陽與韓國的南陽郡

"比陽"見於《漢書·地理志》,屬南陽郡。《中國歷史地名大辭典》:"比陽縣,西漢置,屬南陽郡。治所即今河南泌陽縣。"①但是,戰國中期的楚簡中已有該地名的記載,並非漢代始見。

楚簡中的"比陽"寫作"郫昜"。包山楚簡121:"郫昜莫囂……"其中"郫昜",整理者未釋,顏世鉉認爲可能與今安徽淠河有關,②劉信芳讀爲"卑梁",③何琳儀讀爲"比陽",④可從。文獻中"卑"與"比"相通不乏其例,如《莊子·天下》"天與地卑",《荀子·不苟》作"天地比";又如《詩·小雅·漸漸之石》"俾滂沱矣",《論衡·明雩》引俾作比。楚國的"郫昜",三晉兵器却寫作"比陽",應是當時不同地域用字習慣所致。

"比陽"雖爲楚邑,但在戰國中期曾一度爲韓國或魏國占領。《史記·楚世家》記懷王二十八年(公元前301年)"齊、韓、魏共攻楚,殺楚將唐昧,取我重丘而去",重丘,地在今泌陽縣付莊鄉政府駐地,楚國失去比陽,應在此時。而且,與比陽(泌陽)相鄰的宛(即今河南南陽市)亦曾一度爲韓國或魏國占領,《戰國策·西周策》:"君以齊爲韓、魏攻楚,五年而取宛、葉以北以强韓、魏,今又攻秦以益之。"《正義》曰:"宛在鄧州,葉在許州。二縣以北舊屬楚,二國共没以入韓、魏。"

那麽,占領比陽、宛的究竟是韓國還是魏國呢?陳偉先生根據《史記·楚世家》"王朝張弓而射魏之大梁之南,加其右臂而徑屬之於韓,則

① 史爲樂主編:《中國歷史地名大辭典》,中國社會科學出版社2005年,第378頁。
② 顏世鉉:《包山楚簡地名研究》,臺灣大學中文所碩士學位論文,1997年,第176頁。
③ 劉信芳:《包山楚簡解詁》,藝文印書館1992年,第112頁。
④ 何琳儀:《戰國古文字典》,中華書局1998年,第773頁。

中國之路絶而上蔡之郡壞矣”,認爲“魏上蔡之郡以西即是韓地”,[①]所以比陽應在韓國的控制之下,而且根據吴良寶先生的考證,韓國曾在戰國中晚期設立了南陽郡,比陽應屬於南陽郡的一個城邑。[②]

確定了比陽爲韓國城邑,對於研究韓國南部的疆域有一定的參考價值。陳偉先生曾經指出:“關於韓地的南境所至,較難考訂。”[③]吴良寶先生則在總結前人研究的基礎上,得出結論:“韓國南陽郡的設立似不早於破楚、取宛葉以北的前300年,其範圍就在三川、潁川以南的今河南魯山、襄城縣一帶。”並謂:“韓國如在前300年左右設立南陽郡,其最南界應不會越過今河南南召、魯山一綫,往東、往南已是魏、楚領土。”[④]而比陽(泌陽)明顯在“河南南召、魯山一綫”以南,由此可知,在戰國中期,韓國的南界曾一度延伸到了楚方城之内。關於這一點,陳偉先生也是承認的:“可見泚水之役後,韓國境土當一度伸入方城以内。”[⑤]

十七年比陽戈的發現,對研究戰國時期韓國南部的疆域範圍、所轄城邑提供了珍貴的材料。

三、十七年比陽戈的製造時間

十七年比陽戈應是在韓國取得比陽,設立南陽郡之後製造的。根據前引吴良寶先生的觀點,韓國南陽郡的設立大約在前300年左右,而南陽郡完全丢失是在秦統一六國前夕。《史記·秦始皇本紀》“十六年九月,發卒受地韓南陽假守騰”,時在公元前231年。在此期間,韓國君主在位年限超過十七年的有韓釐王(前295—前273年在位)、韓桓惠王(前272—239年在位)兩位。我們認爲此戈應是韓釐王十七年,即前279年所造。因爲比陽地近楚國,已到了楚方城以内,勢必成爲楚國心腹大患,陳偉先生指出:“泚水之役後,韓國境土當一度伸入方城以内,據有秦、漢南陽郡北境之一部,但不久即爲楚人收復。”[⑥]

---

① 陳偉:《楚東國地理研究》,武漢大學出版社1992年,第118頁。
② 吴良寶:《兵器銘刻與戰國南陽郡新考》,《古文字研究》第二十七輯,中華書局2008年。
③ 陳偉:《楚東國地理研究》,第118頁。
④ 吴良寶:《兵器銘刻與戰國南陽郡新考》,《古文字研究》第二十七輯,第331頁。
⑤ 陳偉:《楚東國地理研究》,第118頁。
⑥ 陳偉:《楚東國地理研究》,第118頁。

另外,由十七年比陽戈,我們也可以知道韓國丟失比陽應在前 279 年之後。

(作者單位:華南師範大學文學院)

山東諸侯國銘文研究(四則)*

傅修才

一、羊子戈銘文辨僞

1991年蔡培桂先生發表《羊子戈考》一文公布一件傳世羊子戈(圖一),戈胡部有銘文“羊子之艁(造)戈”五字。[①] 這把羊子戈以往未見著録,流傳情況不詳,現藏於山東師範大學歷史系文物室。《集成》[②]、《銘圖》[③]等金文著録總集皆未收録此戈。張振謙先生認爲戈銘爲真,加以研究。[④]

圖一

---

* 本文爲龍巖學院博士科研啓動項目“東周齊系金文研究”(LB2018012)的階段性成果。

① 蔡培桂:《羊子戈考》,《山東師範大學學報》1991年第5期,第47—48頁。

② 中國社會科學院考古研究所編:《殷周金文集成》,中華書局1984—1994年。

③ 吴鎮烽:《商周青銅器銘文暨圖像集成》,上海古籍出版社2012年。

④ 張振謙:《齊魯文字編》,學苑出版社2014年,第2372頁。張振謙:《〈說文〉古文“艁”字考》,《中國文字學報》第五輯,商務印書館2014年,第174頁。

此戈直援三角鋒,長胡三穿,内上一橫穿,蔡培桂先生指出其形制與三門峽上村嶺虢國墓地的虢太子元戈(《銘圖》16861—16862)和曲阜魯國故城甲組墓葬出土的銅戈(M115:8)[①]相似。從形制上看,此戈與曲阜魯國故城出土的銅戈(M115:8)差異較大,與虢太子元戈最爲接近,它們的共同特徵是直援三角鋒,這類戈在西周晚期和春秋早期甚爲流行,時代至遲不晚於春秋中期。然這把羊子戈的銘文形體和内容,却與曲阜周公廟出土的春秋晚期羊子戈(《銘圖》16730)相同,戈銘與器的時代嚴重脱節,銘文應是僞作。

二、郳公子害瑚校重

《銘圖》05908 著録山東棗莊市東江小郳國墓地 3 號墓出土的郳公子害瑚器銘,此器最早著録於《小郳國》[②]67 頁(圖二),其銘文如下:

圖二

《銘圖》05907 又著録同墓所出另一件郳公子害瑚(圖三),其蓋銘、器銘如下:

① 山東省文物考古研究所等編:《曲阜魯國故城》,齊魯書社 1982 年,第 109 頁。
② 趙友文主編:《小郳國遺珍》,中國文史出版社 2006 年,第 67 頁。

蓋銘

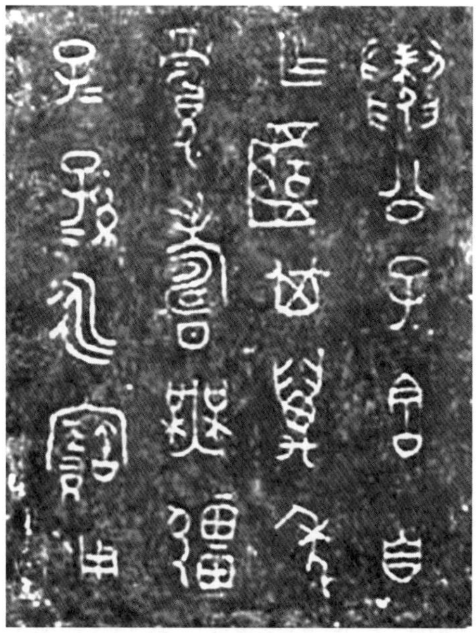

器銘

圖三

新近出版的張振謙先生的《齊系金文集成·魯郳卷》從《銘圖》著録,也將二者視爲不同器物。比較《銘圖》05907 器銘照片與 05908 的器銘拓片,我們可以看到,二者銘文在寫法、大小、行款、間距等方面完全重合。而且,吴鎮烽先生編製的《商周金文資料通鑒》電子資料庫 3.0 版(2016 年)05908 號郳公子害瑚的"備注"項謂小郳國墓地 3 號墓出土 4 件郳公子害瑚,形制、紋飾、大小、銘文基本相同,另 3 件資料未公布。這也説明現在只有 1 件郳公子害瑚的資料見於著録。所以,《銘圖》05907 與《銘圖》05908 所著録的郳公子害瑚實爲同一件器,《銘圖》05908 的器銘當爲重出。

三、郳慶匜校重

郳慶匜爲小郳國墓地盜掘器,在盜賣期間被查獲,現由安徽省博物院收藏,著録於《小郳國》113 頁、《銘圖》14905。匜内底鑄銘文十字,其器形和銘文照片(圖四)如下:

圖四

由於匜底的器銘未完全除銹,銘文照片比較模糊。器銘首字,就目前我們所見,研究者都釋爲"鼄(邾)"。這其實是有問題的。首字原篆作,其形體與"鼄(邾)"差異明顯,細審字形,其下的人形清晰可辨,上部也與"兒"字相同,只是筆畫略有損,所以此字無疑應改釋爲"兒(郳)",此器當稱爲"郳慶匜"。

《銘圖續》[①] 0985 號也著録一件郳慶匜(圖五),《銘圖續》標明此器爲某收藏家藏品,内底鑄銘文十字,其器形和銘文照片如下:

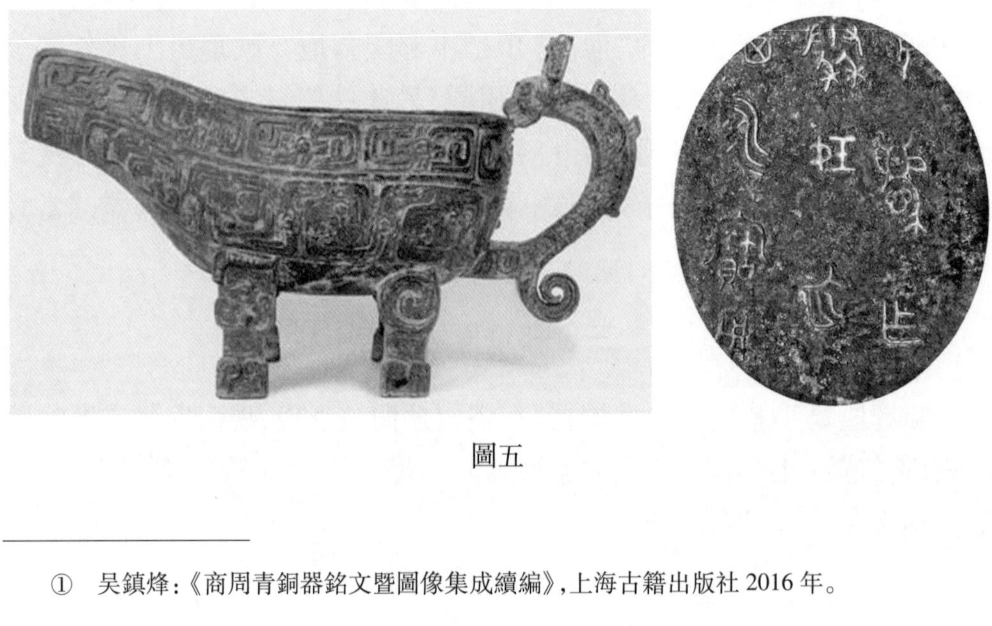

圖五

① 吴鎮烽:《商周青銅器銘文暨圖像集成續編》,上海古籍出版社 2016 年。

雖然器銘照片不全,不過從剩餘筆畫看,《銘圖續》將銘文首字釋爲"兒(郳)"應是可信的。這件郳慶匜最早著録於《歷代風華》①30—31 頁(圖六),書中未説明器物的來源,其器形和銘文照片如下:

圖六

比較《銘圖》14905 郳慶匜的器形和銘文照片,我們可以發現,《歷代風華》著録的郳慶匜,其器形和紋飾與前者完全相同,銘文在寫法、大小、行款、間距等方面也是完全相同,尤其二者銘文照片上"它(匜)"字的筆畫缺口和周邊銹迹更是完全密合。由此可知,二者應爲同一件器物,《銘圖續》0985 當屬於重複著録,可見我們將《銘圖》14905 郳慶匜首字改釋爲"兒(郳)"是没有問題的。

此外,需要説明的是,《歷代風華》著録的器物來自國内外博物館、文物商店、收藏機構和私人藏家,《銘圖》14905 著録的郳慶匜現藏於安徽省博物院,《銘圖續》標明此器爲私人藏器恐亦有誤。

四、鑄叔獯瑚考

《海岱古族古國吉金文集》②90.10 著録的鑄叔獯瑚(圖七)出土於山東桓臺,現藏於山東桓臺博物館,以往未見著録,現有的其他金文資料總集都没有收録此器,也未見研究者對此器作過討論。

① 北京東方藝術品博覽會組委會編:《歷代風華》,北京文物出版社 2013 年,第 30—31 頁。

② 陳青榮、趙縕:《海岱古族古國吉金文集》,齊魯書社 2011 年,第 1941 頁。

圖七

鑄叔瞴瑚體呈長方形,敞口平唇,斜壁平底,方圈足,足的四邊各有一門形缺,兩側腹壁各有一獸首形耳,口沿飾重環紋和雲紋,四壁均飾夔龍紋,蓋、器形制和紋飾相同。器内底鑄銘文十字:"鑄弔(叔)瞴乍(作)寶匿(瑚),其永寶用。"

《海岱古族古國吉金文集》原將鑄叔瞴瑚的時代定爲春秋時期。從形制來看,鑄叔瞴瑚與春秋早期的鑄子叔黑臣瑚(《銘圖》05881—05882)非常相近,屬於《春秋青銅器年代綜合研究》所列瑚的 A 型 I 式,[1]時代應屬於春秋早期。

銘文"瞴"字从"犬"、"無"聲,爲鑄叔之名。巧合的是,過去著録的鑄國銅器中,有一件傳世的春秋早期鑄子瞴匜(《銘圖》14899),作器者亦名"瞴",陳漢平疑"瞴"爲"獏"字異體。[2] 鑄叔瞴瑚與鑄子瞴匜的時代相當,皆爲春秋早期器,器主"瞴"極有可能爲同一人。隨州文峰塔曾國墓地 M35 爲曾叔旂之墓,同墓所出鼎、簋、壺皆銘"曾叔旂"作器,戟則銘"曾子旂"作器。[3] "曾子旂"與"曾叔旂"無疑爲同一人,朱鳳瀚先生指出"曾子旂"又稱"曾叔旂"是以行輩爲稱。[4] 其説甚是。這正可與我們討論的

---

① 彭裕商:《春秋青銅器年代綜合研究》,中華書局 2011 年,第 67 頁。

② 陳漢平:《金文編訂補》,中國社會科學出版社 1993 年,第 120 頁。

③ 湖北省文物考古研究所、隨州市博物館編:《湖北隨州市文峰塔東周墓地》,《考古》2014 年第 7 期,第 18—33 頁。

④ 朱鳳瀚:《關於春秋金文中冠以國名的"子"的身份》,《古文字與古代史》第五輯,"中研院"史語所 2017 年,第 158 頁注 34。

鑄叔𤞞瑚和鑄子𤞞匜互參。“鑄子𤞞”與“鑄叔𤞞”如爲同一人,也是鑄國公族成員稱“鑄子”者亦可以行輩爲稱之例。

(作者單位:龍巖學院師範教育學院)

金文雜識(四則)*

蔡一峰

一

《集成》4642 號著録的荆公孫敦和《近出》537 號著録的一件無蓋之敦銘文内容相同,因《集成》拓片質量欠佳,需要對參《近出》來讀。銘文末四字舊有“叕寶無期”[1]和“大寶無期”[2]兩種釋法,諦審圖片即知首字當以釋“大”爲確,次字釋“寶”似罕有異議,陳英傑先生嘗改釋“福”但未引起重視,[3]後出幾種工具書和著録書基本從釋“寶”的主流意見。[4] 現將此字放大如下:

《集成》4642 《近出》537

字所从宀、貝、玉、畐四個構件比較明確,宀内左上的構件如單看《集成》拓片極容易誤認爲是“午”(“缶”省),比對《近出》拓片即可知左下角還有一斜筆,應該是示旁,从“示”一般認爲是“福”字的主要區別特徵,不少

---

* 本文係國家社會科學基金重大項目“戰國文字詁林及數據庫建設”(17ZDA300)的階段性成果。

[1] 中國社會科學院考古研究所編:《殷周金文集成釋文》第三卷,香港中文大學中國文化研究所、香港中文大學出版社 2001 年,第 592 頁;劉雨、盧岩編著:《近出殷周金文集録》第二册,中華書局 2002 年,第 447 頁。

[2] 張亞初:《殷周金文集成引得》,中華書局 2001 年,第 99 頁。

[3] 陳英傑:《西周金文作器用途銘辭研究》,綫裝書局 2008 年,第 645 頁;陳英傑:《金文字際關係辨正五則》,《語言科學》2010 年第 5 期。

[4] 張桂光主編,秦曉華副主編:《商周金文摹釋總集》,中華書局 2010 年,第 771 頁;吴鎮烽:《商周青銅器銘文暨圖像集成》第十三卷,上海古籍出版社 2012 年,第 330—331 頁。

學者已有過論述。① 從辭例上看,“大寶無期”不辭,唯讀作“大福無期”方可曉暢,金文吉語“大魯福”、“大福”、“大福無疆”皆其證,董蓮池先生指出此字當爲“福”字異構,並聯繫“福”字其他類似的寫法,②如:

《集成》2280:用匃永~

《集成》3925:其萬年子子孫孫用享孝受~③

與以往只从示从畐的“福”字寫法不同,上列諸字从宀从玉或从貝,恰都是金文“寶”字的常用構件。結合金文中“寶”、“福”偶有通用的現象,董先生認爲這些“福”字都應該分析爲从示寶省聲。

今按,諸字釋“福”近是,但析爲寶省聲則未確,實當即“富”字異構,“富”本由“福”字分化而來。古書習見“福”、“富”二字通用,王力先生曾指出二者有同源關係,④張亞初先生亦有過詳論,他説:

> 在甲骨文中,有一種广字頭的福字,西周銘文中有从宀字頭的富,在古文字偏旁中,从广从宀因義旁相同往往互相通用,所以福即富,在商周古文字中本來都作福字使用,後來則從這種形體分化出一個新字——富字,富即富之省。在古代文獻中福富音義皆同,《釋名》:“福,富也”,《禮記·郊特牲》:“富也者福也”,就是富福二字互訓的。富之訓福不僅是音同的關係,富字就是从福字派生出來的。⑤

其説甚是。戰國文字“富”通常寫作上畐下貝之“貳”,偶或增从宀作“賓”(上博簡《緇衣》簡 11、22),有一類則是从示寫作“𡨦()”,文例如下:

我無事而民自~ (郭店·老子甲篇 31)
此不貧於美而~於德歟? (上博四·曹沫之陣 3)

---

① 張振林先生、麥里筱女士等學者均持此意見,詳參陳英傑:《西周金文作器用途銘辭研究(下)》,第 649 頁注 1。

② 董蓮池:《釋春秋猢公孫敦中的“福”字兼談黄諸器中“福”字構形》,《中國文字研究》第二十三輯,上海書店出版社 2016 年。

③ 此字宀内左半當爲“畐”旁殘訛。

④ 王力:《同源字典》,商務印書館 1982 年,第 265 頁。

⑤ 張亞初:《商周古文字源流疏證》,中華書局 2014 年,第 43—44 頁。

恒争于～ (清華三·芮良夫毖1)

～而無涗 (清華三·芮良夫毖4)

厭必～,惡必無食 (清華五·殷高宗問於三壽8)

諗(感)高文～ (清華五·殷高宗問於三壽25)

不良君怙位固～① (清華六·子産2)

以上諸"⿱宀⿱畐示"字皆用爲{富},看作"富"字異構是很合適的,字當分析爲从宀⿱畐示(福)聲。上博簡見有左从貝右从⿱畐示且同樣用爲{富}的字:

:此以貴爲天子,～有天下 (上博五·鬼神之明2)

此字也應看作"⿱畐示(福)"字增益貝旁而來。以上諸字從字形上進一步佐證了"富"確實是"福"的分化字。有了戰國文字提供的綫索,我們回頭看金文的"⿱宀⿰⿱玉畐貝"字,知其釋爲"富"並無罣礙,从玉與从貝理近,皆象徵財富,這都很好理解。

西周晚期的周窀匜(《集成》10218)中兩個明確用爲{寶}的字寫作"⿱宀⿰缶畐()",與"寶"的習慣寫法有别,以往多直接釋"寶",②按照"寶"往往用同聲紐同韻部的"缶"或"保"爲聲符,从畐相對少見,參照上揭"福/富"字的寫法,此字釋"富"似更合理,讀"寶"屬於假借。以鄧鼎(《近出》348、《銘續》201)及僉父瓶(《銘圖》14036)中還有从示旁且用爲{寶}的"⿱宀⿰示畐"字,其實也都是"福/富"字。

"寶"和"福/富"古均爲脣音幫母字,韻部上幽部和職部接觸密切,具備通用的音理條件,春秋時期黄君、黄子諸器中"永祜福"寫作"永祜⿰示富"或"永祜⿱宀⿰示畐",都是二字可以相通的證據。西周晚期及春秋金文中有字作"⿱宀⿰貝畐"或"⿱宀⿰畐酉",銘文中既可用爲{福},如"用追～禄于兹先神……用賜百～"(《集成》09718),又可用爲{寶},如"蔡侯媵孟姬～匡簠"(《銘圖》05933),董蓮池先生將其釋爲"富"是正確的,③該字正與上舉从示的諸

① 原整理報告讀"福",不確,此從單育辰先生讀"富",見《清華六〈子産〉釋文商榷》,《出土文獻》第十一輯,中西書局2017年,第210—211頁。

② 容庚編著,張振林、馬國權摹補:《金文編》,中華書局1985年,第523頁。

③ 董蓮池:《釋兩周金文中的"富"字》,《戰國文字研究的回顧與展望》,中西書局2017年,第50—52頁。董先生認爲蔡侯簠中"⿱宀⿰貝畐匡簠"的"⿱宀⿰貝畐"本字本用修飾"匡簠",寓有主人祈求多財之意,似可商。

“富”字異構一脉相承,“富”由“福(嚴格講是“寚”)”字省示旁而來是分化的趨勢。

“寶”和“福/富”是兩個不同的字,也有各自的習用寫法,後來金文中有通用也是西周中晚期以後尤其是春秋時候的個别現象,不具有普遍性,古書就未見相通的例證。二字音近義通,又是金文常用字詞,文例大多比較明確,偶有通用也不難理解,只是文字學上仍有加以區分的必要。从示固然可看作釋“福”的首要標志,但不从示者仍可能釋“富”,未必都是“寶”字,直接聲符的不同似乎可以作爲區分兩組字的第二重根據,以職部“畐”爲聲的是“福/富”字,以幽部“缶”或“保”爲聲的是“寶”字,“福/富”和“寶”音近而非音同,目前就罕見有兩套聲符明確同時出現的字。①

二

2005 年 11 月河南上蔡縣大路李鄉郭莊 1 號楚墓出土了一件青銅鼎,上面有銘文共 19 字(含合文 1 字)。河南博物院主編的《鼎盛中華——中國鼎文化》②一書著録了此鼎,新出《商周青銅器銘文暨圖像集成續編》亦有收録。③ 因二書所附釋文都存在不少問題,謝明文和石小力二位先生先後有過很好的考訂。④ 參照二位先生的意見,先將銘文釋寫如下:

> 隹(唯)王八月丁丑,競之𡜭自乍(作)𩰫(鬻)彝𩱧盂,△共(供)盟祀。

其中△字值得注意,圖片如下:

《鼎盛中華》釋“服”,《銘續》釋“般”,謝明文先生改釋“用”,但括注問號

① 有“寶”字寫作(《集成》03993)、(《集成》03994)、(《集成》10055)等形,過去幾種主要的工具書和著録書有隸作“寚”(如《引得》、《銘圖》等)和“富”(如《銘圖》等),細審拓片,所謂“畐”旁皆非典型寫法,實从“酉”,可參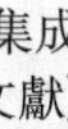(《集成》00042“寚”)、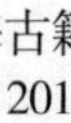(《集成》10008“寚”)。

② 河南博物院:《鼎盛中華——中國鼎文化》,大象出版社 2013 年,第 122 頁。

③ 吴鎮烽:《商周青銅器銘文暨圖像集成續編》第一卷,上海古籍出版社 2016 年,第191 頁。

④ 謝明文:《競之𡜭鼎考釋》,《出土文獻》第九輯,中西書局 2016 年,收入氏著:《商周文字論集》,上海古籍出版社 2017 年;石小力:《〈商周青銅器銘文暨圖像集成續編〉釋文校訂》,清華大學出土文獻研究與保護中心網站,2016 年 11 月 6 日,後正式發表在鄒芙都主編:《商周青銅器與先秦史研究論叢》第 142 頁,科學出版社 2017 年。

表示仍帶疑問,石小力先生認爲釋“用”可從。

今按,釋“服”于形于意皆有扞格,故可不論。釋“用”文例上固然通暢,“用供盟祀”猶“以供歲嘗”(如《集成》02479、02623、04549)的表達,但構形仍有未安。謝明文先生已經留意到鼎銘存在普遍的反書現象,認爲△屬於部分筆畫反書,並復原如下圖:

(用“△1”表示)

不過釋“△”爲“用”需要一個非常重要的前提,“用”字必須可以分裂爲左右兩個部件才具備部分反書的可能,而這點與通常所見諸多金文“用”字的寫法相抵牾,“用”字中間兩横(偶爲三横)往往連貫寫成並與竪筆相交,如:①

横畫分别書寫也是向竪筆靠攏且錯開分布,如:

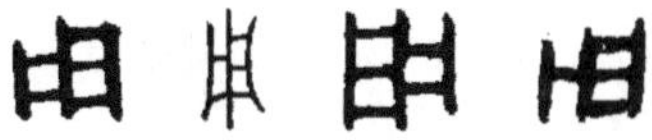

姑且不考慮反書問題,“△1”左右兩部分已經分裂且有間距,釋“用”是有困難的。②

我們認爲△仍當釋“般”,“般”金文既可以寫作手朝外的攴旁,如(走馬休盤,《集成》10170),又可以寫作从又,如(右盤,《集成》10150)。謝先生文中也提及此字可能是“般”字的變體,最終未采此説是考慮到右旁的“”與東周金文“舟”形、“盤”之初文寫法有别而與“用”字所从接近。我們認爲此構件的寫法很可能才是真正的反書,試將圖片水平翻轉:

① 容庚編著,張振林、馬國權摹補:《金文編》,第225—230頁。

② 當然分離也有可能是鑄範斷裂造成的,不過要假設斷裂之後又不小心將右邊斷開的部分鑄成反書才能形成類似鼎銘的寫法,和鼎銘其他反書和部分反書的字的情形還不一樣,這種可能性似乎很小。

經處理即知實爲舟旁,中間第一筆斜畫呈左低右高狀且與第二筆横畫左端有交匯,兩竪筆相對平直,類似的寫法還可參照:

(走馬休盤"般"字所从,《集成》10170);

(宴鼎"朕"字所从,《集成》4118);

(師艅簋蓋"俞"[①]字所从,《集成》04277);

(班簋"服"字所从,《集成》4341)

競之孌鼎銘中除了"王"、"八"、"丁"、"自"、"盂"、"共"幾個字正反無别外,其餘基本都是反書,其中"彝"字比較特殊,字作"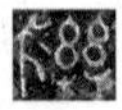",左旁是"犬"字反書,右旁上絲下収正反無别,按、、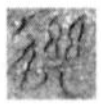等競之定諸器中"彝"字的寫法,知此字屬於部分構件反書。△字應該也是一個反書字,將其中看作舟旁反書並不奇怪,又旁雖然也可以看成反書,但比對走馬休盤銘"般"字的寫法,未必看作是受整篇銘文影響的反書特徵。[②]

(原圖)　　(復原後)

(原圖)　　(復原後)

(走馬休盤"般",《集成》10170)

文意上釋△爲"般"亦甚貼切,春秋晚期的沇兒鎛(《集成》00203)有"用盤飲酒",宋君夫人鼎(《銘圖》2222)有"用般禋祀",張光裕先生指出"般"無論訓爲"和樂"還是"盛大"皆含有"布列"義,認爲"用般禋祀"可讀爲"用班禋祀",是説禋祀時予以陳列與祭,更足顯其盛。[③] 其説甚是,《漢書·禮樂志》:"靈之來,神哉沛,先以雨,般裔裔。"顏注:"般,讀與班同。班,布也。"《孟子·萬章下》:"周室班爵禄也如之何?"趙岐注:"班,

① 有學者指出"俞"早期古文字不从舟,所謂"舟"旁由商代文字看也是"盤"之訛,見方稚松:《甲骨文字考釋四則》,《紀念王懿榮發現甲骨文 110 周年國際學術研討會論文集》,社會科學文獻出版社 2009 年,第 143—144 頁。

② 走馬休盤通篇銘文未見有普遍反書現象。

③ 張光裕:《新見宋君夫人鼎銘"爲民父母"與經典詮釋》,《第四届國際中國古文字學研討會論文集》第 115 頁,香港中文大學中國語言及文學系,2003 年 10 月 15—17 日。

列也。”《禮記·曲禮上》:“班朝治軍,涖官行法,非禮威嚴不行。”鄭玄注:“班,次也。”《儀禮·既夕禮》:“卒哭,明日以其班祔。”鄭玄注:“班,次也。”鼎銘“般供盟祀”也可讀爲“班供盟祀”,即布列以供盟祀,直接標明該鼎的功用,可與前文“𩰫(鬻)彝鬲盨”中的“鬲”意義相互印證。“鬲”字釋讀過去各家説法不一,吴振武先生有全面的梳理和考察,他認爲字从乁鬲聲,即“瀝”字異體,讀作“陳列”義之“歷”。[①]《禮記·郊特牲》:“然後簡其車賦而歷其卒伍。”鄭玄注:“簡歷,謂算具陳列之義。”《禮記·月令》:“命宰歷卿大夫至於庶民土田之數。”鄭玄注:“歷,猶次也。”《楚辭·九章·抽思》:“兹歷情以陳辭兮,蓀詳聾而不聞。”朱熹《集注》:“歷,猶列也。”置於銅器自名前的“鬲”字表明該器物需依次排列,與古書中的“列鼎”有關。

三

1993年出土於河南虢國墓地的西周晚期器曶叔奂父盨中有銘文言:

用A稻(稻)𩟪(穛)需(糯)粆(粱)　　(《新收》41)

其中A作:

一般隸作“䀇”,這句話直接指明了盨類器的功用,“䀇”字的釋讀至爲關鍵,過去學者多有措意。最早介紹此器的劉社剛先生讀“盛”;[②]程燕女士將它與叔原父甗(《集成》00947)中“用鬻稻(稻)沙(粱)”之“鬻”聯繫起來,讀“饎”;[③]張再興先生認爲應改讀爲“受”,表裝盛義。[④] 近年田率先生公布了兩件新見的伯克父甘婁盨,對盨類器相關問題的討論有所推進,其中二器銘文有類似表達:

---

① 吴振武:《釋鬲》,《文物研究》第六輯,黄山書社1990年。近年鄧佩玲女士對“鬲”有新看法,她認爲“鬲”即《説文》“鬻”字,讀作鋪陳、陳列義的“延”,見《銅器自名前修飾語“鬲”字試釋——兼談“延鐘、反鐘”等辭》,《古文字研究》第三十輯,中華書局2014年。

② 劉社剛:《曶叔盨銘文及相關問題》,《中國文物報》2003年9月19日。

③ 程燕:《曶叔盨新釋》,《古文字研究》第二十五輯,中華書局2004年。

④ 張再興:《近年新發表西周金文字形小考》,《中國文字研究》第十五輯,大象出版社2011年。

用B禾(黍)稷(稷)旌(稻)椋(粱)

其中B作:

(盨甲蓋銘) (盨甲器銘) (盨乙蓋銘) (盨乙器銘)

田先生隸作"皿又",認爲字从又聲,和"食+有+皿"音近義同,讀"受";[①]新出的《銘續》474及475號已分别收録此兩件器,其釋文將此字隸作"盁"並讀爲"盛",[②]石小力先生改從田率先生的釋讀。[③]

今按,上揭A、B二字有可能表示同一個詞,二字皆从又(有)聲可從,唯讀"盛"、"饎"、"受"於音韻條件、器用及金文用字習慣皆有未盡妥當之處,恐不足信。盨同簋器用近似,皆爲盛食器,A、B應該是一個與"盛"意義相關且含義有别的動詞,疑可讀爲"囿",古書"囿"可指事物集聚之處。《莊子·則陽》:"湯得其司御門尹登恒爲之傅之,從師而不囿。"成玄英疏:"囿,聚也。"《史記·司馬相如傳》:"然後囿騶虞之珍群,徼麋鹿之怪獸。"與苑囿的"囿"不同,銘文是指集聚各類糧食,即説明該器有收納的功用。A、B中所从又旁不僅表音,亦有表意,二字構意皆含有又旁(手形)取物置於皿内之意象,可能是金文集納食物於器皿中之專字。[④]

四

2009年出土於山東棗莊市嶧城區徐樓村東周墓的濫公宜脂鼎銘文

① 田率:《内史盨與伯克父甘婁盨》,青銅器與金文研討會論文,北京大學,2015年5月28—29日,後正式發表在《青銅器與金文》第一輯,上海古籍出版社2017年,第432頁。

② 吴鎮烽:《商周青銅器銘文暨圖像集成續編》第二卷,上海古籍出版社2016年,第192頁。

③ 石小力:《〈商周青銅器銘文暨圖像集成續編〉釋文校訂》,清華大學出土文獻研究與保護中心網站,2016年11月6日,又鄒芙都主編:《商周青銅器與先秦史研究論叢》,第146頁。

④ 楊鵬樺先生看過初稿後提示筆者,甲骨文有(《合集》33269)字,所在辭例爲:"己丑貞:王黍,受禾。弗受禾。"裘錫圭先生曾指出是"(䝴)"的異體,用作動詞,從陳夢家先生和陳邦懷先生釋"采",意爲摘取禾秀,有可能讀"捊"(見裘錫圭:《甲骨文中所見的商代農業》,收入氏著《裘錫圭學術文集·甲骨文卷》,復旦大學出版社2012年,第267—269頁,原載《農史研究》第八輯,農業出版社1989年)。與B字"皿"上所从近同,楊鵬樺先生懷疑該字除去"又"旁的形體或更像果實之類,B即以手收穫果實放置於器皿之内,從讀幽部字的方向考慮,提到楊澤生先生曾懷疑將甲骨文此字讀爲"收",B可讀收納之"收"。此亦可備一説。姑附志於此,以備詳考。

如下:

> 唯正月初吉日丁亥,浅(濫)公宜脂余(擇)其㫰(良)金,用鑄其煖宜鼎。 (《銘續》191)

其中“煖宜”,最早的發掘簡報讀爲“爨宜”,無詳説。①《銘續》著録此器時釋文基本從簡報。謝明文先生認爲如果“煖”是動詞,“宜”是它的賓語,“煖宜”整個動賓結構作“鼎”的修飾語,那麽“煖”可如整理者所説讀爲“爨”,“宜”則指肉肴,“煖宜鼎”指“(用來)煮肉的鼎”,如果“煖”與其後的“宜”是並列結構,都是器銘“鼎”的修飾語,則疑“煖宜”可讀“煎和”,是强調該鼎的功用是用來煎和食物的,其中“煖”有可能本是“煎”的異體。② 從釋文的寫法來看,謝文似傾向於後説。傅修才先生也認爲“煖宜”是鼎器名修飾語,不過對其釋讀持謹慎闕疑的態度。③

今按,“煖”从泉聲,韻部和“爨”、“煎”同爲元部,聲紐均是齒音,不過泉聲字與前聲字有不少通用的例證,④“煖”讀“煎”似要優於讀“爨”。謝先生認爲“煖”是“煎”的異體可能是對的,這和鼎有煎和食物的功用也相合。至於“宜”讀“和”則恐未安。“宜”疑母歌部,“和”匣母歌部,二字聲韻近同而實有開合之别,如果參考鄭張尚芳先生的擬音,“宜”讀 *ŋral,“和”讀 *gool,⑤差異就比較直觀,文獻中似也未見二字相通的例證。

“宜”不煩破讀,如字訓作名詞的肉肴即可,“煖(煎)宜”作動賓結構充當“鼎”的修飾語,表示該鼎是煎熬肉肴之用。《詩·鄭風·女曰鷄鳴》:“弋言加之,與子宜之。”毛傳和《爾雅·釋言》有云:“宜,肴也。”值得注意的是,本器銘兩個“宜”字寫作:

---

① 棗莊市博物館、棗莊市文物管理委員會辦公室、棗莊市嶧城區文廣新局編:《山東棗莊徐樓東周墓發掘簡報》,《文物》2014 年第 1 期。

② 謝明文:《新出宜脂鼎銘文小考》,收入氏著:《商周文字論集》,上海古籍出版社 2017 年,第 237—238 頁;原載《中國文字》新四十輯,[臺灣] 藝文印書館 2014 年。

③ 傅修才:《東周山東諸侯國金文整理與研究》,復旦大學博士學位論文,2017 年,第 337—338 頁。

④ 張儒、劉毓慶:《漢字通用聲素研究》,山西古籍出版社 2002 年,第 702 頁。謝明文先生《論集》按語:《詩經·邶風·簡兮》:“日之方中,在前上處”之“前”,阜陽漢簡《詩經》作“泉”。

⑤ 鄭張尚芳:《上古音系(第二版)》,上海教育出版社 2013 年,第 310、349 頁。

與金文“宜”的一般寫法不同,此字下部从“肉”上部从“宜”,可嚴格隸定作“脰”,謝明文先生認爲是“宜”的繁體,可從,此字增益凸顯“肉”旁,訓爲名詞的肉肴義應該是更直接的。

簡稱表:

《集成》——《殷周金文集成》

《近出》——《近出殷周金文集録》

《新收》——《新收殷周青銅器銘文暨器影彙編》

《銘圖》——《商周青銅器銘文暨圖像集成》

《銘續》——《商周青銅器銘文暨圖像集成續編》

附記:小文初稿承蒙陳偉武師、石小力、楊鵬樺等諸位師友指正,謹致謝忱。

(作者單位:復旦大學出土文獻與古文字研究中心,
出土文獻與中國古代文明研究協同創新中心)

從近年新出金文看 青銅觚、卣的定名*

李愛民

我們今天所見的銅器名稱大都來自宋人的定名,然囿於當時的主客觀條件,宋人關於青銅器的定名亦存在諸多疏漏之處。王國維先生説:“凡傳世古禮器之名,皆宋人所定也。曰鐘、曰鼎、曰鬲、曰甗、曰敦、曰簠、曰簋、曰尊、曰壺、曰盉、曰盤、曰匜、曰盦,皆古器自載其名而宋人因以名之者也。曰爵、曰觚、曰觶、曰角、曰斝,古器銘辭中均無明文,宋人但以大小之差定之,然至今日仍無以易其説,知宋代古器之學,其説雖疏,其識則不可及也。”①所以,我們今天對宋人有關銅器定名問題進行檢討時,在指出其不足之處的同時,更要對他們所取得的成績給予充分的肯定。

關於青銅器的定名,容庚、張維持二先生認爲最可靠的是從器物本身的銘文來考定。② 下面我們即結合近年新見金文中的銅器自名資料來重新認識一下有關兩類銅器的定名問題。

一

觚,《説文·角部》:“鄉飲酒之爵也。一曰觴受三升者謂之觚。”今之

* 本文爲出土文獻與中國古代文明研究協同創新中心博士創新資助項目“2010 年以來新出商周金文的整理與研究”(CTWX2015BS029)、中山大學饒宗頤研究院“饒學”研究生論文資助計劃“2010 年以來新出商周金文的整理與研究”(RYB17001)、中山大學優秀青年教師重點培育項目“《新見金文字編》的增補和修訂”(17WKZD27)的階段性成果。

① 王國維:《説觥》,《觀堂集林》,中華書局 1959 年,第 147 頁。

② 容庚、張維持:《殷周青銅器通論》,中華書局 2012 年,第 21 頁。

所見的銅器觚定名於宋人,但是關於宋人對觚的定名,學者多疑之。容庚先生認爲觚腹小而口侈,所容不多,飲時酒易四溢,且腹下或有鈴,有端拱之意,與其他飲器不類,則觚是否爲觚,不無可疑。[①] 關於銅器觚定名爲觚的理由大致有二: 一是禮書中"二升曰觚"的記載與《考古圖》卷五中所收録的廬江李氏所藏觚的容量相符;二是器有四棱,棱亦稱觚,即觚乃有棱之器。對於這兩條理由,朱鳳瀚先生皆有批判,認爲觚、爵的容量未必皆是二比一的關係,而有棱的銅器亦甚多,如尊、卣等,所以這兩條理由皆難成立,宋以來稱爲觚的銅器未必即以觚爲其本名。[②] 總之,我們今天所見的銅器觚的定名,只是沿用舊稱,這種器物的本名當冀其自名來論定。

幸運的是2010年吴鎮烽先生公布了一件帶有自名的此類器物,由銘文可知其自名爲"同",這爲此類器物的定名提供了最直接的證據。[③] 關於"同",文獻中亦有記載,《尚書 · 顧命》:"太保承介圭,上宗奉同瑁,由阼階隮。""乃受同瑁,王三宿、三祭、三咤。""太保受同,降,盥,以異同秉璋以酢,授宗人同,拜,王荅拜。太保受同,祭嚌宅,授宗人同,拜,王荅拜。"關於上述記載中的"同瑁"爲何物,自漢代以來聚訟紛紜,對此王占奎先生已有詳細介紹,[④]此不贅述。但内史亳同的出現,爲文獻中關於"同"的記載提供了器物及文字上的證據,很有意義。

不過關於内史亳同自名"同"字的寫法則稍有疑問。該字作"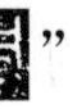"形,和金文中常見的"同"字形體並不相同(見表一)。不同之處表現在兩個方面: 一是字形下部的兩點,二是字形中部的圓圈形。關於字形下部的兩點,吴鎮烽先生認爲並不是重文符號,和重文符號一般位於字的左下方或右下方不同,可能爲飾筆或象徵銅餅。[⑤] 王占奎先生則認爲此兩點可能代表酒滴或表示"金",似以代表酒滴爲上選。而且王先生亦注意到字形中部的圓圈形和商周時期的"口"字並不相像,而更象圓形,此"同"字

---

① 容庚:《商周彝器通考》,上海人民出版社2008年,第306頁。
② 朱鳳瀚:《中國青銅器綜論》,上海古籍出版社2009年,第243頁。
③ 吴鎮烽:《内史亳豐同的初步研究》,《考古與文物》2010年第2期,封三。
④ 王占奎:《讀金隨札——内史亳同》,《考古與文物》2010年第2期,第35—38頁。
⑤ 吴鎮烽:《内史亳豐同的初步研究》,第32頁。

更象商周時代粗體觚的輪廓。[1]

表 一

沈子它簋 《銘圖》5384	同師簋 《銘圖》4553	永盂 《銘圖》6230	元年師兑簋 《銘圖》5325	中山王譽壺 《銘圖》12455

按，把“”字中的兩點看作飾筆，存在這種可能，但認爲其代表“金”，象徵銅餅，亦不能完全否定。[2] 至於字形中的“”形，金文中“口”字作如此之形的，就目前所見大概只有成周戈（《銘圖》16382）銘文中的“周”字作“”者與之相同，所以“口”字作圓圈形似可以特例視之。不過在此我們有個大膽的猜測，即“”字中的“”形並非“口”字，可能是杵形器置於同中俯視圖的象形，而下部兩點則如王占奎先生所説代表酒滴，整個字形乃是對宗廟祭祀時用同進行祼祭的形象表達。

表 二

 《銘圖》11248	 《銘圖》9754	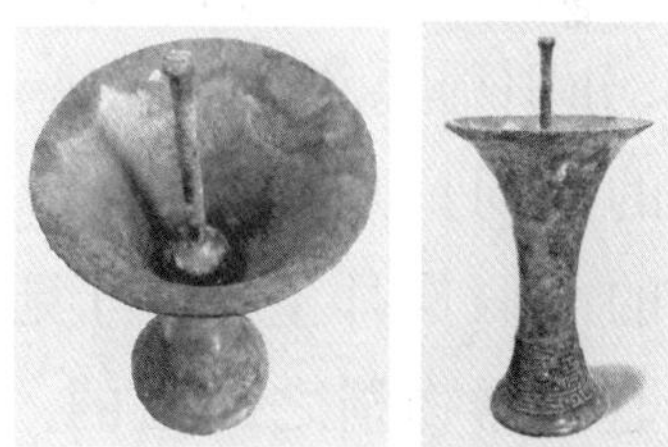
A	B	C

商周金文中有表二所列 A、B 兩字，當爲一字異體的關係，在銘辭中和“丼”字組成複合族徽。該字具體爲何字暫不討論，但字形中跪跽之人手持之物當即是同，同上所插之物可能即杵形類器物。又《銘圖》9820 收録一件青銅觚（表二 C），其中附帶的銅杵即當是同類性質的器

① 王占奎：《讀金隨札——内史亳同》，第 39 頁。

② 關於“金”字的特殊形體，參劉傳賓：《説“金”字的一種特殊形體》，《中國國家博物館館刊》2014 年第 9 期，第 62—69 頁。

物。所以上列文字形體及器物圖像的出現有助於我們認識商周之際青銅的功用。關於這方面的内容,鞠焕文先生有詳細的討論,[①]可參看。内史亳同“”字形體正象祼祭時將鬯酒澆灌於杵形器上然後流下之形,該字仍然可直接釋作“同”,只是字形更形象地表示出了其用作祼祭禮器的性質。

因此,帶自名的内史亳同的出現,讓我們知道宋人定名爲“觚”的這類銅器本名應該叫作“同”。無論我們以後皆遵其自名改稱此類銅器爲“同”,還是遵循習慣沿用舊稱,該類器物自名的出現都使我們對青銅器的分類定名有了更深入的認識。

二

關於卣和壺的分類問題,學界多有混淆,尤其是提梁壺的歸類問題。卣的定名亦來自宋人,目前所見之卣,時代皆屬西周前期以前。[②]其共有特徵爲斂口,碩腹,頸部兩側有提梁,上有蓋,蓋上有鈕,下有圈足。[③] 因此容庚先生的《商周彝器通考》以及朱鳳瀚先生的《中國青銅器綜論》皆把出現於殷末,主要流行於殷末周初的一種帶有提梁、形狀類壺的器物稱之爲卣。陳夢家先生則把此種器物分爲兩種形制,分别稱爲鑵形卣和壺形卣,並認爲這種卣是從壺演變成的,壺和卣的不同只是在於卣有一個永久性的青銅提梁,而壺則用繩栓在頸部的兩個貫耳上。[④] 可見,之前的主流意見是把這種帶有提梁、形狀類壺的器物稱之爲卣的。

但是隨着新資料的不斷發現,鑄有銘文的此類器物自名爲“壺”,這爲我們判定該類器物的類别提供了重要證據。此類器物帶有銘文者已多有發現,但大都没有自名。現把目前所見帶有自名的此類器物資料列表如下:

---

① 鞠焕文:《殷周之際青銅觚形器之功用及相關諸字》,《中國文字研究》第十九輯,上海書店出版社 2014 年,第 29—40 頁。

② 容庚:《商周彝器通考》,第 313 頁。

③ 朱鳳瀚:《中國青銅器綜論》,第 201 頁。

④ 陳夢家:《西周銅器斷代》,中華書局 2004 年,第 529、533—534 頁。

表　三

器銘	器物圖像	出土收藏	銘　文	出處	備　注
芈壺		1985 年 4 月河南平頂山市滍陽鎮北滍村應國墓地(M48)	芈作用壺	《銘圖》12111	《中原文物》1988 年第 1 期 21 頁、《近出》584、《新收》85 皆稱爲卣
隹壺		日本東京出光美術館	隹壺	《銘圖》12731	《出光》73、《新收》1800 皆稱爲卣
隹壺		1984 年 6 月見於英國倫敦富士比拍賣行	隹壺	《銘圖》12732	《近出》563、《流散》123 皆稱爲卣
曾侯壺		2011 年 6 月湖北隨州市曾都區淅河鎮蔣寨村葉家山西周墓(M65)	曾侯作田壺	《銘圖》12132	
倗叔壺		傳晉西南出土	蓋銘：叔作田父稟壺 器銘：唯廿又六年十月初［吉］己卯,倗叔作田父寶尊壺,其萬年子子孫孫永寶用	《銘圖》12401	

續 表

器銘	器物圖像	出土收藏	銘 文	出處	備 注
盠壺			鼂友子錫盠貝,用作尊彝叵	《銘續》827	
曾侯壺		2013 年湖北隨州市曾都區淅河鎮蔣寨村葉家山西周墓(M111)	曾侯作田壺	《銘續》808	

[illegible]壺是最早見到的自名爲"壺"的該類器物,出土於平頂山市薛莊鄉(現滍陽鎮),但最初的報告仍然稱之爲卣。[①] 之後劉昭瑞先生據其自名認爲似應稱作壺。[②] 後來平頂山應國墓地的考古發掘取得重大收獲,考古報告《平頂山應國墓地Ⅰ》把出土該器的 M48 作爲西周早期墓葬收入其中,並據其自名改稱爲壺。[③] 葉家山 M65 出土的曾侯作田壺則是目前經科學發掘出土的第一件自名爲"壺"的此類器物,加之之前著録過的皆歸之於卣的兩件隹壺以及《銘圖》新著録的傳出山西的倗叔壺,目前所見明確自名爲"壺"的該類器物已有 5 件,這就爲探討它們的定名提供了直接的證據。

梁彦民先生據[illegible]壺自名把該類器物與提梁卣區別開,並稱之爲"提梁壺",進而認爲有提梁者並不都是卣,而壺也並非都是貫耳壺,商代已

① 平頂山市文管會編:《平頂山市新出土西周青銅器》,《中原文物》1988 年第 1 期,第 21—22 頁。

② 劉昭瑞:《爵、尊、卣、鋬的定名和用途雜議》,《文物》1991 年第 3 期,第 69 頁。劉昭瑞先生認爲該器應稱作壺是正確的,但劉先生據此認爲舊稱卣的器物應改稱作壺則是不正確的,没有注意到提梁壺和卣的區别,把二者混同了。

③ 河南省文物考古研究所、平頂山市文物管理局編:《平頂山應國墓地Ⅰ》,大象出版社 2012 年,第 282、285 頁。

出現提梁壺。[①] 但他認爲的商代的長頸圓體卣和提梁壺關係密切，可看作是提梁壺的上源這個觀點則可商榷，因爲他所説的長頸圓體卣（表四·1、2）現在看來亦屬提梁壺，而非卣，詳後文。所以梁彦民先生雖然把該類器物稱爲壺，但他並没有把提梁壺和卣完全區分開，尚需一個有效的判定標準來進行區分。

表　四

 1	 2	 3	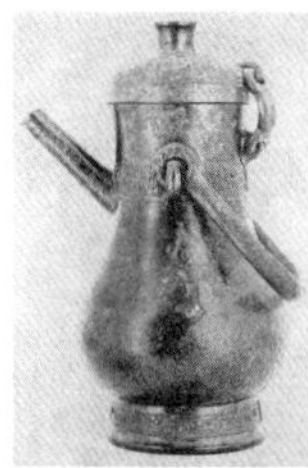 4	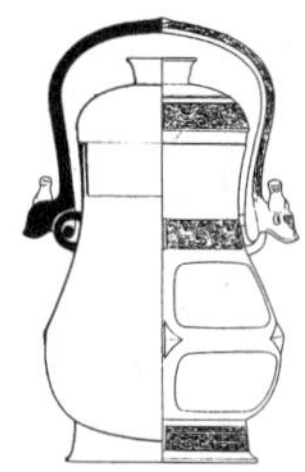 5
獸面紋壺 商代中期 盤龍城李家嘴 1 號墓 《全集》一·137	獸面紋壺 商代晚期 安陽侯家莊 M1022《全集》三·116	㝬父丁壺 商代晚期 《銘圖》12043	㝬父庚壺 商代晚期 《銘圖》12048	西周早期 《文物》2001 年第 8 期 15 頁圖 21.1

目前學界關於壺和卣的區别大致以有無提梁和承蓋方式作爲兩種不同的判别標準，但是自名爲"壺"的提梁壺的出現使得"有無提梁"的標準失去了基礎。張昌平先生認爲以提梁作爲劃分壺與卣的標準似不及以承蓋方式劃分妥當。[②] 裴書研先生則對提梁壺與卣的界定作了專門的研究，認爲壺爲内插式蓋，卣爲外扣式蓋是提梁壺與卣界定的一個基準。[③] 所以，就目前所見的提梁壺來看，以承蓋方式來區别提梁壺與卣是一個有效的標準。表三中所列的自名爲"壺"的幾件提梁壺皆屬於内插式的母口承子蓋的承蓋方式，而與卣子口承母蓋的方式不同。所以，此種類型的器物皆應稱作壺而非卣。

① 梁彦民：《長頸圓體卣與提梁壺——談青銅器形制演進、名稱與功能的變化》，《中原文物》2007 年第 5 期，第 47—50 頁。

② 張昌平：《論濟南大辛莊遺址 M139 新出青銅器》，《江漢考古》2011 年第 1 期，第 67 頁。

③ 裴書研：《青銅提梁壺與卣之界定》，《考古與文物》2013 年第 6 期，第 45 頁。

下面談談表三中的盠壺和單鋬帶流的曾侯壺。盠壺的時代《銘續》定爲商代晚期。該器自名爲“尊彝俇”,《銘續》在“彝”字後以逗號讀斷,然“俇”似又不宜看作族徽,故當以連讀爲上。“尊彝”屬於銅器命名中的通名,“俇”當是盠壺自名中的專名。俇,禪紐侯部;壺,匣紐魚部。二者聲韻較遠,“俇”字在此當不宜讀爲“壺”,具體當讀爲何字待考,但該器器形爲壺是可以確定的。

至於單鋬帶流的曾侯壺,商周之際並不多見,除去鋬和流,其形體與壺類提梁壺形體近同。又其自名爲“壺”,可知此類器物當遵其自名稱爲壺。《商周彝器通考》下編第二章酒器卣部分介紹了兩件有蓋並帶有提梁和流的卣(表四 · 3、4),容庚先生把它們和提梁壺一樣歸之於卣。[①] 但這兩件器物和葉家山 M111 出土的單鋬帶流曾侯壺除了提梁和鋬的區别外,形體相似,且器蓋承合屬於母口子蓋,亦和壺的承蓋方式相同,所以這兩件器物亦應當遵循單鋬帶流的曾侯壺的自名稱之爲壺。

所以,舊稱爲卣的帶有提梁、形體類壺的母口承子蓋的銅器皆應遵循其自名改稱爲壺,結合其形制則可稱爲提梁壺。目前一些新的著録書如《銘圖》、《銘續》、《陝西金文集成》等皆已把該類器物歸爲壺類,不過亦有學者仍遵循舊稱。王世民等先生的《西周青銅器分期斷代研究》一書把卣的形制分爲三型: Ⅰ型長頸壺形卣,Ⅱ型扁圓體罐形卣,Ⅲ型直筒形卣。[②] 其中Ⅰ型長頸壺形卣即是我們上面所討論的提梁壺。另外,從承蓋方式來看,Ⅲ型直筒形卣屬於母口子蓋,亦應稱爲提梁壺。所以,現在看來只有Ⅱ型扁圓體罐形卣才是我們通常所説的卣,Ⅰ型、Ⅲ型皆應歸爲壺類。《西周青銅器分期斷代研究》一書於 2017 年 7 月進行了重印,但並未進行修訂,僅在書後附了一篇《補記》。《補記》於西周早期銅器部分列舉了一件山西曲沃晉侯墓地出土的提梁壺(表四 · 5),該器和葉家山 M65 所出的曾侯壺(表三)形制幾乎完全相同,由上面的討論可知亦應稱之爲壺,但《補記》仍認爲該器屬於書中所分的Ⅰ型 2 式卣。[③] 可見,關於

① 容庚:《商周彝器通考》,第 318 頁。

② 王世民、陳公柔、張長壽:《西周青銅器分期斷代研究》,文物出版社 1999 年,2017 年重印,第 121—130 頁。

③ 王世民、陳公柔、張長壽:《西周青銅器分期斷代研究》,第 294 頁。

此類器物的稱名，學界的意見目前並未統一。

【引書簡稱】
《銘圖》——《商周青銅器銘文暨圖像集成》
《近出》——《近出殷周金文集録》
《新收》——《新收殷周青銅器銘文暨器影彙編》
《出光》——《出光美術館藏品圖録——中國的工藝》
《流散》——《流散歐美殷周有銘青銅器集録》
《銘續》——《商周青銅器銘文暨圖像集成續編》
《全集》——《中國青銅器全集》

本文初稿承蒙陳斯鵬師審閲指導，陳偉武先生又提出寶貴修改意見，謹一併致以深謝！

（作者單位：中山大學中文系，出土文獻與
中國古代文明研究協同創新中心）

“册命”、“錫命”辨*

陳曉聰

金文中有一類授職賞賜的銘文，自陳夢家先生將之命名爲“册命銘文”之後，學術界基本上沿用這一名稱。然而臺灣何樹環先生於其論文《〈四十二年逑鼎〉“賚書”、“册賚”釋義——附“册命銘文”名實辨證》①及其《西周錫命銘文新研》②一書中認爲，西周銅器銘文與傳世銘文出現的“册命”一詞，其内涵與“授官賞賜”不盡相符，若以“錫命”一詞來命名“授職賞賜”的這類銘文，則名實盡符。細審何樹環先生所提供的論據以及傳世文獻和金文的相關記載，我們發現，無論在傳世文獻還是在金文中，“册命”一詞名實盡符，無須改名。且“册命”與“錫命”有一定的差别，將金文中“授職賞賜”的這類銘文稱之爲“錫命”反而不妥當。以下我們試申論之。

一、“册命銘文”名實相符

何樹環先生論證“册命銘文”名實不符主要是從兩個方面入手，一是認爲“册命”所涵過廣，“册書中所載之命，實不以賜爵禄、命官之事爲限。舉凡命臣公執行某項任命、對百官臣民的誥教之語，甚或祝告神祇之事、賞賜之命，皆載諸簡册。”③二是認爲研究“册命銘文”的諸家學者所稱

---

* 本文爲國家社會科學基金重大項目“戰國文字詁林及數據庫建設”（項目編號17ZDA300）的成果之一。

① 何樹環：《〈四十二年逑鼎〉“賚書”、“册賚”釋義——附“册命銘文”名實辨證》，《政大中文學報》2006年第6期。

② 何樹環：《西周錫命銘文新研》，文津出版社2007年。

③ 何樹環：《西周錫命銘文新研》，第27頁。

“册命銘文”不盡名實相符,即他們所下的定義與其所列的例子有不合之處。以下我們一一辨析。

首先,何樹環先生得出“册命”所涵過廣的結論主要是根據傳世文獻,所用的證據有二: 一是搜羅先秦“册(策)命”連用的文獻及後世所作的注疏,找出其中兩條反例;二是找出文獻中與“册(策)”相關的文例,認爲簡册所載不限於授職賞賜。我們先看第二條論據。“册(策)命”不等同於“册(策)”,事實上,簡册是當時最主要的書寫材料,因此,簡册所載包羅甚廣本就理所應當,此據不足爲憑。我們著重看看何樹環先生所舉文獻中的兩個反例。

何樹環先生廣羅先秦文獻及其注疏,收集了 11 個“册(策)命”連用的例子,其中有 9 個“册(策)命”用例,何樹環先生認爲是與“授職賞賜”名實相符的,而有 2 個例子則名實不符。第一個例子出自《尚書·顧命》:

> 王麻冕黼裳,由賓階隮。卿士邦君,麻冕蟻裳,入即位。太保、太史、太宗,皆麻冕彤裳。太保承介圭,上宗奉同瑁,由阼階隮。太史秉書,由賓階隮,御王册命。曰:“皇后憑玉几,道揚末命,命汝嗣訓,臨君周邦,率循大卞,燮和天下,用答揚文武之光訓。”王再拜,興。

何樹環先生認爲,此所云之“册命”,是史官宣讀載於簡册的康王嗣位之命,此明顯與時王賜爵禄、命官之事有别。[①] 此例確實較爲特殊,册命者是成王,受册命的是康王,然而天子也是一種爵位,只不過這是最爲高級的一種爵位罷了。《孟子·萬章下》有一段話可爲例證:

> 北宫錡問曰:“周室班爵禄也,如之何?”
>
> 孟子曰:“其詳不可得聞也,諸侯惡其害己也,而皆去其籍;然而軻也嘗聞其略也。天子一位,公一位,侯一位,伯一位,子、男同一位,凡五等也。君一位,卿一位,大夫一位,上士一位,中士一位,下士一位,凡六等。”[②]

① 何樹環:《西周錫命銘文新研》,第 19 頁。
② 楊伯峻譯注:《孟子譯注》,中華書局 2005 年,第 217 頁。

可見,在當時人眼裏,天子也是爵禄的一環。從這個角度看,上引《尚書·顧命》康王嗣位也就是授予康王爵位,這完全與"册命"相符。

何樹環先生的第二個反例出自《周禮·春官·内史》:

> 凡命諸侯及孤卿、大夫,則策命之。凡四方之事書,内史讀之。王制禄,則贊爲之,以方出之;賞賜,亦如之。内史掌書王命,遂貳之。

此例中的"策命"是指授予爵禄,何樹環先生對此亦無疑議。然何樹環先生對"賞賜亦如之"却别有一番解釋,他以爲"所謂'賞賜亦如之',蓋指王有賞賜之命時,内史亦需録諸簡册,亦'則贊爲之,以方出之'",由此,何樹環先生認爲"内史書録於簡册之王命,不僅有'命諸侯及孤卿大夫時'的'制禄'之命,尚包括有别於前者的'賞賜'之命",認爲簡册中可載"賞賜"之命,此説正確,然用於説明"'册命'内涵過廣,不僅包括授職賞賜"則誤。簡册作爲當時主要的書寫材料,内史當然可以將賞賜之命書於簡册,然而僅載有賞賜的册書却不能稱爲"册命",此段文例已經明確表明,"凡命諸侯及孤卿、大夫"才叫"册命"。何樹環先生此論,與用"册(策)"的相關文例來證"簡册可載諸事"所犯錯誤相同。

由此,何樹環先生所説的"文獻中所用的'册命'涵括甚廣,不僅包括授職賞賜"的觀點自是難以成立。何樹環先生所提供的 11 個"册(策)命"連用的例子都是專指授職賞賜而言,可見文獻所稱"册命"的含義與金文所載基本相同,並没有名實不符的現象。

何樹環先生認爲"册命銘文"名實不符的第二條理由是:研究"册命銘文"的諸家學者所稱的"册命"的定義與其舉例有不合之處。何樹環先生主要辨析了陳夢家先生所列的《左傳》昭公三年晉侯賞賜公孫段的記載、克鐘,黄然偉先生所列的小臣守簋、虢季子白盤、免盤,張光裕先生所列的小盂鼎、應侯見工鐘等用例。詳審諸家所舉之例,確實有少數銘文不屬於"册命銘文"的現象,何樹環先生所説有合理之處。然而何樹環先生由此而認爲諸家所稱"册命銘文"不盡名實相符,從其舉例來反推諸位學者對於"册命銘文"的理解,罔顧學者們對"册命"所下的定義,則頗爲不妥。我們認爲,當定義和所舉的用例不盡相符的時候,如果絶大多數用例能够符合其定義,那麽,我們還是遵從學者自身所下的定義,尤其是在全面列舉例子的時候,出現一兩個不當例子完全可以理解。我們可以辨析選例之誤,但不能以此而主觀推翻或重建學者們的定義。在這個前提下,我們來重新審視諸位學者對“册命”的理解,會發現他們對“册命”的理解幾無二致。

陳夢家:“西周册命中包含兩個主要内容:一是命以官職,一是賜以實物。”①

黄然偉:“在西周賜命銘文中,記王所策命之内容,主要有以下三種:(1)任命,(2)賞賜,(3)告誡。”

陳漢平:“所謂‘册命’,簡而言之,即指封官授職,是爲封建社會中之隆重典禮。”②

綜上所述,我們認爲,何樹環先生認爲“册命銘文”名不符實的現象是不存在的。更爲重要的是,在金文中,凡是授職賞賜類的銘文,都明確用的是“命”或者“册命”一詞,幾乎没有見過“錫命”,因此,何樹環先生認爲將授職賞賜類的銘文稱之爲“錫命銘文”,與金文實際也不相符合。

二、册命與錫命有别

然而,何樹環先生將“授職賞賜類的銘文重命名爲‘錫命銘文’”的觀點雖然不能成立,却啓發我們思考,即“册命”和“錫命”這兩個詞的内涵究竟有没有不同?在最開始研究册命銘文及相關的册命制度的時候,學者們用的是“錫命”之稱,如朱爲弼先生的《補周王錫命禮》、《侯氏入覲錫命禮》等文章與齊思和先生的《周代錫命禮考》,然而自從陳夢家先生的《册命篇》發表之後,學術界基本上認可了陳夢家先生“册命”的命名,“錫命”之稱也就不再使用。但目前學術界基本上都認爲“册命”和“錫命”無别,只是用詞不同。如齊思和先生認爲“封建之世,一切土地,皆屬於天子,天子以之封諸侯,諸侯以之封卿大夫,而卿大夫更以其一部賜其臣宰,爲其采邑。其封地也,皆經過一種極隆重之典禮。此種典禮,古謂之‘錫

① 陳夢家:《西周銅器斷代》,中華書局2004年,第415頁。
② 陳漢平:《西周册命制度研究》,學林出版社1986年,第2頁。

命'。……此外任命百官,賞賚有功,亦皆以錫命之禮舉行之。"張光裕先生認爲:"文獻上的'策命'、'賜命',與金文中的'册命'意義完全是相同的。"①

然而我們在何樹環先生所收集資料的基礎上,將先秦傳世文獻中出現"錫命"的句子全部搜羅起來,則會發現,在傳世文獻中,"册命"和"錫命"所表示的内涵還是有所不同的。

我們首先來看先秦傳世文獻中"册(策)命"連用的文例。爲了使時代性更爲明確,我們未列出注疏中"册(策)命"連用的例子。

1.《尚書·顧命》:王麻冕黼裳,由賓階隮。卿士邦君,麻冕蟻裳,入即位。太保、太史、太宗,皆麻冕彤裳。太保承介圭,上宗奉同瑁,由阼階隮。太史秉書,由賓階隮,御王册命。曰:"皇后憑玉几,道揚末命,命汝嗣訓,臨君周邦,率循大卞,燮和天下,用答揚文武之光訓。"王再拜,興。

2.《周禮·春官·内史》:凡命諸侯及孤卿、大夫,則策命之。凡四方之事書,内史讀之。王制禄,則贊爲之,以方出之;賞賜,亦如之。内史掌書王命,遂貳之。

3.《禮記·祭統》:古者,明君爵有德而禄有功,必賜爵禄於大廟,示不敢專也。故祭之日,一獻,君降立于阼階之南,南鄉。所命北面,史由君右執策命之。再拜稽首。受書以歸,而舍奠于其廟。此爵賞之施也。

4.《左傳·僖公廿八年》:晉師三日館、穀,及癸酉而還。甲午,至于衡雍,作王宫于踐土。鄉役之三月,鄭伯如楚致其師。爲楚師既敗而懼,使子人九行成于晉。晉欒枝入盟鄭伯。五月丙午,晉侯及鄭伯盟于衡雍。丁未,獻楚俘于王:駟介百乘,徒兵千。鄭伯傅王,用平禮也。己酉,王享醴,命晉侯宥。王命尹氏及王子虎、内史叔興父策命晉侯爲侯伯,賜之大輅之服、戎輅之服,彤弓一、彤矢百,玈弓矢千,秬鬯一卣,虎賁三百人,曰:"王謂叔父:敬服王命,以綏四國,糾

① 張光裕:《金文中册命之典》,《香港中文大學中國文化研究所學報》1979年第10卷,第22頁。

逖王慝。”晉侯三辭,從命,曰:“重耳敢再拜稽首,奉揚天子之丕顯休命。”受策以出。出入三覲。

由以上的例子可以看出,傳世文獻中“册命”的儀式與金文所記基本上没有差别,關於傳世文獻與金文中“册命”儀式的比較研究,陳夢家、陳漢平等先生都有專文論述,可參看。

我們再將文獻中“錫命”連用的例子羅列如下:

1.《周易·師卦》九二:在師中吉,無咎。王三錫命。

2.《春秋·莊公元年》:王使榮叔來錫桓公命。

3.《春秋·文公元年》:天王使毛伯來錫公命。

4.《春秋·成公八年》:秋七月,天子使召伯來賜公命。

5.《左傳·莊公二十七年》:王使召伯廖賜齊侯命,且請伐衛,以其立子頹也。

6.《左傳·僖公九年》:王使宰孔賜齊侯胙,曰:“天子有事于文、武,使孔賜伯舅胙。”齊侯將下拜。孔曰:“且有後命——天子使孔曰:‘以伯舅耋老,加勞,賜一級,無下拜!’”對曰:“天威不違顔咫尺,小白余敢貪天子之命,無下拜?恐隕越于下,以遺天子羞。敢不下拜?”下拜,登受。

7.《左傳·僖公十一年》:天王使召武公、内史過錫晉侯命。

8.《左傳·襄公十四年》:王使劉定公賜齊侯命。

9.《左傳·昭公七年》:衛齊惡告喪于周,且請命。王使臣簡公如衛弔。且追命襄公曰……。

10.《國語·周語上》:襄王使太宰文公及内史興賜晉文公命,上卿逆於境,晉侯郊勞,館諸宗廟,饋九牢,設庭燎。及期,命于武宫,設桑主,布几筵,太宰涖之,晉侯端委以入。太宰以王命命冕服,内史贊之,三命而後即冕服。既畢,賓、饗、贈、餞如公命侯伯之禮,而加之以宴好。

由上舉用例可以看出,西周時期“錫命”一詞僅《周易》有一用例,而在春秋戰國時期,“錫……命”大量出現。以下,我們先來探討春秋戰國時期的“錫命”。

首先,從上引用例可以看出,使用“錫命”的文例中,基本上没有出現“册命銘文”中所出現的册命禮儀。僅《國語·周語》中詳細記載了錫命的程序:先是晉國的上卿到邊境迎接周王的使者,然後是晉侯犒勞於郊,並將周王的使者安排在宗廟入住,等到期限一至,則在祖廟授職賞賜,太宰宣讀册命,内史輔佐,授命之後,晉侯穿上冕服,儀式結束。然後舉行賓禮、饗禮、贈禮和餞别禮等後續禮儀。整個儀式與“册命”儀禮多有不同。“册命”禮儀中册命者需要親自涖臨,而“錫命”禮中是册命者派遣使者前往授命;“册命”禮儀中有右者,參加册命禮的人員的站位都很講究,而目前文獻記載的“錫命”禮則看不到這些;“錫命”禮中有所謂的“三命”儀式,而“册命”禮中則没有見到;“册命”禮中内史是宣讀王命者,而據《國語·周語》上記載,“錫命”禮中内史成員輔助者,太宰反而是宣讀王命者。

我們再來詳細分析一下“錫命”的文例,《春秋·莊公八年》“王使榮叔來錫桓公命”,此時桓公已死,因此王對桓公的“錫命”屬於追命;《春秋·成公八年》“秋七月,天子使召伯來賜公命”。然而此時成公已經登基八年,周王才來賜命,此與西周時期周王册命之後才能任職的慣例已全然不同。最具有比較意義的是《左傳·僖公廿八年》王“策命”晉侯重耳和《國語·周語上》襄王錫晉文公命的記載,何以對一個人前後的授職賞賜稱呼有所不同,《左傳》稱爲“策命”而《國語》稱爲“賜命”。仔細閱讀原文我們可以發現,稱爲“策命”時,周王與晉侯是處在同一時空的,也就是説册命者與受册命者在同一地點,而稱“賜命”時,周王是派遣使者去授職的,也就是説册命者與受册命者不在同一地點。除了《國語》之例外,稱“錫命”的文例中,册命者與受册命者都不在同一時空,而在稱“册命”的文例中,册命者與受册命者都在同一時空,金文中無一例外。爲什麽非要强調册命者與受册命者的位置關係呢?因爲册命既是一種禮樂制度,也是一種政治制度。在册命制度中,受册命者是需要前往受命的,周王通過册命昭示其至高無上的統治地位,從而鞏固其統治。當受册命者不再前往受命,而是周王派遣使者前往任命,這時原先的“册命制度”無疑受到衝擊,周王的權威也大大下降。關於這一點,《穀梁傳》有一句精闢的總結:“禮有受命,無來錫命,錫命非正也。”從傳世文獻中“册(策)

命"和"錫命"涇渭分明的使用情況來看,當時的人對"册(策)命"和"錫命"是有明確的區分的。雖然兩者的内容都是授職賞賜,然而兩者的形式、文化内涵截然不同。

回過頭來看一下《周易·師卦》中的"王三錫命"一語,西周時期的傳世文獻中"錫命"連用的辭例僅有此例。何樹環先生用了大量的筆墨來證明此文例中的"錫命"是指授職賞賜,我們基本上贊同何樹環先生的觀點。然而,爲何《周易》中表示授職賞賜會使用"錫命"一語呢?目前學術界大多數人認爲《周易》是西周初年的作品。由西周金文我們知道,西周册命制度是一個慢慢發展起來的産物。目前能見到最早的册命銘文是康王時期的大盂鼎和宜侯夨簋,其銘文記載中僅有册命者與受册命者,而右者、拜稽首等相關的"册命"儀式都不見記載,所用的動詞是"命"而非"册命"。因此,我們有一個推測,在西周早期,西周的禮樂制度尚未萌芽或者剛剛開始的時候,授職賞賜尚未形成一套完整嚴密的禮儀制度,授職賞賜的行爲既可以被稱爲"命",也可以稱爲"錫命"。然而當西周時期的禮樂制度逐漸完備並成爲國家的根本政策的時候,授職賞賜作爲禮樂制度的一部分,其形式逐漸完備嚴密,故以"册命"專稱之,查西周金文,基本如是。到了春秋戰國時期,禮樂制度有所損壞,"册命"作爲禮樂制度的一部分當然也受到了衝擊,最爲明顯的是此時受册命者不再前往受命,册命者的權威明顯削弱。伴隨西周禮樂制度興起興盛的册命制度在春秋戰國實際上名存實亡,然而授命賞賜的行爲依然存在,爲了將之與西周時期的"册命"制度區分開來,當時的人有意識地重新起用"錫命"一詞,來指代授命賞賜的活動。從文獻中可以看出,雖然"册命"與"錫命"的主體都是"授職賞賜",然而只有"册命"與西周時期的禮樂文化息息相關,没有了西周禮樂文化作爲内涵的"授職賞賜",也就不能稱之爲"册命"了。因此,"册命"與"錫命"在傳世文獻中有重要的區别,兩者基本上不混用。

"册命"作爲西周禮樂文化中獨有的産物,其"禮樂文化"的外在表現形式就是傳世文獻和西周金文中常見的册命儀式。以往學者在研究册命儀式時,往往忽略了其對"册命"銘文定名的重要性。如上文所引的陳夢家、黄然偉、陳漢平諸先生都只强調"册命銘文"的内容是授職賞賜。然而我們認爲,只有在册命儀式中舉行的授職賞賜才能稱之爲"册命"。由於西周時期的册命儀式也在逐漸發展,因此,對於西周早期的銘文,我們可以適當地放寬册命儀式的標準,如大盂鼎中並未出現右者,册命者和受册命者的方位也没有嚴格要求,然而我們依然將之稱爲册命銘文,因爲在這篇銘文中,王是親臨册命盂的,册命者與受册命者在同一時空。何樹環先生在《西周錫命銘文新研》一書中提出了四條册命銘文與非册命銘文的區别標準,没有提到册命儀式。誠然,"册命"銘文中的册命儀式並非册命所獨有,賞賜銘文或軍事銘文中的獻俘禮也常出現類似的儀式,然而西周中後期没有册命儀式的銘文却基本上可以斷定是非册命銘文。可見,册命儀式也是區分册命銘文與非册命銘文一個重要的輔助標準。

附記:本文初稿蒙陳偉武師、秦曉華師、任家賢先生審閲指正,謹致謝忱!

(作者單位:中山大學中文系,出土文獻與中國古代文明研究協同創新中心)

大盂鼎“灋保先王”補證*

楊永熹

一、引　　言

“灋”字，尚未見於甲骨文中。目前可見最早的金文“灋”字出現在商代晚期的青銅器作册般銅黿銘文之中。《説文·廌部》“灋”字條：“灋，刑也。平之如水，从水，廌所以觸不直者去之，从去。法，今文省。”邊田鋼先生《“灋”、“廢”二字在表“廢棄”義上的歷時替换》①一文述《〈殷周金文集成〉引得》②共收“灋”字22例，其中21例表“廢棄”義，1例表“大”義。“灋”字唯一被認爲表“大”義的文例是大盂鼎的“灋保先王”，“灋”在此被認爲應讀爲“廢”，訓爲“大”。但從“廢”字的字形、字義以及主要用法來看，“廢”作爲本字並無“大”義。故訓中被訓爲“大”的“廢”未必是本字，本字是什麽需要更深入的分析。

二、《爾雅·釋詁》“廢，大也”郭璞注引《詩·小雅·四月》“廢爲殘賊”不可靠

“灋”表“廢棄”義的典型文例是大盂鼎“勿灋朕令”。“勿灋朕令”，學者多認爲即《詩·韓奕》以及《左傳·襄公十四年》中的“無廢朕命”。“勿灋朕令”與“無廢朕命”義同，即“不要廢棄我的政令”，其中“勿”與

* 本文得到國家社會科學基金重大項目“戰國文字詁林及數據庫建設”（項目編號17ZDA300）的支持，是其成果之一。

① 邊田鋼：《“灋”、“廢”二字在表“廢棄”義上的歷時替换》，《中國語文》2015年第6期，第557—562頁。

② 張亞初：《〈殷周金文集成〉引得》，中華書局2001年。

“無”同，“灋”與“廢”義當。至於作册般銅黿銘文中“灋”字所在的“衛亡灋矢”句，雖然諸家斷句、釋讀分歧不一，但都基本認同“灋”在此亦通“廢”，表“廢棄”義，“亡灋矢”即“没有浪費箭”。① 灋字上古音屬幫母葉部，廢字上古音屬幫母月部。② 葉、月兩部字音相通有其他金文材料作爲例證，如獻簋“枻（葉）—世（月）”（《集成》4205）、恒簋蓋“灋（葉）—廢（月）”（《集成》4199）③、曾侯乙鐘“夾—保”④、南越王墓車馹虎節“坴—廉”⑤。

《〈殷周金文集成〉引得》中 22 例“灋”字中唯一被認爲表“大”義的文例是大盂鼎的“灋保先王”。王國維先生云：

> 灋，讀爲“廢”。廢，大也。《詩·小雅》：“廢爲殘賊。”《釋詁》：“廢，大也。”⑥

郭沫若先生也認爲：

> 文中兩“灋”字均讀爲廢，唯義有别。上之“灋保先王”乃“大保

---

① 詳參李學勤：《作册般銅黿考釋》，《中國歷史文物》2005 年第 1 期，第 4—5 頁；朱鳳瀚：《作册般銅黿探析》，《中國歷史文物》2005 年第 1 期，第 6—10 頁；王冠英：《作册般銅黿三考》，《中國歷史文物》2005 年第 1 期，第 11—13 頁；袁俊傑：《作册般銅黿所及史事的性質》，《華夏考古》2006 年第 4 期，第 39—44 頁；李凱：《試論作册般銅黿與晚商射禮》，《中原文物》2007 年第 3 期，第 46—50 頁；楊坤：《作册般銅黿補説》，復旦大學出土文獻與古文字研究中心網站，2008 年 1 月 31 日；裘錫圭：《商銅黿銘補釋》，《中國歷史文物》2005 年第 6 期，第 4—5 頁；裘錫圭：《甲骨文中的幾種樂器名稱》，《古文字論集》，中華書局 2004 年，第 196—209 頁；張秀華、邵清石：《作册般銅黿銘文匯釋》，《黑龍江教育學院學報》2009 年第 1 期，第 100—101 頁。

② 本文采用唐作藩編著《上古音手册（增訂本）》所構擬的上古音系統及其漢字歸部。唐作藩：《上古音手册（增訂本）》，中華書局 2013 年。

③ 可參師玉梅：《西周金文音韻考察》第四章第七節，中山大學博士學位論文，2004 年。師玉梅在討論以上例子時表示：“葉、月之間雖只有 3 例相諧，但是超過了幾遇數（0.4）。再者葉部字本身就很少，諧聲和通假一共涉及 12 字，除本部相諧的 8 字外，主要與月部相諧，所以這三例值得重視。……發和廢的聯繫也是葉、月兩部關係的有力證據。西周金文灋字（盂鼎‘灋保先王’），盂鼎又云‘勿灋（廢）朕令’，灋用爲廢。此類例證西周金文習見，不贅舉例。”

④ 何琳儀：《戰國古文字典》，中華書局 1998 年，第 904—905 頁。轉引自陳斯鵬：《“舌”字古讀考》，《文史》2014 年第 2 輯，第 251—260、36 頁。何琳儀謂：“曾器‘保鐘’，讀‘夾鐘’。”陳斯鵬謂：“曾侯乙鐘銘文‘夾鐘’寫作‘保鐘’，‘保’以‘匋’爲基本聲符。”

⑤ 李家浩：《南越王墓車馹虎節銘文考釋》，《容庚先生百年誕辰紀念文集》，廣東人民出版社 1998 年，第 663—665 頁。轉引自陳斯鵬：《“舌”字古讀考》。陳斯鵬謂：“戰國金文‘廉頗’寫作‘坴波’，‘坴’爲‘執’字簡體。”

⑥ 王國維：《觀堂古金文考釋·大盂鼎》，《國家圖書館藏金文研究資料叢刊》，北京圖書館出版社 2004 年。

先王”,廢,大也。[①]

此後唐蘭、馬承源、白川静、劉翔等學者均從王説。[②] 對“灋保先王”中“灋”字的釋讀學界雖間有别説,但都未能得到廣泛的認同。[③]

細審王國維的論證,“灋”讀爲“廢”在語音上的證據足信。“廢”訓爲“大”,前人多引《爾雅·釋詁》“廢,大也”及郭璞注引《詩·小雅·四月》“廢爲殘賊”作爲證據。此外還有上引邊田鋼先生所舉《管子·法禁》“詭俗異禮,大言法行”及清儒馬瑞辰所舉《列子·楊朱》“廢虐之主”,張湛注“廢,大也”兩則材料。[④] 此四則材料,《爾雅·釋詁》與《列子·楊朱》張湛注“廢,大也”行文確鑿却未知所本;《管子·法禁》“詭俗異禮,大言法行”,雖然“法”、“大”對文,但“法”、“大”義域能否完全對應,“法”在此處應否讀爲“廢”則存疑。目前來看,以上三則詁訓材料似未能有更進一步討論的空間。筆者兹爬梳毛傳的幾個典型版本來説明《爾雅·釋詁》“廢,大也”郭璞注引《詩·小雅·四月》“廢爲殘賊”是不可靠的。[⑤]

《詩·小雅·四月》“山有嘉卉,侯栗侯梅。廢爲殘賊,莫知其尤”句,王先謙《詩三家義集疏》[⑥]引毛傳作:

> 廢,忕也。

引鄭箋作:

> 嘉,善。侯,維也。山有美善之草,生於梅栗之下,人取其實蹂踐而害之,令不得蕃茂。喻上多賦斂,富人財盡,而弱民與受困窮。尤,過也。言在位者貪殘,爲民之害,無自治其行之過者。言忕

---

① 郭沫若:《兩周金文辭大系圖録考釋》,《郭沫若全集·考古編》,科學出版社 2002 年。

② 詳參唐蘭:《西周青銅器銘文分代史徵》,中華書局 1986 年;馬承源:《商周青銅器銘文選(三)》,文物出版社 1990 年;白川静《金文通釋》,中村印刷株式會社,昭和 55 年(1980 年);劉翔等:《商周古文字讀本》,語文出版社 1989 年。

③ 詳參吴大澂:《愙齋集古録》;俞敏:《大盂鼎銘文詁訓》,《俞敏語言學論文集》,商務印書館 1999 年;洪家義:《金文選注繹》,江蘇教育出版社 1988 年。以上諸家觀點亦見於周寶宏《西周青銅重器銘文集釋》大盂鼎“灋保先王”句集釋。見周寶宏:《西周青銅重器銘文集釋》,天津古籍出版社 2007 年。

④ 馬瑞辰:《毛詩傳箋通釋》,中華書局 1989 年。

⑤ 若無特别説明,本文所引《詩》毛傳、鄭箋均依上海古籍出版社 2003 年版《毛詩》。

⑥ 王先謙:《詩三家義集疏》,中華書局 1987 年。

於惡。

於"廢爲殘賊"下注云:

魯説曰:廢,大也。

王先謙按語謂:

"廢大也",魯説也。郭注:"《詩》曰:'廢爲殘賊。'"《爾雅》"廢,大"之詁,專釋此詩。《列子·楊朱篇》"廢虐之主",張湛注:"廢,大也。"《列女·漢霍夫人傳》:"《詩》云:'廢爲殘賊,莫知其尤。'言其忕於惡,不知其爲過也。""忕於惡",謂習慣爲惡,與《傳》説同,皆用魯義。《韓詩外傳》七言"不知爲政者,使情厭性"云云,末引《詩》曰:"廢爲殘賊,莫知其尤。"明韓毛文同。

《列女·漢霍夫人傳》"忕於惡"與王先謙所引毛傳"廢,忕也"同,但王明知所謂"魯説曰:廢,大也"與前二者存在"廢"字訓解不同,還説"皆用魯義",是兼采了《經典釋文》"廢"字條下的兩種説法,折中了其所引毛傳與魯説"廢"訓解的不同。《經典釋文·毛詩音義·四月》:

廢,如字,忕也。一音發。忕,時世反,下同。又一本作"廢,大也",此是王肅義。①

南宋刊單疏本《毛詩正義·四月》:

《説文》云:"忕,習也。"恒爲惡行,是慣習之義。定本廢訓爲太,與鄭不同。②

清儒馬瑞辰《毛詩傳箋通釋》引《正義》作:

《正義》:"定本廢訓爲大,與鄭不同。"……瑞辰按:……《正義》言"定本廢訓爲大,與鄭不同。"是鄭本作忕之證,今毛本《箋》作"言大於惡"者,誤也。此詩《正義》及《左傳》桓十三年《正義》並引《説文》"忕,習也",今《説文》作"愧,習也",愧即忕之變體。……惟廢之訓忕,他處少見,仍從毛《傳》、《爾雅》訓大爲允。

---

① 陸德明:《經典釋文》,上海古籍出版社2013年。
② 孔穎達:《南宋刊單疏本〈毛詩正義〉》,人民文學出版社2012年。

與現存所見南宋刊單疏本《毛詩正義》“定本廢訓爲太,與鄭不同”有異。清代嘉慶二年仿南宋相臺嶽氏本翻刻的《御定仿宋相臺嶽氏本五經》中所存的鄭玄箋本《詩·四月》毛傳則作:

> 廢,忕也。

綜上可知毛亨對《詩·小雅·四月》“廢爲殘賊”句中“廢”的訓解在傳世過程中起碼有以下幾種不同情況:1. 從鄭箋“言忕於惡”以及《列女·漢霍夫人傳》來看,東漢鄭玄所見毛亨訓解的原貌應是“廢,忕也”;2. 從陸德明《經典釋文》來看,初唐陸德明所見絶大部分的毛傳應還是毛亨“廢,忕也”訓解的原貌;3. 從南宋刊單疏本《毛詩正義》來看,初唐孔穎達所見定本毛傳“廢”訓解已從“廢,忕也”訛變成“廢,太也”;4. 從嘉慶二年仿南宋本翻刻的《御定仿宋相臺嶽氏本五經·詩·四月》毛傳來看,南宋相臺嶽氏在比較了當時24種本子後把重刻的毛傳改回“廢,忕也”;5. 從清儒馬瑞辰《毛詩傳箋通釋》來看,馬瑞辰當時所用的《毛詩正義》所引毛傳又從“廢,太也”訛變成“廢,大也”;6. 從時代更後的清儒王先謙《詩三家義集疏》來看,王先謙當時所用的毛傳則作“廢,忕也”。可見清代同時有“廢,忕也”和“廢,大也”兩種面目的毛傳流行。

雖然學者對此分歧各有調和,但以上證據表明《詩·小雅·四月》“廢爲殘賊”的“廢”的毛傳訓解原貌應爲“廢,忕也”。因此,郭璞注引《詩·小雅·四月》“廢爲殘賊”來證明“廢,大也”是由於毛《詩》版本訛誤所造成的錯誤,是不可靠的。

三、“灋保先王”應讀作“奔保先王”

馬瑞辰《毛詩傳箋通釋》提出了一種證明“廢,大也”的觀點:

> 《説文》“奔,大也。”奰與奔同字,《廣雅》、《玉篇》並云:“奰,大也。”奔與廢一聲之轉,毛《傳》訓廢爲大,知廢即奔之假借也。

奔,从大弗聲;奰亦同。弗字上古音屬幫母物部,从“弗”得聲的如怫、茀和綍屬幫母物部,拂、沸和艴則屬滂母物部,佛、刜、彿、咈、怫和髴則屬並母物部。灋字上古音屬幫母葉部,廢字屬幫母月部,灋、廢二字音韻相通前文已述。因此,馬瑞辰此説成立的關鍵即是物部字“弗”是否可與月部字“發”以及葉部字“瀿”相通。

《説文》:

> 癈,从疒發聲。

《詩·蓼莪》:

> 南山烈烈,飄風發發。民莫不穀,我獨何害。
> 南山律律,飄風弗弗。民莫不穀,我獨不卒。

毛傳:

> 律律猶烈烈也。弗弗猶發發也。

明儒季本《詩説解頤·正釋卷十九·蓼莪》:

> 律律猶烈烈,弗弗猶發發。蓋烈與律、發與弗皆聲相似也。

馬瑞辰《毛詩傳箋通釋》:

> 《説文》:“滭,滭冹,風寒也。”引《詩》“一之日滭冹”。《毛詩》作觱發,發即冹字之假借。《玉篇》、《廣韻》並曰:“颰,疾風也。”颰即冹之異文。……弗與冹亦聲近而義同,發即冹之假借,故《傳》云猶發發也。①

在此,“滭冹”與“觱發”異文。滭,从畢得聲,畢乃質部字,滭應同;觱,《説文》所無,王力、唐作藩皆將其歸入質部。“滭”應是“觱”之同音通假。冹,《説文》所無,从犮得聲,犮屬並母月部,从犮得聲諸字亦月部字,冹應同;發,並母月部字;弗,幫母物部字。在馬瑞辰之前,異章對偶的“飄風發發”和“飄風弗弗”被認爲只有雙聲關係。馬瑞辰此説是以與“觱發”異文的“滭冹”的“冹”字作爲中介認爲“觱發”之“發”和“弗”可通。

馬瑞辰所舉“滭冹”、“觱發”乃表“風寒”義的聯綿詞。實際上另有一不表“風寒”義的聯綿詞“觱發”的異文情況可作爲更有力的證據。

---

① 按:《説文·仌部》“滭”字條:“風寒也,从仌畢聲。”“冹”字條:“一之日滭冹,从仌犮聲。”馬瑞辰所引有誤。

《詩·采菽》：

觱沸檻泉，言采其芹。

毛傳：

觱沸，泉出貌。

《史記·司馬相如列傳》《上林賦》：

滭浡宻汩，湢測泌瀄。

司馬貞《索隱》引司馬彪：

滭沸，盛貌。

《説文·水部》“沸”字條：

滭沸，濫泉也。从水弗聲。

在此，“觱沸”、“滭浡”、“滭沸”異文。滭，《説文》所無。王力《古漢語字典》“觱”字條徑謂“觱沸”又作“滭沸”；唐作藩《上古音手册（增訂本）》“滭浡”條下徑作“滭（觱）”。“觱”、“滭”、“滭”三者應是同音互通的關係。浡與沸同屬物部，聲母皆爲唇音，自可通。郭店《緇衣》簡30“其出如緈”，原考釋意見謂：“借作‘紼’。今本作‘綍’。”裘錫圭先生按語謂：“‘紼’、‘綍’二字，字書以爲一字異體，‘聿’、‘弗’皆物部字。”《玉篇》“紼”字條：“或从茀，作紼，亦作綍。”可證。

唐劉禹錫《复荆門縣記》：

昔飲於洿，夏涸冬枯，自公感通，觱沸生兮。

明宋濂《大慈山虎跑泉銘》：

久之，泉觱沸而出，若聯珠然。

清徐柯《清稗類鈔·動物·張海鬼論海底動物》：

自海中映日光視之，觱沸騰涌，與衆水别。

宋蘇軾《洞酌亭詩並敘》：

瓊山郡東，衆泉觱發，然皆冽而不食。

在此,“觱發”與“觱沸”異文正可證月部字“發”與从弗得聲的物部字“沸”可直接相通。

綜上:1. 據《〈殷周金文集成〉引得》統計,金文中葉部字“灋”破讀爲月部字“廢”是其主要用法;2. 據《詩·蓼莪》異章對偶之“飄風發發”與“飄風弗弗”及馬瑞辰所舉“滭泼”與“觱發”異文,藉助“泼”字作爲中介月部字“發”和物部字“弗”可通;3. 據筆者所舉“觱沸”、“滭浡”、“滭沸”三者異文及“觱發”與“觱沸”異文,月部字“發”與物部字“沸”可直接相通。

雖然从“弗”得聲諸字韻部屬物部,與“灋”字葉部韻腹和韻尾皆不同,在讀音上距離似乎過大。但正如馬瑞辰以月部字“泼”及筆者以月部字“發”所證,與“發”間接相通的物部字“弗”、直接相通的物部字“沸”均表明了葉部字與物部字可通。

前引師玉梅《西周金文音韻考察》在綜合考察葉月、緝物兩部字相諧的情況後認爲:

> 以上所舉例證不能認爲是偶然,如果説-p、-t 不能互通,那麽這些例證應能説明上古部分葉、緝部字曾經存在-p>-t 的音變過程。

前引陳斯鵬《“舌”字古讀考》最後結論也認爲:

> 現在,越來越多的音韻學者認爲,原始漢語曾經有過-s 後綴,而上述現象(筆者按:即諳、嚃〔**thεp〕-d韻尾轉换成舌〔**djat〕-t 韻尾)正與-s 有關,-s 具有使動詞名詞化的形態功能,並可促使-p 向-ts/-t 轉化。换言之,原始漢語中曾經發生過-p→-ps→-ts/-t 這樣的音變。

或許“灋”字就是存在-p>-t 音變過程的部分葉部字之一。經此音變的“灋”字也就能更順利地旁轉爲从“弗”得聲的物部字“奔”了。

因此筆者認爲馬瑞辰把故訓中訓作“大”的“廢”認爲“即奔之假借”是正確地找到了本字。在馬瑞辰的基礎上,把“灋保先王”破讀爲“奔保先王”再訓作“大保先王”,不僅可證王、郭等先生釋“大保先王”之確,而且比認爲“廢”作爲本字訓爲“大”要證據更翔實、更直指問題核心,最重要的是此種釋法並没有破壞已有字詞表義的系統性,也没有帶來無法解釋的結果。

附記：陳斯鵬師的意見對筆者的結論有着極重要的影響。另外，同窗廖遠方與林焕澤二位與筆者就本問題的討論使筆者的思考變得更加周全。今一併誠摯致謝於此。

（作者單位：中山大學中文系，出土文獻與
中國古代文明研究協同創新中心）

宋人傳抄鳥蟲書鐘銘 “訇志㷄事者併”句釋讀*

——兼據金文、楚簡辨正《史記·五帝本紀》“夔”、“燮”異文

陳 哲

一

宋薛尚功《歷代鐘鼎彝器款識法帖》卷一“商器款識”著録鳥蟲書“商鐘”銘文四通,原器今已佚。① 第一至第三鐘容庚先生考定爲“越王者旨於賜鐘”,器主即傳世文獻中的勾踐之子越王鼫與;②第四鐘文字與前三鐘“字體略同”,但“鳥形不顯”,③曾憲通先生首加詳考而命名爲“吴王鐘”,以爲吴王僚所作。④ 後董楚平、曹錦炎、施謝捷、石小力、馬曉穩等先生均對第四鐘有所釋讀。⑤ 關於鐘主,董先生認爲是“之利”並疑即越王

* 本文爲國家社會科學基金重大項目“戰國文字詁林及數據庫建設”(項目編號17ZDA300)的成果之一。

① 摹本見薛尚功:《歷代鐘鼎彝器款識法帖》,《宋人著録金文叢刊初編》,中華書局1986年,原第2—5頁,重編第2—3頁,據明崇禎六年(1633年)朱謀垔刻本影印。

② 容庚:《鳥書考》,《中山大學學報》1964年第1期,第76—78頁。“賜”原銘作“睗”。

③ 容庚:“又《歷代鐘鼎彝器款識》‘商鐘四’字體與此略同,而鳥形不顯,故不録。”見容庚:《鳥書考》,《燕京學報》1934年第6期,第197頁。

④ 曾憲通:《吴王鐘銘考釋——宋·薛氏〈款識〉商鐘四新解》,載氏著:《古文字與出土文獻叢考》,中山大學出版社2005年,第131—144頁;原載《古文字學論集(初編)》,香港中文大學中國文化研究所、吴多泰中國語文研究中心1983年。

⑤ 董楚平:《吴越徐舒金文集釋》,浙江古籍出版社1992年,第337—349頁;曹錦炎:《鳥蟲書研究(三篇)·朱句鐘考釋》,《于省吾教授百年誕辰紀念文集》,吉林大學出版社1996年,第90—94頁;曹錦炎:《朱句鐘跋》,載氏著:《吴越歷史與考古論叢》,文物出版社2007年,第61—64頁;曹錦炎:《鳥蟲書通考(增訂版)》,上海辭書出版社2014年,第288頁;施謝捷:《吴越文字彙編》,江蘇教育出版社1998年,第559—560頁;石小力:《據清華簡釋吴王鐘“㷄(燮)”》(轉下頁)

勾踐,《殷周金文集成》著録亦稱"之利鐘",[①]曹先生、施先生認爲是越王"朱句",馬先生則闕疑而著録此鐘爲"越鳥篆鎛"。如對比第四鐘可以確釋的隹、正、屯、吉、子、之、睪、用、乍、禾、台、樂、者、萬、各、自諸字與"越王者旨於睗"所作三鐘中相同的字或偏旁,可以看出二者字形高度一致,故第四鐘應該也是越國銅器,但鐘主身分實難論定,正如董珊先生所説:

> 所謂"朱"字仍有待進一步論證。不過,從目前的研究情況來看,此鐘銘文風格屬越,大概是没有什麽問題的。[②]

二

第四鐘銘文共八行,每行八字,中有句如下:

> 睪(擇)吉金,用乍(作)禾(龢)□,[③]台(以)樂賓A志燮(燮)B者(諸)侯。圭(往)已! 余之各(客)。[④]

A薛尚功釋讀爲"客",與上文"台(以)樂賓"連讀是東周鐘銘常見的"以樂賓客"一辭,學者從之。然試對比A與同銘用爲"客"的"各"字:

A: 各(客):

又越王者旨於睗鐘"賓各(客)"之"各"作:

(第一鐘) (第二鐘) (第三鐘)

(接上頁)字》,載氏著:《東周金文與楚簡合證》,上海古籍出版社2017年,第30—32頁;馬曉穩:《吴越文字資料整理及相關問題研究》,吉林大學博士學位論文,2017年,第338—345頁。諸家釋字異同具體可參馬文所作集釋。馬文所遺漏者爲王玉哲先生《宋代著録金文編(1941年稿本)》的歸字和釋文及唐蘭先生的批注,其釋讀較之薛尚功已有所推進,見王玉哲編著:《宋代著録金文編》,天津古籍出版社2013年,第441—442頁;唐蘭:《王玉哲〈宋代著録金文編〉唐氏批注摘録》,載氏著:《唐蘭全集》第12册,上海古籍出版社2015年,第303頁。

① 中國社會科學院考古研究所編:《殷周金文集成(修訂增補本)》,中華書局2007年,171號。以下引用此書簡稱"《集成》",不煩出注。

② 董珊:《吴越題銘研究》,科學出版社2014年,第88頁。按所謂"朱句"之"朱"字作,上部近"朱"字,整體似更接近"䍜"的金文寫法如(《集成》12113鄂君啓舟節·戰國中期)所从。

③ 此字曾憲通先生釋讀爲"亩(鐳)",馬曉穩先生釋讀爲"専(鎛)",皆有可能。

④ "圭(往)已! 余之各(客)。"從曹錦炎先生釋讀,詳下文。

顯然 A 不从“攵”而从一類“牙”字之旁，釋爲“各”是有問題的。越王丌伇居劍劍格有下揭蟲篆：

A1：（）①

A1 從曹錦炎先生、董珊先生釋“飼”。② 這説明越國鳥蟲書有“飼”字。西周金文“飼”字作：

（《集成》3846 飼伯簋蓋 · 西周晚期）

（《集成》4160 伯康簋 · 西周晚期）

東周金文“飼”字作：

（《集成》4055 鄧公簋蓋 · 春秋早期）

（《集成》175 莒叔之仲子平鐘 · 春秋晚期）

（《集成》142 · 2 齊鞷氏鐘 · 春秋晚期）

（《集成》428 · 2 冉鉦鋮 · 戰國早期）

可見“飼”字所从“厶”和“彐”在春秋時代已出現了交叉的寫法，在戰國中期的楚簡中，交叉的兩個部件已經有變成“牙”形者，如：

1. ：[君]子之爲善也，又(有)與飼(始)，又(有)與冬(終)也。

（郭店簡《五行》簡 18）

2. ：時(詩)、箸(書)、豊(禮)、樂，其飼(始)出，皆生於人。

（郭店簡《性自命出》簡 15—16）

施謝捷先生對古文字中與“飼”有關的一系列字作過全面的考察，指出“厶”和“彐”交叉後變成“牙”形的寫法除楚簡外又見於楚璽（《古璽

① 董珊：《吴越題銘研究》，科學出版社 2014 年，圖 100。

② 曹錦炎：《鳥蟲書通考(增訂版)》，第 151 頁；董珊：《吴越題銘研究》，第 52 頁。

彙編》5565)和齊系滕國銅劍(《集成》11608)。[①] 總之,A 去掉上部的“甘”形後的形體與“訇”的變體一致,A 應該就是在“訇”字之上加“甘”形繁化而成,所謂的“甘”可能本是鳥書常見的鳥頭形。這樣一來,則“以樂賓”應爲一句,《禮記·投壺》云“某有枉矢哨壺,請以樂賓”,可參。東周鐘銘常見“以”字式的連用,多者如:

> 睪(擇)其吉金,自乍(作)龢鐘,吕(以)臨槑(盟)祀,吕(以)樂嘉賓、倗(朋)友、者(諸)臤(賢),兼吕(以)父甠(兄)、庶士,吕(以)宴吕(以)喜。 (《集成》182 徐王子鐘·春秋晚期)

A 和“賓”斷開之後,自然就改屬下讀,從文意和語法位置來看,A 應該破讀爲目的連詞“以”。古文字資料用“目”或“台”記録“以”十分常見,用“訇”來記録“以”則比較罕見,需要説明一下。鄧公簋蓋(《集成》4055)“不故女夫人訇乍(徂)登(鄧)公”之“訇”郭沫若先生讀爲“始”,[②]《集成》釋文改讀“以”,陳英傑先生據楚簡以“訇”爲“始”的用法補證郭説,[③]聯繫曾侯簠(《集成》4598)“叔姬霝乍(徂)黄邦”來看,鄧伯簋蓋的“訇”也可能和“霝”一樣都是表人名的成分,或許讀爲女姓“姒”,《集成》釋文讀“以”應該是不通的。因此,除本文討論的第四鐘之外,“訇”記録“以”的確切用例似乎僅見於前揭莒叔之仲子平鐘:

> 鑄其游鐘,訇(以)濼(樂)其大酉(酋)。
> (《集成》175 莒叔之仲子平鐘·春秋晚期)

莒叔之仲子平鐘(《集成》172—180)屬齊系的莒國銅器,而越國自勾

---

① 施謝捷:《説㕞(訇㝁𠯑)及相關諸字(上)》,《出土文獻與傳世典籍的詮釋——紀念譚樸森先生逝世兩周年國際學術研討會論文集》,上海古籍出版 2010 年,第 47—66 頁。

② 郭沫若:《兩周金文辭大系圖録考釋》,上海書店出版社 1999 年,第 181 頁。“乍”表示嫁適之義無疑,郭讀爲“迮”,不少學者從之,也有一些學者讀爲表示往嫁義的“徂”但未詳説。應以讀“徂”爲是,近有袁金平、楊婷婷、鄒芙都、馬超等先生作了詳細論證,見袁金平、楊婷婷:《讀金文札記三則·曾侯簠銘“叔姬霝作黄邦”》,《出土文獻》第八輯,中西書局 2016 年,第 57—58 頁;鄒芙都、馬超:《金文考釋零釋三則·説乍的一種用法》,商周青銅器與金文研究學術研討會,河南鄭州 2017 年 10 月 28 日。

③ 陳英傑:《西周金文作器用途銘辭研究》,綫裝書局 2008 年,第 226 頁。

踐二十九年徙都北上至山東瑯邪後,[①]與莒爲鄰,故《墨子·非攻中》説:“東方有莒之國者,其爲國甚小,間於大國之間,不敬事於大,大國亦弗之從,而愛利。是以東者越人夾削其壤地,西者齊人兼而有之。”《戰國策·齊策·蘇秦説齊閔王》説:“昔者萊、莒好謀,陳、蔡好詐,莒恃越而滅,蔡恃晉而亡,此皆内長詐、外信諸侯之殃也。”這反映了兩國關係的密切。張振謙先生通過考察齊系文字内部的地域性形體差異,將齊系文字分爲齊莒文字和魯邾滕文字,並指出齊系文字中“公”字有一類帶尾飾的特色寫法僅見於齊莒文字,如(莒公孫潮子鎛)。[②] 馬曉穩先生又指出前揭越王丌叚居劍銘文中“公子”之“公”寫作(),亦帶尾飾,認爲其顯然受到齊國文字的影響。[③] 合兩家之説以觀,越王丌叚居劍的“公”字很可能受了莒國文字的影響。另外,張振謙先生還指出越國盛行的鳥蟲書也對齊國文字有一定影響。[④]

因此,從地域的用字上看,越國的第四鐘會和莒國的仲子平鐘一樣用“訂”爲“以”,完全是説得通的。越王者旨劍銘中云“自乍(作)用僉(劍)”、“自乍(作)用僉(劍)”,[⑤]用“乍”、“乍”兩個字來記録“作”這個詞,與第四鐘銘用“台”、“訂”兩個字來記録同一個詞“以”,都屬於同銘同詞異寫的情況。

三

“燮(燮)B”曾憲通先生釋讀爲“勞專(父)”、曹錦炎先生釋讀爲“勞專(賻)”,石小力先生據清華簡从炏、又之“燮(燮)”字改釋爲“燮(燮)專”,並疑讀爲唐宋詔令奏表用語“燮輔”,解釋“燮輔諸侯”爲“燮和輔佐諸侯”之意。近代書法家汪仁壽先生在其所纂《金石大字典》中,已將第

① 此事可證之以《吴越春秋》、《越絶書》、《漢書·地理志》、今本《竹書紀年》等文獻,辛德勇先生考之甚詳,見辛德勇:《越王勾踐徙都瑯邪事析義》,載氏著:《舊史輿地文録》,中華書局2013年,第1—78頁;原載《文史》,中華書局2010年。

② 張振謙:《齊系文字研究》,安徽大學博士學位論文,2008年,第123—125頁。

③ 馬曉穩:《吴越文字資料整理及相關問題研究》,吉林大學博士學位論文,2017年,第210頁。

④ 張振謙:《齊國鳥蟲書考》,載《古文字學論稿》,安徽大學出版社2008年,第270—274頁。

⑤ 董珊:《吴越題銘研究》,第43頁,圖70。

四鐘此字歸到"燮"字頭下,可謂卓識。[1] 臺北故宫博物院藏有子犯編鐘,馬曉穩先生已指出其中關於"燮諸侯"的一段話可與第四鐘銘之"燮 B 諸侯"對讀:

1. 者(諸)楚荆(荆)不聖(聽)令(命)于王所,子軋(犯)及晉公逹西之六自(師),博(搏)伐楚荆(荆),孔休大工(功),楚荆(荆)喪厥師,滅厥,子軋(犯)宕(佑)晉公左右,者(諸)侯,卑(俾)潮(朝)王,克奠王立(位)。王易(賜)子軋(犯)輅車、亖(四)馬、衣、常(裳)、帶、市、佩,者(諸)侯羞元金于子軋(犯)之所,用爲龢鐘九䤴(堵)。[2]

黄錫全先生釋"燮",[3]正與傳抄古文"燮"字作、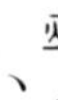相合。[4] 結合其他有關 "燮"的東周金文文例來看,《爾雅・釋詁》、《説文・又部》訓"和"的"燮"字在具體語境中實有表"以威勢使對象懾服和順"之義:

2. 克狄淮(淮)尸(夷),印(抑)燮(燮)鄉(繁)湯(陽)。

(《集成》4631 曾伯霥簠・春秋早期)

3. 鎮(鎮)静不廷,䪨(柔)燮百邦,于秦執事。

(《集成》270 秦公鎛・春秋早期)

4. 燮(燮)萬邦,諒₌莫不日頼(卑)䜩(恭)。[5]

(《集成》10342 晉公盆・春秋早期)

5. 燮(燮)萬邦,諒莫不日頼(卑)䜩(恭)。[6]

(晉公盤・春秋早期)

---

① 汪仁壽:《金石大字典》,天津古籍出版社 1982 年,第 19 卷第 28 頁,影印自 1926 年求古齋書局本。

② 參裘錫圭:《也談子犯編鐘》,載氏著:《裘錫圭學術文集・金文及其他古文字卷》,復旦大學出版社 2012 年,第 83—91 頁。

③ 黄錫全:《〈新出晉搏伐楚荆編鐘銘文述考〉補記》,載氏著:《古文字與古貨幣文集》,文物出版社 2009 年,第 139 頁;原載《長江文化論集》第一輯,湖北教育出版社 1995 年。

④ 徐在國編:《傳抄古文字編》,中華書局 2006 年,第 284 頁。

⑤ 參謝明文:《晉公盆銘文補釋》,《出土文獻與古文字研究》第五輯,上海古籍出版社 2013 年,第 236—257 頁。

⑥ 吴鎮鋒:《晉公盤與晉公盆對讀》,復旦大學出土文獻與古文字研究中心網站,2014 年 6 月 22 日。

6. 倗其用燮(燮)厥不廷。①

(淅川下寺楚墓 M2:82 倗戈·春秋晚期)

7. 獻(吾)用燮(燮)謞(驕)楚……懷燮(燮)四旁(方)。②

(隨州文峰塔 M1:1 曾侯與鐘·春秋晚期)

又清華簡中有以下文例:

8. 方臧(壯)方武,克燮(燮)戕(仇)戳(讎)。

(《清華簡(壹)·耆夜》簡 5—6)

9. 故(古)我先王洓(滅)頣(夏),燮(燮)郢,戠(翦)菑(蠢)邦。

(《清華簡(叁)·説命中》簡 3)

10. 恒静(争)獻亓(其)力,畏(威)燮(燮)方戳(讎)。

(《清華簡(叁)·芮良夫毖》簡 13)

11. 以力及复,燮(燮)戕(仇)攺(啓)郕(國);以武及勇,衛(衛)相社禝(稷)。 (同上簡 14—15)

李家浩先生把例 2、6 的“燮”讀爲“襲”;③清華簡整理者把例 9、10 的“燮”也讀爲“襲”,但把例 11 的“燮”訓爲“和”,其他學者對清華簡這四例“燮”字是訓爲“和”還是讀爲“襲”也有不少争議。④ 按《逸周書·文傳解》:“《開望》曰:‘土廣而無守可襲伐,土狹無食可圍竭。’”《左傳·莊公二十九年》:“凡師,有鐘鼓曰伐,無曰侵,輕曰襲。”“襲”作爲一種戰術,是指趁人不備、不動聲色地發動攻擊。上舉部分“燮”字文例讀爲“襲”時,詞義過於狹隘,不合語境,如鑄戈而銘稱此戈用途爲“襲”,未免不妥。所以一些學者不把“燮”破讀爲“襲”,而是兼顧“燮”體現的“和”與“伐”二

① 河南省文物研究所等編:《淅川下寺春秋楚墓》,文物出版社 1991 年,第 189—189、374—375 頁。“其”、“厥”二字釋補參陶亮:《新命楚王戈相關問題考》,《中原文物》2016 年第 4 期,第 89 頁。

② 湖北省文物考古所、隨州市博物館編:《隨州文峰塔 M1(曾侯與墓)、M2 發掘簡報》,《江漢考古》2014 年第 4 期,第 14—22 頁。“謞(驕)”釋讀從蔣偉男:《曾侯與鐘銘“用燮驕楚”解》,《淮南師範學院學報》2017 年第 1 期,第 7 頁。

③ 李家浩:《説“貖不廷方”》,載氏著:《安徽大學語言文字學叢書·李家浩卷》,安徽大學出版社 2013 年,第 13—15 頁;原載《古文字學論稿》,安徽大學出版社 2008 年。

④ 參看方媛:《清華叁〈芮良夫毖〉集釋》,安徽大學碩士學位論文,2016 年,第 79—83 頁;李美辰:《清華簡武丁類文獻集釋與研究》,吉林大學碩士學位論文,2016 年,第 66—67 頁。

義,吴雪飛先生説:"由春秋金文看,'燮'字意義豐富,既講征服、攻打,又講征服後的協和,征服與協和,是一事的兩面。"①馬曉穩先生同意其説,並用來解釋第四鐘"燮B諸侯"的"燮"。蔣偉男先生認爲:"燮、干、征等詞,都有明顯的感情色彩,可概稱爲上伐下、大邦賓服四方蠻夷。"②這是比較合理的看法。

從歸納繫聯的角度來看,例1、2、6、8、9、10、11以及7的"用燮驕楚"可合爲甲類,它們與武力都有比較明顯的關係,例3、4、5以及7的"懷燮四方"可合爲乙類,而由於甲類例6"燮厥不廷"可與乙類例3中的"鎮静不廷"聯繫,且兩次出現"燮"字的例7可溝通甲乙,故兩類可合爲一類,可統一訓釋爲上面提到的"以威勢使對象懾服和順"之意。例10整理者解釋爲"四方"的"方"字,頗疑讀爲"旁","旁龖"即中山王䁥鼎(《集成》2840)"栽(仇)人才(在)彷(旁)"之意,前揭晉公盤銘還有"殺(教)戥(威)百緣(蠻)"一語,"威燮旁龖"的意思應與之接近。

《史記·五帝本紀》有一段話也值得留意:

> 讙兜進言共工,堯曰不可,而試之工師,共工果淫辟。四嶽舉鯀治鴻水,堯以爲不可,嶽彊請試之,試之而無功,故百姓不便。三苗在江淮、荆州數爲亂。於是舜歸而言於帝,請流共工於幽陵,以變北狄;放驩兜於崇山,以變南蠻;遷三苗於三危,以變西戎;殛鯀於羽山,以變東夷;四辠而天下咸服。③

對應的三家注:

> 《集解》:"徐廣曰:'變,一作燮'。"《索隱》:"變謂變其形及衣服,同於夷狄也。徐廣云作'燮'。燮,和也。"《正義》:"言四凶流四裔,各於四裔放共工等爲中國之風俗也。"④

《五帝本紀》的"太史公曰"提到其文獻依據爲"孔子所傳《宰予問五帝德》及《帝繫姓》",成書時間比《史記》稍晚的《大戴禮記》所録《五帝

① 吴雪飛:《"燮伐大商"新證》,《史學史研究》2013年第4期,第122頁。
② 蔣偉男:《曾侯與鐘銘"用燮驕楚"解》,《淮南師範學院學報》2017年第1期,第6頁。
③ 司馬遷撰,裴駰集解,司馬貞索隱,張守節正義:《史記》,中華書局2014年,第33頁。
④ 司馬遷撰,裴駰集解,司馬貞索隱,張守節正義:《史記》第34頁。

德》亦云:“流共工於幽州,以變北狄;放驩兜於崇山,以變南蠻;殺三苗于三危,以變西戎;殛鯀於羽山,以變東夷。”與《史記》大同小異。對文中的“變”字,三家注提供了三種解釋思路,但《索隱》、《正義》之説明顯存在缺陷。《索隱》説流放四凶是爲了把四凶變成夷狄,這樣解釋不了爲何有“天下咸服”的結果。《正義》説流放四凶是使他們到四裔之地變夷爲夏,然而四凶的品行實難擔此重任,被舜派去宣揚教化的應該是“八愷八元”那樣的賢人,《左傳·文公十八年》説得很清楚:“舜臣堯,舉八愷,使主后土,以揆百事,莫不時序,地平天成,舉八元,使布五教於四方。”《左傳·文公十八年》又云:“舜臣堯,賓於四門,流四凶族渾敦、窮奇、檮杌、饕餮,投諸四裔,以禦螭魅,是以堯崩而天下如一,同心戴舜,以爲天子,以其舉十六相、去四凶也。”又《左傳·昭公九年》云:“先王居檮杌於四裔,以禦螭魅,故允姓之奸,居於瓜州。”據此可知,流放四凶既是對四凶的懲罰,又是利用四凶去制約、征服邊疆外族,所以才有“天下咸服”之效。[①] 既然“變”字難以講通,不妨考慮《集解》引徐廣《史記音義》所録異文“燮”是否更合適。

在理解文意的基礎上,對照前揭金文、楚簡“燮”字文例,我們認爲司馬遷所見的《宰予問五帝德》本作“燮北狄”、“燮南蠻”、“燮西戎”、“燮東夷”,今本《史記·五帝本紀》中的“變”爲“燮”之訛字,徐廣所見别本《史記》之異文“燮”不誤。“燮”在文中也是“以威勢使之懾服和順”的意思,下文“天下咸服”一語可印證“燮”的意思,《大戴禮記·五帝德》之“變”同理。在徐廣所處的晉宋之際,這種訛誤已經發生。毛遠明先生、梁春勝先生指出,出土北朝墓志中“燮”字有寫成“爕”的情况,還有寫成“變”甚至直接訛爲“變”者,如北齊崔芬墓志“賢哉變〈燮〉道”、北魏元誨墓志“變〈燮〉正彝倫”。[②]《史記·五帝本紀》的“燮”訛爲“變”除了字形相近

---

① 漢人的轉述顯示“四辠”有歧解,一種理解是“四辠”前省略了動詞,如《鹽鐵論·論誹》:“丞相史曰:‘堯任鯀、驩兜,得舜、禹而放殛之以其罪,而天下咸服,誅不仁也。’”又《鹽鐵論·周秦》:“文學曰:古者,周其禮而明其教,禮周教明不從者,然後等之以刑,刑罰中,民不怨。故舜施四罪而天下咸服,誅不仁也。”另一種理解是將“四罪”、“天下”都視爲“咸服”的主語,“而”是連詞,如《後漢書·申屠剛鮑永郅惲列傳》引郅惲語:“昔虞舜輔堯,四罪咸服。”後者在語法上比較能講通。

② 參毛遠明:《漢魏六朝碑刻異體字典》,中華書局2014年,第989頁;梁春勝:《六朝石刻疑難字例釋》,載《中國文字學報》第六輯,商務印書館2015年,第203—204頁。

的因素外,也可能和傳抄的人受孟子名言"吾聞用夏變夷者,未聞變於夷者"(《孟子 · 滕文公下》)影響有關。朱東潤先生曾通過詳細的舉證指出"就徐廣所舉一本之説以觀,誠有大造於後人者,蓋徐氏之言,多據諸本異同立論,雖時有得失,要之得九而失一"、"徐廣'一本作某'之語,大抵可信"。[①]此"變一作燮"例可爲補證徐廣所録異文的重要性。

以上考察金文、楚簡和《史記》的"燮"字文例,想説明"燮 B 諸侯"之"燮"所表示的"和"應該是"以威勢使之懾服和順"的意味,最直接的證據就是前揭子犯鐘銘文中的"燮諸侯"。順着這個思路,筆者曾考慮聯繫秦公大墓石磬的"竈尃緣(蠻)夏"和秦伯喪戈的"竈尃東方"來解釋"燮尃",這兩例"尃"董珊先生、謝明文先生都讀爲"撫",[②]且《國語 · 魯語》有"鎮撫諸侯"一語可比例,但終覺未安。除了因爲"尃"讀爲"撫"在音韻上有一定難度且根據辭例秦公器"尃"當訓"有"之外,[③]還因爲舊釋"尃"的 B 字形作,中部从"口",與"尃"不合。馬曉穩先生根據文意把 B 改釋爲"克",字形上缺少依據。按東周金文"事"字有中間从"口"的寫法,與 B 幾無二致:

(《集成》271 鞥鎛 · 春秋中期)

(淅川下寺楚墓 M2 : 5 王孫誥鐘 · 春秋晚期)

故 B 應該改釋爲"事"。"事"、"使"本一詞分化,古訓中有不少用"役使"來解釋"事"的例子,[④]又有"事"、"使"連用表役使義之例,如《管子 · 版法解》:"凡人君者,覆載萬民而兼有之,燭臨萬族而事使之。"出土古文字資料用"事"讀爲"使"的情況也習見。[⑤] 故筆者認爲"燮事諸侯"

① 朱東潤:《史記徐廣本異文考證》,載氏著:《史記考索(外二種)》,華東師範大學出版社 1996 年,第 116—128 頁。

② 董珊:《珍秦齋藏秦伯喪戈、矛考》,《故宫博物院院刊》2006 年第 6 期,第 110 頁;謝明文:《金文札記二則》,《古漢語研究》2010 年第 3 期,第 22—23 頁。

③ 張富海先生對此有過詳細的論述,見張富海:《金文"匍有"補説》,載《中國文字學報》第二輯,商務印書館 2007 年,第 118—119 頁。

④ 參王力:《同源字典》,山東教育出版社 1992 年,第 121 頁。

⑤ 參王輝:《古文字通假字典》,中華書局 2008 年,第 33 頁;白於藍:《戰國秦漢簡帛古書通假字彙纂》,福建人民出版社 2012 年,第 33 頁;田煒:《西周金文字詞關係研究》,上海古籍出版社 2016 年,第 178—181 頁。

的"事"可讀爲"使","燮事諸侯"的語義近於《荀子·王霸》所説的:"合天下而君之……臣使諸侯,一天下。"

根據現存史料,有"燮使諸侯"如此成就的越王主要有三位。首先是勾踐,《左傳·哀公二十五年》記衛大夫公文懿子有"越新得諸侯"語,《史記·越世家》記勾踐滅吴之後,"越兵横行於江淮之上,諸侯畢賀,號稱霸王"。其次是朱句,傳世文獻記載他滅滕、郯二國,《水經·沂水注》引《竹書紀年》:"晉烈公四年,越子朱句滅郯。"《史記·越王勾踐世家》司馬貞《索隱》引《紀年》:"於粤子朱句三十四年滅滕,三十五年滅郯。"清華簡《繫年》第二十章則記載朱句曾分别與晉國、宋國聯合攻打齊國並獲勝。此外,李家浩先生據越王州句複合劍銘文中的"余土圂(卷)邗"指出朱句在滅滕、郯之前曾奪取故邗國地。[①] 第三位是翳,《繫年》第二十二章記載翳聯合三晉伐齊,獲勝之後"越公入饗於魯,魯侯御,齊侯驂乘以入",可見越王翳當時地位之高。《戰國策·魏策·八年謂魏王》云:"繒恃齊以悍越,齊和子亂而越人亡繒。"據此,在伐齊的同時翳可能還滅亡了繒國。本文所討論的第四鐘,其對應的王世大概就是這三種可能,至於器主則不一定是越王,能説出"燮使諸侯"的也可能是像子犯一樣的有功貴族,正如子犯鐘銘可以説"燮諸侯"、"諸侯羞元金于子犯之所"。

順帶提一下,"虩事䜌(蠻)方"見於秦公鐘(《集成》262—266)、秦公鎛(《集成》267—269),"虩事䜌(蠻)夏"見於秦公鎛(《集成》270)、秦公簋(《集成》4315),二者意近,秦公簋"虩事䜌(蠻)夏"之"事"字郭沫若先生曾提出:"'虩事蠻夏'猶晉邦𥂴'廣嗣四方'。事嗣字通,毛公鼎之'參有嗣',《詩》作'三有事'。嗣、事,治也。"[②]後郭沫若先生、楊樹達先生括注"使"而無説。[③] 張政烺先生認爲:"事讀爲司,即管治之意。"[④]謝明文

① 李家浩:《越王州句複合劍及其所反映的歷史——兼釋八字鳥篆鐘銘文》,《北京大學學報》1998年第2期,第221—227頁。

② 郭沫若:《秦公簋韻讀》,載氏著:《殷周青銅器銘文研究》,科學出版社2002年,第130—137頁。按此文作於1930年7月17日,早於《兩周金文辭大系圖録考釋》。

③ 郭沫若:《兩周金文辭大系圖録考釋》,上海書店出版社1999年,第247頁;楊樹達:《秦公簋跋》,載氏著:《積微居金文説》,上海古籍出版社2013年,第67頁。

④ 張政烺:《"十又二公"及其相關問題》,載氏著:《張政烺文史論集》,中華書局2004年,第808頁。

先生又對秦公器之“事”可讀爲“司”作了詳細的論證,並引陳劍先生關於“事”字有可能取代金文常用的“𤔲”字來記録“司”的推理,言之有據。①不過,謝先生解釋説“周邊少數民族應當是秦國管理的對象,而不是秦國臣事或出使的對象”,顯然把“使”的意思理解爲“出使”,没有考慮到郭、楊二先生可能將“使”理解成“臣使諸侯”之“使”。因此,秦公器的“事”也可讀爲“使”,而且這樣更加符合“事”字的用字習慣。

綜上所考,第四鐘銘中“台樂賓䛃志燮事者侯”句應該釋讀爲:

台(以)樂賓,䛃(以)志燮(燮)事(使)者(諸)侯。

此處“志”可訓爲“記”,這一意義後世寫作“志”,其用法可參《周禮·春官宗伯》:“保章氏,掌天星,以志星辰日月之變動,以觀天下之遷,辨其吉凶。”《左傳·僖公二十四年》:“晉侯求之不獲,以綿上爲之田,曰:‘以志吾過,且旌善人。’”《左傳·昭公十五年》:“言以考典,典以志經,忘經而多言,舉典將焉用之。”《左傳·定公五年》“王曰:‘善,使復其所,吾以志前惡。’”《穀梁傳·文公三年》:“外災不志,此何以志也?”《穀梁傳·昭公九年》:“火不志,此何以志?”等文例。這句話的大意是説此鐘既有用於宴樂的功能,又有紀念“燮使諸侯”之成就的作用。

四

最後補説第四鐘銘中“往巳余之客”句的語氣詞“巳”,其對應字形作,謝明文先生引徑作“往矣余之客”,②蔣文女士認爲“此字未能釋定”,又懷疑“直接釋‘矣’似可行,中山王嚳鼎之‘矣’作,可資對比”。③皆未分析其字形。曹錦炎先生認爲:“‘巳’字去掉下面飾筆即可識出。‘往

① 謝明文:《金文札記二則》,《古漢語研究》2010年第3期,第22—23頁。謝明文先生初未引郭沫若、張政烺二先生讀“事”爲“司”之説,後於所著《商周文字論集》(上海古籍出版社2017年)第128—129頁“論集按語”補引郭沫若、張天恩、吴鎮鋒等先生觀點。

② 謝明文:《〈大雅〉〈頌〉之毛傳鄭箋與金文》,首都師範大學碩士學位論文,2008年,第41頁。

③ 蔣文:《先秦秦漢出土文獻與〈詩經〉文本的校勘和解讀》,復旦大學博士學位論文,2016年,第29頁。蔣文對“往巳+説話對象”這類句式論述甚詳,可參。

巳'一詞也見於壽縣蔡侯墓出土的吴王光鑒及吴王光殘鐘銘,用法相同。"①曹先生據辭例釋出"巳"可信,但説原篆下部是飾筆則恐非是,曹先生提及的兩例"巳"字寫作:

(《集成》10298 吴王光鑒·春秋晚期)

(《集成》224.5 吴王光殘鐘·春秋晚期)

左下角的ʃ形體與之極近,很有可能這部分才是整個字的核心構件。

2017年11月15日初稿
2018年1月10日修改

後記:

本文是在陳斯鵬師指導下寫作的大三學年論文,初稿曾作爲文字學課作業呈楊澤生老師審閲指正,寫作中又蒙趙朝陽兄賜示多種資料,在此謹向諸位師長致以謝忱!

清人皮錫瑞認爲:"徐廣云作燮,則古本《史記》一作'燮'字,謂使四凶燮和夷狄。班固《西都賦》曰'北燮丁令',其所據《史記》蓋作'燮'也。蓋四凶皆有過人之才,故使燮和夷狄之俗。"(皮錫瑞:《今文尚書考證》,中華書局1989年,第69頁。)本文在討論《史記》"變"、"燮"異文時失引皮説,今補録如上。按皮氏所引"北燮丁令"實出自張衡《東京賦》:"北燮丁令,南諧越裳,西包大秦,東過樂浪,重舌之人九譯,僉稽首而來王。"而《史記·匈奴列傳》有"北服渾庾、屈射、丁零、鬲昆、薪犁之國"語,《史記》中類似的説法還有"北威齊晉,南服越人"(《伍子胥列傳》)、"南挫强楚,北威燕趙"(《樗里子甘茂列傳》)、"東服强晉,西霸戎夷"(《秦本紀》)等,可佐證皮説。

近見《國家博物館館刊》2018年第7期新刊尉侯凱先生《倗戈"用燮

① 曹錦炎:《朱句鐘跋》,載氏著:《吴越歷史與考古論叢》,第61—64頁。

不廷"解》一文,對金文、楚簡"燮"字詞義的解説與吴雪飛、蔣偉男、馬曉穩諸先生之説及拙説亦近,讀者可參看。

2018 年 10 月 25 日

(作者單位:中山大學中文系,出土文獻與中國古代文明研究協同創新中心)

談談新見戰國竹簡《詩經》的文化意義

——黄德寬教授2017年12月18日在中山大學的講座實録

黄德寬　演講　劉偉浠　整理

各位老師和同學好！《詩經》這一典籍，我想在座的各位同學都非常熟悉，從小學大家就開始接觸到《詩經》，平時言談中很多成語來自《詩經》，可以説從先秦到當代，《詩經》對中國文化的影響是極其深遠的。如果從書籍的角度講，没有一部書像《詩經》影響這麽廣泛，流傳這麽悠久；從文學作品的角度講，《詩經》是我國文學作品的源頭之一。傳世的《詩經》都是漢代以後的，現在傳下來的就是《毛詩》。在出土文獻中，阜陽漢簡《詩》也是漢代的抄本。先秦的《詩》到底是什麽樣子？我們讀先秦古書比如《春秋左氏傳》，會看到引《詩》、賦《詩》，那是非常普遍的現象。但誰也不知道先秦《詩》本來的面貌，雖然講《毛詩》是古文《詩》，説是子夏傳下來的，但是也没有什麽絶對的證據。非常幸運，現在我們有機會看到戰國早中期的《詩經》抄本，雖然篇章比傳世的《毛詩》少了很多，但就是這一小部分也彌足珍貴。今天我就從簡本《詩經》的文化意義這個角度，給同學們作些介紹。

一、戰國楚簡《詩經》簡介

首先介紹戰國竹簡《詩經》的情況。戰國竹簡《詩經》的基本情況，去年我在清華大學召開的中國古文字研究會年會上作過介紹，《文物》雜志2017年第9期有兩篇介紹文章。“安大簡”是2015年入藏安徽大學的，《詩經》是其中的一部分内容。《詩經》簡長 48.5 cm,寬 0.6 cm,簡有三道編繩,文字抄得很工整,但疏密有差異,每簡 27—35 字不等。簡背有劃痕,是竹簡在人工製作中留下的,這是爲了有利於簡的編聯。簡的正面首尾留白,簡面有編號,編號自第 1 至第 117 號,部分簡缺失,實際存簡不足百支。

根據簡的内容,我們知道這些簡都是《詩經》中《國風》部分的内容。我們知道《周南》是《毛詩》的開篇之作,我們讀毛傳、鄭箋都會知道《周南》有多少篇,有多少章、多少句。簡本在《周南》的最後,有一支簡寫"《周南》十又一",即指《周南》有 11 篇詩,與傳世《毛詩》一比對,連篇名都是一樣的。簡本《詩》没有篇名,我們判斷它原本是有篇名的。因爲我們發現有兩條簡提到了篇名,這個篇名正好是某一《國風》的第一篇,比方説"《鄘》九《柏舟》",就是《鄘風》一共有 9 篇,第一篇是《柏舟》,正好與《毛詩·鄘風》第一篇《柏舟》對應。又有"《魏》九《葛屨》",我們比對《毛詩》,知道《魏風》第一篇確實是《葛屨》。根據這些綫索,我們就反推,簡本《詩經》雖然没抄篇名,但它的篇名與《毛詩》差距應該不大。《召南》有 14 篇,這跟傳世的《毛詩》也完全一樣,排序也一樣。但是《秦風》就不一樣了,有 10 篇。還冒出來個《侯風》,在後面寫"六",指《侯風》有六篇。我們有一些猜測,《侯風》可能還是指《王風》,因爲當時王的地位下降了,所以稱《王風》,這樣的觀點漢儒早就説過了,有人不同意這個説法。《侯風》六篇的内容屬於《毛詩·魏風》,根據上下文,我們懷疑可能是抄手誤置了。

總的來説,《詩經》簡有"《周南》十又一"、"《召南》十又四"、"《秦風》十"、"《侯》六"、"《鄘》九"、"《魏》九(實際 10 篇)",存詩共 58 篇。在出土文獻中一下子見到 58 篇詩,可不是很容易。《國風》的排序也和《毛詩》不太一樣,當然《王風》是否叫《侯風》還是一個有争議的問題。《侯風》6 篇《毛詩》屬於《魏風》,簡本《魏風》屬詩除首篇《葛屨》外,其餘 9 篇則屬《唐風》。這些問題很複雜,需要專門討論。簡本與《毛詩》相較,有許多差異,有的章次與《毛詩》不同,有的章數與《毛詩》不同,異文更是非常之多。

二、簡本《詩經》文化信息發微舉例

下面談談戰國《詩經》簡發現的文化意義。《詩經》是藴含着豐富的文化信息的,對《詩經》文化功能的解讀從先秦就已經開始了。《漢書·藝文志》:"《書》曰:'詩言志,歌詠言。'故哀樂之心感,而歌詠之聲發。誦其言謂之詩,詠其聲謂之歌。故古有采詩之官,王者所以觀風俗,知得失,自考正也。"從《藝文志》論詩的産生、采輯及對詩的功能的認定,可見古人對《詩經》的文化功能有明確的體察。關於學《詩》之風,文獻記録可追溯到春秋時代。孔子在《論語》中就多次談到學《詩》。在《論語·陽貨》篇中,"子曰:'小子何莫學夫《詩》?《詩》,可以興,可以觀,可以群,可以怨。邇之事父,遠之事君;多識於鳥獸草木之名。'"孔子之所以强調學《詩》,這是因爲他認爲《詩》具有"興、觀、群、怨"等方面的文化功用。在《季氏》篇中,孔子甚至説:"不學《詩》,無以言。"《禮記·解經》也記録:"孔子曰:'入其國,其教可知也。其爲人也,温柔敦厚,《詩》教也。'"從這些言論,可以看出在春秋晚期孔子是如何看待《詩》的,可見《詩》的影響力之大,《詩》的文化功能早就被明確提出來了。另外,春秋時代"賦《詩》言志"出現在各種典禮儀式以及重要政治場合,賦《詩》成爲一種流行的修辭表達方式。這該怎麽看?《孟子·萬章上》曰:"故説《詩》者,不以文害辭,不以辭害志。以意逆志,是爲得之。"在孟子看來,説《詩》的關鍵是"以意逆志"。早在春秋戰國時代就存在的賦《詩》言志,後來一直保持着,已成爲一種深厚的文化傳統。秦火之後,我們知道西漢有齊、魯、韓三家《詩》列於官學,此外尚有未列官學的古文《毛詩》。後來三家《詩》亡佚,只有《毛詩》傳世。《毛詩》因爲毛傳、鄭箋而獲得絶對權威的地位。對《詩》意的理解和文化功能的確認,從漢代以後,一般來説也超越不了《詩序》、毛傳和鄭箋。漢代人對《詩經》文化功能的認識以及《詩》意的理解,决定和影响着其後將近兩千年對《詩》的理解,尤其是《詩序》,對歷代《詩》學産生了很大的影響。但《詩序》的來源一直有争議。《詩序》至少從漢代就開始流行了,漢儒談《詩》就是談《詩》的教化和"美刺"的功能,已經高度政治化了。

戰國簡本《詩經》被發現以後,使我們有機會檢驗漢代人對《詩》的文化功能的解讀和認知是否可靠。我們知道近現代對傳世文獻的態度有一個重要的變化——疑古。"古史辨派"學者否定《詩序》、毛傳和鄭箋,批評漢儒的"詩教"及其對《詩》的文化功能的闡述,這在現代學術史上是很有名的。胡適對如何解讀《詩經》提出自己的看法,認爲《詩經》就是一部歌謠總集,可以從社會史、政治史、文化史的角度來研究(《古史辨》三)。近現代以來,《詩經》研究更多地是從文學的角度,而對《詩》的教化作用及文化功能就講得比較少,基本持否定的態度。這樣的否定對嗎?過去我們也很難作出判斷。戰國簡本《詩經》的發現給我們提供了一些新信息,根據我們初步研究的結果,可以看出,漢儒對《詩經》功用的解説有些顯然有過頭的,但也有不少是合理的,完全否定恐怕也有問題。漢儒的解釋也有很多是不對的,因爲通過比較戰國的文本,知道原來的《詩》不是這麽説的,文本依據出了問題,所以有可能説得不準甚至説錯。但説得不準或説錯的背後,涉及《詩經》如何流傳等這樣一些重要的文獻學問題,由於時間的關係,我們只舉幾個例子來略作説明。

鄘風·牆有茨

牆有茨,不可埽也。中冓之言,不可道也。所可道也,言之醜也。
牆有茨,不可襄也。中冓之言,不可詳也。所可詳也,言之長也。
牆有茨,不可束也。中冓之言,不可讀也。所可讀也,言之辱也。

《鄘風·牆有茨》這首詩大家都很熟悉,我們讀這首詩的時候好像没什麽難度,但我們是不是就真的讀懂了呢?恐怕也不好説。比如"中冓之言"的"中冓",到底是什麽意思?歷來對它的説法都不太一樣。由於對這兩字的誤解導致對整首詩生發了許多誤解。《詩序》將該詩的解釋與一定的歷史事件聯繫到了一起,認爲:"《牆有茨》,衛人刺其上也。公子頑通乎君母,國人疾之,而不可道也。"根據《序》,該詩是衛人諷刺他的君主,因爲公子頑與君母私通,這件事説起來很醜。毛傳説:"興也。牆所以防非常。茨,蒺藜。欲埽去之,反傷牆也。"是説牆上的蒺藜想掃也不能掃,如果要掃,就會把牆體給破壞了。詩人從墻有茨聯想到國君宫廷淫穢的事,這種事若説出來也會損害國家的體面。鄭箋進一步説:"國君以禮防制一國,今其宫内有淫昏之行者,猶牆之生蒺藜。"如此解釋就把它當作是一首政治諷刺詩了,並坐實到公子頑通宣姜之事。但這首詩本義是不是這樣,確實大可懷疑。詩意的誤讀,實際上就是"中冓"這個詞不好理解,毛傳説"中冓"是"内冓","冓"是什麽就没説清楚;鄭箋説"内冓之言，謂宫中所冓成頑與夫人淫昏之語”，他不説“内冓”是什麽，却説“内冓之言”，説“宫中所冓成”也不太好懂。陸德明《經典釋文・毛詩音義上》收録了該詩異文：“冓”，“本又作遘……《韓詩》云：中冓，中夜，謂淫僻之言也”。《韓詩》説“中冓”是“中夜”則説明白了，與毛傳、鄭箋所講完全不是一回事。《玉篇》引《詩》作“寓”，與《韓詩》之訓相同。清代陳奂《詩毛氏傳疏》認爲“冓”指“宫中之室”，説得較明確，顯然没有文獻依據。後來的訓詁學家跳不出淫穢之言，又或讀“冓”爲“垢”、“姤”等。長期以來，對“中冓”的訓釋，意見未能統一，對詩意的理解也一直沿襲毛、鄭之説。

新出戰國簡本《詩經》這首詩是完整的，提供了解決問題的新材料。簡本《牆有茨》首句寫作“牆有蒺藜”，“中冓”作“中㱩”。“㱩”這個字在甲骨文中出現過，作（合集 20964），从“夕”，“彔”聲。甲骨文“夕”指“夜”，“㱩”與夜晚有關，“中”一般指中間，中夜就是指午夜。黄天樹先生曾經考證甲骨文中的“中㱩”，推斷“中㱩”可能指夜半。但是這個詞在文獻中從來没見過，除了甲骨文有之外，青銅器中也從來没見過，現在却在戰國簡中出現了。如果“中㱩”一詞指半夜，這首詩的詩意理解就豁然開朗了。看來《韓詩》的解釋是有根據的。傳世各本“㱩”作“冓”、“遘”或“寓”，都是同音借字。“冓”是見紐侯部字，與來紐屋部的“彔”聲字古音相近。

我們再來看這首詩，“中㱩之言，不可道也”，最有可能是指夫妻之間情感交流之話，所以才不能對外面説，説了就“醜”，不合禮儀。如果這樣解讀，是不是把這首詩理解得太簡單了？其實，我們看上博簡《孔子詩論》的評語：“《牆又（有）薺（茨）》慎密而不智（知）言。”這可印證《詩論》與安大簡是相通的。“慎密”，正如《易・繫辭上》所説“幾事不密則害成，是以君子慎密而不出也”，“慎密”就是小心謹慎、保守秘密。《詩論》評這首詩“慎密而不知言”，當是指夫妻之間半夜時分的情話不要讓他人知曉，而不應是指公子頑通奸所説的淫穢之語。一般説來《詩》寫的應是普遍現象，是一種生活或社會現象的概括，不能坐實到一件具體歷史事件之中，把詩意理解得太單一了。

有人或許會問這麽説有什麽文化意義？我們要知道這是一種言語禮

儀的教化。古人很重視言語禮儀規範,我們在《詩經》中可讀到"白圭之玷,尚可磨也;斯言之玷,不可爲也"。話説得有過失,就不能改變了。古人很重視對言語的呵護,所以孔子提倡學《詩》,不學《詩》"無以言",詩可以使人温柔敦厚,規範人的言行舉止。孔子就是這方面的典範,《鄉黨》裏面有一段話描寫孔子跟不同人説話時的舉止:"孔子於鄉黨,恂恂如也,似不能言者。其在宗廟、朝廷,便便言,唯謹爾。朝,與下大夫言,侃侃如也;與上大夫言,誾誾如也。君在,踧踖如也,與與如也。"這實際上就體現了孔子對言語禮儀規範的重視和言語修養所達到的高度。再來看這首詩,以"牆有茨"起興,告訴人們涉及一些敏感話題的時候,要"慎密"而有所避嫌和防範,特别是關於男女私情的話是不可公開張揚的。所以這首詩看似簡單,背後還是合乎先秦禮儀文化的要義的。不能把它坐實到一個具體的歷史事件中,利用"美刺"説去聯繫歷史,這樣就是對該詩的過度解讀了。

《魏風·伐檀》這首詩大家也都很熟悉,對這首詩的理解,從來就没什麽争議。下面我們就看看三章詩中間的最關鍵的兩句話:

(一)不稼不穡,胡取禾三百廛兮?不狩不獵,胡瞻爾庭有縣貆兮?

(二)不稼不穡,胡取禾三百億兮?不狩不獵,胡瞻爾庭有縣特兮?

(三)不稼不穡,胡取禾三百囷兮?不狩不獵,胡瞻爾庭有縣鶉兮?

簡本三章中這兩句話出現了重要的異文,根據異文再來看傳世本,我們從來没提出疑問的地方却是有疑問的。《序》:"《伐檀》刺貪也。在位貪鄙,無功而受禄,君子不得進仕爾。"是説在位者很貪鄙,没有功勞却享受了福禄,但是君子却不能得到提拔。該詩的前三句,鄭箋説是指詩人看到河水清漣,感慨自身才能得不到重用,"是謂君子之人不得進仕也"。朱熹《詩集傳》説:"比也。""詩人言有人如此用力伐檀,將以爲車而行陸也。今乃置之河幹,則河水清漣而無所用,雖欲自食其力而不可得矣。"該詩可能與《序》曰"不得仕進"關係不大,朱熹的分析庶幾近之。從伐檀之勞苦,聯想到不勞而獲之君子,首三句應該是"興",而不是"比",這是很自然的一種聯想。該詩以刺貪鄙,表達了對社會不平等的怨言,這樣理解詩應該是準確的。

簡本異文可以幫助更好地解讀該詩含義。第一章"不狩不獵,胡瞻爾庭有縣(懸)貆兮",毛傳"貆,獸名"說得太籠統。鄭箋:"貉子曰貆。""貉子"是一種打地洞的犬類動物。第二章"不狩不獵,胡瞻爾庭有縣(懸)特兮",毛傳"獸三歲曰特"這種解釋也不太靠譜。第三章"不狩不獵,胡瞻爾庭有縣(懸)鶉兮",毛傳:"鶉,鳥也。"簡單來說就是一種像鵪鶉一樣的小鳥。我們仔細想想這三句話有没有問題呢?"不稼不穡,胡取禾三百廛(億、囷)兮"等句,謂不事稼穡却占有大量糧食。在農耕時代,占有這麽多糧食只能是身居高位的貴族"君子"。而"不狩不獵,胡瞻爾庭有縣貆(特、鶉)兮"等句,指不狩獵却在庭中高懸獵物。"三百廛(億、囷)"極言糧多而刺貪,這没有問題;"懸貆(特、鶉)"等,也當以所懸獵物之大,顯示君子之貪。但細想一下,毛、鄭等人對這幾類動物的解釋却與刺貪之意不大相稱,在門庭懸挂一隻小鳥或體格不大的貉子,如何顯示財富之多或地位的高貴呢?這顯然是有問題的。可是,歷代學者都没提出疑問,毛、鄭之説從來就没被懷疑過。

戰國簡本《詩經》這幾句出現了異文,根據這些異文,看來毛、鄭之説是有問題的。"貆",簡本作,从"豨""備"("邍"省)聲,根據押韻關係,我們就知道上面"備("邍"省)"是聲符。所从"豨"即"豨",是意符。《淮南子·本經訓》説堯之時"封豨修蛇,皆爲民害","封豨"即高大的野豬。更重要的是《集解》説:"封豨,大豕。楚人謂豕爲豨也。"漢代揚雄《方言》記載南楚叫"豬"爲"豨"。簡本這個字應釋"獂"(豪豬),从"豨"與南楚稱"豬"爲"豨"正相合。《毛詩》的"貆"與"獂"是同音字,楚簡這個字可能就是其本字。爲什麽説這個字用在這裏更合理呢?首先因爲"獂"不單是一頭豬,更是一頭體形碩大、很兇猛的豪豬,把這樣的豪豬挂在門庭才能顯示"君子"的地位,這就更加合理了。

"特"字除毛傳的解釋,還有一個常見的義項——公牛。《説文》:"朴特,牛父也。"段注:"特本訓牡,陽數奇,引申之凡爲單獨之偁。""牡",《説文》訓"畜父也",是廣義的名詞,所有畜父都叫牡。"特"在本詩中當指捕獲的公牛才更加合理,而不是毛傳所説的三歲獸,因爲三歲獸指代很不明確。前面説豪豬,這裏説公牛,都是體形碩大的動物。在狩獵時代,人們顯示財富的時候往往把牛頭挂在門庭,以展示自己狩獵的成果。

"鶉",毛傳:"鳥也。"孔疏:"鷂,鶉其雄。"將鶉懸於庭中,與第一、二章所懸"貆(豲)、特"很不相稱,且根本不能顯示"彼君子"的富有和地位,一隻"小鳥"似乎也難以體現該詩"刺貪"的立意。"鶉"簡本作"麐",即"麕"(麇)。"麕"在《詩經》中也有,陸德明《釋文》:"《爾雅》云:郊外曰野麐,獸名也。草木疏云:麐,獐也。""獐"也是體形比較大的鹿類動物,簡本"縣鶉"就是"縣麐",因爲"麐"讀音與"鶉"比較接近,遂由一頭鹿誤解爲一隻小鳥。

按照簡本《伐檀》詩,君子庭中所懸挂的分别是"豲(豕屬)"、"特(牛屬)"、"麐(鹿屬)",皆爲狩獵所獲體形碩大之動物,代表了狩獵的成果。從甲骨文狩獵卜辭到傳世文獻關於狩獵的記載,都表明古人狩獵比較有代表性的動物是豬、鹿、麋、牛等,這也是狩獵時代中原地區最常見的幾樣體形碩大的動物。按照簡本,《伐檀》刺君子"在位貪鄙,無功受禄"之義也因此更加凸顯出來了。

下面我再談一首可能涉及一種古代制度問題的詩,即《召南》的壓軸篇《騶虞》:

> 彼茁者葭,壹發五豝。于嗟乎騶虞。
> 彼茁者蓬,壹發五豵。于嗟乎騶虞。

我們知道《召南》以《鵲巢》爲開篇之作,而《騶虞》這首短詩放在最後,爲什麽呢? 歷來《詩經》研究者大做文章,説是這麽排列有深刻的意義。《詩序》:"天下純被文王之化,則庶類蕃殖,搜田以時,仁如騶虞,則王道成也。"根據《詩序》的説法,我們讀這六句詩怎麽也讀不出這麽深刻的含義。向那茁壯成長的蘆葦(蓬蒿)"一發五豝(豵)",是指一箭射中五隻小豬,還是一箭射出而驚動五隻小豬? 各家理解雖不盡相同,但總的來説,是將一箭射出與五隻小豬聯繫起來分析的。"于嗟乎騶虞",用今天的話,就是"哎呀,騶虞!"這是什麽意思? 這首詩前兩句本來是很具體的田狩場景,後一句却令人費解。毛傳:"騶虞,義獸也。白虎黑文,不食生物,有至信之德則應之。"按照毛傳,騶虞是仁義之獸。獸怎麽會有仁義呢? 先秦諸子講人和動物的差别就在於人懂得仁義道德,動物是不辨仁義道德的,但這裏的騶虞却有,毛傳的解釋我們無法驗證。騶虞這一動物存在否? 在古書中確實能找到它的記載,《山海經》裏面有,説它是神獸,其他文獻講騶虞都來源於這類神話傳説。關於騶虞這種動物,因爲這首詩的流傳,也因爲《詩經》深遠的文化影響,就像龍、鳳、麒麟一樣,也見於不少古書記載。這是將傳説中的動物神靈化、政治化,使它們成爲文化的符號,騶虞作爲"仁義"之獸後來也變成這樣。《騶虞》這首詩應該産生得比較早,有文獻記載成王時期就出現了《騶虞》,《周禮》提到天子射禮所奏的音樂就是《騶虞》。爲什麽天子舉行射禮這麽重要的場合要演奏這首詩? 騶虞是"義獸"如何同射禮、同"一發五豝(豵)"聯繫起來呢? 經學家們頗費精神,提出了種種解釋。毛傳説天下純被文王之化,天子有仁義之心,就像騶虞一樣。而今文《魯詩》、《韓詩》則認爲:"騶虞爲天子掌鳥獸官。"也就是説在射獵的時候,騶虞是在場的職官。賈誼説"騶者,天子之囿也;虞者,囿之司獸者也","作此詩者,以其事深見良臣順下之志也者"(《新書·禮》卷六)。今古文各家的解釋都很勉强。看來關鍵是如何理解"騶虞",弄明白了"騶虞"的含義,"五豝"、"五豵"就好解釋了。正巧簡本保存了這首詩,雖然有些殘損,但關鍵的字還在,拼聯後發現這首詩不是兩章,應是三章九句,簡本如下:

皮(彼)茁者葭,一發五郙(豝),於差(嗟)從乎!
皮(彼)茁者蓬,一[發五豵,於差(嗟)從乎]!
[皮(彼)茁者]著,一發五麋,[於差(嗟)從乎]!

從簡本來看,歷來争議最大的"騶虞"竟然作"從乎",這是一個重要的異文。"騶虞"和"從乎"是什麽關係? 有兩種可能,一個是讀音相近,抄詩的人就把"騶虞"抄成了同音字"從乎",二者讀音是相通的。我們知道現在的"乎"在楚簡裏面从"虎","虎、乎、虞"讀音都是很接近的。那"從"和"騶"呢? 一個是東部字,一個是侯部字,侯東對轉,所以把"騶虞”寫成“從乎”完全有可能。如果承認這一點,就跳不出毛傳和鄭箋。另一種可能,所謂“騶虞”本來就是“從乎”,是漢代人受觀念的影響,把“從乎”誤解爲傳説中的義獸“騶虞”,這種可能不能排除。如果我們根據簡本直接讀“從乎”行不行? 首先,“於嗟從乎”這種句式有嗎? 有。《詩經》與“於嗟從乎”相類似的句子,有“於嗟麟兮”(《周南·麟之趾》)、“於嗟闊兮”、“於嗟洵兮”(《邶風·擊鼓》)、“於嗟鳩兮”、“於嗟女兮”(《衛風·氓》)等。我們都知道“乎”與“兮”本是分化關係,作虚詞每互通。清代人王念孫曾梳理“乎”和“兮”在文獻中相通的例子。這樣,我們讀“於嗟從乎”爲“於嗟從兮”也没什麼大問題。那接下來“從”字該如何理解? 在《詩經》中“從”有“驅趕”的意思,田獵時追逐野獸叫“從”。《齊風·還》“並驅從兩肩兮”,毛傳:“從,逐也。獸三歲曰肩。”這樣詩意就比較好理解了,就是一幅描述田獵的具體場景:向着茁壯的葦草(蓬蒿、蓍草),一箭射出,竄出五隻小豬(鹿麋),哎呀快追吧! 好像也很合理。這就涉及“豝”和“豵”到底指什麽。我們都知道“麋”具體指什麽動物是有争議的,現在看來“麋”就是鹿子。這三種都是指小動物,“豝”、“豵”是小豬,“麋”是小鹿,因爲是小動物,才可能聚集在葦草(蓬蒿、蓍草)之中。一箭射出,驚動五隻小豬(鹿麋),於是去驅趕它們。如果能這麽簡單地理解,這一描寫田狩場景的短詩,爲什麼可以作爲射禮演奏的音樂呢? 爲什麼那麽被推崇呢? 我們知道,“從”還有另一個常用義,即讀作“放縱”之“縱”。在“於嗟從乎”中,將“從”讀作“縱”,理解爲“放縱、放生”也文通字順。如果讀爲“縱”,這首詩的意思就發生了根本變化。“縱”是放生,一箭射出,跑出五隻小動物,哎呀放了它們吧! 爲什麽要放了它們? 這是因爲該詩的背後藴含了上古一種重要的制度——虞衡制度。

《書·舜典》:“帝曰:‘疇若予上下草木鳥獸?’僉曰:‘益哉!’”孔傳:“上謂山,下謂澤。順謂施其政教,取之有時,用之有節,言伯益能也。”又:“帝曰:‘俞! 諮益。汝作朕虞。’”孔傳:“虞,掌山澤之官。”《周禮·天官·太宰》:“以九職任萬民……三曰虞衡,作山澤之材。”鄭玄注:“虞衡,掌山澤之官,主山澤之民者。”《周禮·地官》有山虞、林衡、川衡、澤虞四官,其下各設屬官。“虞,度”;“衡,平”。虞衡之職,掌山川林澤之禁令,以平其守。總之,虞衡制度見於《書·舜典》、《周禮》、《左傳》、《國語》等文獻,後世的"封山育林"、保護幼獸雛鳥和休漁等,實際是這種思想和制度的延續和影響。古人是從狩獵時代進入到農耕時代的,狩獵時代的經驗和智慧,告訴人們不能捕殺幼獸、網捕小魚,因爲動物的繁殖和生長,直接關係狩獵資源的保護,影響人類自身的生存。設置虞衡之職這種制度,是漁獵時代到農耕文明的躍進,是漁獵時代人們長期形成的生活經驗和智慧的制度化。西周金文、戰國文字等出土文獻材料,證實虞衡制度確實存在。金文出現"林(衡)"、"(山)虞"等官職,戰國官璽有"平陽桁(衡)"、"左桁(衡)正木"、"虎(虞)木之璽"、"行鹿之璽"等。這些和傳世文獻是可以互證的。《周禮·地官·司徒》:"迹人掌邦田之地政,爲之厲禁而守之。凡田獵者,受令焉,禁麛、卵者,與其毒矢射者。"鄭玄注:"爲其夭物且害心多也。麛,麋鹿子。"疏:"此謂四時常禁。……彼以春時先乳,特禁之也。"《禮記·曲禮下》:"國君春田不圍澤,大夫不掩群,士不取麛卵。"鄭注:"生乳之時,重喪其類。"《禮記·月令》:"命祀山川林澤,犧牲毋用牝,禁止伐木,毋覆巢,毋殺孩蟲、胎夭飛鳥,毋麛毋卵。"這些文獻資料是上古實施虞衡制度的客觀反映。

我們回到這樣的背景下來讀《騶虞》,就發現這首詩是虞衡制度的具體寫照。放生幼小動物,就是遵循"毋麛毋卵"這種制度的規定。這種制度之後上升到禮樂文化,所以天子舉行射禮時要演奏《騶虞》。簡本異文,爲我們提供了從虞衡制度來理解該詩的新的路徑。當然,歷史上虞衡制度是有變化的,《孟子·梁惠王上》:"不違農時,穀不可勝食也;數罟不入洿池,魚鱉不可勝食也;斧斤以時入山林,材木不可勝用也。穀與魚鱉不可勝食,材木不可勝用,是使民養生喪死無憾也。養生喪死無憾,王道之始也。"孟子把虞衡制度與"王道之始"聯繫在一起了,自然也體現了對虞衡制度的極力推崇。《詩序》也有合理成分,所謂"庶類蕃殖,蒐田以時",實際也隱含了虞衡制度的要義。《韓詩》、《魯詩》謂"騶虞爲天子掌鳥獸官",已觸及到對詩意的正確理解。由於《詩序》將"騶虞"誤解爲"義獸",將這首詩附會爲"文王之化",謂"仁如騶虞,則王道成也",最終導致對該詩理解的偏誤。簡本《詩經》給我們提供了理解一種古老制度的機會,從虞衡制度可幫助我們重新對這首詩作出新的解讀,也有助於我們理解爲什麼在射禮上要演奏《騶虞》。

上舉各例表明,以新出楚簡《詩經》校讀《毛詩》,檢視毛傳、鄭箋和歷代學者的研究,可以明辨前人是非,有助於準確解讀一些詩的文化内涵,起到正本清源的作用。從這個意義上看,新出戰國楚簡《詩經》雖然數量還有限,但其價值則是無與倫比的。當然《詩經》簡的文化意義遠遠不止這些。

三、楚簡《詩經》的學術史意義

《詩經》對我國思想文化有着極爲廣泛的影響,新發現的戰國早中期簡本《詩經》,再現秦火之前古本《詩經》的原貌,無論從《詩》學史還是經學史的角度看,都具有重要的學術史意義。歷代致力於《詩經》研究的學者,曾提出了許多未能解決的學術問題,其中有些問題由於簡本《詩經》的發現有可能提出新的解決方案。

《詩經》在春秋戰國之際已廣泛流傳。秦始皇統一六國之後,李斯奏議焚禁古書。《史記·秦始皇本紀》:"天下敢有藏《詩》、《書》百家語者,悉詣守、尉雜燒之。有敢偶語《詩》、《書》者棄市。"《詩》、《書》是儒家的核心經典,"至秦患之,乃燔滅文章,以愚黔首"(《漢書·藝文志》)。《詩》、《書》由此而遏絶。錢穆指出:"惟《詩》、《書》古文,流傳本狹,而秦廷禁令,特所注重,則其遏絶,當較晚出百家語爲甚。"(《兩漢經學今古文平議》)

焚書之後,《詩經》還得以流傳,主要有賴於口耳相傳。《漢書·藝文志》説:《詩》"凡三百五篇,遭秦而全者,以其諷誦,不獨在竹帛故也"。今文《詩》多是靠記憶轉寫下來的。阜陽漢簡《詩經》跟三家詩的異文很不一樣,我想道理是一樣的,也是靠記憶轉寫下來,有時寫錯字、别字、同音字,從而造成不同的異文。漢惠帝四年廢挾書之律,廣開獻書之路,先秦典籍的收集和整理重新得到重視,《詩經》得立於學官。據《漢書·藝文志》記載:"《詩經》二十八卷,魯、齊、韓三家……《毛詩》二十九卷,《毛詩故訓傳》三十卷。凡《詩》六家,四百一十六卷。""漢興,魯申公爲《詩》訓故,而齊轅固、燕韓生皆爲之傳。或取《春秋》,采雜説,咸非其本義。

與不得已,魯最爲近之。三家皆列於學官。”“又有毛公之學,自謂子夏所傳,而河間獻王好之,未得立。”《毛詩》是因河間獻王才引起重視的,陸德明《經典釋文·序》:“河間人大毛公,毛公爲《詩故訓傳》於家,以授趙人小毛公(一云名萇)。小毛公爲河間獻王博士,以不在漢朝,故不列於學。”毛公之學自稱是從子夏傳下來的,我們知道在《論語》中孔子跟子夏談《詩經》的記載最多。上博簡《詩論》公布以後,有人說這是不是子夏《詩》說?“後漢鄭衆、賈逵傳《毛詩》,馬融作《毛詩注》,鄭玄作《毛詩箋》,申明毛義,難三家,於是三家遂廢矣。”只有《毛詩》因爲有毛傳、鄭箋的影響,獨傳下來。四家《詩》,“唯《毛詩》鄭箋,獨立國學,今所遵用”。(《經典釋文·序》)根據《漢書》記載,河間獻王所好之《毛詩》,應是得自民間的“古文先秦舊書”。或以爲《毛詩》“本經與今文無大差别”(蔣伯潛《十三經概論·毛詩概論》)。

雖然今文三家和《毛詩》看起來傳承有緒,但《詩》學史上提出的疑問並不少,如:

(一)《詩經》是如何采集、何時編成的?

(二)孔子删詩説是否有據?《史記·孔子世家》説“古者詩三千餘篇,及至孔子,去其重,取可施於禮義”者三百五篇。這一説法影響很大,但前人早就提出了不同的看法。孔子自己説“《詩》三百,一言以蔽之,思無邪”,他所説的“《詩》三百”應該就是定本。《詩》到底是如何形成定本的?

(三)《毛詩》是否源自秦火之前古本,是否確爲子夏所傳?

(四)四家《詩》差異何在?異文何以取捨?

(五)《詩序》與《詩》義是何關係?《詩》經學者認爲:《詩序》與《詩》義有的不沾邊,有的不怎麽靠譜,有的也只是包含一些合理成分,那麽《序》是怎麽形成的?

長期以來,歷代研究《詩》的學者對這些問題争論不休,莫衷一是。這些都是學術史上的重要問題,簡本《詩經》的出現能否解決這些問題呢?

關於簡本《詩經》的學術史意義需要深入的專門研究,這裏主要談幾

點初步看法:

(一) 簡本《詩經》與《毛詩》相比較,顯示兩本所收詩篇大體一致,説明戰國早中期之前《詩經》定本就已形成了。"古者詩三千餘篇",經孔子增删爲三百五篇之説不可信。如果《詩經》文本到孔子時才編成,按古書流傳的延續性,删去的2700首不可能一下子絶迹。在簡本中幾乎看不到一首《毛詩》之外的新詩,這只能説明在當時《詩經》就有一個定本,這個定本是簡本與《毛詩》的共同源頭。這對否定孔子删《詩》説的觀點顯然有利。

(二) 簡本編纂體例與傳世本有許多不同,國風部分各國先後、詩篇排序、一些詩的章次、章數與傳本都存在差異。這些現象表明春秋戰國時期《詩經》同一個定本有不同抄本,傳抄過程中不同程度的調整改變情況是存在的。

(三) 因《詩經》傳本並非一種,傳抄者對詩意理解的差異、地域用字的習慣和特點的差異,以及轉寫傳抄的一時之誤,會造成大量的異文現象。簡本則再現了戰國楚地《詩經》抄本的面貌。通過對比,既發現了《毛詩》存在的漏字少詞、誤字和用字差異,也發現了簡本有錯抄漏抄的地方,更多的則是體現了楚地用字習慣的不同。

(四) 以簡本校讀《毛詩》,可以對《毛詩》在流傳過程中發生的問題予以合理解釋。如《甘棠》"勿剪勿拜"的"拜",阜陽漢簡也寫成"拜"的古體。"拜"如何理解,直接讀"拜"明顯讀不通,古人有多種看法。簡本寫成"掇","掇"、"拜"都是月部字,語音相通;"拜"、"掇"在楚簡中都从手,二字字形非常接近。《毛詩》應該是把"掇"抄寫成音近的"拜",這裏的"掇"應讀爲"剟","削去"的意思,這樣就文通字順了。由此也可證明《毛詩》確實可能源自戰國古本。在隸古定或傳抄古文的過程中發生形近訛誤是常見的。

(五)《詩序》是《詩經》傳承過程中,傳《詩》者對詩意的理解和闡發,對《詩》意理解有一定借鑒作用。但以簡本校讀,《詩序》未必合乎《詩》之本義。如上舉對《騶虞》詩意的理解。

以上略舉戰國楚簡《詩經》學術史意義之大端,待簡本整理公布後,相信學者們必將有更多的發現。我們目前所能做的就是把基礎整理工作做好,爲學者提供一份比較便用的可靠的文本,並儘可能提出我們的初步意見供大家參考。

說得不對的地方,請大家批評指正。謝謝!

（作者單位：清華大學出土文獻研究與保護中心；
整理者單位：中山大學古文字研究所）

釋“靁君子”

——兼論出土文獻中字詞的神我之别

陳偉武

神祇可尊稱爲“君子”，如周家臺秦簡“已齲方”有“東陳垣君子”，新蔡葛陵戰國楚簡有“靁君子”。“靁君子”這一神名，學界尚有不同考釋，本文將提出自己的管見，並就出土文獻中字詞的神我之别略作闡述。

一

今將新蔡簡相關簡文移録於下，[①]再作討論：

1. ▨靁君子、户、步、門▨ （甲三76）

2. ▨靁君子兄（祝），其戠（特）牛之禱。奠（鄭）憲占之：𠧞（兆）□▨ （乙四145）

3. ▨君、埅（地）宔（主）、靁君子。己未𣅀₌（之日）弌禱卲（昭）[王] ▨ （乙四82）

4. 夏𣎅　𣅀₌（之月），己丑𣅀₌（之日），以君不𢍰（懌）志（之）古（故），遠（就）禱靁君子一豬；遠（就）禱門、户屯一𦏴（羖）；遠（就）禱行一犬。壬唇（辰）𣅀₌（之日）[禱之。] ▨ （乙一28）

5. ▨靁君子 ▨ （零355）

6. ▨宗、靁[君子] ▨ （零602）

新蔡簡“靁君子”凡六例，其他出土戰國文獻暫未見。例1“步”指步

① 河南省文物考古研究所編著：《新蔡葛陵楚墓》，大象出版社2003年。釋文及句讀根據學界意見間有改易，恕不一一標示。

神,亦爲“五祀”之一,宋華强先生指出:“從葛陵簡中出現的神靈組合來看,‘步’的位置正跟‘行’相當。……據《禮記 · 祭法》鄭玄注,‘行’神主管道路、行作。……作爲神靈的‘行’與‘步’的關係,大概是‘行’主司其物,即道路;‘步’主司其事,即行作。不過從上揭三條簡文都是有‘行’即無‘步’,有‘步’即無‘行’來看,似乎當時二者尚未完全分化。”[①]宋氏對新蔡簡中“步”神的含義以及“步”與“行”兩者的關係,考辨頗爲精核。例 2“霝君子兄(祝)”前殘去之字大概應爲“於”字,諸家連“其戠(特)牛之禱”作一句讀,其實“兄(祝)”字下當斷讀,加逗號。零 602 號簡“霝”下“君”字尚有殘筆,整理者賈連敏先生擬補“君子”二字可信。

從賈氏開始,諸家皆讀“霝君子”之“霝”爲“靈”。袁金平先生認爲“靈君子”是“五祀”中竈的異名;[②]宋華强先生説:“‘靈君子’可能是‘巫’的别稱。‘靈’與‘巫’關係密切。……楚人既然名‘巫’爲‘靈子’,而對神靈又多有稱‘君’之例……所以把巫稱作‘靈君子’是有可能的,‘子’、‘君’、‘君子’都是尊稱。楚簡與古書皆有對‘巫’進行祭禱的記載……‘靈君子’似與楚簡中一般祭禱的‘巫’有所不同,也許就是上引《史記 · 封禪書》中荆巫所祠的‘巫先’。”[③]晏昌貴先生説:“‘霝君子’即靈君子。《楚辭 · 九歌 · 雲中君》:‘靈連蜷兮既留。’王逸注:‘靈,巫也。楚人名巫爲靈子。’朱熹《楚辭集注》:‘若曰神之子也。’……楚卜筮簡‘靈君子’或亦巫之屬。”[④]

今按,“霝”字早在甲骨文就有了,作(《合集》2864)、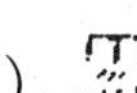(《合集》2869 正)、(《英》417)等形,用爲人名。金文“霝”字作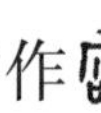(霝簋)、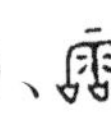(此鼎)、(頌簋)等形,或説用爲“靈”,或説用爲“令”,都訓作“善”,如“霝冬”即“令終”。楚簡“霝”字承襲甲金文的構形而略有更張,如“雨”下或作二“口”,或作三“口”,或作四“口”不等。如:(《上博七 · 吴命》8)、(《清華壹 · 楚居》11)、(《包山》276)。

《説文 · 玉部》:“靈,靈巫。以玉事神。从玉,霝聲。,靈或从巫。”

① 宋華强:《新蔡葛陵楚簡新探》,武漢大學出版社 2010 年,第 228—230 頁。

② 袁金平:《對〈新蔡簡兩個神靈名簡説〉的一點補充》,武漢大學簡帛網,2006 年 7 月 12 日。

③ 宋華强:《新蔡葛陵楚簡新探》,第 231—234 頁。

④ 晏昌貴:《巫鬼與淫祀——楚簡所見方術宗教考》,武漢大學出版社 2010 年,第 177 頁。

迄今爲止,楚簡常常用“霝”爲“靈”,似未見从玉之靈或从巫之“靈”。學者均讀新蔡簡“霝君子”之“霝”爲“靈”,其實可讀與“零”同,《詩·鄘風·定之方中》“靈雨其零”,毛傳“零,落也”,“霝”與“零”是音同義通的同源詞。《説文·雨部》:“霝,雨零也。从雨,吅象[雨]零形。《詩》曰:‘霝雨其濛。’”今本毛氏《詩·豳风·東山》作“零雨其濛”。又:“零,雨零也。从雨,各聲。”段玉裁注:“此下雨本字,今則落行而零廢矣。”“霝君子”的“君子”用以尊稱神,其得名理據關鍵在於“霝”,字用本義,指雨水滴下。“霝君子”即中霤之神,“五祀”之一。《清華六·管仲》9:“廷里(理)霝(零)茖(落),卉(草)木不辟(闢)。”整理者讀“霝茖”爲“零落”可從,“霝茖”爲同義連文。所謂“茖”或“落”,本當作“零”或“雯”,甲骨文和金文均有此字,張亞初先生曾作考證。①

袁金平先生指出,新蔡簡乙一8“☐室审(中)戠(特)[牛]☐”的“室中”爲“五祀”之一,包山二號墓出土木牌所書“五祀”作“室”,即文獻所云之“中霤”。② “室审(中)”除袁氏所舉之例外,筆者以爲甲三14當可擬補“室”字:“☐审(中)戠(特)牛,樂之。遼(就)禱☐。”袁氏又説:“由上舉辭例可知,祭禱‘五祀’用牲頗有差異,或用羊,或用犬,或用豣,而‘室中’(即中霤)用‘戠牛’,規格上較其他要高,這可能與‘中霤’在‘五祀’中所處地位有關。”所考甚是。祭禱“霝君子”的用牲或爲“戠(特)牛”,或爲“豬”,規格亦高於祭門、户、行的用牲爲“羖(殺)”和“犬”。簡文中有“室审(中)”即無“霝君子”,有“霝君子”即無“室审(中)”,根據神靈組合、神靈次序和用牲級别,可以推斷“室中”和“霝君子”同指中霤之神。正如“步”神與“行”神可以同爲“五祀”之一。

“中霤”本指屋室正中之處。遠古穴居,於穴頂開洞以利采光通風,雨水自洞口滴下,故稱爲“中霤”,劉熙《釋名·釋宫室》:“中央曰中霤。”《説文·雨部》:“霤,屋水流也。从雨,留聲。”屋水往下流稱爲“霤”,與下雨稱爲“霝”或“零”正相彷彿。故“中霤”之神可尊稱爲“霝君子”。錢

① 張亞初:《古文字分類考釋論稿》,《古文字研究》第十七輯,中華書局1989年,第238頁。

② 袁金平:《對〈新蔡簡兩個神靈名簡説〉的一點補充》,武漢大學簡帛網,2006年7月12日。

玄和錢興奇兩位先生説：中霤爲“五祀之一,即小土神。天子、諸侯爲土神設社壇,卿大夫以下不得立社,以中霤爲土神所依,祭於室中,故中霤入五祀。《禮記·郊特牲》:‘家主中霤而國主社,示本也。’鄭玄注:‘中霤,亦土神也。’中霤之神即宅神”。[①] 上舉例3的乙四82簡已有“地主”即土地神,則同簡的“䨺君子”當爲宅神。

二

本來“君子”用以稱人,而在新蔡簡中宅神可稱爲“䨺君子”,這就涉及語義的“神我之别”。語言裏的語義關係紛繁複雜,其中有一種是涉及天地神靈與人的關係,我們稱之爲“神我之别”。這種神我之别在漢語、漢字中都有所體現,下文將從出土文獻入手,對先秦漢語字詞的神我之别的情形作些描寫,並就一些相關問題稍加分析和討論。

正如“䨺君子”一詞,諸多神名借用人稱,例如:

祠(司)命君：見於香港中大東漢簡238號。“祠(司)命君”即“司命”,“司命”爲文獻中習見的神名。

雲君：天星觀簡170:“解於二天子與雲君以琑(佩)珥。”[②]晏昌貴先生認爲:“簡文中‘雲君’與‘二天子’並列,則雲君或即雲夢澤之神也。”[③]傳世文獻還有稱湘水之神爲“湘君”(如《楚辭·離騷》)、稱竈神爲“竈君”(如《戰國策·趙策三》)等等。

主君：睡虎地秦簡《日書》甲種《馬禖祝辭》:“主君勉飲勉食,吾歲不敢忘。”王子今先生認爲:“其中‘主君’指代的意義仍未可知。”[④]其實此處用作馬神之稱。“主君”猶言“主”,指神主,祝禱的對象。“主君”原爲人主之稱,指一國之君,如《墨子·魯問》:“吾願主君之上者尊天事鬼,下者愛利百姓。”“主君”爲墨子稱魯國君,孫詒讓注:“以時代考之,此魯君疑即穆公。”[⑤]如《清華七·子犯子餘》2-3:“子軋(犯)倉(答)曰:‘誠女(如)宔(主)君之言。虐(吾)宔(主)好定(正)而敬信,不秉禍(禍)利

① 錢玄、錢興奇編著:《三禮辭典》,江蘇古籍出版社1993年,第149頁。
② 滕壬生:《楚系簡帛文字編》,湖北教育出版社1995年,第44頁。
③ 晏昌貴:《巫鬼與淫祀——楚簡所見方術宗教考》,第152頁。
④ 王子今:《秦漢名物叢考》,東方出版社2016年,第37頁。
⑤ 孫詒讓著,孫以楷點校:《墨子閒詁》,中華書局1986年,第428頁。

身,不忍人,古(故)走去之,以即中(衷)於天,宔(主)女(如)曰疾利𡚸(焉)不跌(足),誠我宔(主)古(故)弗秉。’”這段話爲晉臣子犯對秦穆公的答語,稱别國君主秦公爲“主君”、“主”,稱己國君主重耳爲“吾主”、“我主”。知“主君”義同“主”,只是楚簡用以稱人君,與秦簡用以稱神主異。以上均是尊稱“主君”的用法,此外還可作輕視之稱,如《左傳·昭公二十九年》:“齊侯使高張來唁公,稱主君。”杜預注:“比公於大夫。”春秋時可稱卿大夫爲“主君”。齊侯輕視魯昭公,故稱之爲“主君”。

天公:見於香港中大東漢簡226、227、229、230號。

岳公:見於侯馬盟書,魏克彬先生曾有考釋。[①]

彭祖:見於上博簡《彭祖》。上古傳説中的長壽者,被神化了的人物。

二天子:見於望山簡、包山簡、天星觀簡、新蔡簡等。學者以爲即是《山海經》傳説中的帝堯之二女,指娥皇和女英。晏昌貴先生有考述。[②]

武弟(夷)子:馬王堆帛畫太一辟兵圖稱“武弟子”,李家浩先生讀爲“武夷子”,[③]甚是。後世或稱“武夷君”,如《史記·封禪書》;或稱“武夷王”,如南朝買地券。

雨市(師):見於馬王堆帛畫太一辟兵圖。

神師:見於邵家溝東漢木牘。[④]

司命史:見於放馬灘秦簡《丹》,李學勤先生指出“司命”爲神名,“司命史,司命屬下之史,猶如令有令史”。[⑤]“司命”,出土文獻和傳世文獻常見,指掌管人命壽夭之神。

田大人:岳山秦牘《日書·祠日》壹v111:“田大人丁亥死,勿以祠之。”整理者注:“田大人,當爲田神。”[⑥]

㵄(旱)母:上博簡《柬大王泊旱》簡11作“㵄母”。濮茅左先生注:“‘㵄’,讀爲‘旱’。‘旱母’,即‘旱魃’、‘女魃’,神鬼之屬。《説文·鬼部》:‘魃,旱鬼也。’《詩·大雅·雲漢》‘旱魃爲虐’,孔穎達疏:‘魃字从

① 魏克彬:《侯馬與温縣盟書中的“岳公”》,《文物》2010年第10期。
② 晏昌貴:《巫鬼與淫祀——楚簡所見方術宗教考》,第150—151頁。
③ 李家浩:《論〈太一避兵圖〉》,《國學研究》第一卷,北京大學出版社1993年。
④ 江蘇省文物管理委員會:《江蘇高郵邵家溝漢代遺址的清理》,《考古》1960年第10期。
⑤ 李學勤:《放馬灘簡中的志怪故事》,《文物》1990年第4期。
⑥ 陳偉主編:《秦簡牘合集(叁)》,武漢大學出版社2014年,第104頁。

鬼,連旱言之,故知旱神,《神異經》曰……一名旱母。'"①

"祖"、"公"、"母"、"子"等親屬稱謂可借以指稱神靈,"師"、"史"、"大人"、"君"、"君子"、"主君"等社會稱謂也可作爲神稱。神靈的世界其實就是人間世的折射。借用人的稱謂以指稱神靈,也很正常。

人的稱謂而帶有神的色彩,例如:

天子:剌鼎:"天子萬年。"郭店簡《窮達以時》:"釋板築而差(佐)天子。"在古人眼中,君權神授,故稱人王爲"天子",《禮記·曲禮下》:"君天下曰天子。"又稱爲"君天王",見於《清華五·湯處於湯丘》簡4、10。

上天子:見於春秋晚期的銅器洹子孟姜壺。"上天子"即上天之子,猶言"天子"。而睡虎地秦簡《日書·詰咎》的"上帝子"却是鬼神的虚妄之稱。

三

漢字對神我通别有着一定程度的反映。與神靈相關之字多加"示"旁,從不加示旁到加示旁往往記録了漢字發展變化的過程。早期古文字通常有不加示旁的情况,如甲骨文以"且"爲"祖",以"帝"爲"禘",甲骨文和金文均以"録"爲"禄",西周金文以"申"爲"神"(克鼎),以"異"爲"禩(祀)"(作册大鼎)等。《説文》:"禮,履也。所以事神致富也。从示,从豊,豊亦聲。"甲骨金文均不从示。甲骨文中四方之祭稱爲"方",後來作"祊",如《周禮·夏官·大司馬》:"中秋……致禽以祀祊。"鄭玄注:"祊當爲方……秋田主祭四方報成萬物。"

从人从女之字與从示之字常有區别或通用的糾葛。例如:包山簡217"楚先老僮",或作"僮",或作"嫜",又从示作"禮"。从示之字即與神祇有關,楚簡中"三楚先"指三位楚人始祖老童、祝融和鬻熊,包山簡237"楚先老僮",因是祖先神,故"先"或加示旁,如新蔡簡乙三41作祧,爲"楚先"之專用字。最近周翔先生將楚文字中此類專用字歸爲"神祇之屬",對它們的意義和用法及演變作了很好的梳理。②行爲由人發出,涉及對象是神,此類動詞在表現神我關係時亦值得關注。如禱、祝、祈、賓、禦、

① 馬承源主編:《上海博物館藏戰國楚竹書(四)》,上海古籍出版社2004年,第205頁。

② 周翔:《楚文字專字研究》,安徽大學博士學位論文,2017年,第169—203頁。

祓、禊、祼(肆)、享、禴等。表神的行爲影響人的結果,此類動詞亦涉及神我關係。在古人的觀念中,災禍靈異往往與鬼神有關,故一些相關之字每加示旁,如禍、祅、材、祆、祡、祟等。

“社”爲土地神,甲骨文作“土”,“土”與“社”爲同源關係。陳夢家先生指出:“卜辭祭社,可分兩類:一類是先公土地,一類是某地之社。……祭土即祭社。……卜辭所祭某土即某地之社。”[①]甲骨金文常以“立”爲“位”,戰國楚簡除了繼承這一用字習慣之外,亦作从示从立之形。“攻”可指“攻説”、“攻解”,爲《周禮》“六祈”之一,楚簡屢見,又作“祭”。或假“恐”字爲之(筆者有另文討論[②]),或作从示从工之形。

四

神我通別也是漢語詞義演變的一種條例。早期甲骨文中人王稱“王”,不稱“帝”,涇渭分明,如《英國所藏甲骨集》1136:“壬寅卜,㱿貞:帝弗佐王?”“帝”原指天帝,後期才用以指人王,如“文武帝乙”、“帝乙”、“帝辛”之“帝”。若據傳世文獻,“祖甲”亦稱爲“帝甲”,《國語·周語下》:“帝甲亂之,七世而隕。”《三代世表》作“帝甲”,《古今人表》作“甲”,《紀年》作“祖甲載”。[③]似乎“帝”稱人王的年代還要稍早些,不過,據目前所見甲骨材料,仍以“帝乙”爲最早。

從神我通別可以覘見某些同源詞分化孳乳的過程和結果。如“祓”是除去穢惡不祥的祭禮,《説文》:“祓,除惡祭也。从示,从犮。”徐鍇《繫傳》:“祓之爲言拂也。”于省吾先生對甲骨文“祓”字初文曾有精到考證。[④] 在古書中“祓除”一詞又寫作“拔除”,亦作“拂除”。“祓除”、“拔除”、“拂除”爲同源詞,“祓”字从示表除惡要藉神力,“拔”字、“拂”字均从手只是人手而已。漢字中,人助曰“佑”,神祐作“祐”,二字實則同源,均導源於“又”、“右”。《説文》:“祐,助也。从示,右聲。”朱駿聲《通訓定聲》:“據許書,凡助爲右,神助爲祐。其實祐即右之變體,加示耳。”

---

① 陳夢家:《殷虚卜辭綜述》,中華書局 1988 年,第 582—584 頁。

② 陳偉武:《清華三〈祝辭〉“恐溺”解詁》,2017 年“出土文獻與傳世典籍的詮釋”國際學術研討會論文,復旦大學出土文獻與古文字研究中心,2017 年 10 月 14—15 日。

③ 陳夢家:《殷虚卜辭綜述》,第 403 頁。

④ 于省吾:《甲骨文字釋林》,中華書局 1979 年,第 26 頁。

《詩·大雅·瞻卬》:“何神不富?”毛傳:“富,福也。”《大雅·召旻》:“維昔之富不如時。”鄭箋:“富,福也。”《禮記·郊特牲》:“富也者,福也。”《釋名·釋言語》:“福,富也。”因此,王力先生指出:“古人以富爲福,故‘富’、‘福’同源。”[①]在古人的觀念中,福佑亦來自神明所賜予,故“福”字从“示”。曾伯簠:“天晹(賜)之福。”《左傳·莊公十年》:“小信未孚,神弗福也。”郭店簡《老子》甲 31:“我無事而民𥛰。”“𥛰”當是“福”字繁體,从示从富,富亦聲。[②] 郭店簡《緇衣》20:“大臣之不新(親)也,則忠敬不足,而賵貴已逃(過)也。”“賵”當是“富”字異構。頗疑“福”與“寶”亦同源。

字詞語義及形式上的變化,往往反映了人的神化或神的人格化。《禮記·祭法》:“山林川谷丘陵能出雲,爲風雨,見怪物,皆曰神。”這是“萬物有靈”的觀念。上自天子諸侯公卿大夫,下至平民百姓,祭祀天地山川成了社會生活中的重要内容,在出土文獻中有非常豐富的資料,劉釗先生作過系統的梳理和研究。[③] 先秦漢語字詞的神我之别有其社會歷史背景,與上古宗教思想及文化習俗關係尤其密切,如萬物有靈、動物崇拜、祖先崇拜、殷人尚鬼,楚人“信巫鬼,重淫祀”(《漢書·地理志》語)等等,都在甲骨文、金文和戰國文字所記録的出土文獻中留下了字詞神我之别的印記。

附記:小文電子檔承王輝君和蔡一峰君校閲,訂正多處,2017 年 11 月 19 日在北京大學第一屆古典學國際研討會上宣讀,蒙沈培先生提出寶貴意見,謹一併志謝。

2018 年 3 月 18 日

(作者單位:中山大學中文系)

① 王力:《同源字典》,商務印書館 1982 年,第 265 頁。

② 蔡一峰君指出:“楚簡‘𥛰’基本都用爲{富},如:

‘我無事而民自~’(郭店簡·老甲 31)‘此不貧於美而~於德歟?’(上博四·曹 3)‘恒争于~’(清華叁·芮良夫 1)‘~而無涚’(清華叁·芮良夫 4)‘厭必~’(清華伍·三壽 8)‘諗(感)高文~’(清華伍·三壽 25)‘不良君怙位固~’(清華陸·子産 2)

字形分析是否可爲从宀𥛰(福)聲釋爲‘富’? 上博簡《鬼神之明》簡 2 有用爲‘富’的字寫作:,是𥛰增益貝旁而來。‘福’、‘富’同源,‘富’自‘福’字分化。”

③ 劉釗:《談出土文獻中有關祭祀山川的資料》,載李宗焜主編:《古文字與古代史》第五輯,“中研院”歷史語言研究所 2017 年 4 月。

“陽州亯大夫”璽考

蕭　毅

2010年6月1日，盛世收藏網站有網友刊出一方戰國古璽，有印鈕和印面照片：①

稍後該網友把印面照片貼在復旦大學出土文獻與古文字研究中心網站上求教，印面照片同上。②

黄錫全先生曾考釋這方楚官璽，該文附圖如下：

文中黄錫全先生介紹“此璽爲安徽六安地區數年前出土，拓本爲皖西博物館李勇先生於2003年提供”，並認爲地名當釋爲“匀州”，讀爲“均州”。③

---

① 盛世收藏網站，2010年6月1日，http://bbs. sssc. cn/viewthread. php? tid = 900345&highlight = 。

② 復旦大學出土文獻與古文字研究中心網站，2010年6月2日，http://www.gwz.fudan.edu.cn/ShowPost.asp? ThreadID = 3287。

③ 黄錫全：《介紹兩枚楚官璽》，復旦大學出土文獻與古文字研究中心網站，2010年6月7日，http://www.gwz.fudan.edu.cn/SrcShow.asp? Src_ID = 1177。

稍後此璽著録於《盛世璽印録》,編號 006,有印鈕、印面照片以及泥拓、朱拓:

書中標注爲“006　□州宫(序)夫=(大夫)　24.5×25×16.4 mm　楚系　胡亞東提供”。[①]

筆者認爲,璽文地名的釋讀可能要重新考慮。

黄錫全先生關於璽文首字形體的分析文字不是很多,兹録如下:

> 第一字,似“前”非“前”字。前字从止从舟,與此不同。如下列包山楚簡、鄂君啓節从“前”的“逬”和“箭”字:
>
> 
>
> 包山簡 185 · 193“逬”
>
> 
>
> 鄂君啓節“箭”
>
> 鄂君啓節的“前”似乎與古璽類似,但筆意不同。
>
> 其實,這個字我們認爲應該是匀字。楚系文字的匀多作下列形,中間撇出一筆。璽文當是這種構形的分離之形:
>
> 
>
> 包山楚簡 129、130
>
> 這種分離,類似下列楚璽“次”字,欠形本連筆書,又可分離書。它如大、夫、敬、馬、羕、善、食等字,本應連筆,又多作分離形。
>
> 
>
> 王子嬰次爐
>
> 
>
> 會悍鼎
>
> 
>
> 専秦匕

① 吴硯君:《盛世璽印録》,藝文書院 2013 年,第 4 頁。

郭店簡·成之13　老甲13　六德34　包山簡142　郭店楚簡·語叢1.17　老甲7

此璽該字上部竪筆傾斜,基本保留了匀的構形特徵。

倘若不是匀字分離形,就應該分析爲从中从匀。中即艸,如同下列从中之字:如九店簡M56芒从中,古璽3230苛从中作岢,包山簡169菑从中。

九店簡M56　包山簡169　古璽3230

不論屬於哪一種,此字均當讀从匀。不過,我們還是傾向第一種釋讀。

今按,璽文首字與"前"差别較大,這裏不予論説。若認爲首字上从"中",該字下部與"匀"也有較大的距離。

包山楚簡的"匀"字,中間撇出的一筆,是由兩横變爲刀形後進一步離析的結果,儘管如此,我們發現撇出的一筆是與兩横垂直的,而不是平行放置的。此外,"又"形中間長長的弧筆是連在一起的,没有斷開。璽文與此有别。

楚璽中也有"匀"字,可以比較,如"匀君"(《湖南省博物館藏古璽印集》40):

仔細看印面以及泥拓照片,我們發現該字頂部朱拓顯示斷開的地方,其實是連在一起的,也就是説,有部分筆畫未徹底清理,可以看局部放大的圖片:

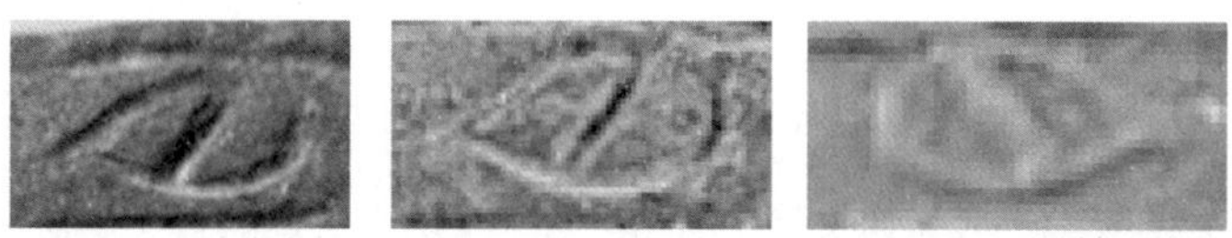

楚璽中"昜"以及从"昜"的字並不少見。如"弋昜君璽"(0002)、"臧

昜”(1330)、“周昜信璽”(5679)、“安昜水璽”(《中國歷史博物館館刊》總 1 期)、“上埸(唐)行宫(館)[1]大夫璽”(0099)、“羊府諹客”(5548)。

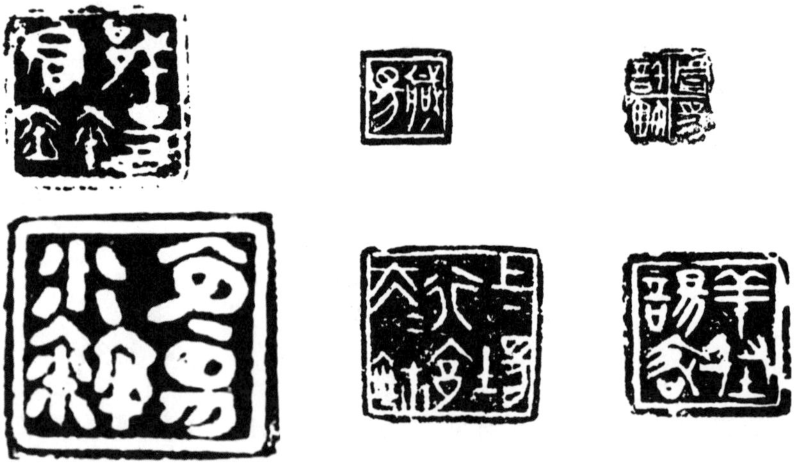

其中有多個“昜”上面的“日”中間不是一横,而是一斜筆。楚璽“昜”所从的“日”中間爲斜筆的形體有較强的地域性,以前我們曾有過分析。[2] 璽文與這四個“昜”相似,筆者認爲這個字就是“昜”。

昜州,當讀爲“陽州”。陽州,古地名。

傳世文獻中的陽州,地在今山東省東平縣北,齊魯交界邑,本屬魯,後爲齊有。

> 《左傳・襄公三十一年》:“齊子尾害閭丘嬰,欲殺之,使帥師以伐陽州。”注:“陽州,魯地。”
>
> 《左傳・昭公二十五年》:“九月己亥,公孫於齊,次於陽州。”注:“諱奔,故曰孫,若自孫讓而去位者。陽州,齊魯竟上邑,未敢直前,故次於竟。”《春秋左傳杜注》:“今兖州府東平州東北有陽州城是耶。”
>
> 《左傳・定公八年》:“春,王正月,公侵齊,門於陽州。”

齊系有古璽“陽州”(《璽泉堂古印存》),很可能就是《左傳》中記載的“陽州”。

---

① 此字釋文見李家浩:《戰國文字中的“宫”字》,《出土文獻與古文字研究》第六輯,上海古籍出版社 2015 年,第 245—276 頁。

② 蕭毅:《古璽文字研究》,中山大學博士學位論文,2002 年,第 15 頁。

楚國考烈王時期疆域較大,公元前256年滅魯,楚璽之"陽州"很可能就是齊魯接壤處的"陽州"。也就是説,此陽州曾屬於魯、齊、楚。

三晉、燕系材料中也有陽州。

三晉系見"陽州左邑右厽司馬"(0046)。

《漢書》中有"左邑",地在今山西聞喜縣,戰國時屬魏。《漢書·武帝紀》:"行東,將幸緱氏,至左邑桐鄉,聞南越破,以爲聞喜縣。"師古曰:"左邑,河東之縣也。桐鄉,其鄉名也。"《漢書·地理志》"河東郡"下有"左邑"。三晉之陽州確切地待考,若璽文之左邑爲魏之左邑,則璽文"陽州"亦當屬魏。

燕系見"陽州散戈"(私人藏品),其地待考。

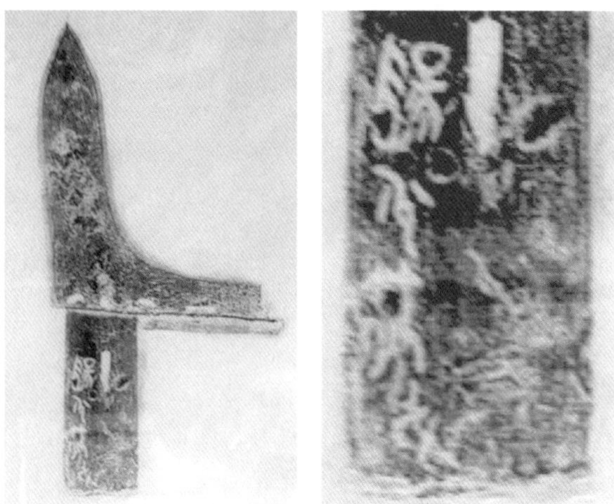

(作者單位:武漢大學文學院)

再論清華簡《命訓》篇中的字

張連航

清華簡《命訓》篇發表在《清華大學藏戰國竹簡(伍)》,共十五支簡。“因其内容與《逸周書》的《命訓》篇大致相合,當係《命訓》篇的戰國寫本。”[1]清華大學的專家透過傳世本《命訓》與清華簡對照,解决了很多過去傳世本懸而未决的問題。我們學習、校讀後所得的印象是,兩個本子確實同樣來自戰國時代。由於當時没有印刷術,書籍、文章的流布,均由不同抄手抄寫,文字有差異或錯漏是難免的。校讀的結果發現兩個本子大部分内容一致。《命訓》全文約 668 字,傳世本與竹簡本有個别用字的差異。這大概是由於年代久遠,經過不同時期傳抄、隸定,導致今天這兩個本子在文字上有若干的差異。然而兩者大體在文句内容上是一致的,再加上字數相近,更顯示出兩者來源一樣。

從傳世本與竹簡本的對比,能發現以下情况。例如:傳世本有文句錯置的情况,如“福禄在人,能無懲乎?若懲而悔過”句,在《命訓》篇中重出兩次,前一句是錯置的。此外,尚有脱漏、衍文等現象。另外,清華簡當中也有較難讀懂的文字,透過跟傳世本對照,能在一定程度上幫助理解。此外,出土簡文本亦有脱漏情况,例如:簡十一,缺“讓莫大于賈上”句,透過校讀亦能補足其缺漏,讓《命訓》篇的内容更完整。

本文想就清華簡《命訓》篇釋文中字(傳世本對應爲“醜”),提出一點個人看法,就教於專家。

《清華簡》簡三:“夫民生而不明,上以明之,能無乎?如有而

① 清華大學出土文獻研究與保護中心編,李學勤主編:《清華大學藏戰國竹簡(伍)》,中西書局 2015 年,第 124 頁。

恒行,則度至于亟。”(見附圖)這句話傳世本作:“夫民生而醜不明;無以明之,能無醜乎? 如有醜而競行不醜,則度至于極。”對照兩版本,傳世本有增字或改字的現象。例如“上以明之”,傳世本作“無以明之”;“有佴而恒行”,則作“有醜而競行不醜”。這導致這句話的意義在這兩個本子裏有區别。另外,簡七有“以人之,當天之命,以其市冕當天之福”傳世本作“以人之醜,當天之命,以其紼絻當天之福”。其中字,分别出現多次,所對應的字皆是“醜”。《説文》:“醜,可惡也。从鬼,酉聲。”段玉裁注:“非真鬼也。以可惡,故从鬼。”《合集》12878 有:“貞: 若兹不雨惟……有醜于……”(大意是老不下雨,田地乾旱。)又“……龍有醜”,《甲骨金文字典》謂加怒的意思。《殷墟甲骨文實用字典》謂商人有不如意事或有不好的事情出現,視爲“有醜”。甲骨文這個(醜)的形體,在金文中找不到。或説金文作人名,即醜(醜之造戈,春秋)。而古文字材料中,要到秦代的《睡虎地秦簡》(《睡 · 語 12》)這個形體才再出現。然而在先秦典籍中,“醜”字共出現過幾十條。

其實,“醜”的形體、字義與“佴”相差很遠。《説文》:“(佴),佽也。从人,耳聲。”佽是次序、排序的意思。《爾雅 · 釋言》:“佴,貳也。”這兩處解釋跟《命訓篇》内容,似乎没有關係。《清華大學藏戰國竹簡(伍)》注釋認爲“佴”即“恥”字,與“醜”字義通。又引《逸周書 · 常訓》“明王自血氣耳目之習以明之醜,醜明乃樂義,樂義乃至上,上賢而不窮”、《逸周書 · 程典》“無醜,輕其行”及《逸周書 · 文政》有“九醜”。當然,我們無從得知在《逸周書》戰國時期的版本,原字是否均作,从人从耳,但《説文》“恥,辱也。从心,耳聲”在竹簡上寫作(郭 · 緇 28 或郭 · 語 2.4)。由於字也从耳得聲,所以將它讀作“恥”是可以的。但具體意思,應該怎麽解釋呢?

從聲音上考慮,“醜”屬昌母幽部(擬音作 ȶʰ' iəu);佴,屬日母之部(擬音作 ȵiə),語音雖有差異,還是較接近。“醜”能跟“恥”拉上關係,主要也是“恥”屬透母之部(擬音作 t' iə),聲音與“醜”字相近。此外,雖然“醜”字在《故訓匯纂》裏所收義項主要是“惡”,但從古籍中的通假例子看,仍有一個義項釋爲“恥”,來自《逸周書 · 謚法》,“醜心動懼曰甄”。可見“醜”作“恥”的解釋,與《逸周書》大有關係。

然而,我們在通讀全篇後,再考慮字形演變及句子意義等因素,對這個字讀作“恥”、解作“辱”,終覺未安。從内容看,文本中“醜(恥)不明”,具體指什麽仍抽象不顯。

此外,清華簡另有“恥”字作(《清華簡·祭公》),而在《説文》中,佴、恥是意義有别的兩個字。在綜合考慮各方面材料後,我們的看法是,清華簡的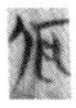字,仍宜讀作“醜”,意思是不如意或不好的事;也就是《説文》所説的可惡或討厭的事。這個想法是基於甲骨文“醜”、“亞”是互訓詞。《説文》:“亞,醜也。象人局背之形。賈侍中説以爲次弟也。”“醜”有惡和亞的語義,“惡”从“亞”得聲,所以才有“醜,惡也”及“亞,醜也”的記載。

商代(甲骨文)	西　周	春秋戰國	秦　　漢
合 12878		醜之造戈 春秋 中原文物 94.3	 睡·語 12
		郭·緇 28 郭·語 2.4	《説文》
		清華·命訓	
合 22086			《説文》

我們的看法是“醜”、“恥”、“佴”三詞都是從“醜”的原本語義演變來的。“醜”最早的意思,應該是甲骨文時代將“不如意事、不好的事情”或人類無法抗拒的宿命視之爲“醜”。然後才由這種情感轉化爲“可惡也”或“惡”的意思。隨着倫理道德概念的出現及人自我意識的成長,這種感覺升華或轉化,成爲“耻辱”、“羞辱”的意思,在戰國時代才完成“知耻”、道德自覺這樣的理解。從“羞”字的語義變化,我們覺得可以作爲旁證。《説文》:“羞,進獻也。从羊,羊所進也;从丑,丑亦聲。”這個(《合》30768)从羊从手,有進獻的意思。爲什麽會變成(睡·語 11〔秦〕)从羊、丑聲,有“羞恥” 的意思呢?“羞”(擬音作心幽 siəu)跟“醜”($ȶ^{h}$’ iəu)古音是相近的,我們覺得“羞”的“羞恥”義項,也是從“醜”字來的。

"夫民生而醜不明,上以明之,能無醜乎? 如有醜而恒行,則度至于亟。"這是指先民生而爲人,對這個世界有許多無知、懼怕的情緒。這就是"醜"。上天、聖王能够幫助百姓明白這些,在行爲上超越這些。《命訓》篇内容提及"天道三人道三",對舉"天有命、有福、有禍,人有醜、有紼絻、有斧鉞",剛好是醜—命、福—市冕、禍—斧鉞。所以,我們覺得應該讀作"醜",理解爲命運、不好的事情。若理解爲道德上的明白恥辱,似乎就不好解釋爲什麼命、福、禍三者都是抽象及具有神力的能力,因爲禍福對應人的行爲才降臨。

此外,"佴"見於馬王堆帛書老子乙本卷前古佚書《君政》"民富則有佴,有佴則號令成俗而刑罰不犯"(案: 羞耻心)及帛書《老子》乙本卷前古佚書《稱》"諸侯不報仇,不修佴,唯□所在"(案: 耻辱)。又《吴伐越章》:"刑人佴刑而哀不辜,□怨以司(伺)間,千萬必有幸矣。"(案: 可惡也。)《文選》載司馬遷《報任安書》:"李陵既生降,隤其家聲;而僕又佴之蠶室,重爲天下觀笑。"李善注引如淳曰:"佴,次也,若人相次也。"裘錫圭先生根據帛書讀《報任安書》之佴爲耻。[①] 我們覺得這個字還是可以讀爲"囚"(ziəu)的,表示司馬遷被"拘禁"於蠶室。

文字是記録語言的載體。上古漢語詞彙的發展演變與形體的關係錯綜複雜。在形體的演變中,也留下了很多語言變化的痕迹。上面醜、恥、佴、羞等字的關係,是否可以見證這些現象的存在?

附　圖

簡三							
釋文	夫	民	生	而	佴(恥)	不	明,
傳本	夫	民	生	而	醜	不	明,
簡							
釋文	走(上)	以	明	之,	能	亡(無)	佴(耻)
傳本	無	以	明	之,	能	無	醜

① 王輝:《古文字通假字典》,中華書局2008年,第17頁。

續 表

簡							
釋文	虐(乎)?	女(如)	又(有)	佴(恥)	而	亘(恒)	行,
傳本	乎?	若	有	醜	而	競	行
簡							
釋文			則	厇(度)	至	于	亟(極)。
傳本	不	醜,	則	度	至	于	極。

(作者單位:香港教育大學中國語言學系)

郭店楚簡《性自命出》“憙斯慆”與《禮記》“人喜則斯陶”比勘疏證

李　煜、孫雍長

人喜則斯陶，陶斯詠，詠斯猶，猶斯舞；舞斯愠，愠斯戚，戚斯嘆，嘆斯辟，辟斯踴矣。

——《禮記·檀弓下》

憙斯慆，慆斯奮，奮斯羕，羕斯猷，猷斯迮。迮，憙之終也。恩斯憂，憂斯戁，戁斯難，難斯寀，寀斯通。通，恩之終也。

——《郭店楚簡·性自命出》34—35號簡（依原釋文録）

《禮記·檀弓下》“人喜則斯陶”，鄭玄注：“陶，鬱陶也。”裘錫圭先生據彭林《〈郭店楚簡·性自命出〉補釋》①曰：“簡文與《禮記》‘陶’字相當的字是‘慆’，《説文》訓‘慆’爲‘説（悦）’。《禮記》‘陶’字，鄭注訓爲‘鬱陶’，似不如據簡文讀爲‘慆’合理。”②

《説文》心部“慆，説也”，段玉裁注：“‘説’，今之‘悦’字。《尚書大傳》‘師乃慆’，注曰‘慆，喜也’，可證許説。”“慆”訓“説（悦）”、訓“喜”，謂喜悦；“陶”亦訓“喜”，亦謂喜悦。③ 然則“憙斯慆”與“喜則斯陶”果有異乎？又，“慆”訓“説（悦）”、訓“喜”，謂喜悦；“憙（喜）”亦訓“悦”，亦謂喜悦。然則“憙斯慆”或“喜則陶”，即“喜斯悦”，不亦“喜則喜”或“悦則悦”乎？文意似不當如是。

今案，《説文》心部“慆，説也”，桂馥《義證》云：“慆，經典借‘陶’字。”

---

① 載姜廣輝主編：《郭店楚簡研究》，《中國哲學》第二十輯，遼寧教育出版社1999年。

② 裘錫圭：《中國出土古文獻十講》，復旦大學出版社2004年，第7頁。

③ 謝惠連《西陵遇風獻康樂》詩：“成裝侯良辰，漾舟陶嘉月。”李善注：“《爾雅》曰：陶，喜也。”《廣雅·釋言》：“陶，喜也。”等等。

是“陶”與“慆”字雖異而義實同者。“慆(陶)”之本義爲喜悦,康成乃不知乎?曰:非也。《尚書大傳 · 泰誓傳》:“惟丙午,王還。師乃鼓噪,師乃慆,前歌後舞,格於上天下地。”鄭玄注:“慆,喜也。衆大喜,前歌後舞也。”是鄭氏知“慆(陶)”之有喜義明矣。知“慆(陶)”有喜義,而注“喜則斯陶”不曰“喜”而曰“鬱陶”,何也?蓋訓“陶”爲“喜”或“説(悦)”,則“喜則斯陶”即“喜則斯喜”或“喜則斯悦”,乃不辭矣。然則訓“喜則斯陶”之“陶”爲“鬱陶”,誤耶?有悖於“慆,説也”之義乎?曰:亦非也。《檀弓》“人喜則斯陶”,孔疏云:“‘陶’者,鬱陶;‘鬱陶’者,心初悦而未暢之意也。言人若外竟會心,則懷抱欣悦,但始發俄爾,則鬱陶未暢,故云‘斯陶’也。《爾雅》云:‘鬱陶、繇,喜也。’何胤云:‘陶,懷喜未暢意也。’”漢注簡約,其時去古未遠,皆知‘鬱陶’乃表憂、喜之情鬱積未暢而思發之詞,而“喜斯陶”,“陶”承“喜”言,故康成注以“鬱陶”,時人讀之,知其即喜意未暢而思發之義不難也。唐去漢未遠,猶知“鬱陶”有是之義,故孔氏《正義》以“心初悦而未暢之意”疏之,可謂善得古訓矣。然則,“憙斯慆”或“人喜則斯陶”者,謂人有所喜悦,則喜悦之情有所鬱積而思抒發也,非直謂“喜則悦”也。

叔重著《説文》訓“慆”爲“説”,康成注經或訓“陶”爲“喜”,或訓“陶”爲“鬱陶”,是詞書訓詁與傳注訓詁之異同者也。“詞書訓詁以解釋貯存的詞義爲主,强調概括性和客觀性,所以貴在圓通;傳注訓詁以解釋使用的詞義爲主,强調具體性和靈活性,所以貴在專别。”①《廣雅 · 釋言》“陶,喜也;陶,憂也”,又《釋詁》“鬱悠,思也”,王念孫《疏證》云:“《爾雅》云‘鬱陶、繇,喜也’,又云‘繇,憂也’,則‘繇’字即有憂、喜二義,‘鬱陶’亦猶是也。是故喜意未暢謂之‘鬱陶’……憂思憤盈亦謂之‘鬱陶’,……暑氣藴隆亦謂之‘鬱陶’,……事雖不同,而同爲鬱積之義,故命名亦同。”今之治簡帛者,但知“慆”之爲喜悦,而不知“陶”之亦爲喜悦;但知“鬱陶”之爲憂思鬱積,而不知“鬱陶”之亦爲喜意未暢,不亦“泥於一端”之病乎?

鄭注不徑以喜悦解“人喜則斯陶”之“陶”,而注以“鬱陶”,是善逆經

---

① 孫雍長:《訓詁原理(初版)》,語文出版社 1997 年,第 378 頁;《訓詁原理(訂補版)》,高等教育出版社 2009 年,第 349 頁。

意者;孔疏不以鄭注“鬱陶”爲憂思,而疏以“心初悦而未暢之意”,是善味古訓者。如若徑以喜悦義解“人喜則斯陶”之“陶”,病在皮傅爲訓,清人閻若璩業已犯此過誤,[①]而王念孫亦早已指正其失。[②] 古書浩繁,今人不能徧檢,尤不能徧讀,未入懷祖之武陵桃源而重蹈百詩之覆轍,良有以也。

又案,今本“人喜則斯陶”句,竊疑“則”字乃注文竄入正文而又倒乙者,顧氏炎武則以之爲“重言”[③]。

又案,簡本“辷(舞),憙之終也”與“通(踴),恖(愠)之終也”二句,竊疑亦似爲注文竄入正文者,亦爲文中自注者。

又案,傳世本“猶斯舞”句下有“舞斯愠”句,前人已疑其爲衍文,[④]今以楚簡本相比勘,所疑固是。

(作者單位:廣州大學人文學院)

① 見《古文尚書疏證》第五十六。

② 見《廣雅疏證》卷二下“鬱悠……恖也”條。

③ 《日知録》卷二十四“重言”條云:“古經亦有重言之者:《書》‘自朝至於日中昃,不遑暇食’,‘遑’即‘暇’也;《詩》‘無已太康’,‘已’即‘太’也;……《禮記》‘人喜則斯陶’‘則’即‘斯’也。”

④ 見宋衛湜:《禮記集説》、元陳澔:《禮記集説》、清惠棟:《九經古義·禮記古義》等。

戰國文字姓氏疏證舉隅*

劉　傑

戰國文字姓氏資料豐富,不少可與傳世姓氏書合證。本文在姓氏整理和考證的基礎上,選擇其中單姓四例,結合出土與傳世文獻,窮源竟委,以期補益於姓氏專名理據及其演變的研究。

一、分

《古璽彙編》(以下簡稱"《璽彙》")3431 著録一方三晉私璽:

右側姓氏字《璽彙》釋爲"半";①吴振武先生改釋爲"分";②何琳儀先生則以璽文"分"字作姓氏用,讀作"芬"。③

按,古璽文字中已確釋的半字作(《璽彙》1272)、(《璽彙》1270)等形,與璽文字有别。《説文·八部》:"分,别也。从八,从刀。刀以分别物也。"璽文字从八,从刃,古文字中刀、刃在用作意符時常可通用,如利字作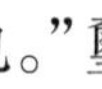(《璽彙》2558)、(郭店楚簡·老子甲 28),初字作(郭店楚

* 本文寫作得到教育部人文社會科學研究青年項目"嶽麓秦簡疑難字詞校釋與數據庫建設"(18YJC740052)、湖南大學"雙一流"建設專項資金人文社科項目"嶽麓秦簡《秦律令》語詞匯釋"(521208185)資助。

① 羅福頤:《古璽彙編》,文物出版社 1981 年,第 320 頁。文中璽印文字徑注著録號者皆出自《古璽彙編》。

② 吴振武:《〈古璽彙編〉釋文訂補及分類修訂》,《古文字學論集(初編)》,香港中文大學 1983 年,第 515 頁。

③ 何琳儀:《戰國古文字典》,中華書局 1998 年,第 1358 頁。

簡・窮達以時 9),割字作(包山楚簡 122)等,皆其例,故璽文釋“分”可從。

分字用作姓氏不需破讀,傳世典籍有載,如清代张澍《姓韻》卷二十二謂:“分,見《姓苑》。”[1]南朝宋何承天《姓苑》原書已佚,今輯本載於清代王仁俊所撰《玉函山房輯佚書續編三種》,筆者檢視《姓苑》輯本,[2]未見“分”姓一條,當在原書佚失之列。今人袁義達、邱家儒先生編著的《中國姓氏大辭典》參考了縣級姓氏資料和人口調查報告,録有“分”姓,謂:“海南海口、江蘇無錫、廣東新會、四川合江、山東新泰、河南潢川等地均有此姓。”[3]又漢印中有“分定居印”(《漢印文字徵補遺》2.1),也可證古有分氏。傳世文獻雖於“分”氏有載,但其源起不詳。戰國橋形布幣有面文作“分布”(《中國歷代貨幣大系・先秦篇 1443),學者多以“分”爲地名,[4]如鄭家相先生認爲:“‘分’爲‘汾’省,即戰國之汾北,在今山西寧鄉之東,襄陵之西,太平之西北也,與韓平陽爲鄰,亦屬韓地。”[5]何琳儀先生也以爲“分”即“汾”,《史記・韓世家》:“(桓惠王)九年,秦拔我陘,城汾旁。”又《秦本紀》:“(昭襄王五十二年)十二月,益發卒軍汾城旁。”汾即“汾城”,爲城邑名,戰國晚期屬韓,前此則屬魏。[6] 如此,三晉“分”氏當以地名得氏。

二、芋

“芋”字用作姓氏,見於《古璽彙編》2262 收録的一方楚璽:

還見於三晉陶文“芋足”(《陶文圖録》5.14.3)[7]和韓國兵器元年鄭令矛、

① 張澍:《姓韻》,三秦出版社 2003 年,第 310 頁。

② 王仁俊:《玉函山房輯佚書續編三種》,上海古籍出版社 1989 年,第 316—326 頁。

③ 袁義達、邱家儒:《中國姓氏大辭典》,江西人民出版社 2010 年,第 110 頁。另可參徐鐵生:《中華姓氏源流大辭典》,中華書局 2014 年,第 128 頁。

④ 有學者認爲“分布”橋形布自名爲“布”與戰國時期布幣銘文格式不合。可參吴良實:《中國東周時期金屬貨幣研究》,社會科學文獻出版社 2005 年,第 159—163 頁。

⑤ 鄭家相:《中國古代貨幣發展史》,生活・讀書・新知三聯書店 1958 年,第 131 頁。

⑥ 何琳儀:《橋形布幣考》,《貨幣叢考》,安徽大學出版社 2002 年,第 179—180 頁。

⑦ 王恩田:《陶文圖録》,齊魯書社 2006 年,第 1746 頁。

二年鄭令矛及三年鄭令矛：

元年鄭令槫涵，司寇芋慶，坐庫工币皮耴，冶尹貞造。

《殷周金文集成》18.11552

二年鄭令槫涵，司寇芋慶，坐庫工币皮耴，冶尹皷造戟束。

《殷周金文集成》18.11563

三年鄭令槫涵，司寇芋慶，左庫工币佋沂，冶尹弜造。

《殷周金文集成》18.11559

三器之"芋慶"當爲同一人。芋字作姓氏用，何琳儀先生讀作"于"。[①]

按：出土古文字中，"淳于"、"鮮于"等都爲複姓，未見"于"字單獨用作姓氏例。《戰國古文字典》在"于"字條之晉系用字中，摹録陶銘"于关"（《中原文物》1988年第4期13頁圖23）一例，以"于"爲姓氏；[②]但細審原拓，可知"于"字上面應有殘畫，加之同時發表的另一件"芋"字陶文清晰可辨，故原整理者將第一字釋爲"芋"的意見是正確的。[③]"芋关"爲人名，可信。"芋"字用作姓氏，[④]傳世姓書有載，明代陳士元《姓觿》引《姓考》云："楚大夫芋尹之後。""芋尹"爲春秋時楚、陳二國職官名，[⑤]《集韻·噳韻》："芋，芋尹，楚官名。"又《左傳·昭公七年》："楚子之爲令尹也，爲王旌以田。芋尹無宇斷之，曰：'一國兩君，其誰堪之？'"楊伯峻注："芋尹爲官名。《哀公十五年·傳》陳國亦有芋尹。《新序·義勇篇》誤作'芊尹'。云'芊尹文者，荆之毆鹿彘者也。'……則芋尹爲毆獸之官。"[⑥]"芋"字用作姓氏，應是以職官爲氏。

---

① 何琳儀：《戰國古文字典》，第460頁。

② 何琳儀：《戰國古文字典》，第457頁。

③ 喬志敏、趙丙唤：《新鄭館藏東周陶文簡釋》，《中原文物》1988年4期，第11—14頁。

④ 楚簡中"芋"多讀作"華"，如上博一《孔子詩論》簡9"〈棠=者芋〉，則☐"，"棠棠者芋"，今本作"裳裳者華"；上博四《交交鳴烏》簡2"皆芋皆英"，讀作"皆華皆英"；《上博五·競建内之》簡9"公身爲亡（無）道，遣（擁）芋倗子以弛于倪（郳）市"，趙平安先生指出"芋倗子"即"華孟子"（《讀上博藏戰國楚竹書〈詩論〉札記》，簡帛研究網，2003年6月4日，http://www.jianbo.org/Zzwk/2002/H/hupingsheng01.htm），皆是。但從"芋"作姓氏用，見於楚、三晉二系文字，且傳世姓氏書有録來看，當不需破讀。

⑤ 春秋中期以後，古陳國幾度存滅，聽命於楚、晉、吴等列强；公元前478年，古陳國爲楚國所併。可參徐少華：《陳國銅器及其歷史地理與文化綜論》，《江漢考古》1995年第2期，59—67頁。

⑥ 楊伯峻：《春秋左傳注（修訂本）》，中華書局1990年，第1283頁。

三、肩

《璽彙》3217 著録下揭楚私璽:

右側姓氏字原書釋爲“脣”;何琳儀先生讀作“唇”[1]。

按,新蔡簡乙四 61“☐尨爲君貞:以亓(其)△伓(背)疾☐”,△字作,與上引璽文相同,原整理者釋“脣”;宋華强先生改釋爲“敂”,讀作“肩”,指出簡文中“肩背”爲古醫書中常見的症候名,並認爲析君戟“析君墨脣之造戟”及《上博五·君子爲禮》7 號簡“脣、身、行、足”中的“脣”亦當釋爲“敂(肩)”。[2] 其説可從。璽文當釋爲“敂霥”,“敂”讀作“肩”。《萬姓統譜·先韻》引《姓苑》謂:“金肩龍,字舜卿,宣宗初欲殺從坦,肩龍上書謂坦有將帥材,願代死。”由璽文可知戰國時已有肩氏。另漢印中有“肩崇”、“肩翁中印”,[3]也可證古有肩姓。

四、韋、鄣(犢)

《璽彙》著録以下三晉私璽:

 3264  2069  2070  2071  2072

以上五璽右側一字,原書闕釋。朱德熙先生釋第一方璽中的字爲

① 何琳儀:《戰國古文字典》,第 744 頁。

② 宋華强:《由新蔡簡“肩背疾”説到平夜君成所患爲心痛之症》,簡帛網,2005 年 12 月 7 日,http://bsm.org.cn;《新蔡簡“肩”字補正》,簡帛網,2006 年 3 月 14 日,http://bsm.org.cn。《上博五·君子爲禮》7 號簡中的“敂(肩)”由季旭昇先生首先指出,參其《上博五芻議(下)》,簡帛網,2006 年 2 月 18 日,http://bsm.org.cn。

③ 羅福頤:《漢印文字徵》4.13,文物出版社 1978 年。

"犢",並以爲後面四璽中的字从邑从賣,當即竇姓之竇;[①]曹錦炎先生根據金文賣字作、價字作以及漢印中从賣之字,也認爲第一方璽中的字是一個从牛𡙡聲的字,隸定爲𤛍,爲後世犢字的初文,但認爲字"本是一個以𤛍爲地名的專用字……用作姓氏,應即犢或賣字之異構"。[②]

按,字釋犢,可無疑議。《璽彙》3062 有,即竇字,與有别,字當爲犢姓的姓氏專用字。犢字異構較多,可歸納爲以下五種情況:

A  0660  0380  0379  1123

B  2131

C  1703  3264

D  0860  3461  侯馬 359

E  2069  2070  2071  2072

A 組形體最省,其上端由聲旁𡙡省爲目形,除作人名外,還出現在"句犢"合文中,如:

《璽彙》0353 《璽彙》3430

句犢爲地名。B 組僅一見,在 A 組基礎上添加邑旁,在古璽中爲地名,當爲地名專用字;C 組上端竪筆作直筆,或爲人名,或作姓氏;D 組較 A、C 兩組爲繁,其上端竪筆左折,只用作人名;E 組在 D 組基礎上附加邑旁,多作姓氏。可見犢字的異構並非簡單的筆畫繁簡,每一種異構實際上適用於不同的場合,在繁雜中呈現出一定的規律性。犢姓見於傳世文獻,如《尚友録》卷二十:"犢牧,齊人(案,戰國時),年七十,無妻。"又《山西通志》157 卷"列女九"中録有犢氏一例,謂清代:"(安邑縣)庠生周光祚妻犢氏,姜逆之變賊艷其色,迫之去。時幼子在抱,善言誘賊,授夫以竄。既

① 朱德熙:《古文字考釋四篇》,《古文字研究》第八輯,中華書局 1983 年,第 16—18 頁。

② 曹錦炎:《釋𤛍——兼釋續、瀆、竇、鄭》,《史學集刊》1983 年第 3 期,第 89 頁。

遠,乃挺身詈罵,賊怒殺之。"[1]戰國文字中,犢氏僅見於晉系文字,用作姓氏,當是以地爲氏,鄭(犢)邑地望待考。

(作者單位:湖南大學文學院,出土文獻與
中國古代文明研究協同創新中心)

① 覺羅石麟修,儲大文纂修:《山西通志(通行本)》二百三十卷,《四庫全書·史部》文津閣藏本,第41頁。

從三晉璽印字形看《越公其事》底本及書手問題探究*

柳　洋

清華簡中許多文獻的底本並非楚文字，如清華三《良臣》、《祝辭》兩篇，整理者就在説明文字中寫有：

> 《良臣》與下篇《祝辭》，原由同一書手寫在一編相連的竹簡上，共十六支簡，簡長32.8釐米，無篇題。鑒於兩者内容性質截然不同，今分别擬題爲"良臣"、"祝辭"，作爲兩篇處理。
>
> （中略）
>
> 簡上文字有的屬於三晉一系的寫法，如"百"字作"全"。考慮到篇中特别突出子産，詳記"子産之師"、"子産之輔"，作者可能與鄭有密切關係。①

李守奎先生更進一步指出：

> 從總體上看，清華簡是楚文字系統，但有些篇目三晉特點十分突出，例如《良臣》，無論從文字構形還是書寫風格上，都可以説是三晉文本。②

---

* 本文是出土文獻與中國古代文明研究協同創新中心博士創新資助項目"戰國竹書文字與陶璽、貨幣文字合證"（項目編號CTWX2016BS034）階段性成果。

① 清華大學出土文獻研究與保護中心編，李學勤主編：《清華大學藏戰國竹簡（叁）》，中西書局2012年，第156頁。

② 李守奎：《出文獻中的教育與清華簡〈繫年〉性質初探》，《出土文獻與古文字研究（第六輯）——復旦大學出土文獻與古文字研究中心成立十周年紀念文集》，復旦大學出版社2015年，第298頁。

可見清華簡底本及書手的複雜性。

清華簡整理者在清華七《越公其事》説明文字中寫有:

> 篇中文字雖然工整,但異寫很多,訛書也不在少數,有些字與同時期常見楚文字不合,文中還出現了一些生字,個別字難以確釋。①

程燕先生曾據《越公其事》簡 35 中"伲"字所从之"尼"構形同於侯馬盟書"尼"字構形,而異於楚文字習見"尼"字構形,提出:

> 《越公其事》的字體和三晉文字形近。有兩種可能:一種是《越公其事》的底本是三晉文字書寫的,另一種可能是抄手是三晉人。②

明確了底本的地域性,便於我們進一步探討不同文本在使用文字時出現的不同字詞關係的本源。下面,我們就《越公其事》其中的部分字形進行詳細探究,試圖解決其底本和書手的相關問題。

一、底 本 探 究

我們以爲程燕先生所論底本是三晉文字當無誤,《越公其事》中大量字形爲三晉文字構形,如:

1. 雩

周波先生曾指出"楚文字中用'郕'表示國名、地名和姓氏'越'……三晉文字用'雩'表示越國之'越'",並舉出夕陽坡楚簡"郕涌君"、《璽彙》3748"郕䠶信璽"、《戰印》1783"孫雩(越)人"、中山王鼎"雩(越)人修教備信"爲例。③ 此篇中"越"字多書作"雩"(因字例過多,此僅引三例):

簡 9 簡 18 簡 53

其文例如下(爲了行文方便,下面引文皆采用寬式隸定):

> 君如爲惠,徼天地之福,毋絶雩(越)邦之命于天下,亦使勾踐繼

① 清華大學出土文獻研究與保護中心編,李學勤主編:《清華大學藏戰國竹簡(柒)》,中西書局 2017 年,第 113 頁。

② 程燕:《清華七札記三則》,簡帛網,2017 年 4 月 26 日。

③ 周波:《戰國時代各系文字間的用字差異現象研究》,綫裝書局 2012 年,第 51 頁。

纂於雩(越)邦,孤其率雩(越)庶姓,齊桼同心,以臣事吴,男女服。5+6

君雩(越)公不命使人而大夫親辱,孤敢脱罪於大夫。15

雩(越)邦服農多食,王乃好信,乃修市政。37

據其後所附文字編知,其中用"雩"爲"越"共計 53 例,僅兩見例外:

唯位之次尻、服飾、群物品采之愆于故常,及風音誦詩歌謡之非郕(越)常律,夷郚蠻吴,乃趣取戮。55+56

今天以吴邦賜郕(越),句□□□□□□□□□□□□□□句踐不許吴成。72

可見,《越公其事》中"越"大量采用三晉文字寫法。

2. 敬

"敬"字如下:

簡 59 、簡 53 簡 58

其文例作:

乃出恭敬(敬),王訊之,等以授大夫種,則賞穀之;乃出不恭不敬(敬),王訊之,等以授范蠡,則戮殺之。53

荒畏句踐,無敢不敬(敬)。58

王監越邦之既苟(敬),無敢躐命,王乃試民。59

楚文字中"敬"字構形作:

郭店 · 緇衣 21 上博六 · 天甲 9

郭店 · 成之 8 郭店 · 成之 20 郭店 · 語一 95

其所从"苟"字寫法不同,此類情況亦見諸古璽:

晉璽:

璽彙 4171 璽彙 4143 璽彙 4129

楚璽:

璽彙 5046 璽彙 5047 璽彙 5579

晉系文字“敬”寫法亦見諸:

集成 9734 盗壺

晉璽中“敬”从“攴”,《越公其事》篇的“敬”从“戈”,此爲更换形符。我們知道,戰國文字中很多从“戈”之字通作从“攴”,如“攻”作“戏”(郭店·成之 10 等)、“救”作“戏”(包山 247、清華貳·繫年 25 等簡)、“敗”作“戝”(清華貳·繫年 121)等。

其中晉系文字“敬”所从“苟”上部多作“”或“”狀,非若楚系文字作狀,《越公其事》“敬”所从“苟”上部作“”狀,與晉系文字相合。該字形亦見諸清華壹《皇門》簡 12,另文討論。

其中又見“示”[①]字作“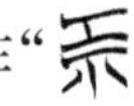(簡 26)”、“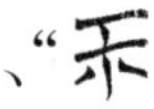(簡 28)”,其文例作:

> 既建宗廟,修祟垔,乃大薦社(攻),以祈民之寧。26
>
> 縱輕游民,不稱貸役泑塗溝塘之社(功)。27+28

此字形亦見於清華陸《太伯甲》和《太伯乙》篇,陳師偉武先生指出該字形爲三晉文字特點。[②]

二、書手問題探究

對於書手問題,李松儒先生對此進行了深入的剖析並提出諸多判定標準,如書寫水平、書法體勢、寫法特徵、羨筆、字的整體布局等。[③] 邱振中先生曾指出:

> 用筆習慣是可能改變的,這種改變同字體的改變確實存在某種聯繫,但不是指這種人爲規定的字體的改變,而是指那種由社會境遇

---

① 著者將“”、“”徑隸作“社”,不確。今依字形隸定爲“示”。

② 此爲陳師偉武先生給碩士、博士開戰國文字專題課上所論及觀點。

③ 李松儒:《郭店楚墓竹簡字迹研究》,吉林大學碩士學位論文,2006 年,第 9—16 頁。

> 的改變引起的,隱藏在形式内部的緩慢而不可抗拒的變化。[1]

同時,我們知道戰國竹書文字中很多是先秦佚籍文獻的抄寫,不同於現在的書法創作,故書手的抄寫狀態當類似我們的日常書寫。對於日常書寫的特點,邱振中先生亦指出:

> 日常書寫指的是日常生活中爲各種事務的需要而進行的書寫,與此相對的是以書寫自身爲目標的書寫,例如爲寫好字而進行的書寫練習、爲創作書法作品而進行的訓練和書寫等。
>
> 日常書寫的特點,是在無意識中進行,作者不加有意的控制,它隨時發生,數量巨大,但由於書寫中各種微小差異的存在,這些書寫的字迹永遠不會重複——不僅與他人的書寫不重複,一個人每次的書寫也絶不重複。[2]

我們以爲,書手在不同時間段書寫狀態會存在一定的差異,若簡單地依據用字或者字間距來判斷書手,標準過於苛刻,似有不妥之處,暫不引爲證。

對於《越公其事》的書手問題,整理者以爲:

> 該類字迹在清華簡中比較多,除了第六輯已經公佈的《鄭武夫人規孺子》、《鄭文公問太伯(甲、乙)》、《子儀》等,還有一些將陸續公佈。[3]

上文言及李守奎先生指出《良臣》爲三晉文本,甚確。我們以爲三晉書手與楚書手最大的差别在於用筆的節奏性不同。葉師培貴先生亦指出一個人書寫的結構是可以變化較大的,但是用筆習慣是變化不大且有規律可循的。[4] 胡適先生曾提出"一時代有一時代之文學",我們可以據此引申出"一時代當有一時代之審美",即是説一個時代的一片地區(特别

---

① 邱振中:《書法的形態與闡釋(修訂版)》,中國人民大學出版社 2011 年,第 62 頁。

② 邱振中:《書法》,北京師範大學出版社 2009 年,第 37 頁;又見邱振中:《書法:七個問題》,中國人民大學出版社 2011 年,第 37 頁。

③ 清華大學出土文獻研究與保護中心編,李學勤主編:《清華大學藏戰國竹簡(柒)》,中西書局 2017 年,第 112 頁。著者將"公佈"書作"公布",兹改正。

④ 此爲讀碩期間,師門讀書課上,葉師培貴先生所論及觀點。

是一片行政地區),其書手的書寫運筆方式和審美取向大致是相同的。①

基於以上兩個基本理念,我們來選擇一些文字構形差異較大以及書寫性區别較大的相同字來對比一下李守奎先生指出的《良臣》(含整理者指出的同一書手書寫的《祝辭》)與《越公其事》不同的書寫風格:

1. 文字構形差異較大

百:

越　公　其　事	良　　　臣
簡 18	簡 8

楚文字中"百"字多書作:

上博二·從甲 6　上博二·容成 3

晉文字中"百"字多書作:

集成 10478 兆域圖版　璽彙 4741　璽彙 4742

楚文字"百"即作"百",晉文字"百"字形近於"全",可見《越公其事》中"百"字采用楚文字寫法。

2. 文字構形差異較小

a. 南:

越　公　其　事	良　　　臣
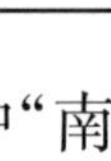簡 63	簡 3

楚文字中"南"字多書作:

郭店·太一 13　包山 38

① 此書寫運筆方式是采用葉師培貴先生稱法,是指書手起收筆、行筆的提按變化以及起收筆、行筆角度等書法層面的特徵。

晉文字中“南”字書作：

璽彙 2563

晉文字“南”下部作“”，楚文字“南”下部作“”，可見《越公其事》中“南”字采用楚文字寫法。

b. 發：

越　公　其　事	祝　　　辭
簡 40	簡 1

楚文字中“發”字多書作：

包山 141　上博九・舉 33(用若“廢”)

清華一・程寤 1　清華三・芮良夫 25

清華五・湯丘 2　中國篆刻全集・卷一

晉文字中“發”字見諸三晉璽印，書作：

璽彙 0702　璽彙 0113　璽彙 0114　璽彙 0115

璽彙 0116　珍秦齋藏曆代璽印精品

周波先生曾指出：

> 楚文字多假“𤼲(癹)”表示{發}……。也用“發”爲{發}……。(中略)
>
> 三晉文字多用“癹(癹)”表示{發}……。也用“發”爲{發}……。①

通過梳理“發”字構形，楚文字中除了如周波先生所言之外，亦見有

① 周波：《戰國時代各系文字間的用字差異現象研究》，第 189 頁。

作"⿰弓⿱𠁩又"、"⿱𠁩⿱又王"等形,然皆从"又";晉文字中亦見作"發"之"發",然皆从"攴"。《越公其事》所用"發"从"又"不从"攴",可見其采用楚文字寫法。

另外,《越公其事》中"爲"字作"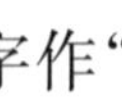",其下作兩横。黄錫全先生曾指出:

> 楚簡"爲"下多爲兩横,或者無横,作一横者少見。相反,三晉文字"爲"下作一横者較爲多見。①

可見《越公其事》中"爲"字采用楚文字寫法。

對於南北字迹書寫特點差異,郭沫若先生曾指出:

> 南方尚華藻,字多秀麗;北方重事實,字多渾厚。②

我們進一步觀察晉文字與楚文字用筆的差異,不難發現:

> 楚篆的用筆起筆、收筆明顯,粗細變化較大,行筆微有弧度,書寫性强;晉文字的用筆起筆明顯,收筆自然提起或微微按筆,相對弧度不及楚篆明顯,書寫性較强。③

王祖龍先生則總結楚簡及楚帛書的墨迹指出:

> 上述手書墨迹形式多樣,風格多變,尚圓好曲是其共同特徵。這種取向與楚人的宗教信仰以及骨子裏的修好爲尚的心理積澱密切相關。④

《越公其事》篇的用筆符合楚人書寫特點,起收有度,尚圓好曲,而文字構形兼有楚系、晉系特點,故我們以爲當理解爲晉系底本、楚人書寫爲佳。

(作者單位:廣州美術學院中國畫學院)

---

① 黄錫全:《介紹一枚新見多字圜權》,《出土文獻》第八輯,中西書局 2016 年,第 50 頁。

② 郭沫若:《兩周金文辭大系考釋·初序》,《郭沫若全集·考古編》第八卷,科學出版社 2017 年,第 16 頁。

③ 參拙作:《楚篆創作中的筆法及文字學問題》,《中國書法》2017 年第 10 期,第 178 頁。

④ 王祖龍:《楚書法史》,湖北美術出版社 2013 年,第 95 頁。

《殷高宗問於三壽》“矬₌先反”句補説*

李美辰

清華簡第伍册《殷高宗問於三壽》是一篇假託殷高宗武丁與三壽(主要是與彭祖)的對話來闡述作者思想觀念的文章,文中有一部分内容是武丁向彭祖請教治國理念和個人修養的對話,在對話開始前,武丁首先列舉了殷世亂象以自警,原文如下:

> 殹(殷)邦之蚕(妖)羕(祥)並迟(起),八絽(紀)則緍(紊),四厰(嚴)牆(將)行。四晦(海)之层(夷)則复(作),九牧九矣(有)牆(將)岂(芒-亡)。矬₌先反,大茖甬見兵。龜簪(筮)孚貣(忒),五寶叀(弁-變)色,而星月亂(亂)行。【簡 10－11】①

其中的“矬₌先反,大茖甬見兵”句,學者多有不同意見。

整理者將“矬₌”看作重文,認爲字从矢,㞷聲,讀爲“惶惶”,訓爲“恐”,用,猶以也。又將“大茖”徑讀爲“大路”,無説。② 曹峰和單育辰二位先生同意整理者將其看作合文的意見,不過對“矬₌”的解釋不盡相同。曹先生讀爲“往往”,認爲該句應視作“四海之夷則作,九牧九有將喪”的結果,即各地往往先起來反叛。單先生認爲若按照整理者的解讀,則“先

---

* 本文爲國家社會科學基金重大項目“戰國文字詁林及數據庫建設”(項目編號17ZDA300)成果之一。

① 釋文來自蔣建坤:《清華簡(壹—伍)上古音聲母材料的整理與初步研究》附録部分,吉林大學碩士學位論文,2016 年,第 290 頁。

② 清華大學出土文獻研究與保護中心編,李學勤主編:《清華大學藏戰國竹簡(伍)》,中西書局 2015 年,第 154 頁。

反”缺少主語,“⿰矢㞷⿰矢㞷”應該是人名或是國名,此爲先反湯者。[①] 曹先生也同意整理者將“大茖”讀爲“大路”,並引《睡虎地日書》進行補證。[②] 王寧先生提出不同意見,他認爲:

> 字即“往矢”之合文,讀爲“枉矢”,妖星名,《開元占經》卷八十六《妖星占中》引《洪範五行傳》曰:“枉矢者,弓弩之象也。枉矢之所觸,天下之所伐,滅亡之象也。”又引《春秋合誠圖》曰:“枉矢……故以爲謀反之徵,在所流受者滅,皆爲天子之詳。陰道於六,期六年,萌二十四年,天子以兵亡。”又引《尚書中候》曰:“夏桀無道,枉矢射。”“枉矢先反”即枉矢先反射於殷,此爲兵起之徵,故曰“大茖用(以、因)見兵”。
>
> “茖”不當讀爲“路”,而當讀爲格鬥之“格”,本字作“挌”,《説文》:“挌,擊也。”……《説文》:“戰,鬥也。”“格(挌)”、“戰”義同,大格即大戰;“甬(用)”意同“以”、“而”。[③]

按,從簡文内容來看,該句是講殷邦滅亡前將要發生的一系列“妖祥並起”的事情:八紀紊亂、四嚴背離、蠻夷作亂、九州淪喪、占卜失靈且星月亂行,這些都是滅亡的預兆,“⿰矢㞷=先反大茖甬見兵”句也應是預兆之一,故以王寧先生所説爲最佳,將“⿰矢㞷=”釋爲“枉矢”,指預兆國家起禍的妖星。和“⿰矢㞷=”類似的借筆合文還見於曾侯乙簡 204“輊車”,寫作“”。“⿰矢㞷”讀爲“枉”,字以表示筆直義的“矢”爲意符。

枉矢,本義爲“不直之箭”,《周礼·夏官·司弓矢》:

> “凡矢,枉矢、絜矢利火射,用諸守城、車戰。”鄭玄注:“枉矢者,取名變星,飛行有光,今之飛矛是也。”[④]

因爲該星體墜落時有如枉矢射地,因此而得名。在天文學中,枉矢是一種

---

① 單育辰:《〈清華大學藏戰國竹簡(伍)〉釋文訂補》,“戰國文字研究的回顧與展望”國際學術研討會,2015 年 12 月 12—13 日。

② 曹峰:《讀〈殷高宗問於三壽〉上半篇一些心得》,清華大學出土文獻研究與保護中心網站,2015 年 5 月 25 日。

③ 王寧:《讀〈殷高宗問於三壽〉散札》,復旦大學出土文獻與古文字研究中心網站,2015 年 5 月 17 日。

④ 孫詒讓撰:《周禮正義》,第十册,卷六十一,中華書局 2008 年,第 2559 頁。

流星,數術家常認爲此類流星爲大凶之兆,乃與攻伐、滅亡、亂政、兵喪等惡象相關聯。[①] 傳世文獻中對"枉矢"多有記載,《漢書·天文志》:

> 枉矢所觸,天下之所伐射,滅亡象也。物莫直于矢,今蛇形不能直而枉者,執矢者亦不正……凡枉矢之流,以亂伐亂也。[②]

枉矢的形象在《史記·天官書》中描述較爲具體:

> 枉矢,類大流星,虵行而倉黑,望之如有毛羽然。[③]

《漢紀·高祖紀一》中對"枉矢"墜地的記載尤爲細緻:

> 是時,枉矢西流,如火流星,虵行若有首尾,廣長如一匹布著天,矢星墜至地,即石也。[④]

《新唐書》中對枉矢的性狀有詳細記載:

> 乙夜雨、晦瞑,有星長二十丈,出東方,西南向,首黑、尾赤、中白,枉矢也,一曰長星。[⑤]

傳世文獻對枉矢形象、流向的記載雖各有不同,但可以肯定的是,枉矢星在墜地前,在天空中的形象是有變化的。王寧先生説枉矢星先反射於殷,不確。"反"在先秦典籍中没有用作"反射"義的,"反",此處訓變,《詩經·齊風·猗嗟》"四矢反兮",反,或作變;[⑥]《經義述聞·國語下·上帝不考》:"'上帝不考,時反是守。'家大人曰:反,猶變也。"[⑦]句指殷邦滅亡之前,枉矢星先有變異。《説苑·辯物》:

> 攙搶、彗孛、旬始、枉矢、蚩尤之旗,皆五星盈縮之所生也。五星之所犯,各以金、木、水、火、土爲占,春秋冬夏伏見有時,失其常,離其

① 周能俊:《天象與世變:漢唐間的"枉矢"星占》,《安徽大學學報(哲學社會科學版)》2013年第3期。

② 《漢書·藝文志》卷二十六,中華書局1962年,第1301頁。

③ 司馬遷:《史記·天官書》,中華書局1959年,第1336頁。

④ 荀悦、袁宏:《兩漢紀》卷一《漢紀·高祖紀》,中華書局2005年,第2頁。

⑤ 《新唐書》卷三十二《天文志二》,中華書局1975年,第847頁。

⑥ 陸德明:《經典釋文》,上海古籍出版社2016年,第259頁。

⑦ 王引之:《經義述聞》,鳳凰出版社2010年。

時,則爲變異;得其時,居其常,是謂吉祥。①

“枉矢先反”,即《説苑·辯物》所説“失其常,離其時”。

“大茖”,王寧先生説字用爲“格”,指戰鬥,但這與後文的“見兵”語意有所重複,似不妥。“茖”在句中應讀爲“落”,訓爲“隕”。楚簡中也不乏其例,如:清華六《管仲》篇簡9“廷里(理)霝(零)茖(落)”和簡12“皮(罷)茖(落)賅成,女(焉)爲賞罰”。② “茖”或爲“落”之異體。《故訓匯纂》“落”字條目第6:通言之則隕墜之類皆爲落也。③“大落”,指枉矢星墜地。

“見兵”,曹峰先生引《睡虎地秦墓竹簡·日書》“外害日,不可以行作。之四方野外,必遇寇盜,見兵”和“空外害之日,不可以行。之四鄰,必見兵”兩例,認爲“見兵”指遇見戰爭。而“見兵”前面的詞多指方位,進而認爲整理者把“大茖”釋爲“大路”是可信的。④ “見兵”在此處指逢見兵事,與簡文文意不符。“見”在此處應讀作“現”,顯示也,《集韻·霰韻》“見,顯也”;《漢書·元帝紀》“天見大異”。⑤ 兵,戎也,《尚書》作戎,《禮記·緇衣》“惟甲胄起兵”,⑥此處喻指戰爭。

綜上所述,該句描述的是殷邦滅亡時枉矢星動的現象,該句或可斷爲:枉矢先反,大落,用見兵。句意爲枉矢星先有變異,遂墜落至地,有此星象後,開始出現戰爭。

附記:小文承陳師斯鵬先生及古文字研究所多位同學指正,謹致謝忱!

(作者單位:中山大學中文系,
出土文獻與中國古代文明研究協同創新中心)

---

① 劉向撰,向宗魯校證:《説苑校證》,辯物卷十八,中華書局2016年,第443頁。

② 清華大學出土文獻研究與保護中心編,李學勤主編:《清華大學藏戰國竹簡(陸)》,中西書局2016年,第111頁。

③ 宗福邦、陳世鐃、蕭海波主編:《故訓匯纂》,商務印書館2003年,第1953頁。

④ 曹峰:《讀〈殷高宗問於三壽〉上半篇一些心得》,清華大學出土文獻研究與保護中心網站,2015年5月25日。

⑤ 班固:《漢書》,中華書局2016年。

⑥ 孫希旦:《十三經注疏·禮記集解》,中華書局1989年。

清華簡《鄭武夫人規孺子》字詞小札*

翁明鵬

一

女(如)母(毋)又(有)良臣,三年無君,邦冡(家)𤔲(亂)巳(也)。自衛(衛)與莫(鄭)若卑耳而書(謀)。① (簡4—5)

本段末句頗費解。整理者在句内未施讀,只是引古注云:"與,猶助也(《戰國策》高誘注);卑,猶近也(《穀梁傳》楊士勛疏)。"②李守奎先生讀爲"自衛與鄭,若卑耳而謀"。③ 今按,李讀是。鄭、衛相鄰,鄭武公能够在衛國避難,肯定是受到了衛國國君的接納。鄭、衛雖然都是周文王的後裔,但是他們早已不在五服之内,所以根本没有什麽近親可言。衛君納之,可能僅僅只是念及同姓罷了。竊謂此"與"當訓"從",《國語·齊語》:"桓公知天下諸侯多與己也。"韋昭注:"無不從也。與,從也。"④而"卑耳"則是俯耳以聽從鄭國謀劃之義,猶言卑身俯首,屈從奉迎也。故"卑耳"與"從"的意思是相近的。這句話的意思是説武公居衛三年,鄭國

* 本文得到"出土文獻與中國古代文明研究協同創新中心博士創新資助項目"資助,謹致謝忱。

① 簡文涉及的通假字、通用字、異體字、衍文、脱文、擬補、錯簡和句讀等,均先按照原整理者之意見徑録,然後再提出我們自己的看法。下文仿此。

② 清華大學出土文獻研究與保護中心編,李學勤主編:《清華大學藏戰國竹簡(陸)》,中西書局2016年,第106頁。

③ 李守奎:《〈鄭武夫人規孺子〉中的喪禮用語與相關的禮制問題》,《中國史研究》2016年第1期,第12頁。

④ 韋昭注:《國語》,上海古籍出版社2008年,第114—115頁。

雖三年無君,邦家亦安寧如故。自此,衛君衷心欽佩鄭國,願從附鄭國,甘心俯首帖耳,卑身聽從鄭國的謀略。所以這句話應當是大臣輔政即下句"今是臣臣"之結果。《左傳·隱公元年》鄭伯克段於鄢後即載鄭衛兩國攻伐之事:"鄭共叔之亂,公孫滑出奔衛。衛人爲之伐鄭,取廩延。鄭人以王師、虢師伐衛南鄙。"①這是《春秋》經、傳記載鄭、衛關係之始,對於解釋"自衛與鄭若卑耳而謀"句亦當有所裨益。衛國既然已經聽從鄭國,那麼對於鄭武公立太子寤生的遺命也應當遵從,爲什麼在鄭莊公伐共叔段之後還敢接納公叔段?這可能是武姜以鄭國太后的尊貴身分遣使與衛侯溝通,如果愛子公叔段奪權失敗則望衛國接納並發兵助之。而衛國只好答應了當時掌握權力的武姜。雖然叔段後來並沒有奔衛,但是其子公孫滑却逃到了衛國,並藉助衛國軍隊攻打鄭國與鄭莊公對抗。

二

　　虐(吾)先君之棠(常)心。(簡5)

常心,整理者没有注釋。我們認爲此"常心"係指鄭武公恒常不變之擴張雄心。《韓非子·説難》云:"昔者鄭武公欲伐胡,故先以其女妻胡君以娛其意,因問於群臣:'吾欲用兵,誰可伐者。'大夫關其思對曰:'胡可伐。'武公怒而戮之,曰:'胡,兄弟之國也。子言伐之,何也?'胡君聞之,以鄭爲親已,遂不備鄭。鄭人襲胡,取之。"②《國語·鄭語》曰:"公説,乃東寄帑與賄,虢、鄶受之,十邑皆有寄地。"③韋昭注:"十邑謂虢、鄶、鄔、蔽、補、舟、依、柔、歷、華也。後桓公之子武公,竟取十邑之地而居之,今河南新鄭是也。"④《國語·周語中》韋注引唐尚書云鄭武公滅鄶、鄢二妘姓國。酈道元《水經注》卷十九:"平王東遷,鄭武公輔王室,滅虢、儈(引者按,即"鄶")而兼其土。"⑤如此看來,鄭武公開疆拓土的武功是非常盛大的,所以能與晉文侯率諸侯戮力一心,護送平王東遷,延續大周國祚。

① 楊伯峻:《春秋左傳注(修訂本)》,中華書局2009年,第19頁。
② 王先慎:《韓非子集解》,中華書局2013年,第98—99頁。
③ 韋昭注:《國語》,第242頁。
④ 韋昭注:《國語》,第246頁。
⑤ 楊守敬、熊會貞疏,楊甦宏等補:《水經注疏補(中編)》,中華書局2016年,第651頁。

三

> 今虐(吾)君既〈即〉枼(世),乳₌(孺子)女(汝)母(毋)智(知)邦正(政),詎(屬)之夫₌(大夫),老婦亦𨛶(將)丩(糾)攸(修)宫中之正(政),門檻之外母(毋)敢又(有)智(知)𢀛(焉)。老婦亦不敢以𠈇(兄)弟昏(婚)因(姻)之言以𤔲(亂)夫₌(大夫)之正(政)。(簡5—7)

《史記·周本紀》載:"褒姒生子伯服,幽王欲廢太子。太子母,申侯女,而爲后。後幽王得褒姒,愛之,欲廢申后,並去太子宜臼,以褒姒爲后,以伯服爲太子。"①清華簡《繫年》第二章亦云:"周幽王取妻于西申,生平王。"②周幽王生於前795年,前782年即位,前771年身死於驪山下,立十一年。平王生於前781年,前770年立於西申,是爲平王元年,與鄭武公元年同年。又《史記·十二諸侯年表》云:"鄭武公十年娶申侯女武姜,十四年生莊公寤生,十七年生大叔段。"③鄭武公十年即前760年。以時間推之,周幽王生平王時年僅十四歲,且於申侯娶的是正妻而非妾室,正與《周本紀》"太子母,申侯女,而爲后"合,正妻才能稱爲后。依常理,周幽王娶申侯女之時亦當在前782年左右,過了一年周平王宜臼就出生了。而武夫人亦申侯女,嫁給鄭武公的時候是前760年,距離平王之母嫁給周幽王的時間只差十八年左右。《周本紀》與《年表》之二"申侯"均是西申國君,即便此二申侯不是一人,那武姜與周平王之母亦必有血親,因此也就和平王的關係很親近。而鄭武公擁立平王有功,平王肯定會感激鄭國。所以武姜的有恃無恐,大概和有周天子撐腰有關係。由此,我們再三細玩李學勤先生所云"到下一年,即武公十年,他就與同平王關係密切的申國通婚"④之語,認爲鄭武公與武姜的婚姻很可能就是一場政治聯姻。所以武姜才會説出"老婦亦不敢以兄弟婚姻之言以亂大夫之政"的話。這裏

① 司馬遷撰,裴駰集解,司馬貞索隱,張守節正義:《史記》,中華書局2014年,第186頁。

② 清華大學出土文獻研究與保護中心編,李學勤主編:《清華大學藏戰國竹簡(貳)》,中西書局2011年,第138頁。

③ 司馬遷撰,裴駰集解,司馬貞索隱,張守節正義:《史記》,第674—676頁。

④ 李學勤:《有關春秋史事的清華簡五種綜述》,《文物》2016年第3期,第80頁。

的“兄弟”和“婚姻”其實是同義連言。《戰國策·魏策二》云:“燕,齊讎國也,秦,兄弟之交也。合讎國以伐婚姻,臣爲之苦矣。”①又《史記·蘇秦列傳》:“今燕雖弱小,即秦王之少壻也(引者按,燕易王后,秦惠王女也)。”②足以證明互爲婚姻之國也可以互稱爲兄弟。所以此句意謂武姜欲爲愛子叔段奪政,但是又極其擔心衆大臣會因爲擔憂她想要藉助外戚並效法申侯立平王於申之故事而不信任她,故武姜有此一語。這其實也是武姜想要消除邊父等忠臣的疑慮的計謀。

四

乳₌(孺子)亦母(毋)以埶(暬)豎(豎)卑御,勤力屰(价)馯(馭),娓(媚)妬之臣躳(躬)共(恭)其庬(顏)色,盦(掩)於亓(其)考(巧)語,以䜌(亂)夫₌(大夫)之正(政)。(簡7—8)

我們認爲整理者對“暬豎卑御,勤力价馭”八個字的解釋有待商榷,需要重新解釋。先看“暬豎卑御”。暬,原簡作“埶”,整理者讀爲“暬”,云:“《詩·雨無正》有‘暬御’,朱熹《集傳》:‘近侍也。’”③正確可從。《説文》:“暬,日狎習相嫚也。从日,埶聲。”段注:“嫚者,侮易也。《小雅》:‘曾我暬御。’傳云:‘暬御,侍御也。’《楚語》:‘居寢有暬御之箴。’韋云:‘暬,近也。’暬與褻音同義異。今則褻行而暬廢矣。”④則暬指近侍者。豎,整理者未作注。今按,《周禮》有内豎之官,鄭玄注:“豎,未冠者之官名。”孫詒讓云:“内豎以侍御王内爲名。……是内豎亦侍王大寢燕寢,明寺人内豎不僅侍后寢矣。内豎省文亦稱豎。”⑤故豎與暬皆指近侍之人。春秋時齊桓公的寵臣豎刁就屬於豎這一類人。卑,整理者解釋爲“卑微”,⑥恐不確。今按,此

① 劉向集録,范祥雍箋證,范邦瑾協校:《戰國策箋證》,上海古籍出版社2006年,第1325頁。

② 司馬遷撰,裴駰集解,司馬貞索隱,張守節正義:《史記》,第2748頁。

③ 清華大學出土文獻研究與保護中心編,李學勤主編:《清華大學藏戰國竹簡(陸)》,第106頁。

④ 許慎撰,段玉裁注:《説文解字注》,上海古籍出版社1988年,第308頁。

⑤ 孫詒讓著,汪少華整理:《周禮正義》,中華書局2015年,第59頁。

⑥ 清華大學出土文獻研究與保護中心編,李學勤主編:《清華大學藏戰國竹簡(陸)》,第106頁。

處之"卑"當讀爲"嬖"。[①]《禮記·緇衣》:"毋以嬖御人疾莊后,毋以嬖御士疾莊士、大夫、卿士。"鄭玄注:"嬖御人,愛妾也。……嬖御士,愛臣也。"[②]孫希旦《禮記集解》云:"嬖御人,謂嬖寵之妾。……嬖御士,嬖寵之近臣也。"[③]此處簡文的"嬖"即指愛臣,其實也就是得君王嬖寵之近臣。卑亦作逋,上博簡《曹蔑之陣》有"便逋"一詞,整理者云:"逋从卑,與'嬖'同爲幫母支部字,可通假。'便嬖',受寵愛者。《説文·女部》:'嬖,便嬖,愛也。'……這裏是指收買敵方的寵臣以爲内應。"[④]御,整理者引朱熹《詩集傳》訓"車御",[⑤]這與下文之"馭"在意義上相重,不妥,當訓"侍御"。《管子·五行》:"天子出令,命左右士師内御。"尹之章注:"謂内侍之官也。"[⑥]先秦古籍屢言侍御、嬪御、内御,均指侍從、妃嬪之近身者。故"巹、豎、卑、御"四字均含"近"義,指君主之四種極爲親近的内侍寵臣,且專指勞心之臣。

再看"勤力价馭"。以後文"媚妬之臣"的含義來看,"勤力价馭"的語法地位與"巹豎卑御"應該是並列的關係,亦指君主的四類近臣,故整理者謂"勤力意爲有功勞"[⑦]則恐謬。今按,勤謂殷殷勤勞於王事者。力,《論語·八佾》云:"爲力不同科,古之道也。"馬融注:"爲力,力役之事。亦有上、中、下,設三科焉,故曰不同科。"劉寶楠正義曰:"爲猶效也,言效此力役之事,即《孟子》所云'力役之征'也。……《周官·小司徒》:'上地家七人,可任也者家三人;中地家六人,可任也者二家五人;下地家五人,可任也者家二人。'《注》云:'可任,謂丁彊任力役之事也。'"[⑧]故"力"

① "卑"我們原來訓爲"近",並引《春秋穀梁傳·僖公十五年》"故德厚者流光,德薄者流卑"楊士勛疏"卑,猶近也"(阮元校刻:《十三經注疏·春秋穀梁傳注疏》,中華書局1980年,第2397頁)爲證,在此處指近侍。然陳斯鵬師云此處之"卑"當讀爲"嬖",並舉《禮記·緇衣》"毋以嬖御人疾莊后"爲證。今采納陳師之説,並謹致謝忱。

② 阮元校刻:《十三經注疏·禮記正義》,中華書局1980年,第1649頁。

③ 孫希旦撰,沈嘯寰、王星賢點校:《禮記集解》,中華書局1989年,第1327頁。

④ 馬承源主編:《上海博物館藏戰國楚竹書》,上海古籍出版社2004年,第254頁。

⑤ 清華大學出土文獻研究與保護中心編,李學勤主編:《清華大學藏戰國竹簡(陸)》,第106頁。

⑥ 黎翔鳳撰,梁運華整理:《管子校注》,中華書局2004年,第868—869頁。

⑦ 清華大學出土文獻研究與保護中心編,李學勤主編:《清華大學藏戰國竹簡(陸)》,第107頁。

⑧ 劉寶楠撰,高流水點校:《論語正義》,中華書局1990年,第108—109頁。

當專指君王身邊的勞役者。㺵,整理者讀爲“价”,訓“甲也”,一說㺵乃“射”之異體,指射手。[①] 竊謂㺵當讀爲“价”訓“甲”,指甲士,又專指貼身護衛。如果把㺵看作“射”之異體,指射手,則此射手亦當是貼身護衛之善射者。所以還是前一個解釋比較全面,因爲善射之甲士也只是有特長的甲士罷了。馭,整理者謂“馭者”,[②]可從,但是當是特指專爲君王馭車者。因此“勤、力、价、(四)馭”與“朁、豎、卑、御”一樣,都是君王的四種近侍之臣,只不過“勤力价馭”是專門從事體力勞動罷了。“朁豎卑御,勤力价馭”八字表面上是武姜訓誡莊公不要培植親信黨羽,其實就是想阻止嗣君寤生培養替自己勞心勞力之近臣,從而使之坐實“孤家寡人”之名。武姜的計謀不可不謂精審。

五

> 臱(邊)父設(規)夫₌(大夫)曰:“君共(拱)而不言,加𨊠(重)于夫₌(大夫),女(汝)誓(慎)𨊠(重)君羑(葬)而舊(久)之於上三月。”(簡 12—13)

本句有兩個𨊠字,上“𨊠”字讀爲“重”,訓“任”,言委任大夫以國政。下“𨊠”字整理者亦讀爲“重”,但是訓“厚”,又云“一說‘𨊠’讀‘主’,主持”。[③] 今按,此所謂“一說”,實出自李守奎先生。李氏謂:“𨊠是個雙音符字,可以讀爲‘慎重’,也可以讀爲‘慎主’,我個人以爲在此讀爲‘主’似更合適。”[④]李守奎先生認爲“慎重”[⑤]一詞晚出,所以主张讀爲“慎主”。我們贊同李守奎先生的意見,因爲整理者把下“𨊠”字訓“厚”是不可取的。“慎𨊠(重-厚)君葬”的意思是厚葬先君鄭武公。但是據《左傳・隱公元年》、《禮記・禮器》及《禮記・雜記下》,諸侯五月而葬,左氏又云其

---

① 詳見清華大學出土文獻研究與保護中心編,李學勤主編:《清華大學藏戰國竹簡(陸)》,第 107 頁。

② 詳見清華大學出土文獻研究與保護中心編,李學勤主編:《清華大學藏戰國竹簡(陸)》,第 107 頁。

③ 清華大學出土文獻研究與保護中心編,李學勤主編:《清華大學藏戰國竹簡(陸)》,第 108 頁。

④ 李守奎:《〈鄭武夫人規孺子〉中的喪禮用語與相關的禮制問題》,第 16 頁。

⑤ 陳偉武先生以爲當讀爲慎重。“慎重”同義連言,形成聯合式形容詞,充當整句話的謂語。說亦有理,謹録此存參。

"同盟至"。楊伯峻先生謂:"然考春秋,三月而葬者多,亦有遲至六月始葬者。"[①]據《春秋經·昭公二十八年》記載,曹悼公就是停棺六月才下葬的。據本句"久之於上三月"可知鄭武公的下葬推遲了三個月,即停棺八個月才下葬。這在當時不僅久於諸侯,亦長於"七月而葬"之天子。所以既不符合禮制,又僭越了天子之禮。既然違反了禮制,怎麼還敢妄言"厚葬"呢? 另外,下文有"焉削錯於選藏之中,無措手止,殆於……爲敗,姑寧君"數語。整理者懷疑"於"字之後到"爲敗"之間可能缺一整簡。[②] 這句話大概是説衆臣皆惶惶然,到了主持武公之喪時手足無措,竟然削減了武公陪葬之器而不知,幾乎接近混亂的局面。既然陪葬之寶器削減了,就不能再稱之爲厚葬,這似乎又可以從側面證明整理者之訓"慎䵺君葬"爲"慎厚君葬"是有問題的。故"慎"也只是説對下葬之期要審慎,這其實又是衆大臣畏懼武姜的結果。總之,下"䵺"字讀爲"重"訓"厚"恐怕是有问题的。

李守奎先生認爲"䵺"是個雙音符字。陳偉武先生云:"表面看起來,雙聲符字的兩個偏旁或者同音,或者音近,無足深究。其實不然,判斷兩字同音近音須有古音知識作依據。'音近'之類猶有種種細微差别。"[③]按之古音,"童"隸定母東部,"主"歸章母侯部。聲紐同屬舌音,爲準旁紐,韻則陰陽對轉,故音理上差可言通。若此,則"䵺"讀爲"主"訓"主持"是可以的,而且文從字順。鄭武公新喪,寤生作爲將來繼承大統的嗣君應當主持父親的喪事。但是上文云"自是期以至葬日,孺子毋敢有知焉,屬之大夫及百執事",這就是説寤生根本没有治喪的權力,治喪這種人倫大事也必須由大夫們代勞。所以,我們認爲應當將本句"汝"字前的逗號换爲句號,並將句末句號改成問號,看作反問句。即"邊父規大夫曰:'君拱而不言,加䵺(重)于大夫。汝慎䵺(主)君葬而久之於上三月?'"言爾等雖慎重主持先君之喪,然爲何緩葬三月以致違禮? 如此庶幾乎可得其確詁。其實,邊父應該知道緩葬三月是武姜授意的,但他能拿太后怎麼樣呢? 只

① 楊伯峻:《春秋左傳注(修訂本)》,第16、1490頁。

② 清華大學出土文獻研究與保護中心編,李學勤主編:《清華大學藏戰國竹簡(陸)》,第108頁注[四六]。

③ 陳偉武:《雙聲符字綜論》,載氏著:《愈愚齋磨牙集:古文字與漢語史研究叢稿》,中西書局2014年,第220頁。

能責備辦事的大夫罷了。

附記：小文蒙陳偉武先生和陳師斯鵬先生審閲，在此謹向二位先生致以衷心的感謝！

（作者單位：中山大學中文系，
出土文獻與中國古代文明研究協同創新中心）

讀清華簡札記二則*

劉偉浠

一

清華簡五《湯在啻門》簡 7：

> 三月乃刑，四月乃胋，五月或收，六月生肉。（用寬式釋文表示，下同）

“胋”字，整理者注：“疑讀爲固，指胎兒穩固。”①曰古氏先生讀“骨”，認爲嬰兒成形是從内往外生長，所以成骨在生肉之前。② 陳偉先生釋爲“胄”，讀“育”。③

按：簡文“胋”作，从肉、古，呈左右結構。《集篆古文韻海》上聲虞韻收古文“胋”作，與此形同。《廣韻·姥韻》：“胋，同股。”《集韻·姥韻》：“股，《説文》：‘髀也。’或从古。”據字書所載，“胋”爲“股”之異體。“古”、“殳”聲近可互相替换，又如“羖”和“羖”，《干禄字書·上聲》：“羖，同羖。”出土文獻清華簡六《鄭文公問太伯》甲本簡 5“朌厷”，乙本作“胋厷”，即傳世典籍習見的“股肱”，可證《廣韻》所載不誤，乙

＊ 本文是 2017 年度國家社會科學基金重大項目“戰國文字詁林及資料庫建設”（項目編號 17ZDA300）、2017 年出土文獻與中國古代文明研究協同創新中心博士創新資助項目“傳抄古文與簡帛文字合證”（項目編號 CTWX2017BS030）、2018 年度國家社科基金“冷門‘絶學’和國别史等研究專項”項目傳抄古文資料全編與傳抄古文研究（項目編號 2018VJX081）的階段性成果。

① 清華大學出土文獻研究與保護中心編，李學勤主編：《清華大學藏戰國竹簡（伍）》，中西書局 2015 年，第 144 頁。

② 王寧：《釋清華簡五〈湯在啻門〉的“孕”》文後第 1 樓曰古氏評論，復旦大學出土文獻與古文字研究中心網，2015 年 4 月 18 日。

③ 陳偉：《讀清華竹簡（伍）札記（續）》，簡帛網，2015 年 4 月 12 日。

本"牯"作。曰古氏先生認爲成骨在生肉前,不妥。若按古人的理念,生肉在成骨之前,《文子·九守》:"一月而膏,二月血脉,三月而胚,四月而胎,五月而筋,六月而骨,七月而成形,八月而動,九月而躁,十月而生。"王叔岷曰:"案《御覽》引此下有注云:'血化肉,肉化脂,脂化骨。'"[1]釋"胄"於字形無據,整理者訓"穩固"可通,但不必讀"固",因"股"本有"固"義,"股"字《釋名·釋形體》訓"固也。爲强固也"。葉德炯曰:"《詩·采菽》:'赤芾在股。'箋云:'脛本曰股。'《説文》:'木下曰本脛。'本故有堅固之義。"[2]

二

清華簡七《越公其事》簡38有一句言:

> □□□而□(儥)賈焉,則劼燭(誅)之。凡市賈争訟,反背欺詒,察之而孚,則劼燭(誅)之。

對於"劼燭"一詞,整理者注:"劼,讀作'詰'。燭,从倒矢,蜀聲,疑爲裝矢之囊,與'韣'爲'弓衣'相類,或即'韣'。簡文中讀爲'誅'。詰誅,問罪懲罰。《禮記·月令》'(孟秋之月)詰誅暴慢,以明好惡',鄭玄注:'詰,謂問其事,窮治之也。'"[3]王寧先生肯定"詰誅"一説,並説"韣"是屬矢之屬專字。[4] 蕭旭先生讀作"詰躅",猶言詰責而折辱之。[5]

按:簡文"劼"作,从吉、力,"劼"又見於晉姜鼎、戎生編鐘,《集篆古文韻海》下平聲麻韻古文"嘉"作,應該也是出自晉姜鼎。文例如下:

> 劼遣我易鹵積千兩(輛),勿灋(廢)文侯顯令。
>
> (晉姜鼎,《集成》2826)
>
> 劼遣鹵積,卑(俾)譖(潛)征緐(繁)湯。
>
> (戎生編鐘,《近出一》27—34)

① 王利器撰:《文子疏義》,中華書局2000年,第119頁。

② 劉熙撰,畢沅疏證,王先謙補:《釋名疏證補》,中華書局2008年,第76頁。

③ 清華大學出土文獻研究與保護中心編,李學勤主編:《清華大學藏戰國竹簡(柒)》,中西書局2017年,第134頁。

④ 簡帛論壇·簡帛初讀:《清華七〈越公其事〉初讀》,第69樓,2017年4月28日。

⑤ 簡帛論壇·簡帛初讀:《清華七〈越公其事〉初讀》,第196樓,2017年6月19日。

兩句文例相似,"𠡦"用法也應相同,學者普遍認爲是"嘉"字。對於晉姜鼎,孫詒讓先生謂"因有事於京師,而勞我民,故王嘉遣之";郭沫若先生謂"晉公嘉晉姜之賢能,遣其出征";于省吾先生謂"嘉遣"即"嘉美而爲之用也";童書業先生謂"'嘉遣我'者,王嘉賞我也";陳連慶先生謂"嘉"即嘉獎;馬承源先生主編的《商周青銅器銘文選》直接釋作"嘉";李學勤先生謂"𠡦"是"嘉"之省體,《釋詁》訓"善";張卉、吴毅强二先生贊同李説。[①] 但又有學者提出質疑,如裘錫圭先生認爲此字應釋"𠡦",過去誤釋爲"嘉",應糾正。[②] 如果此字係"嘉"字,本从壴加聲,古屬見母歌部,而簡文讀作从吉聲之"詰",屬溪母質部,質、歌兩部遠隔,故此二説另需斟酌。

清華簡"𠡦"字形又出現幾例,爲我們加深對它的認識提供了一些綫索。簡文如下:

……王監𠡦綀(績),問前文人之恭明德。（《厚父》1）

有道樂存,亡道樂亡,此謂𠡦㱟(理)。（《子産》6—7）

《厚父》整理者引李學勤先生、馬楠女士説"𠡦"爲"嘉"之省變,"綀"讀"績"。[③] 子居先生如字讀,引《書·酒誥》、《説文》訓"慎","綀"讀"跡"。[④] 石小力先生持保留態度,説:"《厚父》'𠡦'字有可能是'嘉'之訛字,但二字形體差别較大,是否訛字還有待進一步證明。"[⑤]白於藍、吴祺

① 孫詒讓:《古籀拾遺 古籀餘論》,中華書局 1989 年,第 10—11 頁;郭沫若:《兩周金文辭大系圖録考釋(二)》,《郭沫若全集·考古編》第 8 卷,科學出版社 2002 年,第 485 頁;于省吾:《雙劍誃吉金文選》,中華書局 1998 年,第 148 頁;陳連慶:《〈晉姜鼎〉銘新釋》,《古文字研究》第十三輯,中華書局 1986 年,第 192 頁;童書業:《晉公𥂴銘"□宅京自"解》,《童書業著作集(第二卷)》,中華書局 2008 年,第 547 頁;李學勤:《戎生編鐘論釋》,《文物》1999 年第 9 期,第 78 頁;馬承源主編:《商周青銅器銘文選(四)》,文物出版社 1990 年,第 586 頁;吴毅强:《晉姜鼎補論》,《中國歷史文物》2009 年第 6 期,第 80 頁;張卉、吴毅强:《戎生編鐘銘文補論》,《考古與文物》2011 年第 3 期,第 105 頁。

② 裘錫圭:《戎生編鐘銘文考釋》,《保利藏金——保利藝術博物館精品選》,嶺南美術出版社 1999 年,第 365—374 頁。

③ 清華大學出土文獻研究與保護中心編,李學勤主編:《清華大學藏戰國竹簡(伍)》,第 111 頁。

④ 子居:《清華簡〈厚父〉解析》,清華大學出土文獻研究與保護中心網,2015 年 4 月28 日。

⑤ 石小力:《談談清華簡第五輯中的訛字》,《出土文獻》第八輯,中西書局 2016 年,第 126—127 頁。

二先生讀“懿”,訓“美”,[①]但所引有關“懿績”的傳世文獻多屬魏晉之後,不太可靠。先秦文獻似無“懿績”一詞,《厚父》屬西周文獻,[②]文辭古老,與《尚書》相當,故目前看來整理者意見爲優。“綀”讀“績”無疑,从“責”之字古文字中多作从“束”,清華簡《子儀》簡 10 有“綀”,整理者讀作“績”,[③]《芮良夫毖》簡 18“績”作“袜”,上博簡《用曰》簡 8“硃”讀作“積”,古文“積”作(海 5.28),“責”作(石 20 下)。且“嘉績”在文句中是通順的,“嘉績”一詞見於秦漢文獻,《書·盤庚下》:“用降我凶德,嘉績於朕邦。”《書·畢命》:“嘉績多於先王。”《國語·周語》:“莫非嘉績,克厭帝心。”《後漢書·宋宏傳》:“懷柔異類,莫匪嘉績。”《古列女傳·貞順傳》:“君子大之,美其嘉績。”“王監嘉績”句式猶同《書·太甲上》“天監厥德”、《書·高宗肜日》“天監下民”和《詩·大雅·烝民》“天監有周”等。

《子産》之“訪”整理者無説,王寧先生如字讀,依《爾雅》訓“固”。[④]此處用爲“嘉”仍可通,訓“善”,《左傳·桓公六年》:“嘉栗旨酒。”杜預注:“嘉,善也。”猶言“善理”、“理善”,《太平經·拘校三古文法》:“天地有劇病亂,未嘗得善理也。”《孔叢子·公孫龍》:“先生之言,於理善矣。”簡文强調道對於樂的重要性,有道樂存,無道樂亡,這是天地之理,《文選·東方朔〈答客難〉》:“遵天之道,順地之理。”《春秋繁露·堯舜不擅移湯武不專殺》:“有道伐無道,此天理也。”

《越公其事》之“訪”更可能還是當作“嘉”字,讀“加”,“嘉”本从加聲,古與“加”常通,《詩·大雅·行葦》“嘉殽”,李富孫異文釋:“董氏云:‘舊本作加殽。’”《孟子·公孫丑上》:“夫子加齊之卿相。”焦循正義:“嘉亦通加。”獸叔奂父盨:“加(嘉)賓用饗。”虢季子白盤:“王孔加

---

① 白於藍、吴祺:《清華簡〈厚父〉校釋四則》,《簡帛研究二〇一六》秋冬卷,廣西師範大學出版社 2016 年,第 7-8 頁。

② 程浩:《清華簡〈厚父〉“周書”説》,《出土文獻》第五輯,中西書局 2014 年,第 145-147 頁;黄國輝:《清華簡〈厚父〉新探——兼談用字和書寫之於古書成篇與流傳的重要性》,《清華大學學報》2016 年第 3 期,第 61—71 頁。

③ 清華大學出土文獻研究與保護中心編,李學勤主編:《清華大學藏戰國竹簡(陸)》,中西書局 2016 年,第 128 頁。

④ 王寧:《清華簡六〈子産〉釋文校讀》,復旦大學出土文獻與古文字研究中心網,2016 年 7 月 4 日。

(嘉)子白義。”“劼殰”即“加誅”,該詞傳世文獻屢見,如《淮南子·人間訓》:“子能變道則可,不能,將加誅於子。”《墨子·魯問》:“我攻鄭順於天之志,鄭人三世殺其父,天加誅焉。”《列子·説符》:“燕君甚怒,其使者將加誅焉。”《史記·張儀列傳》:“且臣奉王之節使楚,楚何敢加誅。”《韓非子·外儲説右上》記録楚莊王制定“茅門之法”的故事,原文言:

> 荆莊王有茅門之法曰:“群臣大夫諸公子入朝,馬蹄踐霤者,廷理斬其輈,戮其禦。”於是太子入朝,馬蹄踐霤,廷理斬其轔,戮其禦。太子怒,人爲王泣曰:“爲我誅戮廷理。”王曰:“法者,所以敬宗廟,尊社稷。故能立法從令,尊敬社稷者,社稷之臣也,焉可誅也?夫犯法廢令,不尊敬社稷者,是臣乘君而下尚校也。

“茅門之法”規定王公臣子入朝時,若馬蹄踐踏了門外的水坑,則由法官按規定砍斷車轅,處死車夫。有一次太子觸犯規定,而他的車夫被廷理殺掉,於是向楚莊王請求屠殺廷理。楚莊王回答,尊敬社稷並立法守法之人是不可以殺的。《説苑·至公》也叙述了同一件事,出現一句異文“安可以加誅”,“加誅”等同於“誅”;從故事語境看,“誅”即殺戮之義,“加”訓“施加”,《吕氏春秋·孝行》:“光耀加於百姓。”高誘注:“加,施也。”故事同時又透露一個信息,即觸犯王之法令,是要遭受殺戮之災的。這可和《越公其事》簡38簡文比照,前一句有殘缺,不得而知,但“加誅”用在後一句則文從字順,凡市賈發生争訟,言語不實,顛倒欺詐,被吏人發現確實如此,是要被殺戮的。與前文講“佯媮諒人則刑”(簡37)相對,欺詐鄙薄誠實之人要用刑,何況“反背欺詒”呢?“劼”若按整理者訓“問罪”,則與前句“察”語義相矛盾,既然“察之”證據是確鑿的,就不需要繼續問罪了。①

總之,《説文》、《爾雅》、《廣韻》“劼”所收三個義項“慎”、“固”、“勤”代入金文及清華簡辭例檢驗,句意生澀,難及“嘉”字通暢。最近公布的清華簡《攝命》簡1和簡30亦見“劼”字,辭例分别爲“劼姪毖攝”和“余既明啓劼毖汝”,整理者注:“‘劼毖’與簡文首句對應。《書·酒誥》‘汝劼

① 此點承陳曉聰兄告知。

毖殷獻臣’,清華簡《説命》‘余既諟劼毖汝’,皆當釋爲‘嘉告’。”①其説亦可參。就目前材料看,李學勤先生的説法爲佳。至於其字形上的差距,還需要更多新材料驗證。

後記:初稿承蒙陳偉武師批閲教正,寫作及修改過程中又與蔡一峰、梁鶴、李美辰、陳曉聰等學友交流,謹一併申謝。

(作者單位:中山大學古文字研究所,
出土文獻與中國古代文明研究協同創新中心)

① 清華大學出土文獻研究與保護中心編,李學勤主編:《清華大學藏戰國竹簡(捌)》,中西書局 2018 年,第 119 頁。

郭店楚簡《老子》"哺"字補釋*

林焕澤

郭店簡《老子》甲本33號簡有一句簡文作"攫鳥猷(猛)獸弗扣"①,簡文中"攫"字字形作"","扣"字作"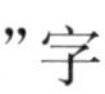"。整理小組分别隸定爲"攫"和"扣"。扣,《説文》:"牽馬也,从手口聲。"用於此處頗爲費解,整理小組認爲:"扣,疑讀作'敂'。《説文》:'擊也。'"②對於""字的解釋,目前學界有如下三種解釋:

(一)釋爲"扣"

魏啓鵬先生認爲:"扣,攻擊。《玉篇·手部》:'扣,擊也。'帛書本略同,'扣'甲本作'搏',乙本作'捕'。今本作'猛獸不據,攫鳥不搏'"。③聶中慶、劉釗二先生亦持相同看法。④

雷燮仁先生也將此字隸定爲"扣",但提出了新的解讀:"今按'扣'應讀爲'攫'。《説文·攴部》:'句讀若扣。'《目部》:'䀠讀若拘。'《走部》:'䞘讀若句。'故'扣'讀爲'攫'。"⑤

---

* 本文爲國家社會科學基金重大項目"戰國文字詁林及數據庫建設"(項目編號17ZDA300)的成果之一。

① 荆門市博物館編:《郭店楚墓竹簡》,文物出版社1998年,第113頁。

② 荆門市博物館編:《郭店楚墓竹簡》,第116頁。

③ 魏啓鵬:《楚簡〈老子〉柬釋》,《道家文化研究》第17輯,生活·讀書·新知三聯書店1999年,第232頁。

④ 聶中慶:《郭店楚簡〈老子〉研究》,中華書局2004年,238頁。

⑤ 雷燮仁:《郭店楚簡識小録》,復旦大學出土文獻與古文字研究中心網,2017年10月31日。按:雷先生所舉《説文·攴部》"句"字當爲"敂"字之誤,《説文》:"敂,擊也,从攴句聲,讀若扣。"又"劬,勞也,从力句聲。""敂"、"劬"古音屬侯部,"攫"古音屬鐸部,"䞘"雖讀若 (轉下頁)

(二) 釋 爲“拍”

黄德寬、徐在國二先生認爲:“老甲33有字作‘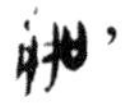’,原書隸作‘扣’。今本作‘搏’,頗疑此字乃‘拍’之誤。‘拍’、‘搏’古音近相通。《周禮·考工記》:‘搏埴之工二。’鄭注:‘搏之言拍。’”①

陳錫勇先生認爲:“凡鳥翼擊物曰‘搏’,以足取物曰‘攫’,而‘拍’者,搏也,是‘扣’者‘拍’之形訛也,‘拍’‘搏’音近義同,故通用也。”②

(三) 釋 爲“哺”

崔仁義先生徑直隸定爲哺,注云:哺,通搏。帛書《老子》甲本:“擢鳥猛獸弗搏。”③

韓同蘭先生認爲“‘’釋爲‘扌’不合適”,並作出了進一步的論證:

> “”當釋爲“甫”,則“弗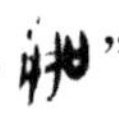”、“固”釋爲“弗哺”、“踊固”。從字形角度看,以“輔”字爲例,楚簡《太一生水》簡一、二、三等多簡皆寫作“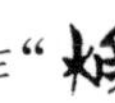”(“楠”爲輔借字),帛書《老子》甲簡五九寫作“”,輔伯鼎作“”,師嫠簋作“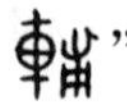”,侯馬盟書、《説文》作“”。“甫”均作“”似……簡文“哺”字借爲“搏”,“踊”字借爲“握”。④

廖名春先生徑隸作“哺”:

> “哺”、“捕”皆“搏”之同音借字,《莊子·秋水》:“捕鼠不如狸狌。”《釋文》:“捕,本又作搏。”《吕氏春秋·去宥》:“史搏而束縛之。”《列子·説符》“搏”作“捕”。⑤

鄧各泉先生亦説:“仔細觀察字形,結合帛書本、通行本,簡文隸作

(接上頁)“砌”,“攫”从“瞿”蓋會意兼聲,“敂”是否可讀爲“攫”仍有可商之處。且“攫”字已見於前文作“”,此處不用“攫”字而以“扣”替代,仍讀“攫”頗爲可疑。

① 黄德寬、徐在國:《郭店楚簡文字考釋》,《吉林大學古籍整理研究所建所十五周年紀念文集》,吉林大學出版社1998年,第100頁。

② 陳錫勇:《郭店楚簡老子論證》,里仁書局2005年,第188頁。

③ 崔仁義:《荆門郭店楚簡〈老子〉研究》,科學出版社1998年,第66頁。

④ 韓同蘭:《讀楚簡〈老子〉札記四則》,《中文自學指導》2002年第1期,第32頁。

⑤ 廖名春:《郭店楚簡〈老子〉校釋》,清華大學出版社2003年,第322頁。

‘哺’合理。”①

目前爲止，釋“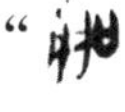”爲“扣”或者釋爲“哺”是比較主流的兩種意見。如《楚系簡帛文字編》收該字於“扣”字條下。② 過去看法將“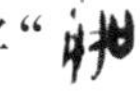”釋爲“扣”，訓爲“擊”，是將“攫鳥猷(猛)獸弗扣”理解爲“攫鳥猛獸不會攻擊”之意，但這個説法存在三個主要問題：

（一）《説文》“敂，擊也”屬於以上位詞訓下位詞，《説文》訓“擊也”之字有肈、敂、攻、敍、㓹、笞、椎、椓、伐、摽、擎、挌、打、斫，凡十四例，這些詞並非都有攻擊之義。如“笞”，《荀子·正論》：“捶笞臏脚。”楊倞注：“捶、笞，皆杖擊也。”又如“㓹”，《廣雅·釋言》：“㓹，斫也。”《左傳·昭公二十六年》：“苑子㓹林雍。”孔穎達疏：“今江南猶謂刀擊爲㓹。”《説文》雖以“擊”訓“笞”、訓“㓹”，但在上古漢語中，“笞”、“㓹”並不會用於表達“猛獸攻擊人”的意義。《説文經字正誼》云：“《禮·樂記》：‘叩之以小者則小鳴，叩之以大者則大鳴。’《史記·秦始皇紀》：‘叩關而攻秦。’《淮南·説林》：‘𠑹者叩舟。’注：‘叩，擊也。’並當以叩爲正字。”段注：“自扣叩行而敂廢矣。”③可知傳世典籍作“叩”之字實當爲“敂”。如《論語》：“以杖叩其脛。”經籍所見“叩”、“敂”諸字，均用爲敲擊之義而非攻擊之義。蔣紹愚先生在討論詞義分析時曾舉過這樣的例子：

> 上古漢語用來表達“打擊物體使之發聲”這種動作的是“敂”（常寫作“叩”或“扣”）或“攷(考)”。如“叩門”、“叩關”、“叩鐘”、“考鐘”、“考金石”等。……值得注意的是：上古漢語中絶不説“叩鼓”或“考鼓”，而只説“擊鼓”、“伐鼓”、“鳴鼓”，或者單説一個“鼓”。④

可見，在上古漢語中“敂/叩/扣”的義界是非常分明的，同樣是“打擊物體使之發聲”，在打擊對象上尚且有明確界限，更遑論會使用“敂”來表示“攻擊”義了。不唯傳世文獻如此，上博二《性情論》“金石之有聲也，弗扣不鳴”，“扣”也讀爲“敂”，義爲“敲擊”而非“攻擊”。郭店簡“攫鳥猷

① 鄧各泉：《郭店楚簡〈老子〉釋讀》，湖南人民出版社2005年，218頁。

② 滕壬生：《楚系簡帛文字編（增訂本）》，湖北教育出版社2008年，第1005頁。

③ 段玉裁：《説文解字注》，中華書局2013年，500頁。

④ 蔣紹愚：《打擊義動詞的詞義分析》，《中國語文》2007年第5期，第396頁。

(猛)獸弗〓”句,“〓”如果釋爲“扣”,則此句意爲“攫鳥猛獸不會敲擊(他)”,顯然文意不通。

(二) 簡文此章對應的是傳世文獻《老子》第 55 章,全章上半部分押魚、鐸合韻,下半部分押陽部韻,王弼本押魚、鐸韻部分文本如下:

> 含德之厚,比於赤子,蜂蠆虺蛇不螫,猛獸不據,攫鳥不搏,骨弱筋柔而握固,未知牝牡之合而全作,精之至也。終日號而不嗄,和之至也。①

韻脚字爲“螫”、“據”、“搏”、“固”、“作”、“嗄”,稍有不同的是,郭店簡《老子》“攫鳥猷(猛)獸弗〓”一句在王弼本中作“猛獸不據,攫鳥不搏”兩字,韻脚字也增加了一個。遂州道德經碑作“攫鳥猛獸不搏”,唐代敦煌寫本殘卷作“攫鳥猛狩不搏”,則保留了古本原貌。後世又有改易“蜂蠆虺蛇不螫”爲四字句者,如唐景龍碑本作“毒虫不螫”,宋刊河上公本作“毒蟲不螫”。② 但在諸多版本中,不管異文如何,所用韻脚字上古均屬魚部或鐸部。

此外,在出土文獻所見到的《老子》各版本中也如此。

馬王堆帛書《老子》甲本作:

> 逢(l)螺地弗螫,擢鳥猛獸弗搏,骨弱筋柔而握固,未知牝牡之□而□[怒],精之至也。終日號而不发。③

乙本作:

> 蠭廛虫蛇弗赫,據鳥孟獸弗捕,骨弱筋柔而握固,未知牝牡之會而朘怒,精之至也。冬日號而不叩,和[之]至也。④

北大簡《老子》押韻部分作:

> 蠭蠆虺蛇弗赫,猛獸擢鳥弗搏,骨弱筋柔而搵固,未智牝牡之合

---

① 王弼注,樓宇烈校釋:《老子道德經注校釋》,中華書局 2008 年,第 145—146 頁。

② 諸版本異文據朱謙之:《老子校釋》,中華書局 2000 年,第 219 頁。

③ 裘錫圭主編,湖南省博物館、復旦大學出土文獻與古文字研究中心編:《長沙馬王堆漢墓簡帛集成》,中華書局 2014 年,第 5 頁。

④ 裘錫圭主編,湖南省博物館、復旦大學出土文獻與古文字研究中心編:《長沙馬王堆漢墓簡帛集成》,第 197 頁。

而狻怒,精之至也。終日號而不嚘,和之至也。①

而郭店簡此章押韻部分作:

䖵(螝)蠆蟲它(蛇)弗蠚(螫),攫鳥猷(猛)獸弗扣,骨溺(弱)堇(筋)秝(柔)而捉固,未智(知)牝戉(牡)之合芴惹,精之至也。終日䖒而不惪,和之至也。②

對照郭店簡可發現,出土文獻各版本中,除“終日䖒而不惪”句之外,其他句皆入韻。

而在以上各版本異文中,“攫鳥猷(猛)獸弗扣”句在其他諸版本中均無作“扣”者,如果將“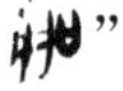”釋爲“扣”,則郭店簡《老子》與後世諸版本之間的演變難以説清,且“扣”屬侯部字,與簡文其他諸句韻不協。

(三)戰國文字“手”及从手諸字主要有兩種形體,如下:

A1 包山 186“搼”③ A2 包山 169“抾”

A3 璽彙 3259④

B1 包山 97“捭” B2 郭店·緇衣 7“担”

B3 郭店·五行 45“手”⑤

B4 清華六·鄭武夫人規孺子 11“拜”⑥

可以看到,戰國文字“手”有繁簡兩種形體,A 類與《説文》小篆相近或相同,有時上端曲筆向左另成斜撇,如 A1,有時在下半部分加一橫畫作

① 北京大學出土文獻研究所編:《北京大學藏西漢竹書(貳)》,上海古籍出版社 2012 年,第 48 頁。

② 荆門市博物館編:《郭店楚墓竹簡》,第 113 頁。

③ 湖北省荆沙鐵路考古隊:《包山楚簡》,文物出版社 1991 年,第 162、155 頁。爲行文方便,下文所引用包山楚簡字形均見此書,不再一一注出。

④ 羅福頤主編:《古璽彙編》,文物出版社 1981 年,第 305 頁。爲行文方便,下文凡引用《璽彙》均見此書,不再注出。

⑤ 荆門市博物館編:《郭店楚墓竹簡》,第 17、34 頁。爲行文方便,下文凡引用郭店簡字形均見此書,不再一一注出。

⑥ 清華大學出土文獻研究與保護中心編,李學勤主編:《清華大學藏戰國竹簡(陸)》,中西書局 2016 年,第 32 頁。

爲飾筆,如 A2,在璽印文字中由於空間布局因素,手形的上部無曲筆,如 A3。B 類與《説文》古文形體相近,兩側均加飾筆,已經看不出手指的象形,其上常類化爲匕形,如 B3、B4。而在這幾種形體中,没有一種形體與“”字所从之“”相近,即是説,“手”字未見有兩側飾筆連爲一畫者。因此郭店簡《老子》甲篇的“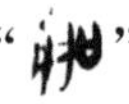”所从的“”不太可能釋爲“手”,而“”也不當爲“扣”。

二

通過多方面的分析,可以認定“”字不宜釋爲“扣”,我們認爲“”實當爲“甫”形的異體,“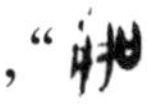”字仍當釋爲“哺”。

“甫”字甲骨文作(合 20219)、(合 20117),[①]象草木長在田地上,至西周早期時,在一部分字形中,其所从的“中”形就已經變形聲化爲“父”形,而“田”形也類化爲“用”形,如(集成 9052)。戰國文字的“甫”字已經没有从中在田上的字形,但是“甫”的這種形體仍然保留在尃及从尃諸字中,並衍生出多種異體,如:

C1 璽彙 3634“轉”　貨系 2471“尃”[②]

C2 集成 285 叔夷鎛“尃”[③]　幣考 125“博”[④]

C3 包山 26“鄟”

D1 上博六·競公瘧 8“縛”[⑤]　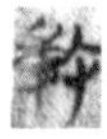包山 135“敷”

---

① 劉釗:《新甲骨文編》,福建人民出版社 2014 年,第 212 頁。

② 湯志彪:《三晉文字編》,作家出版社 2013 年,第 439 頁。

③ 中國社會科學院考古研究所編:《殷周金文集成(修訂增補版)》,中華書局 2007 年,第 342 頁。按此爲摹本,同篇銘文中他字皆無省形,唯此處省去竪筆,疑摹本此字有誤,或原銘此字殘泐,但在从尃諸字中亦可見省去竪筆者。故録於文中,以供參考。爲行文方便,下文凡引《集成》字形均見此書,不復注出。

④ 何琳儀:《古幣叢考》,安徽大學出版社 2002 年,第 125 頁。

⑤ 馬承源主編:《上海博物館藏戰國楚竹書·六》,上海古籍出版社 2007 年,第 25 頁,下文引《上博六》字形亦出此書,不復注出。

D2 包山 176“尃” 上博四·昭王毁室 4“塼”①

D3 上博六·競公瘧 4“塼”

《説文》:“尃,布也,从寸甫聲。”戰國文字“尃”或从“寸”或从“手”,並無分别,上半所从“甫”形仍然保留了與甲骨文相同的形體,如 C1 類,有時在田旁加一斜筆,如 C3。有趣的是,有時候“田”形會省去竪筆,訛爲“日”形,如 C2 類。也有一些从“尃”之字上部變形聲化爲“父”形,如 D1 類。同樣地,這樣結構的字也有增加斜筆的異體(D2 類)及“田”形訛爲“日”形的異體(D3 類)。何琳儀指出:“‘尃’旁中間‘田’形亦可省作‘曰’形,除上引秦陶文‘博’字外,還可參見‘惠’字的異體關係:(王孫鐘)、(王孫誥鐘),因此尖足布‘博’右旁中間从‘曰’形也並不奇怪。”②不過,“事”字也有一些中間繁化爲“田”形的異體,如倗卣(集成 5366)作“”,三年大將弩作“”,③與“尃”字相訛混。限於篇幅,這裏不再展開討論。

與“尃”及从“尃”諸字不同的是,戰國文字“甫”字下所从的“田“則已經類化爲“用”,在“甫”及从“甫”諸字里有如下一系列字:

E1 包山 175“補” 包山 145“郙”

E2 清華二·繫年 105“甫”④ 郭店·太一 2“補”集成 9735 中山王方壺“輔”

E3 郭店·太一 1“補”

E4 清華六·管仲 7“補” 包山 226“郙”

① 馬承源主編:《上海博物館藏戰國楚竹書·四》,上海古籍出版社 2004 年,第 36 頁,下文引《上博四》字形亦出此書,不復注出。

② 何琳儀:《古幣叢考》,第 121 頁。

③ 蔡運章:《論新發現的一件宜陽銅戈》,《文物》2000 年第 6 期,第 78 頁。

④ 清華大學出土文獻研究與保護中心編,李學勤主編:《清華大學藏戰國楚簡(貳)》,中西書局 2011 年,第 221 頁。

E5 陶彙 3 · 1195“補”①

E1 類字形,上从父聲,其下所从的“用”發生了簡化,與本文所討論的“”下半完全相同。這類“甫”字可以分析爲从“用”省从“父”得聲。在 E2 類裏,簡省的“用”形下部又加了一撇一捺作爲飾筆,更有進一步繁化者如 E4。而在 E3 中,我們可以看到“補”的右旁上半部分與本文所討論的“”完全相同,區别僅在於 E3 的“甫”加了飾筆,而“”未加飾筆。在“甫”的諸多異體中,可以看到有無增加飾筆並無分别。應該注意的是,郭店簡的“補”字,如 E4 作,相比 E2 的“補”作,其右上角的“父”形簡省了手的象形筆畫,僅剩折筆。這種簡省爲折筆的形體只在郭店簡中看到,但出現了不止一次,應該是書手的個人習慣所致。同理,我們認爲“”所从的“”係書手習慣書寫而出的“甫”,其相近的形體正與 E1 所舉包山簡的“”、“”一樣。

三

此前已有許多前輩學者提出將“”釋爲“哺”,如崔仁義、韓同蘭、廖名春、鄧各泉等。前文已經分析,“”釋爲“哺”在字形上是可靠的,但這一説法之所以未被廣泛接受,與郭店簡此節上下文的字形有關。簡文中“攫”字字形作“”,“扣”字作“”,“捉”字作“”,所从部件相似,而如果將“”所从也定爲“甫”,則“”當釋“踊”。對此,韓同蘭認爲:“‘踊’字借爲‘握’。”但是,“踊”从“甫”得聲,“甫”屬幫紐魚部,“握”屬影紐屋部,“捉”屬精紐屋部,無論讀“捉”或讀“握”,韻雖然屬於旁對轉,聲紐却仍較遠,欠缺説服力。

竊以爲“攫”作“”,所从之“”確係“甫”旁,前文已經提及,戰國文字的手旁並無兩側飾筆連爲一畫者,“”斷不會是“手”。在前舉“甫”字各異體中,並無从匕者,但“甫”字訛變从匕不無可能。在前文所列“手”形諸異體中,可以看到,担字作“”,所从手旁也有作“”者,我們認爲“甫”旁也可能發生這樣的變化,在“”的基礎上,折筆訛變爲匕

① 高明:《古陶文彙編》,中華書局 1990 年,第 314 頁。

形。包山楚簡的一系列字爲我們這一看法提供了證據。

F1 包山 133

包山 133 的"搏"字,其上父形額外多出一筆,訛爲匕形,但這種訛變也可能是受該字左旁"手"形的結構影響。

F2 包山 228　F3 包山 232　F4 包山 239

F5 包山 242

以上四字,在包山簡中均釋爲"郙",與前舉 E4 中包山 226 的"郙"爲異文對照關係,在簡文中讀爲"巴",或説"郙""即古國名,故址在今河南上蔡附近"。[①] 可以看到,F3 當釋爲"郙"無疑,與 E4 的"郙"不同的是,其右上部折筆又多了一畫,使得右上部與"匕"形相似。F2、F4、F5,就隸定而言,當隸定爲"鄟",之前整理者受前後異文影響,將以上四字皆隸定爲"郙",不妥。在前文的字形分析中,我們已經指出,戰國文字的"甫"並不从田,但从"田"形的"甫"存在於"尃"及相關諸字中,F2、F4、F5 三個字,就字形上看,其右半確係加了飾筆的"尃",且其"父"構件均有所訛變。"鄟"字又見包山 26,作"",地名爲"鄟昜"。又《貨系》4265 著録的楚金版""字,《貨系》釋爲專,誤,何琳儀先生指出當爲"尃",並讀爲"郙",[②]確爲高見。現在看,《貨系》4265 的"尃",與包山簡的"郙"、"鄟",當爲同一地名。

值得注意的還有 F4 的"鄟"字,在"父"形訛變爲"匕"形的基礎上,又與下半部分的飾筆結合,進一步訛變爲"虍"形,"虍"屬曉紐魚部,曉紐與幫組字關係密切,可以視爲在訛變基礎上的又一次變形聲化。

從上述字形可以看到,"甫"字的"父"形訛變爲"匕"形如""確實存在,因此""當隸定爲"䑋","䑋"、"攫"均是由"矍"字分化而來,"攫"是由"矍"字增添意符;而"䑋"則是增添聲符,是"攫"字的異體。其中"甫"是加注的聲符,"甫"爲幫紐魚部字,"攫"爲見紐鐸部字,魚鐸旁

① 劉信芳:《包山楚簡解詁》,藝文印書館 2003 年,第 242 頁。
② 何琳儀:《古幣叢考》,第 232 頁。

轉。出土文獻中常有一些幫系字和見系字發生關係,如郭店簡《窮達以時》的"匿"讀爲"浦"、"古"讀爲"父",金文中常用"匿"爲"簠",又如本文討論的這段《老子》裏的"𥝖"字,用"矛"、"求"作爲雙聲符,而這種現象通常出現在魚、幽、宵等部,"甫"與"攫"正屬此列。

""字不當依韓同蘭先生隸爲"踊",過去對""的分析,一直認爲是从""和"",其左旁""與前文所討論的"甫"形相似,但""釋"捉"應該無可置疑。但"捉"的左旁何以作""? 這裏提出兩種思路以供參考。

1. ""當分析爲从""、"",""、""均爲楚文字常見的"足"形寫法。""爲不加飾筆的"手"形寫法,如包山183"抾"字作"",與此相同。細察""字最左竪筆,痕迹很淺,若有若無,在彩色圖版的郭店簡中,"捉"字作"",①左旁並無竪筆。可能""字左邊的陰影並非墨迹。那麽,""字从""、""聲,自然可以説得通。

2. 如果把左旁陰影認爲是殘存的墨迹的話,""之从""也可能是隨文類化的結果,同篇《老子》的35—36號簡也有這種情況,其中一段文字作"身與貨簹(孰)多? 貣(持)與貣(亡)簹(孰)疠? 甚悉必大竇(費),厚贇(藏)必多貣(亡)"。其中"持"和"亡"受"貨"、"竇"、"贇"等字的影響,均類化爲从貝,同樣地,""也可能是受到前文"䴇"和"哺"的影響,導致形旁"手"發生類化。因此""仍當釋"捉"爲妥。

"哺"可讀"捕"或讀"哺",訓爲"捕捉",《説文》:"搏,索持也。"段注:"搏捕二字皆收,……今則捕行而搏廢也,但訓爲搏擊。"可知"搏"、"捕"是古今字的關係,"搏"的"捕捉"義位到後代已經消失,僅剩"擊"這一義位。《周禮·地官·司虣》:"則搏而戮之。"孫詒讓正義:"搏,猶今言捕也。"古籍中所見的搏、捕異文中,"搏"常訓爲"捕捉",而"捕"亦有用爲"搏擊"義者。又《史記·李斯列傳》:"盜跖不搏。"司馬貞《索隱》:"搏,攫也,取也。"《老子》此句前云"攫鳥",此處用"捕捉"義比"搏擊"義更貼切。又今本《老子》第五十章云:"蓋聞善攝生者,陸行不遇兕虎,入軍不披甲兵,兕無所投其角,虎無所措其爪,兵無所容其刃。"揣測《老子》

① 彭浩主編:《郭店楚墓竹簡》,湖北美術出版社2002年版,第10頁。

文意,此處攫鳥猛獸,大抵即猛虎鷙鳥之類,而五十章云“無所措其爪”,與“弗捕”文意更爲相稱。但讀“哺”亦可通,陳偉武師於《潮汕方言詞考釋續貂》一文中提到:“哺,字亦作餔,《楚辭·漁父》:‘衆人皆醉,何不餔其糟而啜其釃?’字亦作噂,《説文》:‘噂,噂集,噍貌(據段玉裁校改)。’噍就是嚼。”[①]“哺”用在這裏也可疏通文意。

綜上,郭店簡《老子》的這句話可以隸定爲“䧢鳥猷獸弗哺”。與馬王堆帛書《老子》、北大簡《老子》、唐代敦煌寫本殘卷、遂州道德經碑的文本正一脉相承。“䧢”讀爲“攫”,指兇猛的鳥,“哺”讀“捕”、“哺”皆可,“䧢鳥猷獸弗哺”在這裏意思即“兇禽猛獸不會捕食(含德之人)”。

(作者單位:中山大學中文系,出土文獻與中國古代文明研究協同創新中心)

① 陳偉武:《〈潮汕方言詞考釋〉續貂》,《汕頭大學學報》1997第6期。

讀北大漢簡《儒家説叢》第一章

劉樂賢

《北京大學藏西漢竹書(叁)》共收録《周馴》、《趙正書》、《儒家説叢》、《陰陽家言》等四篇文獻。[①] 其中《周馴》和《趙正書》篇幅較大,目前所見討論的文章也已經較多。《儒家説叢》和《陰陽家言》的篇幅較小,討論的文章也很少見。有鑒於此,我們最近重點研讀了《儒家説叢》的第一章,現將其中一些需要討論的問題寫出來向大家請教。

一、簡 文 補 釋

整理者已經指出,《儒家説叢》第一章"所記之事又見《晏子春秋·内篇雜上》、《説苑·敬慎》"。爲便於比較,這裹先將整理者的釋文與兩種傳世文獻的記載列爲一表:

《儒家説叢》	……過齊桓公。桓公問焉曰:"子何年少,得國之親(新),失之之速也?"對曰:"始我爲秦[②]一……衆,而矯怫(拂)我者寡也。辟(譬)若秋蓬之美其支(枝)葉而惡其根萁(基)也,見時風至而厥(蹷)矣。"桓公召二管子而問之曰:"夫子有志若此,予之國,尚能椄(接)乎?"管子曰:"否(否)否(否),不然。臣聞之,愚者自慧,三不宵(肖)者多悔,惑(惑)者不問其路,弱(溺)者不問其遂也。辟如臨戰乃鑄兵,饐(噎)而後鑿(鑿)井,僂則僂四……[③]

① 北京大學出土文獻研究所編:《北京大學藏西漢竹書(叁)》,上海古籍出版社2015年。

② 整理者在注釋中指出此處"秦"字是"泰"的訛寫,可從。

③ 北京大學出土文獻研究所編:《北京大學藏西漢竹書(叁)》,第211頁。

續　表

《晏子春秋》	魯昭公棄國走齊,齊公問焉,曰:"君何年之少,而棄國之蚤? 奚道至于此乎?"昭公對曰:"吾少之時,人多愛我者,吾體不能親;人多諫我者,吾志不能用;好則内無拂而外無輔,輔拂無一人,諂諛我者甚衆。譬之猶秋蓬也,孤其根而美枝葉,秋風一至,根且拔矣。"景公辯其言,以語晏子,曰:"使是人反其國,豈不爲古之賢君乎?"晏子對曰:"不然。夫愚者多悔,不肖者自賢,溺者不問墜,迷者不問路。溺而後問墜,迷而後問路,譬之猶臨難而遽鑄兵,噎而遽掘井,雖速亦無及已。"①
《説苑》	魯哀侯棄國而走齊。齊侯曰:"君何年之少而棄國之蚤?"魯哀侯曰:"臣始爲太子之時,人多諫臣,臣受而不用也;人多愛臣,臣愛而不近也。是則内無聞而外無輔也。是猶秋蓬惡於根本而美於枝葉,秋風一起,根且拔矣。"②

整理者在注釋中,已經對三篇文獻提到的人物及其時代作了簡略的比較和概括:"《晏子春秋》以其事在齊景公時,魯昭公走齊,景公賢之,晏子以爲不然。《太平御覽·百卉部四》引《晏子》作魯哀公,《説苑》則作魯哀侯事。簡文繫於齊桓公及管子時,與上述傳世文獻所見不同。'過齊桓公'者因簡殘而未知其人,案與齊桓公同時的魯公,未有與簡文所言相合者。簡文藉事説理,不必坐實。"③

三篇文獻提到的人物及其時代雖然並不一樣,但這些人物之間的對話,即這三篇文獻所要表達的想法及其使用的字詞却頗有共同之處,適合於進行比較研究。實際上,整理者在考釋簡文時已經充分參考了《晏子春秋》和《説苑》的記載。

整理者對簡文的考釋已經較爲詳備,我們拜讀之後,覺得只有幾個小的地方或可稍作補充。

1. 第二號簡的"根萁"

第二號簡"辟(譬)若秋蓬之美其支(枝)葉而惡其根萁也"的"根萁",整理者讀作"根基",抱小認爲應讀爲"根荄":

① 吴則虞:《晏子春秋集釋(增訂本)》第263頁,國家圖書館出版社2011年。
② 向宗魯:《説苑校證》第260頁,中華書局1987年。
③ 北京大學出土文獻研究所編:《北京大學藏西漢竹書(叁)》,第211頁。

> 案草木多言根荄,此"萁"即可讀爲"荄",凡从其从亥之字聲近而相通,《廣雅·釋草》:荄,根也。(詳參王念孫《廣雅疏證》,中華書局,1983年,337頁。)①

整理者讀"根萁"爲"根基",在語音通假方面並無不妥,但"根基"一般不用於描述草木之類的植物,故此説與簡文語境不合。抱小讀"根萁"爲"根荄",可信。根荄,古書亦作"根核"、"根垓",指植物之根,切合簡文語境。《群書治要》引《晏子春秋》,其相關文句作"譬之猶秋蓬也,孤其根荄,密其枝葉",②正是"根荄"和"枝葉"相對爲文,證明抱小之説甚確。古書還有以"根荄"與"枝葉"相對爲文者,如《文子·符言》"故羽翼美者傷其骸骨,枝葉茂者害其根荄,能兩美者,天下無之",③也可以爲此説提供佐證。

2. 第二號簡的"厥"

第二號簡"見時風至而厥矣"的"厥",整理者注釋説:"'厥',通'蹷'。《左傳》襄公十九年'是謂蹷其本',杜預注:'蹷,猶拔也'。"

整理者讀"厥"爲"蹷",可從。整理者引杜預説訓"蹷"爲"拔",大概是受到今本《晏子春秋》和《説苑》作"拔"的影響。"拔"的常見用法,是指拔出或拽出。後文將要引述的程瑶田、王念孫意見已經説明,秋蓬遭遇秋風時是"折而非拔也"。今本《晏子春秋》和《説苑》的"拔",如果理解成拔出或拽出的"拔",顯然不符合事理。同樣,如果將簡文的"蹷"訓釋爲表示拔出或拽出的"拔",也不合理。整理者所引《春秋左傳》襄公十九年"是謂蹷其本"的"蹷"字,杜預訓爲"拔",孔穎達則將其理解爲"倒"。孔穎達説:"蹷者,倒也。樹倒必拔根,故云'蹷,猶拔也'。"④今按:古書"蹷(蹶)"字的常見用法是表示顛仆或跌倒,孔穎達的意見頗有道理。《説文解字》:"蹷,僵也。"段玉裁注:"僵,僨也。《方言》:'跌,蹷也。"⑤

① 抱小:《讀〈北京大學藏西漢竹書(叁)〉(一)》,復旦大學出土文獻與古文字研究中心網,2015年11月17日,http://www.gwz.fudan.edu.cn/Web/Show/2645。

② 本文所引《群書治要》爲《四部叢刊》影印本,《晏子春秋》在該書第三十三卷。後文引述《群書治要》時不一一出注,其文本可參看本文附録。

③ 王利器:《文子疏義》,中華書局2000年,第197頁。

④ 十三經注疏整理委員會編:《春秋左傳正義(十三經注疏)》,北京大學出版社2000年,第1106頁。

⑤ 段玉裁:《説文解字注》,上海古籍出版社1988年,第83頁。

《春秋左傳》昭公二十三年:"武城人塞其前,斷其後之木而弗殊,邾師過之,乃推而蹷之,遂取邾師,獲鉏、弱、地。"楊伯峻注:"蹷亦作蹶。推欲斷之樹木使之仆倒。襄十九年《傳》'是謂蹷其本'孔《疏》:'蹶者,倒也。'"[①]《群書治要》引《晏子春秋》,其相關部分作"春氣至,僨以揭也",也有助於説明,簡文此處"蹷"字正是用其表示"倒"的常用義。

上文所引《春秋左傳》襄公十九年"是謂蹷其本"的"蹷"字,杜預訓爲"拔",孔穎達進一步解釋説:"蹷者,倒也。樹倒必拔根,故云'蹷,猶拔也'。"孔穎達用"樹倒必拔根"來溝通"拔"與"蹷"的仆倒義,恐怕不能讓人信服。杜注如果是用"拔"來訓釋表示仆倒義的"蹷",則此處"拔"字不可能是表示拔出或拽出的"拔"。今按:杜注此處"拔"字,可能是"跋"的通假。[②] 古書"拔"、"跋"二字通假的例子較多。《詩·豳風·狼跋》,《經典釋文》説"跋"字"或作拔"。[③]《詩·大雅·皇矣》"無然畔援"鄭箋"畔援,猶拔扈也",《經典釋文》説"拔"字"或作跋"。[④]《文選·西京賦》"緹衣韎韐,睢盱拔扈",李善注:"拔與跋古字通。"[⑤]《隸續》卷十一《武都太守耿勳碑》"經營拔涉",洪适説碑文"以拔爲跋"。[⑥] "跋"與"蹷"義近。《説文解字》:"跋,蹎也。"段玉裁注:"跋,經傳多叚借'沛'字爲之,《大雅》、《論語》'顛沛'皆即'蹎跋'也。《毛傳》:'顛,仆。沛,拔也。''拔'同'跋'。《豳風》'狼跋',亦或作'拔'。"[⑦]《詩·大雅·蕩》:"人亦有言,顛沛之揭。"毛傳:"顛,仆。沛,拔也。"馬瑞辰通釋:"沛即跋之同聲假借。《説文》:'跋,蹎也。'顛沛即顛跋也。馬融《論語》注:'顛沛,僵仆也。'《後漢書·伏湛傳》章懷注:'顛沛,猶僵仆也。'樹之僵仆曰顛沛,人之僵仆亦曰顛沛,其義一也。"[⑧]可見,"拔(跋)"與"厥(蹷)"意思相近。整理者如果是將簡文的"厥(蹷)"訓爲表示僵仆義的"拔(跋)",則與上述訓"厥(蹷)"爲仆倒的説法實際上是一樣的。

---

① 楊伯峻:《春秋左傳注》,中華書局 1990 年,第 1441—1442 頁。

② 此説蒙孟蓬生先生啓發,謹此致謝。

③ 陸德明:《經典釋文》,中華書局 1983 年,第 74 頁。

④ 陸德明:《經典釋文》,第 92 頁。

⑤ 梁統編,李善注:《文選》,中華書局 1977 年,第 45 頁。

⑥ 洪适:《隸釋·隸續》,中華書局 1985 年,第 393 頁。

⑦ 段玉裁:《説文解字注》,第 83 頁。

⑧ 馬瑞辰:《毛詩傳箋通釋》,中華書局 1989 年,第 945 頁。

3. 第三號簡的“夫子”

第三號簡“夫子有志若此”句,因字詞都甚爲常見,故整理者未加注釋。

“夫子”古書習見,多用於對他人的尊稱。簡文中齊桓公在與管仲交談時,是否會對那位“失國者”用這樣的敬稱,是值得懷疑的。《晏子春秋》作“使是人反其國”,其“是人”並非敬稱,或可作爲參考。今按:古書“夫”字有時用作代詞,可以訓爲“此”或“彼”。①《禮記·檀公上》:“夫夫也,爲習於禮者,如之何其裼裘而弔也?”鄭玄注:“夫夫,猶言此丈夫也。”②《楚辭·九歌·少司命》:“夫人兮自有美子,蓀何以兮愁苦?”朱熹集注:“夫人,猶言彼人,如《左傳》之言‘不能見夫人’也。”③而“子”字,古書有時也可以訓爲“人”。《詩·邶風·匏有苦葉》:“招招舟子,人涉卬否?”毛傳:“舟子,舟人,主濟渡者。”陳奐説:“‘舟子’爲‘舟人’,猶之‘榜人’、‘涉人’耳。”④《後漢書·酷吏列傳·陽球》:“時中常侍王甫、曹節等奸虐弄權,扇動外内,球嘗拊髀發憤曰:‘若陽球作司隸,此曹子安得容乎?’”⑤因此,簡文的“夫子”可以訓爲“此人”,相當於《晏子春秋》“使是人反其國”的“是人”。這樣理解,或許更貼近簡文中齊桓公的口氣一些。

4. 第三號簡的“有志”

從簡文的敘述看,第三號簡“夫子有志若此”句的“有志”,似乎也不是其常見用法。古書“有志”,多表示“有志向”或“有志氣”的意思。簡文中那位“失國者”對齊桓公所説的話,似乎不是在表現志向或顯示志氣,而是在認真分析自己“失國”的原因。所以,齊桓公不大可能從談話中得出此人有志氣的印象。《春秋左傳》昭公二十六年:“宣王有志,而後效官。”王引之認爲,這裏的“有志”是有心知(智),有知識的意思。他還提到,這裏的“志”也可以讀爲“識”。⑥ 王念孫在解釋《荀子·榮辱》“知

① 參看楊樹達:《詞詮》,中華書局1978年,第34—35頁。
② 鄭玄注,孔穎達正義:《禮記正義》,上海古籍出版社2008年,第292頁。
③ 朱熹:《楚辭集注》,上海古籍出版社1979年,第39頁。
④ 陳奐:《詩毛氏傳疏》,商務印書館1934年,第68—69頁。
⑤ 范曄:《後漢書》,中華書局1965年,第2499頁。
⑥ 王引之:《經義述聞》,江蘇古籍出版社2000年,第467頁。

命者不怨天,怨天者無志”時,認爲“無志”的“志”應當讀爲“知識”的“識”。[①] 上述簡文的“有志”,也應當讀爲“有識”。齊桓公從談話中感到這位“失國”者對自己失敗的原因已經有清醒的認識,因而在與管仲談話時稱此人“有志(識)”,即認爲此人頭腦清醒或者説頗有見識。這樣解讀,或許更符合簡文語境一些。

5. 第四號簡的“饐”

第四號簡的“饐而後鑿井”,整理者將此句讀作“噎而後鑿井”。“鑿”字也見於《石門頌》、《九成宮碑》、《幽州范縣令楊基墓志》等漢唐碑刻,是“鑿”的異寫。[②] 此句《晏子春秋》作“噎而遽掘井”,説明整理者的釋讀確有根據。

《晏子春秋》“噎而遽掘井”中的“噎”字,以往學者的看法並不一致,這裏有必要稍作介紹。俞樾在校讀《晏子春秋》時説:“掘井與噎無涉,《説苑·雜言篇》作‘譬之猶渴而穿井’。”[③]他在校讀《墨子·公孟》“今子曰‘國治則爲禮樂,亂則治之’,是譬猶噎而穿井也,死而求醫也”一段時,也談到了這個問題:“《晏子春秋·雜上篇》‘噎而遽掘井’,《説苑·雜言篇》作‘譬之猶渴而穿井’,‘渴’字較‘噎’爲勝,疑此文亦當作‘渴’。因‘噎’字古作‘饐’,《漢書·賈山傳》‘祝饐在前’,師古曰‘饐,古噎字’是也。形與‘渴’微似,故‘渴’誤爲‘噎’。”[④]但畢沅的看法與俞樾不同,畢沅説:“《説文》云:‘噎,飯窒也。’飯窒則思飲。”[⑤]

俞樾以“饐(噎)”、“渴”字形微近,因而推斷“饐(噎)”是“渴”的訛寫,理由頗爲牽强。“饐(噎)”、“渴”字形並不相近,訛誤的可能性很小。因此,孫詒讓在注釋《墨子》時不用俞説而從畢説。[⑥] 張純一也持同樣看法,並解釋説:“蓋飯窒而噎,飲水可止,古有是喻。”[⑦]蕭旭列舉了更多類似材料後也認爲,“畢沅説是也,不必强合”。[⑧] 北大漢簡的整理者讀

① 王念孫:《讀書雜志》,江蘇古籍出版社 2000 年,第 645 頁。
② 秦公、劉大新:《廣碑别字》,國際文化出版公司 1995 年,第 810 頁。
③ 俞樾:《諸子平議》,中華書局 1954 年,第 136 頁。
④ 俞樾:《諸子平議》,第 209 頁。
⑤ 畢沅注:《墨子》,《墨子大全(第一編)》,北京圖書館出版社 2002 年,第 11 册第 327 頁。
⑥ 孫詒讓:《墨子閒詁》,中華書局 2001 年,第 456 頁。
⑦ 張純一:《晏子春秋校注》,中華書局 2014 年,第 257 頁。
⑧ 蕭旭:《〈説苑〉校補》,《群書校補》,廣陵書社 2011 年,第 551 頁。

“饐”爲“噎”,也是采用了畢沅等人的意見。畢沅等人不將“噎”、“渴”聯繫起來解讀,俞樾雖然已經將二者聯繫起來,但仍然從字形訛誤的角度解釋,其共同原因,可能在於他們認爲“噎”、“渴”二字不存在音近通假的可能。但是,也有一些學者從“噎”、“渴”二字音近通假的角度肯定並修正俞説,如吴闓生説:“噎、渴蓋通用,不煩改字。‘陰噎’之爲‘陰喝’,是其證也。”[①]吴毓江認爲,“俞、吴説較長。‘渴’字本作‘㵣’,皆从曷得聲,古音在曷部。‘噎’字古音在屑部,聲轉甚近。渴思飲,其事相連。飯窒思飲,義較迂曲”。[②] 後來一些研究古音通假的學者,也已經將上述“噎”與“渴”二字看作音近通假關係。[③] 孟蓬生在論述《莊子·在宥》的“喬詰”即《韓詩外傳》的“橋褐”時,明確指出“吉聲、曷聲古音相通”。他除舉出上述“噎”、“渴”二字爲異文的例子以外,還提到《文選·射雉賦》“眄箱籠以揭驕”徐爰注“《楚辭》‘揭驕’,字作‘拮矯’”。[④] 白於藍也持“噎”、“渴”通假之説,並據以讀銀雀山漢簡《論政論兵之類·將德》1205 號簡的“食饑餂”爲“食飢渴”。他還補充了《集韻·薛韻》“揭,舉也。或作担拮”,《集韻·祭韻》“餲,《説文》‘飰餲也。’……或作饐”兩則異文材料。[⑤] 從這些情況看,“噎”、“渴”二字音近通假的可能性,也是不能輕易排除的。

6. 第四號簡的“僂”

第四號簡末尾的“僂則僂”,整理者注釋説:“僂,《公羊傳》莊公二十四年‘夫人不僂’,何休注:‘疾也,齊人語。’此句《晏子春秋》作‘噎而遽掘井,雖速亦無及已’,可證簡文‘僂’是疾、速之義。”

---

① 轉引自吴毓江:《墨子校注》,中華書局 1993 年,第 719 頁。今按:吴闓生所謂“‘陰噎’之爲‘陰喝’”,可能與《後漢書·竇融列傳》的一段記載有關。《後漢書·竇融列傳·曾孫憲》:“後肅宗駕出過園,指以問憲,憲陰喝不得對。”李賢注:“陰喝猶噎塞也。陰音於禁反,喝音一介反。或作‘鳴’,音烏故反。”(范曄:《後漢書》,第 812 頁)但《後漢書·竇融列傳》及李賢注都没有出現過“陰噎”,“陰噎”連用似乎不見於古書,吴氏之説待考。

② 吴毓江:《墨子校注》,第 719 頁。

③ 參看高亨:《古字通假會典》,齊魯書社 1989 年,第 514 頁;張儒、劉毓慶:《漢字通用聲素研究》,山西古籍出版社 2002 年,第 821 頁。

④ 孟蓬生:《〈莊子·在宥〉“喬詰卓鷙”試解——兼釋“叨懫”與“饕戾”》,《歷史語言學研究》第五輯,商務印書館 2012 年,第 28 頁。

⑤ 白於藍:《銀雀山漢簡[貳]校讀六記》,《簡帛》第十輯 ,上海古籍出版社 2015 年,第 236 頁。

今按：古書从“婁”得聲的字除“僂”以外,“屢”和“數”也可以訓“疾”或“速”,如《爾雅·釋詁》“肅、齊、遄、速、亟、屢、數、迅,疾也”。[①] 整理者的意見可信。从“婁”聲的“數”與从“束”聲的“速”等字古音相近,有的學者也將它們看作音近通假關係。[②] 因此,也可以考慮將簡文的“僂”字直接讀爲“速”。

二、簡文與《晏子春秋》校讀

以往學者在校讀《晏子春秋》時,對今本《晏子春秋》、《説苑》及其在類書中引文的異同,已經作過不少討論。這篇簡文的出土,既爲校讀《晏子春秋》提供了新的依據,也爲解决以往争議中的一些问題帶來了新的綫索。下面試舉幾例略作分析,希望能够引起大家對這篇新資料的關注和重視。

今本《晏子春秋》“魯昭公棄國走齊”句的“棄國”,王念孫曾校正爲“失國”。他説:“‘棄國’,本作‘失國’,此後人依《説苑·敬慎篇》改之也。《群書治要》及《藝文類聚·草部下》、《太平御覽·百卉部四》竝作‘失國’。”[③]今按：簡文雖然殘缺開頭一段文字,但從後文齊桓公“子何年少,得國之親(新),失之之速也”的問話推測,開頭一段中作“失國”的可能性較大。因此,也可以説簡文的出土在一定程度上能够支持王念孫的校改。

今本《晏子春秋》“譬之猶秋蓬也,孤其根而美枝葉,秋風一至根且拔矣”一段,王念孫認爲應從《群書治要》引文作“孤其根荄,密其枝葉,春氣至,僨以揭也”：

> 案：《群書治要》作“孤其根荄,密其枝葉,春氣至,僨以揭也”。僨,仆也。揭,蹶也(《大雅·蕩篇》:“顛沛之揭。”)。秋蓬末大而本小,故春氣至,則根爛而仆於地。《類聚》、《御覽》竝作“孤其根本,密其枝葉”,今本云云,亦後人以《説苑》竄改。《説苑》作“惡於根本而

① 郝懿行:《爾雅義疏》,上海古籍出版社 1983 年,第 133 頁。
② 參看高亨:《古字通假會典》,第 358 頁;張儒、劉毓慶:《漢字通用聲素研究》,第 271 頁。
③ 王念孫:《讀書雜志》,第 545 頁。

美於枝葉,秋風一起,根且拔矣"。程氏易疇《通藝録》曰:"蓬之根孤,而枝葉甚繁,既枯則近根處易折,折則浮置於地,大風舉之,乃戾於天,故言飛蓬也。《説苑》言拔,蓋考之不審矣。曹植詩云:'吁嗟此轉蓬,居世何獨然。'又云:'願爲中林草,秋隨野火燔。糜滅豈不痛,願與根荄連。'可見蓬轉而飛,不得與根荄連,是折而非拔也。司馬彪詩云:'秋蓬獨何辜,飄颻隨風轉,長飇一飛薄,吹我之四遠。搔首望故株,邈然無由返。'若蓬遇風而拔,則故株隨枝而逝,安得云'搔首望故株邪'?"念孫案:程説甚核。又案《晏子》作"孤其根荄密其枝葉","密"與"孤"正相對。《説苑》作"惡於根本,美於枝葉",美與惡亦相對,今本《晏子》作"孤其根而美枝葉","美"與"孤"不相對,兩用《晏子》、《説苑》之文,斯兩失之矣。[1]

這裏面牽涉好幾個問題,下面逐一進行分析:

王念孫認爲今本《晏子春秋》的"孤其根而美枝葉"應從《群書治要》作"孤其根荄,密其枝葉",並作了詳細的論證。今按:上文已經將《群書治要》引文的"根荄"與簡文的"根萁(荄)"互證,説明王念孫的校改確有道理。《説苑》作"根本","根本"與簡文及《群書治要》引文的"根荄"一樣,也可以指植物的根部。今本《晏子春秋》作"根","根"雖然也可以用來指植物的根部,但與後面的"枝葉"不甚對稱,故應從《群書治要》引文校作"根荄"。

王念孫認爲,今本《晏子春秋》"孤其根而美枝葉"中的"孤"與"美"不是對文,應從《群書治要》作"孤其根荄,密其枝葉","孤"和"密"才能形成對文關係。對於這一問題,後來還有學者作過一些討論。如黄以周認爲,"古人文字多以相錯見義,此文當以'孤其根而美枝葉'爲正。根言孤,以見枝葉之密,枝葉言美,以見根之惡,諸書之引欲取文字正對,以意改爾"。[2] 劉師培認爲,"'孤'者,'窳'之叚字,'窳'亦惡也","'窳其根者',猶言'惡其根'也,故《説苑》以'惡'代'窳'"。[3] 劉師培的"孤"、

① 王念孫:《讀書雜志》,第544—546頁。

② 黄以周:《晏子春秋校勘》,《黄式三黄以周合集》,上海古籍出版社2014年,第14册第254頁。

③ 劉師培:《晏子春秋補釋》,《劉申叔遺書》,江蘇古籍出版社1997年,第868—869頁。

“窳”通假只是猜測,並無確證。黄以周“相錯見義”之説也只是臆測,“諸書所引欲取文字正對,以意改爾”則明顯與事實不符。簡文作“美其支(枝)葉而惡其根萁(荄)”,與《説苑》一樣,亦以“美”、“惡”相對爲文。這雖然不能完全證實《晏子春秋》一定是以“孤”、“密”相對爲文,但至少説明王念孫的思路是合理的,應當得到重視。

王念孫還引述程瑶田之説,以説明今本《晏子春秋》的“秋風一至根且拔矣”不合事理,應據《群書治要》校作“春氣至,僨以揭也”。黄以周也認爲:“‘根且拔矣’,當依《治要》作‘僨且揭’①。《説文》:‘僨,僵仆也’,‘揭,高舉也’。蓬至秋既仆於地,大風舉之,終高戾於天,程説是也。”②今按:王念孫等人指責今本《晏子春秋》和《説苑》作“根且拔(跋)矣”不合事理,是建立在他們認爲“拔”是表示拔出或拽出這一常用義的基礎之上。如上文所述,如果將“拔”字看作“跋”的通假,則今本《晏子春秋》和《説苑》作“根且拔(跋)矣”也是文通字順。因此,王念孫等人據《群書治要》將此處改作“僨以揭也”雖有其合理之處,但也不能説今本作“根且拔(跋)矣”一定不能成立,更不能説《説苑》作“根且拔(跋)矣”也有問題。今簡文作“見時風至而厥(蹷)矣”,“厥(蹷)”與上述傳世本的“僨”、“拔(跋)”用字不同,但都意思相近。對這類異文的處理,恐怕還是謹慎一些爲好。

今本《晏子春秋》“夫愚者多悔,不肖者自賢”一段,學者間頗有不同看法。俞樾説:“按‘愚者多悔’與‘不肖者自賢’,兩意不倫。《説苑·雜言篇》載越石父曰‘不肖人自賢也,愚者自多也’,即本《晏子》之言。疑此文本作‘愚者自多’,傳寫奪‘自’字,淺人妄補‘悔’字耳。”③劉師培説:“案《御覽》七百四十一引‘悔’作‘侮’,義較長。”④于省吾説:“按俞説殊誤。下云‘溺者不問墜,迷者不問路’,即承‘不肖者自賢’而言。‘溺而後問墜,迷而後問路,譬之猶臨難而遽鑄兵,噎而遽掘井,雖速亦無及已,即從‘愚者多悔’而言。兩段文義較然,俞説未照。”⑤從簡文“愚者自慧,不宵(肖)者多悔”等句看,俞樾和劉師培的猜測顯然不對。于省吾對文意

① 今按:《群書治要》作“僨以揭也”。

② 黄以周:《晏子春秋校勘》,《黄式三黄以周合集》,第14册第254頁。

③ 俞樾:《諸子平議》,第136頁。

④ 劉師培:《晏子春秋校補》,《劉申叔遺書》,第846頁。

⑤ 于省吾:《雙劍誃晏子春秋新證》,《雙劍誃諸子新證》,中華書局2009年,第226頁。

的理解,似大致可從。比較而言,今本《晏子春秋》這一段文句明顯不及簡文清晰易懂。

今本《晏子春秋》"溺而後問墜"句的"墜",王念孫曾校讀爲"隊"。王念孫説:"案:'墜'本作'隊'。'隊'與'隧'同。《廣雅》曰:'隊,道也。'《大雅·桑柔》傳曰:'隧,道也。'溺者不問隊,謂不問涉水之路,故溺也。'不問隊','不問路',其義一而已矣。《荀子·大略篇》'迷者不問路,溺者不問遂',楊倞曰;'遂,謂徑隧,水中可涉之徑也。'是其證。後人誤以隊爲顛墜之墜,故妄加土耳。《群書治要》正引作'溺者不問隧'。"[①] 蘇輿説:"'墜'當依《荀子》作'遂'。《詩·載馳篇》'大夫跋涉',《釋文》引《韓詩》曰:'不由蹊遂而涉曰跋涉。'《淮南子·修務訓》高注:'不從蹊遂而涉曰跋涉'二'遂'字與此義同。作'墜'者,蓋誤文。"[②]蘇時學則認作"墜"不誤,並解釋説"'墜'猶'坎陷也'"。[③] 今簡文作"弱(溺)者不問其遂也",與王念孫等所引《荀子·大略篇》一段接近,説明王念孫、蘇輿等人的意見是正確的。

以上根據簡文所作分析,説明王念孫依據的《群書治要》等類書的引文確有可取之處,有助於校訂今本《晏子春秋》的一些傳寫訛誤。但是,也不能説《群書治要》等類書的引文一定比今本可靠。例如,上述《群書治要》引文中的"春氣至"就未必可信。此處簡文作"見時風至",今本《晏子春秋》作"秋風一至",《説苑》作"秋風一起"。從描述的主角是"秋蓬"看,簡文、今本《晏子春秋》及《説苑》的記載都能够講通,唯《群書治要》引文作"春氣至"最不合理。由此可見,《群書治要》的引文也未必處處可信,同樣需要仔細鑒别。

附録 《群書治要》(《四部叢刊》影印本)第三十三卷《晏子春秋·雜上》引文

魯昭公失國走齊,齊景公問焉,曰:"子之遷位新,奚道至于此乎?"昭公對曰:"吾少之時,人多愛我者,吾體不能親;人多諫我者,

① 王念孫:《讀書雜志》,第546頁。

② 轉引自吴則虞《晏子春秋集釋(增訂本)》,第266頁。

③ 蘇時學:《爻山筆話》卷四·十三,清同治三年羊城味經堂刻本。

吾志不能用。是以内無弼,外無輔,輔弼無一人,諂諛我者甚衆。譬之猶秋蓬也,孤其根荄密其枝葉,春氣至,僨以揭也。”景公以其言語晏子,曰:“使是人反其國,豈不爲古之賢君乎?”晏子曰:“不然。夫愚者多悔,不肖者自賢。溺者不問隧,迷者不問路。譬之猶臨難而遽鑄兵,噎而遽掘井,雖速亦無及。”

附記:本文撰寫前蒙蘇建洲先生告知《儒家説叢》第一章的最新研究動態,完稿後經劉大雄學棣細心校對,又蒙孟蓬生、蘇建洲先生指正,謹此一併致謝。

(作者單位:首都師範大學歷史學院)

帛書《周易》用字及相關語音問題研究*

葉玉英

近年來,利用出土文獻研究漢語上古音得到了音韻學界和古文字學界的認可和關注,因爲出土文獻有着傳世文獻所没有的兩個優勢:其一,時代性和地域性都十分明確;其二,傳世材料經歷代傳抄,其中有不少内容是以訛傳訛的産物。雖然也有一部分出土文獻也存在傳抄問題,但利用古文字材料還是可以釐清的。馬王堆帛書文獻即屬這類。《馬王堆帛書文獻集成》(以下簡稱"《馬集成》")由一批古文字學者歷經多年努力整理出版,爲學術界提供了一大宗寶貴的研究資料。筆者在使用《馬集成》進行古音研究的時候却遇到一個問題,即《馬集成》中既有秦漢文字,又夾雜着楚文字,那麽我們是否可以用它來研究楚方言呢?顯然,我們首先應該釐清《馬集成》中的楚文字成分。如果不分清楚就用來説明古音問題,可能就會出現偏差。本文是對帛書《周易》(以下在表明字例出處時簡稱"馬")楚文字的梳理,並在此基礎上討論一些相關的古音問題。

一、帛書《周易》中的楚文字

1. 迵(馬1下/4下)——用(今本)

帛書《周易》"用"有時寫作"迵"。"迵"僅見於楚文字,作""(郭店楚簡·老子甲27),在楚文字中用作"通"。馬王堆帛書《周易·繫辭》、《衷》、《要》仍有"迵"用作"通"的例子(9上/10上)。

* 本文寫作得到國家社科基金項目"古文字異部諧聲通假與上古音研究"(14BYY099)、國家社科基金重點項目"16批戰國楚簡諧聲通假資料庫建設與上古音研究"(17AYY013)的資助。

2. 羅(馬,上博三《周易》〔以下簡稱“上博”〕56)——離(阜陽漢簡《周易》〔以下簡稱“阜陽”〕、今本)

今本《周易》“離”字,帛書《周易》“離”皆作“羅”。上博三《周易》亦作“羅”。清華簡四《筮法》中“羅”皆當讀作“離”。阜陽漢簡《周易》作“離”。秦文字“羅”作“”(睡虎地秦簡 · 日書乙 17),“離”字作“”(關沮周家臺秦簡 51 貳);楚文字“羅”作“”(上博三 · 周易 56)“”(清華二 · 繫年 100)。楚文字未見“離”字,故楚文字皆假借“羅”爲“離”。帛書《周易》用“羅”爲“離”,是保存了楚文字的用字特點。

3. 少(上博、馬)——小

楚文字“小”皆作“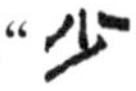”,即“少”。學者早已指出用“少”爲“小”是戰國楚人用字的習慣。① 上博三《周易》皆用“少”爲“小”。帛書《周易》有時用“少”爲“小”,如 5 上“少(小)有言”,21 下“少(小)得”,35 上“少(小)過”,59 下“少(小)吝”,73 上“少(小)亨”,84 上“少(小)畜”等;有時則不用,如 26 下“小人”,66 上“小子”,76 上“小事”。

4. (笑)

帛書《周易》“笑”字作“”(7 下),从“艸”从“犬”。上博三《周易》“笑”字亦从“艸”从“犬”作“”(簡 42)。“笑”最早見於楚簡,且未見於戰國他系文字。曾憲通先生認爲“笑”本从“犬”、从“艸”得聲。後人不明“艸”爲聲符,又因古文字偏旁从“艸”从“竹”義近每互作,故易“艸”爲“竹”作義符,訛“犬”爲“夭”作聲符。② 楚簡“笑”字又作“”(上博五 · 競建内之 8),从“犬”、“兆”聲。

5. 頫(上博 27)——胑(馬 61 下)——輔(今本)

今本《周易》“上六: 咸其輔頰舌”之“輔”字,帛書《周易》作“”,从“肉”、“父”聲,可隸作“胑”。上博三《周易》作“”,从“頁”、“父”聲,可隸作“頫”。阜陽漢簡《周易》作“父”(簡 159)。“胑”字還見於包山楚簡,作“”(簡 255),在簡文中用作“肉脯”之“脯”。

① 中山大學古文字研究室楚簡整理小組:《江陵望山一號楚墓竹簡考釋》,《戰國楚簡研究(三)》,1977 年油印本,第 14 頁。

② 曾憲通:《楚帛書文字新訂》,載氏著:《古文字與出土文獻叢考》,中山大學出版社 2005 年,第 53—54 頁;原載《中國古文字研究》第一輯,吉林大學出版社 1999 年,第 94 頁。

6. 溽(馬 1 上)——潛

今本《周易·乾》"潛龍勿用"之"潛"字,帛書《周易》作"",可隸作"溽",即"浸"。馬王堆帛書《十問》"浸"字作""(80)。楚文字"浸"字作""(郭店楚簡·語叢二 17)、""(上博一·性情論 18)。

7. 佰(上博 37)——宿(馬 39 上)——夙(今本)

今本《周易·解》"有攸往,夙吉"之"夙"字,帛書《周易》作"",上博三《周易》作"",可隸作"佰","佰"即"宿"之省體。楚簡"夙"字又作""(上博二·民之父母 8),可隸作"迺。禤健聰先生指出以"佰"、"迺"記寫"夙"是楚簡的用字習慣。①

8. 曹(馬 2 上)——彙(今本)

今本《周易·否》"初六:拔茅茹,以其彙"之"彙"字,帛書《周易》作"",即"曹"字。"曹"字見於包山楚簡,作""(竹簽 6)。

9. 䛵(馬 69 下)——醜(今本)

今本《周易·離》:"上九:王用出征,有嘉折首,獲匪其醜"之"醜"字,帛書《周易》作"",可隸作"䛵"。"䛵"見於楚簡,作""(清華一·耆夜 6),在楚文字中用作"讎"。

10. 救(馬 80 上)——仇

今本《周易·鼎》"九二:鼎有實,我仇有疾"之"仇"字,帛書《周易》作"",可隸作"救"。"救"字見於中山王譽鼎,作"",在鼎銘中亦用作"仇"。楚簡記寫"仇"的字是"戟",作""(清華一·耆夜 6)、""(包山 138 反)。

11. 欽(上博 26/27、馬 61 上/61 下)——咸(今本)

今本《周易·咸》中的"咸"字,上博三《周易》皆作"欽",帛書《周易》亦皆作"欽"。"欽"通"咸"亦見於睡虎地秦簡《效律》簡 11。簡文曰:"縣料而不備者,咸書其縣料也之數。"

12. (鳿)

今本《周易·漸》"初六:鴻漸於干"之"鴻"字,帛書《周易》作""(86 上),上博三《周易》作""(簡 50)。

① 禤健聰:《戰國楚系簡帛習慣用字研究》,科學出版社 2017 年,第 310 頁。

13. (暮)

今本《周易 · 夬》:"九二: 惕號,莫夜有戎"之"莫"字,帛書《周易》作""(57下),字還見於《出行占》,作"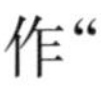"(33),可隸作"夢"。"夢"字从"夕"从"莫",來自楚文字,是楚人爲{暮}這個詞而造的字。楚簡"夢"作""(包山楚簡63)、""(新蔡葛陵楚簡甲三57)、""(清華二 · 繫年58)。包山簡"夢"字用作人名。新蔡簡、《繫年》"夢"則用來記寫{暮}。新蔡簡簡文"小臣成夢生早孤",清華簡《繫年》簡文"宋公爲左盂,鄭伯爲右盂,申公叔侯知之,宋公之車夢駕,用抶宋公之御"。

14. 层(尸)

今本《周易 · 師》"六三: 師或輿尸"之"尸"字,帛書《周易》作""(50上),上博《周易》作""(簡7)。""可隸作"层",""可隸作"殍"。"层"爲典型的楚文字,在楚簡中用作月名。楚月名"荆层"、"夏层"之"层"作""(包山楚簡2.228)。

15. 肥(馬10上)——腓(今本) 肥(馬41上)——配(今本)

今本《周易 · 艮》"六二: 艮其腓"之"腓"字,豐卦"初九: 遇其配"之"配"字,帛書《周易》皆作"肥"。今本《周易 · 遯》"上九: 肥遯"之"肥"字,上博三《周易》作""(簡31),帛書《周易》亦作"肥"(3上)。今本《周易 · 咸》"六二: 咸其腓"之"腓",帛書《周易》作"",从"足"、"肥"聲。

16. 湯(馬90下)——狄(今本)

今本《周易 · 渙》"上九: 渙其血,去狄出"之"狄"字,帛書《周易》作""。信陽楚簡1.1簡文曰:"[周]公戠然作色曰:'易,夫賤人格上則刑戮至。'"李家浩先生認爲簡文"易"可能是申徒狄。①

17. (禝)

今本《周易 · 離》"九三: 日昃之離"之"昃"字,帛書《周易》作""(69上),可隸作"禝"。"禝"爲"禝"之訛。"禝"爲楚文字"社稷"之"稷"。楚簡"禝"字作""(上博四 · 柬大王泊旱18)。阜陽漢簡《周易》作"昃"(簡155)。

① 李家浩:《從曾姬無卹壺銘文談楚滅曾的年代》,《文史》第33期,中華書局1990年,第17頁尾注⑦。

18. 荑(68 上)——稊(今本)

今本《周易·大過》"九二：枯陽生稊"之"稊"字，帛書《周易》作""，即"荑"字。"荑"字見於楚文字，未見於秦文字。楚文字"荑"字作""(楚璽，文物 1988.6)、"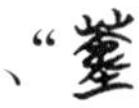"(包山楚簡 2.85)

19. (贛)

今本《周易·習坎》中"坎"字在帛書《周易》中皆作"贛"(21 上、21 下)。這是沿襲了楚文字的寫法。楚文字"贛"字作""(上博二·魯邦大旱 3)、"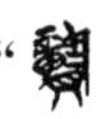"(上博五·弟子問 1)，在楚簡中多用作子貢之"貢"。

20. 紛(馬 69 下)——焚(阜陽 157、今本)

今本《周易·離》"九四：突如其來如，焚如"之"焚"字，帛書《周易》作"紛"，阜陽漢簡《周易》作"焚"。"紛"字見於楚文字，未見於秦文字。楚文字"紛"字作""(郭店楚簡·老子甲 27)。楚文字亦假借"焚"爲"紛"，如上博《恒先》："業業天地，焚焚(紛紛)而(4)多彩物(8)。"

21. 繩(86 下)——孕(今本)

馬王堆帛書《周易·漸》"九三：鴻漸於陸……婦繩不猷"之"繩"字，今本與之對應的字是"孕"。"繩"字見於楚文字，作"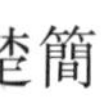"(包山楚簡 M2 牘 1)。

22. 閩(馬 17 下/27 下)——婚(今本)

闅(馬 76 上)——昏(阜陽 183)——婚(今本)

今本《周易·賁》"六四：賁如皤如，白馬翰如。匪寇，婚媾"，《屯》"六二：屯如邅如，乘馬班如，匪寇，婚媾"，《睽》"上九：睽孤……匪寇，婚媾"。《賁》、《屯》中的"婚"字，帛書《周易》作"閩"；《睽》中的"婚"字，帛書《周易》作""，字从"莫"、"門"聲，可隸作"闅"。阜陽漢簡《周易》作"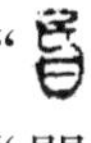"，即"昏"字，字从"民"聲。"莫"爲楚文字爲記寫{暮}而造的字，"闅"亦當來自楚文字，乃楚文字爲"黄昏"之"昏"而造的專字。楚簡"聞"字作""(包山楚簡 130 反)。馬王堆帛書《春秋事語》："吴子餘蔡觀舟，閩(閽)人殺之。(86)""閩"假借爲"閽"。戰國楚方言"聞"、"婚"、"昏"的聲母都是 *m-。帛書《周易》"婚"字寫作"閩"、"闅"，阜陽漢簡《周易》作"昏"，都是楚人用字習慣的孑遺。

23. 梯(馬 9 上)——柅(上博、今本)

今本《周易 · 姤》“初六: 繫於金柅”之“柅”字,上博三《周易》亦作“柅”,帛書《周易》作“梯”;今本《周易 · 大過》“九二: 枯陽生稊”之“稊”,帛書《周易》作“荑”(68 上),阜陽漢簡《周易》作“苐”(簡 141)。“荑”來自楚文字。這表明在楚方言中“梯”的聲母是*l̥-,“稊”的聲母是*l-。上博《周易》和今本《周易》作“柅”是因爲連讀音變,即“梯”的聲母*l̥-受“進”的韻尾*-n的影響變作*n-。

24. 杅(馬 88 上)——虞　華(馬 27 下)——虞

今本《周易 · 中孚》“初九: 虞吉”,帛書《周易》作“杅”;今本《周易 · 屯》“六三: 即鹿无虞”,帛書《周易》作“華”。馬王堆帛書《養生方》:“今人□□□□□□□□□□□□□□□□□□□□□我須眉既化(208/207)”,“化”當讀作“華”。這應該是楚文字的用字習慣。楚文字“華”作“”(上博一 · 孔子詩論 9),从“于”聲。郭店楚簡《緇衣》“《君陳》云:‘出入自爾師于’”之“于”,上博一《緇衣》作“雩”(簡 20)。“于”、“雩”皆當讀爲“虞”。鄭張尚芳先生擬“化”的上古音爲*hŋwraal。“華”、“于”、“杅”在戰國楚方言中讀作*hŋwraa。

二、帛書《周易》中的楚文字用例的性質及其對於古音研究的價值和意義

綜上所述可見,帛書《周易》中確有一些楚文字用例,馬王堆帛書其他篇目也有同樣的情況。在古音研究中,我們應該怎麽看待這些用例呢? 首先,有證據表明帛書《周易》爲漢代抄本。上博《周易 · 師》“上六: 大君子有命,啓邦承家,小人勿用(8)”,其中“邦”字,在帛書《周易》改成“國”,這顯然是爲了避劉邦之諱。阜陽漢簡《周易》則仍作“邦”,再从阜陽漢簡《周易》{罪}這個詞記作“罪”而不是“辠”來看,阜陽漢簡《周易》的抄寫年代當爲秦代;其次,我們認爲,這些楚文字用例是由於抄手原是楚地人,還不能非常熟練地使用秦漢文字,所以在抄寫過程中受潛意識的影響而用了楚文字。因此這些用例只能看作楚人用字習慣的孑遺。在古音研究中,只能用來研究戰國秦漢的楚方言,而不能用來説明漢代的語音狀況。如帛書《周易》用“閩”、“闅”來記寫{婚},只能説這是戰國甚至秦

漢楚方言的語音中有清鼻音,但不能説漢代雅言中還有清鼻音;又如用“迥”來記寫{用},不能説“迥”的聲母在漢代已經塞化,只能説“迥”的聲母在戰國甚至秦漢楚方言中還沒有塞化。

三、帛書《周易》中的秦漢文字所反映的語音問題

1. 憂(馬 2 下)——羞(阜陽 51,今本)

今本《周易·否》“六三:包羞”之“羞”字,阜陽漢簡《周易》與今本同,帛書《周易》則作“”,即“憂”字。馬王堆帛書《周易·恒》有“羞”字,作“”(43 下)。楚文字“羞”字作“”(上博三·中弓 26),从“心”、“脜”聲;或假借“脜”爲之,如上博五《季庚子問於孔子》:“肥从有司之後,一不知民務之焉在,唯子之貽脜。(1)”上博六《用曰》:“違衆孽諫,脜聞惡謀。(17)”清華一《皇門》:“毋作祖考脜哉!(13)”以上諸例“脜”皆當讀爲“羞”。“脜”在楚簡中又用作“擾”或“柔”。如《皇門》簡 4—5:“百姓萬民用罔不脜比在王庭。”清華三《説命下》:“余脜遠能邇,以益視事,弼永延,作余一人。(2—3)”因此,戰國楚方言中“羞”的聲母當擬爲 *sn-。然而,從帛書《周易》“羞”可假借“憂”爲之來看,秦漢雅言中“羞”的聲母當擬爲 *sq-。

2. 嬬(馬 37 上)——須

今本《周易·歸妹》“六三:歸妹以須”之“須”字,帛書《周易》作“”,即“嬬”字。“嬬”字《説文》大徐本注音爲“相俞切”,小徐本爲“四於反”,段玉裁《説文解字注》亦爲“相俞切”。宋本《玉篇》“如殳切”,《廣韻》“人朱切”。《説文》、《廣韻》“須”的注音都是“相俞切”。從帛書《周易》“嬬”與“須”的對應關係來看,“嬬”的上古聲母當爲 *sn-,後分化爲心母和日母兩種讀音。今本作“須”,當爲“嬬”變成心母字後才出現的通假用例。

3. 所(馬 16 下/5 上)——御(上博、今本)

上博三《周易》“上九:击蒙;不利爲寇,利御寇(1)”、“初六,不出御事(4)”,其中“御”字在馬王堆帛書本《周易》中皆作“所”。郭店楚簡《尊德義》第 24 號簡有字作“”,可隸作“㪇”。簡文曰:“爲邦而不以禮,猶

吙之无策也。”陳劍先生認爲“吙”當讀作“御”。①《説文》“所,伐木聲也。从斤,户聲。《詩》曰:‘伐木所所’”,今本《詩經 · 小雅 · 伐木》作“伐木許許”,斯坦因和伯希和所藏敦煌《詩經》殘卷皆作“伐木滸滸”。“滸”的上古音爲送氣清鼻音**ŋ̊^{h}aaʔ。“所”在戰國秦漢時期的讀音當擬爲*sŋaʔ。

4. 芨(上博 51)——茉(馬 41 下)——沬(今本)

今本《周易 · 豐》“九三:豐其沛,日中見沬”之“沬”字,帛書《周易》作“茉”,上博三《周易》對應的字作“芨”。白一平-沙加爾系統擬“芨”的上古音爲*m-p^{ʕ}[a]t。此可爲之佐證。

5. 容(馬 7 上)——戎(阜陽 56、今本)

容(馬 18 下)——欲(今本)

今本《周易 · 同人》“九三:伏戎于莽”之“戎”字,阜陽漢簡《周易》亦作“戎”,帛書《周易》作“容”;今本《周易 · 頤》“六四:顛頤,吉。虎視眈眈,其欲逐逐”之“欲”,帛書《周易》作“容”。楚簡“容”字作“”(上博六 · 景公瘧 11)、“”(上博二 · 從政甲 6)、“”(上博七 · 凡物流形),皆从“公”聲,可知戰國楚方言中“容”的聲母是*ɢ-;秦簡“容”字作“”(睡虎地秦簡 · 日書甲 31 背叁)。大徐本《説文》:“容,从宀、从谷”,小徐本和段注皆作“从宀,容聲”。睡虎地秦簡《爲吏之道》:“寬俗(容)忠信,和平毋怨,悔過毋重。”可見“容”在秦文字中本从“谷”聲。“容”和“欲”的上古聲母本皆爲*ɢ-,“俗”爲*sɢok。從帛書《周易》來看,“容”、“欲”皆已變成以母字。在漢初的方言中,*n-、*l-不分,故“容”與“戎”可通假。

5. 腸(馬 31 上)——鬯(今本)

今本《周易 · 震》“震驚百里,不喪匕鬯”之“鬯”字,帛書《周易》作“腸”。楚文字“腸”字作“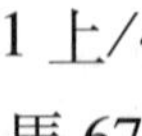”(包山楚簡 2.166),秦文字作“”(關沮周家臺秦簡 310),皆从“肉”、“昜”聲。“腸”的上古聲母最初爲*l'-,不過,從帛書《周易》用例來看,“腸”至遲在漢初已塞化,變成定母字。

6. 卿(上博 2/16/18/20/23/26/28/30/42/53/54)——亨(馬 22 上/66 上/20 上/8 上/11 下/61 上/43 上/3 上/59 上/73 上/90 上、今本)

亯(上博 17)——芳(馬 67 上)——亨(阜陽 79、今本)

① 陳劍:《郭店簡〈尊德義〉和〈成之聞之〉的簡背數字與其簡序關係的考察》,載氏著:《戰國竹書論集》,上海古籍出版社 2013 年,第 211 頁。

芳(馬 13 上/62 下/63 上/70 上/92 下)——亨(今本)

今本《周易》“亨”字,帛書《周易》亦作“亨”,而上博《周易》則多作“卿”;今本《周易·隨》“上六:拘係之乃從。維之,王用亨于西山”之“亨”字,阜陽漢簡《周易》亦作“亨”,而上博三《周易》作“亯”,帛書《周易》則作“芳”;今本《周易·損》“二簋可用享”,今本《周易·困》“九二:困于酒食,朱紱方來,利用享祀……九五:乃徐有説,利用享祀”,今本《周易·大有》“九三:公用享于天子”,今本《周易·益》“六二:或益之……,王用享于帝”,諸“享”字在帛書《周易》對應的都是“芳”字。新蔡葛陵楚簡“〔老〕童、祝融、穴熊芳(享)屯一☐(甲三 35)”,“芳”字作“”,假借爲“享”。“芳”字未見於秦文字。睡虎地秦簡《日書》甲種《歲》篇“紡月”(簡 112 正壹)與九店楚簡《太歲》中的“亯月”(簡 77)對應。這表明戰國秦漢時期“亯”、“享”、“亨”與“芳”、“紡”音近。睡虎地秦簡《日書》甲種《詰》篇簡 37 背貳、66 背貳、33 背叁中“享”字皆用作“烹”。“亯”、“享”、“亨”在戰國秦漢的語音中有 *m̥- 和 *m̥^{h}- 兩個音位變體。其中清鼻音 *m̥- 在聽覺上很接近 p^{h}-,故“亯”、“享”、“亨”可與“芳”、“紡”通假。“亯”與“享”、“亨”、“烹”都是一字分化。① “亯”字見於甲骨文,作“”(甲骨文合集 13619)。“享”字最早見於睡虎地秦簡,作“”(33 背叁),“亨”字最早見於《説文》“亯”字下所收篆文,作“”。“烹”則是 *m̥- 演變成 *ph- 後才造的新字;“亯”、“亨”、“享”中古變成曉母字,是經歷了 *m̥^{h}- > *h- 的變化。《説文》“亯”字下收徐鉉注音有“許兩切”、“普庚切”、“許庚切”三個,可資佐證。

7. 由(上博 22)——遂(逐,馬 11 上)——逐(今本)

覿(上博 52、今本)——遂(逐,42 上)

攸(上博 25)——笛(馬 18 下)——逐(今本)

浴(上博 44)——瀆(馬 29 下)——谷(今本)

今本《周易·大畜》“九三:良馬逐”之“逐”,上博三《周易》作“由”,帛書《周易》作“遂”;今本《周易·豐》“上六:豐其屋……三歲不覿”之“覿”,上博三《周易》亦作“覿”,帛書《周易》作“遂”;今本《周易·頤》

① 參看曾憲通:《“亯”及相關諸字研究》,載氏著:《古文字與出土文獻叢考》,中山大學出版社 2005 年,第 87 頁。

“六四：顛頤……其欲逐逐”之“逐”，上博三《周易》作“攸”，帛書《周易》作“笛”；今本《周易 · 井》“九二：井谷射鮒”之“谷”，上博三《周易》作“浴”，帛書《周易》作“瀆”。馬王堆帛書常以“遂”爲“逐”，以上兩例中“遂”皆當爲“逐”。鄭張尚芳先生將“逐”、“笛”、“覿”、“瀆”的上古聲母都擬爲 *l'-，從帛書《周易》的用例來看，“逐”、“笛”、“覿”、“瀆”聲母在漢初還没有塞化爲 *t-。

8. 豚(豚，上博 30)——掾(馬 3 上)——椽(阜陽 164)——遯(今本)

今本《周易 · 遯》“九三：係遯”之“遯”，上博三《周易》作“豚”，帛書《周易》作“掾”，阜陽漢簡《周易》作“椽”。上博“豚”當爲“豚”之“誤”。“掾”字見於睡虎地秦簡，作“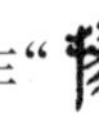”(效律 52)。鄭張尚芳先生擬“掾”的上古音爲 *lons，“椽” *l'on，“豚” *duun，“遯” *duuns。從馬王堆帛書和阜陽漢簡《周易》的用字來看，“豚”、“遯”的上古音聲母皆當爲 *l' -。

8. 勒(馬 3 上/64 上下)——革(上博 30/47、今本)

勒(馬 21 下)——棘(今本)

革(馬 36 上)——戒(今本)

今本《周易 · 遯》“六二：執之用黄牛之革”以及《革》卦中的“革”字，上博三《周易》亦作“革”，帛書《周易》則皆作“勒”；今本《周易 · 習坎》“上六：係用徽纆，寘于叢棘”之“棘”字，帛書《周易》作“勒”；今本《周易 · 小過》“九四：无咎，弗過遇之，往厲必戒”之“戒”字，帛書《周易》作“革”。可見“革”、“棘”、“戒”的聲母在漢初還是複輔音 *kr-。

9. 屨(阜陽周易 98)——句(馬周易 79 上)——屨(今本)

今本《周易 · 噬嗑》“初九：屨校滅趾”之“屨”，阜陽漢簡《周易》作“屨”，帛書《周易》作“句”。從阜陽漢簡《周易》用字來看，“屨”聲母在漢初還是複輔音 *kr-，而從帛書《周易》用字來看，似乎“屨”的聲母在漢初已經不是複輔音了，而是已變成 *k-。阜陽漢簡《周易》中“邦”未避劉邦諱而改字，仍作邦，而帛書《周易》中“邦”已改成“國”字，可見阜陽漢簡《周易》的抄寫年代明顯早於帛書《周易》。比較兩個本子的用字，可以看出“屨”的語音變化過程，即 *kr->*k-。馬王堆帛書《周易 · 繫辭》“屨”假借“構”爲之(42 下)，亦可證“屨”的聲母已經變成 *k-。

10. 父（阜陽 115）——膚（馬 12 下、今本）

膚（上博 33/38）——膚（馬 75 下/57 下，今本）

今本《周易》“六四：剥牀以膚”之“膚”，帛書《周易》亦作“膚”，阜陽漢簡《周易》則作“父”；今本《周易·睽》“六五：悔亡。厥宗噬膚”，《夬》“九四：臀无膚”，兩處“膚”，帛書《周易》皆作“膚”，上博《周易》則都作“肤”。楚簡“膚”、“肤”皆有，秦簡則有“膚”無“肤”。“肤”蓋爲楚文字用字習慣，“膚”則爲秦文字用字習慣。“膚”的上古音聲母本爲 *pr-，從上博《周易》和阜陽漢簡《周易》的用字來看，“膚”的聲母至遲在秦末就變成 *p-。

11. 嬴（馬 88 下）——靡　論（馬 88 下）——攣

今本《周易·中孚》“九二：鶴鳴……吾與爾靡之”之“靡”，帛書《周易》作“嬴”。“嬴”字見於睡虎地秦簡，作“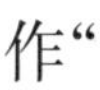”（日書甲 50 背貳），簡文曰“鬼恒嬴（裸）入人宫”，“嬴”假借爲“裸”。睡虎地秦簡中“嬴”又假借爲“纍”，見《秦律十八種》簡文“有實官縣料者，各有衡石嬴（纍）。（194）”鄭張尚芳先生擬“嬴”上古音爲 *rol，“裸” *g.roolʔ，“纍” *rul，“靡” *mral。從帛書《周易》的用字來看，“靡”在秦至漢初的讀音當爲 *mrol。

今本《周易·中孚》“九五：有孚攣如”之“攣”，帛書《周易》作“論”。“論”字見於睡虎地秦簡，作“”（效律 49）。鄭張尚芳先生擬“攣”的上古音爲 *b.ron，“論”的上古音爲 *ruun。從帛書《周易》的用字來看，“攣”的聲母已經變成 *r-。

12. 𢼸（上博周易 28）——夐（馬 43 上）——浚（今本）

𢼸（上博周易 29）——夐（馬 43 下）——振（今本）

夐（馬 40 上）——隼（今本）

浚（馬 71 上）——摧（今本）

巂（馬 21 上、阜陽 146）——維（今本）

今本《周易·恒》：“初六：浚恒……上六：振恒，凶。”文中“浚”和“振”，上博《周易》皆作“𢼸”，帛書《周易》則皆作“夐”；今本《周易·解》“上六：公用射隼于高墉之上”之“隼”，帛書《周易》作“夐”；今本《周易·晉》“初六：晉如摧如”之“摧”，帛書《周易》作“浚”；今本《周易·習坎》“有孚，維心亨”之“維”，阜陽漢簡《周易》和帛書《周易》皆作“巂”。

《説文》“瓊”字或體作“璚”,故“夐”和“巂”在語音上當有密切聯繫。鄭張尚芳先生構擬的上古音“夐”爲*qhweens,“睿”*ɢweds-,“浚”*sluns,“振”*tjɯn,“隼”*sqhwinʔ,“摧”*zluul,“巂”*ɢwee,“維”*ɢwil。要解釋這一系列通假關係,我們認爲“浚”、“振”和“摧”的上古音需要修正。我們擬“浚”爲*sqhuns,“振”爲*qɯn,“摧”爲*sɢuul。

13. 貳(馬 63 上)——劓(今本) 貳(馬 63 上)——臲(今本)

椽(馬 63 上)——刖(今本) 掾(馬 63 上)——卼(今本)

今本《周易·困》“九五:劓刖……上六:困于葛藟,于臲卼”,帛書《周易》與“劓刖”對應的是“貳椽”,與“臲卼”對應的則是“貳掾”。“劓刖”、“臲卼”都是雙聲聯綿詞,指“危殆不安貌”、“動摇不安貌”。漢王符《潜夫论·梦列》:“傾倚徵邪,劓刖不安。”因此帛書《周易》“貳椽”、“貳掾”也是雙聲聯綿詞。上文我們已經論證過,在漢初的方言中,*n-和*l-不分,“椽”的聲母還是*l'-,故“貳椽”、“貳掾”可以構成雙聲聯綿詞。

14. 泥(馬 1 上)——惕(今本) 寧(馬 5 上)——惕(今本)

内(馬 82 上)——退

今本《周易·乾》“九三:君子終日乾乾,夕惕若厲”之“惕”字,帛書《周易》作“”,字雖有點殘缺,但還能看出是“泥”字;今本《周易·訟》“訟:有孚,窒惕”之“惕”,帛書《周易》作“寧”,上博《周易》作“”(簡 4)。“”从“心”、“啻”聲,可隸作“意”。“惕”見於楚文字和三晉文字,作“”(上博二·從政甲 18)、“”(趙孟庎壺)、“”(侯馬盟書 16:3)。秦文字“惕”字作“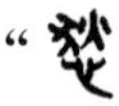”(睡虎地秦簡·爲吏之道 37)。這表明“惕”在戰國時期的雅言中是送氣清流音*l̥-,但在秦、楚方言中則已經塞化爲透母字。馬王堆帛書用例反映的是雅言及連讀音變。“惕”*l̥-受“若”的聲母*n-的影響,聲母變成*n-,韻尾變成*ng-,故寫作“寧”,韻尾或變成*-r,故寫作“泥”。

今本《周易·巽》“初六:進退”之“退”字,帛書《周易》作“内”。帛書《繫辭》:“聖人以此佚心,内(退)藏於密,吉凶與民同願。(22 上)”《老子》甲《德經》:“吾(71)不敢爲主而爲客,吾不進寸而芮(退)尺。(72)”銀雀山漢簡《守法》:“以視敵進芮(退)變態請而爲。”《兵談》:“☐稱也,故迺(退)可以守固,□□□戰勝。”《攻權》:“□□□故進迺(退)不豪,縱敵不擒。”上博六《景公瘧》:“營詎公退(納)武夫,惡聖人(9)。”《説文》“退”字下收或體“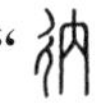”。凡此皆表明“退”的上古音聲母爲不送氣清鼻音*n̥-。

四、結　　語

我們考察梳理了帛書《周易》的用字情況,並將它與阜陽漢簡《周易》、上博三《周易》、今本《周易》的用字作了對比,試圖從這些異文所揭示的語音信息中了解戰國秦漢的語音狀況。馬王堆帛書雖然是漢代的抄本,但由於抄手是楚人,因此仍保留了一些楚文字的用字習慣。利用馬王堆帛書的資料研究語音,首先應該離析出楚方言的成分。其次,我們還應該注意連讀音變①和聯綿詞等問題。在利用聯綿詞的時候,我們必須分清楚這個詞是雙聲聯綿詞還是叠韻聯綿詞抑或是雙聲兼叠韻聯綿詞,否則就會得出錯誤的結論。

(作者單位:厦門大學人文學院中文系)

① 來國龍:《説“殺”、“散”,兼談古文字釋讀中的通假問題》,《簡帛》第四輯,上海古籍出版社2009年,第367—384頁。

銀雀山漢簡殘字叢考*

王　輝

銀雀山漢墓竹簡的重新整理於 2015 年 3 月開始，由山東博物館和中國文化遺産研究院合作進行，筆者有幸參與其中。整理工作利用高清彩色、紅外圖像，在認識模糊、殘缺字形方面，較之前有所進步。以下將研讀過程中認出的殘字寫出來，向學界同好請教。涉及範圍是已經收入《銀雀山漢墓竹簡》壹、貳兩書的部分；所用圖片爲新圖版；簡號出兩種者，如"簡 413/147"，413 爲《銀雀山》壹、貳中的編號，147 爲本次獲取圖像的編號，單出數字則爲本次獲取圖像編號；所引整理者意見出自《銀雀山》壹、貳兩書，徑出頁碼；引學者意見未出注釋者，均爲新整理小組成員的新見。

◎《孫臏・威王問》："孫子曰：命曰讓威。必臧其尾，令之能歸。長兵在前，短兵在□，爲之流弩，以助其急者。"（簡 262—263）

整理者未釋之字作（簡 263/198），不甚清晰。從文例看，首先會想到的是"後"字，陳偉武師即釋作"短兵在［後］"。① 然字形不合。《銀雀山漢簡釋文》釋爲"貳"，②字形、文意均不合適。

今按，此即"翼"字，試與《孫臏・官一》（簡 415/131）"翼"比較：

＊　本文是山東博物館與中國文化遺産研究院銀雀山漢簡重新整理項目、國家語委甲骨文等古文字研究與應用專項重點項目（批准號 YWZ－J018）、山東大學文學院科研重大項目的階段性成果之一。

①　陳偉武：《軍器及其題銘與簡帛兵學文獻》，《華學》第二輯，中山大學出版社 1996 年，第 73 頁。

②　吴九龍：《銀雀山漢簡釋文》，文物出版社 1985 年，第 17 頁。以下簡稱"《釋文》"。

“短兵在翼”即在兩側。

◎《孫臏·威王問》:田忌問孫子曰:“張軍毋戰有道?”孫子曰:“有。倅〈依〉險矰(增)壘,諍戒毋動,毋可□有,毋可怒。”(簡278/138)

“毋可□有”之“有”字作,整理小組釋爲“前”(第54頁),非是。此從張海波改釋。“有”前一字作,从禾而右殘。整理小組疑是“利”(第54頁),然“利有”不辭。今按,當改釋爲“私”。

◎《孫臏·威王問》:“孫子曰:錐行者,所以衝堅毀兑(鋭)也。鴈(雁)行者,所以觸厠(側)應□[也]。”(簡281/220)

整理者未釋之字作,右、下均殘去。

今按,此字或爲“前”或爲“首”。試與簡262/198“前”、簡1749/383“首”比較:

“前”、“首”與“側”均可相應,“觸側/首應前”文意順暢。

◎《孫臏·威王問》:“剽(飄)風之陣者,所以回□[□□也]。”(簡282/135)

今按,“回”後之字作,左旁殘,右爲“夋”。當是“後”字。

◎《孫臏·月戰》:“无方而戰者小勝以付厤者也。”(簡331—332)

今按,所謂“小”字作(141)。細審發現,中間爲“刀”,非一竪筆,實是“分”字。

◎《孫臏·月戰》:“[十戰]而十勝,將善而生過者也。”(簡333/794)

整理者釋作“生”之字作。

今按，字形上部爲一點，且並未與中竪相接，當非“生”，而是“主”。試比較下列生、主：

生：簡 266  345 

主：簡 283  284 

主指君主，簡 283“明主、知道之將”，即以主、將連言。整理者指出，“過”當讀爲“禍”，古代軍事家多認爲屢次打勝仗不一定是好事，如《吴子·圖國》：“天下戰國，五勝者禍，四勝者弊，三勝者霸，二勝者王，一勝者帝。”（第 60 頁）其説可從，“主禍”即君主有災禍。

◎《孫臏·官一》簡 404 首字作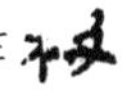（162），整理者未釋。

今按，此字左从“木”，右从“及”，兩偏旁均有殘損。《陰陽、時令占侯之類》“极（極）舟、飲酒、游居”之“极”作（簡 1933/199），右下筆畫殘去。對比可知，簡文亦是“极”字。“极”前殘缺一字，與簡 403 連讀爲“序行以［□］极，制卒以周（州）閭”。

◎《孫臏·官一》：“□□□卒，所以□□也。不意侍卒，所以昧戰也。”（簡 413/147）

整理者未釋之第 1、3 字作、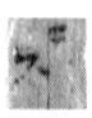。

今按，兩字當釋作“引”、“卑”。試與簡 279/104、簡 1541/37a 的引、卑作比：

◎《守法·三》：“造弦弩五，必絲□之。”（簡 835/4920）

整理者未釋之字作。

今按，此“殺”之簡寫“杀”字，銀雀山簡常見，試與簡 914“杀”字比較：

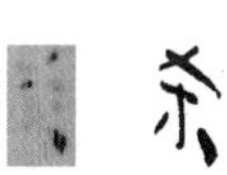

《論語·鄉黨》"非帷裳必殺之",疏曰:"殺謂殺縫。"簡文"必絲殺之"即必須用絲殺縫。

◎《守法·三》:"試器固有法:邑嗇夫與兵官之吏嗇夫、庫上師、庫吏[□□□]善時爲之。"(簡 844—845)

今按,"善時"處簡文作(415),細審其間仍有一字。比對下一簡"出入器必以時"(766)之"以"字,可知漏釋之字亦是"以"。

◎《論政·奇正》:"故戰勢,大陣□斷,小陣□解。"(簡 1188/254)

整理者未釋之第二字作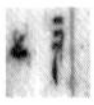。

今按,此即瓦字。試與簡 812"瓦"字作比較:

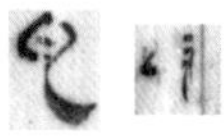

◎《論政·君臣答問》:"……天下也。上淫,故亟□於位。"禹曰:"其爲……"(簡 1318/830)

整理者未釋之字僅剩右旁,作。

今按,此即"滅"字之殘。未公布簡 3460 釋文爲"……下而亟滅……","滅作,可作參照。該簡疑可與簡 1318 連讀,釋文補作:"禹曰:其爲[天]下而亟滅於位……"簡文"滅於位",《公羊傳·昭公二十三年》:"君死於位曰滅,生得曰獲。"

◎《論政·君臣答問》:"周公旦曰:□以人之惡,自爲善……。"(簡 1371/1879)

整理者未釋之字作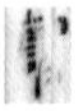,《釋文》釋爲"窺"(第 106 頁)。此字又見於未公布簡 1780"……□生於,不肖者之不退,賢者之不進",《釋文》亦釋爲"窺"(第 111 頁)。

今按,當是"寬"字。試將兩字與張家山漢簡《引書》簡 105、睡虎地秦簡《爲吏之道》簡 12"寬"字比較:

簡文"寬以人之惡,自爲善",語意通順。

◎《論政·富國》:"……□□□少而不圖,吾視之……。"(簡1604/1586)

"少"前之字作。

今按,此即"兵"字。試與簡1149"兵"字比較:

◎《論政·聽有五患》:"是故曰:聽[貴如]聽賤,聽美如聽惡,聽親如聽疏,然□外患除矣。"(簡1512—1513)

整理者未釋之字作(469)。

今按,字形左貝右刀仍可辨析,當是"則"字。

◎《相狗方》:"深知相狗生未過三日者,肩臂外毛靡,頰外靡。"(簡2156/315)

整理者釋"知"之字作。

今按,右旁非"口",此字當是"央"字。試與簡1071"央"比較:

"深央"意思待考。

◎《六韜·九》:"……冬之必□也。"(簡718/1366)

未釋之字作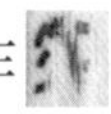。

今按,當是"臧"字。試與簡846"臧"字比較:

"臧"讀爲藏,古書中言及"冬藏"之例甚多,不贅舉。

◎《占書》:"月並出,啻〈商〉人亡;反景三日,天下□周。"(簡2091—2092)

"周"上一字作,整理小組認爲,左从合,右似从反,字不識,疑當讀爲

“叛”(第 244 頁)。《釋文》作“部”(27 頁)。

今按,此即“命”字。試與馬王堆帛書《五行》中兩“命”字比較:

“天下命周”即周勢衰微,爲天下所命。

◎《迎四時》:“春秋冬夏之樂,必順□……”(簡 1885/4468+4165)

今按,“順”下一字作。當是“天”字。試與簡 1863“天”字比較:

陳侃理指出,《迎四時》與《太平御覽》卷五二八引《皇覽》所録的一篇禮書内容基本一致。[①]《皇覽》有“天子行殺,必順天道”,疑此處可補爲:春秋冬夏之樂,必順天道。

附記:寫作過程中得到了銀雀山漢簡重新整理小組成員的幫助和支持,謹致謝忱。

(作者單位:山東大學文學院)

① 陳侃理:《從陰陽書到明堂禮——讀銀雀山漢簡〈迎四時〉》,《中華文史論叢》2010 年第 1 期。

天水放馬灘木板地圖中的“宂”字及其他[*]

梁 鶴

天水放馬灘木板地圖是我國目前所見的最早繪製的地圖實物。其公布以來,受到了海内外學者的關注,研究成果頗豐。[①] 但是由於當時的拍照技術所限,地圖上的很多信息無法全部展現出來。2010 年 6 月,武漢大學簡帛研究中心利用紅外照相技術對地圖進行了重新拍攝,並進行了解讀,多有新見。[②] 筆者在研讀學者研究成果的基礎上,略有心得,簡述如下,敬請方家指正。

一

地圖 2[③](見文後附圖一)下方注記,整理者[④]釋爲“卅里相谷”,晏昌貴先生新釋出“閉口”,“相”改釋爲“析”,作“閉口□□卅里 析谷”,[⑤]《合集》指出:“‘卅’上二字筆迹模糊,似是‘到析’,整理者脱寫,

* 本文爲國家社會科學基金重大項目“戰國文字詁林及數據庫建設”(項目編號 17ZDA300)的成果之一。

① 可參看雍際春、孛鵬旭:《近二十年來放馬灘木板地圖研究綜述》,《天水師範學院學報》2016 年第 4 期,第 21—25 頁。

② 晏昌貴:《天水放馬灘木板地圖新探》,《考古學報》2016 年第 3 期,第 365—383 頁。

③ 陳偉主編:《秦簡牘合集(肆)》,武漢大學出版社 2014 年,第 349 頁。本文簡稱“《合集》”。

④ 甘肅省文物考古研究所編:《天水放馬灘秦簡》,中華書局 2009 年。本文簡稱“整理者”。

⑤ 晏昌貴:《天水放馬灘木板地圖新探》,《考古學報》2016 年第 3 期,第 372 頁。

且將‘卅里’連下讀。”[1]筆者按,從紅外影像看,“閉”[2]字確存,且有“閉”的黑色方塊標記,然而其上方有明顯墨迹,應還有字,“□閉”當如本圖“燔夬閉”一樣表示閉名。但是“閉”下一字是否爲“口”字值得商榷。“口”字亦存在同版“宂到(口)廿五里”中。仔細查看紅外影像辨認此處“”形,恐非“口”字,而是似倒“△”形的被墨迹沾染的木板紋理。“卅里”上方的“到”字清晰可識,其間的“”字,雖然墨迹已涣散,但是中間横畫“一”、上部兩“丨”筆可見,且對比“宂到(口)廿五里”的“”形,此字當爲“口”字。“到”字上方的“”字,墨迹模糊不可辨識,但是從整體形態可與同版的“”類比,或爲“宂”字。“宂到口卅里”與同版“宂到口廿五里”文例相類。竪向的“析谷”當從晏文所釋。

綜上所述,此處標記當爲“□閉　宂到口卅里　析谷”。

二

地圖中“宂”字凡三見:

1. 宂到口廿五里。(附圖一)

2. 宂到口卅里。[3](附圖一)

3. 北谷下道宂。(附圖二[4])

關於“宂”字,因圖版不清晰,曾被誤釋爲“宛”[5]、“冗”[6]或者“最”[7],晏昌貴先生根據圖版的紅外影像(“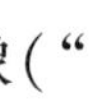”),將此字改釋爲“宂”。[8] 晏先生釋“宂”可謂定論,但是諸家均未對此字做出訓解。

---

① 陳偉主編,孫占宇、晏昌貴等撰著:《秦簡牘合集釋文注釋修訂本(肆)》,武漢大學出版社 2016 年,第 197 頁。

② 參看陳偉主編:《秦簡牘合集(肆)》,武漢大學出版社 2014 年,第 218 頁注 10。“此字寫法與放馬灘《日書》建除十二支的‘閉’字寫法一致,當釋作‘閉’。閉、關義近,圖中用法疑與關相當,或指小型的關。”

③ 筆者前文所論。

④ 陳偉主編:《秦簡牘合集(肆)》,第 350 頁,原圖 3A。

⑤ 曹婉如:《有關天水放馬灘秦墓出土地圖的幾個問題》,《文物》1989 年第 12 期,第 19 頁。

⑥ 王輝:《〈天水放馬灘秦簡〉校讀記》,簡帛網,2010 年 7 月 30 日。

⑦ 甘肅省文物考古研究所編:《天水放馬灘秦簡》,第 109 頁。

⑧ 晏昌貴:《天水放馬灘木板地圖新探》,《考古學報》2016 年第 3 期,第 372 頁。

“宄到口廿五里”,“口”字在地圖中出現多次,有“谷口”之稱,結合地圖注記,此處“口”應是“苦谷口”的省稱。“宄到口卅里”,此處“口”則應是新釋“□閉”臨近的“谷口”。從文意分析,“宄”應該是表示某一地理標識或實物存在的文字。“北谷下道宄”中“北谷”是谷名,如同“苦谷”、“虎谷”等;道,所行道路,下道,即下行道路,地圖中“上”、“下”多成對出現。“北谷下道宄”應是指北谷下行道路的宄。

關於“宄”字的訓解,《説文·宀部》:“宄,奸也。外爲盜,内爲宄。从宀,九聲。”傳世典籍中的“宄”字都本《説文》之説,指從内部作亂或竊奪。“宄”的奸宄之義在本文處明顯不通,應尋他解。《説文·竹部》:“簋,黍稷方器也。从竹,从皿,从皀。匭,古文簋,从匚、飢。匦,古文簋或从軌。朹,亦古文簋。”《説文解字注》:“匭[①]古文簋,从匚食九。各本作从匚、飢,飢非聲也。从方从食,九聲也。匦,古文簋,从匚軌。按許説簋爲方器蓋以古文从匚也,軌聲,古音簋、軌皆讀如九也。”古文字中的“簋”又多作“𣪘”。如此,簋、軌、九、𣪘等字古音都是相同的。另《説文·广部》:“廄,馬舍也。从广,𣪘聲。𠣣,古文从九。”宄从九聲,廄从𣪘聲,二者同爲見母幽部字,音近相通。本文“宄”可讀爲“廄”。

“宄”通“廄”,孫詒讓已做過論述:“㝔當讀爲廄。《説文·宀部》:宄古文作㲃,此从宀从㲃文更繁縟。而广部廄古文作𠣣,从九聲,類同。得相通借。”[②]楚文字中有借𣪘爲廄,如江陵天星觀一號墓竹簡“𣪘(廄)差(佐)夏臣馭乘輦”,夏臣是廄佐的名字;楚璽亦有“𣪘(廄)右馬鉨”。[③]《釋名·釋宫室》:“廄,勼也;勼,聚也,牛馬之所聚也。”本文,“宄”讀爲“廄”,是廄名,是用來餵養馬匹的地方。

馬在先秦時期是非常重要的牲畜,秦國重視耕戰,因此不僅馬是重要的交通工具,很多人“乘馬”而行,而且軍馬也是非常重要的戰備資源。[④]

① 《説文》原作“匭”,《説文解字注》改作“匭”,當是。《説文》收字時當是因爲“几”、“九”字形相近而訛。

② 孫詒讓著,戴家祥校點:《古籀餘論》,卷三“兮甲盤”:華東師範大學出版社 1988 年,第 149 頁。

③ 朱德熙:《戰國文字中所見有關廄的資料》,《朱德熙文集》第 5 卷“古文字論文”,商務印書館 1999 年,第 164 頁。

④ 參看張鶴泉:《從秦簡看秦國軍馬需求的保障問題》,《咸陽師範學院學報》2013 年第 5 期,第 1—5 頁。

厩也從最初指稱馬舍,後來發展爲泛指飼養牲畜的厩圈,甚至成爲具有行政職能的官名。睡虎地秦簡《厩苑律》:"將牧公馬牛,馬牛死者,亟請死所縣……其大厩、中厩、宫厩馬牛殹(也),以其筋、革、角及其賈錢效……"其中大厩、中厩、宫厩都是秦朝廷的厩名,此外在秦璽印封泥中還出現了小厩、下厩、左厩、章厩、都厩、宫厩、御厩等厩名。[①] 這説明在當時已經具有完備的"厩"類系統。[②] 至於厩名前的大、中、小、左、右,或與馬厩的規模大小有關,[③]或與服務對象、職能有别有關。[④] 與"厩"相關的官職,秦封泥璽印中有大量記載,如"~厩丞"、"~厩將馬",《睡虎地秦簡》也有"厩嗇夫"等。[⑤] 地圖中的"宂(厩)"作爲一種地理標識應指此處是餵養馬匹的地方,只言"厩",或是厩名(秦璽印封泥中有單言"厩"字),或是某一厩名的省稱。"宂(厩)到口廿五里"即言餵養馬匹的地方到谷口有二十五里;"北谷下道宂(厩)"即指北谷下行道路餵養馬匹的地方。

本簡出土地在今甘肅天水市黨川鄉放馬灘(又名牧馬灘),相傳是秦先祖嬴非子爲周王室牧馬的地方,《史記·秦本紀》:"非子居犬丘,好馬及畜,善養息之。犬丘人言之周孝王,孝王召使主馬于汧渭之間,馬大蕃息。"其向西不遠處的禮縣鹽官鎮即是秦人最早的都城西犬丘所在地。1994年,甘肅考古隊對禮縣大堡子山早期秦國墓地進行了搶救性發掘,其中出土有2座車馬坑,其一爲大型車馬坑。[⑥] 其後雖然未在典籍中見到與養馬相關的記載,但是我們可以從流傳下來的當地地方志中窺見一斑。宋代余靖《請修馬政疏》:

> 臣謹按:《詩》、《書》已來,中國養馬蕃息故事乃知不獨出於戎狄也。秦之先非子居犬邱善養馬,周孝王召使主馬於汧渭間,馬大蕃

---

① 王偉:《秦璽印封泥職官地理研究》,中國社會科學出版社2014年,第127頁。

② 參看吴曉懿:《秦簡封泥所見秦厩官名初探》,《中國歷史文物》2010年第3期,第79—82頁。劉雲輝:《簡論秦代厩苑制度中的若干問題》,《文博》1987年第6期,第62—66頁。

③ 徐暢:《先秦璽印圖説》,文物出版社2009年,第290—291頁。

④ 王偉:《秦璽印封泥職官地理研究》,中國社會科學出版社2014年,第130—131頁。

⑤ 關於"厩"的解讀及相關問題的討論可以參看李晶:《從"以厩名官"看〈周禮〉的國别與時代》,《南開學報(哲學社會科學版)》2012年第4期,第132—140頁。

⑥ 戴春陽:《禮縣大堡子山秦公墓地及有關問題》,《文物》2000年第5期,第74頁。

息。犬邱今之興平，汧渭今之秦隴州界也。《周官》校人之職，春執駒以養血氣，夏攻駒以防蹄齧。《月令》季春游牝於牧，仲夏游牝別群亦秦人之馬政也。唐以沙苑監最爲宜馬即今同州也，自貞觀至麟德馬四十萬匹。開元中，置七坊四十八監，半在秦隴綏銀，則知牧馬之政修之由人。今同州有馬監，其餘州軍牧地七百餘所，乞敕於群牧使副都監判官等内一員往監牧舊地，相度水草，揀擇孳生，四遠牧放。一依《周官》、《月令》法，務令蕃息，別立賞罰以明勸沮，庶幾數年之後馬畜蕃盛。　請鳳屬仍行解鹽疏　順治十二年①

從地圖内容以及現代地理位置考察，無論古時還是現代此地都是水草豐盈的林區，古時林草應會更加豐盈。三處厩都位於距離河流不遠的谷口處，既便於牧馬，又能方便運輸山中林木。②

三

通過新的紅外影像，晏昌貴先生重新對地圖文字進行了釋讀。由於年代久遠，地圖中的地名地望很難確認。但是結合上文的論述以及其他文獻資料，我們可以有一些新的分析。

第一張地圖中標注了“南田”、“右田”③、“中田”等三處田名，其所指，學者並未進行論述。秦璽印封泥中有一類“田官之印”，④涉及“南田”、“北田”、“左田”、“右田”、“都田”等類别。一般認爲，“田”是指公田，即公家之田，也即政府控制的國有土地。秦璽印中有一方“小厩南田”(《徵存》30)，裘錫圭先生指出：“南田應是屬於小厩的一塊公田，此印即管理此公田之官所用之印。”⑤璽印中多見的“左田”，學者或讀爲“佐田”，認爲是田官之副佐；或釋爲田獵之官。關於二説的不合理性，陳

① 參看中國方志庫之《(乾隆)隴州續志・卷八》，清乾隆三十一年刻本。

② 從出土的地圖信息看，涉及很多的“刊木”内容，“宂(厩)”的存在在一定程度上解决了林木運輸的問題。

③ 原釋讀爲“略”，今從晏昌貴先生改釋。

④ 參看王輝、程學華：《秦文字集證》，[臺灣]藝文印書館 1999 年，第 208—212 頁；王偉：《秦璽印封泥職官地理研究》，中國社會科學出版社 2014 年，第 249—252 頁。

⑤ 裘錫圭：《古璽印考釋四篇》，原載《文博研究論集》，上海古籍出版社 1992 年；又收入《裘錫圭學術文集・金文及其他古文字卷》，上海古籍出版社 2012 年，第 300 頁。

偉先生已經做過説明,①並認爲:“諸田印中的方位詞,如西、南、北、左右等均是區别詞,非實指。都田或與秦簡中所見的‘都官’或‘都鄉’有關,俟再詳考。”②目前所見的秦璽印封泥中,“右田”未獨見,多有“右公田印”(秦印編 261),然而却更能指明其所表達的“公田”的意義。“中田”在漢代文獻中多見,《漢書·食貨志上》:“民受田,上田夫百畝,中田夫二百畝,下田夫三百畝。”是指中等田地,與上田相對。今地圖所指當與“南田”、“右田”相類,表示某一區域的公田。而且從地圖中標注的“南田”、“右田”、“中田”的相對位置來看,“南”、“右”、“中”是大致準確的,這也似能支持陳偉先生區别詞的説法。

結合上文中對“宄(廄)”的分析,地圖中的三塊田地爲廄田的可能性較大。裘錫圭先生在其文《嗇夫初探》中談到“廄田倉印”、“小廄南田”兩方印時,指出:“可知當時的廄有自己的田,當爲生産飼料所用。據《倉律》,秦代隸臣有從事農業生産的。……廄田當是官田的一種,無疑會有

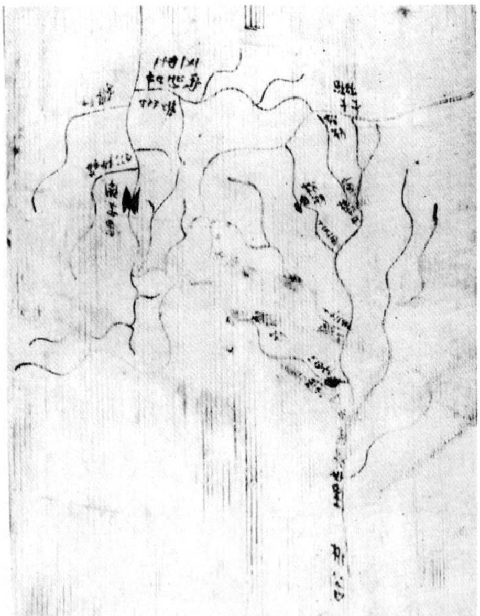

圖一

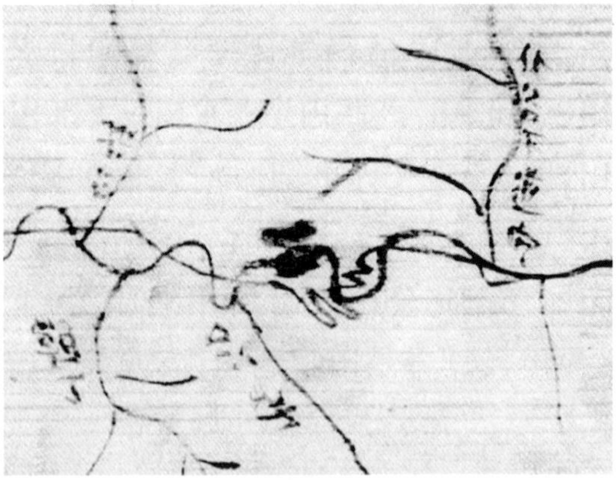

圖二

① 參看陳偉:《秦璽印封泥職官地理研究》,中國社會科學出版社 2014 年,第 122 頁“郎中左田”:“但秦璽印封泥中輔佐、副佐意均寫作‘佐’……左右之佐均寫作‘左’,例甚多。還有學者讀爲‘左田郎中’,釋‘左田’爲田獵之官,而秦印印面布局中没有此式,故此説不可信。”

② 參看陳偉:《秦璽印封泥職官地理研究》,第 250 頁。

隸臣一類人在上面勞務。”[1]關於墓主人的身分,[2]我們也有了新的推測,即爲當時朝廷的厩類職官。

（作者單位：中山大學中文系，
出土文獻與中國古代文明研究協同創新中心）

① 裘錫圭:《嗇夫初探》,原載《雲夢秦簡研究》,中華書局 1981 年;又載《古代文史研究新探》,江蘇古籍出版社 1992 年;今據《裘錫圭學術文集 · 古代歷史、思想、民俗卷》復旦大學出版社 2012 年,第 77—78 頁。

② 關於地圖的作者,研究者多與同墓所出竹簡《丹》篇的主人公“丹”聯繫起來,認爲其爲同一人,抑或認爲是戰國秦邽縣的官吏。可參看雍際春、孛鵬旭:《近二十年來放馬灘木板地圖研究綜述》(《天水師範學院學報》2016 年第 4 期,第 21—25 頁)中“關於地圖作者問題”部分的研究内容。

北大漢簡《反淫》簡 8—11 重編*

楊鵬樺

北京大學藏西漢竹書《反淫》,①與枚乘《七發》在内容上頗爲相近,兩者也有許多文句相互對應,可以互證。同時,《反淫》各簡的編聯除了要以竹簡相關信息爲基礎外,還可以參考《七發》的文段順序。以下,筆者便根據相關信息重新調整《反淫》簡 8—11 的編排。

一

《反淫》簡 8+9:

> 魂曰:"乘靈②(軨)獵車,駕誘騁之馬。攝下(夏)服之筴③,載烏嗃(號)之弓。馬四扶(服),車折(掣)風。④ 取[8]射千金之童⑤(重)。此天下至康樂也,夫子弗欲駝(馳)邪?"曰:"浸(寖)病,未能。"[9]

整理者將以上簡文視爲一節,與枚乘《七發》之"逐射"一節對應:

> 客曰:"鍾岱之牡,齒至之車。前似飛鳥,後類駏虛。穱麥服處,躁中煩外。羈堅轡,附易路。於是伯樂相其前後,王良、造父爲之御,

* 本文爲出土文獻與中國古代文明研究協同創新中心博士創新資助項目(CTWX2017BS028)的階段性成果。

① 載北京大學出土文獻研究所編:《北京大學藏西漢竹書[肆]》,上海古籍出版社 2015 年,第 119 頁。以下引《反淫》圖版、基礎釋文和整理者説法,如無説明均出此書。

② 陳劍:《〈妄稽〉〈反淫〉校字拾遺》,復旦大學出土文獻與古文字研究中心網站(下簡稱"復旦網"),2016 年 7 月 4 日。

③ 筴,整理者無説,蕭旭先生認爲"當是'箭'誤書"(詳其文:《北大漢簡(四)〈反淫〉校補》,復旦網,2016 年 6 月 27 日。下引蕭先生説均據此文),但於字形不合。待考。

④ "扶"與"折"之釋讀暫從蕭旭《北大漢簡(四)〈反淫〉校補》。

⑤ 《北大漢簡〈反淫〉初讀》易泉(網名)回帖,簡帛網·簡帛論壇,2016 年 6 月 7 日。

> 秦缺、樓季爲之右。此兩人者,馬佚能止之,車覆能起之。於是使射千鎰之重,争千里之逐。此亦天下之至駿也,太子能彊起乘之乎?”太子曰:“僕病,未能也。”①

整理者並指出:“此節《反淫》與《七發》之‘校獵’一節多有參差。《反淫》二 A、B、C 行與《七發》三 A 行多同。”②所謂“《反淫》二 A、B、C 行”指簡 8“馬四扶(服)”之前的部分:

> 魂曰:“乘霊(軨)獵車,駕誘騁之馬。攝下(夏)服之筴,載烏嗃(號)之弓。”

“《七發》三 A 行”指其“校獵”一節“陶陽氣”之前部分:

> 客曰:“將爲太子馴騏驥之馬,駕飛軨之輿,乘牡駿之乘。右夏服之勁箭,左烏號之彫弓。游涉乎雲林,周馳乎蘭澤,弭節乎江潯。掩青蘋,游清風。”

這表明,簡 8 與簡 9 所叙事類存在區别。因此,需要反思兩簡的編聯是否合適。如按整理者意見將其相接並視爲一節,其字數明顯少於同篇其他各節,且接續處“馬四扶(服),車折(掣)風。取[8]射千金之童(重)”的連讀頗不順暢——“取射……”難以理解,其上也無對句,與本篇行文方式及《七發》“射千鎰之重,争千里之逐”不合。故簡 8 與簡 9 不當相接。

簡背劃痕③可更直觀看出這點。北大漢簡“相鄰竹簡的劃痕往往可以接續”,④但示意圖⑤顯示,簡 9 與簡 8 劃痕無法接續(序號及字母爲筆者所加,下同):

---

① 《七發》載蕭統編,李善等注:《六臣注文選》,中華書局 1987 年。下文引《七發》文句及六臣注,均據此書。

② 《〈反淫〉與〈七發〉文字異同對照表》,《北京大學藏西漢竹書[肆]》,第 145 頁。

③ 簡背劃痕的相關研究,可參湖北省荆沙鐵路考古隊:《包山楚簡》,文物出版社 1991 年,第 4 頁;孫沛陽:《簡册背劃綫初探》,《出土文獻與古文字研究》第四輯,上海古籍出版社 2011 年;韓巍:《西漢竹書〈老子〉簡背劃痕的初步分析》,《北京大學藏西漢竹書[貳]》,上海古籍出版社 2012 年;李均明、趙桂芳:《清華簡文本復原——以〈清華大學藏戰國竹簡〉第一、二輯爲例》,《出土文獻》第三輯,中西書局 2012 年;賈連翔:《戰國竹書形制及相關問題研究——以清華大學藏戰國竹簡爲中心》,中西書局 2015 年,第六章。

④ 見《北京大學藏西漢竹書》各輯“前言”部分。

⑤ 《簡背劃痕示意圖》,《北京大學藏西漢竹書[肆]》,第 114—115 頁。

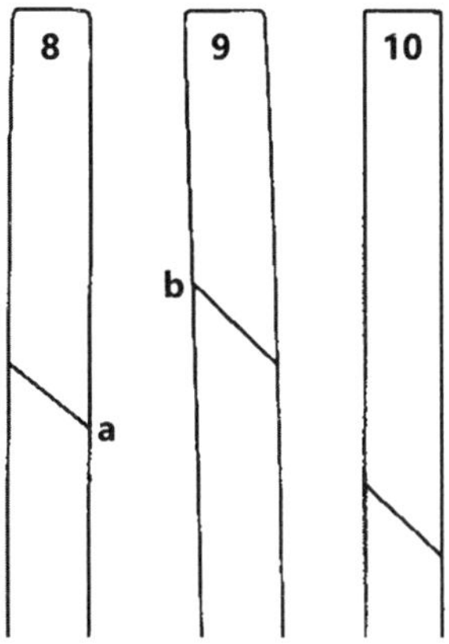

測量數據①方面,簡 8 劃痕終止位置(a 點)距竹簡上端 4.6 釐米,而簡 9 劃痕起始位置(b 點)距竹簡上端 3.0 釐米,兩者不可能相接。故需先將簡 9 從簡 8 之後移開。

接下來的問題是,簡 9 如何放置,以及簡 8 能否直接與簡 10 相連。

首先看文句。前面提到,《反淫》簡 8"馬四扶(服)"之前部分,與《七發》"校獵"一節"陶陽氣"之前部分的文句多有類同。而《反淫》簡 10+11 的文句,恰對應《七發》的"校獵"一節"陶陽氣"開始到本節末尾。因此,從兩篇文句的對應關係看,簡 8 與簡 10+11 敘述的可能都是"校獵"這一事類。以下便參照《〈反淫〉與〈七發〉文字異同對照表》的方式,調整相關文句的對應關係(調整部分劃綫):

"逐射"一節(調整前):	
《反淫》	《七發》
魂曰:"乘靈(軨)獵車,駕誘騁之馬。攝下(夏)服之筴,載烏嗃(號)之弓。馬四扶(服),車折(掣)風。	客曰:"鍾岱之牡,齒至之車。前似飛鳥,後類距虛。穱麥服處,躁中煩外。羈堅轡,附易路。於是伯樂相其前後,王良、造父爲之御,秦缺、樓季爲之右。此兩人者,馬佚能止之,車覆能起之。
取[8]射千金之童(重)。此天下至康樂也,夫子弗欲駝(馳)邪?"	於是使射千鎰之重,争千里之逐。此亦天下之至駿也,太子能彊起乘之乎?"
曰:"浸(寑)病,未能。"[9]	太子曰:"僕病,未能也。"

① 據《〈反淫〉竹簡一覽表》,《北京大學藏西漢竹書[肆]》,第 142—143 頁。下簡稱"《一覽表》"。

續　表

<table>
<tr><td colspan="2">"校獵"一節(調整前):</td></tr>
<tr><td>《反淫》</td><td>《七發》</td></tr>
<tr><td>(缺)</td><td rowspan="2">客曰:"將爲太子馴騏驥之馬,駕飛軨之輿,乘牡駿之乘。右夏服之勁箭,左烏號之雕弓。游涉乎雲林,周馳乎蘭澤,弭節乎江潯。掩青蘋,游清風。陶陽氣,蕩春心。逐狡獸,集輕禽。於是極犬馬之才,困野獸之足,窮相御之智巧。恐虎豹,慴鷙鳥。逐馬鳴鑣,魚跨麋角。履游麕兔,蹈踐麖鹿。汗流沫墜,寃伏陵窘。無創而死者,固足充後乘矣。</td></tr>
<tr><td>……臺霝(纍)成,湯(蕩)萅(春)江。䂩(尋)虎狼,摯蜚(飛)鳥。道極狗馬之材,窮射御之巧。</td></tr>
<tr><td>此天下至浩[10]樂也,夫子弗欲過邪?"</td><td>此校獵之至壯也,太子能彊起游乎?"</td></tr>
<tr><td>曰:"浸(寑)病,未能。"[11]</td><td>太子曰:"僕病,未能也。"然陽氣見於眉宇之間,侵淫而上,幾滿大宅。</td></tr>
</table>

<table>
<tr><td colspan="2">"逐射"一節(調整後):</td></tr>
<tr><td>《反淫》</td><td>《七發》</td></tr>
<tr><td>(缺)</td><td>客曰:"鍾岱之牡,齒至之車。前似飛鳥,後類距虚。穱麥服處,躁中煩外。羈堅轡,附易路。於是伯樂相其前後,王良、造父爲之御,秦缺、樓季爲之右。此兩人者,馬佚能止之,車覆能起之。</td></tr>
<tr><td>……射千金之童(重)。此天下至康樂也,夫子弗欲駝(馳)邪?"</td><td>於是使射千鎰之重,争千里之逐。此亦天下之至駿也,太子能彊起乘之乎?"</td></tr>
<tr><td>曰:"浸(寑)病,未能。"[9]</td><td>太子曰:"僕病,未能也。"</td></tr>
<tr><td>"校獵"一節(調整後):</td><td></td></tr>
<tr><td>《反淫》</td><td>《七發》</td></tr>
<tr><td>魂曰:"乘靈(軨)獵車,駕誘騁之馬。攝下(夏)服之筴,載烏嗃(號)之弓。馬四扶(服),車折(掣)風。取[8]……</td><td rowspan="2">客曰:"將爲太子馴騏驥之馬,駕飛軨之輿,乘牡駿之乘。右夏服之勁箭,左烏號之雕弓。游涉乎雲林,周馳乎蘭澤,弭節乎江潯。掩青蘋,游清風。陶陽氣,蕩春心。逐狡獸,集輕禽。於是極犬馬之才,困野獸之足,窮相御之智巧。恐虎豹,慴鷙鳥。逐馬鳴鑣,魚跨麋角。履游麕兔,蹈踐麖鹿。汗流沫墜,寃伏陵窘。無創而死者,固足充後乘矣。</td></tr>
<tr><td>……臺霝(纍)成,湯(蕩)萅(春)江。䂩(尋)虎狼,摯蜚(飛)鳥。道極狗馬之材,窮射御之巧。</td></tr>
</table>

續 表

此天下至浩[10]樂也,夫子弗欲過邪?”	此校獵之至壯也,太子能彊起游乎?”
曰:“浸(寢)病,未能。”[11]	太子曰:“僕病,未能也。”然陽氣見於眉宇之間,侵淫而上,幾滿大宅。

以上將簡 8 内容調到“校獵”部分,與《七發》文句的對應關係更加合理,可證明簡 8 當在簡 10 之前;同時,考慮到簡 9 劃歸“逐射”部分,而“逐射”與“校獵”兩事性質相近,故簡 9 當在簡 8、10、11 附近。

接下來推測簡 9 的具體位置,以及簡 8 與簡 10 接續的可能性。結合前文所論,先抽出簡 9,並將簡背劃痕示意圖中簡 6—8、10—11 進行左右貼合,①如下:

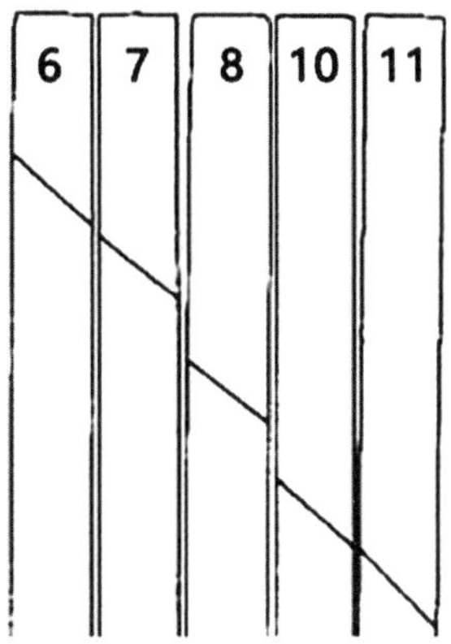

可見簡 6 與簡 7、簡 10 與簡 11 劃痕吻合,可相接,驗諸文句,也正好連貫。但簡 7 與簡 8 劃痕不吻合,中間有其他簡,簡 8 與簡 10 亦然。再進一步可以發現,簡 9 應移至簡 8 之前,而簡 8 與 10 之間恰好可補入一支模擬簡“X”②:

① 因出土竹簡的邊緣無法呈現絶對的直綫,且這裏只能以整理者的示意圖爲編輯素材,需考慮繪製偏差,故僅能儘量靠近,不可能全然“貼合”,從而也不能苛求兩簡需簡背劃痕“嚴絲合縫”才可相接。

② 此處理方式參考孫沛陽《簡册背劃綫初探》、賈連翔《戰國竹書形制及相關問題研究——以清華大學藏戰國竹簡爲中心》第六章第二節。

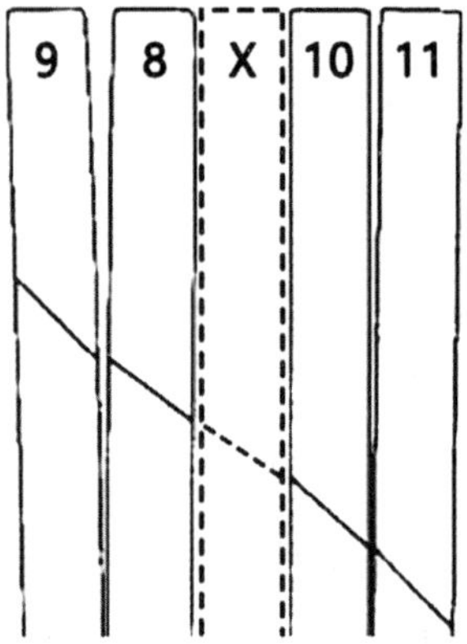

簡 9 與簡 8 相接,也符合測量數據: 簡 9 劃痕終止點、簡 8 劃痕起始點距各自竹簡上端的距離均爲 3.9 釐米。文句上,簡 9 爲一節之末,並非必然接於簡 8 前,但考慮簡 9 文句屬“逐射”,簡 8 文句屬“校獵”,相關性很强,兩簡相接已可基本確定。[①] 至於簡 8 與簡 10,雖然單看簡背劃痕還不足以確定二者能否接續,[②]但其文句很難貫通,其間仍當缺一簡。

綜上,簡 8—11 應重編作“簡 9+8+X+10+11”。結合現有考釋意見,釋文作:

……【(缺)】射千金之童(重)。此天下至康樂也,夫子弗欲駝(馳)邪?”曰:“浸(寑)病,未能。”【9】

魂曰:“乘靈(軨)獵車,駕誘騁之馬。攝下(夏)服之筴,載烏嗃(號)之弓。馬四扶(服),車折(掣)風。取【8】……【X】臺靁(纍)成[③],

---

① 理論上還存在另一種可能——簡 9 位於簡 11 之後,中間缺數簡,據本篇其他可確定連續的竹簡的劃痕情況推測,大約會缺 7~9 支簡,所書文句大致爲兩節,也即在“校獵”和“逐射”之間還有一節有餘。綜合考慮,這種可能性極小。

② 本篇存在兩簡文句連貫但簡背劃痕不吻合的情況,如簡 24 與簡 25、簡 46 與簡 47 文句連貫,但前者當擬補兩簡,後者當擬補一簡。這種現象在與《反淫》收入同一輯的《妄稽》中更常見,後者至少有簡 17+18、28+29、45+46、52+53、63+64、70+72、73+74 等幾組在兩簡之間曾有一簡但最終未被編進簡册,導致文意相連但簡背劃痕不相接。對此類現象的解釋,可參看孫沛陽《簡册背劃綫初探》、賈連翔《戰國竹書形制及相關問題研究——以清華大學藏戰國竹簡爲中心》第六章第四節。

③ “臺”字圖版作“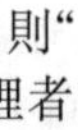”(整理者隸定作“㙷”),與本篇簡 18“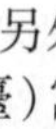(臺)”有别,但整理者仍認爲即“臺”,舉馬王堆帛書《老子》乙本“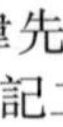(臺)”作參照。按,考慮到“臺”以“之”爲聲,而“之”、“止”古音同紐同部,則“臺”上部(聲符)寫作“止”也講得通,另外《老子》乙本“臺”之下部亦變作“玉”形,故暫從整理者説。又,蔡偉先生認爲“‘……㙷(臺)靁(壘)成’與《上林賦》之‘累臺增成’同義”(《讀北大漢簡〈反淫〉札記二則》,“出土文獻與傳世典籍的詮釋”國際學術研討會論文,復旦大學,2017 年 10 月 24—25 日,下引蔡先生説均據此文)。按,“靁”可直接讀“纍”,“成”也可能讀“層”,可參看《七發》“臺城層構”、《楚辭 · 招魂》“層臺累榭”等。

湯(蕩)菩(春)江。䢾(尋)①虎狼,摯蜚(飛)鳥。道極狗馬之材,窮射御之巧。此天下至浩[10]樂也,夫子弗欲過邪?”曰:“浸(寑)病,未能。”[11]

二

需要指出的是,曹建國先生近期也對本篇的部分簡序作了重新調整。② 他提出簡 39+40+10+11 的方案,並作釋文如下:

魂曰:“高堂逯(邃)宇,連徐(除)相注,脩鐔曲校,蘋壇總雷(霤),鬬鷄游庭,駿馬盈厩。劍(?)客來□,[39]莅莅。尋杖爲巧,危冠縹服,榆(揄)袂容與;横流進退,以數相耦。檀梢棘槩,接措(錯)交横。[40]臺雷(壘)成,湯(蕩)春江。尋(撏)虎狼,摯蜚鳥,道極狗馬之材,窮射御之巧。此天下至浩[10]樂也,夫子弗欲過也?”曰:“浸病未能。”[11]

爲方便討論,現將簡 41+42 釋文列出:

王孫徙倚,依(扆)③陛芬芳。馮(朋)友交游,相與曹戲。後者作謁,願慕高義。此天下至伉[41]行,夫子弗欲從邪?”於是倍欲④纍噫,相屬曰:“願儆〈徼(激)〉氕(慷)⑤精神,奮卂(迅)荆(形)體(體),强觀清華。”[42]

曹先生重編的主要依據是:(1)簡 41+42 説到“伉行”,而據《文子》等,“伉行”指高尚的德行,但簡 39+40 所描寫的“那些華美的屋飾以及鬥

① 隸定從陳劍先生《〈妄稽〉〈反淫〉校字拾遺》。此字整理者讀“撏”訓“獵取”;蕭旭先生則認爲“‘撏’是拔取、摘取義,無獵取義”,改讀“尋”爲“侵”,訓“陵犯”;蔡偉先生贊同讀“撏”,但改訓牽引、拉引、拽引,又指出若讀“撢”訓“探”也可備一説。按,諸説均可商榷,筆者傾向於直接將“尋”訓爲“追逐”,張衡《西京賦》:“乃有迅羽輕足,尋景追括。”

② 曹建國:《游道與養生:北大漢簡〈魂魄賦〉讀論》,《長江學術》2017 年第 3 期。下引曹先生説均出此文,不另出注。

③ 隸定從《北大漢簡〈反淫〉初讀》落葉掃秋風(網名)回帖,簡帛網·簡帛論壇,2016 年 6 月 5 日;釋讀見楊鵬樺:《北大漢簡〈反淫〉字詞釋讀札記(五則)》,《簡帛研究二〇一七(秋冬卷)》,廣西師範大學出版社 2018 年。

④ 《北大漢簡〈反淫〉初讀》落葉掃秋風(網名)回帖,簡帛網·簡帛論壇,2016 年 6 月 7 日。

⑤ 王挺斌:《北大簡〈反淫〉篇第 42 號簡再考》,簡帛網,2016 年 7 月 1 日。

鷄、走馬、搏擊術等,都還没有上升到德行的層面",故簡 39+40 不當與簡 41+42 相連;(2)"根據整理者提供的竹簡信息,……排除誤差等因素,我們大體可信它們(引按,指簡 39、40、10、11)原本屬於同一劃綫中的簡";(3)《楚辭·大招》"夏屋廣大"到"鬱彌路只"一段與其重編後的簡文有很高相似度。

今按,此説不可信。首先,試對比整理者"簡 39+40+41+42"與曹先生"簡 39+40+10+11"兩個方案的簡背劃痕示意圖(將各簡作貼合處理):

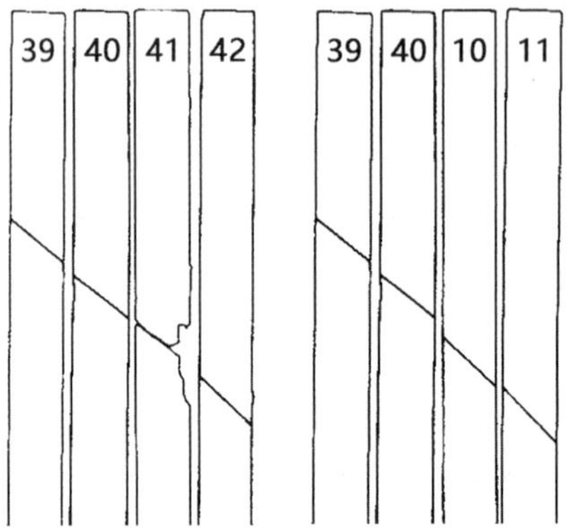

可見後者不如前者密合,簡 40 與簡 10 之間難以銜接。據《一覽表》,簡 40 劃痕終點距該簡上端 4.9 釐米,簡 10 劃痕起點距該簡上端 5.2 釐米,相差 0.3 釐米。而據筆者統計,本篇凡是由同一條劃痕"統攝"的相鄰兩簡,這一差額穩定在 0.2 釐米以内,此處相差 0.3 釐米,恐怕不是誤差所能解釋。其次,如果説簡 39 與 40 所寫不屬"伉行","還没有上升到德行的層面",那麽簡 41 的"馮(朋)友交游,相與曹戲",恐怕也不符合此道德標準,但我們並不能因此就把簡 41 與 42 也拆開。况且簡 39+40 與簡 41+42 所述的事物、所用的詞語有很多相類處,如"堂"、"宇"、"除"和"扆陛"、"鬭鷄"和"曹戲"、"容與"和"徙倚"等,文氣也很連貫,不宜拆分。至於第三個依據,雖然曹先生的新釋文確實能與《大招》文段找到大體的對應,但這還不足以跟《反淫》與《七發》之間的對應關係相比。從前文的文句對照表可以很清楚地看出,《反淫》簡 8、簡 10+11 跟《七發》"校獵"一節多可對應,只能屬於同一事類,其間無法插入簡 39+40 的内容。

總之,簡 10+11 無法上接簡 39+40,應以整理者的"簡 39+40+41+

42”以及前文得出的“簡9+8+X+10+11”方案爲宜。

三

順帶談談幾個相關問題。

一是傅剛先生在論證《七發》改寫自《反淫》時,根據《反淫》原來“……馬四扶,車折風。取射千金之重……”(簡8+9)的連讀,認爲“《七發》將《反淫》一事中的文句,改在兩事中使用”。[①] 按,“兩事”即本文開頭提到的“逐射”和“校獵”。而據前文結論,“逐射”與“校獵”在《反淫》中其實也是分開的(只因簡9之前的簡已缺失,故“逐射”一事不完整),不存在《七發》“改在兩事中使用”的情況,所以這一條便無法作爲論據了。

二是邵永海先生探討本篇用韻特點時,據原釋文“攝下服之筴,載烏嗃(號)之弓。馬四扶,車折風。取射千金之重”,認爲“該韻段以‘弓(蒸部)、風(冬部)、重(東部)’爲韻,蒸冬東合韻。羅常培、周祖謨(一九五七)指出:‘風’字與蒸部字押韻的例子,‘僅見於楊雄的韻文裏’(《漢魏晉南北朝韻部演變研究》五一頁)”。[②] 按,根據調整後的釋文,“重”並非與“弓風”相押,不可作爲“蒸冬東合韻”的實例。

另外,“弓”、“風”相押,屬蒸侵合韻,而同篇簡29—30以“鱛(蒸部)、雄(蒸部)、風(侵部)”爲韻,值得留意。[③] 羅常培、周祖謨先生曾因“風”與蒸部字押韻的例子“僅見於楊雄的韻文裏”,認爲“在楊雄的語音裏‘風’字可能由-m尾變爲-ng尾,但其他作家的韻文裏仍讀-m”、“侵部的‘風’字有的方言讀爲-ng尾”。[④] 對此,論者有不同態度。如田明先生認爲其説值得商榷,因楊雄《蜀都賦》“風”字仍與侵部字押韻,且與楊雄籍貫相近的東漢李尤仍將“風”與-m尾字相押;而李玉先生則根據馬王堆和銀雀山漢簡“馮、鳳”通假及“同時代的楊雄的語音裏‘風’字由*-m變-ŋ”等,認爲這些現象“透露了古韻侵部中的《廣韻》東韻字在秦代、西漢

---

① 傅剛:《北京大學藏漢簡〈反淫〉簡説》,第165頁。

② 邵永海:《〈反淫〉字詞考釋》附論“《反淫》用韻特點初探”,《北京大學藏西漢竹書[肆]》,第181頁。又其中“五一頁”當爲“五二頁”。

③ 簡13假“馮”(蒸部)作“鳳”(侵部),後者與“風”關係較緊密,可參看。

④ 羅常培、周祖謨:《漢魏晉南北朝韻部演變研究》第一分册,科學出版社1958年,第52、53頁。

早期已發生了 *-m>-ŋ 音變(至少在楚方言區及銀雀山地區是這樣)”。[①] 筆者認爲,要將“風”字由-m 尾變爲-ŋ 尾的時代上推到西漢甚至西漢早期,目前的直接例證還較少。而《反淫》抄寫時代下限不晚於漢宣帝,其中“風”與蒸部字相押,對相關問題的討論有一定參考價值。若按傅剛先生意見,《反淫》亦爲枚乘作品,後改寫爲《七發》,而《七發》中“風”均與侵部字(“林、潯、心、禽、陰、音”)相押,未見與蒸部字押韻,則同一作者不同時期作品押韻標準的變化,也是值得進一步研究的問題。

附記:小文曾蒙楊澤生先生、王輝先生等審閲是正,謹致謝忱!

(作者單位:中山大學中文系,
出土文獻與中國古代文明研究協同創新中心)

① 田明:《秦漢時期“風”字韻尾的演變》,中國社會科學院語言研究所古代漢語研究室編:《古漢語研究論文集(二)》,北京出版社 1984 年,第 80 頁;李玉:《秦漢簡牘帛書音韻研究》,當代中國出版社 1994 年,第 103—104 頁。

試説區别意義在六書理論中的解釋力

羅振躍

"六書"是周代人對漢字造字法以及分析漢字結構的歸納與總結。就目前所見到的資料來看,一直到東漢,許慎作《説文解字》才第一次把"六書"的每一書作出解釋,然後用"六書"概念分析9353個小篆的形體結構,最終使六書理論成爲一種漢字結構分析的系統理論。

今天,《説文解字》依然是研究古文字的最重要的經典著作,六書理論依然是學者釋讀不認識的古文字以及分析古文字字形所使用的基本理論。鑒於此,本文在學習許慎《説文解字》原典的基礎上試着説明區别意義在六書理論中的解釋力。如有不當或者錯誤之處,敬請讀者批評指正。

《説文解字·敘》:"倉頡之初作書,蓋依類象形,故謂之文。其後形聲相益,即謂之字。[文者,物象之本①;]字者,言孳乳而寖多也。著於竹帛謂之書。書者,如也。"②在這裏,許慎把漢字的結構分成三組:1. 文;2. 字;3. 書。接下來,許慎把"六書"概念納入這三組之中。第一組(A),文,即獨體字。"一曰指事(a)。指事者,視而可識,察而見意③,'上、下'是也。二曰象形(b)。象形者,畫成其物,隨體詰詘,'日、月'是也。"第二組(B),字,即合體字④。"三曰形聲(c)。形聲者,以事爲名,取

① 段玉裁:《説文解字注》,上海古籍出版社1981年,第754頁。大徐本無此六字,段玉裁根據《左傳》補。

② 許慎:《説文解字》,中華書局1963年,第314頁。本文引用《説文解字·敘》以及正文解釋部分等内容,如果不再另外説明則皆引自該版本。

③ 據段玉裁:《説文解字注》,第755頁。大徐本作"察而可見"。

④ 段玉裁:《説文解字注》,第754頁:"獨體曰文,合體曰字。"

譬相成,‘江、河’是也。四曰會意(d)。會意,比類合誼,以見指撝,‘武、信’是也。”第三組(C),書,即語族字。“五曰轉注(e)。轉注者,建類一首,同意相受,‘考、老’是也。六曰假借(f)。假借者,本無其字,依聲託事,‘令、長’是也。”

下面,我們按照許慎六書理論的思路去分析幾個常用漢字的形體結構,通過三個步驟,步步深入地還原許慎構建六書理論的原意。

第一步,把“六書”分成兩組。

“分組”主要是針對第一組(A)、第二組(B)而言。

一般來説,獨體字(A)是囫圇一個整體字,其符號或筆畫不可拆分,因爲拆分下來的符號或筆畫既不是一個獨立的文字,也不是一個偏旁,如指事(a)、象形(b)。合體字(B)是由兩個獨立的文字偏旁相互組合在一起構成新的文字,如形聲(c)、會意(d)。

第二步,判斷和確定某個漢字應該屬於“六書”中的哪一書。

在“分組”以後的第一組(A)或第二組(B)裏面,通過分析,最後判斷以及確定具體某個漢字究竟是“六書”中的哪一書(a/b/c/d)。

在A組,如果構成某個漢字的形體符號屬於“隨體詰詘”地“畫成其物”,那麽這個漢字就是象形字(b)。在A組,如果構成某個漢字的形體符號讓人一看就知道是什麽東西,再仔細一推敲就明白講的是什麽事情(“視而可識,察而見意”),那麽這個漢字就是指事字(a)。爲了討論方便,我們把象形字(b)的主體構件叫作b1,輔助構件叫作b2。同理,我們把指事字(a)的主體構件叫作a1,輔助構件叫作a2。

象形字(b)與指事字(a)之間的區别是:象形字的重點是突出物像的區别特徵,如“牛”、“羊”突出它們頭部的犄角,“須”突出人的鬍鬚,“彡”是輔助構件(b2)。[①] 指事字的重點是指示出具象或抽象事物的某一個特定區域,如“本”指示樹根:“木”是主體構件(a1),指示符號(-)是輔助構件(a2)。“亦”指示腋窩:“大”是主體構件(a1),指示符號左右兩點是輔助構件(a2)。“面”指示人的臉面:“首”是主體構件(a1),指示符號曲綫是輔助構件(a2)。“厷”指示人的手臂:“又”是主體構件(a1),指

① 裘錫圭:《文字學概要(修訂本)》,商務印書館2013年,第120、122頁。

示符號(○)是輔助構件(a2)。“叉”指示人的手指甲:“又”是主體構件(a1),指示符號指甲是輔助構件(a2)。[1]

如何區别象形字(b)和指事字(a)?

> 例1,中。《説文》:“中【中】,内也。〔小徐本作‘和也。’〕从口、丨,上下通。【陟弓切】中【中】,古文中。中【中】,籀文中。〔小徐本作‘中【中】,籀文中。中【中】,古文中。’〕”(卷一上)

《説文》:“中,内也。从口、丨,上下通。”《説文》:“内,入也。从冂,自外而入也。”(卷五下)《説文》:“入,内也。象从上俱下也。”(卷五下)許慎説小篆“中”字“从口、从丨”(段注“下上通者,謂中直或引而上或引而下,皆入其内也”),那麽“中”字就應該是一個會意字(d)。我們知道,會意字是合體字,是兩個拆分以後仍然有獨立和實在意義的漢字偏旁。但是,“中”字的古文與籀文却是不能拆分的,因爲被切割出來的“丨”或“~”或“口”等構件没有一個具體的意義指向,也不是一個有獨立和實在意義的漢字偏旁,猶如甲骨文的幾個小點一樣,在失去其主體構件依托的情況下,象水、象火、象血、象灰塵顆粒……似乎象其中任何一個東西都可以。可見,“中”字是一個不能拆分的獨體字:或者是象形字(b),或者是指事字(a)。我們知道,象形字與指事字之間的區别在於:象形字的重點是突出物像的區别特徵,指事字的重點是指示出具象或抽象事物某一個特定區域。判斷“中”字是什麽造字法的關鍵是“口”這個構件究竟是象形符號還是指示符號。“口”在“中”字中究竟表示什麽意思,目前古文字學界還没有定論。但是,有一點可以肯定,它絶對不是指示符號,因爲指事字的指示符號一般習慣用點或綫表示,從來没有見過一個漢字用“口”這個符號指示出一個“丨”的範圍,這不合常理。殷商卜辭常言:“其立中,無風?”[2]可見,“中”應該是象形字(b):“丨”是主體構件(b1),上下斿“~”和“口”這些符號是輔助構件(b2)。“中”字的“丨”像一個上下有斿的旗杆,以旗杆上的飄斿預測風向,以旗杆中部的“口”預測風力。那

① 裘錫圭:《文字學概要(修訂本)》,第122、123頁。

② 郭沫若主編,胡厚宣總編:《甲骨文合集》第三册,中華書局1978-1982年,第1122、7371頁。

麽,“中”的初時意義(Y)應該是指一種預測風向和風力的工具。以後再由初時意義引申爲某一個氏族部落的旗幟,用來集合大衆。① 用公式表示如下:

中=b

b1=丨,b2=~+□

Y=指一種預測風向和風力的工具

在B組,如果構成某個漢字的兩個偏旁都是形旁並且組合在一起表示該字的初時意義(“比類合誼”),那麽,這個漢字就是會意字(d)。

會意字(d)與象形字(b)的區别是:象形字是獨體字,文字形體結構是一個整體,不能拆分,因爲被切割出來的筆畫没有任何意義指向。會意字是合體字,由兩個拆分以後仍有獨立和實在意義的偏旁構成。

在分析會意字(d)的形體結構時,有三個原則:1. 把組合會意字的兩個偏旁按照其意義指向分别叫作主要偏旁(d1)和次要偏旁(d2)。2. 從常識出發分析會意字的意義指向。3. 把會意字的初時意義放入具體的文獻中去驗證。第三個原則尤其重要。因爲講“六書”時必須把它放在區别意義這個語境中討論,其次,只有把某個漢字的“六書”意義放入具體的文獻中去驗證其語境意義是否通暢,才能最終判斷以及確定某個漢字應該屬於“六書”中的哪一書。

如何區分會意字的主要偏旁和次要偏旁?

除“从、林、森”等少數偏旁是並列結構的文字之外,其他會意字多數由兩個地位不平等的偏旁構成,而且,會意字的初時意義(Y)往往由主要偏旁(d1)决定其方向(“以見指撝”),次要偏旁(d2)只是起輔助的作用,幫助主要偏旁(d1)一起完成文字的初時意義(Y)。爲了討論方便,我們把組合會意字(d)的主要偏旁稱爲第一偏旁(d1),把組合會意字的次要偏旁稱爲第二偏旁(d2)。如“及”(d)字,主要偏旁是“又”(d1,“又”即手),表示與手臂有關的動作。次要偏旁是“人”(d2),“人”字表示第二人以手臂完成動作的對象或被動者。這樣的話,“及”由“又(d1)”和“人

① 季旭昇:《説文新證》上册,[臺北]藝文印書館2002年。第52、53頁:(“中”字)“本義:一種戰爭及訓練用的工具,平時用以集合大衆,戰時用以集合軍士,還可以測日影、風向。”

(d2)"兩個偏旁組合起來一起指向"及"的初時意義(Y),就是"追到人把他抓住"的意思。[①] 用公式表示如下:

及=d

d1=又,d2=人

d1+d2=Y

Y=追到人把他抓住

如何從常識出發推導出會意字的意義指向?

例2,美。《説文》:"羑【美】,甘也。从羊、从大。〔小徐本'大'上無'从'。〕羊在六畜,主給膳也。美與善同意。【臣鉉等曰:羊大則美,故从大。】【無鄙切】"(卷四上)

許慎認爲"美"是"从羊、从大"的會意字(d)。如果把"羊"作爲第一偏旁(d1),把"大"作爲第二偏旁(d2),那麽,根據常識我們可以判斷出,成年羊的肉肯定不如小羊羔肉好吃。套用徐鉉的話,羊大則美,故从羊。d1+d2≠甘。反之,如果把"大"作爲第一偏旁(d1),把"羊"作爲第二偏旁(d2),那麽,"美"字象一個大人頭戴羊角的樣子,與口味甘美没有關係。還是套用徐鉉的話,大羊則美,故从大。d1+d2≠甘。通過以上的分析可以肯定,"美"的初時意義不是味道甘美的意思。戰國文字有一個"敚"字。《郭店楚墓竹簡·緇衣》:"子曰:好敚(从女从完,或从完从頁)如好緇衣,惡惡如惡巷伯,則民臧施而刑不試。《詩》云:儀刑文王,萬邦作孚。"[②]"好敚如好緇衣,惡惡如惡巷伯",今本《禮記·緇衣》作"好賢如緇衣,惡惡如巷伯"。[③]《説文》有"敚"字,許慎認爲"敚"的初時意義即"妙也"。[④] 甲骨文有"敚"字,陳初生認爲甲骨文"敚"是一個"从長从攴"的會意字,"象人梳理頭髮,髮經梳理則美,故敚有美妙意,當爲'媺'之初

① 裘錫圭:《文字學概要(修訂本)》,第126頁。

② 荆門市博物館編:《郭店楚墓竹簡》,文物出版社1998年,第129頁。

③ 阮元校刻:《十三經注疏》下册,中華書局1980年,第1647頁。

④ 《説文》:"敚【敚】,妙也。从人、从攴,豈省聲。〔小徐本"攴"上無"从"。〕【臣鉉等案:豈字从敚省,敚不應从豈省,蓋傳寫之誤,疑从耑省。耑,物初生之題,尚敚也。】【無非切】"(卷八上)

文”。[1] 可見,“敚”就是美妙之“美”的本字。[2] 現在,我們回過頭來討論“美”字的初時意義。《説文》有一個與“美”字造字法一樣“从人、从羊”的“羌”字。《説文》:“羌,西戎牧羊人也。从人,从羊,羊亦聲。”(卷四上)許慎認爲“羌”字是會意字兼形聲字(d+c):d1=人,d2=羊,c2=羊。如果細審甲骨文“美”和“羌”字,[3]它們有一個共同點,即都是一個大人頭上戴着羊角的形象。不同點是“美”的第一偏旁(d1)是“大”(“大”是正面的人立象),“羌”的第一偏旁(d1)是“人”(“人”是側面的人立象)。“美”在卜辭中用作人名、族名。[4] 綜述以上幾點我們知道,“美”的初時意義應該與“羌”屬於同一個意類,指某一種特殊的人群或族群。大概從戰國以後,“美”逐漸表示美妙的意思,而“敚”則用來專指渺小和微小的東西。[5] 用公式表示如下:

(1) 羌=d+c
d1=人,d2=羊,c2=羊
Y=西戎牧羊人
(2) 美=d
d1=大,d2=羊
d1+d2=Y
Y=某一種特殊的人群或族群
(3) 敚←美=f,敚 f1=微部,美 f1=脂部[6]
Y=美妙

如何在語境中驗證會意字的初時意義?

---

① 陳初生:《金文常用字典》,陝西人民出版社 2004 年,第 774 頁。

② 譚步雲認爲“媄”是表示“美麗、美貌、美好”意義的本字或正體。參閲譚步雲:《説“媺”及其相關的字》,“中國文字學會第四屆學術年會”論文,西安:陝西師範大學,2007 年 8 月。

③ 劉釗、洪颺、張新俊:《新甲骨文編》,福建人民出版社 2009 年,第 239—240 頁。

④ 郭沫若主編,胡厚宣總編:《甲骨文合集》第十册,第 3747 頁,30695:叀祖美用;第十一册,第 4083 頁,33128:叀美奏,叀□奏,叀商奏。

⑤ 段玉裁:《説文解字注》,第 374 頁:“敚:眇也。眇各本作妙,今正。凡古言敚眇者,即今之微妙字。眇者,小也。引伸爲凡細之偁。微者,隱行也。微行而敚廢矣。”

⑥ 鄭張尚芳:《上古音系》,上海教育出版社 2003 年,第 486 頁:敚,第 418 頁:美。第 72 頁:微、物、文與脂、質、真之間的關係密切。

例3,仁。《説文》:"【仁】,親也。从人、从二。〔小徐本作'從人、二聲。'〕【臣鉉等曰:仁者兼愛,故从二。】【如鄰切】【忎】,古文仁从千、心。〔小徐本'心'下有'作'。〕【𡰥】,古文仁或从尸。〔小徐本作'古文仁從尸、二。'〕"(卷八上)

許慎説"仁,親也。从人、从二",那麼,"仁"應該是會意字(d)。《説文》:"親,至也。"段注:"父母者,情之冣至者也,故謂之親。"(卷八下)但是,不管是把"人"(d1)還是把"二"(d1)作爲主要偏旁來推理,都"指撝"不出"親"的意思。如果我們换一個思路,把"仁"的古文偏旁"千"和"心"分别作爲主要偏旁(d1)進行推理,就會發現"親"的含義了。"千"是指事字(a),應該與象形字(b)"身"(人有身孕)是一個字,"千"是"身"的簡寫。戰國文字"仁"字从身、从心。① 如果把"千(身)"作爲主要偏旁(d1)進行"比類合誼,以見指撝",就可以推導出"仁"的意義指向:母親疼愛自己孩子之心即仁愛(Y)。這時,我們再回過頭來看"仁,从人("尸"與"人"同義)、从二"的"二"不是一般意義上的兩個人,而是指母子一大一小兩個人,"仁"即大人母親對自己小孩子疼愛的慈母之心(Y)。至於徐鉉説的"仁者兼愛",那是後人把"仁"者母愛的意思推而廣之的引申義罷了。在先秦文獻中,凡是講到"仁"時,其詞義都會含有一點母愛的意思。例如,《孟子·盡心下》孟子曰:"口之於味也,目之於色也,耳之於聲也,鼻之於臭也,四肢之於安佚也,性也,有命焉,君子不謂性也。仁之於父子也,義之於君臣也,禮之於賓主也,智之於賢者也,聖人之於天道也,命也,有性焉,君子不謂命也。"②"仁之於父子也",孟子認爲"仁"是只有在父輩與子輩之間才會産生的一種情感。用公式表示如下:

仁=d

人=d1,二=d2

或者是:千=d1,心=d2

那麼,d1+d2=Y

Y=母親疼愛自己孩子的慈母之心

① 季旭昇:《説文新證》下册,第3頁。

② 阮元校刻:《十三經注疏》下册,第2775頁。

在B組,如果構成某個漢字的兩個偏旁一個是形旁一個是聲旁("以事爲名,取譬相成"),那麽,這個漢字就是形聲字(c)。爲了討論方便,我們把形聲字(c)的形旁叫作c1,聲旁叫作c2。

關於漢字的性質,歷來有不少争論。其實,在先秦文字中,形聲字占漢字總數80%以上這一數據[①]就足以説明問題。目前,我們認同周有光的"意音文字"説,[②]只是覺得如果把漢字的性質命名爲"形意諧聲文字",可能會更具有解釋力。

第三步,解釋語族字。

語族字主要是針對第三組(C)而言。語族字是指若干個文字在語言交際過程中關係密切隸屬於同一譜系的文字。在六書中,第三組其實只是語族字中的同義詞。

在C組,如果有兩個以上的語族字,它們之間的關係主要依靠相同的形符來維繫("建類一首,同意相受"),那麽,這兩個以上的語族字就是轉注字[③](e)。"轉注者,建類一首,同意相受,'考、老'是也。"按照許慎的解釋,六書中的轉注是在語族字中的同義詞這個範圍内增加文字的一種造字方法。爲了討論方便,我們把轉注字之間相同的形符叫作e1。例如,《説文》:"硞,石聲。从石(e1),告聲。""硠,石聲。从石(e1),良聲。""礐,石聲。从石(e1),學省聲。""磿,石聲也。从石(e1),厤聲。"(卷九下)另外,形聲字中的省形字只有在轉注這個語境中才有可能解釋得比較清楚。[④]

如何分析轉注字(e)?

例4,羅-離。《方言》:羅謂之離,離謂之羅。(皆行列物也。)(卷七)[⑤]

《説文》:"【羅】,以絲罟鳥也。〔小徐本無'也'。〕从网,从維。

① 裘錫圭:《文字學概要(修訂本)》,第40頁。

② 周有光:《文字演進的一般規律》,《中國語文》1957年第7期,第1頁。

③ 陳夢家:《中國文字學》,中華書局2011年,第86頁:"《説文》實主形轉説。"第82頁:"不能説'考'是轉注字,我們必須説,'考'和'老'是轉注字。"

④ 許慎:《説文解字》卷八上,第173頁:"老,考也。""考,老也。从老省,丂聲。""耆,老也。从老省,旨聲。"

⑤ 華學誠:《揚雄方言校釋匯證》上册,中華書局2006年,第524頁。

古者芒氏初作羅。【魯何切】”(卷七下)

《説文》:“䍦【離】,離[①]黄,倉庚也,鳴則蠶生。从隹,离聲。【吕支切】”(卷四上)

在上古方言中,“羅”與“離”是同義詞,表示羅列和陳列的意思。根據許慎的分析,“羅”是會意字(d),d1=网,d2=維。“離”是形聲字(c),“从隹(c1),离聲(c2)”。在甲骨文中,“羅”: d1=网,d2=隹[②]。根據許慎六書理論關於轉注的區别定義,我們知道,既然“羅”與“離”是同義詞,而且它們之間的意義聯繫是依靠相同的形符(隹),那麽,“羅”與“離”就是轉注字(e),e1=隹。用公式表示如下:

(1) 羅=d
d1=网,d2=維
在甲骨文中,d1=网,d2=隹(e1)
Y=以絲罟鳥
(2) 離=c
c1=隹(e1),c2=离
Y=倉庚(鳥名)
(3) 羅→離=e[③],e1=隹
(4) 離=f[④]

在C組,如果有兩個以上的語族字,它們之間的關係主要依靠相同的聲符來維繫(“依聲託事”),那麽,這兩個以上的語族字就是假借字(f)。“假借者,本無其字,依聲託事,‘令、長’是也。”按照許慎的解釋,六書中的假借是在語族字中的同義詞這個範圍内不增加文字的一種造字方法。爲了討論方便,我們把假借字之間相同的聲符和相同、相近或關係密切的韻部[⑤]叫作f1。同理,形聲字中的省聲字只有在假借這個語境中才

① 段玉裁:《説文解字注》,第142頁:“各本無離,淺人誤删。”
② 劉釗、洪颺、張新俊:《新甲骨文編》,第445頁。
③ “羅”和“離”在文獻中的轉注意義參閲華學誠:《揚雄方言校釋匯證》上册,第524頁。
④ 段玉裁:《説文解字注》,第142頁:“借離爲離别也。”
⑤ 麥耘:《音韻學概論》,江蘇教育出版社2009年,第107—109頁。

有可能解釋得比較清楚。①

如何分析假借字(f)?

清代學者孫經世認爲凡是《説文解字》有"故爲"、"故以爲"、"或以爲"、某書"以爲"、某文"以爲"、某人"以爲"、"亦如是"、"亦如此"、"或説"、"或曰"、"一説"、"一曰"等字者,都是假借字。②

> 例5,韋。《説文》:"【韋】,相背也。从舛、囗聲。獸皮之韋可以束,枉戾相韋背,故借以爲皮韋。凡韋之屬皆从韋。,古文韋。"【宇非切】"(卷五下)

許慎認爲"韋,从舛、囗聲",那麽,"韋"應該是形聲字(c)。問題是"以事爲名"的"舛"偏旁究竟講的是什麽事情?《説文》:"舛(□),對卧也。从夂、㐄相背。"《説文》:"舞,樂也。用足相背。从舛,無聲。"(卷五下)《説文》:"桀,磔也。用足相背。从舛在木上也。"(卷五下)可見,"舛"是一個會意字(d),字形意義指人的雙脚。按照許慎的説法,"韋"是表示兩人相互背離甚至離開的意思。但是,細審小篆以及甲骨文"韋"字的兩脚並没有相背甚至離開的意向,而是做環繞運動。羅振玉認爲"韋"與"衛"其實是一個字。③ 要之,"韋"是一個會意兼形聲字(d+c),从舛(d1),从囗(d2),囗亦聲(c)。象兩足(兩人)環繞城邑(以"囗"表示)行走,初時意義(Y)應該是包圍或者保衛的意思。在語言交際中,表示包圍的"韋"被假借爲表示"畏"和"諱"字(f)。④ 它們之間相同的聲符是"韋"(f1),"韋"、"畏"、"諱"這三個漢字在上古韻部都是微部。⑤ 用公式表示如下:

韋 = d+c

d1 = 舛,d2 = 囗,c2 = 囗

---

① 裘錫圭:《文字學概要(修訂本)》,第157頁:"《説文》:'秋,从禾,龜(jiao)省聲。'{秋}在甲骨文裏寫作或,都是假借字。"

② 轉引自陳夢家:《中國文字學》,第82頁。

③ 羅振玉:《殷虛書契考釋(原稿信札)》,文物出版社2008年,第162頁。

④ 王輝:《古文字通假字典》,中華書局2008年,第496—497頁,《孔子詩論》:"牆(將)仲之言,不可不韋(畏)也。"第113頁,《郭店楚簡·老子(甲)》:"夫天多期(忌)韋(諱),其民爾(彌)畔(貧)。"

⑤ 鄭張尚芳:《上古音系》,第486頁:韋、諱,第488頁:畏。

韋←畏、諱=f,f1=韋/微部

如何綜合分析一個漢字的形體結構?

例6,東。《説文》:"𣐺【東】,動也。从木。官溥説:从日在木中。〔小徐本無'从木官溥説'五字。〕凡東之屬皆从東。【得紅切】"(卷六上)

許慎對"東"的初時意義是什麽以及究竟是六書中的哪一書連他自己也把握不準,所以只好拉出一個通人官溥的解釋作爲成説,"从日在木中"。《説文》:"動,作也。从力,重聲。"(卷十三下)如果按照"从日在木中"、"日"在"動"的造字法,那麽,"東"應當屬於會意字(d)。有意思的是,在《説文解字》裏,還有一個與"从日在木中"造字法一致的"莫"字,"从日在茻中"(卷一下)。我們發現,不管是"莫"字,還是在甲骨文、金文以及小篆其他有"日"偏旁的文字中,"日"字的形體都是完整和獨立的。如果我們再細審小篆以及甲骨文中的"東"字,它根本不像"从日在木中",而是像陳夢家所説的古橐字:束、東是一個字。[①] 這樣的話,我們把"束"和"東"的形體結構放在一起比較一下:"束"象約束口袋(囊橐)之形,是象形字(b);[②]"東"也象約束口袋(囊橐)之形,只是,"東"的口袋中間有指事符號,因此,"東"應該屬於指事字(a):"束"是主體構件(a1),刻畫符號(-、×)是輔助構件(a2),"東"的初時意義應該是指裝入口袋的東西鼓囊囊的意思。[③] 同時,"束"與"東"是轉注字(e)。在語言交際中,表示口袋的"東"被假借爲表示方位的"東"方的"東"字(f)。[④] 用公式表示如下:

(1) 東=a

(2) a1=束,a2=-/×

(3) 束=b

(4) 束→東=e,e1=束

① 陳夢家:《中國文字學》,第26頁:"甲金東、束一個字,象橐形。"

② 劉釗、洪颺、張新俊:《新甲骨文編》,第370頁。

③ 劉釗、洪颺、張新俊:《新甲骨文編》,第354—355頁。

④ 王輝:《古文字通假字典》,第465頁:"東(東)陽。"

(5) 朿←東=f,朿 f1=屋部,東 f1=東部[①]

本文對六書理論的初步探討只是我們在學習許慎《説文解字》時的一點心得體會,也參閱了前人和時賢的一些論著,[②]受益良多。同時,我們清醒地認識到,在《説文解字》這個寶藏裹,目前我們認識得還比較淺顯,甚至還有很多東西我們不知道,這就需要我們以及後人通過不懈的努力去挖掘它,儘可能全面和深入地認知六書理論的原意及其價值。

(作者單位:廣東財經大學)

① 鄭張尚芳:《上古音系》,第 470 頁:朿,第 305 頁:東,第 72 頁:上古韻部"侯"、"屋"、"東"三部,屬於陰入陽,它們之間的關係密切。參閱麥耘:《音韻學概論》,第 107—109 頁。

② 趙誠:《甲骨文字學綱要》,中華書局 2005 年,第 186—227 頁。

《大戴禮記》通假辨識疏證三則

雷燮仁

王念孫爲《經義述聞》作序時説："字之聲同聲近者，經傳往往假借，學者以聲求義，破其假借之字，而讀其本字，則涣然冰釋；如其假借之字，而强爲之解，則詰籲爲病矣。"王引之《經義述聞》"經義假借"條也説："學者改本字讀之，則怡然理順；依借字解之，則以文害辭。"他們都强調了辨識疏證通假字的重要性。《大戴禮記》一書，因未列入"十三經"，受重視程度不如《小戴禮記》。其本經和北周學者盧辯的注解，自唐宋以來不僅佚失泰半，就以所存留的三十九篇而言，也是"譌舛幾不可讀"。清代學者對這部書的校勘、注解做了大量工作，其中通説全書的，首推孔廣森的《大戴禮記補注》和王聘珍的《大戴禮記解詁》。孔、王二人已經指出不少通假之處，但一些難度較大的問題，仍然留待段玉裁、王念孫等大家來解決。如《曾子立事》云"君子博學而孱守之"，《説文・孨部》："孨，謹也。"段玉裁《説文解字注》已指出，"博學而孱守之"的"孱"，"正謂謹也"。又如《曾子疾病》之"貸乎如入鮑魚之次"的"貸"，《解詁》據《釋名》解"貸"爲"貸騃"，不相量事之稱，牽强附會而不顧語法。王念孫據《廣雅》謂"貸"、"膩"、"戲"皆"膱"字之訛，"膱"即臭也，實爲勝解。我在研讀《大戴禮記》時，也辨識出幾處前人未曾指出的通假，有的還涉及對其他古書相關字句的理解，試爲之疏證如下，懇請方家指正。

一

《大戴禮記・文王官人》：

省其居處，觀其義方；省其喪哀，觀其貞良；省其出入，觀其交友；

> 省其交友,觀其任廉;考之,以觀其信;挈之,以觀其知;示之難,以觀其勇;煩之,以觀其治;淹之以利,以觀其不貪;藍之以樂,以觀其不寧。

《逸周書·官人》則作:

> 省其居處,觀其義方;省其喪哀,觀其貞良;省其出入,觀其交友;省其交友,觀其任廉;設之以謀,以觀其智;示之以難,以觀其勇;煩之以事,以觀其治;臨之以利,以觀其不貪;濫之以樂,以觀其不荒。

兩相比較,"知"與"智"、"藍"與"濫"乃同音假借,"淹"與"臨"、"寧"與"荒"則是義近换文。劉師培《周書補注》認爲"設之以謀"以上似脱"考之以□,以觀其信",並引《莊子·列御寇》引孔子述九徵云"卒然之間,以觀其知;急與之期,以觀其信"以"信"、"知"對言爲證。王聘珍《解詁》則引《論語·子罕》"知者不惑,勇者不懼"爲據,以爲"挈之,以觀其知"與"示之難,以觀其勇"並言。合《大戴禮記》和《逸周書》兩書而觀之,劉師培之説似更可信。兩書皆有譌奪,劃横綫部分其原文當爲:"考之以□,以觀其信;挈(設)之以謀,以觀其知(智);示之以難,以觀其勇;煩之以事,以觀其治。"前有四"省",後有四"觀",再接以"觀其不"兩例,條理清晰而嚴密。

"挈(設)之以謀"比較難理解。單就字音來看,"挈"、"設"古音同屬月部。"挈"屬溪紐,喉音;"設"屬書紐,舌上音。"埶"通"設","埶"古音亦屬溪紐。馬王堆帛書《戰國縱横家書》"割摯馬免而西走",《戰國策·趙策》作"割挈馬兔〈免〉而西走",蔡偉先生認爲"摯"當作"摯",與"挈"同音假借①。而銀雀山竹簡《六韜》"摯〈摯〉以事",傳本《武韜·三疑篇》則作"設之以事"。是"摯"、"挈"、"設"音近通假,故《大戴禮記》作"挈"者,《逸周書》作"設"。

"挈",王聘珍《解詁》引《釋名·釋姿容》:"挈,結也;結,束也,束持之也。"以束解"挈"。孔廣森《補注》則以"挈"通"絜",訓度。釋"挈"、

① 裘錫圭:《再談古文獻以"埶"表"設"》引,《裘錫圭學術文集》第四卷,第488頁注[37]。

“絜”爲束、爲度,於古書故訓皆有徵。《周禮·夏官·序官》“挈壺氏”鄭玄注:“挈,讀如絜髮之絜。”孫詒讓《正義》:“鄭《大學》注云:絜,猶結也,挈也。是挈、絜、結聲義並通。”所謂“鄭《大學》注”即《禮記·大學》“是以君子有絜矩之道”鄭玄注。“絜”有結、束之義,如《莊子·人間世》“絜之百圍”成玄英疏:“絜,約束也。”《文選·賈誼〈過秦論〉》“試使山東之國與陳涉度長絜大”李善注引《莊子》司馬彪曰:“絜,匝也。”司馬彪所云“絜,匝也”應該是對應“絜之百圍”。《文選》李周翰注則云:“絜,圍也。”“匝”、“圍”義近。《史記·秦始皇本紀論贊》和《漢書·陳勝項籍傳贊》皆引用《過秦論》“度長絜大”句。裴駰《史記集解》云:“絜,絜束之絜。”《漢書》顔師古注則云:“絜,謂圍束之也。”《過秦論》“度長”與“絜大”並言。“絜”釋爲度是極合適的。故朱熹《四書章句》將“是以君子有絜矩之道”的“絜”徑釋爲度。《大戴禮記》以“考之”與“絜之”對言,“絜”釋爲度,也顯然比釋爲束更貼切。

“絜”爲什麽有“度”義呢?《説文·髟部》“髻,絜髮也”段玉裁注:“絜,引申爲圍束之稱。”《説文·糸部》“絜”字段注又云:“絜,束之必圍之,故引申之圍度曰絜。”因圍束而引申出“度”義,有些牽强。如循此理,同樣表圍束義的“圍”、“匝”、“約”、“束”都應該引申出“度”義,但遍檢古書,“圍”、“匝”、“約”、“束”都没有此義項,仔細閲讀《故訓匯纂》相關字頭不難察之。

我認爲表“度”義的“絜”、“挈”,應是“察”的借字。《吕氏春秋·尊師》:“臨飲食,必蠲絜。”“蠲絜”即“蠲潔”。《墨子·尚同中》:“酒醴粢盛不敢不蠲潔。”《吕氏春秋》舊校云:“絜字一作祭。”是“絜”通“祭”。“絜”、“挈”、“祭”、“察”古音同屬月部。《説文·穴部》:“竊,盗自中出曰竊。从穴、从米。禼、廿皆聲。廿,古文疾;禼,古文偰。”《説文》云“竊”从“偰”的古文“禼”得聲。“挈”古音屬溪紐,“絜”古音屬見紐,均爲牙音。而“偰”古音屬心紐,“竊”古音屬清紐,“祭”古音屬清紐,同屬舌上音。故“絜”可通“祭”。“祭”亦通“察”。《管子·小稱》:“吉事可以入察。”王念孫《讀書雜志》:“察當爲祭。”“竊”亦可通“察”。《莊子·庚桑楚》:“竊竊乎又何足以濟世哉。”陸德明《釋文》:“竊竊,崔本作察察。”《荀子·哀公》:“竊其有益與其無益。”楊倞注:“《孔子家語》王肅注云:竊宜爲察。”按即《孔子家語 · 好生》。“竊其有益與其無益”即“察其有益與其無益”。“竊”讀爲“察”,而“竊”从“偰”之古文卨得聲,故从㓞得聲的“挈”、“絜”也可通“察”。《廣雅 · 釋訓》:“察察,著也。”王念孫《疏證》:“潔白亦謂之察察。”《楚辭 · 漁父》“安能以身之察察”,朱熹《集注》:“察察,潔白也。”蔣驥注:“察察,皎潔。”“察察”即“潔潔”。《慎子 · 外篇》:“潔潔者以爲汙,而湯武無愧容。”《黄帝内經 · 靈樞 · 陰陽二十五人》:“衆之爲人,比於右足太陽,太陽之下潔潔然。”更是“絜”通“察”的確證。

“察”有計、度之義。《戰國策 · 齊策一》:“大王覽其説不察其至實。”《史記 · 張儀列傳》作“大王賢其説而不計其實。”《資治通鑑 · 唐紀五十四》“校計利害”胡三省注:“計,算也,度也。”《楚辭 · 離騷》“荃不察余之中情兮”,洪興祖補注:“察,一作揆。”而“揆”訓“度”古書故訓習見,如《爾雅 · 釋言》及《廣雅 · 釋詁一》皆云“揆,度也”。《過秦論》“度長絜大”即“度長察大”、“度長計大”、“度長揆大”。《大學》之“絜矩之道”即“察矩之道”。而《文王官人》以“考之”與“察之”對言,尤顯通順妥帖。《文王官人》:“考其陰陽。”王聘珍《解詁》:“考,察也。”《文王官人》又云:“考其所爲,觀其所由,察其所安。”也以“考”、“察”並言。“絜”作“設”者,同樣也是“察”的借字。朱右曾《逸周書集訓校釋》將《官人》“設之以謀”的“設”訓爲假設,不可信。

《過秦論》“度長絜大”的“絜”直接視爲“計”之通假,也是合適的。“絜”从“㓞”得聲,“㓞”从“丯”得聲。《説文 · 丯部》:“丯讀若介。”《漢書 · 地理志》:“計斤。”顔師古注:“即《春秋左氏傳》所謂介根也,語音有輕重。”用來表度、量義的“絜”、“察”、“計”可能是一組音近義通的同源字。“度長絜大”即言“度長量大”。但《文王官人》“絜之以謀”的“絜”却不能直接讀爲“計”。因此我把同表察、度義的“挈”、“絜”定爲“察”之通假,猶如“察察”通“潔潔”。

二

《大戴禮記 · 朝事》:

> 閑間以諭諸侯之志,歸脤以教諸侯之福,賀慶以贊諸侯之喜,致會以補諸侯之災。

> 然後諸侯之國札喪,則令賻補之;凶荒,則令賙委之;師役,則令槁禬之;有福事,則令慶賀之;有禍災,則令哀弔之。

王聘珍《解詁》之《目録》云:"(《朝事》)經文多同《周禮·典命》、《大行人》、《小行人》、《司儀》、《掌客》諸職及《小戴禮·聘義篇》,是記者鈔録舊聞,以爲《禮經》之記者。"上録這兩段經文,第一段又見於《周禮·秋官·大行人》,"會"作"禬"、"災"作"烖"。鄭玄注:"致禬,凶禮之弔禮、禬禮也。補諸侯烖者,若《春秋》澶淵之會,謀歸宋財。"第二段又見於《周禮·秋官·小行人》,鄭玄注:"故書'賻'作'傅','槁'爲'稾'。鄭司農云:'賻補之,謂賻喪家,補助其不足也。若今時一室二户,則官與之棺也。稾當爲犒,謂犒師也。'玄謂師役者,國有兵寇以匱病者也,使鄰國合會財貨以與之。《春秋》定五年夏,歸粟於蔡是也。《宗伯職》曰:'以禬禮哀圍敗。'禍烖,水火。"

第一段經文的"會"或作"禬",鄭玄以爲即"禬禮"之"禬"。第二段經文的"禬",鄭玄初以"合會"之"會"讀之,又引《宗伯職》"以禬禮哀國敗"之"禬"補注之,前後不統一。

《説文·示部》:"禬,會福祭也。从示从會,會亦聲。《周禮》曰:禬之祝號。"故禳除災殃、禍凶之祭禮曰"禬禮"。《周禮·天官·女祝》"掌以時招梗禬禳之事"鄭玄注:"除災害曰禬,禬猶刮去也。"《周禮·春官·神仕》"以禬國之凶荒"鄭玄注:"禬,除也。""凶禮之弔禮、禬禮"指國有凶荒,除了哀弔之,還要行禬禳之祭,以除其凶。"以禬禮哀圍敗"指國遭圍敗,亦行禬禮以禳除其殃。如讀爲"禬禮"之"禬",當云"致禬以除諸侯之災"。鄭玄也許已經意識到這一點,將"致禬以補諸侯之災"分爲兩截。前言"致禬",以"凶禮之弔禮、禬禮"當之;後言"以補諸侯之災",以《春秋》襄公三十年"謀歸宋財"例之。"師役則令槁禬之"鄭玄注同樣存在這一問題,既言"合會財貨以與之",並引《春秋》定公五年"歸粟於蔡"爲例,又引《宗伯職》"以禬禮哀圍敗"來解"禬",前後不一致。

我認爲"會"、"禬"都應該讀爲"饋"。"會"聲與"貴"聲常有通假。"以禬國之凶荒"鄭玄注:"禬,讀如潰癰之潰。"《周禮·春官·庶士》"以攻説禬之"鄭玄注亦如此。《書·皋陶謨》:"日月星辰山龍華蟲作會。"《周禮·春官·司服》、《尚書大傳·洪範五行傳》鄭玄注以及《後漢書·

輿服志》皆引“會”作“繢”。《周禮・考工記・韋氏裘氏》:“畫繢之事。”《文選・何晏〈景福殿賦〉》李善注引“繢”作“繪”。《禮記・玉藻》:“緇布冠繢緌。”鄭玄注:“繢或作繪。”《論語・八佾》:“繪事後素。”陸德明《釋文》:“繪本又作繢。”《太玄・文・初一》:“裕襀何縵。”司馬光《集注》:“襀與繪同。”

《周禮・天官・玉府》“凡王之獻金玉”鄭玄注:“古者致物於人,尊之則曰獻,通行曰饋。”“饋”又作“歸”。《儀禮・士虞禮》“特豕饋食”鄭玄注:“饋,猶歸也。”段玉裁《説文解字注》:“饋之言歸也,故饋多假歸爲之。《論語》‘詠而饋’、‘饋孔子豚’、‘齊人饋女樂’,古書皆爲饋,魯皆作歸。”鄭玄以“謀歸宋財”的“歸”讀“致會(饋)以補諸侯之災”,其實是對的,文意已足,與“凶禮之弔禮、禬禮”無關。古書中亦有“致饋(歸)”連用例,如《左傳》僖公二十九年:“春,介葛盧來朝,舍于昌衍之上。公在會,饋之芻、米,禮也。”杜預注:“嫌公行不當致饋,故曰禮也。”《國語・晉語五》:“余將致政焉,以成其怒。”韋昭注:“致,歸也。”

同樣,“師役則令槁禬之”讀爲“師役則令犒饋之”也極爲通順合理。《説文・食部》:“饋,餉也。”《左傳》僖公二十六年:“公使展喜犒師。”陸德明《釋文》:“犒,勞也。”孔穎達疏:“犒者,以酒食餉饋軍師之名。服虔云:犒師,以師枯槁,故饋之飲食。”則“犒禬(饋)”即“餉饋”,與除惡之祭“禬”或合會之義無關。

三

《大戴禮記・曾子立事》:

> 人言不善而不違,近於説其言;説其言,殆於以身近之也;殆於以身近之,殆於身之矣。人言善而色葸焉,近於不説其言;不説其言,殆於以身近之也;殆於以身近之,殆於身之矣。

“人言不善而不違”的“違”,王聘珍《解詁》云:“違,遠也。”“違”訓“遠”,見於《爾雅・釋詁上》。王聘珍注解《大戴禮記》,“禮典器數,墨守鄭義;解詁文字,一依《爾雅》、《説文》及兩漢經師訓詁”。此即其一。大概以“違”與下言“近於説其言”的“近”相對。“人言不善而不違”與“人言善而色葸焉”相對而言。“葸”，王聘珍《解詁》訓爲“畏懼貌”，孔廣森《補注》訓爲“畏難也”，意思很接近。《廣雅·釋言》：“葸，慎也。”《論語·泰伯》：“慎而無禮則葸。”何晏《集解》：“葸，畏懼之貌。”陸德明《釋文》引鄭玄云：“葸，殼質貌。”“殼”通“慤”。《集韻·海韻》即云“葸，慤也”。《説文·心部》：“慤，謹也。”與《廣雅》“葸，慎也”是一致的。謹慎者，心必畏懼，“色葸”指態度謹慎、畏懼，則“不違”也應該指某種態度。以遠訓“違”，恐與“色葸”不類。

古書中“違”有“怨”義。《尚書·無逸》：“民否則其心違怨，否則厥口詛祝。”段玉裁《古文尚書撰異》已經指出，“否則”“恐不似今人俗語云‘否則’也”。王引之《經傳釋詞》進一步指出，“否則”即今言“於是”。其中“違怨”一詞，王引之《經義述聞》引其父王念孫之説：

> 違，亦怨也。……《廣雅》曰：“怨、愇、很，恨也。”“愇”與“違”同。班固《幽通賦》“違世業之可懷”，曹大家注曰：“違，恨也。”《邶風·谷風篇》“中心有違”，《韓詩》曰：“違，很也。”“很”亦“恨”也，“厥心違怨”，“違”與“怨”同義，猶“厥口詛祝”，“詛”與“祝”同義耳。

王説鑿破鴻蒙，令人嘆服。然《尚書》中還有一個與“違怨”義同的同義連言詞，王氏父子尚未論及。《君奭》：“弗永遠念天威越我民，罔尤違惟人在(哉)!”該句句讀有爭議，此從顧頡剛、劉起釪《尚書校釋譯論》。其中“罔尤違惟人”，蔡沈《書集傳》釋“尤”爲怨，釋“違”爲背。戴鈞衡《書傳補商》曰：“言天民之無尤怨違背，惟恃有老成人也。”吴闓生《尚書大義》謂：“求無罪戾，惟在人而已。尤，罪也；違，戾也。”則别爲一解。孫詒讓《尚書駢枝》謂“言天尤怨於人”，則讀“違”爲怨。屈萬里《尚書集釋》引《詩·小雅·谷風》陸德明《釋文》引《韓詩》云：“違，很也。”謂“尤違”即“怨恨”，亦大致同孫詒讓之説。《尚書校釋譯論》采孫詒讓之説，是對的。“尤”即怨也，如“怨天尤人”。《史記·屈原賈生列傳》“般紛紛其離此尤兮”司馬貞《索隱》：“尤，怨咎也。”《文選·司馬相如〈上林賦〉》“僕恐百姓被其尤也”張銑注：“尤，怨。”《無逸》言“違怨”，《君奭》言“尤(怨)違”，正言、倒言無别。但新出黄懷信《尚書注訓》不僅於《君奭》一例注曰:“尤,指責、歸罪。違,違背。”[①]且於《無逸》一例亦不采王念孫之説,謂“違”即“逆,反”[②]。故爲之補説如上,以期引起重視。

“人言不善而不違”的“違”,顯然同《無逸》、《君奭》的“違”,義同“怨”。“人言不善而不怨”,即面對他人批評而不怨恨,虚心接受批評,故言“説(悦)其言”。“人言善而色葸焉”,即得到他人的贊揚却依然謹慎、畏懼,不飄飄然,故言“不説(悦)其言”。《孟子·公孫丑上》:“子路,人告之以有過,則喜。”又《弟子規》:“聞譽恐,聞過欣。”句意大致相同。

《大戴禮記》中還有一些小的通假問題,這裏也順帶説一説。

《曾子制言》:“若由富貴興道者與貧賤,吾恐其或失也;若由貧賤興道者與富貴,吾恐其羸驕也。”王聘珍《解詁》:“《釋名》云:‘羸,累也。’羸驕者,謂爲富貴所累而生驕也。”實“羸”通“盈”。“羸”、“赢”皆从嬴得聲。《吕氏春秋·孟秋》“不可以赢”畢沅新校正:“高氏本以赢與盈同。”《素問·六節脏象論》“關格之脈赢”張志聰《集注》:“赢、盈同。”《國語·越語下》:“盈縮轉化。”桂馥《札樸》:“盈當爲盈,通作赢。”“盈驕”即驕傲自滿。《廣雅·釋詁一》:“盈,滿也。”《論語·泰伯》“使驕且吝”,朱熹《集注》引程子曰:“驕,氣盈。”前言“或(惑)失”,後言“羸(盈)驕”,都是義近詞連言。

《子張問入官》:“善政行易則民不怨,言調悦則民不辨法,仁在身則民顯以佚之也。”“易”應通“施”。《詩·小雅·何人斯》“我心易也”陸德明《釋文》:“韓詩作施。”《戰國策·韓策二》:“易三川而歸。”《史記·韓世家》“易”作“施”。《大戴禮記·文王官人》:“歡其禮施也。”王聘珍《解詁》:“施,行也。”“行施”即“施行”的倒言。“善政行易”即“善政施行”。

---

① 黄懷信:《尚書注訓》,齊魯書社 2009 年,第 259 頁。
② 黄懷信:《尚書注訓》,第 256 頁。

出土文獻與客家話詞語合證(十一則)*

陳送文

長期漂泊在外,時常記挂父母語客家方言,未敢忘懷。今據戰國楚簡、秦漢簡帛、碑刻以及敦煌文獻,成小文一篇,呈教同道君子並學界先進。

1. 脣(脣)[sun11]

客家方言稱邊沿爲"脣",《梅縣方言古語詞研究》援引《墨子·備穴》及王維《燕子龕禪師》等唐詩爲證。① 按:出土文獻中亦有"脣"表"邊沿"義的例證,睡虎地秦簡《封診式》簡79—80:"内北有垣,垣高七尺,垣北即巷毆(也)。垣北去小堂北脣丈,垣東去内五步,其上有新小壞,壞直中外,類足距之之迹,皆不可爲廣袤。"整理者注:"脣,《釋名·釋形體》:'緣也。'小堂北脣,小堂的北部邊緣。"②《説文·肉部》:"脣,口耑也。""脣"與"脣"同字異體。

2. 索[sok1]

客家方言稱繩子爲"索","索"在古代即泛指繩子。《説文》:"索,艸有莖葉可作繩索。"睡虎地秦簡中"索"常表"繩子"義。如《法律答問》簡29:"士五(伍)甲盗一羊,羊頸有索,索直(值)一錢,問可(何)論?"《封診式》簡64:"以枲索大如大指。"簡66:"索迹椒鬱。"簡67—68:"它度毋

---

* 本文寫作得到2016年惠州學院教博啓動項目"簡帛佚籍異文研究"(2016JB007)和2016年惠州學院校級教研教改項目"《漢字學概論》教學内容與教學體系改革"(JG2016029)的資助。

① 温美姬:《梅縣方言古語詞研究》,華南理工大學出版社2009年,第264頁。

② 睡虎地秦墓竹簡整理小組:《睡虎地秦墓竹簡》,文物出版社1990年,第161頁。

(無)兵刃木索迹。……堪上可道終索。……索袤丈。”又,客家方言中把繩子解開稱爲“解索”,“解索”一語亦見於睡虎地秦簡。《封診式》簡 66:“解索,其口鼻氣出渭(喟)然。”又簡 70:“乃解索,視口鼻渭(喟)然不殹(也)?”敦煌變文有“攬索”一語:“遠公造船,不用凡間料物,也不要諸般,自持無漏大乘,已爲攬(纜)索。”[1]“攬索”意指繫船的繩索,亦可參。

3. 圳(甽)[$tsun^{53}$]

客家方言稱田間的水溝爲“$tsun^{53}$”,温美姬女士指出最早的本字爲“甽”,“圳”爲後起俗字。[2] 按:“甽”字見於上博簡,上博二《子羔》簡 8:“采(擢)者(諸)甽(畎)畮(畝)之中而史(使)君天下而爯(稱)。”“甽”又作“畎”。上博六《慎子曰恭儉》簡 5:“執樝迲畎備畎。”李朝遠先生指出:“畎,田間的小溝。”[3]“畎”字又見於北周《叱羅協墓志》:“方當盡其筋力,悉心厥務,歷精畎畝,趨走□功,誓竭丹誠,奉酬大造。”[4]“畎”指田間小水溝,亦可參。

4. 惃[fun^{11}]

客家方言稱頭暈爲“fun^{11}”,温美姬女士指出其本字爲“惃”,引《方言》、《玉篇》等爲證,並認爲“惃”指“‘迷昏’即神志不清,頭暈亦有此狀,只不過病症稍輕,可通”。[5] 此處謹補充出土文獻中“惃”指“迷昏”一例。楚簡中,有字作如下之形:

包山 47 包山 191 郭店・尊德 16[6]

李家浩先生釋爲“惃”,[7]正確可從。郭店楚簡《尊德義》簡 16:“季(教)以懽(權)悔(謀),則民淫惃遠豊(禮)亡(無)新(親)悬(仁)。”李家浩先生指出:“‘教以權謀,則民淫惃遠禮無親仁’的意思是説,教人權謀,那麽人

① 陳秀蘭:《敦煌變文詞彙研究》,四川民族出版社 2002 年,第 69 頁。
② 温美姬:《梅縣方言古語詞研究》,第 27—28 頁。
③ 馬承源主編:《上海博物館藏戰國楚竹書(六)》,上海古籍出版社 2007 年,第 281 頁。
④ 毛遠明:《漢魏六朝碑刻異體字典》,中華書局 2014 年,第 737 頁。
⑤ 温美姬:《梅縣方言古語詞研究》,第 94 頁。
⑥ 湯餘惠主編:《戰國文字編》,福建人民出版社 2001 年,第 723 頁。
⑦ 李家浩:《楚墓竹簡中的“昆”字及从“昆”之字》,載氏著:《著名中年語言學家自選集・李家浩卷》,安徽教育出版社 2002 年,第 306—317 頁;原載《中國文字》新 25 期,1999 年。

的思想就會迷惑昏亂,遠離禮而不親近仁。"[①]"惃"字又見於荆門左塚棋梮,作"民惃",[②]亦可參。

5. 蓋[ŋiok¹]

客家方言稱"蟄刺"、"刺癢"爲[ŋiok¹],温美姬先生指出其本字當爲"蓋"。[③] 按:楚簡中就有"蓋"表"蟄刺"。郭店楚簡《老子》甲簡 33:"蟲蠆(蠆)蟲它(蛇)弗蓋。"整理者指出:"蓋,'蓋'字異體。《説文》:'螫也'。字亦作'蓋'。"[④]

6. 罌[aŋ⁴⁴]

客家方言稱瓶子、瓦罐、罈子爲"罌"。如用來裝置骨骸的陶罐爲"金罌"。《説文·缶部》:"罌,缶也。"典籍中常見此用法。按:吴孫皓天册元年(公元 275 年)的禪國山碑上有"玉罌"[⑤]一語,亦可參證。

7. 車

象棋的"車"客家方言讀爲"居"。《釋名·釋車》:"車古者曰車,聲如居,言行所以居人也。"又《禮記·禮運》:"天子以德爲車。"鄭注云:"車或爲居。"《爾雅·釋草》:"望,椉車。"《經典釋文》:"居本亦作車。"出土文獻中,"車"與"居"互爲異文。《詩經·邶風·北風》:"攜手同車。"阜陽漢簡《詩經》S045 作"攜手同居"。[⑥] 胡平生先生指出:"居、車,上古音皆爲見母魚部字,謂之同音相通本無問題。《莊子·徐無鬼》:'乘日之車。'《莊子釋文》:'司馬云,以日爲車也。元嘉本車作居。'是古本即有以'居'代'車'者。"[⑦]可參。

8. 脺(瘁)[phoŋ¹¹]

客家話稱"蚊蟲叮咬後腫起的較嚴重的腫塊"爲"脺"。温美姬女士於此字詳加論述,並指出"脺"或作"瘁"。[⑧] 按:"脺"見於敦煌變文《維摩

---

① 李家浩:《楚墓竹簡中的"昆"字及从"昆"之字》,第 311 頁。

② 黄鳳春、劉國勝:《左塚三號楚墓出土的棋梮文字及用途初考》,湖北省文物考古研究所、荆門市博物館、襄荆高速公路考古隊編:《荆門左塚楚墓》,文物出版社 2006 年,第 230 頁。

③ 温美姬:《梅縣方言古語詞研究》,第 54 頁。

④ 荆門市博物館:《郭店楚墓竹簡》,文物出版社 1998 年,第 116 頁。

⑤ 商承祚:《石刻篆文編》,中華書局 1996 年,第 257 頁。

⑥ 胡平生、韓自强:《阜陽漢簡詩經研究》,上海古籍出版社 1988 年,第 6 頁。

⑦ 胡平生、韓自强:《阜陽漢簡詩經研究》,第 55 頁。

⑧ 温美姬:《梅縣方言古語詞研究》,第 92 頁。

詰經講經文》:"修羅展臂楨雙眼,龍神胮顋努兩眉。""痵"字見於睡虎地秦簡《秦律雜抄》32:"匿敖童,及占痵(癃)不審。"《日書》甲種簡 55 正:"居痵。"整理者注:"痵,即癃字,廢疾。居痵,居留者有殘廢病。"[①]《説文》:"癃,罷病也。从疒,隆聲。痵,籒文,癃省。"秦簡"痵"爲"癃"字籒文。與客家方言之"胮"無涉。又,"胮"或作"膖"、"肨"。《集韻》上平聲四江韻:"胮,披江切,胮肛,腫也。或作膖、痵、肨。""膖"見於敦煌變文《太子成道經》:"觀看之次,忽見一人卧於荒郊,膖脹爛壞,四畔有人,高聲哭叫。"[②]關於敦煌變文的"胮"、"膖",蔣禮鴻先生曾詳加論述,[③]可參。新蔡葛陵楚簡甲一 13:"伓(背)膺疾,以痒瘬、心⊠。"賈連敏先生讀"痒瘬"爲"肨脹"。[④] 張光裕先生、陳師止戈先生指出:"楚簡从'疒'符爲專用字,'痒瘬'其實與後世'肨脹'、'膨脹'當係一詞。"[⑤]亦可參。

9. 新婦[sim^{44} khiu^{44}]

客家方言稱兒媳爲"新婦",温美姬女士引《後漢書·列女傳·周郁妻》、《敦煌變文·秋胡變文》等爲證。[⑥] "新婦"一語亦見於潮汕方言,李新魁、林倫倫兩位先生曾詳加考釋。[⑦] 陳師止戈先生又引湖北雲夢睡虎地 4 號秦墓木牘"新負"加以補證。[⑧] 此處謹補充出土文獻一例。敦煌變文《太子成道經》:"取一新婦,便是伴戀[之人]。……若[與]兒取其新婦。"[⑨]

10. 髀[pi^{31}]

客家方言稱大腿和胳膊爲"髀",如鷄腿叫作"鷄髀",胳膊稱作"手髀"。《説文·骨部》:"髀,股也。从骨,卑聲。""髀"字見於新蔡楚簡,其形作:

---

① 睡虎地秦墓竹簡整理小組:《睡虎地秦墓竹簡》,第 190 頁。

② 王重民、王慶菽、向達、周一良、啓功、曾毅公編:《敦煌變文集》,人民文學出版社 1957 年,第 293 頁。

③ 蔣禮鴻:《蔣禮鴻集》第一卷,浙江教育出版社 2001 年,第 82 頁。

④ 河南省文物考古研究所編:《新蔡葛陵楚墓》,大象出版社 2003 年,第 187 頁。

⑤ 張光裕、陳偉武:《戰國楚簡所見病名輯證》,《中國文字學報》第一輯,第 86 頁。

⑥ 温美姬:《梅縣方言古語詞研究》,第 80 頁。

⑦ 李新魁、林倫倫:《潮汕方言詞考釋》,廣東人民出版社 1992 年,第 41 頁。

⑧ 陳偉武:《〈潮汕方言詞考釋〉續貂》,《汕頭大學學報(人文科學版)》1997 年第 6 期,第 89 頁。

⑨ 王重民、王慶菽、向達、周一良、啓功、曾毅公編:《敦煌變文集》,第 290 頁。

甲三54、55 零584 新蔡甲三301—1

新蔡零311①

其辭例作:

(1) ☐之以髗髀,占之曰:吉。☐(甲三53)

(2) ☐月,丁巳之日,□□以髗髀爲☐(甲三54、55)

(3) ☐之日,夏與良志以陵尹懌之髗髀爲君貞:背膺疾,以胕脹,心悶,卒歲或至☐(零584、甲三266、277)

(4) ☐以髗髀爲坪[夜君]貞:既背膺☐(甲三301—2、301—1)

(5) ☐[髗]髀爲坪夜君貞:既有疾,尚速瘥,毋有咎。占之:難瘥。以其故説之:褰[禱]☐(零311+甲三+194+乙四3)②

“髗髀”在新蔡楚簡中是一種卜骨名,宋華强先生讀“髗髀”爲“髆髀”,指出“髆髀”意爲“肩胛骨”。③ 楚簡“髀”指肩胛骨,與客家話稱肩膀爲“髀”,兩者詞義接近,可參看。又《北史·耿豪傳》:“豪曰:‘人言李穆、蔡佑是丞相髆髀。’”宋華强先生指出此段又見於《周書·耿豪傳》:“豪曰:‘世言李穆、蔡佑,丞相臂膊。’”④“髆髀”與“臂膊”互爲異文,“臂膊”即胳膊。此正可與客家話以“髀”表胳膊合證。宋華强先生指出:“‘髆髀’既是肩胛骨之名,當然也可以指稱肩膀。”⑤證以客家方言,宋説可信。

11. 頭七[theu^{11} tshit^{1}]、二七[ŋi$^{53-55}$ tshit^{1}]、三七[sam$^{44-35}$ tshit^{1}]、四七[si$^{53-55}$ tshit^{1}]、五七[n^{31} tshit^{1}]、七七[tshit^{1} tshit^{1}]

客家方言稱死者死後的第七天爲“頭七”,第二個、第三個、第四個、第五個、第七個七天依次爲“二七”、“三七”、“四七”、“五七”、“七七”。《梅縣方言古語詞研究》已有詳考,⑥此處謹補充出土文獻例證。“頭七”,敦煌文獻寫作“開七”或“初七”:

① 張新俊、張勝波:《新蔡葛陵楚簡文字編》,巴蜀書社2008年,第88頁。
② 釋文從宋華强:《新蔡葛陵楚簡初探》,武漢大學出版社2010年,第157—158頁。
③ 宋華强:《新蔡葛陵楚簡初探》,第157—164頁。
④ 宋華强:《新蔡葛陵楚簡初探》,第160頁。
⑤ 宋華强:《新蔡葛陵楚簡初探》。
⑥ 詳參温美姬:《梅縣方言古語詞研究》,第119—120頁。

(1) S.515《文樣·齋文》:"然今跪雙足、持爐陳本心雅意者,爲殁故賢妻初七之所崇設。"(《英藏》1/222a)

(2) P.2226v《亡考文》:"豈期周盤(舟壑)俄遷,魂隨悦(閲)水,日月不駐,初七期(斯)臨。"(《法藏》9/253a)

(3) P.3981《亡考文》:"即有孤子等奉爲亡考初七之晨(辰),……初七既臨,……初七今晨(辰)。"(《法藏》30/313a)

(4) P.2032v《净土寺食物等品入破曆·連麩麵破》:"麵五升,造善惠開七齋時女人用。"(《法藏》2/69)

(5) 津藝193《佛説無常經》題記:"家母阿婆馬氏身故至七日,是開七齋。"(《津藝》4/86)①

張小艷先生指出:"'初''開'都是起初、開始的意思。"②"初七"、"開七"與客家方言"頭七"可相互合證。

客家方言"七七",敦煌文獻作"收七"、"修七"、"終七":

(1) S.5527《甲申年爲阿婆修七齋及百日齋曆》:"至廿二日修七齋。"(《英藏》7/221a)

(2) BD4544《般若波羅蜜多心經》題記:"四月十九日是收七齋。"(《國藏》61/114b)

(3) S.6417《文樣·亡僧文》:"時則有坐前至孝哀子奉爲亡闍梨終七追念之福會也。"(《英藏》11/54)

(4) S.86《淳化二年(991)四月廿八日馬醜女迴施疏》:"奉爲亡女弟子馬氏,名醜女,從病至終七所脩功德數。"(《英藏 1/44b》)③

張小艷先生指出:"'收七'相對於'開七'而言,'收'謂'閉',表示結束;'終七'與'初七'相對,'終'指終了、結束。……'修七'應即'收七'的方言記音。"④

客家方言"二七"、"三七"、"四七"、"五七"見於敦煌文獻(1)S.5527

① 張小艷:《敦煌社會經濟文獻詞語論考》,上海人民出版社2013年,第312頁。
② 張小艷:《敦煌社會經濟文獻詞語論考》,第313頁。
③ 張小艷:《敦煌社會經濟文獻詞語論考》,第312—313頁。
④ 張小艷:《敦煌社會經濟文獻詞語論考》,第313頁。

《甲申年爲阿婆修七齋及百日齋曆》:"甲申年六月三日阿婆身歿,至九日開七齋,至十六日二七齋,至廿三日第三七齋,至七月一日第四七齋,至八日五七齋,至十五日六七齋,至廿二日修七齋;至九月十三日百日齋。"(《英藏》7/221a)[①]

(作者單位:惠州學院文學與傳媒學院)

① 張小艷:《敦煌社會經濟文獻詞語論考》,第312頁。

論"畀"、"畁"二字的形體演變*

馬 坤

根據大徐本《説文》之分析,"畀"、"畁"二字屬諧聲,且皆以"甶(敷勿切)"爲聲符:

《説文・収部》:"畁,舉也。从廾甶聲。《春秋傳》曰:'晉人或以廣墜,楚人畁之。'黄顥説:廣車陷,楚人爲舉之。杜林以爲騏麟字。"〔按,"楚人畁之"之"畁"今本《左傳》作"惎"①,二者音同相假(古音群紐之部,《廣韻》渠記切)。〕

《説文・丌部》:"畀,相付與之,約在閣上也。从丌甶聲。"

但從音讀情况來看,"畀"屬幫紐質部、"畁"屬群紐之部、"甶"屬幫紐物部,三者關係較疏。王力先生的構擬如下:

畁 *gĭə>gĭə

畀 *piēt>pi

甶 *pĭwə̌t>pĭwət②

我們懷疑《説文》的相關分析並不可信。本文擬利用出土材料,對"畀"和"畁"的形體演變進行梳理,指出二者發生訛混的原因。

---

* 本文爲 2017 年度教育部人文社會科學研究青年基金項目(17YJC740066)及中國博士後科學基金第 11 批特別資助(2018T110902)的中期成果。

① 今本《左傳・宣公十二年》云:"晉人或以廣隊,不能進,楚人惎之脱扃,少進,馬還,又惎之拔旆投衡,乃出。"杜預注:"惎,教也。"按,聯繫此處兩"惎"字的語境,杜説較優。

② 根據郭錫良:《漢字古音手册》,北京大學出版社 1988 年。

一、"畀"字的演變

"畀"字大徐本《說文》"从廾由聲",小徐本則云"從収𠙹聲",清代學者對此多有討論:

> 顧(千里)云《繫傳》影宋本"由"作"由",臣鍇曰"𠙹"音菑。近時人刻《繫傳》改作"由聲",與"𠙹"音菑不可通。蓋不知鉉本之作"由",鍇本之作"𠙹",當各仍其舊也。　(鈕樹玉《說文解字校録》)
>
> 各本作"由聲",誤。或從鬼頭之"由",亦非也。此從東楚名缶之𠙹,故《左傳》作"畀",今《左》作"惎"。糸部"綦"從畀聲,或字作"綨"。𠙹聲、其聲皆在一部也。　(段玉裁《說文解字注》)
>
> 《繫傳》"𠙹"音菑,渠記切,本音其。《積古齋》師酉敦有畀字,張仲簠作畀。　(王筠《說文句讀》)

可見,《說文》傳刻諸本有"由聲"、"由聲"、"𠙹(甾)聲"之歧,上舉諸氏皆以"𠙹(甾)聲"爲是,王筠更引金文爲據。按,畀字在師酉簋銘文中似用作方國名:

> 乃祖嫡官邑人、虎臣、西門夷、彙夷、秦夷、京夷、畀(畀)身夷、薪。
>
> (師酉簋,《集成》4288—4291)

"畀"字在甲骨文中已經出現(作"畀"),在卜辭中亦多用作"方國之名"。李孝定(1965)論云:

> 卜辭畀爲方國之名。辭云:"壬子卜。王命雀叶伐畀"(後下·十九·三)"☐叶伐畀"(後下·二六·十一)"貞叀韋令畀"(甲編二二五八)"貞令帚莫鄭十二月"(甲編三四七三)"貞多犬及畀"(簠徵·雜事五十八、又續二·二四·一重見)"☐九示自大乙至丁祖祖丁倒文其从侯畀"(粹一四九)均是。金文作畀、畀(師酉簋)正从甾,可爲小徐佐證。①

李先生認爲甲骨文"畀"字與金文"畀"、小篆"畀"相對應,並依據金文

① 李孝定:《甲骨文字集釋》第三卷,"中研院"歷史語言研究所1965年,第787頁。

“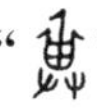”上部所从，認爲《説文》“弃”字當从甾聲。甲骨文“”所从之“田”當視爲“”之省形。

“弃”字在楚簡中作“”。有關魏文侯之名諱，《史記》有兩種不同的記載：《六國年表》作“魏文侯斯”，《魏世家》則云“文侯都”。《集解》引徐廣曰：“《世本》云斯也。”《索隱》曰：“《系本》桓子生文侯斯，其傳云孺子瘨，是魏駒之子，與此系代亦不同也。”若依《世本》，則當以“斯”字爲是，“斯”或作“瘨”。“魏斯”在清華簡中又作“𩲃（魏）（弃-斯）”：

(1) 晉𩲃（魏）（弃-斯）、灼（趙）𡘋（浣）、䡅（韓）啓章衒（率）自（師）回（圍）黄池。（清華簡二《繫年》，簡115）

(2) 晉𩲃（魏）（弃-斯）、灼（趙）𡘋（浣）、䡅（韓）啓章衒（率）自（師）栽（救）赤壚。（同上，簡116）

(3) 晉𩲃（魏）文侯（弃-斯）從晉自（師），晉自（師）大戝（敗）齊自（師）。（同上，簡121）

整理者將“”隸定爲“弃”，讀作“斯”，與《世本》“瘨”、“斯”通假的情形正同。“弃”在楚簡中的形體分爲兩類：一是下部與“丌”接近（廾>丌），蓋屬於音變構形（“弃”、“丌”音讀相同，渠記切）；二是下部與“大”接近，可視爲“丌”形的進一步發展（廾>丌>大）。

“弃”字在秦簡中亦可用作“棋”，例如：

(4) 凡治事，敢爲固，謁私圖，畫局陳（弃-棋）以爲耤（籍）。肖人聶心，不敢徒語恐見惡。（《睡虎地秦簡·爲吏之道》，簡1）

(5) 有玉方八寸，欲以爲方半寸（弃-棋），問得幾可（何）。（嶽麓書院藏秦簡（二）《數》，簡197）

其演變路徑爲：一是上部由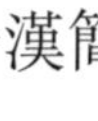（金文）簡化變爲；二是下部保留了“廾”和“丌”兩種寫法。對於漢簡中的情況，張標（1988）論云：

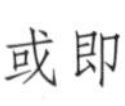見《武威漢代醫簡》木牘86甲①，整理者謂“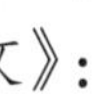，《説文》無此字，或即斯字”。謹按，前説殆誤，後説甚是。《説文》：“斯，析也，从斤其聲”。疑之非斯，其主要原因在於字左聲旁其作。其實，其

① 釋文作：“□搗之各異斯……”

之作,漢隸屢見,如同書醫簡 75 其作[①],武威出土《儀禮》簡甲本士相見之禮作(6)[②]、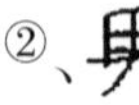(10)[③],均與此形相近。又《儀禮》簡乙本服傳基字作(8)[④],聲旁其亦與此形相近,故知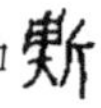爲斯字。[⑤]

可見,"舁"字在漢簡中主要繼承了秦簡的寫法:下部或从"廾"或从"大",甚者脱去中間的短横變爲"人"形。

綜合上述情形,"舁"字形體演變過程可歸納如下:

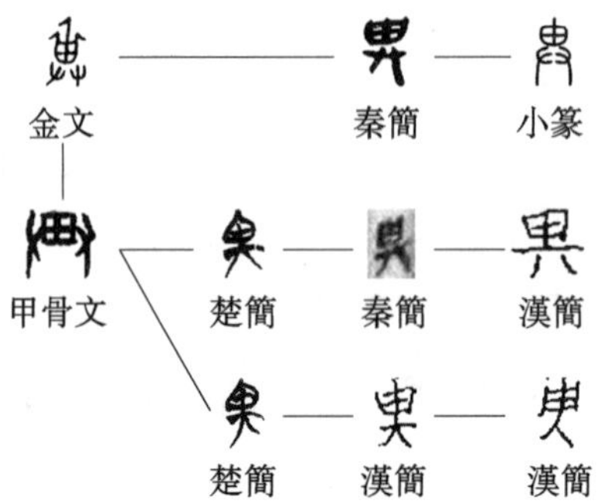

圖一 "舁"字的形體演變

段玉裁等人認爲"舁"字从廾甾聲,從金文的情況來看,其上部作"(甾)"無疑,但能否將其視爲聲符則值得商榷。"甾"古音在莊紐之部,"舁"在群紐之部,二者韻同聲異。我們懷疑"甾"非聲,"舁"字當屬會意,像雙手舉"甾(缶名)",故《説文》訓其本義爲"舉也"。

二、"畀"字的演變

裘錫圭《"畀"字補釋》在劉心源、唐蘭先生的基礎上,對"畀"字的形體演變作了進一步考察:

""字的字形跟""(矢)字相當接近,但是它們的區別仍然是很明顯的。"矢"字只是一般地象矢形,"畀"字則特别突出矢鏃部分。古人造字的時候,由於有的物體孤立地畫出來不容易被人們認

---

① 釋文作:"▨二升□□,復置水一升,其中爲東鄉造(灶),炊以葦薪若桑。"
② 釋文作:"如當(嘗)爲臣者,則禮辭其埶(摯)。"
③ 釋文作:"賓對曰:'君不有其外臣,臣不敢辭。'"
④ 釋文作:"父在爲母,何以基(期)也,詘也。"
⑤ 張標:《古文字札記》,《考古與文物》1988 年第 2 期。

識,就在這些物體的象形字裏連帶畫出它們所附着的主體。例如:造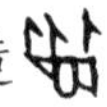(眉)字時爲了表示眉毛而連帶畫出眼睛,造(枼=葉)字、(果)字時爲了表示樹葉或果實而連帶畫出樹木。"畀"字的構造顯然跟這些字同類。它應該是一個爲了表示矢鏃而連帶畫出矢身的象形字。

從字形上看,"畀"字所象的矢鏃是扁平而長闊的一種。這種矢鏃古代叫作"匕"。《左傳・昭公二十六年》:"齊子淵捷從洩聲子,射之,中楯瓦,繇朐汰輈,匕入者三寸。"①

裘先生認爲"畀"本爲象形字,對應"古書中叫作'匕'的那種矢鏃",其特徵是"扁平而長闊",即《左傳・昭公二十六年》"匕入者三寸"之"匕"。"畀"用作"付與"時是其假借義,例如:

(6) 乙未卜:余匄小母,畀?
乙未[卜]:不其畀?(乙 131[《合》19983]+221[《合》21468])

"畀"字也常借作"俾",訓作"使也"。例如:

(7) 𠫑比其田其邑,復厭、言二邑,畀(俾)𠫑比復小宮。
(𠫑比盨,《集成》4466)

(8) 二畀(俾)民智(知)攸里之算。 (新蔡甲三,簡 352)

由於小篆形體(作)已經失去了象形意味,故《説文》誤將假借義當作本義。

裘先生對"畀"字的形體演變作了總結(詳下文)。在裘先生所舉形體外,戰國時代的"畀"字尚存在其他寫法:

(9) 卿(享)其明德,付(畀)四方。(清華簡(一)《祭公》),簡 5)

(10) 耳目鼻()口手足六者,心之役也。
(郭店《五行》,簡 45)

① 裘錫圭:《"畀"字補釋》,《語言學論叢》第 6 輯,商務印書館 1980 年;又收入《裘錫圭學術文集》第一册,復旦大學出版社 2012 年,第 30 頁。

(11) 臭,鼻( )餓(司)也。　　　　(郭店《語叢一》,簡 51)

(12) (劓)。　　　　(《古璽彙編》,3689 號)

以上例項中,“鼻”字所从之“畀”下部或訛變爲“火(、)”,上部或訛變爲“ ”、“ ”,後者與裘先生所標出的小篆“ ”上部類似(詳下文)。郭店《語叢一》第 51 號簡“臭(嗅), 司也”有裘先生按語:“ 字似‘睪’之簡體,但從文義看,應是‘鼻’字訛省之體,《窮達以時》13 號簡有 字,右旁疑亦是‘鼻’字訛省之體。又疑此字是‘畀’字之變體,讀爲‘鼻’。”[①][②]聯繫以上材料,“ ”、“ ”二字當皆从“畀”聲(必至切),讀爲音近的“鼻”(毗至切)。據此可以補充裘錫圭(1980)所提出的“畀”字演化路徑:[③]

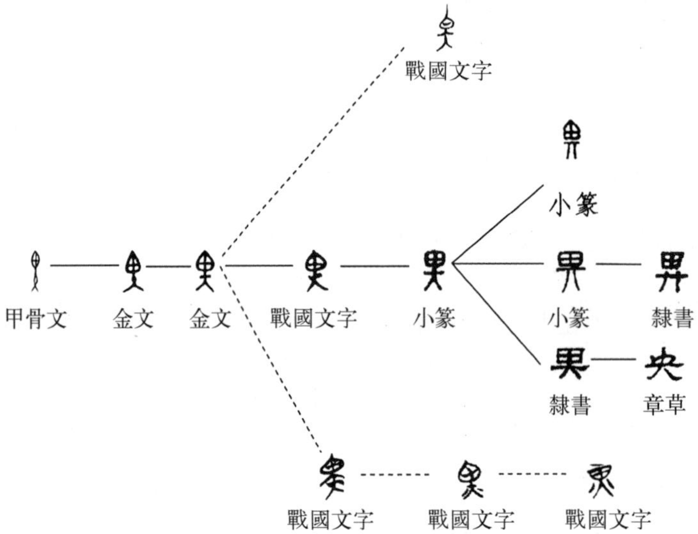

圖二　“畀”字的演化路徑

“畀”字在戰國時代的一個演變方向是上部發生簡化: 的上部由原先的 簡化而來(>),但仍保留了匕形矢鏃“扁平而長闊”的特徵,與該時期“田( )”字的扁平形體存在一定區別。“畀”字的另一個演變方向是下部的訛變,即由“矢”( )變爲“火”(、),同時導致

① 轉引自裘錫圭:《“畀”字補釋》。

② 荊門市博物館編:《郭店楚墓竹簡》,文物出版社 1998 年,第 200 頁。

③ 實綫部分爲裘先生提出的演變路徑,虛綫部分爲我們所補充。

上、下部相分離，並促進箭頭的扁平化（>），降低了象形意味。

小　結

綜上所述，“畀”字原屬象形（金文作“”），“鼻”字从廾从甾（或云甾聲），二者在演變過程中因簡化而易於混同。例如：“魏斯”清華簡作“畏（魏）（鼻）”，“畀（俾）民智攸里之算”新蔡簡作“”。故對於楚簡中的“”，以往的某些隸定方案還需進一步分析。例如，包山簡中有以下幾個从“”的人名：

（12）悵（長）王坉人臧臟（）。　（包山二，簡183+166）

（13）九月戊申之日，郙（宛）陳午之里人藍訟登（鄧）贈尹之里人苛臟（），以其桑（喪）子丹，而得之于臟（）之室。

（包山二，簡92）

（14）宋客盛公（臏）蒪（聘）楚之歲屈柰之月戊寅之日。

（包山二，簡125）

（15）癸亥，鄴郢司悳（直）秀鄒，□人軋（臏）。

（包山二，簡125）

整理者將“”、“”左部隸定爲“畀”，但聯繫上文“”也有隸定爲“鼻”的可能。具體情況我們還將結合“”諸字的其他用例來考察，本文暫不贅述。

（作者單位：中山大學中文系，
出土文獻與中國古代文明研究協同創新中心）

説“異”及其相關問題*

劉凱先

一、“異”字的構意

“異”字的構形構意、詞義辭例見於諸家衆説，對其涉及的出土材料和傳世材料也有充分的討論研究。《説文》:“異，分也。从廾从畀。畀，予也。”徐鍇注:“將欲與物，先分異之也。”《説文解字注》:“異，分也。分之則有彼此之異。从廾畀。畀、予也。竦手而予人則離異矣。”傳世文獻辭例多爲不同或殊異之義。《禮記·曲禮上》:“别同異，明是非也。”《論語·先進》:“吾以子爲異之問，曾由與求之問。”《玉篇·異部》:“異，殊也。”《釋名·釋天》:“異者，異於常也。”又怪也，《玉篇·異部》:“異，怪也。”《左傳·昭公二十六年》:“然據有異焉。”杜預注:“異，猶怪也。”《莊子·徐无鬼》:“異哉小童!”見殊異之事物必生異怪之感，在思維活動和詞義引申方面都是説得通的。然而，依據漢以後的字形却很難將詞義和構意聯繫起來，對“異”字本義的解釋也鮮少涉及。

近現代學者結合“異”字在甲骨金文的形體，對其構意作出較多確切的闡釋。羅振玉以爲“異”字“象人舉手自翼蔽形”，①商承祚同此。② 葉玉森稱:“卜辭乃象一人捧頭如鬼狀可驚異也。異之本義當訓怪。”③王國維云:“此疑戴字，象頭上戴由之形。”楊樹達説法相近:“甲文異字作人頭上戴物，

* 本文爲國家社會科學基金重大項目“戰國文字詁林及數據庫建設”(17ZDA300)研究成果。

① 羅振玉:《殷虚書契考釋三種》，中華書局 2006 年，第 213 頁。

② 商承祚:《甲骨文字研究》，天津古籍出版社 2008 年，第 245 頁。

③ 葉玉森:《殷虚書契前編集釋》，上海大東書局 1934 年，第五卷 42 頁背。

兩手捧之形,蓋戴之初字。”[①]余永梁、戴家祥、高鴻縉從王説。後來學者亦贊同“異”爲“戴”之初文,而對“異”字上部構件所象之形有其他見解,如馬叙倫以爲:“舉甾於首爲會意。爲戴之最初文。”[②]李孝定説:“象一人頭上戴物,高舉兩手扶翼之形。”認爲上从“東楚名缶曰甾”之甾,甾下横筆與“盨”類器皿類似,並稱:“首戴物者必小心翼翼敬慎將事,復以兩手扶翼之,故引申之得有敬、佐、輔翼。”[③]即認爲異的其他義項爲戴物者之事所引申出來的。

對於“異”字所代表的詞義,亦有不同的見解。在甲骨文中,鍾柏生認爲“異”主要有五種用例:疑怪(“帝異”、“先王異”)、變異(“王異其疒不龍”)、祭祀(“王異其田”等與田獵相關的卜辭,“𡆥異酒”)、生異心(“才韋歸𠂤人生異其”〔《合集》28064〕[④])、地名人名。[⑤] 李孝定以爲,“異”字多爲“其明日”之義,並將上舉田獵相關、變異義項的“異”歸入這個義項,即認爲其與甲骨文常用來表示“翌日”的構形“”通用,而“𡆥異酒”則解爲“殊異”之義。常正光認爲“異”即“巳”字,[⑥]讀田獵、疑怪等辭例爲祭祀之義。姚孝遂則認爲,“異”、“”用例當有别,前者是泛指不確定的“它日”,後者則是確定的“翌日”。[⑦] 後來,裘錫圭在文章中指出,上述辭例中大多數“異”應該看作“異”的特殊用法,即“表示可能、將要、意願”進而引申爲“用於已經發生的事,也能用於將要發生的事。相當於現代漢語的‘就’”,提到和英語的“will”相類。用裘先生的觀點,可以較明確地讀通上述文例,也被後來的學者所接受。文章結尾亦稱“異”的用法還包括人名、地名,以及通過“弜異酒”(《小屯南》610)、“弜并酒”(《合集》23326)對讀,“異”有分别、分開的意思(按:《説文》所謂“分”,可能是分别而非分給)。同時,也指出這三種詞義並不能完全處理所有辭例。[⑧] 因爲文章所舉“異”用爲虛詞的

---

① 楊樹達:《楊樹達文集·積微居小學述林全編》,上海古籍出版社2006年,第285頁。

② 馬叙倫:《説文解字六書疏證》,上海書店1985年,第151頁。

③ 李孝定:《甲骨文字集釋》,“中研院”歷史語言研究所1980年,第803頁。

④ 郭沫若主編:《甲骨文合集》,中華書局1982年(簡稱“《合集》”)。

⑤ 鍾柏生:《説“異”兼釋與“異”並見諸詞》,《“中研院”歷史語言研究所集刊》第56本第3分557-8頁。

⑥ 常正光:《甲骨文字的一字多形問題》,《古文字研究論文集》、《四川大學學報叢刊第十號》,53—61頁。

⑦ 于省吾主編:《甲骨文字詁林》,中華書局1996年,第285頁。

⑧ 裘錫圭:《卜辭“異”字和詩、書裏的“式”字》,《中國語言學報》第一期,商務印書館1982年。

例子多被前人讀爲祭名的“巳”，所以，“異”有無祭祀之義項值得商榷。

筆者認爲，姚先生將“異”、“□”區分而不通用是準確的，因爲“□”字可稱“□”、“□日”或後接干支紀日“□甲申”（《合集》277）、“□戊用三豭于成”（《合集》1371），或與“其”搭配稱“□甲寅其雨”（《合集》156）、“□其求”（《合集》36765）、“隹（唯）□甲其死”（《合集》17114）。“異”字則常與“其”、“隹（唯）”及實義動詞連用。“異”不單用，不與“日”連用，鮮接干支紀日，“王異戊其射才（在）穆兕……”這一例常常被認爲是與“□”通用的例子，依照姚先生“不能通用”的説法，當如裘先生的讀法，“異”表示“對未來的意願”之義。

金文中的“異”除用作人名、地名外，各家討論集中在這幾例：

（1）大盂鼎：古（故）天異臨子，灋保先王 （《集成》2837）[①]

（2）虢叔旅鐘：皇考嚴才（在）上異才（在）下 （《銘圖》15584）[②]

（3）羌伯簋：乃且克𠦪先王異自它邦 （《集成》4331）

（4）召圜器：弗敢忘王休異 （《集成》10360）

丁山讀（1）爲翼敬、（2）（3）爲翼佐；[③]李孝定讀前二爲翼敬，（3）爲翼佐，（4）爲殊異；姚孝遂讀（1）爲翼佐；裘錫圭則認爲（1）作虚詞，子爲動詞，臨子、灋保的對象是先王，而（3）訓爲“乃”。這四件器是較明確的西周時器，我們再來看幾件時代較晚的彝器。

（5）梁其鐘：不（丕）顯皇祖考，穆穆異異，克哲氒德 （《銘圖》15522）

（6）秦公鐘：𩙿受明德 （《銘圖》15565）

（7）中山王譻壺：祗₌翼卲（昭）告後嗣 （《銘圖》12455）

我們看到“異”的字形從晚商到西周一直沿用，没有大的變化。从飛的𩙿，則出現在春秋早期。从羽的翼，似乎出現得更晚。唐蘭疑是春秋後的人不識晚商甲骨中用爲彗的“□”，棄用“□”而用“□”表“羽翼”義，造出的翼字。從商晚期的宰椃角象形程度很高的“□”到《石鼓文·吾水》

① 中國社會科學院考古研究所：《殷周金文集成》，中華書局2007年（簡稱“《集成》”）。

② 吴鎮烽：《商周青銅器銘文暨圖像集成》，上海古籍出版社2012年（簡稱“《銘圖》”）。

③ 丁山：《説冀》，《“中研院”歷史語言研究所集刊》第1本第2分，1930年。

“隹丙申”,“”無論用此字形或增“日”、“立”、“口”構件,用法始終與甲骨文中用爲“翌日”、“祭祀名”相類似,毛公鼎“金”或更可看作用“”字的本義。①

从飛的䴑疑是因字形過繁,即使在秦系文字,戰國晚期的睡虎地秦墓竹簡也多習用从羽之“翼”。金文例子似乎更可以證明“異”、“”二形在西周也没有通用。“”用表“翌日”、“祭祀名(一説舞羽以祭)”、“動物的翼”這些義項,而“異”則不能,它們呈現的用字習慣是清晰的。至於在傳世文獻中皆用“翼”來表示這兩條本不相交的詞義引申路徑,應該是後人所爲。于省吾提到與“異”字構形相關的“冀”字,②辭例如下:

(8) 冀作父癸簋:冀作父寶尊彝　(《集成》1952)

(9) 作册夨令簋:公尹伯丁父兄(貺)于戍冀嗣乞(訖)　(《集成》2652)

(10) 冀父丁尊:冀父丁　(《銘圖》11313)

(8)“冀”字作,似乎與中山王礐壺中“翼”字寫作“”略有相似,(9)(10)冀作“”、“”,似乎“異”也有作上部尖起的形體“”(單異簋)。二者似乎有聯繫,于省吾不作同一字看,這裏不展開。

在傳世文獻中,李孝定提到,只有一例《爾雅·釋草》“連異翹”用的是“異”的本義,可釋爲“戴”。《康熙字典》“又異翹,草名。《爾雅·釋草》連,異翹”則讀法不同。雖然在文字使用實踐中,其字的“造字本義”往往不見於文例而多見其引申義,却也爲我們從另一個角度探尋“異”字的構意提供了可能。

上文提到“異”、“”二字詞義引申從甲骨金文應該是兩條各自獨立的脉絡,“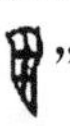”字構意象動物羽翼之形,“翌日”義項爲一般假借,引申爲祭祀活動的義項則與“羽翼”有關。傳世文獻中寫作“翼”,訓爲“翼佐”、“翼助”、“翼護”、“翼蔽”之義的“翼”,其行爲當與“羽翼”相關,所以也應該是從“”這個形體所代表的詞義引申路徑産生的。不過,“翼”字還有一個義項作“翼敬”,似乎與“羽翼”關聯不大,且常常用來作爲“異”在金

① 唐蘭:《殷墟文字記》,中華書局1985年,第10頁。

② 于省吾:《甲骨文字釋林》,中華書局1979年,第389頁。

文中的訓釋。這讓我們懷疑可能是和“異”詞義引申路徑相關。

葉玉森説,異:“卜辭乃像一人捧頭如鬼狀可驚異也。異之本義當訓怪”。其實和“異”構形密切相關的是“鬼”和“畏”字,“鬼”、“畏”音近形近,當屬同源,已見前人討論。那麼,“異”能否和它們有聯繫呢?“異”上部常作圓形“”、方形“”,或尖出頭“”,“鬼”字也有類似形體“”、“”、“”,二者只在於正面人形與側面人形的區别,在古文字中,正、側形體的字形往往相關。另外,以前所説的“異”上部構件象“甾”形,“甾”一般有兩形“”、“”,後一形較爲相似,前一形則有差别。同時,我們看到了一批銘文爲“亞醜”的彝器,數量較大,在傳世彝器和出土青銅器均有分布。“醜”字,《説文》分析作“从鬼酉聲”當無異議。在這些銅器中的“醜”字一般寫作:

(《銘圖》1142)　(《銘圖》548)

(《銘圖》544)　(《銘圖》1146)

《金文編》將此字形收入附録,編號 128。① 亦有將右部構件釋作“兇”,此當爲“鬼”不誤。其中第三個構形特别值得注意,如果不是銘文殘缺,其上部則不是一個器皿狀之物,而是三束上指的頭髮,且每束加兩點着重標記。在甲骨文裏面也有相同的構形,《新甲骨文編》編置於附録 34 號的字,有學者結合文例認爲當讀爲“醜”字:②

(《合集》36419)③　(《合集》36824)

二者辭例爲“小臣醜”、“醜其遷至于攸”,二例皆用爲人名無誤。若上述例證可信,則這個字形可以看作“鬼”字的異體,上部並不是器皿,而是竪髮上指,可能是驚恐、驚異狀。“鬼”字,甲骨文多用以指“鬼方”,對探尋構意没有幫助,但是鬼和畏是同源字,畏在甲骨文中从鬼从卜,畏字則常可訓爲“害怕”、“恐懼”之義,與這個構形的構意有關聯。《廣韻·釋

① 容庚:《金文編》,中華書局 1985 年。

② 罗琨:《卜辭十祀征夷方方位的探討》,《甲骨文與殷商史 慶祝中國社會科學院歷史研究所建所六十周年 新四輯》,上海古籍出版社 2014 年,第 42 頁。

③ 劉釗主編:《新甲骨文編》,福建人民出版社 2009 年(甲骨文字形均出自此書)。

訓》:"畏,敬也。"《論語·子罕》:"後生可畏。"大盂鼎:"畏天畏(威)。"畏和敬的語義相近,從"畏天"到"敬天"的思維變化也是可以講得通的。那麽,爲何會産生"畏天"的心理呢?由於"天道無常",這就是"異"了。對"異於常"的事物的認知,到對"異物"的"驚異"、"畏懼",到"敬畏"之心的産生,這大概是"異"能够訓爲"翼敬"的思維根據吧。很可惜,我們没有找到"畏"、"異"有竪髮上指的字形,用"竪髮上指,舉手張指的驚異人形"來表示"異"的構意只能説是一種假設而非確證。

二、"異　鼎"

"異鼎"字例三見,俱爲構件"異"在上部,"鼎"在下部,例如下:

(11) 作册大鼎:公朿𥃝(鑄)武王、成王異鼎

(《銘圖》2390－2393)

(12) 卜新異鼎兄(祝?)　　(《合集》31000)

(13) ……鼒𪔂　　(《周原甲骨》H11:87)[①]

"異鼎"過去諸家多有釋讀,葉玉森言,相當於"寶鼎"。[②] 郭沫若據《説文》以"禩"爲"祀"之或體,讀"異鼎"爲"祀鼎",即用途爲祭祀的鼎。[③] 陳夢家釋作"匴",據《廣韻·職部》"𠤷,大鼎",《玉篇·匚部》"匴,大鼎也",以爲"異鼎"爲"大鼎"之稱,推測"異鼎"指大保鑄鼎和成王奠鼎,異鼎之異爲比翼之義。[④] 按,《説文》"匴,田器也",似與後代字書説法不同。于省吾認爲,商和西周時代有花紋的各種銅器,外部往往有幾道突出的高棱,好像鳥羽的羽翼,故典籍稱之爲翼。[⑤] 按,突起即今稱爲扉棱的裝飾。鍾柏生已提出異議,認爲扉棱不是鼎所特有的,並稱從字形來看,文字若有寫實的意味在其中,可能是指示一種特殊造型的鼎。[⑥] 鍾先生所稱特殊鼎實爲現稱扁足鼎,張亞莉對考古發掘的扁足鼎作過整理研

① 曹瑋:《周原甲骨文》,世界圖書出版社2002年。

② 葉玉森:《殷虚書契前編集釋》,第五卷42頁背。

③ 郭沫若:《兩周金文辭大系圖録考釋》,上海書店出版社1999年,第六册第34頁。

④ 陳夢家:《西周銅器斷代(三)》,《考古學報》1956年第1期。

⑤ 于省吾:《甲骨文字釋林》,第215頁。

⑥ 鍾柏生:《説"異"兼釋與"異"並見諸詞》,《"中研院"歷史語言研究所集刊》第56本第3分557—8頁。

究，談到其産生於商早期，常見於商周之際，西周中期逐漸消失，足部花紋從一般扁足形、夔龍形到鳥形的變化。[①] 我們查閲《銘圖》中輯録相關傳世及發掘的近百件扁足鼎，没有發現自名爲“異鼎”之器，或鼎字的寫法與上面三例相同之形，所以未能證明這種説法。不過，鍾先生“字形寫實意味”之説確實給我們以啓發。

4件作册大鼎的“鼎”字分别作“”、“”、“”、“”，殷墟甲骨作“”，周原甲骨作“”，當作一字無疑。構形包含兩個構件，“異”、“鼎”，“鼎”構件或有明顯的足部，或足部省去，留下三條或兩條支架形的物件，物件上有數道横筆，均與甲骨金文習見的鼎字作“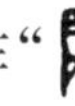”、“”不同，應該可以看作鼎字的繁體寫法。“鼎”字在金文中，特别是用爲族徽銘文時往往象形程度很高，（鼎鼎，《銘圖》131），方耳而三柱足。甲骨文中筆畫務簡省，改方耳爲尖耳，三足爲兩足，或兩弧筆。从鼎之字“鬻”也可見到“”（《合集》23572）“”（《合集》27529）類似的構形。

在商婦鼎（《銘圖》2101）中，我們還找到了“”這個構形，從整理者讀爲“鼐”字。《爾雅·釋器》“鼎絶大謂之鼐，圓弇上謂鼒”，描述與器形相似。商婦鼎高93.8釐米，而作册大鼎高26釐米左右，以“異鼎”爲作册大鼎自名，訓作“大鼎”似乎不妥。而這個“鼐”字形中的“鼎”構件與“鼎”最繁構形的“鼎”是一樣的，更證明了這是“鼎”的一種象形程度更高的繁體，而非象扁足鼎或鼎扉棱之類的特殊形制的鼎。因此，這個構形可能是象“鼎，鼓腹分襠，而鼎足有三周弦紋”，這種形制的鼎在商周之際是很常見的。另外還有一種可能，是“象鼎身，并鼎下有積薪狀”。《説文》引《易》卦：“巽木於（火）下者爲鼎，象析木以炊也。”前人多言找不到“木”，很可能《易》説的就是這種構形。

另一方面，作册大鼎族徽爲“雋册”、商婦簋族徽爲“庚册”。[②] 我們看到一些帶這兩個族徽的文字往往選用字形的繁構，“冀”字（作册矢令簋）畫出人的脚趾形作“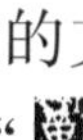”，“翌”字（宰椃角）作“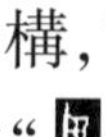”，畫出一對羽翼。

① 張亞莉：《略論商周扁足鼎》，《華夏考古》2017年第2期，第74—80頁。

② 雋作鳥形，下有丙形，隸定作从鳥、丙。“庚册”之“庚”下也有“丙”形，由於是族徽銘文，象形程度較高，填實的“丙”形到底應該看作字的構件，還是象族徽之物的基座一類的事物？這裏稱“雋册”、“庚册”。

特别是兩塊出現繁構"鼎"形的甲骨分屬商周兩個時代,這兩個家族亦屬於兩個朝代,他們之間的關係如何?而且,他們能够掌握這些看起來更繁複的字形和他們作爲"册"的官職有無聯繫?

我們再回到"異鼎"或"鼒",一般與鼎相關的銘文字詞分兩種,與鼎字組成偏正關係的詞組如"寶鼎"、"飤鼎",或在"鼎"基礎上增加構件造字如"鼒"、"鬻"、"鼐"。我們認爲"異"、"鼎"當爲一字,即"鼒"字,如裘錫圭讀爲"从鼎異聲的一個形聲字"。但是它確指什麽依然難以確定,我們排除了讀爲"大"、"翼",其形制花紋在其他鼎也常見,没有"特異"的地方。也許當從郭沫若所説用爲祭祀的鼎稱爲"鼒"。

三、"嚴在上異在下"問題

"嚴在上異在下"辭例以前僅見於虢叔旅鐘諸器,"嚴在上"常見,已見於前人的文章收集,而"異在下"只此一處,較爲相近的辭例如㝬鐘、㝬簋的"作疐在下"。我們這裏主要討論"異在下"。王人聰讀爲"敬",嚴與異互文見義,都是表示恭敬的意思,即是"嚴翼在上下",義爲"皇考恭敬地在上帝左右"。[①] 王冠英讀爲"式",認爲"異"是動詞作狀語用,即"用做法的方式來……","異在下"其意是説神祖對人的保佑和恩寵。[②] 潘玉坤讀爲"美",認爲"異在下"略等於説"休美在下",義爲"下界的子孫便會隨而獲益受惠"。[③] 周曉陸釋作"翼護"。[④] 張德良解作:"副詞、一種狀態來修飾,表示在世間的子孫對祖先和上帝百神尊敬有加,異當訓爲敬。"[⑤]王冠英、張德良兩位先生也指出,随着2003年眉县"逑諸器"與其他青銅器的出土,可以見到更多"異在下"的用例,如:

(14) 晉侯穌編鐘:"廙₌在下" (《銘圖》15310)

---

① 王人聰:《西周金文"嚴在上"解——並述周人的祖先觀念》,《考古》1998第1期,第72—74頁。

② 王冠英:《再説金文套語"嚴在上,異在下"》,《中國歷史文物》2003年第2期,第56—59頁。

③ 潘玉坤:《金文"嚴在上,異在下"與"敬乃夙夜"試解》,《故宫博物院院刊》2003年第5期,第70—75頁。

④ 周曉陸:《徠鼎讀箋》,《北京師範大學大學學報》2003年第5期。

⑤ 張德良:《金文"嚴在上,異在下"淺析》,《南方文物》2008年第4期,第98—99頁;《金文套辭"嚴在上,翼在下"淺析》,《齊魯學刊》2009年第1期,第44—46頁。

（15）卌二年逑鼎：“嚴在上，趩在下” （《銘圖》2502）

（16）卌三年逑鼎：“嚴在上，廙在下” （《銘圖》2503）

“異”雖增益“走”、“广”構件，但是因爲套語形式不變，當表同一個詞無疑。“廙”、“趩”皆見於傳世文獻，“廙”，《玉篇·廣部》“廙，謹敬也。亦作翼”，“趩”，《説文·走部》“趩，行聲也”，又作“趩，不行貌”。“異”可單用，也可稱“異異”，所以一些更晚的用例也當歸於此用法。

（17）王孫誥鐘：“畏忌趩=，肅慎臧禦” （《銘圖》15606）

（18）王子午鼎：“畏忌趩=，敬氒盟祀” （《銘圖》2468）

（19）《石鼓文·車工》：“其來趩趩”①

（20）叔夷鐘：“女（汝）少（小）心愄（畏）忌” （《銘圖》15552）

若“異”、“廙”、“趩”指代的都是同一個詞，那麼之前提到的梁其鐘“穆穆異異”應該可以看爲這種用法的肇始。

這個“異”字應該釋爲何義？首先，我們應該確定“異”的主語。過去因爲“嚴在上”後面通常接“降余”、“廣啓”，所以認爲“異”也是先祖的行爲，解作“翼助”、“翼護”。前文已經討論過“異”、“”在金文中用字習慣不同，“翼護”應該是“”引申出來的。結合傳世文獻，《國語·周語》：“夫道成命者，而稱昊天，翼其上也。”韋注：“翼，敬也。”《詩·大雅·大明》：“大任有身，生此文王。維此文王，小心翼翼，昭事上帝，聿懷多福。”可以看到，傳世文獻中，“翼”的對象是上，“翼”的動作發出者是活着的人。又如㝬簋的“作疐在下”，釋爲（自己）“作疐在下”没有異議，爲何“異在下”要選擇是（先人）“異在下”呢？所以“異”這個動作發出或者狀態修飾者應當是作祈禱的生人。我們贊同張先生釋“敬”。“嚴”過去也釋“敬”，《詩·六月》“有嚴有翼，共武之服”，“嚴”就釋“敬”。不過，我們可以進一步補充，“嚴”的發出者是“皇祖”，是先人對上帝的敬，而“異”是生人對上天的敬，這種“敬”則來自於“畏”，也就是我們前文所説的“異”和“畏”的關係問題。結合（17）（18）的辭例“畏忌趩=”，“畏”、“忌”可以互訓，“趩趩”作爲叠音詞一般是摹狀的，也就是畏忌之狀態，似乎更

① 郭沫若：《石鼓文研究》，《郭沫若全集》第九卷，科學出版社1982年。

可以爲“異”、“畏”的聯繫提供一個例證。至於前面的“穆穆異異”、(20)的“小心畏忌”及後世的“小心翼翼”,皆可以看作是與這些例子相關的。

總之,我們通過甲骨金文中用例的梳理,認爲“異”、“”當分屬兩條並不能相交的詞義引申路徑,“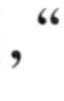”除假借爲“翌日”外,“羽翼”、“翼祭”皆與其構形相關,後世“翼護”、“翼佐”、“翼蔽”當從這裏引申出來。“異”除用爲人名、地名外,實詞義項爲“殊異、分别”,常用爲虚詞,表示“意願”或“後接已發生或未發生的事情,相當於‘就’”。結合字形字義,我們並探討了“異”、“畏”的關係,認爲傳世文獻的“翼敬”詞義應該是從“異”引申出來的,單用“異”或者構成“異異”叠音詞,都是表示敬的意思,而這個義項的來由正與“異”和“畏”有語源關係,因而對異的構意假設爲“竪髪上指,舉手張指的驚異人形”。以“驚異之貌”表示“不尋常、使人驚異之物”,再到對無法把握“常態”的天地的畏懼和敬畏的心裏,這種引申應該是有迹可循的。只是“異”、“”兩形所代表的義項,後來俱用“翼”替代了。

但是,問題到這裏還没有解决。如果把“殊異”、“翼敬”看作“異”字表示的實詞義項,那麽,這些義項和“異”用作虚詞時的義項是什麽聯繫,它們引申的脉絡是如何的,還尚不清楚。另外,我們回到最開始的金文辭例。大盂鼎“天異臨子,灋保先王”與《詩·大雅·大明》“天監在下,有命既集”、“上帝臨女,無貳爾心”比照,臨、監同源義近,“在下”與“女”相對,前文述文武王事,後承接“古(古)天異臨子”,“異”或許可以相當於現代漢語的“才”,前面是條件,“故”是引出結果的連詞。“才”在這種語境常常作副詞,“異”是否也應該看作副詞?羌伯簋“異自它邦”,前面也稱文武“受大命”,這個“異”是否也相當於“才”?由於這個事情的發出者是“乃祖”(羌伯之祖輩),和“天”所處的地位不同,“天”在周王之上,而“乃祖”只是周王的臣工,似乎不妥。或許這裏的“異”當表示“異敬”這個義項,作狀語,義爲“敬畏地”,即後來寫作“異異”者。這些問題都亟待更多材料的發現和整理,關於“異”的解讀還值得繼續研討。

(作者單位:中山大學中文系,出土文獻與
中國古代文明研究協同創新中心)

陳煒湛著作目録

（以真名及筆名發表者入録，
以集體或他人名義發表者捨棄之）

一九七三年

《奴隸主階級的喪家狗》《廣西日報》10月23日

一九七四年

《〈説文解字〉中的尊孔復古思想必須批判》[①] 《光明日報》12月25日

一九七八年

《漢字起源試論》[②][3] 《中山大學學報》第1期

《談天》[1] 《廣東青年》第2期

《目不識丁解》[1] 《廣東青年》第3期

《羊大就算"美"嗎?》[1] 《廣東青年》第4期

《試論郭沫若同志的早期古文字研究》[③] 《學術研究》第4期;《古文字研究》第一輯

一九八〇年

《甲骨文字辨析(兩篇)》《中山大學學報》第1期

---

① 合作者：張振林。
② 《漢字的起源》即此文之壓縮，刊日文版《人民中國》第2期。
③ 合作者：曾憲通。

《中國古文字學術研究會在廣州舉行第二屆年會》① 《中山大學學報》第 1 期

《讀〈美國所藏甲骨録〉》 《學術研究》第 3 期

《郭沫若〈釋五十〉補説》、《再補》 《中華文史論叢》第 3、4 輯

《文字叢談(五則)》[1] 《隨筆》第 8 集

《文字叢談(四則)》[1] 《隨筆》第 9 集

《論羅振玉和王國維在古文字學領域内的地位和影響》② 《學術研究》第 5、6 期;《古文字研究》第四輯

《戰國以前竹簡蠡測》[3] 《中山大學學報》第 4 期

《卜辭文法三題》 《古文字研究》第四輯

一九八一年

《刺花紋的人》[1] 《隨筆》第 16 集

《如果魯迅還健在……》③ 《隨筆》第 16 集

《搶來的老婆》[1] 《隨筆》第 17 集

《家》④ 《新島日報》9 月 23 日

《甲骨文異字同形例》 《古文字研究》第六輯

一九八二年

《倒楣的鼻子》[1] 《隨筆》第 19 集

《釋》 《中山大學學報》第 2 期

一九八三年

《馴象——爲》 (漢字古今談)《文字改革》第 1 期

《"自"和"鼻"的因緣》 《文字改革》第 3 期

《過河與登山》[1] (漢字古今談)《文字改革》第 4 期

① 署名: 韋戈。
② 合作者: 曾憲通。
③ 署名: 韋戈。
④ 署名: 韋戈。

《矮子與射箭》[1] （漢字古今談)《文字改革》第5期
《"止戈爲武"説》[2] （漢字古今談)《文字改革》第6期
《青竹奇功——册、典》[2] （漢字古今談)《文字改革》第7期
《倒懸》《深圳特區報》8月22日
《甲骨文同義詞研究》《古文字學論集(初編)》,9月
《公私分明》[2] （漢字古今談)《文字改革》第8期
《不順的由來——屰和逆》[2] 《文字改革》第9期
《可怕的"它"》[2] （漢字古今談)《文字改革》第10期

一九八四年

《不能吃的豆》[2] （漢字古今談)《文字改革》第1期
《保——背孩子》[2] （漢字古今談)《文字改革》第2期
《甲骨文所見第一人稱代詞辨析》《學術研究》第3期
《"筆"談》[2] （漢字古今談)《文字改革》第3期
《"萬"字是蠍子的象形》[2] 《字詞天地》第3期
《甲骨文研究的過去、現狀及今後的展望》《古文字研究》第九輯
《從"運斤"説到"丘八"》[2] （漢字古今談)《文字改革》第4期
《古文字與篆刻》《字詞天地》第4期
《造字法例釋》[2] 《中文自學考試刊授指導》(以下簡稱"《刊授指導》")第2期
《看似尋常最奇倔,成如容易却艱辛》《刊授指導》第2期

一九八五年

《怎樣開闊思路》《刊授指導》第1期
《要毫不可惜》① 《刊授指導》第2期
《寫論文與想題目》《刊授指導》第3期
《辨析文字與閲讀古書》[2] 《刊授指導》第5期
《古文字趣談》② 花城出版社1月

① 署名:韋戈。
② 收文31篇,卷首有自序一篇(前列篇目後標有[1]者收入本書)。

《“曆組卜辭”的討論與甲骨文斷代研究》 《出土文獻研究》,文物出版社 6 月

《樽中酒不空》[2] (漢字古今談)《文字改革》第 2 期

《五穀豐登——年》[2] (漢字古今談)《文字改革》第 3 期

《想當“初”》[2] (漢字古今談)《文字改革》第 4 期

《漫説雙輪“車”》[2] (漢字古今談)《文字改革》第 5 期

《删削》[2] (漢字古今談)《文字改革》第 6 期

《敗北與南北》[2] 《字詞天地》總第 7 期

《侯屯卜骨考略》 《古文字研究》第十二輯

一九八六年

《多讀還須勤寫》 《刊授指導》第 2 期

《“聖”字别議》[2] (漢字古今談)《語文建設》(原名“《文字改革》”)第 1、2 期合刊

《釋甲骨文“妻”、“盪”二字》 《中華文史論叢》增刊《語言文字研究專輯》下册

《“我”算什麽形象》[2] (漢字古今談)《語文建設》第 3 期

《詛楚文獻疑》 《古文字研究》第十四輯

一九八七年

《商承祚教授的治學道路》 《文物天地》第 1 期

《照容——監、鑒》[2] (漢字古今談)《語文建設》第 1 期

《我對漢字前途問題的一些看法》 (論文提要)《語言美》第 124 期

《大路朝天,各走一邊——行》[2] (漢字古今談)《語文建設》第 2 期

《關於漢字的性質》[3] 《刊授指導》第 5 期

《關於漢字起源的各種傳説》[3] 《刊授指導》第 6 期

《甲骨文簡論》[1] 上海古籍出版社 5 月

---

① 全書 9 章,卷首有商師錫永先生序。商師題寫書名,容師希白先生題寫扉頁。

《逐鹿考源》[2]　(漢字古今談)《語文建設》第3期

《關於漢字簡化問題》[3]　《刊授指導》第9期

《禽獸小考》[2]　(漢字古今談)《語文建設》第4期

《〈説文〉與許學》　《刊授指導》第9期

《博士生導師商承祚教授》①　《中山大學學報》第3期

一九八八年

《古文字學綱要》②　中山大學出版社1月

《由父字所想起的》[3]　《語文建設》第2期

《懷念容庚先生》　《文物天地》第2期

《讀〈契文舉例〉》　《古漢語論集》第二輯，湖南教育出版社1月

《漢字古今談》③　語文出版社8月

《書法藝術的抽象美》　《中國書法》第2期

《請正確書寫古文字》　《書法》第5期

《卜辭禾年説》　《文物研究》第3期

《我對漢字前途問題的一些看法》　《漢字問題學術討論會論文集》，語文出版社10月

《火常在，"光"永存》[3]　《語文建設》第5期

《"同志爲友"説》[3]　《語文建設》第6期

一九八九年

《論傳統語言學的分合及其在新條件下的發展》　《學術研究》第1期

《書家與學者》　《中國書法》第2期

《甲骨文各期田獵卜辭的特點與辭例的比較》　《殷墟博物苑苑刊》創刊號，中國社會科學出版社8月

---

① 署名：韋戈。

② 與唐鈺明合著。書分上中下三編，分别爲總論、分論及選讀。卷首有曾憲通序及陳煒湛所撰前言。卷末附引書簡稱表。

③ 本書收入文章28篇，卷首有費錦昌序，卷末有後記，略述寫作主旨及成書始末（前列篇目後標有[2]者收入本書）。

《關於唐寫本陸機〈文賦〉》 《中山大學學報》第4期

一九九〇年

《卜辭貞鼎説》 《文物研究》第6期

一九九一年

《書法家與簡化字》① 《語文建設》第2期

《讀〈法國所藏甲骨録〉》 《學術研究》第2期

《悼念吾師商承祚先生》 《中山大學》校友專刊第2期

《許學管窺》 《説文解字研究》②,河南大學出版社8月

《從文獻記述看占卜的性質及其與禱祝的區别》 《中山大學學報》第4期

一九九二年

《有關甲骨文田獵卜辭的文字考訂與辨析》 《古文字研究》第十八輯

一九九三年

《願文改之聲傳遍中華大地》 《文改之聲》第13期

《二重證據法與商語研究》 《甲骨語言研討會論文集》,華中師範大學出版社3月

《"漢"字漫議》[3] 《語文建設》第10期

《漢字古今談續編》③ 語文出版社10月

《商承祚先生學術成就述要》 《古籍整理研究學刊》第5期

《甲骨文"不"字説》 《第二届國際中國古文字學研討會論文集》,香港中文大學中國語言及文學系10月

《憶容庚師》 《語文建設》第11期

---

① 又收入蘇培成、尹斌庸編選:《現代漢字規範化問題》,語文出版社1995年4月。

② 《許慎與説文學國際學術研討會論文集》第一輯。

③ 本書收入文章凡29篇(前列篇目後標有[3]者收入本書)。

《〈甲骨文簡論〉問世前後》 《常熟市報》12 月 3 日

一九九四年

《論殷虚卜辭命辭的性質》[①] 《語苑新論》,上海教育出版社 3 月

《容庚先生與甲骨文研究》[②] 《殷都學刊》第 3 期

一九九五年

《漢語言文學專業》 《教授談高校專業(一):文科冷熱門專業的現狀與展望》,中山大學出版社 5 月

《甲骨文田獵刻辭研究》[③] 廣西教育出版社 4 月

《社會用字規範化與領導垂范》 《語文現代化論叢》,山東教育出版社 10 月

一九九六年

《元旦説"元"》 《廣東法制報》1 月 4 日

《〈穆天子傳〉疑難字句研究》 《中山大學學報》第 3 期

《讀契雜記》 《于省吾教授百年誕辰紀念文集》,吉林大學出版社 9 月

《論漢字規範化的全民性》[④] 《河池師專學報》第 4 期

一九九七年

《高山仰止——憶陳望道先生二三事》 《看世界》第 1 期

《讀〈甲骨文斷代研究例〉小記——爲紀念董作賓先生百年誕辰而作》 《中山大學學報》第 4 期

《論王筠對文字學的貢獻及其治學特色》 《第五屆清代學術研討會論文集》,複文圖書出版社 11 月

① 又收入洛陽市第二文物工作隊編:《夏商文明研究》,中州古籍出版社 1995 年 8 月。

② 又收入《容庚先生百年誕辰紀念文集》,廣東人民出版社 1998 年 4 月。

③ 此爲中山大學高等學術研究中心首批資助項目研究成果之一。卷首有作者彩照一幀及簡介約 300 言,卷末有後記叙成書始末。全書文字部分約 20 萬言,甲骨文摹本計 245 紙。

④ 又收入《語文現代化論叢》第 3 輯,語文出版社 1997 年 10 月。

一九九八年

《日出——旦》《羊城晚報》1月1、2日

《形神兼備之“虎”》《羊城晚報》1月29日

《包山楚簡研究(七篇)》《容庚先生百年誕辰紀念文集(古文字研究專號)》,廣東人民出版社4月

《讀〈甲骨文字典〉兼論甲骨文工具書之編纂——爲紀念徐中舒先生百年誕辰而作》[①] 《中山大學學報》第4期

《關於甲骨文“印”、“執”二字的詞義問題》《出土文獻研究》第3輯

《漢字有什麽冤案》《〈昭雪漢字百年冤案評析〉(上)》,《中國教育報》12月8日第7版《語言文字》專欄第89期

《漢字有什麽冤案》《〈昭雪漢字百年冤案評析〉(下)》,《中國教育報》12月22日第7版《語言文字》專欄第90期

《憶容庚師》《東莞文史》第29期

一九九九年

《〈昭雪漢字百年冤案——安子介漢字科學體系〉評析》[②] 《中山大學學報》第1期

《我如何教古文字學》《中山大學學報論叢》1999年第1期

《近二十年的甲骨文研究》《文史知識》第10期

《近二十年來甲骨文研究的主要成就》《學術研究》第11期

《斷足》《語文建設》1999年增刊

二〇〇〇年

《要斬與要領》《語文建設》2000年第1期

《砍頭——伐》《語文建設》2000年第2期

《日出——旦》《語文建設》2000年第3期

---

① 又收入《徐中舒先生百年誕辰紀念文集》,巴蜀書社10月。

② 《中國教育報》1998年12月8日、22日所刊編者有所删節。《中山大學學報》1999年第1期所刊爲全文,但首節文字亦經編者删改過。

《憶容庚師》《走近中大》,四川人民出版社1月

《夕陽紅勝火——商承祚先生晚年生活片斷》《走近中大》,四川人民出版社1月

《嶺南松柏 容商二老》《學林往事》上册,朝華出版社3月

《清代傑出的古文字學家吴大澂》《古文字研究》第二十輯

《"契齋藏甲之一"真僞問題的再討論》《古文字研究》第二十二輯

《從語言文字學的角度看王懿榮發現甲骨文的偉大意義》[1]《紀念王懿榮發現甲骨文一百周年論文集》,齊魯書社12月

二〇〇一年

《家書與日記》《中國教育報》1月4日讀書周刊第1期

《近二十年來的甲骨文研究》[2]《汕頭大學學報》第1期

《新世紀的鐘聲——〈國家通用語言文字法〉讀後》《廣東教學報》第230期

《二十一世紀甲骨文研究之展望》[3]《汕頭大學學報》第2期

《"債主"是誰》《羊城晚報》2001年6月24日B2版

二〇〇二年

《商代甲骨文金文詞彙與〈詩·商頌〉的比較》[4]《中山大學學報》第1期

《碧落碑研究》《故宫博物院院刊》第2期

《漢字簡化始於甲骨文説》[5]《語文現代化論文集》,商務印書館10月

《與研究生談治學》《中山大學校報》新第30期

---

① 又刊《汕頭大學學報》2001年第3期。

② 此文全文爲修訂稿。細目:一、研究的盛况。二、主要的成就。三、重要的論争。四、世紀末的思考。《文史知識》1999年第10期所刊爲第二、三部分之摘要,乃應編者之求且由編者節取者。

③ 又刊於《中國文字研究》第二輯,廣西教育出版社2001年10月。

④ 中國人民大學書報資料中心複印報刊資料《語言文字學》第6期全文轉載。

⑤ 此文以手稿影印,頗占篇幅:第282—303頁。

《郭店楚簡的啓示》《清風明月八十秋 慶賀王均先生八十誕辰語言學論文集》,吉林人民出版社 8 月

二〇〇三年

《臺北讀甲骨文記》《紫禁城》2003 年 1 期

《關於殷虛甲骨文的兩個基本數字》《中國文物報》1 月 3 日第 7 版

《如何學習和研究古文字》《語文世界》第 3 期

《碧落碑中之古文考》[①]《考古學研究(五)》下册,科學出版社 7 月

《關於推行規範漢字的幾點建議》《中國語文現代化學會通訊》第 34 期

《甲骨文論集》[②] 上海古籍出版社 12 月

二〇〇四年

《選堂先生與甲骨文研究》(論文提要)《造化心源——饒宗頤學術與藝術》,香港大學饒宗頤學術館、廣州藝術博物院、潮州淡浮學院印行

《讀契雜記》《2004 年安陽殷商文明國際學術研討會論文集》,社會科學文獻出版社 9 月

《商承祚先生與簡牘學》(有删改)《2004 年安陽殷商文明國際學術研討會論文集》,社會科學文獻出版社 9 月

《讀書寫字樂陶陶》《中大老園丁》[③]第 3 期

《商承祚先與簡牘學》(原文)《簡帛研究彙刊》第二輯,中國文化大學 5 月

《甲骨文允字説》《古文字研究》第二十五輯

《蕭肖考辨——兼論姓氏用字規範》(有删節)《小學生拼音報》12 月 30 日第 24 期

---

① 此書乃慶祝鄒衡先生七十五壽辰暨考古研究五十年紀念文集。

② 卷前有照片一幀,並附著者簡介、手迹、自序,卷末有後記,書分上下兩卷,上卷收文 12 篇,下卷收文 17 篇,共約 38 萬字。

③ 中山大學離退休教職工協會刊,内部交流用。

二〇〇五年

《教學督導手記》[①] 《中山大學校報》新第 97、98 期

《陳煒湛語言文字論集》[②] 上海古籍出版社 10 月

《古文字趣談》[③] 上海古籍出版社 12 月

二〇〇六年

《戰國楚簡"見"字說》 《古文字研究》第二十六輯

二〇〇八年

《三鑒齋餘墨》[④] 澳門原木出版及文化推廣有限公司 8 月

《帝王與書法概述》[⑤] 《詩詞》第 16 期

《饒宗頤先生之甲骨文研究——爲慶賀饒宗頤先生九十華誕而作》《華學》第九、十輯

二〇〇九年

《關於本科課堂教學的一些思考》 《中山大學校報》新第 201 期

《商承祚先生與甲骨學、簡帛學》[⑥] 《中山大學學報》第 49 卷第 6 期

《文字訓詁論集的啓示——學習姚炳祺先生的治學精神》 《廣東技術師範學院報》第 21 期

《花東卜辭"子祝"說》 《甲骨學 110 年：回顧與展望》，中國社會科學出版社 11 月

《古文字學綱要(第二版)》[⑦] 中山大學出版社 12 月

---

① 一、博學與嚴謹。二、學風問題不容忽視。三、選修課漫議。

② 卷首有自序一篇，收文凡 32 篇，又附録兩篇。共約 28 萬字。

③ 合原《古文字趣談》、《漢字古今談》及續編三書爲一，重予類次，共收文 92 篇。卷首有前言及原序，卷末附《漢字古今談》費錦昌序及後記。共約 31 萬字。

④ 三鑒齋門人編。譚步雲作古文字釋文，撰編後記。計收餘墨 49 件，甲骨文摹本 5 幀，並附常用璽印。印千册，爲非賣品。

⑤ 是文選自《三鑒齋餘墨》，該報刊載有所刪節，文字差錯十餘處，另附書法手迹(局部)十行。

⑥ 與譚步雲合著。

⑦ 譚步雲、黄文傑、禤健聰參與修訂。此爲普通高等教育十一五國家級規劃教材，十六開本，凡 247 頁，391 千言。

二〇一〇年

《花東卜辭字形説》《中國文字學報》第三輯

《讀花東卜辭小記》《紀念徐中舒先生誕辰110周年國際學術研討會論文集》,巴蜀書社12月

二〇一一年

《甲骨文的發現與説文解字研究》《田野春秋:慶祝詹伯慧教授八十華誕暨從教五十八周年紀念文集》,暨南大學出版社6月

《古文字綱要導讀(學術講演提綱)》《華人美術報》第7期

《籟寂軒印存序(手稿)》《王淳印匯(自印本)》,10月

二〇一二年

《甲骨文與綫條》《第六届深圳水墨論壇文集·綫條與圖像》,湖南美術出版社8月

《商師契齋四絶》《師澤綿長——紀念商承祚先生百十周年誕辰專集》,書藝出版社11月;《詩詞》第22期

《廣東歷代書家研究叢書·商承祚》序 《廣東歷代書家研究叢書·商承祚》,嶺南美術出版社4月

《讀契雜記(續二)》《中國文字學報》第4輯,商務印書館8月

二〇一三年

《甲骨文植物詞語綴述》《廣東園林》第1、2期

《三鑒齋甲骨文論集》[1] 上海古籍出版社10月

《書台七友記》[2] 《常熟老年》第237期

二〇一四年

《記先師商承祚先生寫給我的幾張便條》《廣府書壇》,3月

---

① 此爲甲骨文論集增訂本,卷首有前言,字形改繁體爲簡體,自題書名爲楷書,内封爲甲骨文。

② 此實《讀書台七友記》之删節稿。

《北行日記與虞山四記(自刊本)》 金駿彩色印務有限公司印刷,7 月

《論容庚精神》 《古文字研究》第三十輯;《中山大學校報》新第 328 期

《學步齋文存序》 《學步齋文存》,(香港)天馬出版社 12 月

二〇一五年

《關於〈先師容希白先生遺訓〉的一些説明》 《古文字論壇》第一輯

《讀〈説文〉小記(五則)》 《古文字論壇》第一輯

《古楚語詞彙研究序》 《古楚語詞彙研究》,(臺灣)花木蘭文化出版社 3 月

二〇一六年

《三鑒齋雜著集》① 中西書局 11 月

《我如何研究古文字(甲骨文)》 《古文字論壇》第二輯

《關於殷虚甲骨文的一些基本認識》 《古文字論壇》第二輯

① 卷首載照片 4 幀,手稿五十餘頁,自序。正文分學術講演録(20 篇)及北行日記兩部分。

後　記

今年是韋戈先生陳煒湛教授八十華誕，編一本文集爲先生賀壽，是許多曾經從學於先生者的共同心願。《古文字論壇》本來屬於不定期性質，2015 年出版創刊號，爲曾師經法（憲通）教授祝壽，2016 年出版第二輯，紀念中山大學古文字學研究室成立六十周年，第三輯剛好作爲韋戈先生慶壽專號。幸得中西書局秦志華社長傾力支持，使得我輩得以如願。

《容庚日記》爲容老自 1925 年 1 月 1 日至 1946 年 2 月 26 日之間所記，是二十世紀上半葉學術史的珍貴史料，價值非凡。此次承容老長孫容國濂先生慨允首先披露，由其整理出若干片斷以饗讀者，容老墨寶"若愚"二字亦蒙惠借，影印發表。此前，世人罕知容老有詩傳世，黄光武先生多年來一直從事"容庚商承祚先生紀念室"資料整理，近時發現了容老佚詩手稿，撰文推介，殊爲難得。

前年 12 月，中國古文字研究會會長吴振武教授光降中大，在紀念古文字學研究室成立六十周年會議上致辭，講稿經吴先生整理，亦於此集刊表。

去年底，中國文字學會會長黄德寬先生光臨中大"名師講壇"演講，惠允本刊發表其講稿《談談新見戰國竹簡〈詩經〉的文化意義》，講稿由中大博士生劉偉浠君整理，並經黄先生審訂。譚步雲兄爲韋戈先生學術傳人，著述甚豐，也是我大學同學，多年好友，其本科畢業論文《甲骨文所見動物名詞研究》即由韋戈先生指導，用力甚殷，創獲亦多，篇幅頗長。我知此文久置篋中，於是堅請譚兄發表，可作師生情誼見證。

集中所録之文我均讀過，間有疑誤即予標出，交蔡一峰君酌處，顯誤者徑改，疑似之間者同作者商改或不改。文集編定後呈請韋戈先生審閱，先生指出上述諸種均是此輯亮點。偶有差强人意之文,亦網開一面,收入集中,或可增喜慶和諧氣氛吧。

此書出版在即,凝聚了不少師友的辛勤勞動和情誼,在此一併致謝。本科同窗好友蔡照波教授已預約請衆師友吃酒,我仿佛聞到了韋戈先生壽宴上的酒香伴隨着此書的墨香。

陳偉武

2018 年 8 月 8 日